内部統制
文書化・評価
ハンドブック
6つの重要プロセスと
財務報告ガバナンス

Forvis Mazars Japan有限責任監査法人［編］

高田　康行［著］

中央経済社

は じ め に

　"公認会計士は，監査及び会計の専門家として，独立した立場において，財務書類その他の財務に関する情報の信頼性を確保することにより，会社等の公正な事業活動，投資者及び債権者の保護等を図り，もって国民経済の健全な発展に寄与することを使命とする"

　この一文は，公認会計士法第1条で規定されている「公認会計士の使命」です。その中でも核となる「財務に関する情報の信頼性を確保すること」には，2つの機能が含まれるといわれます。すなわち，会社等から独立した第三者として，会社等が作成した財務書類等を批判的に検証し，その信頼性を確保する「批判的機能」，それだけでなく，監査の過程で発見した虚偽の記載（非意図的な誤りを含む。）の修正勧告を行い，また適正な財務報告のための内部統制に不備が存在するならば，その改善を求める「指導的機能」です。

　公認会計士（監査人）の「指導的機能」は，従来から概念上は存在していましたが，内部統制基準の2023年改訂ではじめて，一般に公正妥当と認められる基準等において明示されたのではないかと思います。2023年改訂では，以下のとおり定められています。

　"経営者は，評価範囲の決定前後に，当該範囲を決定した方法及びその根拠等について，必要に応じて，監査人と協議を行っておくことが適切である。なお，評価範囲の決定は経営者が行うものであり，当該協議は，あくまで監査人による指摘を含む指導的機能の一環であることに留意が必要である"（内部統制基準及び同実施基準Ⅱ.2.(3)監査人との協議）

　内部統制基準等は，内部統制報告制度（通称 J-SOX）における経営者評価の「入り口」に該当する評価範囲の決定においてリスク・アプローチを適切に適用し，虚偽の記載が生じるリスクを識別する際に，監査人による指導的機能の発揮を期待しています。「一環」（全体としてのつながりの中の一部分）としている点にも注目すべきで，公認会計士（監査人）による指導的機能の発揮が期待されるのは，なにも評価範囲の決定の局面だけではないことを暗示しています。

Ｉ

はじめに

　本書では，全社的な内部統制に関係する6つの重要なプロセスをデザイン（設計）し，文書化・評価することと評価範囲の決定，経営者による内部統制評価をつなげて解説しています。なぜ全社的な内部統制なのかというと，全社的な内部統制は，業務プロセスに係る内部統制と比べて抽象的であり，具体的な仕組みとして取り入れても形式化・形骸化しやすい傾向にあると思われ，世間を揺るがすような会計不正や組織の不祥事が発生するたびに，その重要性が繰り返し強調されるからです。また，監査人が監査実務においてこれまで蓄積してきた企業経営に関する洞察や示唆をもっとも反映できると考えられるからです。

　J-SOX導入後，内部統制の重要性は変わらないどころか，Volatility（変動性），Uncertainty（不確実性），Complexity（複雑性），そして，Ambiguity（曖昧性）がキーワードとなるような経営環境では，ますますその重要性は高まっています。内部統制は，組織が持続的に成長するために当然備わっているべき仕組みですが，それゆえ，意識されにくい面があるため，その重要性は定期的に確認される必要があります。2023改訂はその嚆矢であって，今後も引き続き，時代々々の要請に応じ，内部統制基準の改訂等を通じて重要性が確認されるでしょう。

　特に，全社的な内部統制の重要性は，その目的が「企業の持続的な成長」と「経営理念の実現」である限りいつの時代も変わらず，検討に際してすでに導入されているJ-SOXを活用しない手はありません。J-SOXによって一般に浸透した全社的な内部統制について，経営者，株主を含む投資家，そして，監査人が「企業の持続的な成長」や「経営理念の実現」を議論する際の"たたき台"を本書が時代々々で提供し，企業の公正な事業活動，投資者及び債権者の保護等に間接的にでも役立ち，もって国民経済の健全な発展に少しでも寄与できることを祈念しています。

　最後に，本書の執筆に精魂を尽くした当法人の公認会計士 高田康行に深い敬意を表して，はじめに，を締めくくりたいと思います。

2024年10月

Forvis Mazars Japan 有限責任監査法人
総括代表社員 CEO

大矢　昇太

Introduction——本書の目的と構成

　"コーポレートガバナンス，全社的なリスク管理（ERM），３線モデル，会計不正への対応，監査上の主要な検討事項（KAM），気候変動，人的資本・多様性，サステナビリティ課題と開示，IT ガバナンス，サイバーセキュリティ，企業の価値創造"　等々

　我が国において内部統制報告制度（いわゆる J-SOX）が導入された2008年４月以降，さまざまな新しい考え方や制度等が導入されています。それらの中には内部統制との関係が明確なものもあれば，一見関係ないように思えるものもあります。また，これらの内部統制を取り巻く状況の変化を受けて，2023年４月に内部統制基準等が改訂されました。

　さまざまな新しい考え方と内部統制のつながりを考察して，そのつながりを企業における財務報告の実務に落とし込めば，企業の持続的な成長，または企業理念の実現のために役立つのではないかと私は考えました。あわせて，内部統制の文書化と評価の方法を工夫すれば，財務報告の信頼性の確保を目的とする J-SOX の実効性を向上できると考えました。

　なぜなら，財務報告は，企業全体に係る財務情報を集約したものであり，財務情報と一見関係がないように思える企業の課題や事象についても，将来的な財務諸表への影響を深く考えることによって，財務報告による事業活動の管理の質を向上させることができるからです。早め早めに，手遅れにならないうちに，あらゆる課題や事象を財務情報と結びつけて考えることは，損失の発生を未然に回避したり，新たな収益機会を見つけたりするための有効な方法の一つです。また，財務報告は，企業外部の視点を意識せざるを得ない説明責任を伴うものなので，それを正しく認識して財務情報を扱うことは，企業が内輪の論理に陥って世間一般の常識とズレた行動をしてしまうことの防止にも役立ちます。このような財務報告による企業の事業活動全体のコントロールを，本書では財務報告ガバナンスと呼びます。

　ところで，2008年の J-SOX 導入時に内部統制の経験を積まれた方々が企業の中で退職される世代になりつつあり，次の世代の方々に「内部統制」の考え

Introduction——本書の目的と構成

方を引き継ぐ必要があると思われます。さまざまな新しい考え方と「内部統制」のつながりを考察したり，J-SOX の文書化・評価の方法を工夫したりするためには，「内部統制」自体を改めて深く掘り下げて考察する必要がありますので，本書におけるその深掘りの過程を世代間の引継ぎの一助としていただきたいとも考えました。

　手段が目的化しないように，目的と手段の関係を整理します。本書の目的は，読者の皆様が所属されている企業の持続的な成長，または経営理念の実現に貢献することと内部統制の考え方を世代間で引き継ぐ際の一助となることです。さまざまな新しい考え方と財務報告に係る内部統制を一緒に考えること，そして J-SOX の文書化・評価の方法を工夫することは，そのための手段と捉えています（[図表 0 - 1]）。

■図表 0 - 1■　本書の目的と手段

目　的	□企業の持続的な成長，または経営理念の実現に貢献する。 □内部統制の考え方を世代間で引き継ぐ際の一助となる。
手　段	■さまざまな新しい考え方と財務報告に係る内部統制を一緒に考える。 ■ J-SOX の文書化・評価の方法を工夫する。

● 3 つの PART と 5 つのコラム

　内部統制基準等とガバナンスやリスク管理の考え方に基づいて内部統制を論じる 3 つの PART からなる本編，そして，本編の内容に関連しますが，別の視点で，もう少し肩の力を抜いた文体で執筆している 5 つのコラムによって本書を構成します。

　3 つの PART は，PART Ⅰが基本的な考え方の解説と課題設定，PART Ⅱが課題解決の方向性とアプローチ，そして，PART Ⅲが，アプローチ実践の具体例です（[図表 0 - 2]）。

　具体的には，まず PART Ⅰ　内部統制の基本的枠組みと内部統制報告制度において，内部統制の基本的枠組みと近年の内部統制を取り巻く新しい考え方の概要を内部統制基準の2023年改訂を踏まえて解説します。2023年改訂のもっとも重要なポイントは，普遍的なゴールを示しつつも，その達成は各企業の自主的・自律的な対応に委ねられている点にあると私は考えます。

■図表 0-2■　3つの PART の位置づけと内容

PART I 内部統制の基本的枠組みと内部統制報告制度	PART II 6つの重要プロセスとキーガバナンスポイントの文書化・評価	PART III 6つの重要プロセスに関するポジション・ペーパーの検討例
●内部統制基準の改訂とコーポレートガバナンス・全社的なリスク管理等の概要 ●内部統制の望ましい成熟プロセス	●課題解決のための重要プロセスと実務ツール ●それらを利用した内部統制報告制度における文書化・評価アプローチ	●6つの重要プロセスの検討内容と文書化の具体例 ●制度対応による望ましい気風の醸成

　そこで，PART II　6つの重要プロセスとキーガバナンスポイントの文書化・評価において，各企業の自主的・自律的な対応の参考にしていただけるように，6つの重要プロセスとキーガバナンスポイントの考え方を紹介します。それは，内部統制報告制度における従来の効率化・負担軽減対応と全く別物ではなく，そうではなくて，実効性が高い内部統制対応とするために不足していると考えられる部分を補う対応，いってみれば，実効性と効率性が高く，合理的な内部統制対応を指向するものです。具体的な実務ツールを使用する内部統制の文書化・評価のアプローチを解説します。

　最後に，PART III　6つの重要プロセスに関するポジション・ペーパーの検討例において，具体的な企業を想定して6つの重要プロセスとキーガバナンスポイントの検討内容とその文書化を例示します。そして，昨今の変化の激しい経営環境において多くの企業にとって望ましいであろう気風の醸成について解説します。望ましい気風を内部統制の文書化・評価を通じて実現しようとすることは，ややともすると，"仏作って魂入れず"の対応になりがちな内部統制対応へのアンチテーゼです。

　本書は，J-SOXを切り口としていますが，事業計画の策定・管理によって企業の事業活動全体をコントロールすることを企図しています。上場企業だけでなく，上場準備企業においても，また，内部監査部門や経理部門の方に限らず，企業に関係するあらゆる方の業務において参考にしていただければ，著者として幸いです。

　なお，本書の意見にわたる部分は，著者の責任で執筆されており，著者が所属する組織の見解ではありません。

V

Introduction——本書の目的と構成

●実務における本書の活用法

　本書は，既に知られた情報の羅列や基準等の規定の単なる解説書ではありません。そうではなくて，まだ解決の方向性や具体的なアプローチが示されていないが実務家の関心の高い課題を設定して，関連する基準等や制度趣旨，それから筆者のこれまでの監査およびアドバイザリー業務の経験とナレッジ（知見とノウハウ）にもとづいて課題の解決の方向性を探るスタイルで執筆しています。

　設定した課題には，まだ実務上の重要性が認識されていないものもいくつか含まれていると思います。それらは，執筆開始時には，著者の私にとっても課題としては認識しているが，解決の方向性は漠然としていて具体性のないものであるため，この本の執筆を通して検討しています。その過程と結論の根拠を文章だけでなく図表も使って，本論だけでなく補論も使って，あるいは，本編だけでなくコラムも使って，なるべく丁寧に解説することを心掛けました（今回のコラムが箸休めにしては小難しい内容になっているのはそのためです。）。まだ一般に認識されていないかもしれない重要な課題のこのような検討プロセスを読者の皆様にお伝えしたいと考えました。

　また，本書において実務上もっとも有用性が高いのは，PART Ⅱの6つの重要プロセスとキーガバナンスポイントの考え方だと思います。ただ，6つの重要プロセスは，多くの企業に当てはまるようにステップと検討項目の重要なポイントを抽象化させて明示したものにすぎません。PART Ⅲの検討例を参考にしながら，いろいろな部門の担当者が各企業の現状と比較したり，各企業にとってのあるべき姿を検討したり，あるいは，関係者間で，内部統制報告制度（通称 J-SOX）の導入準備期のように喧々諤々と議論したりする際の最初の"たたき台"として活用していただいて，各社独自の6つの重要プロセスとキーガバナンスポイントをデザイン（設計）していただければ幸いです。J-SOX 導入当時を知る者の一人として，そのようにして構築，整備・運用される内部統制が，きっと各社独自の強みになると信じています。

　話はすこし脱線しますが，J-SOX は，内部統制ということばが企業実務にはじめて広く浸透した契機であったこともあり，2008年の導入当時は各社各様の「自社にとっての内部統制」について喧々諤々の議論がされました。会計士としてその場に居合わせたことはとても幸運だったと思います。当時の状況と違

い，コーポレートガバナンスの考え方が浸透し，会計基準設定の考え方が細則主義から原則主義に変わり，さらには，企業情報を開示する新たな意義が明確になっている状況にある今こそ，あの頃のような議論が企業にとって経営戦略上の重要な差別化要因になると思います。

　話を本書の活用法に戻すと，PART Ⅱの6つの重要プロセスの解説では検討項目の内容を簡潔に記載して，その理解のための知識はおもにPART Ⅰの関連する節の図表を参照する形にしています。図表を手掛かりに本編を遡っていただき，6つの重要プロセスを理解するためのナレッジを端的に確認していただくことを意図しています。

　経営環境の変化や不確実性の程度は今後もさらに増すでしょう。企業が堅実で安定的な利益を上げて持続的に成長するためには，内部統制やコーポレートガバナンスよりも大きな括りで企業の事業活動を捉える必要がきっと出てきます。その際にも，本書が各企業において喧々諤々と議論するためのベースを提供できるものであってほしいと著者である私は願っています。

高田康行

Contents

はじめに　I

Introduction──本書の目的と構成　III

PART I　内部統制の基本的枠組みと内部統制報告制度

第1章　内部統制の基本的枠組み ─────────────── 3

1　内部統制の定義（4つの目的と6つの基本的要素）／3
   - (1)　4つの目的・4
   - (2)　6つの基本的要素・6
   - (3)　4つの目的と6つの基本的要素のつながり・24

2　内部統制の本質を理解するための3つの視点／27
   - (1)　時間の視点（「動的なプロセス」）・28
   - (2)　マクロの視点（「一連のプロセス」）・28
   - (3)　ミクロの視点（「組織内のすべての者が業務の中で遂行する」）・29

3　内部統制の限界／29
   - (1)　内部統制の限界の意義・30
   - (2)　内部統制の限界への包括的な対応・33

第2章　財務報告に係る内部統制の文書化と評価
**　―内部統制報告制度の概要―** ─────────────── 36

1　内部統制文書化の概要／37
   - (1)　財務報告に係る内部統制の構築と文書化の要点・38
   - (2)　財務報告に係る内部統制の構築と文書化のプロセス・52

2　評価範囲の決定／57

i

Contents

- (1) 全社的な内部統制等の評価範囲・58
- (2) 重要な事業拠点の選定・59
- (3) 評価対象とする業務プロセスの識別・59

3　内部統制評価の概要／61
- (1) 内部統制報告制度における評価の意義・61
- (2) 内部統制の評価と報告・64

4　監査人による内部統制の監査／83
- (1) 内部統制監査の対象と無限定適正意見・84
- (2) 我が国の内部統制監査とダイレクト・レポーティング（米国）の相違点と留意点・85
- (3) 経営者と監査人の協議・87

5　トップダウン型のリスク・アプローチの活用／88
- (1) 制度創設時の趣旨と現状・88
- (2) 内部統制基準等に見られるトップダウン型のリスク・アプローチの適用例・89

第3章　内部統制基準の改訂 ——————————— 93

1　内部統制基準等の2023年改訂の概要／94
- (1) 内部統制の基本的枠組み・96
- (2) 財務報告に係る内部統制の評価及び報告・108
- (3) 財務報告に係る内部統制の監査・113
- (4) 内部統制報告書の訂正と事前のあるべき対応・115

2　内部統制の望ましい成熟プロセス／115
- (1) 普遍的なゴールと各企業の自主的・自律的な対応・116
- (2) 導入初期に見聞した7つの素朴なギモン・117
- (3) 必要とされる新たな文書化・評価アプローチ・124
- (4) 内部統制報告制度の中長期的な課題・125

3　ダイレクト・レポーティングが採用されていない意義の考察と監査人のナレッジ／130
- (1) 監査人の指導的機能と経営者による内部統制評価・130
- (2) 監査人が持つ8つのナレッジ・132

●———— **Column 1** 時代の空気と上意下達／138

PART II　6つの重要プロセスとキーガバナンス ポイントの文書化・評価

第4章　取締役会の監督機能と事業計画の策定・管理 ——————— 143

1　信頼性のある財務報告を実現する方法／143

(1)　実効性が高い内部統制対応と効率化・負担軽減対応の比較・144

(2)　実効性と効率性が高く，かつ合理的な内部統制対応・146

2　取締役会等の監督機能と事業計画の策定・管理／148

(1)　事業計画の策定・管理プロセスの位置づけ・149

(2)　経営のメッセージと事業計画上の要点・150

(3)　取締役会全体の実効性の分析・評価とキーガバナンスポイント・153

●——————**Column　2**　非財務は財務に非ずか？／157

第5章　6つの重要プロセスと財務報告ガバナンス ——————— 159

1　財務報告に係る6つの重要プロセスによるガバナンス／159

2　6つの重要プロセスにおける内部統制（3つのステップと12の検討項目）／163

(1)　適時および定期的な見直し・163

(2)　企業内のすべての機関と部門等の関与・164

(3)　理解の容易さと浸透のしやすさ・166

(4)　内部統制の5類型の反映・166

3　6つの重要プロセスのつながり／167

(1)　事業上のリスクと財務報告上のリスクを介したつながり・168

(2)　収益認識における6つの重要プロセスのつながり・169

(3)　非財務情報の重要性の高まりへの対応・171

第6章　【プロセス1】事業計画の策定・管理 ——————— 175

1　財務報告上の主要論点／175

2　3つのステップと12の検討項目／176

≪ステップ0≫全体コントロール（検討項目❶❷）・178

≪ステップ1≫リスクと機会の識別・分析（検討項目❸❹❺）・187

iii

Contents

≪ステップ2≫経営戦略立案と事業計画策定（検討項目❻～❾）・193

≪ステップ3≫業績管理と財務会計（検討項目❿⓫⓬）・208

第7章 【プロセス2】会計基準の適用 ———————— 216

1 財務報告上の主要論点／216

2 3つのステップと12の検討項目／217

≪ステップ1≫会計事象や取引等の整理（検討項目❶❷❸）・218

≪ステップ2≫会計処理方針の決定（検討項目❹～❽）・222

≪ステップ3≫リスクの識別と内部統制の構築（検討項目❾～⓬）・228

第8章 【プロセス3】開示目的に照らした注記 ———————— 235

1 財務報告上の主要論点／235

2 3つのステップと12の検討項目／236

≪ステップ1≫会計事象や取引等の整理（検討項目❶❷❸）・237

≪ステップ2≫注記方針の決定（検討項目❹～❽）・240

≪ステップ3≫リスクの識別と内部統制の構築（検討項目❾～⓬）・249

第9章 【プロセス4】有価証券報告書の記述情報等の開示 ———— 250

1 財務報告上の主要論点／252

2 3つのステップと12の検討項目／253

≪ステップ1≫戦略・事業活動等の整理（検討項目❶❷❸）・254

≪ステップ2≫開示方針の決定（検討項目❹～❽）・258

≪ステップ3≫その他の外部報告に係る内部統制の構築（検討項目❾～⓬）・275

第10章 【プロセス5】キーコントロールの構築と選定 ———— 277

1 財務報告上の主要論点／278

2 3つのステップと12の検討項目／279

≪ステップ1≫業務プロセスの特徴の把握（検討項目❶～❻）・281

≪ステップ2≫トップダウン型のリスク・アプローチによる構築（検討項目❼❽❾）・284

《ステップ3》キーコントロールの選定と十分性の確認（検討項目❿⓫⓬）・287

第11章　【プロセス6】内部統制報告制度の評価範囲の決定 ———— 292

1　財務報告上の主要論点／293

2　3つのステップと12の検討項目／293

《ステップ1》考慮すべき事項の把握（検討項目❶❷❸）・295

《ステップ2》評価範囲方針の決定（検討項目❹～❾）・302

《ステップ3》評価範囲の調整（検討項目❿⓫⓬）・311

第12章　内部統制の構築と文書化 ———— 313

1　6種類のポジション・ペーパーの作成／313

(1)　ポジション・ペーパーの定義・様式と体系・314

(2)　関係者にとってのポジション・ペーパーの意義・316

(3)　ポジション・ペーパー作成実務・318

2　内部統制の構築と文書化における活用／320

(1)　従来ツールの課題の克服・321

(2)　取締役会が決定する内部統制の基本方針・322

(3)　全社的な内部統制の評価項目例（42項目）・323

(4)　決算・財務報告プロセスにおけるチェックリスト・331

(5)　その他の業務プロセスにおける文書化3点セット・331

(6)　内部統制の評価範囲に関する方針書・333

(7)　上位コントロールの構築・334

第13章　内部統制の評価と改善 ———— 335

1　評価と改善のスタンス／335

2　全社的な内部統制の評価／336

(1)　6つの重要プロセスに係る内部統制の評価・336

(2)　キーガバナンスポイントの評価・337

(3)　決算・財務報告プロセスの評価・338

3　実効性が高く付加価値が生じる業務プロセスの評価／338

(1)　整備・運用状況の評価の考え方・338

(2)　整備評価（デザインの検討）の課題と解決の方向性・342

Contents

- (3) 効果的な質問の活用・344
- (4) トップダウン型のリスク・アプローチに基づく内部統制の評価・346
- (5) デザインの検討，業務への適用の判断と運用状況の評価・348
- (6) 付加価値が生じる評価・351

4 内部統制の有効性の判断／353

- (1) 内部統制の不備の評価・353
- (2) 開示すべき重要な不備が発生した場合の対応・355

●———— **Column 3** 財務報告上のリスクに対する経営者の関心／357

PART Ⅲ　6つの重要プロセスに関する ポジション・ペーパーの検討例

第14章　【プロセス1】から【プロセス4】 事業計画を起点とする財務報告ガバナンスの文書化———361

1 ［検討例1］多店舗展開と季節性商品の取り扱い／362

- (1) 【ポジション・ペーパー1】事業計画の策定・管理・364
- (2) 【ポジション・ペーパー2】会計基準の適用・375
- (3) 【ポジション・ペーパー3】開示目的に照らした注記・395
- (4) 【ポジション・ペーパー4】有価証券報告書の記述情報等の開示・408
- (5) ［検討例1］のエッセンス　事業計画上の要点（経営のメッセージ）の活用・417

2 ［検討例2］プロジェクト管理／418

- (1) 【ポジション・ペーパー1】事業計画の策定・管理・421
- (2) 【ポジション・ペーパー2】会計基準の適用・435
- (3) 【ポジション・ペーパー3】開示目的に照らした注記・455
- (4) 【ポジション・ペーパー4】有価証券報告書の記述情報等の開示・468
- (5) ［検討例2］のエッセンス　不正リスクシナリオと事業上のリスク・479

3 【プロセス1】から【プロセス4】の実務上の位置づけ／481
  (1) 財務報告による企業活動全体のコントロール（財務報告ガバナンス）・481
  (2) 全社的なリスクと決算・財務報告プロセスのリスクの識別および評価・482
  (3) 事業計画遂行のため望まれる意識と行動の浸透・482
  (4) 収益認識等と将来の不確実性による首尾一貫性の確保・485
  (5) 収益認識等と将来の不確実性以外での運用・485
  (6) 企業経営における内部統制報告制度の活用・485

第15章 【プロセス5】キーコントロールの構築と選定の文書化── 487

1 ［検討例3］トップダウン型のリスク・アプローチの適用／488
  (1) 入金プロセス
    【ポジション・ペーパー5】キーコントロールの構築と選定・494
  (2) 売上計上プロセス（架空・押込み売上リスク）
    【ポジション・ペーパー5】キーコントロールの構築と選定・508
  (3) 棚卸資産に至るプロセス
    【ポジション・ペーパー5】キーコントロールの構築と選定・529
  (4) ［検討例3］のエッセンス　トップダウン型のリスク・アプローチおよびキーコントロール選定の全体像・546

2 ［検討例4］上位コントロールの構築とキーコントロールの見直し／547
  (1) 内部統制評価の効率化
    【ポジション・ペーパー5】キーコントロールの構築と選定・550
  (2) 管理水準の向上・563
  (3) ［検討例4］のエッセンス　コントロール階層の構築・567

Contents

```
【プロセス5】補論
● 入金プロセス
    ①  販売プロセスの全体像・507
    ②  売上高の期間配分の適切性・507
● 売上計上プロセス（架空・押込み売上リスク）
    ①  リスクをまとめて検討する意義・522
    ②  収益認識のその他の論点・523
    ③  収益認識会計基準に関する7つの素朴なギモン・524
● 棚卸資産に至るプロセス
    ①  棚卸資産に関連する会計不正・545
    ②  内部資料の改ざんによる会計不正・545
● 内部統制評価の効率化
    キーコントロールの構築と選定の過程を明確にする意義・562
● 管理水準の向上
    内部統制の評価のしやすさと管理水準・567
```

3　【プロセス5】の実務上の位置づけ／568

(1)　決算・財務報告プロセスとその他の業務プロセスのコミュニケーション・568

(2)　コアナレッジの他の重要プロセスへの応用と社内への浸透・569

第16章　【プロセス6】内部統制報告制度の評価範囲の決定の文書化－572

1　［検討例5］重要な事業拠点の選定等／572

(1)　【ポジション・ペーパー6】内部統制報告制度の評価範囲の決定・573

(2)　［検討例5］のエッセンス　評価範囲の決定と子会社管理・578

2　【プロセス6】の実務上の位置づけ／580

(1)　形式的で機械的な範囲決定からの脱却・580

(2)　評価範囲の決定の精緻化と企業集団の管理水準の向上・583

(3)　内部統制報告書の記載事項（評価の範囲）への対応・584

(4)　ビジネスモデルやリスクが発生する可能性がある状況等と評価対象項目のつながりの明確化・586

(5)　2023年改訂への実効性の高い対応・588

Contents

● ──── **Column 4** 生成 AI とトップダウン型のリスク・アプローチと
　　　　　　　　　　　キーコントロール／589

第17章　内部統制報告制度とより望ましい気風の醸成 ──── 591

1　自己点検・独立的評価体制の再構築／591
　(1)　組織設計の 5 原則に基づく合理性・592
　(2)　日常的モニタリングの重要性の確認・596
　(3)　経営者等による内部統制の無視・無効化への対応・597

2　制度対応の首尾一貫性の確保／598
　(1)　構築・文書化と評価範囲決定・599
　(2)　キーコントロール選定と整備評価（デザインの検討）・600
　(3)　整備評価（業務への適用の判断）と運用評価・600
　(4)　不備改善と有効性判断（不備評価）・602

3　監査人との協議／603

4　実務上の導入パターンとスケジュール／604
　(1)　導入の推進と後ろ盾・604
　(2)　限界コストの低さと全体コストの低減・606
　(3)　一斉導入と段階導入・607
　(4)　運用時期を想定した導入スケジュール・608

5　より望ましい気風の醸成／611
　(1)　コンプライアンス意識と組織風土の改善・611
　(2)　望まれる気風と財務報告に係る内部統制の関係・612
　(3)　マインドをチェンジする必要性ときっかけ・613
　(4)　環境変化に対応できる気風・615

● ──── **Column 5** ジグソーパズル―First Love 初恋―／617

本書に掲記した図表一覧／619
謝　辞／627

ix

≪根拠法令・規則等≫

□根拠条文等

- 財務報告に係る内部統制の評価及び監査の基準のあり方について（企業会計審議会内部統制部会2005年12月）
- 財務報告に係る内部統制の評価及び監査の基準並びに財務報告に係る内部統制の評価及び監査に関する実施基準の設定について（意見書）（企業会計審議会2007年2月）
- 財務報告に係る内部統制の評価及び監査の基準並びに財務報告に係る内部統制の評価及び監査に関する実施基準の改訂について（意見書）（企業会計審議会2019年6月）
- 財務報告に係る内部統制の評価及び監査の基準並びに財務報告に係る内部統制の評価及び監査に関する実施基準の改訂について（意見書）（企業会計審議会2023年4月）
- 財務報告に係る内部統制の評価及び監査の基準（企業会計審議会2023年4月改訂）
- 財務報告に係る内部統制の評価及び監査に関する実施基準（企業会計審議会2023年4月改訂）
- 内部統制報告制度に関する11の誤解（金融庁総務企画局2008年3月）
- 内部統制報告制度に関するQ&A（金融庁企業市場局2023年8月改正）
- 内部統制報告制度に関する事例集〜中堅・中小上場企業等における効率的な内部統制報告実務に向けて〜（金融庁企業市場局2023年8月改正）
- 財務計算に関する書類その他の情報の適正性を確保するための体制に関する内閣府令（2023年6月改正）
- 「財務計算に関する書類その他の情報の適正性を確保するための体制に関する内閣府令」の取扱いに関する留意事項について（内部統制府令ガイドライン）（2023年6月改正）
- 財務報告内部統制監査基準報告書第1号「財務報告に係る内部統制の監査」（日本公認会計士協会2023年7月改正）
- 監査・保証実務委員会研究報告第32号「内部統制報告制度の運用の実効性の確保について」（日本公認会計士協会2018年4月）
- 財務報告内部統制監査基準報告書第1号研究文書第1号「内部統制報告制度の運用の実効性の確保に係る研究文書」（日本公認会計士協会2022年10月改正）
- コーポレートガバナンス・コード〜会社の持続的な成長と中長期的な企業価値の向上のために〜（株式会社東京証券取引所2021年6月）
- 記述情報の開示に関する原則（金融庁2019年3月）
- 記述情報の開示に関する原則（別添）―サステナビリティ情報の開示について―（金

融庁2022年11月）
- IIAの3ラインモデル　3つのディフェンスラインの改訂（内部監査人協会2020年7月）
- 監査基準報告書700「財務諸表に対する意見の形成と監査報告」（日本公認会計士協会2022年10月）
- 監査基準報告書700実務ガイダンス第1号「監査報告書に係るQ＆A（実務ガイダンス）」（日本公認会計士協会2023年8月）
- 監査基準報告書720「その他の記載内容に関連する監査人の責任」（日本公認会計士協会2022年10月）
- 企業会計基準等の開発において開示を定める際の当委員会の方針（開示目的を定めるアプローチ）（企業会計基準委員会2022年6月）
- 金融審議会ディスクロージャーワーキング・グループ報告—中長期的な企業価値向上につながる資本市場の構築に向けて—（2022年6月）
- IFRS S1号「サステナビリティ関連財務情報の開示に関する全般的要求事項」（2023年6月）
- IFRS S2号「気候関連開示」（2023年6月）
- 内部監査基準（一般社団法人日本内部監査協会2014年改訂）
- 価値協創のための統合的開示・対話ガイダンス2.0—サステナビリティ・トランスフォーメーション（SX）実現のための価値創造ストーリーの協創—（経済産業省2022年改訂）
- 企業会計基準第29号「収益認識に関する会計基準」（企業会計基準委員会2020年3月改正）
- 企業会計基準適用指針第30号「収益認識に関する会計基準の適用指針」（企業会計基準委員会2020年3月改正）
- 企業会計基準第31号「会計上の見積りの開示に関する会計基準」（企業会計基準委員会2020年3月）
- 企業会計基準第24号「会計方針の開示，会計上の変更及び誤謬の訂正に関する会計基準」（企業会計基準委員会2020年3月改正）
- 企業会計基準第17号「セグメント情報等の開示に関する会計基準」（企業会計基準委員会2010年6月）
- 固定資産の減損に係る会計基準および同注解（企業会計審議会2002年8月）
- 企業会計基準適用指針第6号「固定資産の減損に係る会計基準の適用指針」（企業会計審議会2009年3月改正）
- 企業内容等の開示に関する内閣府令（2024年4月改正）
- 企業内容等の開示に関する留意事項について（企業内容等開示ガイドライン）（2024年4月改正）

根拠法令・規則等

□凡　例

財務報告に係る内部統制の評価及び監査の基準	内部統制基準
財務報告に係る内部統制の評価及び監査に関する実施基準	内部統制実施基準，実施基準
「財務報告に係る内部統制の評価及び監査の基準並びに財務報告に係る内部統制の評価及び監査に関する実施基準の改訂について（意見書）」に関するコメントの概要及びコメントに対する考え方	コメントに対する考え方
内部統制報告制度に関する11の誤解	内部統制11の誤解
内部統制報告制度に関する Q&A	内部統制 Q&A
内部統制報告制度に関する事例集～中堅・中小上場企業等における効率的な内部統制報告実務に向けて～	金融庁事例集，事例集
財務計算に関する書類その他の情報の適正性を確保するための体制に関する内閣府令	内部統制府令
「財務計算に関する書類その他の情報の適正性を確保するための体制に関する内閣府令」の取扱いに関する留意事項について（内部統制府令ガイドライン）	内部統制府令ガイドライン
財務報告内部統制監査基準報告書第1号（財務報告に係る内部統制の監査）	内基報第1号
監査・保証実務委員会研究報告第32号（内部統制報告制度の運用の実効性の確保について） 　2022年に改訂され「財務報告内部統制監査基準報告書第1号研究文書第1号　内部統制報告制度の運用の実効性の確保に係る研究文書」と名称が変更されており，内基報1号の研究文書の位置づけとなっている。同研究文書で指摘している課題や解決の方向性を理解することは，改訂基準へのチェックリスト的対応にならないようにするため極めて重要だと考えられる。なお，同研究文書は	研究報告32号（研究文書1号）

研究報告32号と分析期間や対象，内容に変更はない。	
国際財務報告基準	IFRS
価値協創のための統合的開示・対話ガイダンス2.0－サステナビリティ・トランスフォーメーション（SX）実現のための価値創造ストーリーの協創－（2022年改訂経済産業省）	価値協創ガイダンス2.0
収益認識に関する会計基準（企業会計基準第29号）	収益認識会計基準 収益基準＊
収益認識に関する会計基準の適用指針（企業会計基準適用指針第30号）	収益認識適用指針 収益指針＊
会計上の見積りの開示に関する会計基準（企業会計基準第31号）	見積り開示会計基準 見積り基準＊
会計方針の開示，会計上の変更及び誤謬の訂正に関する会計基準（企業会計基準第24号）	会計方針等開示会計基準 会計方針基準＊
セグメント情報等の開示に関する会計基準（企業会計基準第17号）	セグメント開示基準
企業結合に関する会計基準（企業会計基準第21号）	企業結合基準
企業内容等の開示に関する内閣府令	開示府令
企業内容等の開示に関する留意事項について（企業内容等開示ガイドライン）	開示ガイドライン
Committee of Sponsoring Organizations of the Treadwey Commission（トレッドウェイ委員会支援組織委員会）	COSO

＊関連する会計上の論点との関係が明確な場合は，単に「基準」または「指針」と表記する場合がある。

PART I

内部統制の
基本的枠組みと
内部統制報告制度

PART I　内部統制の基本的枠組みと内部統制報告制度

　変化が少なく，安定成長が見込め，将来の不安が少ない状況では，組織内部の仕組みの効率化に注力すれば，持続的な成長は達成可能かもしれない。

　しかし，現在のように変化が激しく，不確実性の高い，複雑で先行き不透明な経済環境においては，組織内部の仕組みの整備と運用に注力しているだけでは持続的な成長が困難になることは，少し想像力を働かせれば見当がつく。そして，変化への対応の必要性が認識される。

　内部統制においても，従来の4つの目的よりも上位の目的として組織の持続的な成長を掲げ，変化の激しい現在の状況に対応するための新たな概念の導入や従来の概念の見直しが行われている。組織内部においては，経営者に対する取締役会の監督機能や監査役等の監査機能，内部監査の重要性が改めて確認されている。また，リスクの評価と対応については，不正リスク，特に，経営者や業務プロセス責任者が会計不正（不正な財務報告）等を行うリスクにスポットライトが当てられている。リスク管理においては，リスクを目的の阻害要因として認識する守りの視点だけではなく，自社の強みによりリスクを収益機会に変えたり，あるいは，自社が受入れ可能なリスクの種類や総量という形で一定程度のリスクを受け入れることを明確にして，戦略に生かしたりする攻めの視点が追加されている。さらには，規模が拡大し社会的な影響力が大きい企業では，株主との対話や，組織の内部と外部におけるその他のステークホルダーとの協働が，持続的な成長のために不可欠な基本的要素として認識されている。内部統制基準（2023年改訂）では，これらの新しい考え方を「ガバナンス及び全組織的なリスク管理」と総称する。

　一方で，内部統制自体も組織の持続的な成長のために必要不可欠であることは従来と変わらず，これらの新しい考え方と一体的に考察することが重要である。

　内部統制とガバナンス及び全組織的リスク管理を一体的に整備・運用するために，あるいは，内部統制対応（いわゆるJ-SOX）を実りあるものにするために必要とされるナレッジ（知見とノウハウ）は広範にわたる。内部統制の基本的な枠組みは勿論，取締役会と監査役等の役割と責任，経営戦略（経営方針）や事業計画の策定・管理（全社的なリスク管理），コーポレートガバナンスと会社法上の機関設計，そして，内部統制報告制度の文書化・評価まで及ぶ。

　本書PART I では，まず，内部統制の基本的枠組みを，その後で，財務報告の信頼性を目的とするJ-SOXの概要と理解のポイントを解説する。

第1章
内部統制の基本的枠組み

　内部統制基準等は，「Ⅰ．内部統制の基本的枠組み」，「Ⅱ．財務報告に係る内部統制の評価及び報告」，そして「Ⅲ．財務報告に係る内部統制の監査」の3つの部から構成される。そのうち，「Ⅰ．内部統制の基本的枠組み」は，内部統制それ自体についての定義と概念的な枠組みを示しているため，その内容を確認することは，財務報告に係る内部統制の有効性に関する経営者[1]による評価についての考え方を示す「Ⅱ．財務報告に係る内部統制の評価及び報告」を適切に理解し，内部統制報告制度の実効性を確保する方法について考察するうえで有用である。

　なお，解説の便宜上，従来からの内部統制の基本的枠組みについては，第1章　内部統制の基本的枠組みで解説し，内部統制基準の2023年改訂に反映された非財務情報の開示やコーポレートガバナンスおよび全社的なリスク管理との一体的な整備・運用や開示の重要性については，第3章　内部統制基準の改訂で取り上げる。

1 ▶ 内部統制の定義（4つの目的と6つの基本的要素）

　内部統制とは，基本的に，「業務の有効性及び効率性」，「報告の信頼性」，「事業活動に関わる法令等の遵守」ならびに「資産の保全」の4つの目的が達成されているとの合理的な保証を得るために，業務に組み込まれ，組織内のすべての者によって遂行されるプロセスをいい，「統制環境」，「リスクの評価と対応」，

1　内部統制基準では，Ⅰ．内部統制の基本的枠組みの冒頭で，本基準において，経営者とは，代表取締役，代表執行役などの執行機関の代表者を念頭に置いて規定しているとしている。本書でも，原則として同様の意味で用いているが，執行機関の代表者を中心とする執行グループを経営陣，経営陣幹部と表現する場合もある。

PART I　内部統制の基本的枠組みと内部統制報告制度

「統制活動」,「情報と伝達」,「モニタリング（監視活動）」および「IT（情報技術）への対応」の6つの基本的要素から構成される。

(1)　4つの目的

　内部統制基準等の「Ⅰ. 内部統制の基本的枠組み」で掲げられた内部統制の4つの目的のうち，内部統制報告制度は，「Ⅱ. 財務報告に係る内部統制の評価及び報告」と「Ⅲ. 財務報告に係る内部統制の監査」において，財務報告の信頼性を確保するための内部統制を対象としており，制度の対象を正しく理解するためには，4つの目的，そのうち，「報告の信頼性」と「財務報告の信頼性」の関係，そして，4つの目的相互の関係の整理が重要となる。

①　4つの目的と財務報告の信頼性

　内部統制基準等では，内部統制の4つの目的をそれぞれ次のように定めている。

　□「業務の有効性及び効率性」とは，事業活動の目的の達成のため，業務の有効性及び効率性を高めることをいう。
　□「報告の信頼性」とは，組織内及び組織の外部への報告（非財務情報を含む。）の信頼性を確保することをいう。
　□「事業活動に関わる法令等の遵守」とは，事業活動に関わる法令その他の規範の遵守を促進することをいう。
　□「資産の保全」とは，資産の取得，使用及び処分が正当な手続及び承認の下に行われるよう，資産の保全を図ることをいう。

　また，同基準等では，「報告の信頼性」には，財務報告の信頼性が含まれ，「財務報告の信頼性」は，財務諸表および財務諸表に重要な影響を及ぼす可能性のある情報の信頼性を確保することであるとしている。そして，財務報告に係る内部統制を対象とする内部統制報告制度は，4つの目的の中の「報告の信頼性」のうち，財務報告の信頼性の確保が目的である旨を明記している。

　なお，非財務情報のうち，会計事象や取引等に会計基準を適用して，財務諸表が作成されるプロセスを考察すれば，財務諸表に重要な影響を及ぼす可能性のある情報の直観的なイメージは，［図表1-1］のとおりと考えられる。

■図表1-1■ 財務諸表に重要な影響を及ぼす可能性のある情報のイメージ

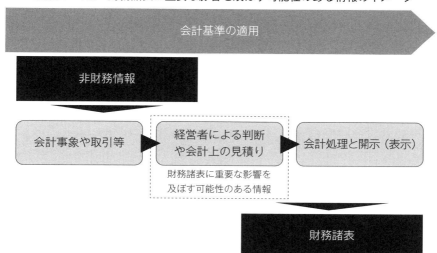

　本書では，財務報告の信頼性を阻害する要因を財務報告上のリスクと定義する。具体的には，財務報告の重要な事項に虚偽記載が発生するリスクであり，虚偽記載は，不正（不正な財務報告と資産の流用）と誤謬から生じるとする。また，財務報告の重要な事項は，内部統制基準等における「財務報告の信頼性」の定義から財務諸表と財務諸表に重要な影響を及ぼす可能性のある情報とする。

② 4つの目的相互の関係

　内部統制の目的はそれぞれに独立しているが，一方で相互に関連している。財務報告の信頼性に関しては，たとえば，新製品の開発，新規事業の立ち上げ，主力製品の製造販売等に伴って生ずるリスクは，組織目標の達成を阻害するリスクのうち，基本的には，業務の有効性および効率性に関連するものではあるが，会計上の見積りおよび予測等，結果として，財務報告上の数値に直接的な影響を及ぼす場合が多い。したがって，これらのリスクが財務報告の信頼性に及ぼす影響等を適切に識別，分析および評価し，必要な対応を選択していくことが重要になる。

　また，財務報告は，組織の業務全体に係る財務情報を集約したものであり，組織の業務全体と密接不可分の関係にあるため，経営者が財務報告に係る内部

PART I　内部統制の基本的枠組みと内部統制報告制度

■図表1-2■　事業上のリスクと財務報告上のリスク（例）

事業計画の策定・管理プロセスの一部			
1．事業上のリスクの明確化（業務の有効性と効率性）	2．財務報告の信頼性に与える影響の検討	3．財務報告上のリスクの特定	4．リスクへの対応
●新製品の開発 ●新規事業の立ち上げに伴って生じるリスク	（収益認識と営業債権） ●新規事業の売上計上ルールと顧客の支払条件 ●新規事業に係る売上債権の入金と滞留 （固定資産） ●新製品の開発中止	（収益認識と営業債権） ●新規事業の押込み販売等（特に期間配分の適正性） ●新規事業に係る営業債権の実在性 （固定資産） ●新製品関連設備の減損	＜事前＞ ●新製品開発計画や新規事業計画の立案（設備投資の経済性計算の事前検討を含む） ●新規事業の取引内容と顧客の支払条件の明確化 ●主力製品の生産・販売計画
●主力商品の製造販売等に伴って生じるリスク	（収益認識と営業債権） ●主力商品に係る売上債権の入金と滞留 （棚卸資産） ●主力商品の生産量と在庫の滞留	（収益認識と営業債権） ●主力商品に係る営業債権の評価の妥当性 （棚卸資産） ●主力商品の在庫に関する評価の妥当性	＜事後＞ ●実績の検討と計画との差異分析（モニタリング） ●債権の入金・滞留管理 ●棚卸資産の滞留管理

統制を有効かつ効率的に構築しようとする場合には，目的相互間の関連性を理解した上で，内部統制を整備し，運用することが望まれる。

　具体的には，財務報告の信頼性に関しては，組織における業務の有効性および効率性の検討のスタート，つまり，事業計画の策定・管理プロセスの一部として，事業上のリスク[2]を明確にし，事業上のリスクが財務報告に与える影響を検討するとともに財務報告上のリスクを特定して，適切に対応することが（［図表1-2］），財務報告の重要な事項における虚偽記載が発生するリスクを低減し，内部統制報告制度における開示すべき重要な不備を回避するうえで重要になる。

(2)　6つの基本的要素

　内部統制の基本的要素とは，内部統制の目的を達成するために必要とされる内部統制の構成部分をいい，内部統制の有効性の判断の規準となる。すなわち，全社的な内部統制および業務プロセスにおけるキーコントロールについて，内部統制の基本的要素が機能しているかを評価することになる。

2　企業目的の達成や戦略の遂行に悪影響を及ぼし得る重大な状況，事象，環境及び行動の有無に起因するリスクとする（監査基準報告書315第11項(7)「事業上のリスク」参照。なお，同規定では，不適切な企業目的及び戦略の設定に起因するリスクを含めている。）

6

なお，内部統制基準等では，6つの基本的要素を「統制環境」，「リスクの評価と対応」，「統制活動」，「情報と伝達」，「モニタリング」，そして「ITへの対応」の順に定めているが，本書においては，「モニタリング」の重要性に鑑み，「リスクの評価と対応」と「統制活動」の間に「モニタリング」を位置づけて解説する。

「リスクの評価と対応」を受けて，リスクを低減するための「統制活動」と，リスクの低減状況を監視する「モニタリング」が構築されることになるが，一般に，「モニタリング」よりも業務との関係が深くイメージが付きやすい「統制活動」に目が向きがちである。また，内部統制報告制度導入後の対応により，「統制活動」の文書化の重要性は一般に広く認知されていると考えられ，リスクの変化等に応じた見直しや，内部統制の改善，そして，内部統制の有効性の評価の観点からは，むしろ，「統制活動」を監視する「モニタリング」を重視したほうが，実効性と効率性が高く，かつ合理的と考えられるため，この順序としている。

① 統制環境

●組織の気風の決定と7つの例示

内部統制とは何であろうか。筆者は，日本語の語感から得られるイメージは，その本質の理解を妨げていると感じている。「統制」を国語辞典で引くと「国家などが一定の計画や方針に従って指導・制限すること。物資の統制。言論を統制する。」（大辞泉）とあり，「統制」からは「当局の行う取締り」というイメージが感じ取れる。

しかしながら，内部統制はそのようなイメージと異なる。内部統制は，法令や規則により強制的に構築させられるものではなく，組織内の者の行動を望ましい方向に導くために組織が自主的・自律的に構築し，整備・運用するものである。

内部統制の6つの基本的要素の中で，統制環境は第1番目に挙げられている。内部統制基準では，統制環境を，「組織の気風を決定し，組織内のすべての者の統制に対する意識に影響を与えるとともに，他の基本的要素の基礎をなし，リスクの評価と対応，統制活動，情報と伝達，モニタリング及びITへの対応に影響を及ぼす基盤」としたうえで，組織の気風とは，「一般に当該組織に見られる意識やそれに基づく行動，及び当該組織に固有の強みや特徴」と定義し

PART I　内部統制の基本的枠組みと内部統制報告制度

■図表1-3■　統制環境と組織の気風のイメージ

ている（［図表1-3］）。

また，統制環境に含まれる一般的な事項として，以下の7項目を例示する。

> ⅰ．誠実性及び倫理観
> ⅱ．経営者の意向及び姿勢
> ⅲ．経営方針及び経営戦略
> ⅳ．取締役会及び監査役等の有する機能
> ⅴ．組織構造及び慣行
> ⅵ．権限及び職責
> ⅶ．人的資源に対する方針と管理

● 経営者の意向及び姿勢と気風の形成過程

7項目を例示の順番で考察しても統制環境の本質の理解は難しいと思われるため，組織の「気風」が決定される過程という視点で動的に捉え直す。

創業間もないベンチャー企業のⅱ．経営者の意向及び姿勢は，組織の成長とともにⅲ．経営方針及び経営戦略として実際の企業経営に落とし込まれ，それを実践するためのⅶ．人的資源に対する方針と管理が決定される。これら経営戦略等に従ったⅴ．組織構造が採用され，ⅵ．権限及び職責が設けられて組織内の者に割り当てられる。また，拡大した規模に相応しい企業統治（コーポレートガバナンス）の体制が検討され，会社法上の会社の機関設計（ⅳ．取締役会

及び監査役等の有する機能）が再検討されることもある。これらに基づく実際の企業活動を通して，組織内における行動の善悪の判断指針（ⅴ．慣行）が明確になっていき，組織が有するⅰ．誠実性及び倫理観が形成される。

　これら7項目が，経営基盤となり，その企業の意識（「気風」）を決定することになる。統制環境は，その企業の意識（「気風」）を通して従業員等の意思決定や行動に影響を与えるため重要なのである。

　その決定過程からもわかるとおり，「気風」は組織の最高責任者の意向や姿勢を反映したものとなることが多いといわれる。

　ベンチャー企業を例として挙げたが，中小規模企業，そして大企業においても，従業員等の意思決定や行動に影響を与えるという気風の性質に鑑みれば，上記の組織における気風の決定過程を意識すべきである。特に，規模が拡大し，機関投資家等の参加により株主構成が多様となり，従業員をはじめ企業の内と外のステークホルダーが増え，顧客や地域社会等に与える事業活動の影響が大きくなればなおさら持続的な成長のために重要になる。

②　リスクの評価と対応

●企業経営の不安と様々なリスク

　食品偽装，耐震偽装問題，製品性能偽装や人材派遣会社の偽装請負事件など多くの業界に法令違反等が見つかっている。「うちは大丈夫か。」と不安に思われた企業は少なくないであろう。

　また，企業の業績が好調でも，景気の先行きを考え，不安を感じる企業も少なくないのではないだろうか。不況になれば，販売の低下，与信先の業績の悪化により，在庫が滞留しないか，滞留債権が発生しないか気懸かりである。公表した年度の売上・損益見込みの達成状況やその達成のために不適切な会計処理を実施してしまわないかも気になる。技術革新のテンポが著しく速い産業に会社が属していれば，生産設備の陳腐化，遊休資産が発生していないか，在庫が陳腐化し，販売不能とならないか，常に不安をもたれていると思われる。あるいは，新規業種への進出を検討する場合に，商慣行が確立しておらず，収益認識基準が不明確で代金の回収が規則的に行われないような業界であれば，従業員による売上代金の着服（資産の流用），滞留債権の発生の可能性等について慎重に検討されるかもしれない。

　このように企業経営の不安は尽きず，経営者にとって，その不安は切実であ

PART I　内部統制の基本的枠組みと内部統制報告制度

ろう。このような「不安」を「リスク」と捉え，できる限り取り除くためのスタートが「リスクの評価と対応」である。

　ところで，今，社会から求められているのは，すべての重要なリスクを会社として管理し，「知らなかった」というような事態の発生を回避することである。また，リスクが発現してしまった場合にも，そのクライシスに対して的確に対応することが求められる。先の不祥事・事故に関して，報道等でその後の対応を見ていると，各部門で行われていることを経営者が全く把握しておらず，ある日突然大きな不祥事や事故が発生したというケースが少なくない。そういった企業には社会からも厳しい目が向けられる。

　一方，すでに自分の頭の中で全社的なリスクの評価と対応を行っている経営者でも，後継者も引き続き実施できるか，不安に思われている場合もあると思われる。また，取締役の責任として，企業内外のステークホルダーに，実施したリスクの評価と対応について合理的な説明を求められる場合が考えられる。経営者の頭の中ではなく，企業の仕組みとしてリスク管理（リスクの評価と対応）を実行していく必要がある。

　なお，実務上，クライシスとリスクが混同されるケースが見受けられるが，一般にクライシスは，リスクの発現（危機）と定義され，その管理（クライシス管理）は，重大なリスクが発現した場合の損失を最小限に抑えることを目的とする。一方，リスク管理（リスクの評価と対応）は，一次的には，予防の見地から，リスクが発現しないようにするために実施される（クライシス管理を含めて，広義のリスク管理という場合もある）。

●リスク評価の流れ

　内部統制基準は，リスクを「組織目標の達成を阻害する要因」と定義しており，組織に損失を与えるリスクのみを指し，組織に利益をもたらす可能性は含まないとしている。また，リスクの評価の流れとして，「識別≫評価（分類と評価を含む。）≫対応」が例示されており（[図表1-4]），リスクへの対応の種類として，「回避，低減，移転，受容又はその組み合わせ等」が明示されている。なお，リスク対応の良否は，他の基本的要素であるモニタリングによって，監視，評価され，対応が不適切であれば是正される。

　リスク評価のスタートである識別では，まず組織目標を明確にし，組織目標の達成に影響を与える事象を把握することが重要である。そして，そのうちに

第1章　内部統制の基本的枠組み

■図表1-4■　リスクの評価の流れ（モニタリングを含む。）

1. リスクの識別	2. リスクの評価	3. リスクへの対応	4. モニタリング（他の基本的要素）
(1) 組織目標の明確化 (2) 組織目標の達成に影響を与える可能性のある事象の把握 (3) リスクの特定 (4) 全社的なレベルから業務プロセスのレベルまでの各段階でのリスクの識別	(1) 分類 (2) 分析 (3) 評価	リスクの回避，低減，移転又は受容等を選択する	リスク対応の良否は監視，評価され，対応が不適切であれば是正される

　どのようなリスクがあるかを特定する。リスクは，全社的なレベルから業務プロセスのレベルまで様々な段階で存在することから，各段階において適切にリスクを識別する。

　また，組織の資源は有限であるため，直面するすべてのリスクに対応することは不可能である。したがって，識別・分類したリスクに，重要なものから順に優先順位をつけて対応していくことが重要であり，優先順位のつけ方としては，当該リスクが生じる可能性とリスクがもたらす影響の大きさがある。リスクの評価と対応は，「リスクへの有効かつ効率的な対応」，つまり，「メリハリを利かせた対応」という切り口で考える必要がある。

●リスクの分類，分析・評価，そして対応の例示

　内部統制基準等では，「リスクの分類」の例として，全社的なリスクと業務プロセスのリスク，そして過去に存在したことのあるリスクと未経験のリスクを挙げている。

　全社的なリスクは，組織全体の目標の達成を阻害するリスクと定義され，特定の取引先・製品・技術等への依存，特有の法的規制・取引慣行・経営方針，経営者個人への依存等が例示されている。組織における経営戦略や組織運営における課題が該当し，財務報告への影響がある場合は，経営者による判断や会計上の見積りの要素が含まれる会計処理と関係する場合が多い。

　一方，業務プロセスのリスクは，組織の各業務プロセスにおける目標の達成を阻害するリスクと定義されている。たとえば，売掛金の貸倒れリスク，非効率的な設備投資リスク，売上の誤計上リスクや在庫の陳腐化リスクが該当する。財務諸表に重要な影響を与える場合は，収益認識や将来の不確実性（資産の評

11

PART I　内部統制の基本的枠組みと内部統制報告制度

価や引当金の計上等）に関するリスクである場合が多い。

　過去に存在したことがあるリスクと未経験のリスクでは，一般に，未経験の
リスクのほうが，より慎重な対応が必要である。また，過去に存在したことが
あるリスクも，時の経過とともに，状況が変化し，影響の度合いが変化してい
る可能性があることに留意すべきである。たとえば，新規事業への進出時には，
より慎重な対応が必要であり，また，不況（状況変化）により，従来よりも債
権および在庫の滞留リスクが高まるかもしれない。

　また，「リスクの分析・評価」を行う際の視点として，「リスクが生じる可能
性」と「リスクがもたらす影響の大きさ」が挙げられている。なお，最近では，
自然災害等の教訓から，発生の可能性が低くても，発生すると甚大な被害がも
たらされる場合があることを考慮し，「リスクが生じる可能性」に替えて「エ
クスポージャーの程度（リスクに対して対応が行われていない程度）」（残余リ
スク）を利用する考え方もある。

　組織は，識別・分類したリスクのすべてに対応策を講じるのではなく，重要
性があるものについて対応策を講じることになるが，その際，リスクの評価に
基づく優先順位づけが重要になる。

　「リスクへの対応」としては，新たな内部統制の整備（低減），保険加入等（移
転）といった積極的な対応のほか，リスクの要因となる活動の見合わせまたは
中止（回避），対応をとらない（受容）といった消極的な対応もあり得る。

　ただし，何の検討も行わないでリスクを受容するというのは不適切である。
リスクへの事前対応にかかる費用が，その効果を上回ると判断した場合，また
は，リスクが顕在化した後でも対応が可能であると判断した場合等，リスクが
許容できる水準以下であれば，受容することもあり得るが，それらの場合には，
リスク対応の費用と効果を比較衡量したり，顕在化したリスクを早期に発見し
たりする仕組みが必要となる。

● リスク感応度の向上

　リスクは識別されなければ，それを評価し，適切に対応することはできない。
では，重要なリスクをもれなく識別するためにはどうすれば良いだろうか。

　一般に課題やリスクの識別についての方法論に関心が行きがちであり，まず，
よく戦略論で取り上げられる PEST 分析，SWOT 分析，5 フォース分析やバ
リューチェーン分析等の課題リスク分析・戦略策定ツールが思い浮かぶ。

確かに，これらは，会社の内部・外部環境を分析し，特定の目標に係る課題やリスクを識別するには有効と考えられるが，包括的な識別には限界がある。実際に課題やリスクを識別するのはヒトであり，これらの分析ツールは道具にすぎない。リスク識別の方法論よりも，識別主体のほうが重要だと思われる。

また，経営者一人が認識できるリスクには限界があり，現場に最も近いヒトしか識別できないリスクも存在する。たとえば，「ハインリッヒの法則」によれば，１件の重大災害（死亡・重傷）が発生する背景に，29件の軽傷事故と300件のヒヤリ・ハットが現場で起こっているといわれ，重大災害を未然に防ぐためには，ヒヤリ・ハットの段階でリスクを識別して対応策を検討すべきことが示されている。

したがって，組織内の者すべてのリスク感応度を高めることが望まれる。組織内の者すべての行動を望ましいほうに導くためには，前述のとおり，統制環境が重要であるため，統制環境の7つの例示に即して考察することが有効である。

一般にヒトは，自分の大事なものは大切に扱う。経営者が，熱く「夢」を語れるような経営理念を示し（ⅱ．経営者の意向及び姿勢），倫理的または道徳的に正しい意思決定を示すことは（ⅰ．誠実性及び倫理観），従業員等の会社へのロイヤリティー（忠誠心）を高めるであろう。また，リスクは組織目標の達成を阻害する要因であり，その識別のためには，会社の目標，それを実行するための部長，中間管理職および担当者各レベルの目標を明確にすることも重要である（ⅲ．経営方針及び経営戦略）。

社外取締役や社外監査役には，法律・経済・会計・税務等の分野に通暁した専門家を選任することが有効かもしれない（ⅳ．取締役会及び監査役等の有する機能）。

さらに，マイナス情報も適時・適切に伝達される慣行が醸成できるように，各部門の業務内容と従業員の権限と責任の割当，勤務評価制度の検討を行う必要がある。たとえば，各人の業務内容の適切な理解，自己の責任の自覚および風通しの良いフラットな組織は，組織内の者のリスク感応度を高めるのに役立つであろうが，経営トップと従業員の間の大きすぎる報酬差は，組織内の者のリスク感応度を鈍らせる要因になるかもしれない（ⅵ．権限及び職責，ⅴ．組織構造及び慣行）。

そして，業界の関係法令，リスク等に関する教育研修等，人材育成の仕組み

の整備も必要であろう（vii. 人的資源に対する方針と管理）。

統制環境を整備することにより，社内のリスク感応度を高めつつ，コンプライアンス，情報セキュリティ，品質管理，環境管理，事業継続マネジメント等の目標に応じたリスク分析ツールを利用してリスクを識別することが重要である。

加えて，リスクを適切に評価するためには，多角的な評価を行うことが望まれ，リスクを識別した人が，適時，他者（できれば専門家）に相談できる体制が望まれる。リスク・マネジメントに関して先進的に取り組んでいる企業の中には，経営トップの中から CRO（Chief Risk Officer）を選任し，CRO を委員長とするリスク・マネジメント委員会を設置している企業もある。この委員会は会社のリスク・マネジメントに関する承認・諮問機関として各部門や部署のリスク・マネジメントを統括する。

③ モニタリング

● 日常的モニタリングと独立的評価

内部統制は，現状の権力構造や組織体制を維持するための理屈ではない。そうではなくて，組織の持続的な成長のためのロジックである。したがって，現状の権力構造や組織体制の誤りが発見されれば，是正される機能が事前に組み込まれているべきであり，それが基本的要素の１つのモニタリングである。

内部統制基準等は，モニタリングを「内部統制が有効に機能していることを継続的に評価するプロセス」と定義し，「モニタリングにより，内部統制は，常に，監視，評価及び是正されることとなる」と説明している。また，「誰が」「いつ」「何を対象とするか」によって，「日常的モニタリング」と「独立的評価」に分類している。

「日常的モニタリング」は，業務に組み込まれて行われる一連の手続で，適切な管理者が通常の業務として行うものである。たとえば，担当者が実施する売掛金の残高確認作業（差異の分析作業を含む。）に対する適切な管理者等の監視がある。これにより，不一致が発見された場合は，その修正（必要な場合）にとどまらず，販売プロセスの問題点を発見してその改善を促すことも日常的モニタリングに含まれる。

「独立的評価」は，業務から独立した視点，つまり，日常的モニタリングでは発見できないような経営上の問題がないかを別の視点から評価するために，

経営者，取締役会，監査役等および内部監査部門等が，定期的または随時に行うものである。

　経営者は，内部統制（ITを含む）の構築・運用の最終責任者であり，この観点から独立的評価を実施することになる。ただし，経営者が直接実施できる活動には限界があるため，通常は，内部監査部門等に適切な指示を行い，その結果を監視することによって独立的評価を遂行することとなる。

　取締役会は内部統制の整備および運用に係る基本方針を決定する。また，取締役会は取締役の職務の執行を監督する責任を負う。こうした機能を果たすため，取締役会は，経営者が内部統制を取締役会の決定に従って適切に整備し，運用しているか監視する責務を負っているものと考えられる。

　監査役等は，取締役等の職務の執行を監査する。監査役等は有効なモニタリングを実施するため，調査を補助する者を使用することがある。この際，監査役等は，調査を補助する者について，調査対象となる業務活動，取締役等からの独立性を確保することが重要になる。

●日常的モニタリングとキーコントロール

　内部統制基準等「Ⅱ．財務報告に係る内部統制の評価及び報告」によれば，経営者は，財務報告の信頼性に重要な影響を及ぼす内部統制を統制上の要点（キーコントロール）として選定し，各々のキーコントロールの運用状況を評価することによって，業務プロセスに係る内部統制の有効性を評価する。

　業務の有効性・効率性や法令等遵守などを目的とする内部統制においても同様に，その運用状況を評価すれば，内部統制全体の有効性が評価できるような，いわば「扇の要（かなめ）」となるようなキーコントロールを構築して評価すれば，内部統制の継続的な整備と運用に役立つと考えられる。

　業務プロセスに係るキーコントロールを選定する場合，内部統制全体を俯瞰する視点に立てば，まず，最初に考えるべきは，各担当者レベルの内部統制よりも，部長や中間管理職の日常的モニタリングであろう。

　読者が属する企業では，部長や中間管理職が実施すべき日常的モニタリングの内容が明確になっているだろうか。部長や中間管理職の承認・回覧手続は存在しても，何を承認・チェックすべきか明確になっていないことが少なくないと思われる。業務の有効性・効率性や法令等の遵守などに直接的な影響を及ぼすのは，業務プロセス（販売プロセスや購買プロセス等）であり，部長や中間

PART I　内部統制の基本的枠組みと内部統制報告制度

管理職の日常的モニタリングは特に重要なはずである。

したがって，部長や中間管理職の日常的モニタリングが，効果的に行われていないにもかかわらず，現在，企業運営上の重要な問題が発生していないとすれば，それは，経営者の直接のモニタリング（独立的評価）が有効に実施されているか，企業内の者の個人的な能力に依存しているのか，たまたまうまくいっているだけか（ただし，ヒヤリ・ハットは発生している可能性はある），または，重要な問題が発生しているが気付いていない，のいずれかであると思われる。

適切な管理者が実施すべき日常的モニタリングのうち，主なものは，重要な内部統制の実施状況の監視（特に，例外管理）と会社の財務数値の分析的検討と考えられる。監視すべき重要な内部統制とは，重要なリスクに対応した統制活動である。業務の有効性・効率性目的や法令等遵守目的であれば，取引開始の最初の段階で統制活動の整備に留意し，それ以降の問題の発生をなるべく予防すべきである。

また，部長や中間管理職が会社の活動を確認するうえで，財務数値の分析的検討は極めて重要である。各業務プロセスの財務数値へのつながりを把握することにより，業務と数字の理解が深まる。会社の実態と財務数値を比較し，問題点や課題の発見につながる場合もあるであろう。担当者のコントロールを詳細に「文書化」するだけでなく，適切な管理者の日常的モニタリング項目を明確にして周知・徹底したほうが，企業にとって役立つと考えられる。

● 日常的モニタリングと独立的評価の関係

日常的モニタリングにより識別された問題点は，通常，モニタリングを実施した部門において分析され対応が図られることとなるが，同時に，問題点とその対応策を取りまとめて，その上位の管理者等に報告するとともに，必要に応じて，経営者，取締役会，監査役等にも報告することが求められる。

独立的評価により識別された問題点は，内部監査人によるものについては，経営者が適時に報告を受ける仕組みを確保することが重要であり，あわせて，取締役会，監査役等にも報告することが求められる。取締役会，監査役等による独立的評価の結果は，取締役会で報告され，経営者による適切な対応を求めていくことが重要である。

このように，業務プロセスの管理者と責任者による日常的モニタリング，リ

16

スク管理部門等の部門横断的なリスク管理[3]，経営者の独立的評価，そして，経営レベルの内部統制である内部監査部門，取締役会および監査役等による独立的評価へと至るモニタリングの階層を組織内に構築することが，問題点の改善や変化への対応を可能とする内部統制を実現する（[図表1-5]）。

その中でも，取締役会および監査役等の独立的評価は，組織内の最上位のコントロールと考えられるため，たとえば，取締役会および監査役等が，実質的に経営者や特定の利害関係者から独立して意見を述べることができるか，モニタリングに必要な正しい情報を適時かつ適切に得ているか，経営者，内部監査人等との間で適時かつ適切に意思疎通が図られているか，取締役会および監査役等の行った報告および指摘事項が組織において適切に取り扱われているか等，取締役会および監査役等の活動の有効性は，組織全般のモニタリングが有効に機能しているかを判断する重要な要因となる。

■図表1-5■　日常的モニタリングと独立的評価における階層

独立的評価	取締役会（監督）と監査役等（監査）
	経営者（執行）
	内部監査部門等

| 日常的モニタリング | リスク管理部門等の部門横断的なリスク管理 |
| | 業務部門（業務プロセス）
管理者・責任者による日常的モニタリング |

| 統制活動 | 業務部門（業務プロセス）
担当者レベルの統制活動 |

3　財務報告に係る内部統制，あるいは，内部統制報告制度においては，全社的な決算・財務報告プロセスにおける経理部門による予算統制や財務数値の分析的検討等が含まれる。

PART I 　内部統制の基本的枠組みと内部統制報告制度

④ 統制活動

●内部統制の文書化（記録・保存）

　内部統制報告制度が語られるとき，最大のコスト要因である「文書化」が強調して説明されることが少なくない。また，業務プロセス（販売プロセスや購買プロセス等）に係る社内の各部門または活動単位ごとの業務手順等が，イメージし易いことや手を付け易いこととも相まって，そのような業務手順等を詳細に文書化することが，内部統制であるといった誤解もあるのではないかと思われる。

　内部統制基準等では，各部門または活動単位ごとの業務手順等は，「統制活動」に含めて説明されるが，「統制活動」は，「経営者の命令及び指示が適切に実行されることを確保するために定める方針及び手続」と定義され，「権限及び職責の付与，職務の分掌等の広範な方針及び手続が含まれる。」とされている。

　「経営者の命令及び指示が適切に実行されることを確保する」のは，事業の遂行のため，経営者が複数の下位者に役割を分担し，権限を委譲するからである。したがって，「権限及び職責の付与，職務の分掌等の広範な方針及び手続」が各部門または活動単位ごとの業務手順等の前提，あるいは基盤（全社的な内部統制）になる。

　権限および責任の分担や職務分掌等を職務規程等で文書化することは，内部統制の可視化により，不正または誤謬等の発生をより困難なものにする効果があると言われる。また，業務手順等を業務マニュアル等で文書化することは，業務の標準化に貢献する。業務の標準化は，迅速・正確な処理に繋がり，取引期間の短縮および信頼性の向上に資するであろう。さらに，定期的なジョブ・ローテーションを合わせて実施すれば，業務に関する知識・ノウハウの社内共有と業務の円滑な引継ぎや不正等の発見に役立つ。

●全社的な内部統制と業務プロセスに係る内部統制の関係

　①統制環境や②リスクの評価と対応は，主に全社を対象とした内部統制である。④統制活動も，業務プロセスに係る業務手順等のみではなく，全社を対象とした内部統制をその範囲に含む。④統制活動における全社を対象とした内部統制（権限および責任の分担や職務分掌等）は，①統制環境の「権限及び職責」と重なり，①統制環境と同じく，権限および責任の分担は，経営戦略との整合性を重視し，従業員のモチベーションを考慮する必要がある。職務分掌には，

18

第1章　内部統制の基本的枠組み

善良な人に魔が指さないようにするための配慮が必要である。

　また，④統制活動は，組織内の者すべてによって遂行されてはじめて機能するものであり，②リスクの評価と対応と同様，④統制活動においても，組織内の者すべての行動を望ましい方向に導くため，①統制環境が重要となる。

　さらに，②リスクの評価と対応で説明した，業務プロセスのリスクに対応するのは，主として業務に組み込まれた④統制活動である。たとえば，売掛金が焦げ付くリスクに対しては，与信管理手続，収益認識基準・回収条件の明確化，売掛金の個別消込手続，債権の滞留状況のレビュー等で対応することになる。

　このように，①統制環境，②リスクの評価と対応，そして④統制活動は，相互に関連している。内部統制は，基本的要素ごとに別々に考えるよりも「一連のプロセス」として考察したほうが納得感が高まる。

● 6つの基本的要素の関係と組織の役割分担

　本書で重視していることの一つは，全体を俯瞰する視点であるが，内部統制報告制度への対応状況を見るに，常に業務プロセスに係る④統制活動の文書化ばかりがクローズアップされて，内部統制の本質が見失われているのではないかと懸念される場面にしばしば遭遇する。

　ある目標を達成するための手段でしかない手続の文書化が，内部統制の目的であるとの誤解，または，詳細な文書化が業務の有効性・効率性や法令等遵守などの目的に必ず貢献するという誤解が広がらないか気懸かりである。

　内部統制基準等では，体系的・論理的に説明するため，あるは，有効性の評価のために，内部統制を6つの基本的要素に分けて説明しているが，6つの基本的要素は，それぞれが独立しているわけではなく，一連の動的なプロセスである。

　④統制活動は，リスクに対して整備されるべきであり，また，一旦，整備すればそれで終わりではなく，それが継続的に適切に運用されているか，また，リスクに対応しているか定期的に検討され必要な改善が行われなければならない（②リスクの評価と対応，③モニタリング）。②リスクの評価と対応，④統制活動および③モニタリングは密接に関連がする。そして，各基本的要素間の情報の流れをスムーズにするのが⑤情報と伝達であり，さらに，組織の業務内容がITに大きく依存していれば，⑥ITへの対応も検討されるであろう。また，これらの仕組みは組織内の者すべてによって遂行されて初めて機能する。した

PART I 内部統制の基本的枠組みと内部統制報告制度

がって，これらの仕組みが正しく機能する方向に，彼らの行動を導く①統制環境が重要となる。

　経営者は「一連の動的プロセス」である内部統制を，「組織内の者の役割分担と責任の明確化」といった観点から，次のとおり，構築，整備，運用すべきと考えられる。

　主に，経営者は①統制環境の整備と③モニタリング（独立的評価）を実行し，取締役会および監査役等は経営者を監督・監査する。部長や中間管理職は各担当者の業務プロセスの④統制活動等を③モニタリング（日常的モニタリング）し，④統制活動を遂行するための教育（特に，On the Job Training）を各担当者に実施する。また，組織内の者すべては，各自の役割を誠実に遂行するとともに，会社のリスクの識別（②リスクの評価と対応）に加わる（特に，各担当者のリスク感応度を高めることが重要である。）。そして，このような仕組みが有効かつ効率的に機能するように⑤情報と伝達および⑥ITへの対応等が検討される。

　なお，業務プロセスに係る内部統制の全体を俯瞰する視点に立てば，各担当者の統制活動だけでなく，部長や中間管理職の管理・監督行為（日常的モニタリング）の重要性が確認できる。

⑤　情報と伝達
●情報の識別・把握・処理

　現代は，インターネットの普及など通信技術の進展もあって会社の内も外も情報であふれている。そのような「情報」やそれを伝える「伝達」が内部統制でも重要な要素の１つになる。実施基準によれば，「情報と伝達」とは，「必要な情報が識別，把握及び処理され，組織内外及び関係者相互に正しく伝えられることを確保すること」であると定められている。

　まずは，他者に伝える前に，使える「情報」に整えられていないと不都合が生じるため，一般に，整理できていない情報は利用価値がとても低い。情報は，識別，把握，処理の３つの手順で整理する。

　「識別」とは，たくさんの情報の中から役員や従業員の一人ひとりが，正確に，そしてタイムリーに企業に必要な情報を取捨選択することをいう。

　次に，「把握」とは，識別した情報を情報システムに取り入れることであり，ここでいう情報システムは，情報を整えて流す仕組みをいい，コンピューター

第1章　内部統制の基本的枠組み

に限らず，手書きのメモや帳簿類も含む。

　なお，大量の情報を扱い，業務が高度に自動化されたシステムに依存している状況においては，情報の信頼性が特に重要である。信頼性のない情報は，経営者の誤った判断等につながる可能性がある。情報の信頼性を確保するためには，情報の処理プロセスにおいてシステムが有効に機能していることが求められる。たとえば，情報の処理プロセスにおいて，情報の信頼性を確保するためにシステムが適切に構築および運用されている必要がある。この点で，⑥ITへの対応との関係が重要になる。

　そして，「処理」とは，把握された情報を，分類，整理，選択，演算などして，目的に応じて使いやすい形式に整えることである。

●情報の伝達

　社内外に使える情報があっても，必要とする人に伝わらないと意味がない。そこで，識別，把握，処理によって整えられた情報が，受け手に正しく，そしてタイムリーに「伝達」する仕組みをつくる必要が生じる。伝達には，内部伝達と外部伝達がある。

　内部伝達の1つは，経営者から従業員に対する伝達や従業員から経営者に対する伝達である。特に，内部統制の不具合に関する情報や経営判断に必要な情報が，社長をはじめとする経営者に，正しく，そしてタイムリーに伝わる仕組みが重要である。いまや，経営者は，不正や大きなミスがあったときに，「情報が上がってこなかったから知らなかった」という言い訳は通用しないと考えられる。また，配送部門への出荷指示，人事考課の結果通知など普段の仕事における従業員間の伝達も内部伝達の1つである。

　外部伝達には，仕入先への発注連絡，株主や金融機関に対する決算報告，国や地方自治体に対する税務申告，監督当局に対する業務報告などがあるが，情報は社外に対しても正しく，そしてタイムリーに伝える必要がある。一方，得意先からの受注連絡，法令や規則の改正，業界の動向など会社の外部から情報を正しく，そしてタイムリーに入手する必要もある。

　なお，社内あるいは社外に埋もれている重要な情報を通常の伝達経路以外の方法で吸い上げる手段として，「内部通報制度」を導入している企業もある。直属の上司や同僚に話しにくい情報を匿名で伝える窓口を設けておき，社内に埋もれてしまう情報を吸い上げようとする仕組みである。

PART I　内部統制の基本的枠組みと内部統制報告制度

●他の基本的要素との関係

ヒトの体は，臓器が備わっているだけでは動かず，血液が循環することではじめて生体として機能する。企業においても，経営者を監督・監査する監査機関や，必要な業務を実施する部署が存在するだけでは不十分であり，情報がめぐってはじめて内部統制が有効に機能する。情報と伝達は，他の基本的要素（統制環境，リスクの評価と対応，統制活動，モニタリング，ITへの対応）を相互に結びつけて，内部統制全体を有効に機能させる役割がある。

たとえば，統制環境において新たな経営方針を策定した場合，この内容が組織の適切な者に伝えられ，その内容が正確に理解されることにより，適時にリスクの評価と対応が行われ，適切な統制活動が実施される。一方で，統制活動やモニタリングにおいて内部統制の不備に関する重要な情報が発見された場合は，その情報が経営者または適切な管理者に伝達されることにより，必要に応じて統制環境に含まれる全社的な計画，方針等が変更される。

つまり，内部統制を有効に機能させるためには，会社内外で，質の高い情報が正しく，そしてタイムリーに伝達されるような仕組みが必要になるということである。

⑥　ITへの対応

●IT環境への対応

コンピューターの普及やそれらをつなぐネットワークの整備につれて，従来は手作業で行っていた仕事の一部，また，かなりの部分がコンピューターによって正確かつ迅速に実施されるようになった。その反面，個人情報の漏えいやシステム障害による業務の停止など，コンピューターを使うことによって新たな問題が起きていることも事実である。

こうしたコンピューターの利便性とその裏にあるリスクを正しく見極めて企業の業務に生かしていくことが必要となる。実施基準等によると，「ITへの対応」（全社的な内部統制）とは，「組織目標を達成するために予め適切な方針及び手続を定め，それを踏まえて，業務の実施において組織の内外のITに対し適切に対応すること」であり「IT環境への対応とITの利用及び統制からなる」と説明されている（[図表1-6]）。

まず，IT環境への対応とは，ITを利用するにあたって（あるいはITを利用しながら），企業内外でのITの利用状況をしっかりと把握，分析して，企

第1章 内部統制の基本的枠組み

■図表1-6■ ITへの対応の全体像

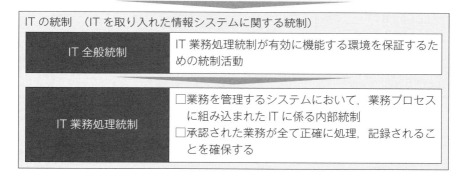

業としての基本的な対応方針を決めることである。企業が考えるべきIT環境として，社会および市場におけるITの浸透度，組織が行う取引等におけるITの利用状況，組織が選択的に依拠している一連の情報システム（IT基盤）の状況，ITを利用した情報システムの安定度，ITに係る外部委託の状況などがある。

● ITの利用

ITの利用は，内部統制の基本的要素である統制環境，リスクの評価と対応，統制活動，情報と伝達およびモニタリングにITを利用して，より有効で効率的な内部統制をつくることである。たとえば，統制環境では，社長の意向，会社の経営方針等を従業員にタイムリーに伝えるために社内のイントラネットや電子メールを使うことが考えられる。

なお，このようにITを利用する場合には，それに伴って生じる新たなリスクに対して適切な対応措置を講じる必要がある。たとえば，電子メールを利用する場合には，大量の機密データの持出しへの対策が必要になる。また，情報

PART I　内部統制の基本的枠組みと内部統制報告制度

システムの開発・運用・保守などITに関する業務の全てまたは一部を，外部組織に委託するケースもあり，このようなITの委託業務に係るリスクと統制の重要性が増している。さらに，クラウドやリモートアクセス等の様々な技術を活用するにあたっては，サイバーリスクの高まり等を踏まえ，情報システムに係るセキュリティの確保が重要である。

●ITの統制

　一方，ITの統制は，ITに係る業務処理統制とITに係る全般統制からなる（[図表1－6]）。ITに係る業務処理統制（IT業務処理統制）とは，通常の業務で利用する情報システムの中で行われている自動的なチェック機能をいう。たとえば，情報システムを利用するためのパスワードを用いた認証機能，IDによって職位や職制ごとに情報システムの操作できる範囲を限定する機能などがある。

　ところで，一旦，コンピューターに適切なプログラムを組み込めば継続して機能するが，その後のシステム変更におけるプログラミングのミスが発生したり，不正な改ざんが行われたりしてしまうと，正しく稼働しなくなる。単にシステムを導入すれば，その後は放っておいてもよいというわけにはいかない。ITを利用し，ITに係る業務処理統制を有効に機能させるには，コンピューターを正しく稼働させるための管理業務が必要になるのである。この管理業務が適切に行われているかをチェックする統制がITに係る全般統制（IT全般統制）であり，ITに係る全般統制の対象として，情報システムの開発，保守に係る管理業務，運用管理業務，アクセス管理業務，外部委託の管理業務などがある。

(3)　4つの目的と6つの基本的要素のつながり

　内部統制基準等では，内部統制の基本的要素とは，内部統制の目的を達成するために必要とされる内部統制の構成部分であり，内部統制の有効性の判断の規準となると定義しているが，別の言い方をすれば，もともと一体となって機能するものを，内部統制の有効性の判断の規準として，便宜的に6つに区分されているに過ぎない。ゆえに，それぞれ切り離して検討するのではなく，相互のつながりに着目する必要がある。

　実際，同基準等では，内部統制の目的を達成するため，それぞれの基本的要素は，内部統制の目的の全てに必要になるという関係にあり，各基本的要素が

24

第1章　内部統制の基本的枠組み

有機的に結びつき，一体となって機能することで，その目的を合理的な範囲で達成しようとするものであるとしている。

便宜上，それぞれ個別に解説してきた内部統制の目的と基本的要素について，そのつながりを整理するカギは，リスクの評価と対応における全社的なリスクと業務プロセスのリスクである（［図表1-7］）。

全社的なリスクは，組織全体の目標の達成を阻害するリスクであり，たとえば，特定の取引先・製品・技術等への依存，特有の法的規制・取引慣行・経営方針，経営者個人への依存である。一方，業務プロセスのリスクは，組織の各業務プロセスにおける目標の達成を阻害するリスクであり，たとえば売掛金の貸倒れリスク，非効率的な設備投資リスク，売上の誤計上リスクや在庫の陳腐化リスクが該当する（本節(2)②リスクの評価と対応「●リスクの分類，分析・評価，そして対応の例示」）。

内部統制基準等が示すとおり，業務プロセスのリスクについては，通常，業

■図表1-7■　内部統制の4つの目的と6つの基本的要素のつながり

内部統制	
4つの目的とリスク（阻害要因）	6つの基本的要素

業務の有効性/効率性	報告の信頼性	法令等遵守	資産保全

全社的なリスク

業務プロセスのリスク

統制環境

リスクの評価と対応（全社な内部統制）

全社的なモニタリング（特に独立的評価）

業務プロセスに係る内部統制

リスクの評価と対応（業務プロセス）

業務プロセスのモニタリング（特に日常的モニタリング）

統制活動

情報と伝達

ITへの対応

25

PART I　内部統制の基本的枠組みと内部統制報告制度

務の中に組み込まれた統制活動等で対応するが，全社的なリスクについては，明確な経営方針および経営戦略の策定，取締役会および監査役等の機能の強化，内部監査部門などのモニタリングの強化等，組織全体を対象とする内部統制を整備し，運用して対応する必要がある。

　イメージし易いことや手が付け易いことと相まって業務プロセスのリスクに目が向きがちであるが，全社的なリスクについて特に留意が必要である。その際，組織の事業活動の目的と密接な関係にある業務の有効性および効率性を阻害する要因，すなわち，事業上のリスクを起点に，報告の信頼性，法令等の遵守，そして資産の保全といった他の目的のリスクを，経営者，取締役会および監査役等が，たとえば事業計画の策定・管理プロセスにおいて全社的な視点で協議し検討することが重要になる。

　この過程では，統制環境，全社的なリスクの評価と対応，そして全社的なモニタリング（特に，独立的評価）といった基本的要素が機能する。

　その後で，検討された事業計画と全社的なリスクが業務プロセスの責任者にブレイクダウンされるとともに，業務プロセスに固有のリスクが識別され，リスクを低減するための統制活動や管理者による日常的モニタリングが構築，整備・運用される。ここでは，業務プロセスのリスクの評価と対応，業務プロセスのモニタリング（特に，日常的モニタリング），そして統制活動といった基本的要素が機能する。

　なお，全社的なモニタリング（特に，独立的評価）は，業務プロセスにおけるリスクの評価と対応，日常的モニタリング，そして統制活動を監視対象とする。

　これらの全社的なリスクと業務プロセスのリスクに関する情報，そして，リスクに対応する内部統制の不備等に関する情報の識別・把握・処理と伝達として，情報と伝達が機能し，その他の基本的要素が有効で効率的に機能するようにするための要素がITへの対応である。

　以上のように内部統制の4つの目的と6つの基本的要素のつながりは，全社的なリスクと業務プロセスのリスクにより整理できる（[図表1-7]）。実務上もこの2つのリスクを明確に意識することが極めて重要である。

2 ▶ 内部統制の本質を理解するための3つの視点

　内部統制基準では，「内部統制の定義（目的）」として，4つの目的と6つの基本的要素が挙げられているが（Ⅰ．1．内部統制の定義），同実施基準では，内部統制は「組織内のすべての者が業務の中で遂行する一連の動的なプロセス」であるとし，その性質について言及している（Ⅰ．1．内部統制の定義（目的））。4つの目的と6つの基本的要素は，ほとんどの内部統制の解説書で説明されているが，「組織内のすべての者が業務の中で遂行する一連の動的なプロセス」について説明している解説書は少ない。

　内部統制の4つの目的や6つの基本的要素について，最初は具体的なイメージが掴み難かった読者も，制度導入から10年以上が経過し，内部統制の考え方に慣れ親しむにつれて，内部統制は，組織存続のため，もともとその中に存在する当たり前の仕組みにすぎないということに気付いたのではないだろうか。内部統制は，もともと組織の中に存在する当たり前の仕組みを便宜上，理論構成し体系化したものにすぎない。

　したがって，内部統制の本質を理解するためには，便宜上の4つの目的と6つの基本的要素よりも，内部統制の性質を表わし，納得感の高い「組織内のすべての者が業務の中で遂行する一連の動的なプロセス」のほうが有用と考える。この性質から導かれる，内部統制の本質を理解するための3つの視点を提示す

■図表1-8■　内部統制の本質を理解するための3つの視点

3つの視点	内部統制の性質	内部統制対応上のポイント
(1) 時間の視点	「動的なプロセス」	変化への対応や不備の改善により，常に進化する「動的プロセス」であり，一旦構築すれば，それで終了するわけではない。
(2) マクロの視点	「一連のプロセス」	対象から距離を置いて全体を俯瞰する。「一連のプロセス」であり，目的を達成するための手段を柔軟に選ぶ。また，ボトルネックを改善する。
(3) ミクロの視点	「組織内のすべての者が業務の中で遂行する」	「組織内のすべての者が業務の中で遂行する」ものであるため，内部統制に関与するヒトに着眼する。

る（［図表1-8］）。なお，「組織の持続的成長」といった，4つの目的よりも上位の目的を掲げて内部統制とガバナンスおよび全組織的なリスク管理を一体的に整備・運用するためにも，3つの視点は重要であると筆者は考える。

(1) 時間の視点（「動的なプロセス」）

　時間の視点とは，時の流れの中で内部統制を考えるということである。内部統制は，静的なものではなく，状況の変化に応じて「動的」に変化すべきものである。内部統制には，内部統制基準で明示されているとおり限界があり（Ⅰ3.内部統制の限界），完璧はありえない。

　この変化の激しい現在において，継続企業の前提（Going Concern）に立脚する企業は，常に仕組みとしての「脱皮」を繰り返し，より良いものに改善していかなければならない。換言すれば，内部統制は一旦構築すればそれで終了するわけではなく，リスクを低減する内部統制の整備状況を定期的に点検し，運用状況をモニタリングして問題点があれば改善していく，あるいは，リスクの変化に応じてリスクを再評価し，リスクへの対応を適時に見直す姿勢が重要である。

(2) マクロの視点（「一連のプロセス」）

　マクロの視点は，全体俯瞰の視点ともいえる。6つの基本的要素を別々に考えてイメージがつかみ難かったものが，改めて遠く離れた視点から内部統制全体を「眺める」と，内部統制は，単に何らかの事象または状況，あるいは規定または機構を意味するものではなく，6つの基本的要素からなる「一連のプロセス」であるということに気付くはずである。したがって，以下の点に留意する必要がある。

●目的を達成するための手段を柔軟に選ぶ

　たとえば，統制活動と日常的モニタリングを比較した場合，前者で厳格な手続を実施すれば，後者では比較的簡便な手続で目的が達成されるかもしれない。また，逆も然りである。

　同じ目的が達成されるのであれば企業活動上はより効率的な方法を採用すべきであり，財務報告上のリスクと内部統制の対応を検討する際には，内部統制の不備が重要な虚偽記載に結びつくか否かがポイントとなるため，一般的に，

第1章　内部統制の基本的枠組み

個別の業務が正確に行われていることを確保する統制活動だけではなく，重要な異常がないことを確かめる日常的モニタリングを重視して内部統制を構築したほうが効率的である。

●ボトルネックを改善する

　一連のプロセスの中にはボトルネックとなる基本的要素があり，それが全体の有効性を決定する。有効性と効率性を同時に達成するためにはボトルネックとなる基本的要素を重点的に改善すべきである。換言すれば，一部の基本的要素（たとえば，担当者レベルの統制活動）の整備・運用に専心しても，完成度の一番低い基本的要素（たとえば，統制環境や日常的モニタリング）に制約されてしまい，内部統制全体としては有効ではない，または，有効でも著しく非効率となってしまう場合があるということである。

(3)　ミクロの視点（「組織内のすべての者が業務の中で遂行する」）

　ミクロの視点といっても，個別のコントロールに着眼するという意味ではない。そうではなくて，内部統制を遂行するヒトに着眼するということである。

　どんなに巨大な組織でも，その組織を構成するのは個々のヒトであり，内部統制は，その組織内のすべての者によって遂行されて初めて機能する。いくら個別のコントロールを整えても，組織内の者の意識や能力が向上されなければ内部統制のレベルアップは限定的である。

　そこに，6つの基本的要素のうち，統制環境が他の基本的要素の基礎をなすといわれるゆえんがある。統制環境は，組織の気風を決定し，これらを通して組織内の者の行動様式に影響を与える。彼らの行動を望ましい方向に導くために統制環境の整備が重要となるのである。

　また，組織の気風は，経営者の意向や姿勢を反映したものとなることが多いといわれる。経営者の意向や姿勢も統制環境の一部であり，経営者の内部統制における役割は重要である。

3 ▶ 内部統制の限界

　内部統制は，4つの目的の達成を絶対的に保証するものではなく，組織，とりわけ内部統制の構築に責任を有する経営者が，4つの目的が達成されないリ

スクを一定の水準以下に抑えるという意味での合理的な保証を得ることを目的としている。内部統制は，次のような固有の限界を有するため，その目的の達成にとって絶対的なものではないが，各基本的要素が有機的に結びつき，一体となって機能することで，その目的を合理的な範囲で達成しようとするものである。

　内部統制の限界とは，適切に整備され，運用されている内部統制であっても，内部統制が本来有する制約のため有効に機能しなくなることがあり，内部統制の目的を常に完全に達成するものとはならない場合があることをいう。

(1)　内部統制の限界の意義

　内部統制基準等が内部統制の限界を定める意義は，内部統制は4つの目的の達成の絶対的な保証ではなく，合理的な保証を得ることを目的とすることを明確にしている点にある。しかし，限界があるから，あるいは，合理的な保証であるからとって，内部統制の限界に対する対応を行わず，その結果，4つの目的の達成が困難となり，組織の持続的な成長に支障をきたしては元も子もない。

　内部統制の限界は，視点を変えると，内部統制の有効性を損なう可能性が高い要因，つまり，「弱点」といえよう。内部統制の限界の定めは，内部統制の「弱点」を認識し適切に理解して，取締役会および監査役等，経営者，内部監査部門等，そして組織内のその他の者が，内部統制の構築，整備・運用，それから，評価といった各局面において常に留意して対応することを促すことにこそ，その意義があると考えられる。実際，内部統制実施基準では，内部統制の4つの限界とあわせて，それらへの対応も併記されている。

①　判断の誤り，不注意，複数の担当者による共謀

> 　内部統制は，判断の誤り，不注意，複数の担当者による共謀によって有効に機能しなくなる場合がある。しかし，内部統制を整備することにより，判断の誤り，不注意によるリスクは相当程度，低減されるとともに，複数の担当者が共謀して不正を行うことは，相当程度困難なものになる。

　判断の誤りや不注意のリスクに対して統制活動の定型化で対応することが，内部統制の整備の第一の意義である。また，定型化とそれに伴う可視化により，複数の担当者による共謀，特に，資産の流用のリスクに対しても，一定の効果

を得ることができる。

　ただし，定型化できない非定型的な要素は必ず存在するため，それらを特定して対応することが，次のステップとして重要になる。非定型的な要素とは，具体的には，内部統制の限界の，②組織内外の環境の変化や非定型的な取引等と，④経営者等による内部統制の無視・無効化である。

　また，資産の流用については，親会社の目が届きにくい子会社において，架空仕入れや経費の水増し請求等，購買プロセスの不備を利用した事案が存在する。資金管理に関する職務分掌が規定されているにもかかわらず，実態として不正実行者が一人で管理業務を行っていたという事例もある。

　したがって，資金管理に関する職務分掌については，規程の定めや組織図における人員配置だけではなく，出納業務や経理業務の担当者のそれぞれの職務を分掌する意義の理解や，外部性あるいは第三者性の高い内部統制，たとえば，銀行残高証明書等に関する日常の出納業務の担当者・管理者以外の者による検討，子会社の経営者の支出内容についての親会社のモニタリング等が重要になる。

②　組織内外の環境の変化や非定型的な取引等

> 　内部統制は，当初想定していなかった組織内外の環境の変化や非定型的な取引等には，必ずしも対応しない場合がある。しかし，例えば，当初想定していなかった環境の変化や非定型的な取引の発生しやすいプロセスに重点的に知識・経験を有する者を配置するなど，的確に内部統制を整備することによって，当初想定していなかった環境の変化や非定型的な取引に対する対応の範囲は相当程度，拡げることができる。

　リスクの変化に応じてリスクを再評価し，リスクへの対応を適時に見直すことが重要であり，リスクの変化や非定期的な取引等を捕捉する仕組みが重要になる。

　特に，取締役会と経営者が主導して検討し，監査役等も関与すると考えられる事業計画の策定・管理プロセスにおいて事業上のリスクを検討する際に，内部統制の4つの目的の観点で，目的の阻害要因としてのリスクを検討することが重要と考えられる。

　内部統制の定型化による整備を，上記①の判断の誤りや不注意の予防と発見

31

PART I 　内部統制の基本的枠組みと内部統制報告制度

や共謀の予防だけでなく，そこから一歩進めて，定型化による非定型的な要素の特定，この場合は，リスクの変化を捕捉するためのプロセスの一部と位置づけることも重要である。

　また，当初想定していなかった環境の変化の発生しやすいプロセスの特定や変化に対応できる知識・経験を有する人材の育成とそのアプローチの確立も大切である。

③　費用と便益との比較衡量

> 　内部統制は，組織の経営判断において，費用と便益との比較衡量の下で整備及び運用される。組織は，ある内部統制の手続を導入又は維持することの可否を決定する際に，そのための費用と，その手続によるリスクへの対応を図ることから得られる便益とを比較検討する。

　リスクの重要性や発生可能性，そしてリスクへの対応の費用と便益との比較衡量の結果，リスクを受容する（リスクを受け入れるという決定を行うこと）といった経営判断も考えられる。しかし，発生可能性は低いが，発生すると組織にとって甚大な影響を与えるリスクが存在する。

　予防的な内部統制と発見的な内部統制を比較した場合，一般的には予防的な内部統制のほうが費用のかさむ対応となる。予防的な内部統制では便益よりも費用が勝っていても，当該リスクの内容や発生した場合のシナリオを想定し，発見的な内部統制やリスク発現後のクライシス対応を中心とした手続を導入または維持することが，費用よりも便益が勝る対応となる場合もある。リスクの内容によっては，リスクの受容の経営判断の前に，発見的な内部統制等を中心とした対応を検討する必要があると考えられる。

④　経営者等による内部統制の無視・無効化

> 　経営者が不当な目的のために内部統制を無視又は無効ならしめることがある。しかし，経営者が，組織内に適切な全社又は業務プロセスレベルに係る内部統制を構築していれば，複数の者が当該事実に関与することから，経営者によるこうした行為の実行は相当程度，困難なものになり，結果として，経営者自らの行動にも相応の抑止的な効果をもたらすことが期

待できる。適切な経営理念等に基づく社内の制度の設計・運用，適切な職務の分掌，組織全体を含めた経営者の内部統制の整備及び運用に対する取締役会による監督，監査役等による監査及び内部監査人による取締役会及び監査役等への直接的な報告に係る体制等の整備及び運用も経営者による内部統制の無視又は無効化への対策となると考えられる。

また，経営者以外の内部統制における業務プロセスに責任を有する者が，内部統制を無視又は無効ならしめることもある。

経営者等の内部統制の無視・無効化に対しては，取締役会の監督機能と監査役等の監査機能，そして，内部統制部門（第3線），リスク管理部門（第2線），それから業務部門（第1線）の整備といった3線モデルの組織設計がポイントであり，組織内の全ての者が，その組織設計の意義や3線モデルの役割を理解する必要がある（［図表3-3］［図表3-4］［図表3-9］［図表3-10］［図表3-11］参照）。なお，3線モデルと従来の3つの防衛線は考え方が大きく異なるため留意が必要である。

また，内部統制の無視・無効化リスクについては，経営者による全社的なリスクと，業務プロセスの責任者による業務プロセスのリスクの2つに分けて検討する必要がある。

(2) 内部統制の限界への包括的な対応

上述の内部統制の4つの限界についての個別の対応と課題は，［図表1-9］のとおりまとめられるが，これらから，内部統制の限界に関する包括的な示唆が得られる。

より上位の視点で4つの限界を考察すると，内部統制の限界は，内部統制の本質，すなわち，組織内部の仕組みであることに起因すると考えられる。組織内部の仕組みであるため，すでに形成されている組織の気風に囚われてしまい，組織内の判断を過信したり，環境の変化や非定型的な取引に気づきにくかったり，短絡的な組織の論理によって費用と便益との比較衡量を行ったり，あるいは，職位や職責の高い者の意向が，企業理念に即して何が正しいかの判断よりも重視されて経営者等による内部統制の無視・無効化が生じてしまったりする。

このような内部統制の限界への包括的な対応の糸口も，内部統制基準で示されている。

PART I　内部統制の基本的枠組みと内部統制報告制度

■図表1-9■　内部統制の限界をもたらす要因と今後の課題

内部統制の限界を もたらす要因		内部統制報告制度 導入後の対応	今後の課題
①　判断の誤り，不注意，複数の担当者による共謀	○	内部統制の整備・定型化により，資産の流用等，担当者レベルの不正には一定の効果あり	□目が届きにくい子会社の内部統制の運用状況 □定型化できない非定型的な要素の特定と対応
②　組織内外の環境の変化や非定型的な取引等	×	環境変化や定型化が難しい領域への対応が不十分	□定期的，あるいは，適時のリスクと対応の見直し
③　費用と便益との比較衡量	△	効率化・負担軽減には一定の効果あり　ただし，形式化・形骸化の懸念がある	□非定型的な要素，高リスク，そして発生可能性は低いが，発生した場合の影響が大きいリスクへの対応等
④　経営者等による内部統制の無視・無効化	×	経営者等による不正への対応が不十分	□取締役会および監査役等の監視機能の強化 □3線モデル等による組織設計

> 　なお，当初想定していなかった組織内外の環境の変化や非定型的な取引等に対して，経営者が既存の内部統制の枠外での対応を行うこと，既存の内部統制の限界を踏まえて，正当な権限を受けた者が経営上の判断により別段の手続を行うことは，内部統制を無視する，又は無効にすることには該当しない。

　「組織内外の環境の変化や非定型的な取引等」を捕捉する仕組みが重要であり，内部統制の整備により，手続を定型化するだけでなく，非定型的な要素を特定する視点が重要になる。定期的あるいは適時の，すなわちリスクが発生または変化する可能性がある状況に応じたリスクと対応の見直しが重要になる。

　また，「既存の内部統制の枠外」や「別段の手続」とは，コントロールを単一平面ではなく，複数の階層で考える視点であり，特に，内部統制の限界に対

34

しては，外部性あるいは第三者性が重要である旨の示唆が得られる。

　まとめると，内部統制の限界への包括的な対応のポイントは，次のとおりである。

> □組織内外の環境の変化や非定型的な取引等の捕捉
> □コントロールの階層の構築と整備・運用
> □外部性あるいは第三者性の確保

　経営者等による不正な財務報告への対応や，会計上の判断・見積りのリスクと不確実性，そして開示，気候変動リスクや人権リスク等に関するサステナビリティ開示，それから，IT ガバナンスとサーバーセキュリティ等に関する社会的関心の高まりに企業が対応するためには，上記のポイントに留意して，内部統制を構築，整備・運用，そして評価することが極めて重要と考えられる。

PART I　内部統制の基本的枠組みと内部統制報告制度

第2章

財務報告に係る内部統制の文書化と評価
―内部統制報告制度の概要―

　2008年4月1日以降開始する事業年度に適用されて以来，内部統制報告制度は，財務報告の信頼性の向上に一定の効果があったと考えられているが，経営者による内部統制の評価範囲の外で開示すべき重要な不備が明らかになる事例等が一定程度見受けられるため，経営者が内部統制の評価範囲の検討に当たって財務報告の信頼性に及ぼす影響の重要性を適切に考慮していないのではないか等の内部統制報告制度の実効性に関する懸念が指摘されている（研究報告32号（研究文書1号）「Ⅴ　内部統制報告制度の運用上の課題」「2.　経営者による内部統制評価（内部統制評価の実施基準3(1)）」参照。）。

　財務報告制度の実効性を高めるため，まず，内部統制報告制度の概要を確認する。内部統制報告制度への対応は，一般に，構築（文書化）と評価，詳しくは，評価範囲決定，整備評価，運用評価，不備是正，そして，報告，すなわち，有効性判断（不備評価）の流れで実施される。あらためてこの流れの全体を俯瞰して丁寧に1つひとつ確認することにより，内部統制の実効性を高めるためのヒントが得られる。内部統制基準等に則りながら，各項目の解説を行うが，以下の図表に象徴される制度導入後の実務において蓄積されたナレッジ（知見とノウハウ）も参照しながら解説を進める。

　［図表2-1］　コントロールの階層の識別
　［図表2-2］　コントロールの階層の例
　［図表2-3］　リスク・アプローチのイメージ
　［図表2-4］　誤謬リスクの考察と不正リスクシナリオの立案
　［図表2-5］　財務報告上の高リスクの検討（様式例）
　［図表2-6］　上位コントロールの例(1)経理部門による財務数値の分析的検討
　［図表2-7］　上位コントロールの例(2)上位者による日常的モニタリング

第2章　財務報告に係る内部統制の文書化と評価

［図表2-8］　内部通報制度の実効性を高めるためのフレームワーク
［図表2-10］　上位者の目線で構築する内部統制の5類型
［図表2-14］　キーコントロールの選定イメージ

1 ▶ 内部統制文書化の概要

　本来，内部統制の構築の手法等については，それぞれの企業の状況等に応じて，各企業等が自ら適切に工夫して整備していくべきものと考えられるが，制度導入時にそれだけでは実務上の対応が困難であるとの意見が多く出されたことから，実施基準においては，各企業等の創意工夫を尊重するとの基本的な考え方を維持しつつ，財務報告に係る内部統制の構築・評価・監査について，具体的な指針が示されている（財務報告に係る内部統制の評価及び監査の基準並びに財務報告に係る内部統制の評価及び監査に関する実施基準の設定について（意見書）　三　実施基準の内容等（企業会計審議会2007年2月））。また，内部統制の基本的な枠組みを踏まえて，内部統制報告制度の導入に向けた準備を進める企業等の参考に資するよう，財務報告に係る内部統制構築の要点が示されるとともに，一般的な手続としての財務報告に係る内部統制構築のプロセスが例示されている（同意見書(1)内部統制の基本的枠組み）。

　内部統制報告制度の実効性についての懸念とその解消を検討するうえでは，原点に立ち返って，実施基準で例示されている財務報告に係る内部統制の構築と記録・保存（文書化）の要点やプロセスを確認することが有効である。近年の国際的な潮流であるコーポレートガバナンスや全社的なリスク管理との一体的な体制整備やサステナビリティ情報の開示等への対応を進めるうえでも，実務で運用されている内部統制報告制度の概要を改めて確認する意義は大きい。さらには，たとえば，海外に所在する子会社等，企業結合直後の子会社等，中核事業でない事業を手掛ける独立性の高い子会社等や株式上場準備企業[1]において，財務報告に係る内部統制を構築する際にも役立つ。

1　たとえば，株式上場準備企業のように内部統制報告制度を全面的に新たに導入する場合，従来の効率化・負担軽減対応を踏襲するだけでは，導入後高い確率で形式化・形骸化に陥るであろう。それは，筆者の推察ではなく，これまでの経緯により実証的に検証されている。後発者の利益を得るためには，従来対応との意識的な差別化が必要である。

PART I　内部統制の基本的枠組みと内部統制報告制度

　なお，内部統制基準等では，「文書化」という用語は使われておらず，「記録・保存」が用いられているが，本書では，内部統制実務で浸透している「文書化」を主に用いている。

(1)　財務報告に係る内部統制の構築と文書化の要点

　実施基準では，内部統制の6つの基本的要素ごとに，財務報告に係る内部統制を構築する際の要点が例示されており，経営者は，以下に挙げるような要点を確認し，何らかの不備があった場合には，必要に応じて改善を図ることが求められるとしている。

　なお，実施基準では，「モニタリング」が「統制活動」（3番目）と「情報と伝達」（4番目）の次（5番目）に記載されているが，本書では，制度導入以降の業務プロセスの文書化により，統制活動の重要性は一般に広く認識されていると考えられ，また，内部統制の構築と有効性の評価におけるモニタリングの重要性に鑑み，「モニタリング」を「リスクの評価と対応」の次（3番目）に，その後に「統制活動」（4番目）を記載している。

①　統制環境

> 　適正な財務報告を確保するための全社的な方針や手続が示されるとともに，適切に整備及び運用されていること
> - 適正な財務報告についての意向等の表明及びこれを実現していくための方針・原則等の設定
> - 取締役会及び監査役等の機能発揮
> - 適切な組織構造の構築

　経営者の姿勢と意向は，統制環境の重要な一部であり，企業に属するすべての者の意識に影響を与え，企業の気風に最も影響を与えるといわれるため，適正な財務報告についての意向等の表明は経営者が実施する必要がある。

　また，適正な財務報告，あるいは，信頼性のある財務報告についての意向の表明は，上場会社にとっては当然であり，株主やその他のステークホルダーから企業自体が信頼されるためには，この意向を実現していくうえでの具体的な方針・原則等を，個々の企業が置かれた環境や事業の特性等に応じて創意工夫すべきと考えられる。

38

第2章 財務報告に係る内部統制の文書化と評価

　一定の規模以上であれば，多くの企業の場合，比較的小規模で経営者が企業全体を見渡せて経営者による独立的評価のみで内部統制の有効性を評価できる場合と違い，取締役会の監督と監査役等の監査を最上位とした，独立的評価と日常的モニタリングによってモニタリングが連鎖する組織構造（［図表1-5］参照）を親会社と子会社等から成る企業グループ内に構築し（［図表2-1］，［図表2-2］），リスクの程度に応じてより上位のコントロールからキーコントロールを選定するような評価体制を確立すべきと考えられる。

　取締役会の監督機能と監査役等の監査機能については，最上位のキーコントロールとして，あるいは，最も重要な全社的な内部統制として実効性の確保に留意して整備・運用し，その実効性を評価できるような工夫が望まれる。

　また，組織内のすべての者の意識を企業理念や適正な財務報告に向かわせるような人事評価の仕組みや，内部統制とコーポレートガバナンスおよび全社的なリスク管理に関するナレッジ（知見とノウハウ）を習得できるような教育・訓練の方針を明確にすることが望ましい。

■図表2-1■　コントロールの階層の識別

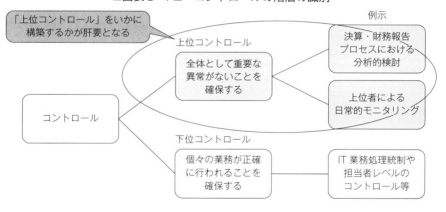

PART I　内部統制の基本的枠組みと内部統制報告制度

■図表 2 - 2 ■　コントロールの階層の例

分　類	上　位	下　位
1．内部統制	全社的な内部統制	業務プロセスに係る内部統制
2．事業運営	事業計画の策定・管理プロセスに係る内部統制	その他の全社的な内部統制 業務プロセスに係る内部統制
3．内部統制の基本的要素	統制環境	その他の基本的要素
4．企業集団	親会社による連結レベルの内部統制 （上位者による日常的モニタリング）	子会社等の内部統制
5．財務報告	経理部門による日常的モニタリング （財務数値の分析的検討）	業務部門における内部統制
6．拠点管理	本社による日常的モニタリング （上位者による日常的モニタリング）	支店，事業所や店舗等における内部統制
7．意思決定	会議体による日常的モニタリング （上位者による日常的モニタリング）	管理者と担当者の内部統制
8．日常業務	管理者による日常的モニタリング （上位者による日常的モニタリング）	担当者の内部統制
9．IT 統制	IT 全般統制	IT 業務処理統制

②　リスクの評価と対応

> 財務報告の重要な事項に虚偽記載が発生するリスクへの適切な評価及び対応がなされること
> ● 重要な虚偽記載が発生する可能性のあるリスクの識別，分析
> ● リスクを低減する全社的な内部統制及び業務プロセスに係る内部統制の設定

　経営目標に基づき経営戦略を立案し，財務数値に落とし込んで事業計画を策定する際に検討される経営課題や事業上のリスク等が，重要な虚偽記載が発生するリスクにどのように影響するかを検討することが大切である（［図表 1 -

40

第2章　財務報告に係る内部統制の文書化と評価

■図表2-3■　リスク・アプローチのイメージ

———————————— リスクの識別，分類・分析と評価 ———————————— ―リスクへの対応―

リスクNo.	関連するアサーション	リスク
R01	実在性	裏付けのない受注登録により架空の売上が計上されるリスク
R02	・・・・・	・・・・・

RCM*

ステップ		
1. 高リスクの特定	質的重要性または金額的重要性が高く，かつ発生可能性が高いリスク	慎重な対応
2. 低リスクを除外	●質的および金額的重要性，または発生可能性が低いことが明らかなリスク ●評価対象となっている勘定科目との関連性が弱いリスク	効率性を重視した対応
3. (残余)中リスク	RCM で識別されているすべてのリスクから上記のステップで特定したリスクを除いた残りのリスク	

＊なお，一般にRCM（Risk Control Matrix）には全社的なリスクが反映されていない場合が多いため，その識別と評価がポイントとなる。

1］［図表1-2］［図表1-4］参照）。また，些末なリスクにこだわらず，重要な虚偽表示が発生するリスクを特定することが重要である（［図表2-3］）。

なお，内部統制Q&A問44【識別するリスクの内容】では，「業務プロセスにおいて，すべてのリスクを網羅的に把握してこれを低減するための統制を識別することまでは求められておらず，リスクのうち重要な虚偽記載が発生するリスクとこれを低減するための統制を把握することで足りる。」とされており，金融庁事例集（事例3-2）では，特に重要なリスク（高リスク）の特定を重視してメリハリの利いた評価を実施した事例が取り上げられている。この事例のエッセンスは，まず全社的な高リスクを特定し，当該リスクによって制度対応を首尾一貫している点にある。

（事例3-2）
●リスクの分析と評価
【概要】
　リスクの分析と評価を行う際には，特に重要なリスク（高リスク）の特

41

PART I　内部統制の基本的枠組みと内部統制報告制度

定に重点を置き，メリハリの利いた評価を実施。

【事例】

　重要性があるリスクに対してのみ対応策を講じるため，リスクの金額的重要性や質的重要性，その生じる可能性を分析し，当該リスクの程度を3段階（高，中及び低）で評価した。その際，特に重要なリスク（高リスク）の特定に重点を置いた。

　統制上の要点の選定や運用状況評価の手続・実施時期の決定，評価体制の構築において，特に重要なリスク（高リスク）については，慎重に対応したが，そのほかのリスクについては効率性を重視して評価したため，財務報告上のリスクに応じたメリハリの利いた評価を実施できた。

　なお，監査人と協議のうえ，特に重要なリスク（高リスク）と定義したリスクは，次のとおりである。

　特に重要なリスク（高リスク：質的又は金額的重要性が高く，かつ発生可能性が高いリスク）

①　質的重要性

　当社が属する業種や置かれている状況を考慮し，業務プロセスをサブ・プロセスごとに特に質的重要性が高い要素（不確実性が高い取引，見積りや予測の要素，及び非定型・不規則な取引など）が存在しないかを検討する。質的重要性が高い要素が存在する場合，関連するリスクは，発生可能性も高いとみなし，特に重要なリスク（高リスク）と判断する。

②　過去の指摘事項等

　過去の虚偽記載及び監査人・内部監査人の指摘事項等は，質的又は金額的重要性が高く，かつ発生可能性も高いとみなし，特に重要なリスク（高リスク）と判断する。なお，直近の指摘事項等については，特に留意する。

　ただし，①及び②について，明らかに金額的重要性又は発生可能性が低いことを合理的に説明できるリスクは，特に重要なリスク（高リスク）とはしない。

【参考】

○　実施基準　I.2.(2)①ハ　リスクの分析と評価（抜粋）

　組織は，識別・分類したリスクの全てに対応策を講じるのではなく，重要性があるものについて対応策を講じることになる。

○　実施基準　II.2.(2)②評価対象とする業務プロセスの識別（抜粋）

第2章　財務報告に係る内部統制の文書化と評価

ロ．①で選定された事業拠点及びそれ以外の事業拠点について，財務報告
への影響を勘案して，重要性の大きい業務プロセスについては，個別に
評価対象に追加する。

業務プロセスの選定の際の留意点は以下のとおりである。

ａ．リスクが大きい取引を行っている事業又は業務に係る業務プロセス
例えば，財務報告の重要な事項の虚偽記載に結びつきやすい事業上の
リスクを有する事業又は業務（例えば，金融取引やデリバティブ取引を
行っている事業又は業務や価格変動の激しい棚卸資産を抱えている事業
又は業務など）や，複雑な会計処理が必要な取引を行っている事業又は
業務，複雑又は不安定な権限や職責及び指揮・命令の系統（例えば，海
外に所在する事業拠点，企業結合直後の事業拠点，中核的事業でない事
業を手掛ける独立性の高い事業拠点）の下での事業又は業務を行ってい
る場合には，当該事業又は業務に係る業務プロセスは，追加的に評価対
象に含めることを検討する。

ｂ．見積りや経営者による予測を伴う重要な勘定科目に係る業務プロセ
ス
例えば，引当金や固定資産の減損損失，繰延税金資産（負債）など見
積りや経営者による予測を伴う重要な勘定科目に係る業務プロセスで，
財務報告に及ぼす影響が最終的に大きくなる可能性があるものは，追加
的に評価対象に含めることを検討する。

ｃ．非定型・不規則な取引など虚偽記載が発生するリスクが高いものと
して，特に留意すべき業務プロセス
例えば，通常の契約条件や決済方法と異なる取引，期末に集中しての
取引や過年度の趨勢から見て突出した取引等非定型・不規則な取引を
行っていることなどから虚偽記載の発生するリスクが高いものとして，
特に留意すべき業務プロセスについては，追加的に評価対象に含めるこ
とを検討する。

リスクの評価の対象には，不正に関するリスクが含まれる。不正は，意図的
な行為であることが，その特性であり，リスクを識別・評価し，適切に防止・
発見するためには，結果である不正な財務報告と資産の流用だけでなく，その
発生要因，すなわち，不正のトライアングルといわれる動機とプレッシャー，
機会，そして，姿勢と正当化に着目する必要がある。

43

PART I　内部統制の基本的枠組みと内部統制報告制度

　誤謬リスクが高い領域は，不正の機会として利用されやすいため，誤謬リスクの考察と不正リスクシナリオの立案をあわせて実施することが検討の実効性を高める（[図表 2 - 4]）。

■図表 2 - 4 ■　誤謬リスクの考察と不正リスクシナリオの立案

● 誤謬リスク		
企業の重要課題に起因するリスク	(1)戦略に起因するリスク	事業上のリスクや企業が属する産業と企業の事業の特性が，財務報告に与える影響を検討し，誤謬が生じやすい要因と取引・勘定科目を特定する。 　たとえば，以下の事項が考えられる。 （表） 類型 / 例示 リスクが大きい取引 / －金融取引やデリバティブ取引　－価格変動の激しい棚卸資産　－複雑な会計処理，等 見積りや予測の要素 / －引当金　－固定資産の減損損失　－繰延税金資産（負債），等 非定型，不規則な取引等 / －通常の契約条件や決済方法と異なる取引　－期末に集中しての取引　－過年度の趨勢から見て突出した取引，等
	(2)組織に起因するリスク	以下の事項が，財務報告に与える影響を検討し，誤謬が生じやすい要因と取引・勘定科目を特定する。 （表） 類型 / 例示 ガバナンス上の課題 / －経営者に対する不十分な監督 複雑または不安定な組織構造 / －海外に所在する事業拠点　－企業結合直後の事業拠点　－中核的事業でない事業を手掛ける独立性の高い事業拠点，等

(1)戦略に起因するリスク

類型	例示
リスクが大きい取引	－金融取引やデリバティブ取引 －価格変動の激しい棚卸資産 －複雑な会計処理，等
見積りや予測の要素	－引当金 －固定資産の減損損失 －繰延税金資産（負債），等
非定型，不規則な取引等	－通常の契約条件や決済方法と異なる取引 －期末に集中しての取引 －過年度の趨勢から見て突出した取引，等

(2)組織に起因するリスク

類型	例示
ガバナンス上の課題	－経営者に対する不十分な監督
複雑または不安定な組織構造	－海外に所在する事業拠点 －企業結合直後の事業拠点 －中核的事業でない事業を手掛ける独立性の高い事業拠点，等

44

第2章　財務報告に係る内部統制の文書化と評価

| | 内部統制の不備 | － これまでに識別された内部統制の不備の傾向 |
| | | － 不備とは判断していなくても，状況の変化によっては不備となるような課題 |

● 不正リスク

・不正リスク要因	(1)動機とプレッシャー	経営者や業務プロセス責任者等が不正を実行するとしたら，どのような動機とプレッシャーで実行するかシナリオを立案する（経営者および業務プロセス責任者等の Who と Why）。
	(2)機会	上記「誤謬リスク」の(1)事業上のリスク等および(2)ガバナンス上の課題と内部統制の不備等が，不正の機会となるシナリオを立案する（When，Where，What，そして How）。
	(3)姿勢と正当化	経営者の意向と姿勢やその他の統制環境の不備から，組織全体として，不正を許容する姿勢や正当化する傾向が生じるシナリオを立案する（組織全体の Why）。
・不正リスクシナリオ		上記「不正リスク要因」における Who，Why，When，Where，What，そして How を不正のリスクシナリオとしてまとめる。意図的である不正の特性から，Who が重要になる。

● リスクの発生または変化

| ・リスクが発生または変化する可能性のある状況の捕捉 | 　たとえば，以下の状況は，経営戦略上の課題や組織運営上の課題に影響を与え，誤謬リスク，そして不正リスクが発生または変化する可能性があるため留意する。
● 規制環境や経営環境の変化による競争力の変化
● 新規雇用者
● 情報システムの重要な変更
● 事業の大幅で急速な拡大
● 生産プロセスおよび情報システムへの新技術の導入
● 新たなビジネスモデルや新規事業の採用または新製品の販売開始
● リストラクチャリング |

45

PART I 内部統制の基本的枠組みと内部統制報告制度

	● 海外事業の拡大または買収
	● 新しい会計基準の適用や会計基準の改訂

　また，まず，リスクを全社的なリスクと業務プロセスのリスクに区分して識別，分析，そして評価する必要があり，それぞれのリスクを低減するための内部統制を構築する。なお，経営課題や事業上のリスク等が財務報告に与える影響は，おもに全社的なリスクとして検討する（［図表2-5］）。

■図表2-5■ 財務報告上の高リスクの検討（様式例）

1．全社的な高リスク

● 誤謬リスク		
企業の重要課題に起因するリスク	(1)戦略に起因するリスク	
	(2)組織に起因するリスク	
● 経営者による不正リスク		
・不正リスク要因	(1)動機とプレッシャー	
	(2)機会	
	(3)姿勢と正当化	
・不正リスクシナリオ		

2．業務プロセスの高リスク

● 誤謬リスク
(1)業務の特徴

46

第2章　財務報告に係る内部統制の文書化と評価

業務の特徴	質的重要性の検討 （会計基準の適用と 財務諸表への影響）	質的重要性 のタイプ	勘定科目と アサーション	高リスク	
				No.	内容

(2)過年度の発見事項等

過年度の指摘事項等	発生理由	内部統制の 不備	勘定科目と アサーション	高リスク	
				No.	内容

● 業務プロセス責任者等による不正リスク

・不正リス ク要因	(1)動機と 　プレッ 　シャー	
	(2)機会	
	(3)姿勢と 　正当化	
・不正リスクシナリオ		

③　モニタリング

> 　財務報告に関するモニタリングの体制が整備され，適切に運用されていること
> ● 財務報告に係る内部統制の有効性を定時又は随時に評価するための体制の整備
> ● 内部・外部の通報に適切に対応するための体制の整備
> ● モニタリングによって把握された内部統制上の問題（不備）が，適時・適切に報告されるための体制の整備

　モニタリングは，統制環境で言及したとおり，企業の組織構造と評価体制に

47

PART I　内部統制の基本的枠組みと内部統制報告制度

おいて，極めて重要な基本的要素である。なお，業務プロセスにおける上位コントロールの例としては，経理部門による財務数値の分析的検討（[図表2-6]）や上位者による日常的モニタリング（[図表2-7]）が挙げられる。

■図表2-6■　上位コントロールの例(1)経理部門による財務数値の分析的検討

	内　　容
手法の例	①　趨勢分析 　月次推移分析，対前期・対予算比較分析や5期程度（年度ベース，四半期会計期間ベース）の中長期趨勢分析等。 　財務数値や財務指標の変動分析であり，一般的に，財務情報の変動に係る矛盾または異常な変動の有無を確かめるために効果的な手法である。 ②　比率分析 　売上債権の回転期間分析等。 　財務データ相互間または財務データと財務データ以外のデータとの関係を用いて矛盾または異常な変動の有無を確かめるために効果的な手法である。 ③　管理情報の活用 　滞留債権や滞留棚卸資産等の管理情報の検討。 　業務の有効性および効率性を高めるために作成する管理資料を，財務報告上の異常点を発見するために用いる手法である。 ④　合理性テスト 　平均借入金残高および平均借入利率を用いた支払利息の妥当性の検討や減価償却資産の増減・残高，平均耐用年数および減価償却方法を用いた減価償却費の妥当性の検討等。 　検討実施者が算出した金額または比率による推定値と財務情報を比較する手法である。
留意点	社内的な月次決算の取締役報告，外部向けの決算報告会，証券アナリストへの報告等のための分析として実施されている場合もあると考えられるが，財務報告に係る内部統制として認識するためには，不正や誤謬等の異常点があるかもしれないという認識を持ち，それらを発見できるように計上額の妥当性を検証する目的で実施する必要がある。また，実施するタイミングが重要で，当該分析の結果，処理誤り等が発見されれば適時に（決算の修正に間に合うように）修正する手続も含まれる。

48

第2章　財務報告に係る内部統制の文書化と評価

■図表2-7■　上位コントロールの例(2)上位者による日常的モニタリング

	内　　容
定義	「日常的モニタリング」は，内部統制が有効に機能していることを継続的に評価するプロセスのうち，業務に組み込まれて行われるものであり，上位者が通常の業務として行う。また，当該コントロールにより発見された誤謬等に適時に対応する手続（是正手続等）も含まれる。 　なお，上位者には，適切な管理者（部長や課長等の中間管理職）のみならず，子会社に対する親会社，支店，事業所や店舗等に対する本社，そして，管理者と担当者に対する会議体も含まれる。
種類	①業務のモニタリング 　ⅰ）勘定科目残高の詳細分析（対前年同期比較，予算比較，比率分析等） 　ⅱ）元帳の入力内容のレビュー（ハンド入力伝票の出力とそのレビュー等） 　ⅲ）取引内容のレビュー（月次での日別・得意先別取引金額のレビュー等） 　ⅳ）異常値・例外事項のレビュー（赤字単価・棚卸差異のレビュー，売掛金の入金アンマッチリストのレビュー，仕入予定品未納リストのレビュー，（本社による）店舗のレジマイナス処理・現金過不足の発生状況のレビュー等） 　ⅴ）会計システムの仮勘定機能を利用する場合の仮勘定ゼロバランスの確認 　ⅵ）（実地棚卸責任者や社内立会人による）実地棚卸要領に従った棚卸実施状況のレビュー 　ⅶ）（本社による）営業所の売上代金の入金確認 ②他の重要なコントロールのモニタリング 　ⅰ）補助元帳と総勘定元帳の調整結果のレビュー 　ⅱ）売掛金等の残高確認の差異調整結果のレビュー 　ⅲ）売掛金の期日管理の実施状況のレビュー 　ⅳ）（エリア・マネジャーによる）営業所の計画的な巡回（営業所内の重要なコントロールのモニタリング）

PART I 内部統制の基本的枠組みと内部統制報告制度

　全社的な内部統制においては，親会社による子会社等に対するモニタリング，換言すれば，親会社による子会社等の管理が重要になる。実務上，親会社の目が届きにくい子会社において重要な虚偽記載が発生した結果，開示すべき重要な不備を報告する事例が少なからず発生しているため，留意が必要である。

　また，業務プロセスに係る内部統制の評価におけるキーコントロールの選定は，まず，日常的モニタリングから選定していき，リスクの程度に応じて，日常的モニタリングが管理対象としている担当者レベルのコントロールを適宜追加するようにすべきである。ただし，このような選定は，内部統制の構築段階から適切な日常的モニタリングを意識的に構築・整備しないと実現できない。

　内部通報制度や外部からの通報制度は，通常の伝達経路ではない情報と伝達であるが，それゆえ，日常的モニタリングでは発見できない経営者からの不当なプレッシャーや，不正の疑われる取引や会計処理（循環取引，原価付替え，費用の繰延べ，収益認識における進捗度の見積りの見積原価の操作等）を発見する独立的評価として機能する場合がある（［図表2-8］）。

　内部統制の問題（不備）が，適時・適切に報告されるためには，その前提として内部統制の評価の実効性が重要となる。評価の実効性は，漏れなく評価さ

■図表2-8■　内部通報制度の実効性を高めるためのフレームワーク

	1．制度の認知	2．通報の実施	3．通報の調査
一般的事項	●制度の目的および内容等の定期的な周知 ●制度の認知度や理解度を確認 ●通報実績の確認	●匿名通報体制 ●企業外部の通報先の設定	●適切な調査の実施 ●通報者へのフィードバック
財務報告	以下も制度の対象であることの明確化 ●経営者からの財務数値等に対する不当なプレッシャー ●不正の疑われる取引や会計処理		
企業グループ	●子会社における内部通報制度の設置を含む，内部通報制度に関する親会社の子会社に対するモニタリング体制の構築		

方針および手続の策定

取締役会による整備と運用状況の監督

第2章　財務報告に係る内部統制の文書化と評価

れるか（評価範囲），不備が適切に発見されるか（評価方法），そして，不備とすべき発見事項が適切に不備と判断されているか（不備判断）の視点が重要になる。評価の実効性を確保する評価方法・評価体制の構築が求められる。

④　統制活動

> 財務報告の重要な事項に虚偽記載が発生するリスクを低減するための体制が適切に整備及び運用されていること
> ● 権限や職責の分担，職務分掌の明確化
> ● 全社的な職務規程等や必要に応じた個々の業務手順等の整備
> ● 統制活動の実行状況を踏まえた，統制活動に係る必要な改善

　リスクを低減するための体制の整備と運用は，リスクの変化に応じてリスクを再評価し，リスクへの対応を適時に見直すことが重要である。そのためには，内部統制を構築する段階からリスクの変化とそれに応じた対応の見直しを想定すべきであり，リスクの変化を捕捉するモニタリング体制やリスク情報の適切な伝達，その際のITの利用，そして，組織内のすべての者のリスク感応度を高めるような文書化ツールの考案と具備等が重要になる。

　このように，リスクの評価と対応，モニタリング，そして統制活動は密接に関係し，それらが円滑に機能するように，情報と伝達，ITへの対応，そして，統制環境が土台として支えることを，内部統制報告制度への対応においても意識する必要がある。

⑤　情報と伝達

> 真実かつ公正な情報が識別，把握及び処理され，適切な者に適時に伝達される仕組みが整備及び運用されていること
> ● 明確な意向，適切な指示の伝達を可能とする体制の整備
> ● 内部統制に関する重要な情報が適時・適切に伝達される仕組みの整備
> ● 組織の外部から内部統制に関する重要な情報を入手するための仕組みの整備

　特に，経営レベルの内部統制，すなわち，取締役会，監査役等，そして内部

PART I　内部統制の基本的枠組みと内部統制報告制度

監査部門が有効に機能するためには，これらへの情報の伝達が重要になる。また，内部監査部門と取締役会および監査役等の連携，監査役等，会計監査人，そして内部監査部門の三様監査，社外取締役や非常勤の監査役等が情報収集するための手段の確保も重要である。

⑥　IT への対応

> 　財務報告に係る内部統制に関する IT に対し，適切な対応がなされること
>
> ● IT 環境の適切な理解とこれを踏まえた IT の有効かつ効率的な利用
> ● IT に係る全般統制及び業務処理統制の整備

　企業が考えるべき IT 環境として，社会および市場における IT の浸透度，組織が行う取引等における IT の利用状況，組織が選択的に依拠している一連の情報システムの状況，IT を利用した情報システムの安定度，IT に係る外部委託の状況などがある。また，IT に係る業務処理統制だけでなく，それを支える全般統制の整備も重要であり，IT を利用することに生じるリスクの識別と対応も必要になる（［図表 1 - 6 ］参照）。

　たとえば，昨今のクラウドやリモートアクセス等の技術の普及に際して，（IT 環境の理解と IT の有効かつ効率的な利用），サイバーリスク等に対応するための情報システムに係るセキュリティ確保（IT に係る全般統制と業務処理統制の整備，IT を利用することにより生じるリスクの識別と対応）が必要となる。なお，今後，我々の生活様式に重要な影響を与えることが想定される生成 AI（Generative Artificial Intelligence）が浸透した IT 環境においても，この IT への対応の考え方は重要と思われる。

(2)　財務報告に係る内部統制の構築と文書化のプロセス

　財務報告に係る内部統制の構築と記録・保存（文書化）の実務においては，一般的な体制構築のプロジェクト推進と同じく，全体計画立案，現状把握，そして改善の 3 つのフェーズをとる場合が多い。実施基準でも，①基本的計画および方針の決定，②内部統制の整備状況の把握，そして，③把握された内部統制の不備への対応および是正の 3 つのフェーズを掲記している（図表 2 - 9 ）。

第 2 章 財務報告に係る内部統制の文書化と評価

■図表 2 - 9 ■ 財務報告に係る内部統制の構築プロセス

①基本的計画および方針の決定	
取締役会	内部統制の基本方針を決定する
経営者	財務報告に係る内部統制を組織内の全社的なレベルおよび業務プロセスのレベルにおいて実施するための基本的計画および方針を決定する

②内部統制の整備状況の把握	
内部統制の整備状況を把握し，その結果を記録・保存する。	
全社的な内部統制	既存の内部統制に関する規程，慣行およびその遵守状況等を踏まえ，全社的内部統制の整備状況を把握し，記録・保存する（暗黙裡に実施されている社内の決まり事等がある場合には，それを明文化する）
重要な業務プロセス	内部統制の整備状況を把握し，記録・保存する

③把握された内部統制の不備への対応および是正
把握された内部統制の不備は適切に是正する。

（出所）「内部統制実施基準（参考図 1 ）」をもとに筆者が作成

① 基本的計画および方針の決定

内部統制の構築は，一貫した方針のもとで経営者により実施されることが重要である。会社法362条 4 項 6 号および同362条 5 項によって，内部統制の基本方針は取締役会が決定することとされており，経営者は，取締役会の決定を踏まえて，財務報告に係る内部統制を組織内の全社的なレベルおよび業務プロセスのレベルにおいて実施するための基本的計画および方針を定める必要がある。

プロジェクト推進では一般に，いわば「慣性の法則」が働くため，全体計画策定フェーズ（①基本的計画および方針の決定）を最も重視する。プロジェクトの途中で，その方向性が間違っていると気が付いても，過去の経緯に大きく拘束されるため，方向性の変更は困難となる場合が多い。また，出発点を間違うと，その後の対応が合理的であればあるほど，その結果は，本来あるべき姿とかけ離れたものとなってしまう。そのため，全体計画策定フェーズ（①基本的計画および方針の決定）を最も重視するのである。

基本計画および方針の決定において，経営者が定めるものとしては，たとえば，以下が挙げられる。

53

PART I　内部統制の基本的枠組みと内部統制報告制度

> ➢ 構築すべき内部統制の方針・原則，範囲および水準
> ➢ 内部統制の構築に当たる責任者および全社的な管理体制
> ➢ 内部統制構築の手順および日程
> ➢ 内部統制構築に係る人員およびその編成，教育・訓練の方法（実務ツールの検討を含む）

　このうち，特に「構築すべき内部統制の方針・原則，範囲及び水準」を様々な視点で綿密に議論すべきである。会社法で求められる取締役会が決定する企業集団を対象とした内部統制システムの基本方針（会社法362条4項6号5項，同施行規則100条1項等）は，法定要件であるため，会社法の定めに企業の実態を当てはめて検討されると考えられるが，具体的に内部統制をどのように整備し，運用するかについては，個々の企業が置かれた環境や事業の特性等によって異なるものであり，「構築すべき内部統制の方針・原則，範囲及び水準」は，企業が置かれた環境や事業の特性等をまず確認したうえで，内部統制の基本的枠組み，内部統制とコーポレートガバナンスおよび全社的なリスク管理，3線モデル，リスク選好の考え方，そして，内部統制報告制度における重要概念であるトップダウン型のリスク・アプローチとキーコントロール（統制上の要点）の考え方を当てはめることが大切である。具体的には，各企業の経営理念および経営戦略（経営方針）と財務報告の関係を整理すること，換言すれば，事業計画の策定・管理と内部統制報告制度の関係の整理を出発点とすることが有効である。

　なお，具体的な内部統制の構築においては，上位者の目線で構築方針を明確にすることが有効であり，本書では，①定型化，②非定型的な要素の特定と対応，③取引根拠，判断過程や見積りの根拠の記録・保存，④情報の正確性と網羅性のチェック，そして，⑤職務分掌といった内部統制の5類型を構築方針に反映することを推奨する（［図表2-10］）。

　また，内部統制関係者の教育・訓練の方法の方針も重要である。内部統制は一旦構築すれば，それで終了するわけではなく，たとえば，リスクの変化に応じてリスクを再評価し，リスクへの対応を適時に見直すことが重要であるが，リスクの変化を識別し評価するのは組織の構成員である。また，内部統制は，組織内のすべての者によって業務の中で遂行されて初めて機能する。それゆえ

第2章　財務報告に係る内部統制の文書化と評価

■図表2-10■　上位者の目線で構築する内部統制の5類型

内部統制の5類型	例示（財務報告に係る内部統制の場合）
①定型化	□業務フローと手続の構築，そして職務と権限の設定等 □所定様式の整備 □形式基準の設定等による判断の定型化
②非定型的な要素の特定と対応	□定型化できない非定型的な要素（新たな事象，不確実性の高い見積りや経営者による内部統制無効化リスク等） □経理部門や会議体による他の部門の検討結果の批判的な検証 □業務部門から経理部門への相談ルートの構築
③取引根拠，判断過程や見積りの根拠の記録・保存	□所定様式の整備 □特に，見積りの「仮定」「モデル」「入力データ」の明確化と「モデル計算の正確性」の確保 □記録・保存におけるITの利用とリスクへの対応
④情報の正確性と網羅性のチェック	□所定様式の整備 □情報の生成，追加，更新そして移転の各ポイントでのチェック □情報の収集と伝達におけるITの利用とリスクへの対応
⑤職務分掌	□業務部門内での職務分掌と上長による実効的な承認 □会議体による承認 □経理部門による日常的モニタリング □内部監査部門の独立的評価 □取締役会の監督機能と監査役等の監査機能 □上位コントロールと下位コントロールの区分

に，内部統制を継続的に有効に機能させるために，教育・訓練の方法が重要に
なる。

　内部統制の評価は，熟達した専門的能力と専門職としての正当な注意をもっ
て職責を全うすることが期待される内部監査人が，業務部門の管理者や担当者
等に対して実施する。内部統制の評価を単なる検証と捉えず，現業部門に対す
る助言・指導機能，さらには，教育機能と位置づけることが，企業における内
部統制の品質向上，管理水準の向上に貢献する。また，そのような評価が可能
となるような，支援ツール，いわゆる文書化3点セット（業務の流れ図（フロー
チャート），業務記述書およびリスクと統制の対応（リスク・コントロール・
マトリクス））の記載項目の工夫や新たなツールの考案等が望まれる。

55

PART I 内部統制の基本的枠組みと内部統制報告制度

② 内部統制の整備状況の評価

ここでは，全社的なリスクと業務プロセスのリスクを区分して，また，それぞれの関係を整理して，リスクに対応する内部統制が整備できているかを検討する必要がある。

特に，全社的なリスクは，それを識別，分析，そして評価する仕組みが整備されているかが重要であり，財務報告に係る内部統制では，全社的な内部統制，決算・財務報告プロセスに係る内部統制，そして，その他の業務プロセスに係る内部統制の連携が肝要である。すなわち，全社的な内部統制において，会計処理の対象となる経営戦略・経営課題，リスクやガバナンスに係る情報等の非財務情報を確認し，決算・財務報告プロセスに係る内部統制において，非財務情報が，虚偽記載の発生するリスク（財務報告上のリスク）に与える影響を検討する。そして，その結果を踏まえ，財務報告上のリスクを低減するための内部統制を決算・財務報告プロセスとその他の業務プロセスに構築する。この一連の検討を経理部門等が主導するプロセスを内部統制に組み込むことが重要である。

また，業務プロセスにおいて，各業務の実施に関連する虚偽記載の発生するリスクを識別，評価し対応する。具体的には，組織の重要な業務プロセスについて，取引の流れ，会計処理の過程を整理し，理解したあとで，虚偽記載の発生するリスクを識別し，それらリスクの財務報告または勘定科目等との関連性，業務の中に組み込まれた内部統制によって十分に低減できるものになっているかを検討する。実務上，この検討の際に，いわゆる文書化3点セット（業務の流れ図（フローチャート），業務記述書およびリスクと統制の対応（リスク・コントロール・マトリクス））が作成される場合が多いが，これら文書化成果物は，一旦作成すればそれで終了するわけでなく，企業の実態や取り巻く環境の変化に応じて，あるいは，リスクの変化に応じて見直しが必要になる。さらには，リスクの変化を捕捉したり，組織内のすべての者のリスク感応度を高めたりできるような文書化ツールの利用が望まれる。

③ 把握された内部統制の不備への対応および是正

把握された内部統制の不備に関して，内部統制の不備の内容，対応および是正の計画とスケジュールに関する情報を，内部統制の構築に当たる責任者および全社的な管理体制，そして，取締役会および監査役等に伝達する仕組みを構

第2章　財務報告に係る内部統制の文書化と評価

築する。

　なお，不備と判定しなかった全社的な内部統制の課題や業務プロセスに係る内部統制の弱点について，経営環境や企業自体の変化に応じてそれらが重要な不備となることも考えられるため，発見事項として広く捉え，是正方針等を検討することが重要となる。

2 ▶ 評価範囲の決定

　経営者は，内部統制の有効性の評価に当たって，財務報告に対する金額的および質的影響の重要性を考慮し，以下の事項等に関して合理的に評価の範囲を決定し，当該内部統制の評価の範囲に関する決定方法および根拠等を適切に記録しなければならない。

　○財務諸表の表示及び開示
　○企業活動を構成する事業又は業務
　○財務報告の基礎となる取引又は事象
　○主要な業務プロセス

　これらの事項については，重要な事業拠点の選定を踏まえ，財務諸表の表示および開示について，金額的および質的影響の重要性の観点から，評価の範囲を検討する。この検討結果に基づいて，企業活動を構成する事業または業務，財務報告の基礎となる取引または事象，そして，主要な業務プロセスについて，財務報告全体に対する金額的および質的影響の重要性を検討し，合理的な評価の範囲を決定する。なお，金額的および質的影響の発生可能性も考慮する。

　「財務諸表の表示及び開示」については，例えば，財務諸表における勘定科目ごとに，金額的影響の重要性の観点から一定金額を設定し，評価の範囲を検討するとともに，質的影響の重要性の観点から，財務諸表に対する影響の程度を勘案し，評価の範囲に必ず含めなければならない勘定科目を決定することが考えられる。なお，いずれかの重要性に該当する場合には，内部統制の評価の範囲に含める。また，財務報告には財務諸表だけでなく財務諸表に重要な影響を及ぼす開示事項等も含まれるため，評価範囲の決定において，特に後者をどのように定めるかもポイントである。

57

PART I 内部統制の基本的枠組みと内部統制報告制度

■図表2-11■ トップダウン型のリスク・アプローチに基づく評価範囲の
決定プロセス

全社的な内部統制等	(1)全社的な内部統制等の評価範囲
	原則，全ての事業拠点について全社的な観点で評価する。
	全社的な観点での評価が適切な決算・財務報告プロセスに係る内部統制については，全社的な内部統制に準じて評価する。

業務プロセスに係る内部統制	(2)重要な事業拠点の選定
	評価対象とする事業拠点は，売上高等の重要性により決定する。
	(3)評価対象とする業務プロセスの識別
	① 重要な事業拠点における，企業の事業目的に大きく関わる勘定科目に至る業務プロセスは，原則として，すべて評価対象とする。 ② 重要な事業拠点およびそれ以外の事業拠点において，財務報告への影響を勘案して，重要性の大きい業務プロセスについては，個別に評価対象に追加する。 ③ 全社的な内部統制の評価結果を踏まえて，業務プロセスに係る評価の範囲，方法等を調整する。

取締役会による整備と運用状況の監督

(出所) 「内部統制実施基準（参考図2）」をもとに筆者が作成

　具体的には，トップダウン型のリスク・アプローチに基づき評価範囲を決定することとされており，その手順は次のとおりである（[図表2-11]）。

(1) 全社的な内部統制等の評価範囲

　全社的な内部統制は，原則，全ての事業拠点について全社的な観点で評価する。また，全社的な観点での評価が適切な決算・財務報告プロセスに係る内部統制については，全社的な内部統制に準じて評価するが，該当する内部統制には，たとえば，以下のような手続が含まれる。

- 総勘定元帳から財務諸表を作成する手続
- 連結修正，報告書の結合および組替えなど連結財務諸表作成のための仕訳とその内容を記録する手続
- 財務諸表に関連する開示事項を記載するための手続

なお，分権型の組織構造で運営されているグループの場合，海外子会社を含

58

めたグループ全体に適用される方針や手続等が確立されていないこともある。このような場合，全社的な内部統制のほとんどの項目について，子会社ごとに，または，共通の方針や手続で運営されている子会社グループごとに整備状況の評価が必要となる可能性もある点に留意が必要である。ただし，そのような場合でも，連結グループの財務報告上のリスクについて，親会社として子会社等をどのように管理するかの課題は残る。

(2)　重要な事業拠点の選定

　事業拠点は，必ずしも地理的な概念に囚われるものではなく，企業の実態に応じ，本社，子会社，支社，支店のほか，事業部等として識別されることがある。

　事業拠点を選定する指標として，企業の置かれた環境や事業の特性によって，売上高の他，総資産，税引前利益等の指標を用いることがある。この場合，本社を含む各事業拠点におけるこれらの指標の金額の高い拠点から合算していき，連結ベースの一定の割合に達している事業拠点を評価の対象とすることが考えられる。

　なお，重要な財務報告上のリスクが存在する事業拠点が評価範囲から漏れることがないように以下の点に留意する。

- ●一定割合については，例えば，連結ベースの売上高等の一定割合（概ね2／3程度）とする考え方や，総資産，税引前利益等の一定割合とすることも考えられる。
- ●全社的な内部統制のうち，良好でない項目がある場合には，それに関連する事業拠点を選定する必要がある。
- ●長期間にわたり評価範囲外としてきた特定の事業拠点についても，評価範囲に含めることの必要性の有無を考慮しなければならない。

評価範囲外の事業拠点または業務プロセスにおいて開示すべき重要な不備が識別された場合には，当該事業拠点または業務プロセスについては，少なくとも当該開示すべき重要な不備が識別された時点を含む会計期間の評価範囲に含める必要がある。

(3)　評価対象とする業務プロセスの識別

　重要な事業拠点における，企業の事業目的に大きく関わる勘定科目に至る業

PART I 内部統制の基本的枠組みと内部統制報告制度

務プロセスは，原則としてすべて評価対象となるが，「企業の事業目的に大きく関わる勘定科目」については，財務報告に対する金額的および質的な影響ならびにその発生可能性を考慮し，たとえば，一般的な事業会社の場合，原則として，売上，売掛金および棚卸資産の3勘定が考えられる。

　評価対象とする業務プロセスの識別については，以下の点に留意する。

- 3勘定はあくまで例示であり，個別の業種，企業の置かれた環境や事業の特性等に応じて適切に判断される必要がある。
- 財務報告への影響を勘案して，重要性の大きい業務プロセスについては，個別に評価対象に追加する。たとえば，以下のような業務プロセスが考えられる。
  - リスクが大きい取引を行っている事業又は業務に係る業務プロセス
  - 見積りや経営者による予測を伴う重要な勘定科目に係る業務プロセス
  - 非定型・不規則な取引など虚偽記載が発生するリスクが高いものとして，特に留意すべき業務プロセス
- 当該重要な事業拠点が行う事業または業務との関連性が低く，財務報告に対する影響の重要性が僅少である業務プロセスについては，評価対象としないことができる。
- 長期間にわたり評価範囲外としてきた特定の業務プロセスについても，評価範囲に含めることの必要性の有無を考慮しなければならない。

　なお，評価範囲外の業務プロセスにおいて開示すべき重要な不備が識別された場合には，当該業務プロセスについては，少なくとも当該開示すべき重要な不備が識別された時点を含む会計期間の評価範囲に含めることが適切である。

　全社的な内部統制の有効性は，業務プロセスの評価範囲と評価手続に重要な影響を与えるため，以下の点に留意する。

- 全社的な内部統制が有効でない場合，評価範囲の拡大，評価手続の追加などの措置が必要である。
- 全社的な内部統制が有効である場合，サンプリングの範囲を縮小するなど簡易な評価手続の選択や，重要性等を勘案し，評価範囲の一部について，複数会計期間ごとの評価が可能である。
- 全社的な内部統制の評価結果が良好である場合等には，業務プロセスに係る内部統制の運用状況の評価においてサンプリングの範囲を縮小できる。

　なお，内部統制報告書上，財務報告に係る内部統制の評価の範囲（範囲の決

60

第 2 章　財務報告に係る内部統制の文書化と評価

定方法および根拠を含む。）の記載が必要であり，前年度に開示すべき重要な
不備を報告した場合は，その是正状況の記載が必要になる。

3 ▶ 内部統制評価の概要

　内部統制報告制度における評価の意義を明確にしたうえで，評価方法と評価
結果，そして報告についての重要項目を確認する。

　内部統制基準等の2023年改訂において，内部統制の目的の１つである財務報
告の信頼性が報告の信頼性に変更されたが，内部統制報告制度の対象は，あく
まで，財務報告の信頼性を確保するための内部統制であり，財務報告の信頼性
とは，財務諸表および財務諸表に重要な影響を及ぼす可能性のある情報の信頼
性を確保することである。ただし，財務報告の信頼性と内部統制４つの目的と
の関係，そして，持続的な成長または経営理念の実現との関係については，各
企業が主体的に整理することが内部統制報告制度の実効性を高める有効な手段
である。

(1)　内部統制報告制度における評価の意義

　経営者は，内部統制を整備および運用する役割と責任を有している。内部統
制基準等では，特に，財務報告の信頼性を確保するため，内部統制基準等の
「Ⅰ．内部統制の基本的枠組み」において示された内部統制のうち，財務報告
に係る内部統制については，一般に公正妥当と認められる内部統制の評価の基
準に準拠して，その有効性を自ら評価しその結果を外部に向けて報告すること
が求められるとしている。

　経営者が評価するのは，財務報告に係る内部統制であり，財務報告とは，財
務諸表及び財務諸表の信頼性に重要な影響を及ぼす開示事項等に係る外部報告
をいう（［図表２-12］）。

　なお，財務報告の信頼性，すなわち，「財務諸表」および「財務諸表の信頼
性に重要な影響を及ぼす開示事項等」に係る外部報告の信頼性を，「財務諸表」
および「財務諸表に重要な影響を及ぼす可能性のある情報」の信頼性を確保す
ることと定義している点が重要であり，経営戦略・経営課題，リスクやガバナ
ンスに係る情報等のいわゆる非財務情報は，会計上の判断や見積りを通して財
務諸表に影響を与える場合があるため，該当する非財務情報は，「財務諸表に

61

PART I　内部統制の基本的枠組みと内部統制報告制度

重要な影響を及ぼす可能性のある情報」に含まれ，内部統制報告制度の対象に
なると考えられる。別の言い方をすると，内部統制報告制度において，非財務
情報が財務諸表に与える影響を検討することは，財務報告における重要な虚偽
記載，開示すべき重要な不備，そして，内部統制の評価対象漏れを回避するた
めに極めて重要である。

■図表 2 -12■　財務報告に係る内部統制の評価におけるキーワード

用　　語	定　　　　　義		
財務報告	①財務諸表および②財務諸表の信頼性に重要な影響を及ぼす開示事項等に係る外部報告		
	①　財務諸表		
	貸借対照表，損益計算書，株主資本等変動計算書及びキャッシュ・フロー計算書，等（財務諸表等規則 1 項） 　連結貸借対照表，連結損益計算書，連結包括利益計算書，連結株主資本等変動計算書，連結キャッシュ・フロー計算書及び連結附属明細表，等（連結財務諸表規則 1 項）		
	②　財務諸表の信頼性に重要な影響を及ぼす開示事項等		
	有価証券報告書等における財務諸表以外の開示事項等で次に掲げる a. と b.		
	事　　項	例　　　示	経営者評価における留意点
	a . 財務諸表に記載された金額，数値，注記を要約，抜粋，分解又は利用して記載すべき開示事項（財務諸表の表示等を用いた記載）	以下の項目のうち，財務諸表の表示等を用いた記載 ●「企業の概況」の「主要な経営指標等の推移」 ●「事業の状況」の「事業等のリスク」，「経営者による財政状態，経営成績及びキャッシュ・フローの状況の分析」及び「研究開発活動」	経営者の評価は，財務諸表に記載された内容が適切に要約，抜粋，分解又は利用される体制が整備及び運用されているかについてのものであることに留意する。

62

第2章　財務報告に係る内部統制の文書化と評価

		●「設備の状況」 ●「提出会社の状況」の「株式等の状況」,「自己株式の取得等の状況」,「配当政策」及び「コーポレート・ガバナンスの状況等」 ●「経理の状況」の「主な資産及び負債の内容」及び「その他」 ●「保証会社情報」の「保証の対象となっている社債」 ●「指数等の情報」	
	b．財務諸表の作成における判断に密接に関わる事項（関係会社の判定，連結の範囲の決定，持分法の適用の要否，関連当事者の判定その他）	●「企業の概況」の「事業の内容」及び「関係会社の状況」の項目 ●「提出会社の状況」の「大株主の状況」の項目における関係会社，関連当事者，大株主等の記載事項	これらの事項が財務諸表作成における重要な判断に及ぼす影響の大きさを勘案して行われるものであり，必ずしも左記開示項目における記載内容の全てを対象とするものではないことに留意する。

財務報告に係る内部統制	財務報告の信頼性を確保するための内部統制
財務報告の信頼性	①財務諸表および②財務諸表に重要な影響を及ぼす可能性のある情報の信頼性を確保すること

① 財務諸表
上記「財務報告」①財務諸表参照

② 財務諸表に重要な影響を及ぼす可能性のある情報
経営戦略・経営課題，リスクやガバナンスに係る情報等のいわゆ

63

PART I　内部統制の基本的枠組みと内部統制報告制度

	る非財務情報が含まれると考えられる（経営者による判断と会計上の見積りを通じて財務諸表に影響を与える場合があるため）。
財務報告に係る内部統制が有効である	当該内部統制が適切な内部統制の枠組みに準拠して整備および運用されており，当該内部統制に開示すべき重要な不備がないこと
開示すべき重要な不備	財務報告に重要な影響を及ぼす可能性が高い財務報告に係る内部統制の不備

(2)　内部統制の評価と報告

　経営者は，有効な内部統制の整備および運用の責任を負う者として，財務報告に係る内部統制を評価する。経営者は，内部統制の評価に当たって，連結ベースでの財務報告全体に重要な影響を及ぼす内部統制（全社的な内部統制）の評価を行ったうえで，その結果を踏まえて，業務プロセスに組み込まれて一体となって遂行される内部統制（業務プロセスに係る内部統制）を評価しなければならない。なお，経営者による内部統制評価は，期末日を評価時点として行う。

　企業において具体的にどのような内部統制を整備および運用するかは，個々の企業の置かれた環境や事業の特性等によって様々である。経営者は，内部統制の枠組みおよび評価の基準を踏まえて，それぞれの企業の状況等に応じて自ら適切に内部統制を整備および運用する。

　内部統制報告制度へ対応するための一連の流れは，内部統制の構築（文書化），評価，そして報告であり，全社的な内部統制，業務プロセス（決算・財務報告プロセスとその他の業務プロセス）に係る内部統制，そして，適宜，ITの統制（IT全般統制とIT業務処理統制）について実施される（[図表2－13]）。

　以下では，特に評価と報告について，重要事項を列挙するとともに制度の実効性を高めるポイントを解説する。

第2章　財務報告に係る内部統制の文書化と評価

■図表2-13■　内部統制報告制度への対応の全体像

内部統制の構築・評価・報告の流れ	構築（文書化）		評価			報告
	構築（文書化）	評価範囲決定	整備評価	運用評価	不備是正	有効性判断（不備評価）
	☐ 本章第1節	☐ 本章第2節	☐ 本章第3節（本節）(2)③		☐ 本章第3節（本節）(2)④⑤	

内部統制の分類	全社的な内部統制	
	業務プロセスに係る内部統制*	☐ 本章第3節（本節）(2)①
	IT全般統制	☐ 本章第3節（本節）(2)②
	IT業務処理統制	

＊決算・財務報告プロセスに係る内部統制とその他の業務プロセスに係る内部統制に区分される。その他の業務プロセスは，たとえば，販売，棚卸資産，原価計算，および購買に関するプロセス等が該当する。

① 全社的な内部統制と業務プロセスに係る内部統制の関係

●全社的な内部統制と業務プロセスに係る内部統制，そしてキーコントロール

　経営者は，全社的な内部統制の整備および運用状況，ならびに，その状況が業務プロセスに係る内部統制に及ぼす影響の程度を評価する。その際，経営者は，組織の内外で発生するリスク等を十分に評価するとともに，財務報告全体に重要な影響を及ぼす事項を十分に検討する。たとえば，全社的な会計方針および財務方針，組織の構築および運用等に関する経営判断，経営レベルにおける意思決定のプロセス等がこれに該当する。

　経営者は，全社的な内部統制の評価結果を踏まえ，評価対象となる内部統制の範囲内にある業務プロセスを分析した上で，財務報告の信頼性に重要な影響を及ぼすキーコントロールを選定し，当該キーコントロールについて内部統制の基本的要素が機能しているかを評価する。

●企業の業務の性質等によるバランスの相違

　経営者は，全社的な内部統制の評価結果を踏まえ，業務プロセスに係る内部統制を評価するが，全社的な内部統制と業務プロセスに係る内部統制は相互に影響し合い，補完する関係にある。経営者は両者のバランスを適切に考慮した上で内部統制の評価を行うことが求められる。

65

PART I　内部統制の基本的枠組みと内部統制報告制度

　企業の行う業務の性質等により，全社的な内部統制と業務プロセスに係る内部統制のどちらに重点を置くかが異なることもある。たとえば，組織構造が相対的に簡易な場合には，全社的な内部統制の重要性が高くなることがある。

　一方，社内の規程や方針，手続に準拠して行う業務の割合が高い企業においては，業務プロセスに係る内部統制が相対的に重要となることが考えられる。たとえば，多店舗に展開する小売販売業務においては，業務の手続を定型化する必要があり，販売規程，現金取扱規程，従業員教育規程，例外事項対応規程などの多くの業務プロセスに係る内部統制の手引きが作成されることになる。ただし，その場合でも，社内の規程や方針，手続の整備は，全社的な内部統制の一部であり，当該全社的な内部統制の整備・運用状況の評価結果を踏まえて，業務プロセスを評価する点に留意する必要がある。

●全社的な内部統制を構築するうえでの留意点

　経営者は，全社的な内部統制の評価結果を踏まえて，業務プロセスに係る内部統制の評価の範囲，方法等を決定する。たとえば，全社的な内部統制の評価結果が有効でない場合には，当該内部統制の影響を受ける業務プロセスに係る内部統制の評価について，評価範囲の拡大や評価手続を追加するなどの措置が必要となる。一方，全社的な内部統制の評価結果が有効である場合については，業務プロセスに係る内部統制の評価に際して，サンプリングの範囲を縮小するなど簡易な評価手続を取り，または重要性等を勘案し，評価範囲の一部について，一定の複数会計期間ごとに評価の対象とすることが考えられる。ただし，一定の複数会計期間については，当該業務プロセスの重要性等を勘案し，適切に判断する必要がある。

　本章第2節(1)全社的な内部統制等の評価範囲において解説したとおり，企業集団内の子会社や事業部等の特性等に鑑み，その重要性を勘案して，個々の子会社や事業部等のみを対象とする全社的な内部統制の評価が行われた場合には，その評価結果を踏まえて，当該子会社や事業部等に係る業務プロセスにつき，評価の範囲，方法等を調整することがありうる点に留意する。別の言い方をすれば，企業集団に適用される全社的な内部統制の単位ごとに，重要な事業拠点および関連する業務プロセスに係る内部統制が決定されるということである。したがって，評価の範囲，評価方法等を効果的に絞り込みつつ，評価の実効性を高めるためには，全社的な内部統制は企業集団共通であることが望ましく，

第2章　財務報告に係る内部統制の文書化と評価

分権型の組織構造で運営されている企業集団においても，いかに親会社による
モニタリングを利かせるかが，全社的な内部統制を構築するうえでの主要課題
となる。この課題は，会社法上の内部統制システムの整備方針を決定する取締
役会の義務が企業集団ベースであり，子会社における内部統制の不備が，親会
社の取締役の責任に帰される可能性があることからも留意する必要がある。

②　IT 全般統制と IT 業務処理統制

IT 業務処理統制とは，業務を管理するシステムにおいて，承認された業務
が全て正確に処理，記録されることを確保するために業務プロセスに組み込ま
れた IT に係る内部統制であり，具体例としては，以下のような項目が挙げら
れる。

- 入力情報の完全性，正確性，正当性等を確保する統制
- 例外処理（エラー）の修正と再処理
- マスタ・データの維持管理
- システムの利用に関する認証，操作範囲の限定などアクセスの管理

IT を利用した情報システムにおいては，一旦適切な IT 業務処理統制を組み
込めば，意図的に手を加えない限り継続して機能する性質を有しているが，た
とえば，その後のシステムの変更の段階で必要な内部統制が組み込まれなかっ
たり，プログラムに不正な改ざんや不正なアクセスが行われたりするなど，全
般的な統制活動が有効に機能しない場合には，適切な IT 業務処理統制を組み
込んだとしても，その有効性が保証されなくなる可能性がある。

こうした問題に対応していくためには，たとえば，以下のような全般的な統
制活動を適切に整備することが重要となる。

□システムの開発または変更に際して，当該システムの開発または変更が
　既存のシステムと整合性を保っていることを十分に検討するとともに，
　開発・変更の過程等の記録を適切に保存する。
□プログラムの不正な使用，改ざん等を防止するために，システムへのア
　クセス管理に関して適切な対策を講じる。

PART I　内部統制の基本的枠組みと内部統制報告制度

　このような全般的な統制活動を IT 全般統制という。IT 業務処理統制が有効に機能する環境を保証するための統制活動を意味しており，通常，複数の業務処理統制に関係する方針と手続をいい，具体例としては，以下のような項目が挙げられる。

- システムの開発，保守に係る管理
- システムの運用・管理
- 内外からのアクセス管理などシステムの安全性の確保
- 外部委託に関する契約の管理

---

③　整備状況と運用状況の有効性の評価

● 整備と運用の評価

　内部統制基準では，内部統制の評価は，整備と運用の 2 段階で実施される。整備の評価は，整備状況の有効性の評価と呼ばれ，内部統制が規程や方針に従って運用された場合に，財務報告の重要な事項に虚偽記載が発生するリスクを十分に低減できるものとなっているかの判断であり（内部統制実施基準Ⅱ.3.③），運用の評価は，運用状況の有効性の評価と呼ばれ，業務プロセスに係る内部統制が所定の方針に基づき適切に運用されているかの判断である（内部統制実施基準Ⅱ.3.(3)④イ.）。

　評価が 2 段階で実施されるのは，整備されていない内部統制の運用評価は実施できない（実施しても意味がない）からである。整備上の不備があれば，その改善が行われた後で，運用状況の評価を実施する。

● 全社的な内部統制の評価

　全社的な内部統制が有効であると判断するには，全社的な内部統制が財務報告に係る虚偽の記載および開示が発生するリスクを低減するため，以下の条件を満たしていることが重要となる（実施基準Ⅱ.3.(4)①ロ.有効性の判断）。

- 全社的な内部統制が，一般に公正妥当と認められる内部統制の枠組みに準拠して整備及び運用されていること。
- 全社的な内部統制が，業務プロセスに係る内部統制の有効な整備及び運用を支援し，企業における内部統制全般を適切に構成している状態にあ

第2章　財務報告に係る内部統制の文書化と評価

ること。

　全社的な内部統制の形態は，企業の置かれた環境や事業の特性等によって様々であり，企業ごとに適した内部統制を整備および運用することが求められるが，実務上は，内部統制実施基準の参考1（財務報告に係る全社的な内部統制に関する評価項目の例）の42項目に基づき，6つの基本的要素ごとに企業の置かれた環境や事業の特性等にあわせ適宜加除修正して評価が行われる場合が多い。

　全社的な内部統制を評価するときは，評価対象となる内部統制全体を適切に理解および分析した上で，必要に応じて関係者への質問や記録の検証などの手続を実施する。

●**子会社管理の一環としての全社的な内部統制の構築と評価**

　前述の全社的な内部統制の評価項目例の42項目には，企業の置かれた個々の環境や特性等が反映されていない，一般的かつ概念的に整理されたものであるため，経営者評価に当たってそのままチェック項目として用いても内部統制の不備を見落としてしまう懸念がある。また，内部統制の6つの基本的要素に従って整理されたものであるため，子会社管理という視点が明確に意識されているものでもない。全社的な内部統制の構築と評価において子会社管理という視点で明確な課題認識を持ち，それに関する内部統制を構築，評価することが重要である。さらには，全社的な内部統制が有効であることの条件として，業務プロセスに係る内部統制の支援が挙げられており，親会社と子会社の関係では，親会社による子会社の内部統制の構築指導やモニタリングが重要と考えられる。

　子会社管理に関する内部統制を構築，評価する際に，特に留意すべき項目を例示すると以下のとおりである。なお，適宜，関連会社を対象に含める。

- 事業上のリスク等と財務報告上のリスクのつながりの検討
- 親会社による独立的評価（内部監査）
- 親会社の決算・財務報告プロセスにおける分析的検討

　企業グループの持続的な成長や経営理念の実現のためには，すべての子会社

PART I　内部統制の基本的枠組みと内部統制報告制度

を対象とした管理が必要と考えられるが，営利企業の活動として実施するのであれば，それはリスクに応じたメリハリを利かせた管理である必要がある。したがって，事業上のリスク等の検討の際に，子会社の特性に応じた財務報告上のリスクの検討を行い，高リスクが存在する子会社を特定して，親会社がリスクを低減する内部統制の構築を指導したり，独立的評価（内部監査）を実施したりする等の慎重な対応を行うとともに，その他の子会社に関しては，定期的かつ継続的に異常点を識別する視点で，親会社の決算・財務報告プロセスにおける子会社等の財務数値の分析的検討を実施して子会社をモニタリングすることが有効であると考えられる。

● 業務プロセスに係る内部統制の評価

業務プロセスに係る内部統制の評価は，整備状況の評価をデザインの検討と業務への適用の判断に分節し，そして，運用評価を実施することが大切である。従来の制度対応では，経営者によるデザインの検討が不十分である場合があり，監査人の内部統制監査においても，その検証が課題として認識されている[2]。定型化された内部統制で，リスクが発生または変化しない場合は，デザイン（設計）の検討の適否は結果に影響を及ぼさないと考えられるが，そもそも内部統制の定型化の際に検討が不十分であったり，リスクが発生または変化しているのに未検討であったり，さらには，新しい業務プロセスや内部統制を構築する際に未検討であったりする場合に，結果として財務報告の重要な項目で虚偽記載が発生し，内部統制報告書を訂正して開示すべき重要な不備を報告する事例が散見されたため課題が認識されている。

デザインの検討には，内部統制が財務諸表の勘定科目，注記および開示項目に虚偽記載が発生するリスクを合理的なレベルまで低減するものとなっているか確認する。具体的には，経営者は，識別した個々の重要な勘定科目に関係する個々のキーコントロールが適切に整備され，実在性，網羅性，権利と義務の帰属，評価の妥当性，期間配分の適切性，表示の妥当性といった適切な財務情報を作成するための要件（アサーション）[3]を確保する合理的な保証を提供できているかについて，関連文書の閲覧，従業員等への質問，観察等を通じて判断する。

2　研究報告32号（研究文書1号）「Ⅳ2.③ア.整備状況の評価の深度ある検討」を参照

あるいは，内部統制が規程や方針に従って運用された場合に，財務報告の重要な事項に虚偽記載が発生するリスクを十分に低減できるものとなっているかにより，当該内部統制の整備状況の有効性を評価する（デザインの検討）。その際には，たとえば，以下のような事項に留意する（実施基準Ⅱ．3．(3)③業務プロセスに係る内部統制の整備状況の有効性の評価）。

- 内部統制は，不正又は誤謬を防止又は適時に発見できるよう適切に実施されているか。
- 適切な職務の分掌が導入されているか。
- 担当者は，内部統制の実施に必要な知識及び経験を有しているか。
- 内部統制に関する情報が，適切に伝達され，分析・利用されているか。
- 内部統制によって発見された不正又は誤謬に適時に対処する手続が設定されているか。

内部統制の整備状況の評価は，この「デザイン（設計）の検討」と，検討したデザイン（設計）が実際の業務に適用されているか否かの判断（「業務への適用の判断」）とに区分して実施することが効果的である。

整備状況の評価の後で，経営者は，内部統制が所期の通り実際に有効に運用されているかを評価する。その場合，それぞれの虚偽記載のリスクに対して内部統制が意図した通りに運用されていることを確認しなければならない。

最初に言及したとおり，業務プロセスに係る内部統制の評価は，デザインの検討と業務への適用の判断，そして運用評価の区分を意識することが重要であり，定例業務的な内部統制の評価では，デザインの検討の必要性が認識されにくいが，常にこれを意識しないと，リスクが発生・変化した際や新しい業務プロセスに係る内部統制を評価する際に適切に対応できないため，評価者の心得としてデザインの検討の大切さを認識すべきである。

3　実施基準では，実在性（資産及び負債が実際に存在し，取引や会計事象が実際に発生していること），網羅性（計上すべき資産，負債，取引や会計事象を全て記録していること），権利と義務の帰属（計上されている資産に対する権利及び負債に対する義務が企業に帰属していること），評価の妥当性（資産及び負債を適切な価額で計上していること），期間配分の適切性（取引や会計事象を適切な金額で記録し，収益及び費用を適切な期間に配分していること），および表示の妥当性（取引や会計事象を適切に表示していること）と定義している（Ⅱ．3．(3)②業務プロセスにおける虚偽記載の発生するリスクとこれを低減する統制の識別）。

PART I　内部統制の基本的枠組みと内部統制報告制度

● キーコントロールの選定

　キーコントロールは業務上重要なコントロールではなく，内部統制の有効性の評価対象となるコントロールである。評価対象となるコントロールは，リスクの程度に応じて必要かつ十分なものを選定すべきであり，両者は，一致する場合もあれば，一致しない場合もある。

　また，キーコントロール選定の要諦は，内部統制評価の最終局面，すなわち，有効性判断（不備評価）の際に登場する「補完統制」の考え方にある（次の④内部統制の不備と開示すべき重要な不備，そして補完統制を参照）。ある内部統制の不備を補う内部統制が補完統制であり，不備が存在しても，補完統制が有効に機能すれば，それは開示すべき重要な不備にはならない。ここで重要なのは，内部統制の有効性は，個別のコントロールの有効性で判断させるのではなく，コントロール相互の連係（補完関係）を考慮して判断されるということである。この関係は，全社的な内部統制と業務プロセスに係る内部統制の関係にも見られる。

　キーコントロールを選定する意義は，財務報告の重要な項目に虚偽記載が発

■図表 2 -14■　キーコントロールの選定イメージ

キーコントロール

経営者は，全社的な内部統制の評価結果を踏まえ，評価対象となる業務プロセスを分析した上で，財務報告の信頼性に重要な影響を及ぼす内部統制を統制上の要点＊として選定する（実施基準Ⅱ 3 ⑶）。

キーコントロール

「扇の要（かなめ）」となる単独のコントロール，または，他のいくつかのコントロールの組合せの選定

コントロールの相互の連係（補完関係）の考慮

業務上重要なコントロールの識別

＊本書では，「統制上の要点」を「キーコントロール」と表記している

72

第 2 章　財務報告に係る内部統制の文書化と評価

生するリスクを低減する中心的なコントロール，すなわち，他のコントロールを束ねて「扇の要（かなめ）」となるような単独のコントロール，または，他のいくつかのコントロールの組合せを明確にすることにある（［図表 2 -14］）。

　さらには，前述のとおり，キーコントロールの選定よりも前の内部統制の構築から，この関係を考慮することが，財務報告の重要な項目における虚偽記載や開示すべき重要な不備を回避するうえで極めて重要である。

●ウォークスルーの意義

　ウォークスルーとは，評価対象となった業務プロセスごとに，代表的な取引を 1 つあるいは複数選んで，取引の開始から取引記録が財務諸表に計上されるまでの流れを，内部統制の記録等により追跡する手続をいい，外部監査人が内部統制の整備状況に関する理解を確実なものとする上で，有用な手続であるとされているが（実施基準Ⅲ 4 (2)①イ b），経営者が必ず実施しなければならない手続とはされていない（内部統制 Q&A 問33【取引の流れを追跡する手続の実施】）。

　実務上，整備状況の評価において検討したデザインの業務への適用の判断のための手続として実施される場合があるが，整備状況の評価は，前述のとおり，「デザイン（設計）の検討」と「業務への適用の判断」を区別して実施したほうが効果的である。たとえば，キーコントロールを選定する際に検討した事項（業務プロセスの特徴，リスクの評価，個々の内部統制における相互連携等）に変更がないか等を業務プロセス責任者，管理者および担当者に確認せず，ウォークスルーの実施のみをもって整備状況の評価とするのは評価の実効性に疑問が持たれる。

　また，内部統制の運用状況の評価を期中に実施した場合における期末までの期間の有効性を確かめるためのロールフォワードの追加手続として実施される場合が多いが，その実施は必須ではない。期中に運用状況の評価を実施した場合，その後，担当者への質問等により，評価対象とした内部統制の整備状況に重要な変更がないことが確認されたときには，新たに追加的な運用状況の評価は要しないものと考えられるとされている（内部統制 Q&A 問35（答））。

　実務上，ウォークスルーは整備状況の評価と期末のロールフォワードのための手続として実施される場合が多いが，全社的なリスクが発生または変化する可能性がある状況を検討せずに，適用初年度から継続しているという理由だけ

73

PART I　内部統制の基本的枠組みと内部統制報告制度

で実施されているとすれば，内部統制報告制度の形式化や形骸化を助長してい
る側面があると思われるため，その実施には留意が必要である。

④　内部統制の不備と開示すべき重要な不備，そして補完統制

●内部統制の不備と開示すべき重要な不備

　内部統制の不備は，以下の２つに分類される（実施基準Ⅱ．１．②イ．内部統
制の不備）。

- ●内部統制が存在しない，または規定されている内部統制では内部統制の
　目的を十分に果たすことができない等の整備上の不備
- ●整備段階で意図したように内部統制が運用されていない，または運用上
　の誤りが多い，あるいは内部統制を実施する者が統制内容や目的を正し
　く理解していない等の運用の不備

　内部統制の不備は単独で，または複数合わさって，会計基準や法令等に準拠
して取引を記録，処理および報告することを阻害し，結果として開示すべき重
要な不備となる可能性がある。

　内部統制の開示すべき重要な不備とは，内部統制の不備のうち，一定の金額
を上回る虚偽記載，または質的に重要な虚偽記載をもたらす可能性が高いもの
をいう。経営者は，内部統制の不備が開示すべき重要な不備に該当するか判断
する際には，金額的な面および質的な面の双方について検討を行う。財務報告
に係る内部統制の有効性の評価は，原則として連結ベースで行うので，重要な
影響の水準も原則として連結財務諸表に対して判断する（図表２-15）。

ⅰ）不備の影響が及ぶ範囲の検討

　たとえば，ある事業拠点において，ある商品の販売プロセスで問題が起きた
場合，当該販売プロセスが当該事業拠点に横断的な場合には，当該事業拠点全
体の売上高に影響を及ぼす。問題となった販売プロセスが特定の商品に固有の
ものである場合には，当該商品の売上高だけに影響を及ぼす。他の事業拠点で
も同様の販売プロセスを用いている場合には，上記の問題の影響は当該他の事
業拠点の売上高にも及ぶ。

ⅱ）影響の発生可能性の検討

　発生確率をサンプリングの結果を用いて統計的に導き出す。それが難しい場

第2章　財務報告に係る内部統制の文書化と評価

■図表2-15■　業務プロセスに係る内部統制の不備の検討プロセス

業務プロセスに係る内部統制の不備を把握

ⅰ）不備の影響が及ぶ範囲の検討

業務プロセスから発見された内部統制の不備がどの勘定科目等に，どの範囲で影響を及ぼしうるか

ⅲ）補完統制の検討

● ある内部統制の不備を補う補完統制の有無
● 補完統制がある場合に，それが勘定科目等に虚偽記載が発生する可能性と金額的影響をどの程度低減しているか

ⅱ）影響の発生可能性の検討

ⅰ）で検討した影響が実際に発生する可能性

ⅳ）内部統制の不備の質的・金額的重要性の判断

ⅰ），ⅱ）およびⅲ）を勘案した，質的重要性および金額的重要性
※不備が複数存在する場合には，これらを合算（重複額は控除）する。

質的又は金額的重要性があると認められる場合，開示すべき重要な不備と判断

（出所）「内部統制実施基準（参考図3）」をもとに，同基準の内容を追加して筆者が作成

合には，発生可能性を，たとえば，高，中，低により把握し，それに応じて，予め定めた比率を適用する。なお，影響の発生可能性が無視できる程度に低いと判断される場合には，判定から除外できる。

ⅲ）補完統制の検討

　勘定科目等に虚偽記載が発生する可能性と影響度を検討するときには，個々の内部統制を切り離して検討するのではなく，個々の内部統制がいかに相互に連係して虚偽記載が発生するリスクを低減しているかを検討する必要がある。そのために，ある内部統制の不備を補う内部統制（補完統制）の有無と，仮に補完統制がある場合には，それが勘定科目等に虚偽記載が発生する可能性と金額的影響をどの程度低減しているかを検討する。

ⅳ）金額的な重要性と質的重要性の判断

　金額的重要性は，連結総資産，連結売上高，連結税引前利益などに対する比率で判断する。これらの比率は画一的に適用するのではなく，会社の業種，規模，特性など，会社の状況に応じて適切に用いる必要がある。

75

PART I　内部統制の基本的枠組みと内部統制報告制度

　なお，金額的重要性の検討では，以下の点に留意する。
- 連結総資産，連結売上高，連結税引前利益などは，評価対象年度の実績値のみならず，それぞれの過去の一定期間における実績値の平均を含む。
- たとえば，連結税引前利益については，概ねその5％程度とすることが考えられるが，最終的には，財務諸表監査における金額的重要性との関連に留意する。
- 例年と比較して連結税引前利益の金額が著しく小さくなった場合や負になった場合には，必要に応じて監査人との協議の上，（連結税引前利益の）たとえば5％ではなく，比率の修正や指標の変更を行うことや連結税引前利益において特殊要因等を除外することがありうる。

　質的な重要性は，たとえば，上場廃止基準や財務制限条項に関わる記載事項などが投資判断に与える影響の程度や，関連当事者との取引や大株主の状況に関する記載事項などが財務報告の信頼性に与える影響の程度で判断する。

● 統制実施者の統制内容や目的の理解

　前述のとおり，内部統制を実施する者が統制内容や目的を正しく理解していないことが，運用上の不備に該当する点に特に留意する必要がある。内部統制は，企業内のすべての者によって遂行されて初めて機能するため，理論上は，運用状況の評価の際に統制実施者の内部統制に関する理解の程度を対象とした評価を実施する必要がある。また，その前提として，統制実施者が内部統制に関する理解を深めることを支援するような文書化3点セットの利用や新たな実務ツールの考案等が望まれる。

　確かに，内部統制の定型化は，所定の業務を手順通りに実施すれば，統制実施者が対応するリスクや内部統制の目的を理解していなくても自動的にリスクを低減することを企図する面がある。しかし，その場合でも，より上位の管理者は，統制内容や目的を正しく理解して，下位の担当者を適切に管理・監督すべきであり，例外事項や状況とリスクの変化にもたえず留意すべきである。これらの点も考慮して運用状況の評価方法等を検討すべきであると考えられる。さらには，上位の管理者の管理・監督能力を高めるような新たな実務ツールの考案等が望まれる。

第2章　財務報告に係る内部統制の文書化と評価

●補完統制の意義

補完統制の概念は，内部統制の不備が開示すべき重要な不備に該当するか否かを判断するといった内部統制評価の最終局面に登場するが，その考え方は，内部統制の構築，整備状況の評価（デザインの検討），そして，キーコントロールの選定において重要な示唆を与える。

すなわち，内部統制の考え方として，内部統制を個別に切り離して検討するのではなく，個々の内部統制がいかに相互に連係して虚偽記載が発生するリスクを低減しているかを検討することが重要であり，それは，内部統制評価の最終局面ではなく，内部統制の構築段階から考慮すべき事項である。リスクを低減するための個々の内部統制の相互の連係や階層を検討して内部統制を構築すれば，整備状況の評価のうち，デザインの検討も実施することになる。また，個々の内部統制の相互の連係や階層の中で，リスクの程度に応じた内部統制の組合せをキーコントロールに選定することによって，より実効性と効率性が高い内部統制評価が可能となる。

●全社的な内部統制の不備

全社的な内部統制に不備がある場合，企業の内部統制全体の有効性に重要な影響を及ぼす可能性が高い。内部統制の開示すべき重要な不備となる全社的な内部統制の不備として，たとえば，以下のものが挙げられる（実施基準Ⅱ．3．(4)①ハ．全社的な内部統制に不備がある場合）。

---

a．経営者が財務報告の信頼性に関するリスクの評価と対応を実施していない。

b．取締役会又は監査役等が財務報告の信頼性を確保するための内部統制の整備及び運用を監督，監視，検証していない。

c．財務報告に係る内部統制の有効性を評価する責任部署が明確でない。

d．財務報告に係るITに関する内部統制に不備があり，それが改善されずに放置されている。

e．業務プロセスに関する記述，虚偽記載のリスクの識別，リスクに対する内部統制に関する記録など，内部統制の整備状況に関する記録を欠いており，取締役会又は監査役等が，財務報告に係る内部統制の有効性を監督，監視，検証することができない。

77

PART I　内部統制の基本的枠組みと内部統制報告制度

> ｆ．経営者や取締役会，監査役等に報告された全社的な内部統制の不備が
> 　合理的な期間内に改善されない。

　上記は，開示すべき重要な不備に該当する可能性がある例ではなく，開示すべき重要な不備の例として挙げられている点に留意が必要である。なお，従来から内部統制報告制度対応を実施している有価証券報告書提出会社において，上記の例が該当する場合は少ないと考えられるが，非上場の会社を買収した場合や親会社の管理が行き届きにくい分権型の組織構造で運営されている海外子会社等においては該当する場合が考えられ，その場合は，各社の全社的な内部統制を改善することは勿論，親会社が主導する連結ベースの全社的な内部統制で当該不備をどのようにカバーして重要な虚偽記載が発生するリスクを低減するかが重要になる。

　また，開示すべき重要な不備に該当するか否かにかかわらず，全社的な内部統制の不備は，業務プロセスに係る内部統制にも直接または間接に広範な影響を及ぼし，最終的な財務報告の内容に広範な影響を及ぼすことになる。したがって，全社的な内部統制に不備がある場合には，業務プロセスに係る内部統制にどのような影響を及ぼすかも含め，財務報告に重要な虚偽記載をもたらす可能性について慎重に検討する必要がある。

　確かに，全社的な内部統制に不備がある場合でも，業務プロセスに係る内部統制が単独で有効に機能することもあり得る。ただし，全社的な内部統制に不備があるという状況は，基本的な内部統制の整備に不備があることを意味しており，全体としての内部統制が有効に機能する可能性は限定されると考えられる。

●内部統制の不備の企業内部における報告

　財務報告に係る内部統制の評価の過程で識別した内部統制の不備（開示すべき重要な不備を含む。）は，その内容および財務報告全体に及ぼす影響金額，その対応策，その他有用と思われる情報とともに，識別した者の上位の管理者等適切な者にすみやかに報告し是正を求めるとともに，開示すべき重要な不備（および，必要に応じて内部統制の不備）は，経営者，取締役会，監査役等および会計監査人に報告する必要がある。なお，開示すべき重要な不備が期末日に存在する場合には，内部統制報告書に，開示すべき重要な不備の内容および

78

それが是正されない理由を記載しなければならない。

　内部統制の不備は，判定・報告だけでなく，識別されて改善・是正されることが当該企業および財務諸表利用者にとって意義がある。特に，全社的な内部統制の不備は，その金額的影響の算定が実務上困難である場合が多く，識別されても不備と判定されず，改善の俎上に上がらない場合も考えられる。しかし，企業の実態や取り巻く状況の変化によっては，質的重要性や業務プロセスに与える影響が高まる場合が考えられる。他社の会計不正の原因分析等により当該企業における重要性が認識される場合もある。したがって，内部統制の評価において識別された課題は，ひろく発見事項として報告し，不備判定だけでなく，改善の要否も検討し，検討内容を記録・保存することが重要である。

　また，全社的なリスクや課題をトップダウンで特定し，関連する内部統制の不備判定だけでなく，その対応状況を上位階層に報告することも有効である。たとえば，取締役会等が注視し全社的な対応に力を注いで管理・監督すべきリスクと関連する内部統制や課題および対応計画を特定し，それが不備に該当するか否かを問わず，内部統制の運用状況や対応計画の進捗状況を報告し，運用・対応の適否や見直しの要否を取締役会等が判断するといった対応が考えられる。

⑤　経営者による内部統制の報告

●内部統制報告書の記載内容

　経営者による内部統制の報告は，内部統制基準において，財務報告に係る内部統制の有効性の評価に関する報告書（内部統制報告書）の記載項目の概要が定められているのみで，内部統制実施基準では関連する項目自体が存在しない。内部統制報告書の記載内容の詳細や留意事項は，内部統制府令および内部統制府令ガイドラインにより定められている。

　経営者は，財務報告に係る内部統制の有効性の評価を行った結果，全社的な内部統制に特定の不備がある場合や，キーコントロール等に係る不備が財務報告に重要な影響を及ぼす可能性が高い場合は，当該内部統制に開示すべき重要な不備があると判断しなければならない。

　経営者による評価の過程で発見された財務報告に係る内部統制の不備（開示すべき重要な不備を含む。）は，適時に認識し，適切に対応される必要がある。開示すべき重要な不備が発見された場合であっても，それが報告書における評

PART I 内部統制の基本的枠組みと内部統制報告制度

価時点（期末日）までに是正されていれば，財務報告に係る内部統制は有効で
あると認めることができる。なお，期末日後に実施した是正措置については，
報告書に付記事項として記載できる（基準Ⅱ．4．(6)③）。

　経営者は，財務報告に係る内部統制の有効性の評価に関する報告書（内部統
制報告書）を作成する必要があり，内部統制報告書には，［図表 2 -16］の事項
を記載する（基準Ⅱ．4．(2)～(6)）。

■図表 2 -16■　内部統制報告書の記載事項

項　　目	内　　容
整備及び運用に関する事項	● 財務報告及び財務報告に係る内部統制に責任を有する者の氏名 ● 経営者が，財務報告に係る内部統制の整備及び運用の責任を有している旨 ● 財務報告に係る内部統制を整備及び運用する際に準拠した一般に公正妥当と認められる内部統制の枠組み ● 内部統制の固有の限界
評価の範囲，評価時点及び評価手続	● 財務報告に係る内部統制の評価の範囲（範囲の決定方法及び根拠を含む。） 　　特に，以下の事項について，決定の判断事由を含めて記載することが適切である。 　　イ．重要な事業拠点の選定において利用した指標とその一定割合 　　ロ．評価対象とする業務プロセスの識別において企業の事業目的に大きく関わるものとして選定した勘定科目 　　ハ．個別に評価対象に追加した事業拠点及び業務プロセス ● 財務報告に係る内部統制の評価が行われた時点 ● 財務報告に係る内部統制の評価に当たって，一般に公正妥当と認められる内部統制の評価の基準に準拠した旨 ● 財務報告に係る内部統制の評価手続の概要
評価結果	財務報告に係る内部統制の評価結果の表明には，以下の方法がある。 ● 財務報告に係る内部統制は有効である旨 ● 評価手続の一部が実施できなかったが，財務報告に係る内部

	統制は有効である旨並びに実施できなかった評価手続及びその理由
	● 開示すべき重要な不備があり，財務報告に係る内部統制は有効でない旨並びにその開示すべき重要な不備の内容及びそれが是正されない理由
	● 重要な評価手続が実施できなかったため，財務報告に係る内部統制の評価結果を表明できない旨並びに実施できなかった評価手続及びその理由
付記事項	● 財務報告に係る内部統制の有効性の評価に重要な影響を及ぼす後発事象
	● 期末日後に実施した開示すべき重要な不備に対する是正措置等
	● 前年度に開示すべき重要な不備を報告した場合，当該開示すべき重要な不備に対する是正状況

　監査人の直接的な評価対象は，経営者の作成する内部統制報告書となるため，その記載内容には十分留意する必要がある（本章第4節(1)内部統制監査の対象と無限定適正意見を参照）

　また，内部統制基準等の2023年改訂（[図表3-13] 参照）を踏まえれば，内部統制報告書に記載する[図表2-16]の「評価の範囲，評価時点及び評価手続」「財務報告に係る内部統制の評価の範囲（範囲の決定方法及び根拠を含む。）」の「決定の判断事由」の記載内容を決定する際に，以下の事項を検討することが有用と考えられる。

➢ 事業拠点および業務プロセスの絞り込みの根拠となる全社的な内部統制の評価項目

➢ 全社的な内部統制または業務プロセスに係る内部統制の評価対象としていない事業拠点および業務プロセスについてその理由

● **前年度に開示すべき重要な不備を報告した場合，当該開示すべき重要な不備に対する是正状況**

　付記事項のうち，「前年度に開示すべき重要な不備を報告した場合，当該開示すべき重要な不備に対する是正状況」に関して，内部統制府令では，以下の2つのケースのように，当該是正状況の記載内容が，直前事業年度に係る内部

81

PART I 内部統制の基本的枠組みと内部統制報告制度

統制報告書または当事業年度に係る内部統制報告書に記載する事項と同一の内容となる場合には，これを記載しないことができるとしている（内部統制府令第一号様式 記載上の注意(9) c，第二号様式 記載上の注意(10) c）。

● 直前事業年度の期末時点で開示すべき重要な不備があり，当該末日後に当該開示すべき重要な不備を是正するために実施された措置がある場合であって，経営者が内部統制報告書を提出するまでに，有効な財務報告に係る内部統制を整備し，その運用の有効性を確認しているとき

直前事業年度に係る内部統制報告書の付記事項として，当該措置の内容と併せて当該措置が完了した旨が記載されると考えられる。このような状況の場合，当該事業年度に係る内部統制報告書の付記事項として，直前事業年度に係る内部統制報告書の記載事項と同一の内容を記載することになるため，これを記載しないことができる。

なお，この場合には，内部統制報告書の付記事項として，当該措置の内容と併せて当該措置が完了した旨を記載することができる（内部統制府令第一号様式 記載上の注記(9) b，第二号様式 記載上の注意(10) b）

● 直前事業年度に係る内部統制報告書に記載した開示すべき重要な不備が当該事業年度の期末日時点でも是正されない場合

当該事業年度に係る内部統制報告書における「評価結果に関する事項」として，財務報告に係る内部統制は有効でない旨と併せて，当事業年度末までに実施された当該開示すべき重要な不備の是正措置の内容および当該措置による当該開示すべき重要な不備の是正状況が記載されると考えられる。このような状況の場合，当該事業年度に係る内部統制報告書の付記事項として，直前事業年度に係る内部統制報告書に記載した開示すべき重要な不備の是正状況を記載すると当該事業年度に係る内部統制報告書の「評価結果に関する事項」と同一の内容を記載することになるため，これを記載しないことができる。

● 訂正内部統制報告書の記載内容

訂正内部統制報告書の記載内容は，内部統制府令および同ガイドラインで定められており，訂正内部統制報告書には，「訂正の対象となる内部統制報告書の提出日」，「訂正の理由」および「訂正の箇所及び訂正の内容」を記載するものとし，訂正の対象となる内部統制報告書に「財務報告に係る内部統制は有効である」旨の記載がある場合において，訂正内部統制報告書に「開示すべき重

第 2 章　財務報告に係る内部統制の文書化と評価

要な不備があり，財務報告に係る内部統制は有効でない」旨を記載する時は，訂正報告書の「訂正の理由」は次に掲げる事項等について記載する（内部統制府令第11条の2　3項，第17条3項）。

① 　当該開示すべき重要な不備の内容
② 　当該開示すべき重要な不備を是正するために実施された措置がある場合には，当該措置の内容及び当該措置による当該開示すべき重要な不備の是正の状況
③ 　財務報告に係る内部統制の評価結果を訂正した経緯
④ 　当該訂正の対象となる内部統制報告書に当該開示すべき重要な不備の記載がない理由

このうち，④の記載については，訂正内部統制報告書に記載している開示すべき重要な不備に関し，訂正の対象となる内部統制報告書における「評価の範囲，基準日及び評価手続に関する事項」が適切であったかどうか，当該開示すべき重要な不備が当該評価の範囲とされていたかどうかを記載する（内部統制府令ガイドライン11の2-3，17-3）。

この規定は，前述の内部統制報告書の評価範囲の記載のつながりによって，訂正内部統制報告書を提出することになる企業のみを対象としているのではなく，内部統制報告書の訂正時の対応が改善されること（上記④の記載）を通じ，全ての企業に対して経営者による内部統制の評価において，特に評価範囲の決定での適切なリスク・アプローチの徹底を求めていると考えられる。

なお，訂正内部統制報告書に係る規定についての経過措置は設けられておらず，施行日（2024年4月1日）以後に提出される訂正内部統制報告書について適用される。

4 ▶ 監査人による内部統制の監査

　経営者による内部統制の評価および報告と監査人による内部統制の監査は，財務報告の信頼性を確保するためのいわば"車の両輪"であるため，前者を理解するためには，後者の理解が不可欠である。また，両者を別々に理解するのではなく，つながりを理解することで，経営者による内部統制の評価および報告における本質的な課題やその解決の方向性の一端が明らかになる。

83

PART I 内部統制の基本的枠組みと内部統制報告制度

(1) 内部統制監査の対象と無限定適正意見

　我が国では，監査人は，経営者が実施した内部統制の評価について監査を実施することとされており，米国で採用されているダイレクト・レポーティング（直接報告業務）は採用されていない。この結果，監査人は，経営者の評価結果を監査するための監査手続の実施と監査証拠等の入手を行うこととなる。

内部統制基準および内部統制実施基準
Ⅲ．1．内部統制監査の目的
　経営者による財務報告に係る内部統制の有効性の評価結果に対する財務諸表監査の監査人による監査（以下「内部統制監査」という。）の目的は，経営者の作成した内部統制報告書が，一般に公正妥当と認められる内部統制の評価の基準に準拠して，内部統制の有効性の評価結果を全ての重要な点において適正に表示しているかどうかについて，監査人自らが入手した監査証拠に基づいて判断した結果を意見として表明することにある。
　なお，内部統制報告書に対する意見は，内部統制の評価に関する監査報告書（以下「内部統制監査報告書」という。）により表明する。
　内部統制報告書が適正である旨の監査人の意見は，内部統制報告書には，重要な虚偽の表示がないということについて，合理的な保証を得たとの監査人の判断を含んでいる。
　合理的な保証とは，監査人が意見を表明するために十分かつ適切な証拠を入手したことを意味している。

　内部統制監査の直接的な対象は，経営者の作成した内部統制報告書となるため，内部統制報告書において，次の重要な点につき記載が適切でないものがある場合は，監査人は無限定適正意見を表明することはできない（内基報第1号257）。

（1）財務報告に係る内部統制の評価範囲
　これには，評価範囲を決定した手順，方法，根拠等及び以下の事項の決定事由が含まれる。
　①　会社が複数の事業拠点を有する場合において，財務報告に係る内部統制の評価の対象とする重要な事業拠点を選定する際に利用した指標

第2章　財務報告に係る内部統制の文書化と評価

　　　　及びその一定割合
　　② 当該重要な事業拠点において，財務報告に係る内部統制の評価の対象とする業務プロセスを識別する際に選定した会社の事業目的に大きく関わる勘定科目
　　③ 財務報告に係る内部統制の評価の対象に個別に追加した事業拠点及び業務プロセス
(2) 財務報告に係る内部統制の評価手続
(3) 財務報告に係る内部統制の評価結果
(4) 付記事項等の内容

(2) 我が国の内部統制監査とダイレクト・レポーティング（米国）の相違点と留意点

　内部統制監査においては，内部統制の有効性の評価結果という経営者の主張を前提に，これに対する監査人の意見を表明するものであり，企業の内部統制に対して直接意見を表明するダイレクト・レポーティングを採用していない（[図表2-17]）。

■図表2-17■　我が国の内部統制監査とダイレクト・レポーティング（米国）の比較

PART I　内部統制の基本的枠組みと内部統制報告制度

　ただし，内部統制基準「Ⅲ．3．内部統制監査の実施」「(2)評価範囲の妥当性の検討」において，「監査人は，経営者により決定された内部統制の評価の範囲の妥当性を判断するために，経営者が当該範囲を決定した方法及びその根拠の合理性を検討しなければならない。」とされ，また，「(4)業務プロセスに係る内部統制の評価の検討」において，「経営者による全社的な内部統制の評価の状況を勘案し，業務プロセスを十分に理解した上で，経営者が統制上の要点を適切に選定しているかを評価しなければならない。」とされている。

　ダイレクト・レポーティングが採用されていない理由は，財務報告に係る内部統制の評価及び監査の基準のあり方について（企業会計審議会内部統制部会2005年12月）「三　基準案の主な内容等(4)公認会計士等による検証の水準とコスト負担の考慮」において説明されている。

　同文書によれば，内部統制に係る監査人による検証は，レビュー等ではなく，財務諸表監査の保証の水準と同じく「監査」の水準とすることとする一方で，経営者による評価および監査人による監査の水準の策定に当たっては，評価・監査に係るコスト負担が過大なものとならないよう，先行して制度が導入された米国における運用の状況等も検証し，以下の6つの方策を講ずるとしている。

① 　トップダウン型のリスク・アプローチの活用
② 　内部統制の不備の区分
③ 　ダイレクト・レポーティングの不採用
④ 　内部統制監査と財務諸表監査の一体的実施
⑤ 　内部統制監査報告書と財務諸表監査報告書の一体的作成
⑥ 　監査人と監査役・内部監査人との連携

　ダイレクト・レポーティングを採用せず，一見複雑な枠組みを採用しているからであろうか，内部統制実施基準では，監査人の意見対象が，「内部統制の有効性の評価結果という経営者の主張」であることを確認したうえで，内部統制監査において経営者による財務報告に係る内部統制の評価を理解・尊重すべき旨が明記されている。

実施基準Ⅲ．1．〔経営者による財務報告に係る内部統制の評価の理解・尊重〕
　内部統制監査においては，内部統制の有効性の評価結果という経営者の主張を前提に，これに対する監査人の意見を表明するものであり，この経

営者の内部統制の有効性の評価に当たっては，経営者が，それぞれの会社の状況等に応じて，自ら適切に工夫しつつ，内部統制の整備及び運用状況の検証を行っていくことが期待される。

監査人は，内部統制の基準・実施基準等の内容や趣旨を踏まえ，経営者による会社の状況等を考慮した内部統制の評価の方法等を適切に理解・尊重した上で内部統制監査を実施する必要があり，各監査人の定めている監査の手続や手法と異なることをもって，経営者に対し，画一的にその手法等を強制することのないよう留意する。

（注）　監査人は，経営者の評価結果を利用する場合を除き，経営者の評価方法を具体的に検証する必要はないことに留意する。

　監査人は，経営者による会社の状況等を考慮した内部統制の評価の方法等を適切に理解・尊重した上で内部統制監査を実施するとされているため，経営者が，その内部統制評価の方法等を監査人に合理的に説明するためにも，企業側においては首尾一貫した内部統制評価の体制の確立と強化が必要となる。

(3)　経営者と監査人の協議

　我が国の内部統制監査の枠組みにおいては，前述のとおり，経営者が決定する評価範囲の妥当性の検討が，極めて重要であり，内部統制基準等でも，監査人は，経営者による内部統制の評価範囲の決定前後に，当該範囲を決定した方法及びその根拠等について，必要に応じて，財務諸表監査の実施過程において入手している監査証拠も活用しながら，経営者と協議を行っておくことが適切であるとされている（内部統制基準Ⅱ．2．(3)監査人との協議）。

　また，監査人による評価範囲の妥当性の検討の結果，後日，経営者の決定した評価範囲が適切でないと判断されることが考えられ，この場合，経営者は新たな評価範囲について評価し直す必要が生じるが，その手続の実施には，時間的な制約等の困難が伴う場合も想定される。したがって，経営者による内部統制評価の実効性を高めるためには，必要に応じて，計画段階と状況の変化等があった場合に経営者との協議を行うことが適切であるとされている（内部統制実施基準Ⅱ．2．(3)監査人との協議）。

　監査人との協議を有意義なものにするためには，経営者による評価，すなわち，企業側で一定の考え方や方針に基づいて評価範囲を決定することとその検

PART I 内部統制の基本的枠組みと内部統制報告制度

討過程・根拠の文書化が重要になる。また，状況の変化等があった場合の協議のためには，一時的な対応では不十分で，継続的な対応，すなわち，検討プロセスの確立が大切である。内部統制報告制度の実効性を高めるためには，経営者と監査人の適時・適切な協議が必要であり，そのためには，リスクが発生したり変化したりする状況を適時・適切に捕捉するプロセスを評価範囲の決定プロセスに結びつけるようにデザイン（設計）する必要がある。

5 > トップダウン型のリスク・アプローチの活用

　ダイレクト・レポーティングの不採用と並んで，我が国の内部統制報告制度では，制度対応に係るコスト負担が過大なものとならないよう，先行して制度が導入された米国における運用状況等も検証し，トップダウン型のリスク・アプローチが採用されている。

　内部統制の本質や内部統制報告制度の趣旨を正しく理解し合理的に対応することが，結果的に実効性と効率性も同時に達成することになる。トップダウン型のリスク・アプローチは，我が国における内部統制報告制度のもっとも重要な特徴の１つであるため，詳細な考察を実施する。

(1)　制度創設時の趣旨と現状

　制度創設時に公表された「財務報告に係る内部統制の評価及び監査の基準のあり方について」（企業会計審議会内部統制部会2005年12月）によれば，トップダウン型のリスク・アプローチは，次のとおり説明されている。

●三(2)　財務報告に係る内部統制の評価及び報告（抜粋）

> 　経営者が，内部統制の有効性を評価するに当たっては，まず，連結ベースでの財務報告全体に重要な影響を及ぼす内部統制（全社的な内部統制）について評価を行い，その結果を踏まえて，業務プロセスに係る内部統制について評価することとしている。これは，適切な統制が全社的に機能していることかどうかについて，まず心証を得た上で，それに基づき，財務報告に係る重大な虚偽の表示につながるリスクに着眼して業務プロセスに係る内部統制を評価していくという，トップダウン型のリスク重視のアプ

第2章　財務報告に係る内部統制の文書化と評価

ローチを採用するものである。

● 三(4)①　トップダウン型のリスク・アプローチの活用

　経営者は，内部統制の有効性の評価に当たって，まず，連結ベースでの
全社的な内部統制の評価を行い，その結果を踏まえて，財務報告に係る重
大な虚偽の表示につながるリスクに着眼して，必要な範囲で業務プロセス
に係る内部統制を評価することとした。

　トップダウン型のリスク・アプローチがコスト負担の軽減を目的としている
のであれば，内部統制報告制度の直接的な評価対象となるキーコントロールの
選定に関しても適用しないと，効率性の達成は不十分であると考えられ，“画
竜点睛を欠く”ことになってしまう。また，内部統制の構築段階からトップダ
ウン型のリスク・アプローチを考慮して，実効性の高い全社的な内部統制を構
築してから適用しないと，評価範囲を絞り込んでも，範囲外から重要な虚偽記
載が生じる恐れが高いと考えられ，“網，呑舟の魚を漏らす”懸念がある。
　しかし，現状の実務においてトップダウン型のリスク・アプローチは，もっ
ぱら評価範囲の絞り込みにおいて考慮されており，内部統制の構築（文書化）・
評価・報告において，首尾一貫して適用されている場合は多くはないと考えら
れる。

(2)　内部統制基準等に見られるトップダウン型のリスク・アプロー
チの適用例

　内部統制基準等では，トップダウン型のリスク・アプローチの考え方が，評
価範囲の決定を含む次の事項に反映されていると推察される（[図表2-18]）。

● 評価範囲の決定（実施基準Ⅱ．2.(2)①（注2）（抜粋））

　企業が複数の事業拠点を有する場合には，評価対象とする事業拠点を売
上高等の重要性により決定する。
（注2）　一定割合をどう考えるかについては，企業により事業又は業務の
　　　特性等が異なることから，一律に示すことは困難であると考えられる。
　　　全社的な内部統制の評価が良好であれば，例えば，連結ベースの売上高

89

PART I　内部統制の基本的枠組みと内部統制報告制度

等の一定割合（おおむね３分の２程度）とする考え方や，総資産，税引
前利益等の一定割合とする考え方もある。全社的な内部統制のうち，良
好でない項目がある場合には，それに関連する事業拠点を評価範囲に含
める必要がある。

● キーコントロール（統制上の要点）の選定（基準Ⅱ3.(3)（抜粋））

経営者は，全社的な内部統制の評価結果を踏まえ，評価対象となる内部
統制の範囲内にある業務プロセスを分析した上で，財務報告の信頼性に重
要な影響を及ぼす統制上の要点を選定し，当該統制上の要点について内部
統制の基本的要素が機能しているかを評価する。

● 独立的評価の範囲と頻度の調整（実施基準Ⅱ.（参考１）財務報告に係る全社
的な内部統制に関する評価項目の例　モニタリング（抜粋））

経営者は，独立的評価の範囲と頻度を，リスクの重要性，内部統制の重
要性及び日常的モニタリングの有効性に応じて適切に調整しているか。

全社的な内部統制の評価項目の例として，リスクの重要性，内部統制の重要
性および日常的モニタリングの有効性に応じた独立的評価の範囲と頻度の適切
な調整が挙げられており，全社的な内部統制としての日常的モニタリングの有
効性により，独立的評価の範囲と頻度が調整される旨が明示されている。

● 整備評価の実施頻度（実施基準Ⅱ.3.(3)③（注）（抜粋））

統制上の要点として識別された内部統制の整備状況の評価は，原則とし
て，毎期実施する必要がある。ただし，全社的な内部統制の評価結果が有
効である場合には，統制上の要点として識別された内部統制（財務報告の
信頼性に特に重要な影響を及ぼすものを除く。）のうち，前年度の評価結
果が有効であり，かつ，前年度の整備状況と重要な変更がないものについ
ては，その旨を記録することで，前年度の整備状況の評価結果を継続して
利用することができる。

90

第2章　財務報告に係る内部統制の文書化と評価

　全社的な内部統制の評価結果が有効である等の場合には，業務プロセスに係る内部統制の整備状況の評価について，一定の複数期間内に一度の頻度で実施することができる。

● 運用評価のサンプルの範囲の決定（実施基準Ⅱ.3.(3)④ロ.(抜粋)）

> 　運用状況の評価の実施に際して，経営者は，原則としてサンプリングにより十分かつ適切な証拠を入手する。全社的な内部統制の評価結果が良好である場合や，業務プロセスに係る内部統制に関して，同一の方針に基づく標準的な手続が企業内部の複数の事業拠点で広範に導入されていると判断される場合には，サンプリングの範囲を縮小することができる。

　効果的で全社的な内部統制が構築されている場合には，業務プロセスに係る内部統制のサンプルの範囲を縮小することができる場合がある。

● 運用評価の実施頻度（実施基準Ⅱ.3.(3)④ロ.(注1)（抜粋)）

> 　統制上の要点として識別された内部統制の運用状況の評価は，原則として，毎期実施する必要がある。ただし，全社的な内部統制の評価結果が有効である場合には，統制上の要点として識別された内部統制（財務報告の信頼性に特に重要な影響を及ぼすものを除く。）のうち，前年度の評価結果が有効であり，かつ，前年度の整備状況と重要な変更がないものについては，その旨を記録することで，前年度の運用状況の評価結果を継続して利用することができる。

　全社的な内部統制の評価結果が有効である等の場合には，業務プロセスに係る内部統制の運用状況の評価においても，一定の複数期間内に一度の頻度で実施できる場合がある。ただし，一定の複数期間は機械的に適用するのではなく，リスクが発生または発生する可能性がある状況を適切に捕捉して，リスクに応じて決定すべきと考えられる。

　また，重要な虚偽記載につながるリスクを低減する全社的な内部統制と業務プロセスに係る内部統制の関係を，重要な虚偽記載が発生するリスクを低減する個別の内部統制の相互の連係と同じと解すれば，次の定めも，同アプローチ

PART I 内部統制の基本的枠組みと内部統制報告制度

の考え方の反映と考えられる。

● 内部統制の不備の評価（実施基準Ⅱ.3.(4)②ハ（抜粋））

> 勘定科目等に虚偽記載が発生する可能性と影響度を検討するときには，個々の内部統制を切り離して検討するのではなく，個々の内部統制がいかに相互に連係して虚偽記載が発生するリスクを低減しているかを検討する必要がある。そのために，ある内部統制の不備を補う内部統制（補完統制）の有無と，仮に補完統制がある場合には，それが勘定科目等に虚偽記載が発生する可能性と金額的影響をどの程度低減しているかを検討する。

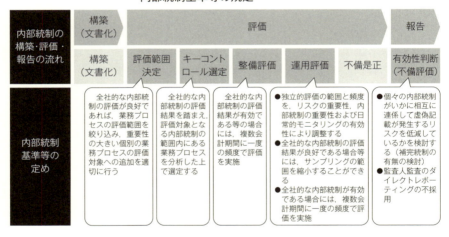

■図表2-18■ トップダウン型のリスク・アプローチに関連する
内部統制基準等の規定

なお，ダイレクト・レポーティングを採用していない我が国の内部統制監査制度（[図表2-17] 参照）は，監査のプロセスを階層で捉え，リスクが高い階層，すなわち「入口」（評価範囲の決定とキーコントロールに選定）と「出口」（経営者による内部統制報告書）を押さえるという意味でトップダウン型のリスク・アプローチの一形態と考えることもできる。

第3章

内部統制基準の改訂

　前章で言及したとおり，経営者による内部統制の評価範囲の外で開示すべき重要な不備が明らかになる事例等が一定程度見受けられるため，経営者が内部統制の評価範囲の検討に当たって，財務報告の信頼性に及ぼす影響の重要性を適切に考慮していないのではないか，といった内部統制報告制度の実効性に関する懸念が指摘されている。

　一方で，国際的な内部統制の枠組みについて，2013年5月米国のCOSO報告書が，経済社会の構造変化やリスクの複雑化に伴う内部統制上の課題に対処するために改訂された。具体的には，内部統制の目的の一つである「財務報告」の「報告」への拡張（非財務報告と内部報告を含む），不正に関するリスクへの対応の強調，内部統制とガバナンスや全組織的なリスク管理との関連性の明確化等を行っている。

　これらの状況を踏まえて，2023年4月，我が国における内部統制基準等が改訂されているため，内部統制基準等の改訂項目を網羅的に列挙して，その内容を概括する。特に，以下の図表に象徴されるコーポレートガバナンスや全社的なリスク管理，サステナビリティ開示といった新しい考え方と関連させて解説する。

　［図表3-3］　経営，監督，執行，そして監査の関係の整理

　［図表3-4］　監督，執行，そして監査の関連図

　［図表3-5］　財務情報と非財務情報に関連する諸制度のキーワード

　［図表3-6］　財務・非財務情報と内部統制報告制度

　［図表3-7］　企業情報を開示する新たな意義

　［図表3-8］　開示における重要性（マテリアリティ）の分類例

　［図表3-9］　内部統制とガバナンス及び全組織的なリスク管理の全体像

　［図表3-10］　3線モデルの構造

93

PART I　内部統制の基本的枠組みと内部統制報告制度

> [図表3-11]　コーポレートガバナンスの3層構造
> [図表3-12]　事業計画の策定・管理プロセスとコーポレートガバナンス及び全社的な
> 　　　　　　リスク管理の関係

　また，改訂内容等を個別にフォローするだけではなく，改訂内容と本書のつながりを確認することにより，本書で提示する内部統制対応アプローチの全体像とカギとなるナレッジ（知見とノウハウ）を明らかにする。

1 ▶ 内部統制基準等の2023年改訂の概要

　内部統制基準等の2023年改訂は，内部統制報告制度の実効性に関する懸念，そして，国際的な内部統制の枠組みの改訂および我が国におけるコーポレートガバナンス・コード等における対応といった内部統制報告制度を巡る状況を踏まえて実施された。その改訂内容等を確認することは，内部統制の枠組みや内部統制報告制度の課題を理解して実効性の高い内部統制対応を行ううえで有益であるため，内部統制基準等の3つの大区分，すなわち，Ⅰ．内部統制の基本的枠組み，Ⅱ．財務報告に係る内部統制の評価及び報告，そして，Ⅲ．財務報告に係る内部統制の監査，それぞれの改訂内容等を確認する（[図表3-1]）。

　内部統制報告制度対応を前提とすれば，上場企業にとっては，Ⅱ．財務報告に係る内部統制の評価及び報告，特に，評価範囲の決定と内部統制報告書の開示に関する改訂内容に関心が向きがちだと思われるが，Ⅰ．内部統制の基本的枠組みおよびⅢ．財務報告に係る内部統制の監査もあわせて改訂内容を確認されたい。便宜上，3つの大区分を別々に解説するが，改訂内容は，「適切なリスク・アプローチの徹底」で首尾一貫されていると考えられるため，適切なリスク・アプローチの視点が3つの大区分の改訂内容の理解を深める。

　「リスクの変化と発生に伴うリスク評価と対応の見直し」は，3つの大区分に通底する。リスクは，Ⅱ．財務報告に係る内部統制の評価及び報告における評価範囲の決定に影響を与え，また，内部統制報告書の「評価範囲の決定の要素と判断事由の記載」に関する改訂が実施されている。「内部統制報告書による開示の充実」は，Ⅱ．財務報告に係る内部統制の評価及び報告にのみ記載されているが，我が国の内部統制監査は，経営者の作成する内部統制報告書を直接の評価対象とするため（[図表2-17]参照），当然，監査人の内部統制監査

94

第3章　内部統制基準の改訂

■図表3－1■　内部統制基準等2023年改訂の概要

改訂の概要	Ⅰ．内部統制の基本的枠組み	Ⅱ．財務報告に係る内部統制の評価及び報告	Ⅲ．財務報告に係る内部統制の監査
●経営者による内部統制評価における適切なリスク・アプローチの徹底			
・リスクの発生と変化に伴うリスク評価と対応の見直し	○	○	○
・事業上のリスクと財務報告上のリスクのつながりの検討		○	○
・開示すべき重要な不備の存在する事業拠点と業務プロセスが評価範囲から漏れることの回避		○	○
●内部統制報告書による開示の充実			
・評価範囲の決定の要素と判断事由の記載		○	
・前年度に開示すべき重要な不備を報告した場合や内部統制報告書の訂正時の対応		○	
●内部統制とガバナンス及び全組織的なリスク管理の一体的な整備・運用の重要性			
・ガバナンス及び全組織的なリスク管理	○		
・3線モデルとリスク選好	○		
・経営戦略，あるいは事業計画の策定・管理プロセスの重要性	○		
●不正に関するリスクへの対応			
・不正リスクの評価と対応	○		
・経営者の内部統制の無視・無効化に対する取締役会と監査役等の役割と責任	○		

95

PART I　内部統制の基本的枠組みと内部統制報告制度

●内部統制の本来の意義に立ち返ることの重要性			
・細則主義ではなく，企業の自律性・自主性を重視した原則主義であることの確認	○	○	

に影響を与える（Ⅲ．財務報告に係る内部統制の監査）。「内部統制とガバナンス及び組織的なリスク管理（上場企業にとっては，コーポレートガバナンス及び全社的なリスク管理）の一体的な整備・運用の重要性」と，「不正に関するリスクへの対応」はともに，Ⅰ．内部統制の基本的枠組みにのみ記載されているが，Ⅱ．財務報告に係る内部統制の評価及び報告において，リスクの変化と発生を適時・適切に捕捉し，財務報告に与える影響を検討するためには，前者が重要になる。また，後者には，不正な財務報告リスクが含まれ，Ⅱ．財務報告に係る内部統制の評価及び報告において当該リスクを考慮した対応が必要になる。

(1)　内部統制の基本的枠組み

　内部統制の基本的枠組みの改訂では，リスクに対する内部統制の「守り」の重要性に関連する事項の明示が目を引くが，「守り」に留まらない改訂項目も存在する（[図表3-2]）。

■図表3-2■　「Ⅰ．内部統制の基本的枠組み」の改訂内容

基準または実施基準	項　　目	改　訂　の　概　要
●報告の信頼性		
基準	1．内部統制の定義	□4つの目的のうち「財務報告の信頼性」を「報告の信頼性」に変更し，「報告の信頼性」の定義を記載 □「報告の信頼性」には，「財務報告の信頼性」が含まれる旨を明記し，「財務報告の信頼性」の定義

96

第3章　内部統制基準の改訂

		を記載
実施基準	1．内部統制の定義（目的） 1．(2)報告の信頼性	（基準と同様）
実施基準	2．(2)①リスクの評価	（新設） □リスクの評価の対象として，不正に関するリスクを明記し，その結果発生し得る不適切な報告，資産の流用および汚職についての検討が必要である旨を記載 □不正に関するリスクの評価の考慮事項として，動機とプレッシャー，機会，姿勢と正当化を記載 □リスクの変化に応じてリスクを再評価し，リスクへの対応を適時に見直すことが重要である旨を明記
実施基準	2．(4)①情報の識別・把握・処理	（新設） □大量の情報を扱い，業務が高度に自動化されたシステムに依存している状況においては，情報の信頼性が重要である旨を記載 □信頼性のない情報は，経営者の誤った判断等につながる可能性を記載 □情報の信頼性を確保するための有効に機能するシステムの必要性を記載
実施基準	2．(5)③内部統制上の問題についての報告	□内部監査人による独立的評価により識別された問題点について，経営者とあわせて，取締役会，監査役等にも報告することが求められることを明記（改訂前は「必要に応じて」）
基準	2．(6)ITへの対応	「ITに対して適時かつ適切に対応」とし，「適時」を追加
実施基準	2．(6)ITへの対応	□情報システムの開発・運用・保守などITに関する業務を外部委託する場合のITの委託業務に係る統制の重要性を記載 □クラウドやリモートアクセス等の技術を活用する

97

PART I　内部統制の基本的枠組みと内部統制報告制度

		場合のサイバーリスク等に対応するための情報システムに係るセキュリティ確保の重要性を記載
実施基準	2.(6)②イ．組織目標を達成するためのITの統制目標	□「有効性及び効率性」を削除

●経営者による内部統制の無効化

実施基準	3．内部統制の限界	□経営者による内部統制の無視または無効化に対して有効な全社的または業務プロセスレベルに係る内部統制の例として以下を記載 ●適切な経営理念等に基づく社内の制度の設計・運用 ●適切な職務の分掌 ●組織全体を含めた経営者の内部統制の整備及び運用に対する取締役会による監督，監査役等による監査及び内部監査人による取締役会及び監査役等への直接的な報告に係る体制等の整備および運用 □業務プロセスに責任を有する者による内部統制の無視または無効化について追記

●内部統制に関係を有する者の役割と責任

実施基準	4.(2)取締役会	□会社法第399条の13（監査等委員会設置会社の取締役会の権限）を追記 □経営者による内部統制の無視または無効化リスクについて留意すべき旨を追記
実施基準	4.(3)監査役等	□経営者による内部統制の無視または無効化リスクについて留意すべき旨を追記 □役割・責務を実効的に果たすために，内部監査人や監査人等と連携し，能動的に情報を入手することが重要である旨を追記
実施基準	4.(4)内部監査人	□熟達した専門的能力と専門職としての正当な注意をもって職責を全うすべき旨を追記 □取締役会および監査役等への報告経路を確保する

第3章　内部統制基準の改訂

		とともに，必要に応じて，取締役会および監査役等から指示を受けることが適切である旨を追記

● 内部統制とガバナンスおよび全組織的なリスク管理

基準	5．内部統制とガバナンス及び全組織的なリスク管理	（新設） □内部統制は組織の持続的な成長のために必要不可欠である旨を明記 □内部統制とガバナンスおよび全組織的なリスク管理の一体的な整備および運用の重要性を記載し，ガバナンスと全組織的なリスク管理，それぞれの定義を記載（［図表3-9］の脚注＊1＊2参照） □内部統制，ガバナンスおよび全組織的なリスク管理は，運用されていく中で常に見直される旨を明記
実施基準	5．内部統制とガバナンス及び全組織的なリスク管理	（新設） □体制整備の考え方として，3線モデルを例示 □第1線，第2線，そして第3線の組織内の権限と責任を明確化しつつ，これらの機能を取締役会または監査役等による監督と適切に連携させることの重要性を記載 □全組織的なリスク管理に関して，損失の低減のみならず，リスク選好の考え方（適切な資本配分や収益の最大化を含む）の考慮を記載

① 「守り」の改訂項目

　具体的には，内部統制の基本的要素である「リスクの評価と対応」においては，COSO報告書の改訂を踏まえたリスク評価に際しての不正リスクを考慮することの重要性や考慮すべき事項の明示，「情報と伝達」については，大量の情報を扱う状況等に際して，情報の信頼性の確保におけるシステムが有効に機能することの重要性の記載，そして，「ITへの対応」では，ITの委託業務に係る統制の重要性が増していること，サイバーリスクの高まり等を踏まえた情報システムに係るセキュリティの確保が重要であることの記載がある。

　また，経営者による内部統制の無効化リスクに対しては，内部統制を無視な

99

PART I　内部統制の基本的枠組みと内部統制報告制度

いし無効ならしめる行為に対する，組織内の全社的または業務プロセスにおける適切な内部統制の例と，当該行為が経営者以外の業務プロセスの責任者によってなされる可能性があることも示されている。

　さらに，取締役会と監査役等の役割と責任について，経営者による内部統制の無効化リスクについて留意すべき旨，内部監査人については，熟達した専門的能力と専門職としての正当な注意をもって職責を全うすること，取締役会お

■図表 3-3■　経営，監督，執行，そして監査の関係の整理

	役 割 の 内 容	責 任
経営	株主から経営者に経営が委託される 望ましい方向に経営を規律づけるために，経営は執行，監督および監査に機能分化される	株主に対する受託者としての責任（説明責任を含む）
監督	● 執行者に執行権限を委譲する ● 方針等の決定，執行者への指示，そして指示のとおり業務執行されているか執行者の評価を行う ● なお，個別の意思決定機能の執行への委任の範囲が論点となる ● 執行者からの報告が評価実施の前提になる ● 評価の実効性を担保するため，執行者の人事権（報酬決定権を含む）を持つ	執行者に対する監督責任
執行	● 監督機関から執行権限（業務執行に係る意思決定を含む）を委譲される ● 監督機関が決定した方針等に基づき業務を執行し，その結果等を監督機関に報告する	● 業務執行責任 ● 監督機関への報告責任
監査	● 監督機関と執行者を監査する（会計監査を含む業務監査） ● 業務監査は適法性を対象としており，妥当性は対象としないといわれる（ただし，著しく妥当性に欠くと，善管注意義務・忠実義務への違反として適法性の問題になる可能性がある） ● 執行の意思決定に関与しない ● 執行者の人事権（報酬決定権を含む。）を持たない	監督機関と執行者に対する監査（独立した立場からの監視と検証）責任

100

■図表3-4■ 監督，執行，そして監査の関連図

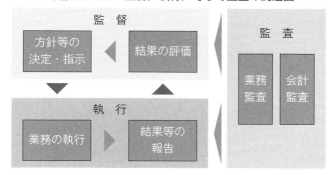

よび監査役等への報告経路も確保すること等の重要性が記載されている。

ここで改めて，取締役会（監督）と代表取締役等（執行），そして監査役等（監査）の関係を整理すると改訂内容の理解に役立つ（[図表3-3]［図表3-4]）。

一方で，経済社会の構造変化やリスクの複雑化を背景として，単なる「守り」に留まらない改訂事項も見て取れる。それが，次の②報告の信頼性と財務報告の信頼性，③内部統制とガバナンス及び全組織的なリスク管理の一体的な整備・運用である。

② 報告の信頼性と財務報告の信頼性

コーポレートガバナンス・コードや有価証券報告書の記述情報の充実等の近年の企業情報の開示に関連する諸制度の導入・改正では，まず，財務情報と非財務情報に関連するキーワードの意味を確認することが大切である（[図表3-5]）。

また，財務報告の信頼性を確保する上で，非財務情報と内部統制報告制度の関係を考察することは極めて重要である。前掲［図表2-12]と［図表3-5]にもとづき，財務情報と非財務情報，そして，内部統制報告制度の関係を整理すると，非財務情報のうち，「財務諸表に重要な影響を及ぼす可能性のある情報」と開示の「財務諸表の作成における判断に密接に関わる事項」の内容が重要になる（[図表3-6]，なお［図表1-1]参照）。

内部統制基準等では，サステナビリティ等の非財務情報に係る開示の進展やCOSO報告書の改訂を踏まえ，内部統制の目的の1つである「財務報告の信頼性」が「報告の信頼性」とされている。報告の信頼性は，組織内及び組織の外

PART I　内部統制の基本的枠組みと内部統制報告制度

■図表 3 - 5 ■　財務情報と非財務情報に関連する諸制度のキーワード

用　　語	定　　義
●コーポレートガバナンス・コード	
財務情報	会社の財政状態・経営成績等をいう。なお，具体的には，注記を含む財務諸表と，財務諸表に記載された金額，数値，注記を要約，抜粋，分解または利用して記載される開示事項（財務諸表の表示等を用いた記載）と考えられる。
非財務情報	経営戦略・経営課題，リスクやガバナンスに係る情報等，あるいは，会社の財政状態，経営戦略，リスク，ガバナンスや社会・環境問題に関する事項（いわゆる ESG 要素）などについて説明等を行う情報をいう。
●内部統制基準等	
財務報告の信頼性 （「財務諸表に重要な影響を及ぼす可能性のある情報」が含まれる）	<u>財務諸表および財務諸表に重要な影響を及ぼす可能性のある情報</u>の信頼性を確保すること（［図表 2 -12］参照）。 　なお，「財務諸表に重要な影響を及ぼす可能性のある情報」には，上記のコーポレートガバナンス・コードにおける「非財務情報」が含まれる場合があると考えられる（会計上の判断や見積りを通じて財務諸表に影響を与える場合があるため）。
●記述情報の開示に関する原則（2019年 3 月金融庁）および同原則（別添）─サステナビリティ情報の開示について─(2022年11月　金融庁)	
記述情報	一般に，法定開示書類において提供される情報のうち，金融商品取引法第193条の 2 が規定する「財務計算に関する書類」において提供される財務情報以外の情報を指す。
●その他の記載内容に関連する監査人の責任（監査基準報告書720）	
その他の記載内容	監査した財務諸表を含む開示書類のうち当該財務諸表と監査報告書とを除いた部分の記載内容。

102

第3章　内部統制基準の改訂

		通常，財務諸表及びその監査報告書を除く，企業の年次報告書に含まれる財務情報及び非財務情報である。

■図表3-6■　財務・非財務情報と内部統制報告制度

種類	コーポレートガバナンス・コードにおける定義	財務報告の範囲		財務報告の信頼性の範囲		内部統制報告制度
非財務情報	●経営戦略・経営課題，リスクやガバナンスに係る情報等 ●会社の財政状態，経営戦略，リスク，ガバナンスや社会・環境問題に関する事項（いわゆるESG要素）などについて説明等を行う情報	有価証券報告書の記述情報		下記以外		対象外
			財務諸表の作成における判断に密接に関わる事項（開示事項)＊	財務諸表に重要な影響を及ぼす可能性のある情報		対象
財務情報	財政状態・経営成績等	●財務諸表 ●財務諸表の表示等を用いた記載		財務諸表	見積り数値	
					確定数値	

＊有価証券報告書における「企業の概況」の「事業の内容」及び「関係会社の状況」の項目や「提出会社の状況」の「大株主の状況」の項目における関係会社，関連当事者，大株主等の記載事項等

部への報告（非財務情報を含む。）の信頼性を確保することをいうと定義するとともに，「報告の信頼性」には「財務報告の信頼性」が含まれ，金融商品取引法上の内部統制報告制度は，あくまで「財務報告の信頼性」の確保が目的であることが強調されている。ただし，財務報告は，企業の業務全体に係る情報を集約したものであり，企業の業務全体と密接不可分の関係にあるため，内部統制報告制度への対応の実効性を高めるためには，「財務報告の信頼性」の視点で内部統制4つの目的を改めて考察することが大切であると考えられる。

　「報告の信頼性」の考え方は，企業情報を開示することの新たな意義と開示

103

PART I　内部統制の基本的枠組みと内部統制報告制度

における重要性（マテリアリティ）の考え方とあわせて理解することが重要である（［図表 3 - 7 ］［図表 3 - 8 ］）。

■図表 3 - 7 ■　企業情報を開示する新たな意義

基本的な意味（情報利用者にとっての意味）	投資家	投資家による適切な投資判断	▶	資本市場における効率的な資源配分の実現（適切な株価形成）
新たな意義	投資家と企業	投資家との深度ある建設的な対話	▶	資本市場を通じた企業価値の向上（経営戦略のブラッシュアップ）
	企業間	投資家の視線を意識した企業間の競争の促進	▶	資本市場を通じた企業活動の品質向上

■図表 3 - 8 ■　開示における重要性（マテリアリティ）の分類例

開示媒体	主な情報利用者	開示における重要性（マテリアリティ）	重視する情報	開示の基準等の例
有価証券報告書	株主を含む投資家	● 投資家の投資判断 ● 企業の重要課題	財務情報	記述情報の開示に関する原則（2019年金融庁）
統合報告書等の任意開示媒体	上記に加え，その他のステークホルダー（従業員，顧客，取引先，債権者，地域社会をはじめとする様々なステークホルダー）	上記に加え， ● その他のステークホルダーの企業に対するレピュテーション（評判） ● 社会のサステナビリティ課題	非財務情報	価値協創のための統合的開示・対話ガイダンス 2.0―サステナビリティ・トランスフォーメーション（SX）実現のための価値創造ストーリーの協創―（2022年改訂　経済産業省）

104

第3章 内部統制基準の改訂

③ 内部統制とガバナンス及び全組織的なリスク管理の一体的な整備・運用

従来の内部統制4つの目的の上位に位置する目的,すなわち,組織の持続的成長のためには,内部統制とガバナンス及び全組織的なリスク管理は一体的に整備および運用されることが重要である旨を明示している([図表3-9])。

また,全組織的なリスク管理について,リスクを「目的の阻害要因」と捉えてリスク管理の目標を損失の低減とするだけでなく,適切な資本配分や収益最大化を含むリスク選好の考え方を取り入れることにも言及している。リスク選好とは,組織のビジネスモデルの個別性を踏まえたうえで,事業計画達成のために進んで受け入れるべきリスクの種類と総量をいう。

これらの体制整備の考え方として,3線モデルの考え方を例示している([図表3-10])。なお,3線モデルの考え方の特徴は,従来の3つの防衛線(Defense Line)と異なり,統治機関を頂点として経営管理者と内部監査が並置されてい

■図表3-9■ 内部統制とガバナンス及び全組織的なリスク管理の全体像

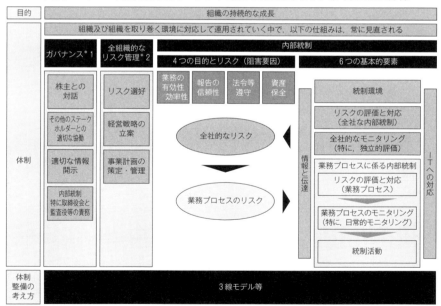

*1 組織が,顧客・従業員・地域社会等の立場を踏まえた上で,透明・公正かつ迅速・果断な意思決定を行うための仕組み
*2 適切なリスクとリターンのバランスの下,全組織のリスクを経営戦略と一体で統合的に管理すること

PART I 内部統制の基本的枠組みと内部統制報告制度

■図表3-10■ 3線モデルの構造

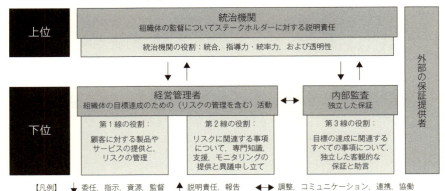

(出所)「IIAの3ラインモデル 3つのディフェンスラインの改訂」(内部監査人協会2020年7月)の図表をもとに筆者が修正

る点と目的阻害要因としてのリスクだけでなく機会も対象にしている点にある。第1線,第2線,そして第3線の区分にその本質があるわけではない[1]。

　内部統制とガバナンス及び全組織的なリスク管理(上場企業にとっては,コーポレートガバナンス及び全社的なリスク管理)の一体的な整備・運用は,内部統制基準等の,Ⅰ.内部統制の基本的枠組みで言及されており,Ⅱ.財務報告に係る内部統制の評価及び報告では言及されていない。これは,一体的な整備・運用が,財務報告に関係がないことを示すのではなく,そうではなくて,一体的な整備・運用の重要性を示すことにより,財務報告への関係づけは企業の自主的・自律的な創意工夫に委ねられたと考えるべきである。たとえば,経営戦略(経営方針)の立案,あるいは事業計画の策定・管理プロセスにおいて,事業上のリスクと財務報告上のリスクとのつながりを検討することによって,コーポレートガバナンス及び全社的なリスク管理と財務報告に係る内部統制の一体的な整備・運用を図ることができると考えられる([図表3-11][図表3-12])。

1　実際,IIA(内部監査人協会)の「3ラインモデル　3つのディフェンスラインの改訂」では,「第1線(ライン)」「第2線(ライン)」「第3線(ライン)」という用語は,慣れ親しまれているために元のモデルから残しているだけであり,「線(ライン)」は構造的な要素を表しているのではなく,役割の区別に役立つので用いているとしている。

第3章 内部統制基準の改訂

■図表3-11■ コーポレートガバナンスの3層構造

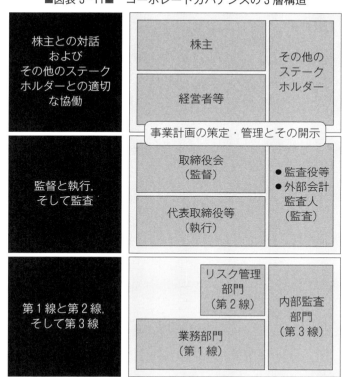

■図表3-12■ 事業計画の策定・管理プロセスとコーポレートガバナンス及び全社的なリスク管理の関係

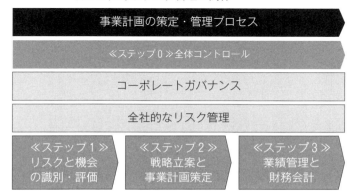

PART I　内部統制の基本的枠組みと内部統制報告制度

(2)　財務報告に係る内部統制の評価及び報告

　経営者による内部統制の評価に関連する改訂では，形式基準や例示を機械的に適用するのではなく，企業の置かれた環境や事業の特性等を踏まえて，財務報告の信頼性に及ぼす影響の重要性を適切に考慮すべきことを確認する記載が追加されている（［図表3-13］）。

■図表3-13■　「Ⅱ．財務報告に係る内部統制の評価及び報告」の改訂内容

基準または実施基準	項　　目	改　訂　の　概　要
●経営者による内部統制の評価範囲の決定		
実施基準	2.(1)②イ．委託業務の評価範囲	□情報システムの開発・運用・保守など，ITに関する業務の外部委託の場合を追記
実施基準	2.(2)評価範囲の決定	□長期間にわたり評価範囲外としてきた特定の事業拠点や業務プロセスについて評価範囲に含めることの必要性の有無の考慮を追記 （新設） □評価範囲外の事業拠点または業務プロセスにおいて開示すべき重要な不備が識別された場合には，当該事業拠点または業務プロセスについては，少なくとも識別された時点を含む会計期間の評価範囲に含めることを記載
実施基準	2.(2)評価範囲の決定〔業務プロセスに係る評価の範囲の決定〕	（新設） □同上
実施基準	2.(2)①重要な事業拠点の選定（注1）	□事業拠点を選定する際には，財務報告に対する金額的および質的影響ならびにその発生可能性を考慮する旨を追記 □事業拠点の選定指標として，基本的な指標である売上高以外に，企業の置かれた環境や事業の特性

108

第 3 章　内部統制基準の改訂

		によっては異なる指標や追加的な指標を用いることがあることを追記（総資産，税引前利益等） □指標の金額の高い拠点から合算していき，連結ベースの一定割合に達している事業拠点を評価対象とする方法の記載は，本文から（注1）へ変更
実施基準	2.(2)①重要な事業拠点の選定（注2） ※売上高等の一定割合を機械的に適用すべきでないと考えられる	□トップダウン型のリスク・アプローチに基づく評価範囲の絞り込みについて，連結ベースの売上高等の一定割合（おおむね3分の2程度）に加え，総資産，税引前利益等の一定割合の考え方を追記 □全社的な内部統制のうち，良好でない項目がある場合は，関連する事業拠点を評価範囲に含める必要があることを追記
実施基準	2.(2)②評価対象とする業務プロセスの識別イ．と同（注1）	□企業の事業目的に大きく関わる勘定科目の例示（売上，売掛金，棚卸資産）の記載本文から（注1）へ変更 □また，（注1）で，当該勘定科目は，財務報告に対する金額的および質的影響ならびにその発生可能性を考慮して検討する旨を追記 □棚卸資産に至る業務プロセスとその中の原価計算プロセスの取扱いの記載を本文から（注1）へ変更
実施基準	2.(2)②評価対象とする業務プロセスの識別ロ．	□当該項目のa．～d．は，個別に評価対象に追加する重要性の大きい業務プロセスの選定の際の留意点であることを明記 □「a．リスクが大きい取引を行っている事業又は業務に係る業務プロセス」の例示として，「複雑又は不安定な権限や職責及び指揮・命令の系統（例えば，海外に所在する事業拠点，企業結合直後の事業拠点，中核的事業でない事業を手掛ける独立性の高い事業拠点）の下での事業又は業務」を追記 （新設） □リスクが発生または変化する可能性がある状況の以下の例を記載

109

PART I　内部統制の基本的枠組みと内部統制報告制度

		● 規制環境や経営環境の変化による競争力の変化 ● 新規雇用者 ● 情報システムの重要な変更 ● 事業の大幅で急速な拡大 ● 生産プロセスおよび情報システムへの新技術の導入 ● 新たなビジネスモデルや新規事業の採用または新製品の販売開始 ● リストラクチャリング ● 海外事業の拡大または買収 ● 新しい会計基準の適用や会計基準の改訂
基準	2.(3)監査人との協議	（新設） □経営者が実施する評価範囲の決定に関して，決定方法およびその根拠等について，必要に応じた監査人との協議を，項目として別建て □評価範囲の決定は，経営者が行うものであり，当該協議は，監査人による指摘を含む指導的機能の一環であることを確認
実施基準	2.(3)監査人との協議	□評価範囲を決定した方法およびその根拠等について，必要に応じて実施すべき監査人との協議を追記 ① 評価の計画段階における協議 ② 状況の変化などがあった場合の協議（上記「2.(2)②評価対象とする業務プロセスの識別ロ.」参照）
● IT を利用した内部統制の評価		
実施基準	3.(3)⑤イ．IT を利用した内部統制の評価	□IT 全般統制が有効に機能していても，それだけで IT 業務処理統制も有効に機能している結論に至らない点を追記
実施基準	3.(3)⑤ 二．ア a．IT に係る全般統制の評価（注）	□IT 全般統制の運用状況の評価のローテーションについて，IT 環境の変化を踏まえて慎重に判断すべき（特定の年数を機械的に適用すべきでない）旨を追記

110

実施基準	3.(3)⑤ニ.ア b. ITに係る業務処理統制の評価	（新設） □IT業務処理統制は，自動化されたIT業務処理統制と，ITシステムに組み込まれていない手作業によるIT業務処理統制が存在する旨を記載 □自動化されたIT業務処理統制についても，内部統制の無効化リスクを完全に防ぐことが困難であるという視点を持つことの重要性を記載 □電子記録は変更の証跡が残りがたく，内部統制の無効化が生じてもその発見が遅れることがある点への留意を記載
実施基準	3.(3)⑤ニ.ア c. 過年度の評価結果を利用できる場合（注）	□IT業務処理統制のうち，ITを利用して自動化された内部統制の運用状況の評価のローテーションについて，IT環境の変化を踏まえて慎重に判断すべき（特定の年数を機械的に適用すべきでない）旨を追記
●財務報告に係る内部統制の報告*		
基準	4.(4)評価の範囲，評価時点及び評価手続①	（記載事項等を新設） □内部統制報告書における「財務報告に係る内部統制の評価の範囲（範囲の決定方法及び根拠を含む。）」について，以下の記載事項（決定の判断事由を含む）を列挙* 　イ．重要な事業拠点の選定において利用した指標とその一定割合 　ロ．評価対象とする業務プロセスの識別において企業の事業目的に大きく関わるものとして選定した勘定科目 　ハ．個別に評価対象に追加した事業拠点および業務プロセス
基準	4.(6)付記事項③	（新設） □前年度に開示すべき重要な不備を報告した場合のその是正状況の記載

＊財務報告に係る内部統制の報告において経営者が作成する内部統制報告書の記載事項の改訂内容は，内部統制府令および同ガイドラインによって定められている。

PART I　内部統制の基本的枠組みと内部統制報告制度

①　評価範囲の決定

　具体的には，経営者が内部統制の評価範囲を決定するに当たって，評価対象とする重要な事業拠点や業務プロセスを選定する指標について，例示されている「売上高等の概ね2/3」や「売上，売掛金及び棚卸資産の3勘定」を機械的に適用すべきでないことが記載されている。

　また，評価範囲に含まれない期間の長さを適切に考慮するとともに，開示すべき重要な不備が識別された場合には，当該開示すべき重要な不備が識別された時点を含む会計期間の評価範囲に関連する事業拠点や業務プロセスを含めることが適切であると明記されている。評価対象に追加すべき業務プロセスについては，検討に当たって留意すべき業務プロセスの例示等が追加されている。

　ITを利用した内部統制の評価に関して，一定の頻度で実施することについては，経営者は，IT環境の変化を踏まえて慎重に判断し，必要に応じて監査人と協議して一定の頻度を検討すべきであり，特定の年数を機械的に適用すべきものではないことが明確化されている。

　さらに，評価範囲に関する監査人との協議について，評価範囲の決定は経営者が行うものであるが，監査人による指導的機能の発揮の一環として，当該協議を，内部統制の評価の計画段階および状況の変化等があった場合において，必要に応じ，実施することが適切であると明記されている。協議が必要になる可能性がある状況の変化等があった場合については，この改訂で新設された，リスクが発生または変化する可能性がある状況の例が参考になる（「2．(2)②評価対象とする業務プロセスの識別ロ．」参照）。監査人の指導的機能については，改訂前の内部統制基準等では言及されておらず，今回の改正において初めて言及されている。

　なお，「売上高等の概ね2/3」や「売上，売掛金及び棚卸資産の3勘定」といった例示については，機械的な適用を回避する趣旨で，基準および実施基準における段階的な削除を含む取扱いに関して，今後，内部統制審議会で検討を行うこととされている（「財務報告に係る内部統制の評価及び監査の基準並びに財務報告に係る内部統制の評価及び監査に関する実施基準の改訂について（意見書）」（企業会計審議会2023年4月）二(2)①経営者による内部統制の評価範囲の決定）。

第3章　内部統制基準の改訂

② 内部統制報告書の開示

　一般に，企業の自律的・自主的な判断を重視する考え方は，実施した重要な判断について，その開示を企業に求める。企業が実施した判断を開示することにより，外部の目にさらして実態に応じた判断を企業に促すのである。

　内部統制基準等の改訂でも，評価範囲に関する企業の重要な判断，具体的には，経営者による内部統制の評価の範囲について，重要な事業拠点の選定において利用した指標の一定割合等とその決定の判断事由の開示を内部統制報告書で求めている。また，前年度に開示すべき重要な不備を報告した場合における当該開示すべき重要な不備に対する是正状況を付記事項に記載する項目として追加され，関係法令（内部統制府令）が整備されている。

(3) 財務報告に係る内部統制の監査

　経営者による内部統制の評価範囲の決定に関して，監査人と経営者の協議等が明確化されている（[図表3-14]）。

■図表3-14■　「Ⅲ．財務報告に係る内部統制の監査」の改訂内容

基準または実施基準	項　　目	改　訂　の　概　要
基準	２．内部統制監査と財務諸表監査の関係	（新設） □財務諸表監査の過程で識別された内部統制の不備で，経営者による内部統制評価の範囲外のものについて，内部統制報告制度における内部統制の評価範囲および評価に及ぼす影響の考慮を記載 □必要に応じた経営者との協議を記載
基準	３.(2)評価範囲の妥当性の検討	□財務諸表監査の実施過程において入手した監査証拠の活用について追記
実施基準	３.(2)③経営者との協議	（新設） □評価範囲の決定は経営者が行うものであり，当該協議は，あくまで監査人による指摘を含む指導的機能の一環であることを記載

113

		□評価範囲を決定した方法およびその根拠等について，必要に応じて実施すべき監査人との協議を追記 イ．評価の計画段階における協議 ロ．状況の変化などがあった場合の協議（前述の「Ⅱ.2.(2)②評価対象とする業務プロセスの識別ロ.」参照）
基準	4.(2)内部統制監査報告書の記載区分②	□強調事項と説明事項を記載する場合で，内部統制報告書において，内部統制は有効でない旨を記載している場合は，その旨を監査人の意見に含めて記載することが適切である旨を追記
実施基準	4.(4)不正等の報告	□不正等を発見した場合の内部統制の有効性に及ぼす影響の程度について「検討」に変更（改訂前は「評価」）

　内部統制報告制度は，財務報告に係る内部統制が対象であるため，監査人が，経営者による内部統制の評価範囲の妥当性を検討するに当たっては，財務諸表監査の実施過程において入手している監査証拠も必要に応じて，活用することが明確化されている。評価範囲に関する経営者との協議については，内部統制の評価の計画段階，状況の変化等があった場合（「Ⅱ.2.(2)②評価対象とする業務プロセスの識別ロ.」参照）において，必要に応じて，実施することが適切であるとされている。

　また，監査人が財務諸表監査の過程で，経営者による内部統制評価の範囲外から内部統制の不備を識別した場合には，内部統制報告制度における内部統制の評価範囲および評価に及ぼす影響を十分に考慮するとともに，必要に応じて，経営者と協議することが適切であるとされている。

　なお，監査人の指導的機能の一環として，監査人と経営者の協議を定期的に，また適宜実施する必要性について言及している。監査人の指導的機能については，改訂前の内部統制基準等では言及されておらず，今回の改正において初めて言及されている。ただし，内部統制を評価する責任はあくまで経営者にあり，監査人は独立監査人としての独立性の確保を図ることが求められることが明記されている。

第 3 章　内部統制基準の改訂

⑷　内部統制報告書の訂正と事前のあるべき対応

　開示すべき重要な不備が当初の内部統制報告書においてではなく，後日，内部統制報告書の訂正によって報告される場合や，経営者による内部統制の評価範囲外から当該不備が識別される場合に，当該不備が当初の内部統制報告書において報告されなかった理由や当該不備の是正状況等についての記載が訂正内部統制報告書にないと，該当企業の財務報告や企業自体に対する財務諸表利用者の信頼が得られないばかりか，企業の財務報告の信頼性を向上させる内部統制報告制度の実効性に関して大きな懸念が生じてしまう。

　こうしたことから，事後的に内部統制の有効性の評価が訂正される際には，訂正の理由が十分開示されることが重要であり，訂正内部統制報告書において，具体的な訂正の経緯や理由の開示を求めるために，関係法令（内部統制府令等）が整備されている。

　訂正の経緯や理由の開示を求める定めは，訂正内部統制報告書が必要となった企業のみが影響を受けるわけではない。

　そもそも，開示すべき重要な不備が存在するのであれば，当初の内部統制報告書において報告されるべきであり，開示すべき重要な不備が存在する事業拠点や業務プロセスは，経営者による内部統制の評価範囲に含めて，評価の実施により早期に識別し，改善が図られるべきである。内部統制報告制度導入後の行き過ぎた効率化・負担軽減対応による形骸化の課題は，多くの企業に当てはまると考えられ，評価範囲の決定に関する基準等の改訂だけでは解決しないと思われる。評価範囲の見直しだけではなく，見直した評価範囲の中で，開示すべき重要な不備となる可能性がある要因を早期に発見し，是正を図ることができるような経営者による内部統制の構築と評価自体の実効性の向上が図られるべきと考えられる。

2 ▶ 内部統制の望ましい成熟プロセス

　内部統制基準の2023年改訂では，企業の普遍的なゴール，すなわち，組織の持続的な成長を掲げ，その実現のための企業の自主的・自律的な対応の必要性が示されている。また，内部統制報告制度の中長期的な課題も言及されている。

　本節では，内部統制の望ましい成熟プロセスの考察と制度の導入初期で見聞

PART I　内部統制の基本的枠組みと内部統制報告制度

きされた7つの素朴なギモンを端緒として，内部統制とガバナンスおよび全組織的なリスク管理の一体的な整備・運用を内部統制報告制度と結びつけ，中長期的な課題の解決の端緒となるアプローチの概要を解説する。

(1)　普遍的なゴールと各企業の自主的・自律的な対応

内部統制報告制度は，準備期と導入当初の混乱から生じた一部の過大な対応へ反動からか，導入期・定着期においては，制度対応の効率化・負担軽減が目的となり手段が目的化する傾向にあったと思われ，制度の形式化や形骸化が憂慮されている[2]。その反省を踏まえ，2023年の内部統制基準等の改訂において，財務報告上のリスクへの対応として「守り」において不十分であった点を改善する趣旨で，評価範囲の決定方法の見直しや不正リスクへの対応等が盛り込まれ，また，「攻め」も考慮した内部統制とガバナンスおよび全組織的なリスク管理の一体的な整備・運用が新たに追加されたと考えられる。

内部統制基準等の改訂は，組織の持続的な成長を目的に掲げ，守りだけでなく攻めも対象とすることによって広範な関係者を巻き込む国際的な考え方の潮流を背景にしていると考えられる。組織の持続的な成長を念頭に置けば，守りの要素だけでは不十分で，攻めの要素を取り入れることは当然である。そのための理論や考え方が，本書でも取り上げているガバナンスおよび全組織的なリスク管理（上場企業では，コーポレートガバナンスおよび全社的なリスク管理），3線モデル，そして，リスク選好を取り入れた事業計画の策定・管理等である。

内部統制報告制度導入の経緯や2023年の基準改訂を踏まえれば，内部統制基準は，財務報告の信頼性の守りからスタートし，守りが不十分な点を補強しつつ，攻めと守りを合わせた企業の持続的な成長のための内部統制へと向かう成熟のプロセスが望ましいと推察され，そのためには，細則主義的な形式基準による法規制では達成不可能であり，企業の自主的・自律的な対応が求められていると考えられる（[図表3-15]）。

2　たとえば，株式上場準備企業のように内部統制報告制度を全面的に新たに導入する場合，従来の効率化・負担軽減対応を踏襲するだけでは，導入後高い確率で形式化・形骸化に陥るであろう。それは，筆者の推察ではなく，そうではなくて，これまでの経緯により実証的に検証されている。後発者の利益を得るためには，従来対応との意識的な差別化が必要である。

116

■図表3-15■　内部統制基準から推察される望ましい内部統制の成熟プロセス

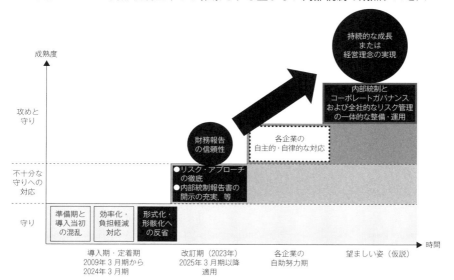

(2) 導入初期に見聞した7つの素朴なギモン

　自主的・自律的な対応の解決の方向性を探るために，内部統制報告制度対応の準備期と導入初期において筆者が見たり聞いたりした7つの素朴なギモンとその解決の方向性を掲記する。現在の制度関係者におかれても多少の思い当たる節があるのではないだろうか。現在の制度対応から内部統制とコーポレートガバナンスおよび全社的なリスク管理の一体的な整備・運用への道筋を探るヒントは，制度対応に対する素朴なギモンの中にあると思われる。

●素朴なギモン1　IFRSと財務報告に係る内部統制

> 世間の関心は，早くも内部統制からIFRSに移っているが，今までの制度対応により構築した財務報告に係る内部統制はIFRS対応で役立つのだろうか。

　IFRSは会計処理の問題であり，内部統制とは直接的な関係がないと思われるかもしれない。しかし，内部統制報告制度は財務報告に係る内部統制を対象

PART I　内部統制の基本的枠組みと内部統制報告制度

としており，内部統制報告制度への取組みは，IFRS 対応にも役立つはずである。

　また，IFRS では原則主義が採用されており，形式的なルールはあまり定められていない。企業自身が，置かれた状況等から合理的な会計処理を選択し，その処理結果に関して説明責任を負うことになる。

　一方，内部統制は，具体的にどのように整備し，運用するかについては，個々の組織が置かれた環境や事業の特性等によって異なるものであり，一律に示すことはできないが，経営者をはじめとする組織内のすべての者が，内部統制の機能と役割を効果的に達成し得るよう工夫していくべきものであるとされている（「内部統制基準 I．1．内部統制の定義」参照）。

　両者はともに，置かれた状況に応じて，企業自身が主体的に判断し対応していくべきものである。しかしながら，現在の内部統制報告制度への取組みでは，円滑な制度対応を優先するあまり，たとえば標準的なリスクやコントロールが定められたリスク・コントロール・マトリクス等のひな型の過信や外部監査人の意見への偏重が見られる。

　内部統制報告制度への対応においても，ひな型や監査人等に過度に依存するのではなく，企業が主体的に創意工夫していくべきなのではないか。また，創意工夫を合理的に行う過程で蓄積される知識・ノウハウが，IFRS 対応の際に役立つのではないか。

● 素朴なギモン 2　ERM への展開

> 　内部統制の発展型が，ERM（Enterprise Risk Management；統合的リスク・マネジメント）といわれることがあるが，本当に，現在の制度対応をERM へ展開できるのだろうか。

　ERM とは，従来行われてきた部門別・個別的なリスク・マネジメントではなく，リスクを全社的な視点，全体俯瞰の視点で管理する統合的なリスク・マネジメントである。

　特に，業務プロセスに係る内部統制の文書化・評価作業を通して，業務の可視化，権限と職責の明確化や整合性やバランスの確保，（プロセス全体を見渡す視点に基づくコントロールの見直しによる）業務運営コストの最適化および内部統制への理解の向上等が実現され，制度対応がERM への第一歩となると

118

いわれることがある。

　内部統制報告制度は，多くの上場企業にとって企業グループ全体を通した広範な対応が，強制的に要求された初めての制度ではないだろうか。したがって，企業グループ全体に対する全社的な内部統制や全社的なプロジェクト・マネジメントに関する知識・ノウハウが蓄積された一面はあるだろう。

　しかしながら，業務の有効性・効率性に直接関連する肝心の業務プロセスにおいて，文書化自体が目標となってしまい文書化3点セットを十分に活用できていない場合や適切な管理者の管理・監督責任が明確になっておらず，担当者レベルのキーコントロールが多数選定されている場合がある。あるいは，企業全体を俯瞰する視点が不足して，業務プロセスを細分化したサブ・プロセス単位で多数のキーコントロールが選定されている場合もある。このような状況では，ERMへ展開するための知識・ノウハウの蓄積は限定的ではないだろうか。

　ERMへ展開するための知識・ノウハウを蓄積できるように，制度対応の見直しが必要なのではないか。

●素朴なギモン3　制度対応コスト

　積極的な付加価値が生じない財務報告の信頼性目的の内部統制に，これほどの労力と金銭的支出を費やすべきなのだろうか。

　財務報告の信頼性の確保は，上場企業にとっては当然の義務であるが，積極的な付加価値は生じにくい。もちろん，従来，財務報告の信頼性を重視しておらず，決算の都度，外部監査人に多数の修正仕訳等を指摘されたり，決算短信の発表後に修正発表を頻繁に行ってきた企業であれば，制度対応を機に，多少のコストをかけてでも財務報告に係る内部統制を構築，整備・運用評価していくべきであろう。

　しかし，その場合でも，企業としての活動であり，財務報告目的であることを考慮すれば，なるべく費用対効果に優れたアプローチをとるべきである。一方，従来から財務報告の信頼性を重視してきた企業であれば，特に最近の不透明感が漂う経済状況の下では，制度対応上の不要なコスト負担は回避したいであろう。

　我が国の内部統制報告制度は，米国における企業改革法（US-SOX法）に対

119

PART I 内部統制の基本的枠組みと内部統制報告制度

する批判を踏まえて制度が設計されており，負担軽減のためにさまざまな配慮がなされている。

効率性の観点から，改めて，内部統制基準および実施基準等の内容を正しく理解し直す必要があるのではないか。

● 素朴なギモン 4　補完統制（内部統制の不備を補う内部統制）

運用状況の評価で発見された内部統制の不備が，重要な欠陥に該当するか否かを評価する際に補完統制を検討している。しかし，もっと早くコントロール間の相互の連係（補完関係）を検討すれば，内部統制の有効性判断について安心して制度対応を進められるのではないだろうか。

実施基準では，内部統制の不備が重要な欠陥（現在は「開示すべき重要な不備」）に該当するか否かを評価するに際して，「勘定科目等に虚偽記載が発生する可能性と影響度を検討するときには，個々の内部統制を切り離して検討するのではなく，個々の内部統制がいかに相互に連係して虚偽記載が発生するリスクを低減しているかを検討する必要がある。また，そのために，ある内部統制の不備を補う内部統制（補完統制）の有無と，仮に補完統制がある場合には，それが勘定科目等に重要な虚偽記載が発生する可能性と金額的影響をどの程度低減しているかを検討する。」としている（Ⅱ 3(4)②ハ．虚偽記載が発生する場合の影響度と発生可能性の評価）。

評価の最終局面で補完統制を検討する場合，選定済みのキーコントロールに補完統制になり得るものがなく，追加で補完統制を識別するのであれば，文書化及び整備・運用状況の評価が事業年度中に終了しないかもしれない。

一方，補完統制になり得るコントロールがキーコントロールに選定済みなのであれば，キーコントロール間の相互の連係（補完関係）を事前に確認し，「最後の砦」となる補完統制の運用を徹底することで，制度対応上もっと早く内部統制の有効性判断について安心できるはずである。

コントロール間の補完関係を，最終的な内部統制の有効性判断の時点ではなく，キーコントロール選定の時点から考慮する必要があるのではないか。

第3章　内部統制基準の改訂

●素朴なギモン5　運用状況の評価方法

> 運用状況の評価では，質問を実施せず，形式的な文書の検討（たとえば，承認印やチェック証跡の有無の確認）のみを実施しているが，本当にそれで内部統制の有効性が評価できているのだろうか。

　このギモンには，異論を唱える読者が多いかもしれない。なぜなら，企業が具体的にどのような評価方法を採用したか（運用テストの具体的な内容等）については，外部監査人が企業の評価作業を利用する場合を除き，外部監査人の直接的な評価対象とはならず（内部統制Q&A問18【経営者の評価手続の検証対象】），どのような運用テストを実施するかは，原則として企業の任意だからである。

　整備状況の評価ではコントロールの担当者に対する質問を実施しても（なお，その質問が，評価手続として適切な方法で実施されているか否かの問題はある），運用状況の評価で質問を実施しないのは，整備状況の評価で質問およびウォークスルー等を実施して，コントロールが虚偽記載の発生するリスクを十分に低減していることを確かめているため，運用状況の評価では形式的な文書の検討によるコントロールの実施状況の検証のみを行えば良いという考え方に基づくようである。

　しかし，承認印やチェック証跡が残されているからといって，コントロールが有効に実施されているとは限らない。また，通常，整備状況の評価の際に当該コントロールの担当者全員に対して質問することはなく，運用状況の評価時点では，担当者の変更も含め当該プロセスを取り巻く状況が変化しているかもしれない。そして，「内部統制を実施する者が統制内容や目的を正しく理解していない」場合は，「運用の不備」となることが実施基準上明記されている（Ⅱ1②イ．内部統制の不備）。

　運用状況の評価の際にも，たとえば，何を確認して承認印やチェック証跡を残しているのかといった質問を担当者に実施してから，文書の検討を行う必要があるのではないか。

121

PART I　内部統制の基本的枠組みと内部統制報告制度

●素朴なギモン6　運用状況の有効性評価

> 　運用状況の評価の結果発見された形式的なエラー（たとえば，承認印やチェック証跡のもれ）については，画一的に不備と判断し，形式要件の具備を徹底指導した後，再評価を実施しているが，形式要件を具備することよりもっと重要なことがあるのではないだろうか。

　素朴なギモン5で言及した形式的な文書の検討を中心に運用状況の評価を実施している場合，運用状況の評価の結果，形式的なエラーが発見されれば，画一的に不備と判断し，形式的なエラーがなくなるまで再評価を繰り返す場合が多いようである。

　素朴なギモン5と同様，この疑問についても異論を唱える読者が多いかもしれない。なぜなら，多数のコントロールを評価して多数のエラーが発生すれば，一つひとつ不備に該当するか判断するのは煩雑であり，それならば，形式的なエラー，たとえば，承認印やチェック証跡のもれについては，一律に不備と判断し，形式要件の具備を徹底指導して，再評価を実施したほうが，制度対応上手間が掛からないからである。

　しかし，外部監査人は，そのような判断は行っていないと思われる。また，企業が，そのような対応を採る場合，評価対象部門では，形式的なエラーを隠すモチベーションが働き，本来行われるべき改善が行われない可能性がある。

　承認印やチェック証跡は責任の所在を明確にしたり，コントロールの実施を第三者に証明する際の根拠の一つにすぎない。エラー発生の理由，コントロールが実質的に実行されていたか否か，そして，実際に虚偽記載が発生したか否か等を総合的に検討した上で不備に該当するかどうかを判断し，不備と判断した場合は形式的ではない効果的な改善方法（業務の見直しを含む）や改善の優先順位などを検討する必要があるのではないか。

　本当は，そのような検討過程で蓄積される内部統制に関する知識・ノウハウが，企業の内部統制を考える上で重要なのではないか。

●素朴なギモン7　キーコントロールの選定方法とその内容

> 　業務プロセスにおける文書化成果物の様式や文書化の展開方法については熱心に議論しているが，キーコントロールの選定方法についてはあまり

議論していない。なんとなくキーコントロールを決めているが，それでよいのだろうか。

　また，結果的に担当者レベルのコントロールがキーコントロールに多数選定されているが，一担当者にそのような過大な責任を負わせてよいのだろうか。

　業務プロセスにおいて，内部統制報告制度の直接的な評価対象はキーコントロールであり，いかなるコントロールをキーコントロールに選定するかによって，制度対応の作業工数・コストが大きく左右される。

　したがって，キーコントロールは制度対応上極めて重要な要素であるが，キーコントロールをどのように選定するかの議論はあまり行われていない場合が多い。各担当者個人の判断で選定している場合はもちろん，複数人での検討の結果選定している場合でも，企業グループとしてどのような方法でキーコントロールを選定しているかを合理的に説明できない場合が多いのではないか。

　あるいは，まず，業務プロセスの種類ごとにキーコントロールとなるコントロールを特定し，画一的に各事業拠点に展開している場合も見られる。この場合は，たとえば，連結売上高の80％を占める販売プロセスと，それが5％程度の販売プロセスで，全く同じ内容のキーコントロールが選定されることになり，効率的とはいえないことが多い。

　また，企業全体を俯瞰する視点が不足すると，業務プロセスを細分化したサブ・プロセス単位でキーコントロールを選定することになり，必要以上に多数のコントロールが選定される。

　キーコントロールは，内部統制報告制度の直接的な評価対象であり，有効・効率的かつ合理的に制度対応するためには，その選定方法を再検討する必要があるのではないか。

　そして，キーコントロールは，その不備が重要な欠陥（現在は「開示すべき重要な不備」）となる可能性がある内部統制であり，重要な欠陥と判定されれば，経営者は自社グループの内部統制が有効であると判断できなくなる。担当者レベルのコントロールが，財務報告上重要なのであれば，その管理者は，担当者のコントロールの実施状況を管理・監督すべきである。権限および職責の割当ての観点では，管理者による管理・監督行為のほうが，担当者レベルのコントロールより重要である。担当者レベルのキーコントロールが多数選定され

PART I　内部統制の基本的枠組みと内部統制報告制度

ているのであれば，統制環境（権限および職責）に問題があると思われる。

権限および職責の割当ての観点からも，キーコントロールを見直す必要があるのではないか。

　もちろん，20年近く前の見聞であるため，そのまま現在の状況に当てはまるとは思えない。ただ，制度に関する一般的な理解と制度を取り巻く状況を俯瞰して，現在の課題を識別し，そこから理想的な姿へと思考の階層を上げていく考え方は参考にしていただけるのではないだろうか。

(3)　必要とされる新たな文書化・評価アプローチ

　開示すべき重要な不備が当初の内部統制報告書においてではなく，後日，内部統制報告書の訂正によって報告される経緯や理由としては，内部統制の評価自体の問題も含まれると考えられる。具体的には，評価範囲を適切に決定していなかった，評価方法・評価体制が不十分であった，あるいは，不備を識別したものの過小評価していた等である。

　評価範囲の決定や訂正内部統制報告書の記載事項に関しては，内部統制基準等と内部統制府令等の2023年改訂等で実効性を高めるための規定が新たに追加されたが，評価方法・評価体制，そして不備の評価については，内部統制基準等の改訂が行われていない（なお，［図表2-17］参照）。もっとも，これらは評価範囲の決定に比べて，より専門的な知見とノウハウが必要とされるため，基準等の改訂も一朝一夕にはいかないであろう。しかし，評価方法等について効率化と負担軽減を追求するあまり，制度対応のためだけの実効性の低い形式的な評価を継続しているとしたら，企業にとって有限なリソースの無駄遣いである。また，財務報告上のリスクへの抜本的な対応からもズレてしまう。

　2023年改訂でみられる評価範囲の決定に関する経営者と監査人による協議の実施について，監査人の独立性は確保しながらも，指導的機能の発揮が期待されることが明記されている。これは，監査人と経営者の内部統制の評価に関する対話を促し，経営者による内部統制評価の実効性を向上させることを想定しているように推察される。

　このような状況に鑑みれば，内部統制報告制度の実効性を高めるためには，経営者が自主的・自律的に評価方法・評価体制等を再検討することが有効と考えられる。具体的には，内部統制報告制度導入時の文書化・評価アプローチで

124

はなく，企業の持続的な成長やコーポレートガバナンスおよび全社的なリスク管理と整合した文書化・評価アプローチの検討が望まれる。

　本書では，PARTⅡ　6つの重要プロセスとキーガバナンスポイントの文書化・評価において，事業計画の策定・管理プロセスを中心とする財務報告に係る6つの重要プロセスをデザイン（設計）し，その文書化と評価を通じて，実効性が高い内部統制対応の実現を図る。さらに，PARTⅢ　6つの重要プロセスに関するポジション・ペーパーの検討例を紹介して企業内に望ましい気風を醸成するアプローチを解説する。6種類のポジション・ペーパーといった実務ツールを使った具体的な検討と文書化の例を示すことで，企業の方針や考え方を可視化し，環境変化に対処する企業の自律的・自主的な対応への一助となることを企図する。

(4)　内部統制報告制度の中長期的な課題

　内部統制基準等の2023年改訂の審議において問題提起があったが，法改正を含む更なる検討が必要であることから，中長期的な課題とすることとされた事項が存在する（「財務報告に係る内部統制の評価及び監査の基準並びに財務報告に係る内部統制の評価及び監査に関する実施基準の改訂について」前文）。列挙すると次のとおりである。

□サステナビリティ等の非財務情報の内部統制報告制度における取扱い
□内部統制監査におけるダイレクト・レポーティング（直接報告業務）の
　採用の可否
□内部統制監査報告書の開示の充実
□訂正内部統制報告書についての監査人による関与の在り方
□課徴金や罰則規定の見直し
□会社法と金融商品取引法の内部統制の統合
□会社代表者による有価証券報告書の記載内容の適正性に関する確認書に
　おける内部統制に関する記載の充実
□臨時報告書における内部統制の取扱い[3]

　経営者による内部統制の評価実務に与える影響の観点からは，特に，「サステナビリティ等の非財務情報の内部統制報告制度における取扱い」，「内部統制

PART I　内部統制の基本的枠組みと内部統制報告制度

監査報告書の開示の充実（内部統制に関する「監査上の主要な検討事項」の採用の可否等）」，そして「会社法と金融商品取引法の内部統制の統合」の今後の検討動向に注意が必要であろう。

① **サステナビリティ等の非財務情報の内部統制報告制度における取扱い**

> サステナビリティ等の非財務情報の内部統制報告制度における取扱いについては，当該情報の開示等に係る国内外における議論を踏まえて検討すべきではないか。

コーポレートガバナンス・コードにおいて，非財務情報は，「経営戦略・経営課題，リスクやガバナンスに係る情報等」，あるいは「会社の財政状態，経営戦略，リスク，ガバナンスや社会・環境問題に関する事項（いわゆる ESG 要素）などについて説明等を行う情報」と定義されており，全社的な内部統制，特に，統制環境との関連性が高いと考えられる。

また，2023年改訂において，内部統制の目的の 1 つである財務報告の信頼性が報告の信頼性へ修正されており（ただし，内部統制報告制度はあくまでも財務報告の信頼性である），組織の持続的成長のための内部統制とガバナンスおよび全組織的なリスク管理の一体的な整備・運用の考え方が明記されている。

内部統制基準では，設定当初から，内部統制報告制度が対象とする財務報告に係る内部統制について，財務報告の信頼性とは，財務諸表および財務諸表に重要な影響を及ぼす可能性のある情報の信頼性を確保することをいうとしていたが，非財務情報は，会計上の見積りや判断を通じて，財務諸表に重要な影響を及ぼす可能性があり，財務報告の信頼性に密接に関係する。

さらに，金融庁による「記述情報の開示に関する原則」や「記述情報の開示の好事例集」の公表，そして有価証券報告書におけるサステナビリティ情報（サ

3　（参考）令和 4 年10月13日開催の内部統制部会の議事録（抜粋）
　　「金融審議会ディスクロージャーワーキング・グループでは，四半期決算短信をもって第 1 ・第 3 四半期報告書を廃止するという方向が検討されているということを承知しております。この動きが，よく考えてみますと，定期的な開示から臨時的な開示と申しますか，そのときそのとき重要な事項を開示させるという方向に金融商品取引法が動いているということを意味するのであれば，財務報告の中に臨時報告書の一部は当然含まれていると考えることができますので，この点との関係での財務報告に係る内部統制の実効性も高めなければならない部分として意識してよいのではないかと感じております。」

ステナビリティに関する考え方及び取組）の記載等により，有価証券報告書における開示の充実が図られており，それらの開示情報の信頼性の担保に関しても，その他の記載内容に関連する監査人の責任（監査基準報告書720）によって一定の制度的な手当てがなされている。

そもそも，内部統制報告書制度導入の契機となった一連の会計不正（不正な財務報告）の端緒が，有価証券報告書の「大株主の状況」，現在でいうところの非財務情報（あるいは，記述情報）における虚偽記載であった[4]。

このような状況を踏まえると，今後，非財務情報の報告に係る内部統制の経営者による評価と監査人による監査も具体的な検討の俎上に載る可能性がある。なお，財務情報と非財務情報，そして，それらと内部統制報告制度の関係については，［図表3-5］［図表3-6］を参照されたい。

② 内部統制監査報告書の開示の充実

> 内部統制監査報告書の開示の充実に関し，例えば，内部統制に関する「監査上の主要な検討事項」を採用すべきかについては，内部統制報告書における開示の進展を踏まえて検討すべきではないか。

監査人の評価がダイレクト・レポーティングか否かにかかわらず，監査人にとっての内部統制に関する「監査上の主要な検討事項」が内部統制監査報告書で開示されると，投資家等が投資判断の際に考慮する企業の財務報告に係る内部統制の信頼性に重要な影響を与えるのは明らかである。したがって，経営者評価においても考慮せざるを得ず，個々の企業が置かれた環境や事業の特性等に応じて，財務報告の信頼性に及ぼす影響の重要性を考慮すること，つまり，企業として重要な虚偽記載をもたらす可能性が高いリスクを特定し，対応する内部統制を明確にしたうえで，それにフォーカスした経営者評価がより強く求められると考えられる（［図表2-3］［図表2-4］［図表2-5］参照）。

また，実効性が高い全社的な内部統制の評価として，企業の持続的な成長の

---

[4] 2004年10月に西武鉄道株式会社が，有価証券報告書の「大株主の状況」における虚偽記載を行っていたことが明らかになり，一連の不祥事の発端となった。2005年にはカネボウ株式会社による過去数年に及ぶ巨額粉飾等が明らかになり，同年7月には同社の元社長などの経営者が逮捕され，9月には担当の公認会計士も逮捕された。さらに，2006年1月には，株式会社ライブドアの経営者が証券取引法違反容疑で逮捕された。

PART I　内部統制の基本的枠組みと内部統制報告制度

ためのコーポレートガバナンス上の課題等の検討の重要性も高まるであろう。安定した経営環境の下では，短期的なリスクを明確にして適切に対応すれば，コーポレートガバナンス，たとえば，会社の機関設計，独立社外取締役の数，あるいは，任意の諮問委員会の設置等の課題のマイナスの影響が顕在化することは結果的に抑止できるかもしれない。しかし，変化が激しい経営環境では，整備した体制が実効性を伴って運用されているか，つまり，"仏作って魂入れず"の状態になっていないか，たえず留意する必要がある。また，短期と中長期的なリスクの区分それ自体が不確実となるため，中長期的なリスクや課題についても放置するのではなく，計画的な対応方針を明確にするとともに，定期的に対応の優先順位を見直すことが大切である。他社の不祥事等を"他山の石"として新たなリスクや課題の有無についてもたえず目を光らせる必要がある。

③　会社法と金融商品取引法の内部統制の統合

> 会社法に内部統制の構築義務を規定する等，会社法と調整していくべきであり，将来的に会社法と金融商品取引法の内部統制を統合し，内部統制の４つの目的をカバーして総合判断できるようにすべきではないか。

確かに，２つの制度が併存すると，別個の対応が必要になるため非効率の印象を受ける。しかし，金融商品取引法と会社法の内部統制は，対象範囲，義務の内容，そして開示が異なるが，相互に関連する点も存在し，相互に補完して一体として機能することが想定されているとも考えられる。

また，2023年改訂内部統制基準では，財務報告の信頼性に限定されないⅠ.内部統制の基本的な枠組みにおいて，組織の持続的な成長のための内部統制とガバナンスおよび全組織的なリスク管理の一体的な整備・運用の重要性が追記されており（［図表3-9］参照），企業の必要性に応じて自主的・自律的対応によってそれが達成されることが期待されているようにも思われる（［図表3-15］参照）。その際に，カギとなるのは，会社法に比べて，内部統制の構築，評価，そして報告の流れが明確になっており，全社的な内部統制と業務プロセスに係る内部統制の関係や，IT全般統制とIT業務処理統制の関係等が整理されている金融商品取引法における内部統制であろう。また，金融商品取引法が対象とする財務報告は，企業の業務全体に係る財務情報を集約したものであり，

企業の業務全体と密接不可分の関係にあることからも，その重要性が確認できる。

ただし，一般に，詳細な規定は，規定の要求事項を満たすことが目的となり，手段が目的化して形式化や形骸化に陥るリスクがあるため，進め方に注意が必要である。手続ベースの対応ではなく，あくまで目的ベースの対応が肝要であり，企業の持続的な成長や企業価値の中長期的な向上，換言すれば，各社の経営理念を実現するための活動により，4つの目的が結果的に達成されるような対応が望まれる。そして，一連の活動をどのように評価し，開示するかを考えるべきであろう。

そのためには，経営理念，財務報告の信頼性，そして，内部統制報告制度を首尾一貫する考え方や論理を明確にし，企業の内部と外部とでこの考え方や論理によってコミュニケーションを実施して，その品質を上げていく必要があると考えられる。

これら①②③に関して，将来，制度上要求されてから対応するのではなく，たとえば，本書が提示する内部統制の文書化・評価アプローチ，具体的には，これから解説する財務報告に係る6つの重要プロセスを構築し，キーガバナンスポイントを設定して，しっかり整備・運用すれば，今後新たに導入される諸制度の要求事項に対しても，企業の持続的な成長のために実施している事業活動と組織運営によって十分対応可能と考えられる。

なぜなら，コーポレートガバナンス・コード，全社的なリスク管理，開示目的に照らした注記，有価証券報告書の記述情報の充実，監査上の主要な検討事項（KAM）の導入，その他の記載内容に関連する監査人の責任（監査基準報告書720），サステナビリティ課題と開示等，そして，内部統制基準の2023年改訂といった我が国の近年の諸制度の導入および改正・改訂と，国際的な会計基準，開示および内部統制の潮流をあわせて考察すれば，望ましい対応の筋道は示されているように思え，各企業がその筋道を見極めて自社の事業活動と組織運営に反映することが大事と考えるからである。

PART I 内部統制の基本的枠組みと内部統制報告制度

3 ▶ ダイレクト・レポーティングが採用されていない意義の考察と監査人のナレッジ

前章で解説した我が国の内部統制報告制度における内部統制監査の枠組みは，米国のダイレクト・レポーティングと比較して複雑である感が否めない（[図表2-17] 参照）。その採用理由は，前述のとおり評価・監査に係る過大なコスト負担の回避であることは制度導入時に明確にされているが，本当にそれだけであろうか。この複雑性には，特別な意味（意義）があるのではないか，あるいは，複雑性を丁寧にひも解くことが，制度の実効性を高めるヒントになるのではないかと考え，我が国における内部統制監査の枠組みの意義の考察を試みる。

(1) 監査人の指導的機能と経営者による内部統制評価

経営者と監査人の内部統制評価がそれぞれ別々に実施されれば，非効率的であることはすぐに理解できる。どのように統合するか工夫を凝らした結果が現在の我が国の内部統制監査の枠組みなのであろう。その趣旨は，公表されている文書では，過大なコスト負担の回避以外のキーワードは見出すことはできない。しかし，このような複雑な枠組みを採用しているのは，そうならざるを得ない理由があると考えられる。そして，その理由を考察することは現状の枠組みの有効活用につながると考える。

制度導入当初は，内部統制概念が浸透しない状況であり，最も先進的な企業においてもその評価ノウハウは十分でなかったと考えられる。また，その後の状況を当時想像しても，先進的な取組みを行う企業とそうでない企業では，評価ノウハウの蓄積に差が生じることは想像に難くなかったであろう。

そうであれば，経営者が作成する内部統制報告書，いうなれば経営者評価の「出口」を直接的な監査対象とし，内部統制監査が失敗するリスクがもっとも高い評価範囲の決定と直接的な評価対象となるキーコントロールに関しては，監査人と経営者評価で一致させることにより経営者評価の「入口」を押さえる。「出口」と「入口」の間の整備・運用評価の方法に関しては，必要に応じて，すなわち，監査人が経営者評価の結果を利用する場合に限定して，経営者の評価方法を具体的に検証することが合理的である。

もう少し，この考察を進めれば，評価方法に相違がある場合，ダイレクト・

130

レポーティングを採用しないことにより生じる経営者と監査人との協議の接点が，監査人の指導的機能の発揮の機会となり評価方法の相違を埋めて経営者評価の品質を向上させる可能性がある。さらには，監査人がこれまでの監査実務で蓄積してきた企業経営に関する洞察や示唆を企業において生かす途ともなる。

　実際，内部統制基準の2023年改訂において，評価範囲の決定は経営者が行うものであるが，監査人による指導的機能の発揮の一環として，当該協議を，内部統制の評価の計画段階および状況の変化等があった場合において，必要に応じ実施することが適切である旨が，経営者評価においても内部統制監査においても明記されている（基準および実施基準Ⅱ．2．(3)監査人との協議，実施基準Ⅲ．3．(2)③経営者との協議）。監査人の指導的機能は，全く新しい概念ではなく，従来から財務報告の信頼性の確保のための批判的機能とあわせてその重要性が認識されていたが，改訂前の内部統制基準では言及されていなかった。

　制度導入後の会計基準の変化，経営者による判断や会計上の見積りの要素を含む会計基準，非財務情報，特に財務諸表に重要な影響を及ぼす可能性のある情報の重要性の高まりと開示等を背景として，制度上の経営者と監査人の協議による接点と監査人の指導的機能の価値はますます高まっていると考えられる。

　以上の考察は，筆者の仮説にすぎず，制度導入時にそのような意図があったかは確認できないが，上記のように考えたほうが，制度の実効性を高め，また，経営者は，これまで監査人が監査実務で蓄積してきた内部統制の評価ナレッジ等を企業の事業運営に役立てることができると考える（[図表3-16]）。そして，監査人にとっても，監査が失敗するリスクの低減につながるであろう。

■図表3-16■　経営者の内部統制評価において有用な監査人のナレッジ

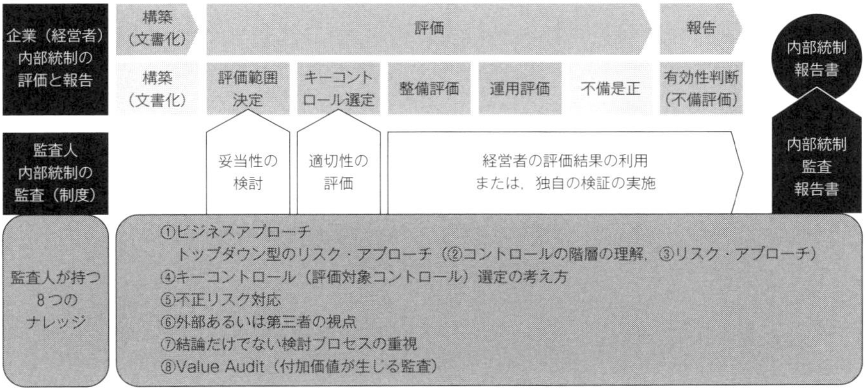

PART I　内部統制の基本的枠組みと内部統制報告制度

(2)　監査人が持つ8つのナレッジ

　これまでの経営者の内部統制評価に取り入れられてきた監査人の評価ナレッジは，統計理論に基づくサンプル件数や母集団，評価証跡等，適切な制度対応を第三者に説明するための評価技術的な内容が多かったように思われる。確かに制度対応自体を目的とすれば，それはもっともなことであるが，財務報告の信頼性，さらには，企業の持続的な成長や経営理念の実現といったより上位の目的を想定すれば，もっと有益なナレッジがあるように思われる。

　会計監査の歴史により蓄積され監査人が持つと考えられる企業経営に関する洞察や示唆のうち，本書では，経営者の内部統制評価で有益な監査人が持つ8つのナレッジを取り上げ，以下にその概要を解説し，関連する本書の図表を掲記する。

①　ビジネスアプローチ

　財務数値の表面的な検証ではなく，形式的な証票の確認ではなく，他社の開示例の表面的な模倣ではなく，あるいは，あらかじめ定められた手続の機械的な実施ではなく，そうではなくて，企業のビジネスモデルや実態，置かれた環境を踏まえて監査を実施するアプローチである。また，企業取引の経済的合理性を重視する。

図表No.	内　　　容
1－1	財務諸表に重要な影響を及ぼす可能性のある情報のイメージ
1－2	事業上のリスクと財務報告上のリスク（例）
1－8	内部統制の本質を理解するための3つの視点
3－12	事業計画の策定・管理プロセスとコーポレートガバナンス及び全社的なリスク管理の関係
4－4	事業計画上の要点の可視化（経営のメッセージ）
4－5	キーガバナンスポイントとその設定手順
5－1	事業上のリスク等の検討からスタートする内部統制の構築と見直し
7－5	事業計画上の要点の可視化（経営のメッセージ）のイメージ

| 14-1 | 望ましい結果から事業計画上の要点，そして望まれる意識と行動へ |

　トップダウン型のリスク・アプローチは，②トップダウン型（コントロールの階層の理解）と③リスク・アプローチに分節する。

②　トップダウン型（コントロールの階層の理解）

　トップダウン型の本質は，上から下への方向性ではなく，コントロールの階層の理解にある。なぜなら，上から下への方向性を考えるためには，コンロトールを階層で理解する必要があるからである。

　内部統制は企業の事業運営そのものであるとの認識のもと，内部統制をコントロールの階層で理解する。そして，その階層は，企業内部においては，取締役会等の監督機能を頂点とされるが，コーポレートガバナンスの考え方の浸透に伴い，株主との対話およびその他のステークホルダーとの協働まで拡張される。

図表№	内　　容
1-3	統制環境と組織の気風のイメージ
1-5	日常的モニタリングと独立的評価における階層
1-6	IT への対応の全体像
1-7	内部統制の4つの目的と6つの基本的要素のつながり
2-1	コントロールの階層の識別
2-2	コントロールの階層の例
2-6	上位コントロールの例(1)経理部門による財務数値の分析的検討
2-7	上位コントロールの例(2)上位者による日常的モニタリング
2-8	内部通報制度の実効性を高めるためのフレームワーク
3-9	内部統制とガバナンス及び全組織なリスク管理の全体像
3-11	コーポレートガバナンスの3層構造
17-1	トップダウン型のリスク・アプローチとキーコントロールに基づく自己点検・独立的評価体制

PART I　内部統制の基本的枠組みと内部統制報告制度

③　リスク・アプローチ

　財務報告上のリスクの識別と評価を適切に実施し，リスクの程度に応じたメリハリの利いた評価と対応を指向する。財務報告上のリスクの識別は，事業上のリスクからスタートし，リスクの評価は高リスクの特定に注力する。財務報告は，組織の業務全体に係る財務情報を集約したものであり，財務情報は，会計事象や取引等に会計基準を適用して作成される。会計基準の適用は，事業に関連する経営者による判断や会計上の見積りの要素を含むため，その要素が大きいほど，財務情報と事業上のリスクの関係が強くなる。したがって，事業上のリスクから財務報告上のリスクを検討することは，リスクへの対応が事業上のリスクの低減にも，財務報告上のリスクの低減にもなり，実効性と効率性が高い。

図表No.	内　　　容
1-4	リスクの評価の流れ（モニタリングを含む。）
2-3	リスク・アプローチのイメージ
13-3	リスクに応じた評価手続の立案例

④　キーコントロール（評価のためのコントロール）選定の考え方

　キーコントロールは，もっとも効果的かつ効率的な内部統制評価を実施するためのコントロールであり，まずコントロールの階層の上位者による日常的モニタリングからの選定を検討する。評価のための選定の段階では遅く，構築の段階から検討する必要がある。日常的モニタリングを中心にキーコントロールを選定できる組織は，管理水準が高い組織である。

図表No.	内　　　容
2-10	上位者の目線で構築する内部統制の5類型
2-14	キーコントロールの選定イメージ
10-5	トップダウン型のリスク・アプローチに基づくキーコントロールの構築と選定のイメージ

第3章　内部統制基準の改訂

⑤　**不正リスク対応**

　誤謬と不正を体系的に捉え，不正の防止と発見のため，不正リスクシナリオを立案するアプローチである。不正リスクシナリオの立案では，まず，「動機とプレッシャー」（Who と Why）の想定が重要である。それは，誤謬と不正の違いである不正の特性，すなわち，意図的であることに起因する。次に，「機会」である（When，Where，What，そして How）。経営者の判断や会計上の見積りに関する会計処理と内部統制の不備等，誤謬リスクが高い領域が「機会」として利用されることが多い。組織全体の「姿勢と正当化」も考慮する（組織全体の Why）。また，経営者による不正リスクシナリオの立案は，事業上のリスクの回避や経営戦略の望ましい結果と表裏の一面がある点の認識も重要である。

図表No.	内　　　容
2 - 4	誤謬リスクの考察と不正リスクシナリオの立案
2 - 5	財務報告上の高リスクの検討（様式例）

⑥　**外部あるいは第三者の視点**

　監査人が企業の内部統制を検証する際の視点であり，それは，個別のコントロールが所定のルール通り適切に実施されているか否かだけの検討ではない。現状のコントロールを所与と捉えるのではなく，絶えずリスクの変化や新たなリスクの発生に留意し，コントロール自体の見直しや改善の要否を検討する視点である。企業においても経営層の独立的評価や適切な管理者の日常的モニタリングを実施する上での視点として有用である。

図表No.	内　　　容
4 - 1	実効性が高い内部統制対応と効率化・負担軽減対応の比較
4 - 2	実効性と効率性が高く，かつ合理的な内部統制対応
4 - 3	取締役会等の役割・責務と事業計画の策定・管理

135

PART I　内部統制の基本的枠組みと内部統制報告制度

⑦　結論だけでない検討プロセスの重視

　監査業務自体が，結果としての監査報告書1枚を発行するための計画から監査の実施，そして報告内容の検討といった一連のプロセス重視で，かつ重畳的な業務である。その業務に携わることで自然と理解できるため，昔も今もあえてことばで説明される必要がないナレッジである。

図表No.	内　　容
12-1	ポジション・ペーパーの定義と様式
12-2	6種類のポジション・ペーパーの体系
12-3	従来ツールの課題と6種類のポジション・ペーパーの活用
12-4	全社的な内部統制の評価項目例（42項目）における6種類のポジション・ペーパーの活用

⑧　Value Audit（付加価値が生じる監査）

　単なる検証のための批判的機能ではなく，検証の過程で得られる企業経営に関する洞察や示唆を指導的機能の一環として被監査会社に提供するアプローチである。その実践のためには，経営理念，経営戦略・経営課題，リスクやガバナンスに係る情報等といった非財務情報と財務情報のつながりを理解する必要がある。また，前述の他のナレッジが基礎となる。

図表No.	内　　容
13-1	内部統制の整備・運用評価に関する2つの考え方
13-2	効果的な質問の例
17-3	プロジェクト推進主体とその後ろ盾
17-4	新たな課題への一体対応による全体コストの低減
17-5	トリガー・イベントの具体例と6つの重要プロセスの導入パターン
17-6	6つの重要プロセスの導入スケジュール例（3月決算）
17-7	現在の経営環境下において望まれる気風

17-8	マインドチェンジのきっかけ
17-9	望ましい気風を醸成する6つの重要プロセスとキーガバナンスポイント

　本書では，これら8つのナレッジを取り入れた具体的なアプローチを，PART II　6つの重要プロセスとキーガバナンスポイントの文書化・評価およびPART III　6つの重要プロセスに関するポジション・ペーパーの検討例で解説する。内部統制基準2023年改訂で提示されたと考えられる普遍的なゴールと内部統制の望ましい成熟プロセス（[図表3-15]参照）を各企業が目指したどるための道標（みちしるべ）として活用していただきたい。

PART I　内部統制の基本的枠組みと内部統制報告制度

Column 1　時代の空気と上意下達

　ちょうど本書の企画を始めた頃に見た映画で，印象に残っているシーンがあります。司馬遼太郎さんによる歴史小説「燃えよ剣」を原作とし題名が同じである2021年10月公開の映画です。小説も，映画も，幕末「新選組」副長・土方歳三を主人公としています。

　印象に残ったのは，新しい士道を選ぶという意味で「新選組」と名づけた土方に対して，ある水戸藩浪士が「士道とは何か？」と問い，土方達が回答するシーンです。

■　士道とは

　「士道は士道である」という隊長・近藤勇，そして「武士らしく生きる道を求める」という土方に向かって，水戸藩浪士は「士道とは仕える主君あってのもの。新選組は何に仕えるのか？」と疑問を呈します。近藤も土方も，新選組のメンバーは武士の出身ではないので仕える君主がおらず，先の回答は苦肉の策だったのかもしれませんが，土方が人ではなく，理念に仕えると回答したシーンがとても印象的で，時代の空気を感じました。

　原作の小説はどうなっているのか気になったので確認したところ，同じ問いのシーンはありましたが，「武士らしく生きる道を求める」がないばかりか，回答自体がなくて問いがうやむやになっていました。仕える君主がいないのですから，「さもありなん」です。

■　時代の空気の違い

　小説が週刊誌に連載されたのは1962年から1964年であり，年平均10％もの成長を続けた日本の高度経済成長期（1955年から1973年）の真っ只中です。当時と今とでは時代の空気が全く違います。当時は，日本経済全体が成長していたので，年功序列と終身雇用を前提に将来のことをあまり考えなくても，経営者の一方的な指示に従っていれば，仕事においても個人の人生設計においてもうまくいっていたのではないかと思います。企業内部において上意下達の指示に従っていればよかったのでしょう。

　そのような当時と映画の脚本が書かれた今とでは時代の空気が違うことは，ここで説明しなくても容易に想像できます。企業経営においても，その空気の違いは反映されていて，環境，社会，ガバナンス，そして持続可能性といった企業経営のキーワードや，経営理念に基づく企業経営を理論的かつ実践的に説明する「パーパス経営」に端的にあらわれています。

138

Column 1　時代の空気と上意下達

　日本でも，定款に経営理念を記載する企業が現れています。経営者が変わっても不変である理念に基づく経営であり，経営者に仕える考え方から，理念に仕える考え方に大きく変わっている時代の空気を感じます。あの映画のワンシーンは，当時と今の時代の空気の違いのあらわれではないかと考えました。

■　上意下達の新しい意味

　内部統制の基本的要素のうち，空気のようなものが含まれる統制環境が，企業の気風，すなわち，企業の中の人々の意識に影響を与えるように，時代の空気もその時代の人々の意識に大きな影響を与えます。「上意下達」の意味も，数々の会計不正や不祥事でみられるような組織の中の職位・職階が高く発言力の大きい権力者の意向を忖度するといったことではなく，企業で言えば，経営理念からのメッセージを各人が事業運営において深く考えることとするほうが，今の時代の空気に合っているのではないでしょうか。あえて反社会的な経営理念を掲げる企業は存在しないので，経営理念には，株主や従業員，取引先，地域社会などの立場の尊重が当然含まれます。

　経営理念の話になると，「なに，道徳観持ち出すの」とか，「実態の伴わない掛け声だけの対応」への批判や「利益が出て余裕があるから理念の話ができる」といった意見を耳にしますが，経営理念が浸透している人にとっては，そんな次元では考えたり行動したりしていなくて，利益や報酬，職位，地位は目的を達成するための手段であり，組織を通じて自分が信じる理念を実現したいという意識でいるように思えます。映画「燃えよ剣」の「新選組」副長・土方歳三のように。

　これまでにも時代々々でもてはやされる企業経営の考え方はありましたが，その本質はあまり変わらないように思えます。もしかしたら「パーパス経営」もその一つかもしれません。たしかに，はやりの目新しい名称で進めたほうが経営改革は進めやすいと思えますので，目新しさは悪いことではないでしょう。目新しさは重要ですが，こと上場企業内のしくみに関しては，10年以上運営されて実務が定着している内部統制報告制度（通称 J-SOX）があります。それを活用しない手はありません。たとえば，パーパス経営の考え方で J-SOX を換骨奪胎できないか，そこから本書の着想を得ました。換骨奪胎するためのアイデアの一つが，先ほどの上意下達の新しい意味です。

（補足説明）

　これから社会人になって企業を担っていく Z 世代の就職意識も大きく変わっている記事を新聞紙上で読みました。事業のパフォーマンスや売上，業界内での優位性よりも，企業や事業内容について社会的な意義を求める人が多くなっているとのことでした。その内容を検証

139

PART I 内部統制の基本的枠組みと内部統制報告制度

しようがありませんが，「時代の空気」を考えれば多くの人がうなずかれると思います。

　また，定款に経営理念を記載する企業の例としては，エーザイ株式会社や株式会社良品計画，イオン株式会社が該当します。定款に経営理念を記載することで，取締役会は，「経営理念」を頂点としたいわゆる内部統制システムの方針を決定する義務を負い（会社法第362条4項6号），「経営理念」を基準として事業活動を監督することになります（会社法第362条2項2号）。

140

PART II

６つの重要プロセスとキーガバナンスポイントの文書化・評価

PART Ⅱ　6つの重要プロセスとキーガバナンスポイントの文書化・評価

　企業の持続的な成長のためには，財務報告の信頼性の確保が重要となる。また，内部統制は，組織内のすべての者によって業務の中で遂行されて初めて機能する。有効な内部統制の構築と整備・運用には，業務を遂行するヒトに着目することが大切であり，組織内のヒトの意識に影響を与えるという意味で，統制環境の整備・運用と経営者の関与が特に重要となる。

　そのため，PARTⅡでは，統制環境の重要な要素である経営戦略（経営方針）と信頼性のある財務報告を結びつける6つの重要プロセスを定め，各プロセスのステップと検討項目をデザイン（設計）する。また，それらの検討過程で，取締役会が注視し，全社的な対応に力を注ぐべきキーガバナンスポイントを定めることとする。

　6つの重要プロセスとキーガバナンスポイントは，その検討過程を通じて，経営者をはじめ，取締役会と監査役等，そして，内部監査部門（第3線），経理部門（財務報告上のリスクに対する第2線），それから，業務部門と間接部門（第1線）といった組織内のすべての者が，内部統制報告制度に関与し，その本質的な理解を深めることができるようにするためのアイデアである。

　6つの重要プロセスは，6つの重要な方針を検討するプロセスであるが，結論としての方針だけでなく，その検討過程を重視する。なぜなら，方針に至る検討過程が明確でないと，方針に従う必要がある組織内の者の納得感は高まらず，また，状況の変化の捕捉が困難となり，変化に応じて方針を見直すことが難しくなるからである。つまり，検討過程を明確にしないと，「仏作って，魂入れず。」の状況を招く恐れが高くなる。

　そのような状況を回避するため，6つの重要プロセスとキーガバナンスポイントの検討過程および結論を記録・保存（文書化）するための実務ツールとして6種類のポジション・ペーパーの様式と体系を解説する。

142

第4章

取締役会の監督機能と
事業計画の策定・管理

6つの重要プロセスとキーガバナンスポイントに言及する前に，まず，望ましい内部統制報告制度への対応を確認する。それは現状の制度対応と全く異なるものではなく，そうではなくて，ルールで決められることはなるべくルールで決めて，想定外の事象に備えるといった組織の統治機関や経営管理者の一般的な発想と親和性が高いものである。

また，6つの重要プロセスとキーガバナンスポイントは手段にすぎないため，内部統制報告制度の目的である財務報告の信頼性の確保のさらにその先にある目的を確認する。

統治機関や経営管理者の発想，そして，財務報告の信頼性の確保の先にある目的と，内部統制報告制度を結び付けるカギを握るのが，取締役会の監督機能と事業計画の策定・管理プロセスである。

1 ▶ 信頼性のある財務報告を実現する方法

不正や誤謬等が顕在化しない限り内部統制は有効であると判断できるとの前提に立てば，内部統制報告制度における効率化一辺倒の負担軽減対応もコストパフォーマンスの観点からは一定の合理性があるかもしれない。しかし，それでは，信頼性のある財務報告の観点からは課題が存在する可能性がある。

信頼性のある財務報告を実現する方法を導き出すために，実効性が高い内部統制対応を考察して，それと効率化・負担軽減対応を比較する。実効性が高い内部統制対応か，あるいは，効率化・負担軽減対応か，といった単純な二元論的思考ではなく，両者を止揚する弁証法的思考が，現実の課題への実務的な対応となる。

143

PARTⅡ　6つの重要プロセスとキーガバナンスポイントの文書化・評価

(1) 実効性が高い内部統制対応と効率化・負担軽減対応の比較

　内部統制報告制度への対応は，準備期における実務の現場でみられた一部の過度に保守的な対応への反動のためか，企業が評価作業の効率化・負担軽減を進めた結果，制度の趣旨にそぐわない形式的な運用が行われている懸念があるといわれる[1]。そのような対応を効率化・負担軽減対応と定義し，実効性が高い内部統制対応と比較することにより，現状想定される課題の実務的な解決の方向性を考察する（[図表4-1]）。

　企業の活動を実効性あるものにするには，活動に関与する直接の担当者だけではなく，企業に属するすべての者の共感，さらにいえば，外部の利害関係者の共感を得る必要がある。具体的には，経営理念や経営戦略（経営方針）における当該活動の位置づけを明確にし，目的，目標，方針，活動全体を論理的に支える原則と考え方の枠組み（フレームワーク），そして，原則と考え方の枠組み（フレームワーク）を可視化した実務ツールへと首尾一貫してブレイクダ

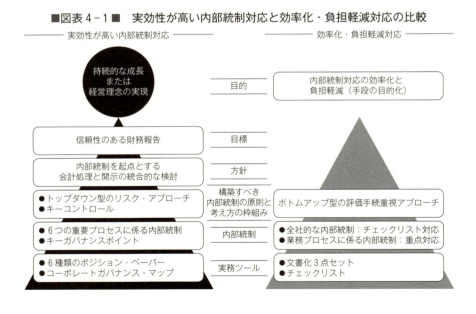

■図表4-1■　実効性が高い内部統制対応と効率化・負担軽減対応の比較

1　研究報告32号（研究文書1号）「Ⅴ　内部統制報告制度の運用上の課題」「2．経営者による内部統制評価（内部統制評価の実施基準3(1)）」を参照。

第 4 章　取締役会の監督機能と事業計画の策定・管理

ウンできて，そのつながりが説明可能であることが望まれる。

　実効性が高い内部統制対応とは，財務報告の重要な事項に虚偽記載が発生するリスクを実際に低減でき，また，リスクと内部統制等に関する情報を開示することにより財務諸表利用者が企業の信頼や個々人の努力で築いてきた信用を高めるような対応を想定する。

　具体的に内部統制をどのように整備し，運用するかについては，個々の企業が工夫していくべきものである。たとえば，イギリス・ロンドンに本拠を置く世界的な一般消費財メーカーであるユニリーバが採用することで有名なパーパス経営[2]のように，各企業独自の創業理念や経営理念等を経営戦略（経営方針）に反映することからスタートし，内部統制報告制度の対応においては，それらと財務報告の信頼性の関係を明確にして，具体的な活動に落とし込んでいくことが望ましい対応と考えられる[3]。

　本書では，すべての企業を対象とした解説の便宜上，企業の目的および制度対応の目標を，それぞれ，持続的な成長または経営理念の実現および信頼性のある財務報告とする。また，目標を達成するための方針を内部統制を起点とする会計処理と開示の統合的な検討，構築すべき内部統制の原則と考え方の枠組み（フレームワーク）をトップダウン型のリスク・アプローチおよびキーコントロール（第 3 章第 3 節(2)②③④参照），そして，従来の対応では一般に不十分と考えられる全社的な内部統制を具体的な 6 つの重要プロセスに係る内部統制として明確にし，取締役会等が注視して全社的な対応に力を注ぐべきキーガバナンスポイントを定め，実務ツールを 6 種類のポジション・ペーパーおよび

2　パーパス経営は，ESG（Environment 環境・Social 社会・Governance ガバナンス）やSDGs（Sustainable Development Goals 持続可能な開発目標）と同じく，企業が事業活動として社会の課題や問題に取り組むことで社会的価値を創造し，その結果，経済的価値も創造するという現在の国際的な企業経営の潮流の一つである。ユニリーバは，「創業理念」に基づくパーパスを単に掲げているだけではなく，それを核にした長期的な視点からビジネスを構築し実績を残しているため，パーパス経営のベスト・プラクティスとしてよく取り上げられている。パーパス経営は，経営戦略上も他社との重要な差別化要因になるといわれている。

3　内部統制実施基準Ⅰ．2．(1)統制環境において，「組織が有する誠実性及び倫理観は，組織の気風を決定する重要な要因であり，組織内の全ての者の社会道徳上の判断に大きな影響を与える。誠実性及び倫理観について様々な取組みが考えられるが，例えば，組織の基本的な理念やそれに沿った倫理規程，行動指針等を作成し，これらの遵守を確保するための内部統制を構築し，経営者自らが関与してその運用の有効性を確保することが挙げられる。」と記載されている。

145

PARTⅡ　6つの重要プロセスとキーガバナンスポイントの文書化・評価

コーポレートガバナンス・マップとする（第3章第3節(2)①⑤⑦参照）。

　なお，内部統制対応を経営理念と結びつけることは，日常の業務における内部統制の実施により，経営理念を企業内に浸透させる一助とすることができる。また，企業に属する者が企業の存続にかかわるかもしれない判断が必要な場面に遭遇した際に，企業理念に基づく判断を促す効果があると考えられる。

　これに対し，効率化・負担軽減対応は，信頼性ある財務報告を達成する手段にすぎない内部統制報告制度それ自体を効率化し，制度対応の負担を軽減することを目的としていると仮定する。また，制度上，経営者による外部報告と監査人による内部統制監査が企業に義務づけられているため，構築と評価が難しい全社的な内部統制をチェックリスト（質問票）対応とし，実施証跡の残し易さや評価の容易性を重視した業務プロセスにおける担当者レベルのキーコントロール中心の対応（本書では，“ボトムアップ型の評価手続重視アプローチ”と呼称する。）が意識的または無意識的に採用され，当該アプローチに基づく文書化3点セット（業務の流れ図（フローチャート），業務記述書，そして，リスクと統制の対応（リスク・コントロール・マトリクス））や，チェックリストが実務で利用されていると想定する。

(2)　実効性と効率性が高く，かつ合理的な内部統制対応

　内部統制報告制度への対応は，企業の限られたリソースを投じる活動であるため，内部統制は有効であるとの内部統制報告書を経営者が提出するだけでなく，対応自体が持続的な成長または経営理念の実現に貢献できれば良いことに誰も異論はないであろう。それには，実効性と効率性が高く，かつ合理的な対応であるべきである（第3章第3節(2)⑥参照）。すなわち，内部統制報告制度への対応は，財務報告の重要な事項に虚偽記載が発生するリスクを実際に低減したり，リスクと内部統制等に関する情報の開示によって，企業に対する財務諸表利用者の信頼や個々人の努力で築いてきた信用を高めたりする効果があり（実効性），また，費用と便益との比較衡量によってコストパフォーマンスが優れていて（効率性），さらに，内部統制基準等や組織管理の一般的な考え方[4]に従って企業の内部統制の実態を第三者に対して論理的に説明できること（合理性）が求められる。

　一般に，内部統制対応において，合理性について言及されることは多くない，あるいは形式基準への準拠が合理性であるかのような誤解があるように思われ

146

第4章　取締役会の監督機能と事業計画の策定・管理

るが，内部統制監査への対応や財務諸表利用者の理解に資する情報の開示のために合理性の正しい認識はとても重要である。そして，なによりも，企業に属するすべての者が納得感を持ち，実効性と効率性を高めて内部統制を機能させるために，内部統制の合理性は極めて大切であることを認識すべきである。

内部統制の基本方針を決定する取締役会の視点で，組織管理の一般的な考え方（例外管理の原則[5]）を内部統制報告制度への対応に当てはめると，これまでの効率化・負担軽減対応により定型化した制度対応において，今後は，定型化できていない非定型的な要素を特定したり，会計不正事案等への反省に基づき会計不正や誤謬のリスクへ対応したり，あるいは，「開示目的」に照らした注記や非財務情報の開示等の新しい課題へ取組んだりする際に，実効性が高い内部統制対応を検討することが，現状の形式的な制度対応からの脱却と自発的・自律的な内部統制対応への第一歩になると考えられる（[図表4−2]）。

つまり，企業を取り巻く環境の変化等にともなって変更する必要がない部分は，効率化・負担軽減対応とし，その上位レベルの対応として，変更の要否の検討や，非定型的な要素と新しい状況への対応等は，実効性が高い内部統制対応で検討するといった使い分けが実務的であると考えられる。

その際，取締役会が決定する基本方針と経営者が構築する内部統制に反映することが有用である原則と考え方の枠組み（フレームワーク）が，トップダウン型のリスク・アプローチとキーコントロールなのである。特に，新しい状況への対応のためには，リスク・アプローチにおいて，非財務情報に含まれる財務諸表に重要な影響を及ぼす可能性のある情報を特定することが肝要である。

4　いわゆる組織を設計する際の5原則（①責任・権限一致の原則，②命令一元化の原則，③統制範囲の原則，④専門化（分業）の原則，そして⑤例外管理の原則）等が該当し，組織管理についての実務経験や知見とノウハウを持つ者が，違和感なく受け入れられる考え方を想定する。

5　組織を設計する際の5原則の1つであり，「権限移譲の原則」ともいわれるが，「権限移譲の原則」が，日常業務，定型的な業務や意思決定についての組織のリーダーから部下への権限移譲を主眼としているのに対し，「例外管理の原則」は，権限移譲できない戦略策定や非定型的な意思決定（例外的業務）などへのリーダーの注力を主眼とする。両者は，表裏であるが，本書では特に後者を重視し，そのエッセンスを，内部統制報告制度対応における効率化・負担軽減対応と実効性が高い対応の関係の整理，そして経営者目線での内部統制構築の考え方である内部統制の5類型（そのうち，①定型化と②非定型的な要素の特定と対応）に反映させている。

PARTⅡ　6つの重要プロセスとキーガバナンスポイントの文書化・評価

■図表4-2■　実効性と効率性が高く，かつ合理的な内部統制対応

実効性と効率性が高く，かつ合理的な内部統制対応

実効性が高い内部統制対応	効率化・負担軽減対応

環境の変化等に対処するため，定型化した内部統制を変更する必要がないかどうかの検討や，非定型的な要素および新しい状況への対応等
- 定型化できていない非定型的な要素の特定
- 会計不正事例等への反省に基づく会計不正や誤謬のリスクへの対応
- 「開示目的」に照らした注記や非財務情報の開示等の新しい課題への取組み

（環境の変化等にともなって変更する必要が少ない領域）
- 定型化した内部統制報告制度対応
- 判断の要素が少なく，マニュアル化された対応
- リスクを意識せずとも所定の手続に従って内部統制を実施することにより，結果的にリスクが低減できる対応

　なお，実効性が高い内部統制対応が，実施できているかについて，たとえば，制度導入時，10年前，あるいは，5年前と比較して，重要な事業拠点や業務プロセスの見直しが行われていない場合，経営戦略や事業計画，ビジネスモデルと財務報告の信頼性の関係，そして，それらと内部統制報告制度の関係が希薄になっている可能性があり，制度運用の実効性に対して疑念が惹起される。

　また，現時点での効率化・負担軽減対応の採用による将来の影響について，たとえば，株式上場準備企業のように内部統制報告制度を全面的に新たに導入する場合，従来の対応を踏襲するだけでは，導入後高い確率で形式化・形骸化に陥るであろう。それは，筆者の推察ではなく，これまでの経緯により実証的に検証されている。後発者の利益を得るためには，従来対応との意識的な差別化が必要である。

2　取締役会等の監督機能と事業計画の策定・管理

　内部統制は，読んで字のごとく，企業内部の仕組みである一方，コーポレートガバナンスは，企業の内と外におけるさまざまなステークホルダーのそれぞ

148

第4章　取締役会の監督機能と事業計画の策定・管理

れの立場を踏まえた仕組みであり，両者は相違する。しかし，経営者または経営陣等に対する監督という「取締役会等の責務」を重視する点で，両者は共通するため，それぞれ別々に考えるのではなく，「取締役会等の責務」を介して一緒に考えることが大切であり，その際の端緒となるのが，事業計画の策定・管理プロセスである。

　この理路を理解することは，財務報告に係る内部統制の最上位のキーコントロールである取締役会等の監督機能の内容を具体的に考察することにつながる。

(1)　事業計画の策定・管理プロセスの位置づけ

　全社的な内部統制である取締役会の監督機能は，「企業戦略等の大きな方向性」を示すことが要点であり，これは一般に事業計画として具現化されるため，本書では，事業計画の策定・管理プロセスを，「全社的な内部統制」の重要な一部であるとともに，「業務プロセスに係る内部統制」における統制環境の一部と位置づける。すなわち，事業計画の策定・管理を，取締役会が企業グループ全体に対するガバナンスを利かせるプロセスと捉える。【プロセス1】事業計画の策定・管理を頂点として，決算・財務報告プロセスにおける【プロセス2】会計基準の適用，【プロセス3】開示目的に照らした注記および【プロセス4】有価証券報告書の記述情報等の開示，その他の業務プロセスにおける【プロセス5】キーコントロールの構築と選定，そして，【プロセス6】内部統制報告制度の評価範囲の決定といった財務報告における6つの重要プロセスを定める（［図表4-3］）。

　6つの重要プロセスは，【プロセス1】事業計画の策定・管理において，企業を取り巻く経営環境の分析により，事業上のリスクを識別する。そして，自社の強みによりリスクを収益機会に変えたり，適切にリスクテイクしリターンを獲得できたりするような戦略を立案して，指標と目標を定め，全社的なリスク管理を行うとともに戦略の進捗管理を実施する。また，【プロセス1】において，経営戦略・経営課題，リスクやガバナンスに係る情報等の非財務情報が財務報告（会計処理と開示）に与える影響を検討することによって，【プロセス2】会計基準の適用，【プロセス3】開示目的に照らした注記，【プロセス4】有価証券報告書の記述情報等の開示，【プロセス5】キーコントロールの構築と選定，そして，【プロセス6】内部統制報告制度の評価範囲の決定といった財務報告の信頼性を確保するための内部統制とつながる。

149

PART Ⅱ　6つの重要プロセスとキーガバナンスポイントの文書化・評価

■図表4-3■　取締役会等の役割・責務と事業計画の策定・管理

区分	重要プロセス
コーポレートガバナンスと全社的な内部統制	【プロセス1】事業計画の策定・管理
決算・財務報告プロセスに係る内部統制	【プロセス2】会計基準の適用
	【プロセス3】開示目的に照らした注記
	【プロセス4】有価証券報告書の記述情報等の開示
その他の業務プロセスに係る内部統制	【プロセス5】キーコントロールの構築と選定
全社的な内部統制（財務報告）	【プロセス6】内部統制報告制度の評価範囲の決定

(2) 経営のメッセージ[6]と事業計画上の要点

　たとえば、棚卸資産の評価基準を明確化することは、それが明確になっていない場合よりも棚卸資産の評価損の計上を減少させる効果がある。評価基準が明確になっていると評価損が計上される前に、時間的な余裕があるうちに保有している棚卸資産の有効活用を企業内で検討するからである。一方、明確になっていないと、棚卸資産が滞留してしまい、監査人等の外部からの指摘により多額の評価損を一挙に計上するという結末になることが少なくない。

　在庫を保有するビジネスモデルでは、在庫の有効活用は、いずれの企業にとっても重要な経営戦略や事業計画の一部であると考えられるため、汎用性が高い事例として挙げたが、この事例に含まれる経営戦略や事業計画と財務報告、そして事業活動の関係を本書では、事業計画上の要点の可視化（経営のメッセージ）というアイデアで分節する。

6　狭義では、事業計画上の要点と同じ意味で用いる。広義では、望ましい結果から事業計画上の要点を可視化し、事業計画遂行のため望まれる意識と行動を企業内のすべての者に促す意味で用い、その意味では、経営者による不正な財務報告に関するリスクシナリオ（不正リスクシナリオ）を立案し回避することと表裏の関係にあると位置づける。

第4章 取締役会の監督機能と事業計画の策定・管理

　事業計画上の要点とは，企業の持続的な成長のための経営戦略立案や事業計画策定の前提となっている経営者による判断や会計上の見積りをいう。また，財務報告の観点による事業計画上の要点の可視化（経営のメッセージ）とは，経営者による判断や会計上の見積りが財務諸表に及ぼす影響を深く考えることにより，すなわち，会計事象や取引等への会計基準の適用の検討により，将来の望ましい結果を想像し，そこから遡って先を見越した意識や行動を企業内のすべての者に促すことをいう。

　事業計画上の要点は，本書におけるもっとも重要なアイデアであるため，実務で活用していただけるようにもう少し説明を加える。事業計画上の要点の可視化（経営のメッセージ）は，財務報告上のリスクの特定と不正な財務報告に関するリスクシナリオ（不正リスクシナリオ）の立案と表裏の関係にある（[図表4-4]）。経営戦略の実施を含む非財務情報から会計事象や取引等を識別し，経営者による判断や会計上の見積りによって会計処理と開示（表示）が決定され，その蓄積により財務諸表が作成される。この一連のプロセスが，会計基準の適用である。経営者による判断や会計上の見積りを単なる会計処理の決定と

■図表4-4■　事業計画上の要点の可視化（経営のメッセージ）

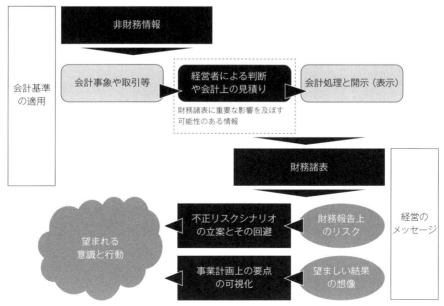

PART II　6つの重要プロセスとキーガバナンスポイントの文書化・評価

捉えるのではなく，そうではなくて，回避すべき結果，あるいは，望ましい結果を想像して，そのために財務報告上，何がポイントとなるのかを可視化し，事業計画遂行のため望まれる意識と行動に結びつける。

　事業計画上の要点がうまく機能するためには，会計基準の適用において，実態を適切に把握して反映した会計処理が必要になる。それは，結果の確認においてだけでなく，望ましい結果を適切に想像するためにも重要である。

　キーコントロール，すなわち，統制上の要点は，前述のとおり「扇の要（かなめ）」にたとえて，単独で，あるいは，他の内部統制を束ねて，重要な虚偽記載が発生するリスクを低減する中心的な役割を果たす内部統制と定義したが，事業計画上の要点は，企業の持続的な成長の実現のため経営者が経営戦略と財務報告（財務諸表等の財務情報）を束ねる「扇の要（かなめ）」をイメージされたい。

　経営戦略を財務数値に落とし込むことで事業計画は策定される。そして，事業計画に基づき事業活動を実施し，その結果として財務諸表が作成され，財務報告を含む開示を実施するといった一連のプロセスの中で，事業計画には，経営戦略と財務報告をつなぐ機能がある。本書では，当該機能を「事業計画上の要点（経営のメッセージ）」と呼称する。

　先の例で言えば，棚卸資産の評価基準の設定は，「販売の機会損失と在庫保有のコストを勘案し，在庫はなるべく減らす。これまでの実績や販売戦略を反映させた一定の要件を満たせば，在庫が存在しても評価損を計上する。評価損を計上しないように，販売戦略，すなわち，計画，製造，仕入，販売，そして，在庫管理を実践して必要最小限の在庫を保有する。」という経営の強いメッセージであり，評価基準を設定して運用しないと経営のメッセージが伝わり難い。むしろ，ただ何となく経営しているというメッセージが企業の内部と外部に伝わってしまう[7]。

　棚卸資産に限らず，経営戦略や事業計画と財務報告がつながる同様の事例は筆者の監査やアドバイザリーの実務で散見されるため，読者においても思い当たる経験があると思われる。内部統制（この場合は，望まれる意識と行動を促す統制環境）を起点に会計処理と開示を統合的に考察することの意義は，ここにもあり，この考え方をベースに，次章から始まる財務報告に係る6つの重要プロセスの解説を進めていく。棚卸資産の評価減の例や読者の経験を頭の片隅に置いて，読み進めていただければ幸いである。

第 4 章　取締役会の監督機能と事業計画の策定・管理

(3)　取締役会全体の実効性の分析・評価とキーガバナンスポイント

　取締役会の監督機能は，企業における最上位のキーコントロールと考えられるが，最上位であるがゆえに，指揮命令系統上の更なる上位者が存在せず，また，監督対象が広範に及び，その中には，高度な経営判断を伴う要素が存在する。

　したがって，内部統制報告制度上，取締役会の監督機能を評価する際には，相当の困難を伴う。実際，実施基準の「Ⅱ.（参考１）財務報告に係る全社的な内部統制に関する評価項目の例」（いわゆる全社的な内部統制の42項目）において，統制環境の４番目の項目として「取締役会及び監査役等は，財務報告とその内部統制に関し経営者を適切に監督・監視する責任を理解し，実行しているか。」が挙げられているが，その評価は，内部監査部門等が，関連規定の整備，開催頻度のチェックや議事録の作成状況等，文書の有無の確認を中心とした形式的な評価に終始する場合が少なくないように思われる。

　このような形式的な評価を回避するためには，当該項目の評価は，コーポレートガバナンス・コードが東京証券取引所のプライム市場とスタンダード市場の上場会社に実施を求める取締役会全体の実効性の分析・評価（補充原則４-11③）を参考にすることが考えられる。東京証券取引所のプライム市場とスタンダード市場に上場している企業で，当該分析・評価を実施している場合は，財務報告の信頼性との関係の確認と，財務報告の信頼性の観点において不足する部分があれば追加の検討を実施する。一方，これらの市場の上場企業で，当該分析・評価を実施していない場合，または，グロース市場等に上場している企業の場合は，財務報告の信頼性を高めるため，内部統制報告制度上，当該分析・評価を実施することの要否を検討することが望まれる。

　また，広範に及び，かつ高度な経営判断を伴う要素が存在する取締役会の監

7　実施基準では，実在性，網羅性，権利と義務の帰属，評価の妥当性，期間配分の適切性，表示の妥当性といった適切な財務情報を作成するための要件は，一般にアサーション（assertion；主張）と呼称される。企業にとっては，経営者の主張とされ，監査人にとっては，監査人が監査意見を述べるにあたっての確かめるべき目標である監査要点とされる。本書では，アサーションの前提となる会計基準の適用，すなわち，経営者による判断や会計上の見積りを，経営戦略と財務報告（財務諸表等の財務情報）を結び付ける事業計画の，その中の要（かなめ）という意味で，事業計画上の要点と呼称するが，事業計画上の要点は，すなわち，経営のメッセージである。

153

PART II　6つの重要プロセスとキーガバナンスポイントの文書化・評価

督機能について，その実効性を高めるとともに，形式的な評価を回避するために，取締役会の監督機能が注視して全社的な対応に力を注ぐべきキーガバナンスポイントを設定することが有効である。具体的には，取締役会の監督対象として，経営理念に基づき，開示における重要性（マテリアリティ）を明確にしたうえで（[図表 3 - 7] [図表 3 - 8] 参照），企業のサステナビリティ課題[8]，すなわち，持続的な成長と中長期的に安定的な利益を獲得するための企業の重要課題を戦略（攻め）と組織（守り）に区分して識別するとともに，重要課題に起因する財務報告上のリスク（高リスク）を特定する（[図表 2 - 3] [図表 2 - 4] [図表 2 - 5] 参照）。また，財務報告上のリスクと表裏の関係にある望ましい結果を想像し，事業計画上の要点（経営のメッセージ）を可視化して，事業計画遂行のため望まれる意識と行動を明らかにする（[図表 4 - 4] 参照）。そして，それらをキーガバナンスポイントとして体系的に設定する（[図表 4 - 5]）。

　取締役会の監督機能の評価は，これらの課題やリスクの識別，評価と対応の状況（長期にわたる場合は計画の立案とその進捗状況を含む），および，それらへの取締役会の関与状況について実施する。取締役会は，毎年，各取締役の自己評価なども参考にしつつ，取締役会全体の実効性について分析・評価を行い，その結果の概要を開示することを検討する（コーポレートガバナンス・コード補充原則 4 -11③参照）。

　もっとも，取締役会の監督機能のカギとなる事業計画の立案が実施されていない場合や実績と計画の比較分析が実施されていない場合，あるいは，事業計画の策定・管理プロセスで整備した検討ステップや検討項目が運用されていない場合等あきらかに整備や運用の状況の不備である場合を除き，評価の結果発見された事項や課題が不備に該当するか否かは，企業の実態や置かれた状況によってさまざまな判断があり得ると考えられる。

　評価のポイントは，不備か否かの判定に拘るよりも，当該発見事項や課題についての企業の考え方をまとめるとともに対応の要否を検討する。そして，対応が必要な場合は対応計画を立案し，進捗管理を行う。また，発見事項や課題

8　概念上は，社会的なサステナビリティ課題（気候変動などの地球環境問題への配慮，人権の尊重，従業員の健康・労働環境への配慮や公正・適切な処遇，取引先との公正・適正な取引，自然災害等への危機管理など）と区分するが，経営理念の実現を介して，両者を一致させることが企業の持続的成長のために有効である。

第4章　取締役会の監督機能と事業計画の策定・管理

■図表4-5■　キーガバナンスポイントとその設定手順

項　　　目			内　容　と　設　定　手　順
経営理念			1．企業と社会の持続的な成長等，企業の経営理念の実現から検討をスタートする。
開示における重要性（マテリアリティ）	株主を含む投資家		2．自社株式等を中長期的な観点で保有する投資家の投資判断に資する情報が何かを明確にする。
	その他のステークホルダー		3．従業員，顧客，取引先，債権者，地域社会をはじめとする様々なステークホルダーが企業と協働するか否かの判断に資する情報が何かを明確にする。
企業の重要課題	外部	脅威	4．外部経営環境分析の結果，特に企業活動にマイナスの影響を与える可能性のある事象や要因
	内部	戦略	5．経営戦略の立案と事業計画の策定*1の際に，戦略を実行する上での課題を明確にする。
		組織	6．経営戦略の立案と事業計画の策定*1の際に，経営戦略と事業計画を実行する上での組織運営上の課題を明確にする（ガバナンス上の課題や強化すべき内部統制等）。
財務報告上のリスク	誤謬リスク		7．非意図的な会計処理誤りのリスクであり，全社的に重要なリスクを特定することが重要である。当該リスクは，経営者による判断や会計上の見積りを伴う会計処理に関連して発生する場合が多いため，上記の「企業の重要課題」（経営戦略（攻め）と組織運営（守り））を財務報告の観点で検討することになる*2。
	不正リスクシナリオ		8．経営者等が意図的に不正な財務報告を実施する場合，どのようなシナリオが想定されるかを検討する（不正のトライアングルに基づく5W1Hの検討，なお，不正の「機会」は，「誤謬リスク」と関連させて検討する）*2。
経営のメッセージ	望ましい結果		9．財務諸表上の望ましい結果，換言すれば，不正リスクシナリオを回避する結果を想像する。

155

PARTⅡ　6つの重要プロセスとキーガバナンスポイントの文書化・評価

	事業計画上の要点	10. 財務諸表上の望ましい結果を達成するための要点となる，経営戦略立案の前提となっている経営者による判断や会計上の見積りを可視化する。
	事業計画遂行のため望まれる意識や行動	11. 望ましい結果を実現するための事業計画上の要点を，意識や行動に落とし込む。

＊1　具体例としては，第6章の【プロセス1】事業計画の策定・管理≪ステップ2≫経営戦略立案と事業計画策定の❾戦略の検討内容が考えられる。
＊2　具体的な検討内容は，［図表2-4］を参照する。

とともに，検討過程や結論を開示する。このような一連の対応を外部に開示することにより，株主等やその他のステークホルダーの判断を仰ぐ姿勢が重要であると考えられる。

Column 2 非財務は財務に非ずか？

　財務報告の信頼性を考える上で，**財務情報**と**非財務情報**の関係を整理することは極めて重要です。なぜなら，財務報告の直接の対象となる**財務情報**も，もともとは会計事象や取引等の**非財務情報**だからです。非財務を文字通り解釈すると「財務に非ず」なので，一見，**非財務情報**は**財務情報**と全く関係なく思えますが，そうではありません。**非財務情報**は，**財務情報**以外の情報でありとても大雑把な名称なので，そこには，**財務情報**に全く関係ないものから**財務情報**ではないが**財務情報**に重要な影響を与える情報まで幅広い情報が含まれているはずです。

■　非財務情報の定義

　内部統制基準では，用語として**財務情報**と**非財務情報**は出てきますが，それぞれ明確に定義していません。重要な用語のはずなのに，なぜでしょうか？　とても違和感があります。

　しかし，よくよく考えると**財務情報**を主眼とすれば，**財務情報**は，財務諸表や関連する数値情報であることは容易に想像がつくので，それ以外を広く**非財務情報**と定義するのは合理的なような気もします。重要なのは，**非財務情報**の定義や内容よりも，**非財務情報**が**財務情報**に与える影響，あるいは，**財務情報**に影響を与える**非財務情報**でしょう。実際，内部統制基準等では，導入当初から財務報告の信頼性は，**財務諸表と財務諸表に重要な影響を及ぼす可能性のある情報**の信頼性を確保することと定義していました。**非財務情報**は広範な内容が考えられ，また，時代時代に応じて開示が求められる内容は異なるでしょうから，あえて定義していないのかもしれません。

　そう考えると，今度は**財務諸表に重要な影響を及ぼす可能性のある情報**の内容が重要になりますが，この用語に関しても，内容の説明はまったくありません。

■　塞翁（さいおう）が馬

　「人間万事塞翁が馬」は，人生の吉凶は簡単には定めがたいことのたとえです。当事者にとっては，凶と思える出来事も吉とする意思が大切だと思います。コーポレートガバナンス・コードでも，昨今のサステナビリティ課題にはリスクと収益機会の両面があり，リスクの減少のみならず，収益機会につなげていくことが重要である旨が記載されています。

　サステナビリティ課題について，経営戦略上は，早くリスクに気づいて対処することと自社の強みでリスクを収益機会に変えることが重要ですが，財務報告上は，**非財**

157

PART Ⅱ　6つの重要プロセスとキーガバナンスポイントの文書化・評価

務情報のままなのか，それとも，会計処理が必要になって**財務情報**となるのかの見極めが重要になります。

　たとえば，気候変動リスクへの対応において，自社の強みを活用して環境に配慮した製品の販売，脱炭素化支援の製品・サービスの販売や環境・エネルギー事業の拡大等の収益機会を見出して新たなビジネスモデルを企画すると，顧客は誰で，顧客に当社は何を提供して，いくらでどのように回収するのかの検討が必要になり，それはそのまま収益認識の検討，すなわち，**財務情報**につながります。

■　トリガーあるいは境界線

　塞翁が馬において，吉凶いずれかの明確な区分よりも凶を吉とするトリガーが大切であるように，**非財務情報**の内容や定義よりも，経営戦略では，リスクを収益機会にするトリガーである自社の強みの確認のほうが，あるいは，財務報告では，**非財務情報**のままなのか**財務情報**となるのかの境界線の把握のほうが重要なのだと思います。

　気候変動の例からわかる通り，経営戦略上の判断と財務報告上の判断は，密接に関連しています。**非財務情報を財務情報**に変える過程が会計基準を適用するプロセスであることを考えると，経営者による判断や会計上の見積りが，**非財務情報を財務情報**に変えるトリガー，あるいは**非財務情報**と**財務情報**の境界線になるので，このトリガーあるいは境界線が，**財務諸表に重要な影響を及ぼす可能性のある情報**なのでしょう。

　トリガーあるいは境界線を本書では，**事業計画上の要点（経営のメッセージ）**と呼んでいます。このアイデアのミソは，財務報告と経営戦略が重なっているところです。すなわち，財務報告上の意味は，経営戦略の実行にともない生じる会計事象や取引等を会計基準に従って会計処理をすることであり，経営戦略上の意味は，会計処理の望ましい結果を想像し，そこから遡って事業計画を遂行するうえで望まれる意識や行動を明確にすることです。経営戦略と財務報告を結びつける**事業計画上の要点（経営のメッセージ）**は，経営戦略や事業計画を，企業の内部に浸透させる際にも，また，外部へ開示する際にも極めて重要なアイデアだと思います。

　コーポレートガバナンス・コード補充原則2-3①（下線は筆者）
　「取締役会は，気候変動などの地球環境問題への配慮，人権の尊重，従業員の健康・労働環境への配慮や公正・適切な処遇，取引先との公正・適正な取引，自然災害等への危機管理など，サステナビリティを巡る課題への対応は，リスクの減少のみならず収益機会にもつながる重要な経営課題であると認識し，中長期的な企業価値の向上の観点から，これらの課題に積極的・能動的に取り組むよう検討を深めるべきである。」

158

第5章

6つの重要プロセスと
財務報告ガバナンス

これまでの内部統制報告制度への対応で認識された課題や不正リスク，内部統制基準等の改訂，そして，開示の規定を含む企業会計基準の近年の開発動向や非財務情報を開示する重要性の高まりに対応するため，財務報告に係る6つの重要プロセスを定め，各プロセスにおける財務報告上の主要論点と内部統制の構築方法を考察する。

6つの重要プロセスは，これまでの内部統制報告制度対応と別個のものではなく，これまでの対応をベースに，明確に意識されておらず対応が比較的手薄だったと考えられる部分を補うためのプロセス，あるいは，企業の実態や置かれた状況の変化に伴い生じる新たな事象や課題等に対応するためのプロセスであり，財務報告上の主要論点は，それを解決することにより，限られたリソースで最大の効果を発揮できる内部統制を構築するためのものである。また，実務に適用しやすいように，重要プロセスにおける内部統制（3つのステップと12の検討項目）を例示する。

なお，内部統制は企業の実態に応じて，各企業が適宜構築すべきものであり，必ずしも本書が提示する6つの重要プロセスおよびその内部統制（3つのステップと12の検討項目）をそのまま構築する必要はないと考えるが，企業の内部と外部への説明責任や近年の開示の重要性の高まりに鑑みて，本書で解説している考え方による構築の要否を検討していただければ幸いである。

1 ▶ 財務報告に係る6つの重要プロセスによるガバナンス

内部統制を起点として会計処理と開示を統合的に検討するためには，トップダウン型のリスク・アプローチ（第3章第3節(2)②③参照）に基づき，全社的な内部統制と業務プロセスに係る内部統制を構築して整備・運用し，その評価

PART Ⅱ　6つの重要プロセスとキーガバナンスポイントの文書化・評価

を実施する必要がある。また，それは，財務報告に係る内部統制報告制度におい
いて内部統制とコーポレートガバナンスおよび全社的なリスク管理を一体的に
整備・運用することでもある。

　財務報告に係る6つの重要プロセスにおける内部統制は，トップダウン型の
リスク・アプローチにより構築することを想定しており，各プロセスの構築は，
個別に実施するのではなく，相互に連係し有機的一体として実施することに
よって，信頼性のある財務報告を達成する。

　まず，全社的なプロセスとして，持続的な成長または経営理念の実現と財務
報告の信頼性のつながりのカギとなり，取締役会の監督機能および監査役等の
監査機能の発揮が期待される【プロセス1】事業計画の策定・管理，そして，
内部統制報告制度における評価の出発点である【プロセス6】内部統制報告制
度の評価範囲の決定の2つを定める。なお，内部統制報告制度の評価範囲は，
他の5つのプロセスの検討結果を考慮して決定すべきと考えられるため，6番
目のプロセスとする。

　決算・財務報告プロセス（会社レベル）においては，会計処理については，【プ
ロセス2】会計基準の適用を定め，開示については，主に財務情報を対象とす
る【プロセス3】開示目的に照らした注記と，主に非財務情報を対象とする【プ
ロセス4】有価証券報告書の記述情報等の開示に分節する。

　そして，その他の業務プロセス（会社レベル）においては，【プロセス5】キー
コントロールの構築と選定を定める。

【プロセス1】　事業計画の策定・管理

　財務報告は，企業の業務全体に係る財務情報を集約したものであり，企業の
業務全体と密接不可分の関係にある。したがって，経営者が財務報告に係る内
部統制を有効かつ効率的に構築しようとする場合には，企業の持続的な成長と
内部統制の4つの目的相互間の関連性を理解したうえで，内部統制を整備し，
運用することが望まれる[1]。目的相互間の関連性は，通常，事業計画の策定・
管理において検討され，事業計画を実行した結果についての財務情報等が財務
報告としてとりまとめられる。

　取締役会の監督機能と監査役の監査機能は，内部統制とコーポレートガバナ

1　「実施基準Ⅰ.1.(5)4つの目的の関係」参照

第5章　6つの重要プロセスと財務報告ガバナンス

ンスにおける最も重要なキーコントロール（第3章第3節(2)④参照）であると考えられ，事業計画の策定・管理での機能の発揮が期待される。

　また，信頼性のある財務報告を達成するために定めた6つの重要プロセスは，【プロセス1】で首尾一貫する。具体的には，このプロセスで検討する事業上のリスク等の非財務情報が財務報告の信頼性に与える影響の検討と財務報告上のリスク（全社的なリスク）の特定により，6つの重要プロセスが結びつけられることになる。

【プロセス2】　会計基準の適用

　経営者の判断や見積りの要素を含む会計基準は，不正な財務報告や誤謬（会計処理誤り）のリスクが高いといわれ，また，将来の不確実性を伴う場合が多く，翌期以降の財務諸表に重要な影響を与える可能性がある。そして，内部統制報告制度における開示すべき重要な不備のうち，決算・財務報告プロセスにおける誤謬（会計処理誤り）の発生原因が，新たな会計基準の適用や合併・買収等の非定型的な事象に関する会計処理であることが少なくない。

　財務報告上のリスクにフォーカスするため，【プロセス2】では，経営者による判断や会計上の見積りの要素を含む会計基準，新たな会計基準，そして非定型的な事象に関する会計処理等を対象とする。

【プロセス3】　開示目的に照らした注記

　内部統制報告制度の目的である財務報告の信頼性が対象とする財務諸表には注記が含まれる。

　近年では，注記内容の記載に関する重要性の判断において，「開示目的」に照らした検討が企業に求められ，財務諸表利用者の理解に資するように実態や置かれた状況に応じて企業が注記内容を判断する必要がある。

　その判断について財務諸表利用者の信頼を得るためには【プロセス3】において，検討過程と判断根拠を明確にする必要がある。

【プロセス4】　有価証券報告書の記述情報等の開示

　内部統制報告制度が対象とする財務報告には，財務諸表だけでなく，財務諸表の信頼性に重要な影響を及ぼす開示事項等が含まれる。そのため【プロセス4】において，有価証券報告書の記述情報のうち，いずれが当該開示項目に該

161

PART II　6つの重要プロセスとキーガバナンスポイントの文書化・評価

当するかの検討が重要になる。

　また，財務報告の信頼性は，財務諸表だけでなく，財務諸表に重要な影響を及ぼす可能性のある情報の信頼性を確保することをいう。有価証券報告書の記述情報のうち，経営戦略・経営課題，リスクやガバナンスに係る情報等のいわゆる非財務情報は，判断や見積りを伴う会計基準等に基づく会計処理を通して財務諸表に重要な影響を及ぼす場合があるため，【プロセス4】において，有価証券報告書の記述情報等で開示される非財務情報と財務情報のつながりを検討することが，内部統制報告制度上も重要となる。

【プロセス5】　キーコントロールの構築と選定

　キーコントロールは，業務プロセスに係る内部統制の直接的な評価対象であり，その内容と評価方法が，内部統制報告制度対応の効率性だけでなく，実効性にも重要な影響を与えるため，その選定は重要である。

　また，実効性と効率性が高く，かつ合理的な内部統制対応を実現するためには，内部統制の構築段階からキーコントロールを検討する必要があり，評価の段階では遅い。【プロセス5】において，キーコントロールは，評価のための選定ばかりか，構築においても要（かなめ）と位置づける。

【プロセス6】　内部統制報告制度の評価範囲の決定

　内部統制報告制度の評価範囲の決定は，評価の出発点である。また，会計不正が当初の評価範囲の外から生じる事例が少なくなく，仮に，開示すべき重要な不備が評価対象外から発生した場合には，少なくとも発生した会計期間は，関連する事業拠点等を評価範囲に含める必要がある。

　【プロセス6】の実効性を高めるには，【プロセス1】から【プロセス5】の検討結果を考慮し財務報告上のリスクに注意して評価範囲を検討する必要がある。

　これら財務報告に係る6つの重要プロセスによるガバナンスを財務報告ガバナンスと呼称する。

第5章　6つの重要プロセスと財務報告ガバナンス

2 ▶ 6つの重要プロセスにおける内部統制（3つのステップと12の検討項目）

　内部統制は，組織の持続的な成長のために必要不可欠なものであり，内部統制報告制度への対応において，その実効性を高めるには，(1)適時および定期的な見直し，(2)企業のすべての機関と部門等の関与，そして，(3)各人にとっての理解の容易さと企業内での浸透のしやすさが肝要となる。また，実効性と効率性が高く，合理的な内部統制を構築するうえで，(4)内部統制の5類型の反映も大切である（[図表2-10] 参照）。これらを考慮して6つの重要プロセスにおける内部統制（3つのステップと12の検討項目）をデザイン（設計）する。

(1)　適時および定期的な見直し

　持続的な成長または経営理念の実現を普遍的なゴールとして，コーポレートガバナンスと内部統制は結びつくが，そのカギとなるのは，取締役会等の責務であり，具体的には，経営戦略（経営方針）と事業計画によって企業の事業活動全体をコントロールすることである。

　一般に事業計画の策定においては，すべての子会社および関連会社を対象として事業上のリスク等が検討されると考えられる。【プロセス1】事業計画の策定・管理において，事業上のリスク等が財務報告上のリスクに与える影響（全社的なリスク）を検討することは，内部統制の適時および定期的な見直し（構築を含む。）の契機となる（[図表5-1]）。すなわち，事業計画の策定・管理において検討する財務報告上のリスク（全社的なリスク）を考慮して，【プロセス2】会計基準の適用，【プロセス3】開示目的に照らした注記，【プロセス4】有価証券報告書の記述情報等の開示，【プロセス5】キーコントロールの構築と選定を検討して関連する内部統制を構築し，あるいは見直す。これらを踏まえて，【プロセス6】内部統制報告制度の評価範囲の決定を行う。

163

PARTⅡ　6つの重要プロセスとキーガバナンスポイントの文書化・評価

■図表5-1■　事業上のリスク等の検討からスタートする内部統制の構築と見直し

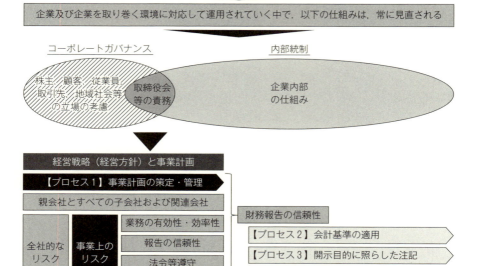

(2) 企業内のすべての機関と部門等の関与

　財務報告に係る内部統制という観点で，内部統制とコーポレートガバナンスおよび全社的なリスク管理を一体的に整備・運用するには，取締役会（監督），代表取締役等の経営陣（執行），そして，監査役等（監査）といった企業における統治機関と，経営企画部門（第2線），経理部門（第2線），広報部門（第2線），業務部門（第1線），そして，内部監査部門（第3線）のすべてが6つの重要プロセスに関与する必要がある（[図表5-2]）。

第5章　6つの重要プロセスと財務報告ガバナンス

■図表5-2■　企業に属するすべての者の6つの重要プロセスへの関与

内部統制	6つの重要プロセス	関与する機関と主要部門等	成果物（方針）
全社的な内部統制	【プロセス1】事業計画の策定・管理	● 取締役会 ● 代表取締役等経営陣 ● リスク管理委員会（第2線） ● 経営企画部門（第2線*1） ● 経理部門（第2線*2） ● 業務部門（第1線） ● 監査役等	事業計画
決算・財務報告プロセスに係る内部統制（全社レベル）	【プロセス2】会計基準の適用	● 経理部門（第2線*2）	会計処理方針
	【プロセス3】開示目的に照らした注記	● 経理部門（第2線*2） ● 経営企画部門（第2線*1） ● 広報部門（第2線*3）	開示方針（財務）
	【プロセス4】有価証券報告書の記述情報等の開示	● 経営企画部門（第2線*1） ● 経理部門（第2線*2） ● 広報部門（第2線*3）	開示方針（非財務と財務情報のつながり）
その他の業務プロセスに係る内部統制（全社レベル）	【プロセス5】キーコントロールの構築と選定	● 業務部門（第1線）	キーコントロールの構築・選定の過程，根拠と結論
全社的な内部統制	【プロセス6】内部統制報告制度の評価範囲の決定	● 内部監査部門（第3線） ● 経理部門（第2線*2） ● 取締役会 ● 監査役等	評価範囲方針

＊1　持続的成長と中長期的な成長に焦点を当てたリスク管理の支援
＊2　信頼性のある財務報告に焦点を当てたリスク管理の支援
＊3　信頼性のある報告（財務情報のみならず，非財務情報を含む）に焦点を当てたリスク管理の支援

PART Ⅱ　6つの重要プロセスとキーガバナンスポイントの文書化・評価

(3)　理解の容易さと浸透のしやすさ

　組織における活動の実効性を高めるには，組織に属する者の納得感を高めて活動への積極的な関与を促す必要がある。そのためには，一定の方針のものと首尾一貫した活動を実施すべきであり，一定の方針は，各人にとって理解が容易で，企業内において浸透しやすいことが望まれる。検討ステップの理解が容易で，それが企業内に浸透すれば，第三者的あるいは独立的なチェックも働きやすくなる。

　6つの重要プロセスは，企業にとっての重要な6つの方針を検討するプロセスであり，一般に，方針検討は，現状把握，方針決定，そして，適用・実施の3つのステップをとると考えられるため，それに合わせて6つの重要プロセスの検討ステップはすべて，この3つのステップを採用する。さらに具体的な検討項目も合計12項目で統一する。検討ステップを3つのステップと12の検討項目によって形式的に統一することで，各プロセスの理解を容易にし，浸透しやすくするための一助とする（[図表5-3]）。

■図表5-3■　6つの重要プロセスに関するステップと検討項目の定型化

プロセス	6つの重要プロセス		
ステップ	《ステップ1》現状把握	《ステップ2》方針決定	《ステップ3》適用・実施
検討項目	合計12項目で統一する		

(4)　内部統制の5類型の反映

　取締役会が内部統制の基本方針を決定し，経営者は，当該基本方針に基づき，内部統制を整備および運用する役割と責任がある。したがって，6つの重要プロセスにおいても，経営者目線，換言すれば上位者の視点での5類型に基づく内部統制の構築が重要になる（[図表5-4]，なお[図表2-10]参照）。

　すなわち，3つのステップと12の検討項目によりプロセスの定型化を図るとともに，定型化が難しい非定型的な要素である「非財務情報と財務情報のつな

第5章　6つの重要プロセスと財務報告ガバナンス

■図表5-4■　6つの重要プロセスへの内部統制5類型の反映

内部統制の5類型	財務報告における6つの重要プロセス
①定型化	□3つのステップと12の検討項目による定型化
②非定型的な要素の特定と対応	□12項目のうち，定型化できない非定型的な項目の特定と対応 □たとえば，「非財務情報と財務情報のつながり」「リスクの識別と評価」を検討する項目等と具体的な検討例の明示 □各企業それぞれの実態や置かれた状況に応じた導入アプローチ
③取引根拠，判断過程や見積りの根拠の記録・保存 ④情報の正確性と網羅性のチェック	□説明のための所定の様式や図表の整備 □企業の目的からの論理的なブレイクダウン（持続的な成長または経営理念の実現，信頼性のある財務報告，内部統制を起点とする会計処理と開示の統合的な検討，そして，トップダウン型のリスク・アプローチとキーコントロール） □具体的な実務ツール（6種類のポジションペーパーとコーポレートガバナンスマップ）の活用 □プロセス間や検討項目間のつながりと整合性
⑤職務分掌	□株主との対話およびその他のステークホルダーとの協働の重視 □取締役会等の監督機能および監査役等の監査機能の重視 □全社【プロセス1】を頂点とし，決算・財務報告【プロセス2】，【プロセス3】および【プロセス4】，業務【プロセス5】，そしてまた財務報告に係る全社【プロセス6】へと至る内部統制の体系

がり」や「リスクの識別と評価」を検討する項目を特定して注意深く対応する。また，6つの重要プロセスを説明するための首尾一貫した考え方をまとめ，所定の様式や図表，実務ツールを準備する。そして，株主との対話およびその他のステークホルダーとの協働と取締役会等の監督機能および監査役等の監査機能を重視して，6つの重要プロセスの間に，また12の検討項目の間に上位と下位の階層をデザイン（設計）する。

なお，第6章から第11章までの各重要プロセスの解説においては，特に②非定型的要素の特定と対応と，⑤業務分掌に留意していただきたい。

3　6つの重要プロセスのつながり

6つの重要プロセスのつながりは，内部統制報告制度の実効性を高めるための全体像を示す。6つの重要プロセスは，それぞれ単独で検討するよりも，それぞれのつながりを理解して体系的・有機的に検討したほうが，内部統制報告

PART Ⅱ　6つの重要プロセスとキーガバナンスポイントの文書化・評価

制度に役立てることができる。次の第6章から第11章では，プロセスごとの3つのステップと12の検討項目を解説するが，便宜上，検討項目を中心とした断片的なものにならざるを得ないため，その前に，6つの重要プロセスつながりの特徴を確認する。

(1) 事業上のリスクと財務報告上のリスクを介したつながり

　非財務情報のうち，特に事業上のリスクをベースとして財務報告上のリスクを評価し，当該リスクに対応する内部統制の構築または見直しを実施して，内部統制報告制度の評価範囲を決定することを意図して6つの重要プロセスを定めているが，その意図に反して6つの重要プロセスがバラバラに運用されないよう，プロセスをつなげるための接続点や担当部門等を各プロセスの検討項目に組み込んでいる（[図表5-5]）。

- 【プロセス1】と【プロセス6】のつながり

　すべての子会社および関連会社を対象として内部統制報告制度の評価範囲を決定する。

■図表5-5■　財務報告の信頼性の観点から見た重要プロセス間のつながり

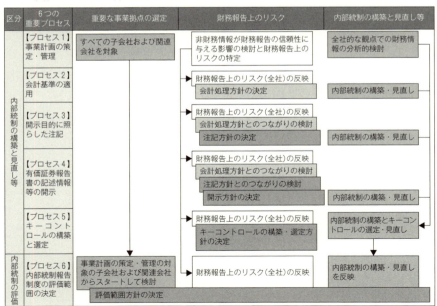

第5章 6つの重要プロセスと財務報告ガバナンス

● 【プロセス1】と【プロセス2】から【プロセス6】のつながり

　非財務情報のうち，特に事業上のリスクが財務報告上のリスクに与える影響を検討し，財務報告上のリスクについて，内部統制を起点に会計処理と開示を統合的に検討する。

● 【プロセス1】から【プロセス4】のつながり

　事業計画を起点として，会計処理と開示に関する方針の首尾一貫した検討により，会計基準の適用，開示目的に照らした注記，そして，有価証券報告書の記述情報等の開示を整合させる。

● 【プロセス2】，【プロセス3】，【プロセス4】と【プロセス5】のつながり

　財務報告に係る内部統制が対象であるため，決算・財務報告プロセスの一部である【プロセス2】，【プロセス3】および【プロセス4】を主導する経理部門の指示により，業務プロセス責任者が【プロセス5】を実施する。

　また，業務プロセス責任者は，独自のリスク評価も実施して【プロセス5】を実施する。

　特に，経営者による判断や会計上の見積りを伴う難易度の高い会計処理の場合，【プロセス2】と関連する【プロセス5】の関係が大切になる。

● 【プロセス5】と【プロセス6】のつながり

　内部統制の構築段階で，トップダウン型のリスク・アプローチを適用して内部統制の全体像とキーコントロールをデザイン（設計）し，そのうえで評価範囲を決定して，評価対象の業務プロセスに係る内部統制を評価する。

● 【プロセス1】から【プロセス5】と【プロセス6】のつながり

　リスクの発生または変化に応じて，新たに構築または見直しをした内部統制の状況を考慮して評価範囲を決定する。

● 【プロセス4】と【プロセス1】のつながり

　現在の財務諸表に重要な影響を及ぼす可能性のある情報だけでなく，将来の財務諸表に重要な影響を及ぼす可能性のある情報を捕捉・検討し，その結果を経営戦略や事業計画にフィードバックする。

⑵　収益認識における6つの重要プロセスのつながり

　抽象的な考え方を示すだけでは，実務の用に供することは難しいため，財務報告に係る6つの重要プロセスのつながりの具体例として「収益認識」を解説する。

PART Ⅱ　6つの重要プロセスとキーガバナンスポイントの文書化・評価

　収益（売上高）は，財務諸表利用者の関心がもっとも高い重要な指標の一つである。また，企業のビジネスモデルの重要な一部であり，経営方針・経営課題，リスク，そしてガバナンス等の非財務情報との関係も深い。収益の認識は，履行義務の充足に係る進捗度や変動対価等といった会計上の見積りとの関連で将来の不確実性を伴う場合がある。さらに，新たな事業の企画の際には，収益認識の検討が必須である。収益認識は，このような特徴を持つため，6つの重要プロセスのつながりの概要を理解するうえで最適な対象と考えられる。

　取締役会や経営陣等が，経営戦略（経営方針）に従って，ビジネスモデル，関連する投資計画，そして，事業上のリスクや財務報告上のリスク等を検討して新たな事業を立ち上げる（【プロセス1】）。

　経理部門は，決算・財務報告プロセスにおいて，顧客，当該事業における履行義務の内容（財またはサービスの内容）や顧客の支払条件等を，収益認識会計基準に従い検討して収益認識の各論点を明確にし会計処理の方針を決定する（【プロセス2】）。また，経理部門は，事業企画部門や広報部門と協力して，開示目的に照らした重要な会計方針の注記や収益認識関係の注記等を検討し，当該取引に見積りの論点が存在すれば，会計上の重要な見積りの注記の要否を検討する（【プロセス3】）。これら財務情報だけでなく，当該履行義務の内容（財またはサービスの内容）に関連する非財務KPI，リスクや対応，および戦略等といった非財務情報についても，有価証券報告書の記述情報等での開示を検討する（【プロセス4】）。そして，会計処理と開示のために必要になる情報を収集する内部統制を自部門内で構築するとともに，その他の業務部門にも必要な業務プロセスと内部統制の構築を指示する（【プロセス2】【プロセス3】）。

　業務部門では，責任者が財務報告の信頼性の意義を正しく理解し，経理部門の指示に従い自部門の内部統制を構築する（【プロセス5】）。

　内部監査部門等は，事業計画，当該事業の金額的・質的重要性，リスク等を考慮して，新たに構築した内部統制を，内部統制報告制度の評価対象に加えるか否かを検討する（【プロセス6】）。そして，内部統制報告制度の対象となる場合には，整備状況および運用状況の評価を実施する。

　このように，【プロセス1】から【プロセス6】は，非財務情報のうち，特に事業上のリスクをベースとして財務報告上のリスクを評価し，当該リスクに対応する内部統制の構築または見直しを実施して内部統制報告制度の評価範囲を決定する。そして，内部統制報告制度における内部統制評価につながる。

170

(3) 非財務情報の重要性の高まりへの対応

気候変動や人的資本・多様性等に関するサステナビリティ開示の国際的な潮流から明らかなとおり、非財務情報の重要性は今後、ますます高まると考えられるが、6つの重要プロセスからは、その対応のための示唆も得られる。

内部統制報告制度の対象、すなわち、財務報告の範囲と財務報告の信頼性の内容を明らかにするために用いた前掲［図表3-6］に、6つの重要プロセスを当てはめると［図表5-6］になる。

法制度を越えた任意の取組みとして具体的な行動を促すためには、6つの重要プロセスのつながりをさらに深く理解して、その中にデザイン（設計）した関係者を動機づける仕掛けを読み取る必要がある。その際のキーワードは、現在の財務諸表に重要な影響を及ぼす可能性のある情報、財務諸表の作成におけ

■図表5-6■　非財務・財務情報と6つの重要プロセスの拡張および循環

種類	コーポレートガバナンス・コードにおける定義	財務報告の範囲	財務報告の信頼性の範囲	内部統制報告制度
非財務情報	●経営戦略・経営課題、リスクやガバナンスに係る情報等 ●会社の財政状態、経営戦略、リスク、ガバナンスや社会・環境問題に関する事項（いわゆるESG要素）などについて説明等を行う情報	【プロセス1】 有価証券報告書の記述情報 【プロセス2】 【プロセス3】 【プロセス4】 財務諸表の作成における判断に密接に関わる事項（開示事項）＊	下記以外 財務諸表に重要な影響を及ぼす可能性のある情報	対象外 【プロセス5】 【プロセス6】 対象 【プロセス5】 【プロセス6】
財務情報	財政状態・経営成績等	●財務諸表 ●財務諸表の表示等を用いた記載	財務諸表 見積り数値 / 確定数値	

＊有価証券報告書における「企業の概況」の「事業の内容」及び「関係会社の状況」の項目や「提出会社の状況」の「大株主の状況」の項目における関係会社、関連当事者、大株主等の記載事項等

171

PART Ⅱ　6つの重要プロセスとキーガバナンスポイントの文書化・評価

る判断に密接に関わる開示事項，制度対象外の非財務情報の信頼性の確保，そして，将来の財務諸表に重要な影響を及ぼす可能性のある情報である（[図表2-12][図表3-5]参照）。

●【プロセス1】事業計画の策定・管理と【プロセス2】会計基準の適用の相関関係

　まず，重要なのは，【プロセス1】と【プロセス2】の相関関係により，非財務情報のうち，現在の財務諸表に重要な影響を及ぼす可能性のある情報を特定することである。

　本書では，現在の財務諸表に重要な影響を及ぼす可能性のある情報を会計基準の適用における経営者による判断や会計上の見積りと解し，事業上の要点（経営のメッセージ）と定義している（[図表4-4]参照）。この考え方に基づき，財務上の望ましい結果を想像し，その達成のための望まれる意識や行動を企業内に浸透させる。

●【プロセス3】開示目的に照らした注記と【プロセス4】有価証券報告書の記述情報等の開示の積極的な活用

　次に，現在の財務諸表に重要な影響を及ぼす可能性のある情報を積極的に，財務諸表の作成における判断に密接に関わる開示事項として開示する。

　開示における重要性の評価軸である開示目的やマテリアリティに照らして判断すれば（[図表3-7][図表3-8]参照），現在の財務諸表に重要な影響を及ぼす可能性のある情報は，積極的に財務諸表の作成における判断に密接に関わる開示事項として開示することが望まれる。【プロセス3】と【プロセス4】が関係する。

●【プロセス5】キーコントロールの構築と選定と【プロセス6】内部統制報告制度の評価範囲の決定の非財務情報への拡張

　上記【プロセス3】と【プロセス4】の検討内容は，財務報告の一部または，財務報告の信頼性の一部であり，その重要性から信頼性を確保するために，内部統制報告制度の対象とすることが望まれ，【プロセス5】および【プロセス6】が関係する。

　さらに，制度対象外の非財務情報の信頼性の確保のために，内部統制報告制度の文書化と評価の考え方（第2章　財務報告に係る内部統制の文書化と評価

172

第5章　6つの重要プロセスと財務報告ガバナンス

―内部統制報告制度の概要―参照）を活用する。【プロセス5】および【プロセス6】で蓄積したナレッジ（知見とノウハウ）が役立つ。特に，情報の信頼性を確保するためのリスクの識別と評価，リスクを低減するためのコントロールの階層の検討，業務プロセスの構築と文書化，そして，第三者の評価による情報の信頼性の確保のナレッジである。

● 【プロセス4】 から 【プロセス1】 への "予備軍" の循環
　最後に，非財務情報のうち，現在の財務諸表に重要な影響を及ぼす可能性のある情報に該当しないが，将来の財務諸表に重要な影響を及ぼす可能性のある情報，すなわち，現在の財務諸表に重要な影響を及ぼす可能性のある情報の"予備軍"まで拡張して積極的に捕捉して，経営戦略や事業計画に反映させる。【プロセス2】，【プロセス3】および【プロセス4】における現在の財務諸表に重要な影響を及ぼす可能性のある情報の検討を表とした場合の裏として，将来の財務諸表に重要な影響を及ぼす可能性のある情報の検討とその結果を【プロセス1】へフィードバックし，重要プロセスを循環させる。開示によって外部あるいは第三者の目に触れるという意識が循環を加速させる。

　将来の財務諸表に重要な影響を及ぼす可能性のある情報の捕捉は，それだけを行おうとすると相当の困難性を伴うと考えられるが，【プロセス1】において，非財務情報を広く捕捉して，そのうち，まず，現在の財務諸表に重要な影響を及ぼす可能性のある情報を検討し，同時に，その"予備軍"として検討対象を，将来の財務諸表に重要な影響を及ぼす可能性のある情報に拡張し，その検討結果を経営戦略や事業計画に循環させることとすれば検討の実効性は高まると考えられる。換言すれば，このような検討プロセスを経ず矢庭に，将来の影響を考察しようとしても，経営戦略や事業計画へのつながりが希薄になってしまうおそれが高まってしまう。たとえば，法令等の要請に基づき開示が求められる場合もあるサステナビリティを巡る課題[2]とその対応方針は，中長期的な視点で考察する必要がある遠大なものである場合が多く，一般に財務諸表に及ぼす影響を特定することが困難であり，それだけを捉えると経営戦略や事業

2　気候変動などの地球環境問題への配慮，人権の尊重，従業員の健康・労働環境への配慮や公正・適切な処遇，取引先との公正・適正な取引，自然災害等への危機管理など（コーポレートガバナンス・コード補充原則2-3①）

PART Ⅱ　6つの重要プロセスとキーガバナンスポイントの文書化・評価

計画との関係が希薄になる傾向にあると考えられるため，特に留意が必要である。

　6つの重要プロセスの拡張と循環のカギとなるのは，財務諸表に重要な影響を及ぼす可能性のある情報であり，その活用の仕方である。活用の仕方を，本書では，当該情報を事業計画上の要点（経営のメッセージ）の可視化，そして，現在の財務諸表への影響と将来の財務諸表への影響に分節して説明する。

　この考え方は，現時点では，すべての企業にとっての喫緊の重要性があるとは断定できないと思われるが，IFRS サステナビリティ開示基準の制定等，昨今のサステナビリティ課題への対応に関する国際的潮流に鑑みるに，近い将来，多くの上場企業にとって重要になると考えられる。まず，6つの重要プロセスを整備・運用して，非財務情報への拡張とプロセスの循環の中期的な計画を立案することが有益であると考える。

　なお，奇しくも，［図表3-6］と比べて［図表5-6］は，非財務情報の面積が大きくなり，財務情報の面積が小さくなっているが，それが，そのまま，非財務情報と財務情報の重要性の変化を表すわけではない。そうではなくて，財務報告において，財務情報の価値はそのままで，前述のような非財務情報と財務情報のつながりを検討する重要性の高まりを表現していることを申し添える。

第6章

【プロセス1】事業計画の策定・管理

　前章で解説したとおり検討のフレームワーク（枠組み）となるように，財務報告における6つの重要プロセスは，3つのステップと12の検討項目で抽象化する。その中でも【プロセス1】は企業によって千差万別で，当該プロセス自体が他社との差別化要因となり利益の源泉である場合も考えられ，各企業に当てはまる共通点を見出すのは難しい。しかし，コーポレートガバナンスおよび全社的なリスク管理における事業計画の位置づけ，事業計画と財務報告の関係，そして，内部統制報告制度へのつながりといった視点で【プロセス1】を確認すると，汎用性の高い3つのステップと12の検討項目が抽出できる。

　【プロセス1】の3つのステップと12の検討項目は，事業計画の策定・管理が，会計処理や注記，有価証券報告書の記述情報等の開示，そして内部統制報告制度とどのようにつながるのか，その理解を深めるために利用することも企図している。各企業は，【プロセス1】と自社の事業計画の策定・管理プロセスを比較して相違点を把握し，必要に応じて不足項目の追加の要否を検討し，あるいは内容のカスタマイズを実施されたい。

1 ▶ 財務報告上の主要論点

　【プロセス1】では，財務報告の信頼性を確保するため，あるいは財務報告ガバナンスを実現するため，親会社による関係会社管理，日常的モニタリングとしての業績管理の機能，そして，業績管理と財務会計の職務分掌によって誤謬や不正の兆候となる財務数値の異常点を発見できるかどうかが論点となる。また，その前提として，取締役会の監督機能，目標および指標の合理性と可視化，そして，事業上のリスク[1]と財務報告上のリスクのつながりが論点となる。

175

PART Ⅱ　6つの重要プロセスとキーガバナンスポイントの文書化・評価

□取締役会の監督機能の発揮（検討項目❶❷）
□脅威と機会の識別・分析（検討項目❸❹❺）
□指標および目標の合理性と可視化（検討項目❻❼❽）
□事業上のリスクと財務報告上のリスクのつながり（検討項目❾）
□親会社による関係会社管理（検討項目❿）
□日常的モニタリングとしての業績管理の機能（検討項目⓫⓬）
□業績管理と財務会計の職務分掌（検討項目⓫⓬）

2 ▶ 3つのステップと12の検討項目

　【プロセス1】は，事業計画策定の都度生じるプロセスであり，通常年1回運用する。3つのステップは，外部および内部の経営環境を分析する≪ステッ

■図表6-1■　【プロセス1】における3つのステップと12の検討項目

≪ステップ0≫ 全体コントロール		
❶コーポレートガバナンスとキーガバナンスポイント		
❷全社的なリスク管理とマテリアリティ		
≪ステップ1≫（現状把握） リスクと機会の識別・分析	≪ステップ2≫（方針決定） 経営戦略立案と事業計画策定	≪ステップ3≫（適用・実施） 業績管理と財務会計
❸外部環境分析（マクロ）	❻戦略	❿財務数値による関係会社管理
❹外部環境分析（ミクロ）	❼指標および目標	⓫第1線による業績管理
❺内部環境分析	❽事業計画の策定	⓬第1線，第2線および第3線，そして取締役会等によるモニタリング
	❾非財務情報が財務報告の信頼性に与える影響の検討と財務報告上のリスクの特定	

1　本書では，「脅威」，「弱み」，「リスク」と「課題」は，ともに企業活動にマイナスの影響を与える可能性がある事象や要因とする。これらの使い分けは，外部環境に主眼を置いた場合は「脅威」を，内部環境に主眼を置いた場合は「弱み」を，そして，企業の目的達成に主眼を置いた場合は「リスク」を，マイナスの影響への対処に主眼を置いた場合は「課題」を用いる。

176

第6章 【プロセス1】事業計画の策定・管理

プ1≫リスクと機会の識別・分析，リスクと機会を踏まえた≪ステップ2≫経営戦略立案と事業計画策定，そして，策定した事業計画に関する≪ステップ3≫業績管理と財務会計によりデザイン（設計）する。

【プロセス1】の検討項目には，気候関連財務情報開示タスクフォース（TCFD）や国際サステナビリティ基準審議会（ISSB）が提示しているサステナビリティ開示に関する国際的なフレームワーク，すなわち，「ガバナンス」，「戦略」，「リスク管理」，「指標および目標」の4つのコア・コンテンツを反映している。これらは国際的な開示のフレームワークであるが，その趣旨は，中期的な企業価値にとって重要な課題を開示することを通じ，企業がそれらの課題について必要な検討と取組みを行い，投資家は開示された企業の課題と取組みを深く理解し，建設的な対話を通じて，企業価値の向上を促すことにある。現在は，気候関連開示が注目されているが，それはなにも気候変動に特有のプロセスではなく，企業の持続的な成長のための必要不可欠なプロセスである。特定の課題だけが重要なのではなく，継続的に課題やリスクを識別，分類，分析，評価して，対応策を検討，実施し，その実施状況をモニタリングする企業の事業運営プロセスが重要なのであり，このようなプロセスの開示を重視していると考えられる。企業においては，「ガバナンス」および「リスク管理」は，内部統制とコーポレートガバナンスおよび全社的なリスク管理の一体的な整備・運用の一部である。そして，「戦略」と「指標および目標」は，財務数値に落とし込まれて事業計画として具現化し，モニタリングの対象となる。

このように国際的な開示のフレームワークの構成要素であること，そして事業計画の策定・管理プロセスの重要な要素（検討項目）となることを踏まえ，4つのコア・コンテンツを【プロセス1】の検討項目に組み込んでいる。

また，4つのコア・コンテンツのうち，「ガバナンス」と「リスク管理」は，企業の外部・内部環境を分析してリスクや収益機会を認識したうえで，その重要性や対応策を判断して「戦略」を立案し，「指標および目標」を設定して事業活動を監督するための基本となる枠組みである。「ガバナンス」と「リスク管理」は，「戦略」と「指標および目標」の上位概念と考えられることから，フレームワークの順番にかかわらず，検討項目では，それぞれ❶コーポレートガバナンスとキーガバナンスポイント，❷全社的なリスク管理とマテリアリティ，❻戦略，❼指標および目標としている。

経営者等による不正な財務報告を未然に防止するためには，❻戦略，❼指標

177

PART Ⅱ　6つの重要プロセスとキーガバナンスポイントの文書化・評価

および目標，そして❽事業計画の策定の関係が重要である。業績達成のための
プレッシャーは企業の成長のために必要であるが，過度なプレッシャーは不正
な財務報告をもたらす動機とプレッシャーになる場合があるため，❼において
❽の合理的な根拠となる指標および目標を設定して，❻の実現可能性を担保す
る必要がある。

　財務報告は，企業の業務全体に係る財務情報を集約したものであり，企業の
業務全体と密接不可分の関係にある。したがって，財務報告によって企業の業
務全体を管理するためには，❾非財務情報が財務報告の信頼性に与える影響の
検討と財務報告上のリスクの特定が重要になる。

　後に続く【プロセス2】【プロセス3】【プロセス4】と【プロセス5】，そ
して【プロセス6】は，【プロセス1】を起点としており，【プロセス1】の❶
❷，そして❾により，財務報告の観点から企業の業務全体をコントロールし監
督する。

　なお，役割分担は，コーポレートガバナンスや内部統制の考え方に基づき定
めたものであり，実務上は各企業が会社法上の機関設計や実態に応じて，監督
と執行，そして監査の実効性を確保できるように適宜調整して詳細を定めてい
ただきたい。

≪ステップ0≫　全体コントロール（検討項目❶❷）

　【プロセス1】は，その他の重要プロセスと異なり，企業の業務全体に関わ
るため，【プロセス1】の3つのステップとその他の重要プロセスのすべてを
コントロールするための検討項目である，❶コーポレートガバナンスとキーガ
バナンスポイント，❷全社的なリスク管理とマテリアリティをデザイン（設計）
する。

　≪ステップ0≫におけるコーポレートガバナンスと全社的なリスク管理の位
置づけを理解するために，以下の図表を参照する。

図表No.	内　　　容
1-7	内部統制の4つの目的と6つの基本的要素のつながり
3-9	内部統制とガバナンス及び全組織的なリスク管理の全体像

178

第6章 【プロセス1】事業計画の策定・管理

❶ コーポレートガバナンスとキーガバナンスポイント

❶-1 コーポレートガバナンスの3層構造

□コーポレートガバナンスは，「株主との対話およびその他のステークホルダーとの適切な協働」，「監督と執行，そして監査」，および，「第1線と第2線，そして第3線」の3層構造を念頭に置いて体制を整備する。

□3層構造の考え方を理解するために，以下の図表を参照する。

図表No.	内　　　容
1-5	日常的モニタリングと独立的評価における階層
3-11	コーポレートガバナンスの3層構造
3-12	事業計画の策定・管理プロセスとコーポレートガバナンス及び全社的なリスク管理の関係

❶-2 監督と執行，そして監査

□法制度上，3層構造の中で中心的な役割を果たすのは，「監督と執行，そして監査」における取締役会および監査役等の役割と責任であり，取締役会は，監督機能の一環として，自社の持続的な成長または経営理念の実現と，経営戦略（経営方針）および財務報告の信頼性を確保するための内部統制をどのように結び付けるかを検討し，コーポレートガバナンス，統制および手続の整備方針，すなわち，内部統制の整備方針を決定する。

□取締役会等の監督機能の重要性を理解するために，〔図表1-9〕内部統制の限界をもたらす要因とその対応および課題を参照する。

❶-3 会社法上の機関設計

□監督と執行，そして監査の機関設計に関して，会社法上の要件を満たしたからといって必ずしも取締役会等の監督機能の実効性が確保されるわけではなく，「法定要件の落とし穴」が存在するため，コーポレートガバナンス・コード「第4章 取締役会等の責務」等を参考にして，各企業の実態や置かれた状況に応じて取締役会等の監督機能の実効性を確保するための創意工夫を実施する[2]。

179

PART Ⅱ　6つの重要プロセスとキーガバナンスポイントの文書化・評価

❶-4　コーポレートガバナンス，統制および手続の方針

□監督機能の実効性を確保するため，取締役会が決定すべき方針を明確にする。

□コーポレートガバナンス，統制および手続の方針，すなわち，内部統制の整備方針を取締役会等が決定する意義を理解するために，以下の図表を参照する。

図表No.	内　　　容
3-15	内部統制基準から推察される望ましい内部統制の成熟プロセス
4-3	取締役会等の役割・責務と事業計画の策定・管理

❶-5　財務報告に係る内部統制の構築方針

□経営者は，財務報告の信頼性を確保するための内部統制を構築する際には，【プロセス1】事業計画の策定・管理，【プロセス2】会計基準の適用，【プロセス3】開示目的に照らした注記，【プロセス4】有価証券報告書の記述情報等の開示，【プロセス5】キーコントロールの構築と選定，そして，【プロセス6】内部統制報告制度の評価範囲の決定，といった6つの重要プロセスに係る内部統制の構築の要否を検討する。

□6つの重要プロセスを構築する場合には，プロセス間のつながりに留意して，企業の持続的な成長または経営理念の実現のため，各プロセスが有機的一体として機能するように整備・運用する。

□構築すべき具体的な財務報告に係る内部統制を理解するために，以下の図表を参照する。

2　法制度よりも，「経営者が自らを律するための二つの鏡」として，「顧客の声」と「上級幹部の眼」を挙げて「自分の外の鏡」を経営者はきちんと意識すべきとする枠組みを提示する考え方もある（「経営学とはなにか」伊丹敬之2023年日経BP　日本経済新聞出版）。実際，数々の不正・不祥事事例が示すとおり「法定要件の落とし穴」は存在する。法制度は遵守しつつも，多くの利害関係者の信頼や信用を得るためには，「法定要件の落とし穴」を埋める任意の取組みを実施する必要がある。重要なのは，経営者が自己を律する必要性を認識して，企業の持続的な成長のために何を重視するかをきちんと利害関係者に説明できることとその方針および運用状況を開示して外部の評価を仰ぐことであると考えられる。

180

第6章 【プロセス1】事業計画の策定・管理

図表No.	内　　容
2-9	財務報告に係る内部統制の構築プロセス
4-1	実効性が高い内部統制対応と効率化・負担軽減対応の比較
4-2	実効性と効率性が高く，かつ合理的な内部統制対応
5-1	事業上のリスク等の検討からスタートする内部統制の構築と見直し
5-2	企業に属するすべての者の6つの重要プロセスへの関与
5-3	6つの重要プロセスに関するステップと検討項目の定型化
5-4	6つの重要プロセスへの内部統制5類型の反映
5-5	財務報告の信頼性の観点から見た重要プロセス間のつながり
5-6	非財務・財務情報と6つの重要プロセスの拡張および循環

❶-6　第1線と第2線，そして第3線

□取締役会により決定される内部統制の整備方針に従って経営者は，第1線と第2線，そして第3線をデザイン（設計）して構築する。その際，第3線（内部監査部門）の独立性と実効性が特に重要になる。

□第1線と第2線，そして第3線の関係，コーポレートガバナンスにおいては，特に第3線（内部監査部門）の役割を理解するために，［図表3-10］3線モデルの構造を参照する。

❶-7　株主との対話およびその他のステークホルダーとの適切な協働

□取締役会は，近年の企業情報の開示に対する社会的な期待も踏まえて，自社にとって企業情報を開示することがどのような意義を持つかを確認する。

□取締役会は，企業情報の開示における重要性（マテリアリティ）の考え方を定め，企業と社会の重要課題（サステナビリティ課題）を検討したうえで（❷全社的なリスク管理とマテリアリティを参照），株主との対話およびその他のステークホルダーとの適切な協働を実施する。

□株主との対話およびその他のステークホルダーとの適切な協働の現代的な意義を理解するために，以下の図表を参照する。

PARTⅡ　6つの重要プロセスとキーガバナンスポイントの文書化・評価

図表No.	内　　　容
3 - 7	企業情報を開示する新たな意義
3 - 8	開示における重要性（マテリアリティ）の分類例

❶- 8　開示における重要性（マテリアリティ）

□取締役会は，開示における重要性（マテリアリティ）の考え方の方向性を示し，❷全社的なリスク管理とマテリアリティにおいて検討されるマテリアリティを決定し承認する［図表 6 - 2］。また，次の❶- 9　キーガバナンスポイントを設定するに際して，マテリアリティを考慮する。

■図表 6 - 2 ■　開示における重要性（マテリアリティ）（様式例と検討例）

	株主を含む投資家	その他のステークホルダー
具体的に想定する対象	●中長期的な観点で自社株式を保有する投資家等 ●安定的な事業運営や経営戦略（経営方針）立案のための建設的な対話を実施することを念頭に置いて対象を具体的に想定する	●従業員，顧客，取引先，債権者，地域社会をはじめとする様々なステークホルダー
開示における重要性（マテリアリティ）	●投資家の投資判断に資する情報 ●たとえば，企業の重要課題（企業の持続的な成長のための経営戦略や組織運営上の課題，すなわち，企業のサステナビリティ課題）	●その他のステークホルダーの関心が高い社会のサステナビリティ課題 ●その他のステークホルダーは，範囲が広いため，経営理念や自社のビジネスモデルに関連する社会的なサステナビリティ課題を特定する

□開示における重要性（マテリアリティ）の考え方，特に，経営理念とマテリアリティ，開示と重要課題，企業のサステナビリティと社会的なサステナビリティの関係を理解するために，以下の図表を参照する。

第6章 【プロセス1】事業計画の策定・管理

図表No.	内　　容
3-7	企業情報を開示する新たな意義
3-8	開示における重要性（マテリアリティ）の分類例

❶-9　キーガバナンスポイント

□取締役会は，経営者に対する実効性と効率性が高い監督を実施するため，企業の重要課題を経営戦略（攻め）と組織運営（守り）に関するものに区分し（戦略と組織），それぞれに起因する財務報告上の誤謬リスクと不正リスクシナリオを検討したうえで，それらに関して取締役会が注視し，全社的な対応に力を注ぐべきキーガバナンスポイントを設定する。

□キーガバナンスポイントは，経営理念，開示における重要性（マテリアリティ），企業の重要課題，財務報告上のリスク，そして，経営のメッセージにより構成する。

□企業の重要課題は，企業の持続的な成長あるいは中長期的な企業価値の向上のための課題であり，概念上は，社会的なサステナビリティ課題と区別して考えるが，実務上は，経営理念の実現を介して，企業と社会のサステナビリティ課題を一致させることが企業の持続的な成長にとってプラスに作用すると考えられるため，経営理念をスタートに株主を含む投資家とその他のステークホルダーそれぞれを想定した開示における重要性（マテリアリティ）を統合して検討する。

□開示における重要性（マテリアリティ）は，❷-1から参照し，企業の重要課題は，❻戦略から参照して，財務報告上のリスクは，❾非財務情報が財務報告の信頼性に与える影響の検討と財務報告上のリスクの特定から参照する。

□経営のメッセージは，【プロセス2】会計基準の適用≪ステップ2≫❹会計基準等の規定に従った検討と事業計画上の要点の可視化，≪ステップ3≫⓫高リスクの根拠と望まれる意識・行動の検討結果から参照する。

□キーガバナンスポイントの内容は，次の❶-10　財務報告ガバナンスのための【プロセス1】の検討結果の要約でもある。

PARTⅡ　6つの重要プロセスとキーガバナンスポイントの文書化・評価

■図表6-3■　キーガバナンスポイント（様式例）

項　　目			内　　容
経営理念			
開示における重要性（マテリアリティ）	株主を含む投資家		
	その他のステークホルダー		
企業の重要課題	外部	脅威	
	内部	戦略	
		組織	
財務報告上のリスク	誤謬リスク		
	不正リスクシナリオ		
経営のメッセージ	望ましい結果		
	事業計画上の要点		
	望まれる意識と行動		

□キーガバナンスポイントの考え方を理解するために，以下の図表を参照する。

図表No.	内　　容
4-3	取締役会等の役割・責務と事業計画の策定・管理
4-4	事業計画上の要点の可視化（経営のメッセージ）
4-5	キーガバナンスポイントとその設定手順

第6章 【プロセス1】事業計画の策定・管理

❶-10 財務報告ガバナンス

□経営者は，自社の持続的な成長のための財務報告の重要性と財務報告による企業の事業活動全体のコントロールの意義（財務報告ガバナンス）を認識して，❾非財務情報が財務報告の信頼性に与える影響の検討と財務報告上のリスクの特定を実施する。

□財務報告ガバナンスにおいて重要になる会計処理＝開示＝内部統制をつなげる考え方と，財務報告と企業の持続的な成長または経営理念の実現の関係を理解するために，以下の図表を参照する。

図表No.	内　　容
1-1	財務諸表に重要な影響を及ぼす可能性のある情報のイメージ
1-2	事業上のリスクと財務報告上のリスク（例）
4-3	取締役会等の役割・責務と事業計画の策定・管理

❷ 全社的なリスク管理とマテリアリティ

❷-1 開示における重要性（マテリアリティ）とリスク評価の基準

□取締役会が示す方針に基づき（❶-8参照），開示における重要性（マテリアリティ）を検討し，リスク評価の判断基準とプロセスを定める。

□開示における重要性（マテリアリティ）と関連させて企業の重要課題を決定する。

□開示における重要性（マテリアリティ）は，まず，報告対象を想定し，それぞれに対して定める（［図表6-2］参照）。報告対象は投資家とその他のステークホルダーが考えられるが，たとえば，自社の経営戦略を理解して自社株式を中長期的な観点で保有する投資家や，自社の経営理念と社会的な課題を結び付けて特定したその他のステークホルダー等，具体的な対象を想定する。

□企業の将来の経営成績等に与える金額的・質的影響度の程度や発生の蓋然性の高低等によるリスク評価の基準を設定し，リスク評価の基準や経営方針・経営戦略等との関連性の程度等を踏まえ，課題やリスクの優先順位づけを行う。また，時々の経営環境に応じ，取締役会や経営会議における重要度の判断を反映する。

PART Ⅱ　6つの重要プロセスとキーガバナンスポイントの文書化・評価

□開示における重要性（マテリアリティ）とリスク評価の基準を検討するうえ
で，企業情報を開示する意義を理解するために，以下の図表を参照する。

図表No.	内　　　容
3-7	企業情報を開示する新たな意義
3-8	開示における重要性（マテリアリティ）の分類例

❷-2　リスク評価の流れと取締役会の役割・責務

□全社的なリスクを識別・評価し，対応策を決定するとともに対応状況等をモ
ニタリングする仕組みを構築する。

□全社的なリスク管理における取締役会の役割と責任を明確にする。

□❾非財務情報が財務報告の信頼性に与える影響の検討と財務報告上のリスク
の特定に関する手順および方針を明確にする。

□リスク評価の流れを，事業上のリスクと財務報告上のリスクのつながりと全
社的なリスクの観点で理解するために以下の図表を参照する。

図表No.	内　　　容
1-2	事業上のリスクと財務報告上のリスク（例）
1-4	リスクの評価の流れ（モニタリングを含む。）
1-7	内部統制の4つの目的と6つの基本的要素のつながり
2-3	リスク・アプローチのイメージ

❷-3　収益機会およびリスク選好

□リスクを目的の阻害要因だけではなく，収益獲得の機会やリスク選好（事業
計画を達成するため進んで受け入れるべきリスクの種類と総量）として捉え，
全社のリスクを経営戦略と一体で統合的に管理するしくみ（全社的なリスク
管理）の構築を検討する。

□全社的なリスク管理体制が未整備の場合，検討の第一歩は，【プロセス1】
事業計画の策定・管理，❾非財務情報が財務報告の信頼性に与える影響の検
討と財務報告上のリスクの特定から始めることが効果的である。

第6章 【プロセス1】事業計画の策定・管理

□全社的なリスク管理の考え方を理解するために，以下の図表を参照する。

図表No.	内　　　　容
3-9	内部統制とガバナンス及び全組織的なリスク管理の全体像
4-3	取締役会等の役割・責務と事業計画の策定・管理
5-1	事業上のリスク等の検討からスタートする内部統制の構築と見直し

❷-4　サステナビリティ課題への対応

□経営理念に基づき，開示における重要性（マテリアリティ）と企業の重要課題，そして，社会のサステナビリティ課題を統合的に検討する方針を明確にする（［図表6-3］参照）。

≪ステップ1≫　リスクと機会の識別・分析（検討項目❸❹❺）

外部環境と内部環境を分析して，事業を展開する上での脅威と機会を識別・評価し，自社の強みと弱みを明確にする。脅威と機会，そして強みと弱みが，次のステップで戦略を立案するための重要な要素となる。

❸　外部環境分析（マクロ）

❸-1　目的

□企業にとっての脅威と機会の把握のために実施する。

□自社の企業活動に間接的な影響を与える外部環境を分析することであり，市場環境を長期的なスパン（例：5年間，10年間など）で捉える。

❸-2　PEST分析

□代表的なフレームワークとしては，Politics（政治），Economy（経済），Society（社会），Technology（技術）といった4つの外部環境を取り出し，分析対象とするPEST分析が挙げられる（［図表6-4］）。

□PEST分析は，まず，情報収集を行い，情報をPESTの4要素に分類する。そして，事実なのか，または解釈なのかを明確に区分して，脅威と機会に分類し，短期と長期に分類する。

187

PART Ⅱ　6つの重要プロセスとキーガバナンスポイントの文書化・評価

■図表6-4■　PEST分析イメージ

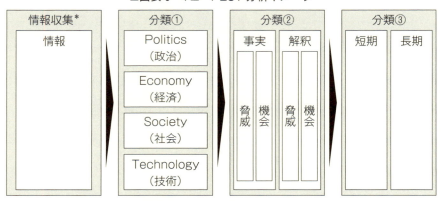

＊株主との対話による対策が必要な懸念等の把握を含む。

❸-3　分析の視点

☐ Politics（政治）には，地政学上のリスク，各種規制（監査制度，コーポレートガバナンス・コードや開示規制等）が含まれる。

☐ Economy（経済）には，景気動向が含まれ，事業計画への影響，そして，経営者による判断や会計上の見積りを伴う会計処理を通じた財務報告の信頼性への影響に留意する。

☐ Society（社会）には，社会のサステナビリティ課題が含まれ，開示における重要性（マテリアリティ）と企業の重要課題とのつながりに留意する（❷-1，❷-4参照）。

☐ Technology（技術）には，IT環境への対応が含まれ，たとえば，生成AIの発達と社会への浸透の影響の検討においては，収益獲得の機会やITの利用に伴うリスクの識別が重要である。

☐ 株主との対話等は，❸外部環境分析（マクロ）における情報収集手段の一つとして取り扱い，検討と対策が必要な課題等を把握して，≪ステップ2≫経営戦略立案と事業計画策定において，経営戦略（経営方針）や事業計画に反映させることが大切である。

☐ 他社の不正事例に関して，その不正の結果としての事象，すなわち，不適切な報告，資産の流用，そして汚職についての検討は有益であるが，結果事象だけに着目していては，意図的な行為という不正の特性によってリスクの識

第6章 【プロセス1】事業計画の策定・管理

別と評価が不十分となり，不正の防止と発見につながらないおそれがあるため，不正のトライアングル，すなわち，動機とプレッシャー，機会，そして，姿勢と正当化を考慮して分析し，自社に当てはまる，または当てはまる可能性のある状況はないかを考察することが大切である。

□❸外部環境分析（マクロ）と次の❹外部環境分析（ミクロ）に関して，財務報告に関係する要素を理解するために，以下の図表を参照する。

図表No.	内　　　容
1-1	財務諸表に重要な影響を及ぼす可能性のある情報のイメージ
5-1	事業上のリスク等の検討からスタートする内部統制の構築と見直し

❹　外部環境分析（ミクロ）

❹-1　目的

□企業を取り巻く事業環境の脅威と機会を把握するために実施する。

□自社の事業活動に直接的な影響を与える外部環境（例：市場規模，成長性，競争状況，流通チャネルの構造，顧客動向など）を分析する。

□企業は事業活動を行ううえで仕入先や顧客を含むバリューチェーンにおける資源や関係に依存しており，これらの資源や関係への依存関係，そして資源や関係に与える影響が企業に対して脅威と機会を生じさせる場合があるため，バリューチェーンの関係等を把握する。

❹-2　5フォース分析

□代表的な分析のフレームワークとしては，事業環境を5つのフォース，つまり，競争要因（業界の競争状態）で分析する5フォース分析が挙げられる（[図表6-5]）。

❹-3　分析の視点

□5フォース分析は，自社がさらされている競争要因を以下の5つに分類し，それぞれを分析することで，業界の収益構造を明らかにしつつ，自社の競争優位性を探る。

1．新規参入者の脅威

189

PART Ⅱ　６つの重要プロセスとキーガバナンスポイントの文書化・評価

■図表６-５■　５フォース分析イメージ

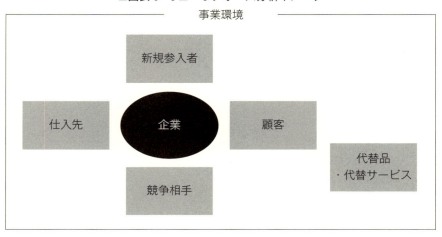

　２．仕入先との交渉力
　３．顧客との交渉力
　４．代替品・代替サービスの脅威
　５．既存企業に対する競争力
□上記の５つの要素をそれぞれ把握し，その業界において各要素についての自社の力が強ければ収益性が高く，弱ければ収益性が低いことが推察される。

❺　内部環境分析

❺-１　目的

□❸❹とあわせて❺を実施することにより，次の❻戦略を立案する際の重要な要素（脅威，機会，強み，弱み[3]）を明確にするために実施する。

❺-２　SWOT分析

□分析のフレームワークの代表例としては，SWOT分析が挙げられる。SWOT分析では，競合・法律・市場トレンドなど自社を取り巻く外部環境と，経営理念，ビジネスモデル，内部統制とコーポレートガバナンス，気風（企業内部の意識，行動や特徴等）などの内部環境をそれぞれプラス面・マ

3　本章の脚注１参照。

第6章　【プロセス1】事業計画の策定・管理

■図表6-6■　SWOT分析イメージ

分析の視点		プラス要因	マイナス要因
外部環境	マクロ環境 ❸外部環境分析（マクロ） 　（PEST分析等）参照 ミクロ環境 ❹外部環境分析（ミクロ） 　（5フォース分析等）参照	Opportunity （機会）	Threat （脅威）
内部環境	●経営理念 ●ビジネスモデル* ●内部統制とコーポレートガバナンス ●気風（企業内部の意識，行動や特徴等）	Strength （強み）	Weakness （弱み）

＊自社の資産，ブランド力，製品の価格，品質等を含む。

イナス面に分けて分析する（[図表6-6]）。

[外部環境]

　プラス要因（Opportunity　機会）とマイナス要因（Threat　脅威）

[内部環境]

　プラス要因（Strength　強み）とマイナス要因（Weakness　弱み）

なお，外部環境の分析については，前記❸❹を参照されたい。

❺-3　分析の視点

□経営理念は，企業にとって，開示における重要性（マテリアリティ）と企業の重要課題，そして社会のサステナビリティ課題のつながりを明確にして❻戦略を立案するために特に重要になる（[図表6-3]参照）。

□ビジネスモデル[4]は，競争優位性のある事業を運営することで顧客や社会に価値を提供し，長期的かつ持続的な企業価値向上へとつなげていく仕組みであり，当該事業が，誰に（Who），何を（What），どうやって（How），付

4　ビジネスモデルは，長期的かつ持続的な価値創造の基盤となる設計図であり，企業が有形・無形の経営資源を投入し，競争優位性のある事業を運営することで顧客や社会に価値を提供し，長期的かつ持続的な企業価値向上へとつなげていく仕組みである（価値協創ガイダンスv2.0 2-2. ビジネスモデル）。

191

PART II　6つの重要プロセスとキーガバナンスポイントの文書化・評価

加価値を提供して収益を得るのかの仕組みであるが，企業理念の実現や社会
的な課題の解決との関係では中長期的な視点で，なぜ収益に結びつくのか
（Why），そして，いつ収益に結びつくのか（When）の視点も大切になる。

□大量の情報を扱い，業務が高度に自動化されたシステムに依存するビジネス
モデルを採用する企業においては，IT環境の適切な理解やITを利用するこ
とにより生じる新たなリスクの考察を【プロセス1】❸❹❺で実施すること
が有効である。

□また，企業の外部環境（たとえば，5フォース）が，企業のビジネスモデル
に影響を与え，それが，当該企業の強みや弱みになる場合もあるため，企業
の強みと弱みを適切に把握できるように，外部環境と内部環境（ビジネスモ
デル，強みと弱み）の関係に留意する。

□コーポレートガバナンスと内部統制については，取締役会等の実効性を確保
するためのガバナンス上の課題や企業内部の意識に影響を与える内部統制上
の課題が❻戦略を実行するための弱みとならないか，改善が必要か，あるい
は，現在のコーポレートガバナンスと内部統制が❻戦略を実行するための強
みとなるか等を検討する。

□気風（企業内部の意識，行動や特徴等）は，現在の気風と❻戦略を実行する
ために必要な気風と比較して，強みとして生かせるか，あるいは，弱みとな
るため改善が必要か等を検討する。

□経営環境の分析においては，各セグメントに固有の経営環境（たとえば，組
織構造，事業を行う市場の状況，競合他社との競争優位性，主要製品・サー
ビスの内容，顧客基盤，販売網等）について，セグメントごとに分析を実施
する。

□SWOTの分析により，「どのようにして，強みを生かすか，弱みを克服す
るか，機会を利用するか，脅威を取り除くか（もしくは脅威から身を守るか）」
の観点で経営環境を評価して，❻戦略を立案する。

□内部環境分析の必要性を理解するために，以下の図表を参照する。

図表No.	内　　　容
1-2	事業上のリスクと財務報告上のリスク（例）
1-3	統制環境と組織の気風のイメージ

第6章 【プロセス1】事業計画の策定・管理

1-4	リスクの評価の流れ（モニタリングを含む。）
1-5	日常的モニタリングと独立的評価における階層
1-6	ITへの対応の全体像
1-7	内部統制の4つの目的と6つの基本的要素のつながり

≪ステップ2≫　経営戦略立案と事業計画策定（検討項目❻～❾）

　≪ステップ1≫における企業の外部・内部環境分析の結果（❸❹❺）に基づき，戦略の立案と事業計画の策定を実施する。【プロセス1】事業計画の策定・管理を企業の業務全体のコントロールに結びつけるためには，換言すると，財務報告によって企業の業務全体をコントロールするためには，❾非財務情報が財務報告に与える影響の検討と財務報告上のリスクの特定がもっとも大切である。

❻　戦略

❻-1　経営戦略の立案

□現在の姿から，将来の目指す姿を思い描くことで長期戦略を立案し，長期戦略を達成するための企業の重要課題を外部と内部の観点で明確にして，中期経営戦略やセグメント戦略／事業ポートフォリオ戦略，イノベーション実現のための組織的プロセス・支援体制の確立，人的資本への投資・人材戦略，無形資産投資戦略（知財含む），財務戦略等といった実行戦略を立案する（［図表6-7］［図表6-8］）。

□戦略の立案は，企業の持続的な成長を目的にするのであれば，長期戦略とそれを具体化するための企業の重要課題および実行戦略に区分して検討することが有効である。

193

PART II　6つの重要プロセスとキーガバナンスポイントの文書化・評価

■図表6-7■　外部・内部環境分析からの経営戦略立案イメージ

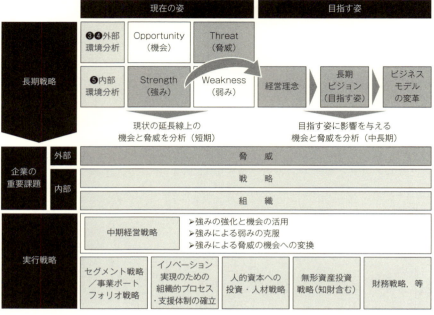

出所：価値協創ガイダンス2.0「(参考)「As is - To be」フレームワークで捉えた価値協創ガイダンス2.0」の図を基に筆者が作成

■図表6-8■　経営戦略の立案（様式例と検討例）

			具体的な検討例
長期戦略			□外部・内部環境分析によりSWOTを明確にする。 □現状のStrength（強み）から、経営理念や長期ビジョン（目指す姿）を確認し、ビジネスモデルの変革の要否等を検討する。
企業の重要課題	外部	脅威	□現状の延長線上の脅威と目指す姿に影響を与える脅威を明確にする。
	内部	戦略	□現状の延長線上の脅威と目指す姿に影響を与える脅威に関する経営戦略上の課題を明確にする。 □ビジネスモデルについての5 Force（新規参入者の脅威、仕入先の交渉力、顧客の交渉力、代替品・代々サー

194

第 6 章 【プロセス 1 】事業計画の策定・管理

			ビスの脅威，および，既存企業同士の競争）の観点で課題を明確にする。 □事業上の課題と財務上の課題に細分化することも考えられる。
		組織	□戦略遂行のための内部統制とコーポレートガバナンス上の課題を明確にする。 □経営理念から経営戦略，事業計画，そして，財務報告の信頼性の確保へのつながりの理解を組織内に浸透させることを含む。
実行戦略	中期経営戦略		□強みを強化し，機会を活用する。 □強みにより脅威を機会へ変換する。 □強みにより弱みを克服する。
	事業ポートフォリオ戦略		□事業全体の実行戦略と併せて，それらを踏まえた各事業セグメントの実行戦略を検討する。 □事業全体の収益構造と各事業セグメントの位置づけを明確にする。 □複数の事業セグメントの展開と撤退の戦略を含む。 □事業別の資本コストの明確化も含む。
	人的資本への投資・人材戦略		□長期戦略と中期経営戦略を実行するための人的資本への投資・人材戦略を立案する。
	財務戦略		□資本効率と資産効率の向上を考慮した財務戦略を立案する。 □配当方針を含む。

❻- 2　長期戦略

□長期戦略は，現状の姿と目指す姿のギャップを埋めるための取組みであり，脅威と機会を分析し，戦略を策定・実行して，自社を目指す姿に近づけていく。

□目指す姿を明確にするうえで大切なのが，経営理念に基づく長期ビジョンの明確化とビジネスモデルの変革である。❺内部環境分析で確認した自社の経営理念に基づき，企業の目指す姿である長期ビジョンを明確にする。想定す

PART Ⅱ　6つの重要プロセスとキーガバナンスポイントの文書化・評価

る長期の期間においてどのように社会に価値を提供し，長期的かつ持続的に
企業価値を向上していくか，共有可能な長期ビジョンを明確にし，当該ビ
ジョンに基づき，適宜既存のビジネスモデルの変革を実施する。

□脅威と機会の分析は，短期と中長期に区分する。短期的には，現状の延長線
上の脅威と機会を分析し，中長期的には，目指す姿に影響を与える脅威と機
会を分析する。また，自社の強みにより短期的な脅威を中長期的な機会に転
換する視点も重要である。

□たとえば，近年のESGやグローバルな社会的課題（SDGs等）については，
自社にとって短期的には脅威であったとしても，経営理念等の価値観に基づ
き，社会的なサステナビリティ課題を企業の重要課題として特定し長期戦略
に落とし込んで既存のビジネスモデルを変革することによって，脅威を機会
に変換する戦略が考えられる。

6-3　企業の重要課題[5]

□現状の延長線上の脅威と機会および目指す姿に影響を与える脅威と機会を分
析し，現在の姿から目指す姿に変革するための企業の重要課題を明確にする。

□企業の重要課題は，事業を行う市場の構造的変化や，事業に与える影響が大
きい法令・制度の改変など，経営成績等に重要な影響を与える可能性がある
と企業が認識している事柄とする。

□企業の重要課題は，外部（脅威）と内部，そして，内部は戦略（攻め）と組
織（守り）の視点で明確にする。

□企業の重要課題については，その課題の重要性を明らかにするため，開示に
おける重要性（マテリアリティ）とリスク評価の基準や経営方針・経営戦略
等との関連性の程度等を踏まえて検討する（❶❷と❻❼❽の関係，そして，
❻の中の長期戦略と企業の重要課題の関係の論理が重要である。）。

□また，企業の重要課題と当該課題決定の背景となる経営環境との関係を明確
にする（❸❹❺と❻❼❽の論理的な関係）。

□ビジネスモデルの特徴に起因する財政状態，経営成績およびキャッシュ・フ
ローの状況の異常な変動，特定の取引先・製品・技術等への依存，特有の法
的規制・取引慣行・経営方針，重要な訴訟事件等の発生，役員・大株主・関

5　本章の脚注1参照。

第6章 【プロセス1】事業計画の策定・管理

係会社等に関する重要事項等について，❷-1開示における重要性（マテリアリティ）とリスク評価の視点で，投資家の判断に重要な影響を及ぼす可能性のある事項を特定することが重要である。

❻-4　実行戦略と中期経営戦略

□長期戦略を具体化するために短期および中期的に取り組む方策が実行戦略である。

□中期経営戦略は，❻-2長期戦略での検討に基づき，Strength（強み）の強化とOpportunity（機会）の活用はもちろん，Strength（強み）によりWeakness（弱み）を克服したり，Strength（強み）によりThreat（脅威）をOpportunity（機会）へ変換したりするといった視点で検討することが重要である。

□中期経営戦略は，さらに具体的に，セグメント戦略／事業ポートフォリオ戦略やイノベーション実現のための組織的プロセス・支援体制の確立，人的資本への投資・人材戦略，知財を含む無形資産投資戦略，財務戦略などにブレイクダウンされる。

❻-5　セグメント戦略

□経営戦略（経営方針）等については，企業全体の経営方針・経営戦略等と併せて，それらを踏まえた各セグメントの経営戦略（経営方針）等を策定する（［図表6-7］参照）。

□たとえば，以下の観点からセグメント戦略を明確にする。
- 多角化により経営者がどのようなシナジー効果の創出を目指しているのか
- 経営資源の適切で効率的な配分が行われているか
- どのように事業を選択しているか
- 各事業を経営方針・経営戦略等においてどのように位置付けているか（企業全体の収益構造との関連付け）
- 不採算事業についてどのように対応していくか。
- 各セグメントにおける具体的な方策の遂行に向け，資金を含めた経営資源をどのように配分・投入するか

197

PART II　6つの重要プロセスとキーガバナンスポイントの文書化・評価

❻-6　事業ポートフォリオ戦略

□事業ポートフォリオ戦略は，企業が複数の事業を有する場合，自社の強みを軸として複数の事業を展開することが競争優位の維持・拡大につながり，ひいては中長期的な企業価値の向上と経営理念の実現をもたらすことを，経営理念，長期ビジョン，長期戦略，脅威と機会とに関連付けて検討する（［図表6-7］参照）。

□長期的かつ持続的な企業価値向上に貢献しないと見込まれる事業から撤退し，注力すべき事業に資源配分するという合理的な判断を行うことも事業ポートフォリオ戦略には含まれ，その際，事業別の資本コストを用いて各事業の財務パフォーマンスを検討する。

❻-7　人的資本への投資・人材戦略

□長期戦略と中期経営戦略との関連で，人的資本への投資・人材戦略を明確にする。具体的には，経営戦略の実行のために必要な能力を明確にし，人材育成の方針や社内環境の整備方針を定める。

□人的資本への投資・人材戦略の一環として，【プロセス1】で明確にする持続的な成長または経営理念の実現のための経営戦略（経営方針）や事業計画を，社内に浸透させることが大切であり，6つの重要プロセスの検討と内部統制報告制度を結びつけることにより，財務報告の観点で経営戦略（経営方針）や事業計画を社内に浸透させることができる。

❻-8　財務戦略

□財務戦略は，特に，中期経営戦略と事業ポートフォリオ戦略について財務面からリスク選好を明確にする。

□財務戦略について，経営方針・経営戦略等を遂行するに当たって必要な資金需要や，それを賄う資金調達方法，さらには株主還元を含め，たとえば以下のような企業の方針を明確にする。

- 企業が経営方針・経営戦略等を遂行するに当たっての財源の十分性
- 企業が得た資金をどのように成長投資，手許資金，株主還元に振り分けるかについての方針
- 成長投資への支出についての方針（経営方針・経営戦略等と関連付けて，設備投資や研究開発費を含む）

198

第6章 【プロセス1】事業計画の策定・管理

- 株主還元への支出についての方針（目標とする水準等）
- 緊急の資金需要のために保有する金額の水準（たとえば，月商〇か月分など）とその考え方を明示するなど，現金および現金同等物の保有の必要性
- 資金調達の方法（資金需要を充たすための資金が営業活動によって得られるのか，銀行借入，社債発行や株式発行等による調達が必要なのか）
- 資金調達についての方針（たとえば，デットエクイティ（DE）レシオ[6]）
- 資本コストに関する企業の定義や考え方

❻-9 ❻戦略を起点とする【プロセス1】の検討項目および他の重要プロセスとの関係の整理

□経営戦略立案と事業計画策定のための重要な前提条件が，≪ステップ0≫全体コントロール❶コーポレートガバナンスとキーガバナンスポイント，❷全社的なリスク管理とマテリアリティ，≪ステップ1≫❸❹❺であり，具体的な方針の決定が，≪ステップ2≫❻から❾である。そして，その方針の実施結果の検証が≪ステップ3≫❿⓫⓬である（［図表6-9］）。

□❻で検討する企業の重要課題を，❶で設定するキーガバナンスポイントに参照し，また，❻は，❼指標および目標と❽事業計画の策定により，財務数値化され，その過程で❾非財務情報が財務報告の信頼性に与える影響の検討と財務報告上のリスクの特定を実施して，財務報告上のリスクを❶のキーガバナンスポイントに参照する。

□❾は，【プロセス2】会計基準の適用へ参照する。【プロセス2】では，特に，企業のビジネスモデルに関する収益認識等（原価計算を含む。）や将来の不確実性，新たな会計基準の適用等について，財務報告上のリスクを詳細に検討し，その検討結果を【プロセス1】へフィードバックする。

□❶と❷の開示における重要性（マテリアリティ）は，【プロセス3】開示目的に照らした注記と【プロセス4】有価証券報告書の記述情報等の開示へ参照し，注記と開示の重要性を判断する基準となる。

6　有利子負債額の妥当性を測定する指標（DE レシオ（倍）＝有利子負債÷純資産）

PART Ⅱ　6つの重要プロセスとキーガバナンスポイントの文書化・評価

■図表6-9■　「戦略」を起点とする【プロセス1】の検討項目間のつながり

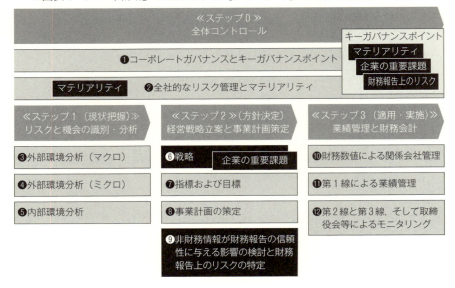

❼　指標および目標

❼-1　意義

□ ❼指標および目標は，❽事業計画の策定の根拠であり，その合理性は，実施可能な具体的なアクションプランに結びつけているか否かで判断され，❻戦略の実現可能性を担保する。

□ 経営者および業務プロセス管理者にとって不正な財務報告の動機となりえる業績達成のための過度なプレッシャーを抑制するためにも，合理的な指標および目標と具体的なアクションプランは極めて重要である。

□ ❼指標および目標は，≪ステップ3≫業績管理と財務会計において，長期戦略や実行戦略（中期経営戦略等）の進捗管理，成果の評価，そして見直し等に活用する。

❼-2　KGIとKPI

□ Key Goal Indicator（KGI；経営目標達成指標）は，企業の経営戦略や事業計画を遂行するために何をもって成果（ゴール）とみなすのかを示す指標であり，Key Performance Indicator（KPI；重要業績評価指標）は，経営上の

200

第6章 【プロセス1】事業計画の策定・管理

目標（KGI）の達成状況を判断するための客観的な指標等である。KPIは，KGIに至るための中間目標と位置づけて両者を区分する。

❼-3　財務指標と非財務指標

□KGIとKPIは，ROE（Return On Equity，自己資本利益率），ROIC（Return On Invested Capital，投下資本利益率），ROA（Return On Aset，総資産利益率）などの財務指標のほか，契約率等の非財務指標も含まれる。経営戦略や経営方針等に応じてビジネスモデルの特性に基づきセグメントごとに各指標を設定する。

□サステナビリティ課題を経営戦略に取り入れる場合，当該課題を管理するための指標および目標の設定に留意する。

□KPIの算出方法，なぜその指標を利用するのかについて，有価証券報告書等での開示を前提に検討する。

❽　事業計画の策定

❽-1　策定方法

□❻戦略を❼指標および目標に基づき，セグメントごとに具体的な財務数値に落とし込み事業計画を策定する（［図表6-10］）。

□中期事業計画として3〜5年程度の期間を対象とする場合が多いが，ローリング方式と固定方式が存在する。どちらを採用するか企業の実態や置かれた環境に応じて決定する。

- ●ローリング方式：企業の置かれた環境の変化に応じて環境に適した方向へ柔軟に対応していくため年度計画の見直しを行う
- ●固定方式：中期的な方向性を示すものとして社内の計画達成の合意を維持する観点から一度設定すると見直しを行わない

□事業計画は，実行と実績の集計，計画と実績の差異分析により，特に計画を下回る差異に関しては対応策を検討し，実績を計画に近づけるためのPDCA（Plan Do Check Action）サイクルを運用する。また，PDCAサイクルを効果的に運用するためには，計画達成のための差異分析が実施できるように計画策定を明確な仮定や根拠に基づき合理的に実施する必要がある。

PART Ⅱ　6つの重要プロセスとキーガバナンスポイントの文書化・評価

■図表 6 -10■　指標および目標の設定と事業計画の策定（様式例）

セグメント	指標および目標		事業計画の策定
	非財務	財務	
Aセグメント			□中期経営戦略を指標および目標に基づき財 務数値に落とし込む。 □セグメントごとに事業計画を策定する。
Bセグメント			□中期事業計画の期間および固定方式または ローリング方式を決定する。

❽- 2　実現可能性と取締役会による承認

□取締役会は，過去の実績の趨勢や過去の事業計画の達成状況から実現可能性
　の低い事業計画になっていないかを批判的に検証する。

□策定した事業計画は，株主に対するコミットメントの一つであり，また，財
　務諸表に計上した資産の資産性の根拠や継続企業としての前提となるもので
　あるため，取締役会が承認する。

□コーポレートガバナンスおよび全社的なリスクマネジメント，そして，財務
　報告における事業計画の重要性を理解するために，以下の図表を参照する。

図表№.	内　　　容
1 - 1	財務諸表に重要な影響を及ぼす可能性のある情報のイメージ
3 - 6	財務・非財務情報と内部統制報告制度
3 -12	事業計画の策定・管理とコーポレートガバナンス及び全社的なリスク管理 の関係
4 - 3	取締役会等の役割・責務と事業計画の策定・管理

❽- 3　不正な財務報告につながる過度なプレッシャーの回避

□事業計画は，グループ各社，各事業・各部門の実力に応じた実現可能性を考
　慮して策定する。

□たとえば，社外取締役や監査役等が到底実現不可能と思うような，中身の伴
　わない過度に高い目標を設定していないか，また，当期または当四半期の利

第6章 【プロセス1】事業計画の策定・管理

益を最大化するという短期的な観点だけで目標が設定されていないか留意する。

□事業計画が，具体的なアクションプランに裏付けられる必要があり（❼-1参照），達成責任を負う管理者（業務部門責任者等）が当該アクションプランに基づき業務を遂行する。

❾ 非財務情報が財務報告の信頼性に与える影響の検討と財務報告上のリスクの特定

❾-1 非財務情報の内容

□非財務情報とは，経営戦略・経営課題，リスクやガバナンスに係る情報等をいう。あるいは，会社の財政状態，経営戦略，リスク，ガバナンスや社会・環境問題に関する事項（いわゆる ESG 要素）などについて説明等を行う情報をいう。

□非財務情報のうち，前記❶から❽まで，特に❻の検討で明らかになる事業上のリスクや企業が属する産業と事業の特性といった経営戦略上の課題と，ガバナンス上の課題や内部統制の不備といった組織運営上の課題を確認する。

□非財務情報の重要性を理解するために，以下の図表を参照する。

図表No.	内　　容
1-2	事業上のリスクと財務報告上のリスク（例）
3-5	財務情報と非財務情報に関連する諸制度のキーワード

❾-2 非財務情報が財務報告の信頼性に与える影響の検討

□財務報告の信頼性は，財務諸表の信頼性と財務諸表に重要な影響を及ぼす可能性のある情報の信頼性に区分する（［図表6-11］）。

□財務諸表に重要な影響を及ぼす可能性のある情報には，経営者による判断や会計上の見積りに関する情報が含まれ，より具体的には，会計基準を適用して会計処理と開示（表示）の方針を決定する過程とその結論に関する情報，特に，以下に関する情報の重要性が高いと考えられる。

1．企業集団に関する情報

●関係会社の判定，連結の範囲の決定，持分法の適用の要否，関連当事者

PART II　6つの重要プロセスとキーガバナンスポイントの文書化・評価

　の判定

2．会計処理に関する情報

- 重要な会計方針と関連する勘定科目

3．企業のビジネスモデルに関する情報

- 収益認識等（原価計算を含む。）および関連する勘定科目（売上高，売掛金，契約資産，契約負債，棚卸資産，売上原価等）
- 重要な会計上の見積りおよび関連する勘定科目（営業債権や棚卸資産，有形固定資産，有価証券，ソフトウェア，のれん，繰延税金資産等の評価，受注損失引当金の計上等）

■図表 6-11■　非財務情報が財務報告の信頼性に与える影響（様式例と検討例）

		検　討　例
非財務情報		● 経営戦略・経営課題，リスクやガバナンスに係る情報等 ● 会社の財政状態，経営戦略，リスク，ガバナンスや社会・環境問題に関する事項（いわゆる ESG 要素）などについて説明等を行う情報
財務報告の信頼性	財務諸表に重要な影響を及ぼす可能性のある情報	● 企業集団に関する情報 　− 関係会社の判定，連結の範囲の決定，持分法の適用の要否，関連当事者の判定 ● 会計処理に関する情報 　− 重要な会計方針 ● 企業のビジネスモデルに関する情報 　− 収益認識等（原価計算を含む。） 　− 将来の不確実性 ● その他の経営者による判断や会計上の見積り
	財務諸表	● 売上高，売掛金，契約資産，契約負債，棚卸資産，売上原価等 ● 営業債権や棚卸資産，有形固定資産，有価証券，ソフトウェア，のれん，繰延税金資産等の評価，受注損失引当金の計上等

□非財務情報が財務報告の信頼性に与える影響を検討する必要性を理解するために，以下の図表を参照する。

第6章 【プロセス1】事業計画の策定・管理

図表No.	内　　　容
1-1	財務諸表に重要な影響を及ぼす可能性のある情報のイメージ
3-6	財務・非財務情報と内部統制報告制度
5-6	非財務・財務情報と6つの重要プロセスの拡張および循環

❾-3　財務報告上の高リスク（全社）の特定

□財務報告上のリスクとは，財務報告の重要な事項[7]に虚偽記載が発生するリスクであり，虚偽記載は，不正（不正な財務報告と資産の流用）と誤謬から生じる（［図表2-4］参照）。

□全社的な財務報告上のリスクの特定は，不正と誤謬を体系的に検討する。すなわち，事業計画の達成に関する利害関係，意図的である不正の特性，そして，不正のトライアングルから，経営者等による不正リスクシナリオの立案と，不正の「機会」としての利用されることが多い誤謬リスクが高い領域，そして両者の関係を重視する。

□まず，誤謬につながりやすい経営戦略上の課題と組織運営上の課題を確認し，それらに起因する誤謬が生じやすい取引と勘定科目を特定する。

□次に，誤謬が生じやすい取引と勘定科目等は，不正のトライアングルの「機会」として利用されやすいため，「機会」に与える影響を検討し，不正のトライアングルを踏まえて，不正リスクシナリオ（5W1H）を立案する。なお，不正リスクシナリオの立案は，ネガティブな意味ではなく，事業の失敗や不測の損失計上を回避して，事業計画を達成するための望ましい意識や行動を明確にするシナリオと位置づける。

□誤謬が生じやすく不正の「機会」として利用されやすい，収益認識等や将来の不確実性に関連するリスクについては，【プロセス2】会計基準の適用において，決算・財務報告プロセスのリスクとして詳細に検討する。

□【プロセス1】で検討した誤謬リスクおよび不正リスクシナリオを，全社的な高リスクとして，【プロセス2】会計基準の適用と【プロセス3】開示目的に照らした注記，そして【プロセス5】キーコントロールの構築と選定

7　「財務諸表と財務諸表に重要な影響を及ぼす可能性のある情報」，あるいは，「財務諸表の信頼性に重要な影響を及ぼす開示事項等」（［図表2-12］参照）

205

PARTⅡ　6つの重要プロセスとキーガバナンスポイントの文書化・評価

に伝達し，それぞれのプロセスの観点で詳細検討し，適宜，【プロセス1】
にフィードバックする。

□財務報告上のリスクを特定する方法を理解するために，以下の図表を参照す
る。

図表No.	内　　　　容
1-2	事業上のリスクと財務報告上のリスク（例）
1-7	内部統制の4つの目的と6つの基本的要素のつながり
2-3	リスク・アプローチのイメージ

❾-4　経営者等による不正リスクシナリオの立案

□不正リスクシナリオの立案は，財務報告の観点から避けるべき結果を明確に
して，それを事業上の努力で回避することを目的とする。【プロセス1】
≪ステップ1≫≪ステップ2≫における経営戦略等の検討と表裏の関係があ
るため，【プロセス1】❾において実施する。

□不正リスクシナリオを立案する方法を理解するために，以下の図表を参照す
る。

図表No.	内　　　　容
2-4	誤謬リスクの考察と不正リスクシナリオの立案
2-5	財務報告上の高リスクの検討（様式例）

❾-5　財務報告上の誤謬リスクが生じやすい領域

□財務報告の重要な事項に誤謬が生じるリスクは，たとえば，企業の重要課題
の区分に従い脅威が戦略と組織に与える影響を検討して，経営戦略に起因す
るリスクと組織運営に起因するリスクに区分することが効果的である。

□経営戦略に起因するリスクについては，事業上のリスクや企業が属する産業
と企業の事業の特性が，財務報告に与える影響を検討し，誤謬が生じやすい
要因と取引・勘定科目を特定する。

□たとえば，以下の事項が考えられる。

206

第6章 【プロセス1】事業計画の策定・管理

- ●リスクが大きい取引
  - −金融取引やデリバティブ取引
  - −価格変動の激しい棚卸資産
  - −複雑な会計処理，等
- ●見積りや予測の要素
  - −引当金
  - −固定資産の減損損失
  - −繰延税金資産（負債），等
- ●非定型，不規則な取引等
  - −通常の契約条件や決済方法と異なる取引
  - −期末に集中しての取引
  - −過年度の趨勢から見て突出した取引，等

□組織運営に起因するリスクについては，以下の事項が，財務報告に与える影響を検討し，誤謬が生じやすい要因と取引・勘定科目を特定する。
- ●ガバナンス上の課題
  - −経営者に対する不十分な監督
- ●複雑または不安定な組織構造
  - −海外に所在する事業拠点
  - −企業結合直後の事業拠点
  - −中核的事業でない事業を手掛ける独立性の高い事業拠点，等
- ●内部統制の不備
  - −これまでに識別された内部統制の不備の傾向
  - −不備とは判断していなくても，状況の変化によっては不備となるような課題

❾-6 　リスクが発生または変化する可能性のある状況の捕捉

□次の≪ステップ3≫業績管理と財務会計において，事業計画の進捗に伴い事業計画と実績の比較分析を実施していく中で，リスクが発生または変化する可能性のある状況，すなわち，❶から❽，そして，❾の検討において考慮した要素に影響を与える状況の捕捉に常に留意し，該当する状況が捕捉された場合は，財務報告上のリスクへの影響を検討する。

□リスクが発生または変化する可能性のある状況には，以下が含まれる。

207

PART Ⅱ　6つの重要プロセスとキーガバナンスポイントの文書化・評価

- 規制環境や経営環境の変化による競争力の変化
- 新規雇用者
- 情報システムの重要な変更
- 事業の大幅で急速な拡大
- 生産プロセス及び情報システムへの新技術の導入
- 新たなビジネスモデルや新規事業の採用又は新製品の販売開始
- リストラクチャリング
- 海外事業の拡大又は買収
- 新しい会計基準の適用や会計基準の改訂

❾-7　財務報告の信頼性を確保する内部統制報告制度へのつながり

□財務報告上のリスクやリスクが発生または変化する可能性のある状況は，【プロセス6】内部統制報告制度の評価範囲の決定において考慮すべき重要な要素になる。

□【プロセス1】≪ステップ1≫≪ステップ2≫の検討内容は，【プロセス6】において，財務報告における重要な事業拠点が漏れなく選定するために考慮すべき重要な事項に含まれる。たとえば，企業集団のビジネスモデルにおける親会社および子会社等の事業内容や位置づけ，役割（製造や販売，利益率の特に高い事業等）が該当する。

≪ステップ3≫　業績管理と財務会計（検討項目❿⓫⓬）

　❾で考察した財務報告上のリスクに着眼し，全社的な観点での決算・財務報告プロセスに係る内部統制として財務情報の分析的検討（上位コントロール）を実施する。

　なお，現在の企業会計は，経営者による判断や会計上の見積りの要素が多く取り入れられており，外部報告を対象とする財務会計においても事業計画等の管理会計の成否で金額が決定される部分が含まれ，事業計画等の正確性が問われる。したがって，【プロセス1】において，事業計画等，業績管理，財務会計の三者の関係は，事業計画等に対する業績管理，そして，業績管理を財務報告の信頼性の観点で統制する財務会計と位置づけている。

第6章 【プロセス1】事業計画の策定・管理

❿ 財務数値による関係会社管理

❿-1 親会社による子会社等の管理

□関係会社管理に関する明確なルールを設定する。たとえば，責任部署と担当窓口の設置，指揮命令系統や人事関係，報告体制および情報共有方法の明確化，そして，決算日や会計システムの統一等を実施する。

□❾で特定した財務報告上のリスクに関連する関係会社，経営の独自性の強い子会社，孫会社や非連結子会社等，親会社の管理が行き届きにくい子会社等に対して，親会社による十分なモニタリング体制を構築する。

❿-2 財務数値に対するモニタリング

□子会社等の財務数値に対して，親会社は連結財務諸表作成目的や業績管理目的での検討だけでなく，決算数値に異常点の兆候が現れていないかを検証する目的での分析的検討を実施する。

□❾で特定した財務報告上のリスク等を念頭に，子会社等の財務数値の分析的検討を実施する。

□子会社等の財務数値のモニタリングは2つの視点を持って実施する。1つは，全社的なリスク，すなわち，取締役会が当該プロセスで設定するキーガバナンスポイント（❶参照）によるトップダウンの視点である。もう1つは，子会社の事業内容や結果としての財務諸表項目からリスクを特定するといったボトムアップの視点である。前者の視点では，全社的なリスクが子会社のどのような財務諸表項目に現れるのかの検討が重要であり，後者の視点では，子会社の主要な事業に関連する勘定科目の特定と例外的な勘定科目や例外的な計上額の捕捉が重要になる。

□財務数値に対するモニタリングの重要性を理解するために，以下の図表を参照する。

図表No.	内　　　容
2-1	コントロールの階層の識別
2-2	コントロールの階層の例
2-6	上位コントロールの例(1)経理部門による財務数値の分析的検討

209

PART Ⅱ　6つの重要プロセスとキーガバナンスポイントの文書化・評価

2-7	上位コントロールの例(2)上位者による日常的モニタリング
2-10	上位者の目線で構築する内部統制の5類型
2-14	キーコントロールの選定イメージ

⓫　第1線による業績管理

⓫-1　実績の集計と検討

□第1線（業務部門）の業績管理責任者は，株主やその他のステークホルダー，そして取締役会，監査役等および経営者が注視している❶-9キーガバナンスポイントを認識して業務を実施するとともに，実績を集計してその内容を検討する。

⓫-2　計画との差異分析と報告

□第1線（業務部門）の業績管理責任者は，事業計画と実績の差異分析を実施し，その結果を経営者に報告する。

□事業計画に関して，実績との差異が発生していなくても，計画策定時の仮定と実際が異なる点がある場合は，その原因を分析し，事業計画の策定における仮定等の見直しを行い事業計画策定の精度を向上させる（たとえば，多額のプラス要因とマイナス要因が発生しており，それらが互いに打ち消し合って結果的に多額の差異が発生していない場合における多額のプラス要因とマイナス要因の分析等）。

⓫-3　企業の実態や現況，実績を分析する視点

□経営戦略や事業計画の実現可能性を高めるためには，【プロセス1】❸から❾の検討内容との比較で企業の実態や現況，実績を分析する必要がある。

□前期実績や事業計画と比較して，売上高が減少した場合，なぜ売上高が減少したかを分析する。その分析においては，【プロセス1】❸から❾の検討内容との比較で，たとえば，製造過程の問題や，商品の質の低下，競争力や市場シェアの喪失等，背景にある原因を明らかにする。

□重要な事業再編の影響や減損の兆候，工場等の収益性の低下が財務諸表に表れている場合には，【プロセス1】❸から❾の検討内容との比較で，たとえば，

第6章 【プロセス1】事業計画の策定・管理

想定していた規模の経済が実現できなかったこと，主要な顧客との契約を維持できなかったこと，設備の老朽化により稼働率が落ちたこと等，背景にある理由を明らかにする。

□会計上の見積りと実績が乖離した場合，乖離理由を分析する。その分析においては，【プロセス1】❶から❾の検討内容を踏まえ，認識している経営環境や自社ビジネスの重要な傾向，想定外の事象，不確実性の程度，財務数値の増減の背景にある原因と，財務諸表に反映している会計上の見積りの根拠（変化を含む）等とを比較する。

⓬　第1線，第2線および第3線，そして取締役会等によるモニタリング

⓬-1　役割分担

□【プロセス1】で一般に想定される役割分担は，［図表6-12］のとおりである。【プロセス1】を起点として，6つの重要プロセスが有効に機能するように当該役割分担によって他の重要プロセスの役割分担は規定される（［図表7-2］［図表8-2］［図表9-2］［図表10-2］［図表11-2］参照）。

■図表6-12■ 【プロセス1】における役割分担（例）

検　討　項　目	主担当	関連部門等
❶コーポレートガバナンスとキーガバナンスポイント	●取締役会	・経営陣等
❷全社的なリスク管理とマテリアリティ	●取締役会 ●リスク管理委員会	・経営陣等 ・業務部門
❸外部環境分析（マクロ） ❹外部環境分析（ミクロ） ❺内部環境分析 ❻戦略 ❼指標および目標 ❽事業計画の策定	●経営陣等	・経営企画部門 ・IR部門 ・業務部門
❾非財務情報が財務報告の信頼性に与える影響の検討と財務報告上のリスクの特定	●経理部門	・経営企画部門 ・業務部門

211

PARTⅡ　6つの重要プロセスとキーガバナンスポイントの文書化・評価

❿財務数値による関係会社管理	● 経理部門	・業務部門
⓫第1線による業績管理	● 業務部門	―
⓬第1線，第2線および第3線，そして取締役会等によるモニタリング	● 取締役会	・内部監査部門（取締役会および監査役等への直接的な報告経路の確保） ・経理部門

⓬-2　事業計画の PDCA サイクルに対するモニタリング

□事業計画の PDCA サイクルに対して企業の各階層がモニタリングを実施する。また，モニタリングの実施過程で，事業計画の実行に関連させて，以下の意識と行動を企業内に伝達し，浸透させる。
- ● 環境変化への対応
- ● 全体を俯瞰する視点での考察
- ● 事業上のリスクと財務報告上のリスクのつながり
- ● 事業計画上の要点（経営のメッセージ）と事業計画遂行のため望まれる意識・行動

□自社を客観視することがポイントであり，事業計画遂行の視点は勿論，第三者や外部の視点，具体的には，監査人や投資家の視点で何をモニタリングすべきか，具体的な方針を立案する。

□取締役会および監査役等，第3線，第2線，第1線のモニタリングについて，❶-9 キーガバナンスポイント，業務監査と会計監査（第3線），事業上のリスク，そして，財務報告上のリスクの観点で，各階層の具体的なモニタリング方針を明確にする（[図表6-13]）。

■図表6-13■　モニタリングの階層と方針（例）

階　　層	具体的な方針（例）
取締役会および監査役等	□キーガバナンスポイントの設定とモニタリング □【プロセス1】を通じた財務情報による企業活動全体のコントロール

第6章 【プロセス1】事業計画の策定・管理

第3線 内部監査部門	□子会社の特性やリスクに応じた業務監査 □財務報告上のリスクに応じた会計監査（内部統制報告制度における評価） □事業計画上の要点（経営のメッセージ）*に対する業務面での内部監査 □取締役会および監査役等への直接的な報告
第2線 経理部門	□事業計画上の要点（経営のメッセージ）*の第1線責任者への説明 □財務報告上のリスクのモニタリング □財務会計と業績管理への牽制 □第1線の分析結果のモニタリング □貸借対照表項目および損益計算書項目の分析的検討
第1線 業務部門	□事業計画上の要点（経営のメッセージ）*の理解とモニタリング □業績管理と日常的のモニタリング □損益計算書項目と事業目的に大きく関わる貸借対照表項目の分析的検討

＊ 事業計画上の要点（経営のメッセージ）については，第4章第2節(2)経営のメッセージと事業計画上の要点を参照する。より具体的な検討については，第12章第1節❹-2事業計画上の要点の可視化，❶-2事業計画遂行のため望まれる意識と行動，そして，PARTⅢ［検討例1］［検討例2］の該当部分を参照する。

□第1線，第2線，第3線，そして取締役会等によるモニタリングの重要性を理解するために，以下の図表を参照する。

図表No.	内　　　容
1-5	日常的モニタリングと独立的評価における階層
2-1	コントロールの階層の識別
2-2	コントロールの階層の例
3-10	3線モデルの構造
3-11	コーポレートガバナンスの3層構造
5-2	企業に属するすべての者の6つの重要プロセスへの関与

213

PART Ⅱ　6つの重要プロセスとキーガバナンスポイントの文書化・評価

⓬-3　批判的な検証による財務報告の信頼性の確保

□第2線（経理部門）は，第1線（業務部門）の報告結果に対して，財務数値に異常点の兆候が現れていないかという視点で批判的に分析的検討を実施する。

□期末直前まで未達であった事業計画が，期末には突然達成しているような場合，予算や目標の達成に至った具体的な方法やその合理性を含めて第1線（業務部門）の業績管理責任者が報告し，第2線（経理部門）の財務会計責任者は，その内容を不正な財務報告の有無について検証する。

□第3線（内部監査部門）においては，国内外子会社一律の監査を実施するだけではなく，各社の特性（リスクを含む。）に応じて追加検討すべき項目を設定する。

⓬-4　取締役会等によるモニタリングと事業計画の精度の向上

□取締役会は，企業における最上位のキーコントロールとして，❶-9キーガバナンスポイントを設定し監督機能を発揮する。

□取締役会は，事業計画は株主に対するコミットメントの一つであるとの認識に立ち，その実現に向けて最善の努力を行うべきであり，事業計画が標未達に終わった場合には，経営陣がその原因や自社が行った対応の内容を十分に分析し，株主に説明を行うとともに，その分析を次期以降の計画に反映させているか監督する。

□経営陣からの業績報告においては予算の達成状況や今後の施策等に注目するだけでなく，財務数値の異常を示す兆候がないかどうかという視点も常に意識する。

□会社法上の親会社の取締役の監督責任は自己が直接管掌する子会社に限定されるわけではないため，全ての取締役・監査役等が子会社に対しても関心を持ち経営チェック機能を果たす。

□取締役会等によるモニタリングの重要性を理解するために，［図表4-3］取締役会等の役割・責務と事業計画の策定・管理を参照する。

⓬-5　開示を意識した【プロセス1】12の項目間の整合性

□❶-1コーポレートガバナンスの3層構造における最上位階層の株主との対話とその他のステークホルダーとの適切な協働を有効に機能させるためには，

第6章　【プロセス1】事業計画の策定・管理

企業情報の適切な開示が大切である。株主およびその他のステークホルダーの関心の重要な部分は，事業計画の策定・管理に集約されると考えるため，たとえば，【プロセス1】の3つのステップと12の検討項目のように，事業計画の策定・管理のプロセスを構築・整備し全体の整合性を確保することは，戦略実行の合理性を高め，企業内部における戦略推進力となるだけでなく，【プロセス4】有価証券報告書の記述情報等の開示において，外部報告（開示）における説明責任の達成にも貢献する（［図表9-6］参照）。

PARTⅡ　6つの重要プロセスとキーガバナンスポイントの文書化・評価

第7章

【プロセス2】 会計基準の適用

　個別の会計事象や取引等に関する会計処理が積み上げられて財務報告が実施されるが，会計処理は会計基準の適用からスタートするため，財務報告における【プロセス2】会計基準の適用は極めて重要である。

　一般に，経営者による判断や会計上の見積りを伴う会計処理は，正確に測定することができないという性質に影響される不確実性が高く，財務諸表に及ぼす影響が最終的に大きくなる可能性がある。また，その算定過程の複雑性と主観性が高い場合があり，誤謬が発生する可能性が高く，恣意的な算定により，不正の「機会」となる場合もある。また，新たな会計基準の適用等は，既存の定型的な決算・財務報告プロセスに係る内部統制では対応できず，特別な検討ステップが必要となる場合が多い。誤謬が発生しやすく，意図的な不正の「機会」として利用されるリスクもある。

　決算・財務報告プロセスにおいて，経営者による判断や会計上の見積りを伴う会計処理および新たな会計事象の処理や新たな会計基準の適用等については，不正や誤謬といった虚偽記載が発生するリスクが高いことを認識して，リスクを低減するために【プロセス2】会計基準の適用のステップと検討項目をデザイン（設計）する必要がある。

1 ▶ 財務報告上の主要論点

　【プロセス2】では，まず，経営者による判断や会計上の見積りを伴う会計処理と非定型・不規則な取引等を捕捉することがポイントとなる。また，難易度が高い会計基準に関するナレッジの蓄積，決算・財務報告プロセスの分析的検討との関係，そして，会計基準を継続して適切に適用するための内部統制の構築と整備・運用も重要になる。

216

第7章 【プロセス2】会計基準の適用

□経営者による判断や会計上の見積りを伴う事象と非定型・不規則な取引等の捕捉（検討項目❶）
□企業内の会計基準に関するナレッジの蓄積（検討項目❷❸と❹～❽）
□会計基準を継続して適切に適用するための内部統制の整備・運用（検討項目❽と❾～⓬）
□決算・財務報告プロセスの分析的検討との関係（検討項目❽と❾～⓬）

2 ▶ 3つのステップと12の検討項目

決算・財務報告プロセスにおいて，定型的な業務においてはチェックリスト等で対応できるが，判断や見積りを伴う会計処理や新たな会計基準の適用といった非定型的な業務においては，チェックリスト等での対応が困難であるため，【プロセス2】会計基準の適用を構築し，整備・運用する。

そのステップは，会計基準の適用対象となる≪ステップ1≫会計事象や取引

■図表7-1■ 【プロセス2】における3つのステップと12の検討項目

≪ステップ1≫(現状把握) 会計事象や取引等の整理	≪ステップ2≫(方針決定) 会計処理方針の決定	≪ステップ3≫(適用・実施) リスクの識別と内部統制の構築
❶【プロセス1】 事業計画の策定・管理		
❷関連する会計基準等と論点	❹会計基準等の規定に従った 検討と事業計画上の要点の 可視化	❾関連する業務プロセス
❸従来の実務等	❺簡便的な会計処理等の検討	❿リスクの識別と評価
	❻結論（会計処理方針）	⓫高リスクの根拠と望まれる 意識・行動
	❼具体的な会計処理	⓬内部統制の構築 とキーコントロールの選定
	❽会計処理のため必要になる 情報等	

217

PART Ⅱ　6つの重要プロセスとキーガバナンスポイントの文書化・評価

等の整理，会計処理のための≪ステップ2≫会計処理方針の決定，そして，決定した会計処理方針を継続的に正しく適用・実施するための≪ステップ3≫リスクの識別と内部統制の構築によりデザイン（設計）する（［図表7-1］）。

　近年の会計基準は，原則主義に基づき，会社の実態や置かれた状況を踏まえた判定ステップを定める場合が多いが，一般に，検討過程は軽視され結論のみが重視されることが少なくないように思われる。しかし，結論を機械的に継続適用するのではなく，結論に至った過程をきちんと理解して，状況の変化や新たな会計事象に適切に対応できることが大切であるため，【プロセス2】では，特に，会計基準等の定めに従って，会社の実態や置かれた状況をつぶさに検討する過程に重点を置く（❹）。また，会計処理の難易度が高いため，会計処理方針の決定だけでなく，方針に従って実施した会計処理の正確性を検証する内部統制の構築も必要になる（❽と❾～⓬）。

≪ステップ1≫　会計事象や取引等の整理（検討項目❶❷❸）

　会計基準の適用を検討すべき事象を早期に捕捉することが肝要であるため，❶【プロセス1】事業計画の策定・管理からスタートする。

❶　【プロセス1】事業計画の策定・管理
❶-1　【プロセス1】の検討結果の【プロセス2】への反映
□非財務情報を財務情報に変換するプロセスが，【プロセス2】会計基準の適用であり，会計処理すべき会計事象や取引等を適時・適切に捕捉することが重要である。【プロセス1】における❾非財務情報が財務報告の信頼性に与える影響の把握と財務報告上のリスクの特定と【プロセス2】のつながりが重要になる。

□【プロセス1】❾における誤謬リスクと不正リスクシナリオについて，【プロセス2】において会計基準の適用の観点から詳細に検討する。

□【プロセス2】は，経理部門が主導し，⓬内部統制の構築とキーコントロールの選定に関しては，経理部門が関連する業務部門責任者に全社的な財務報告上のリスクと必要とされる内部統制の要件の説明を行い，業務（サブ）プロセスと内部統制の構築を指示する（［図表7-2］）。

□❻結論（会計処理方針）と⓬内部統制の構築とキーコントロールの選定の結果，経理規程等の改訂が必要な場合は，規程管理規程等に従って改訂する。

218

第7章 【プロセス2】会計基準の適用

■図表7-2■ 【プロセス2】における役割分担（例）

検 討 項 目	主担当	関連部門等
❶【プロセス1】事業計画の策定・管理 ～⓫高リスクの根拠と望まれる意識・行動	● 経理部門	―
⓬内部統制の構築とキーコントロールの選定	● 経理部門	・業務部門

❶-2 　捕捉すべき情報

□【プロセス1】❾において，【プロセス2】会計基準の適用の対象となる，たとえば以下のような会計事象や取引等を早期に捕捉する。

➢企業集団の状況（組織再編等の企業結合）

- 関係会社の判定，連結の範囲の決定，持分法の適用の要否，関連当事者の判定は，連結財務諸表の作成の基礎となり，また，連結のれんの計上や不正な財務報告の機会になる可能性もあるため重要である。

➢新たな会計基準の適用と新しい会計論点

- 既存の定型的な決算・財務報告プロセスでは対応できず，誤謬のリスクが高い。

➢収益認識等（原価計算等を含む。）

- 企業の事業目的に大きく関わる事業活動そのものの会計処理であり，また，収益認識に関する注記のみならず，他の注記や有価証券報告書の記述情報等の開示にも影響する。

- 新たなビジネスモデルや新規事業の採用または新製品の販売開始等のたびに検討が必要になる。

- 関係する原価計算等についてもあわせて検討する。

➢将来の不確実性

- 誤謬リスクが高く，不正な財務報告の「機会」として利用されるリスクがある。

- 状況の変化への対応等，結論だけでなく，過去の検討内容が重要になる場合があるため，検討プロセスを明確にして過去の検討の過程と結果を蓄積する。

- たとえば，営業債権，棚卸資産，有形固定資産，ソフトウェア，のれん，繰延税金資産等の評価や各種引当金の計上等に関連する事項が挙げられ

219

PARTⅡ　6つの重要プロセスとキーガバナンスポイントの文書化・評価

　る。

□❷で把握する論点について，≪ステップ2≫会計処理方針の決定❹会計基準
　等の規定に従った検討と事業計画上の要点の可視化のため必要になる情報を
　確認する。

□対象となる会計事象や取引等の概要を，図表等を用いて視覚的に整理するこ
　とが❷以降の検討において役立つ。

❶-3　新規・非定型的な事象や取引を捕捉するプロセス

□新たな会計上の見積り項目について慎重な検討を実施する仕組みを構築する。
　たとえば，見積り方法の妥当性，見積りの仮定の妥当性，基礎データの信頼
　性を担保する内部統制を構築する必要があることに留意する。

□企業及び企業環境の変化（たとえば，子会社買収，新規取引の発生，経営状
　態の悪化，事業環境の変化や会計基準の適用）に応じて，会計処理の要否を
　検討する。

□企業結合会計等の複雑な会計処理や海外子会社に関する税務処理等，新規・
　非定型的で財務報告上のリスク（特に，誤謬リスク）が高い取引の会計処理
　の検討については，外部専門家の利用の要否を検討する。

❷　関連する会計基準等と論点

❷-1　会計基準等を確認する際の留意点

□関連する会計基準および会計基準の適用指針等，論点を検討するための根拠
　基準や法令・規則等を漏れなく把握する。

□会計基準および会計基準の適用指針等では，結論だけでなく，結論の背景に
　も該当する論点を検討するうえで必要不可欠な情報が記載されている場合が
　あるため，まず目次により，会計基準等の全体像を確認する。

❷-2　非財務情報の整理と会計上の論点

□非財務情報は，経常的な事業活動（ビジネスモデル）と新規・非定型的な事
　象や取引に区分して整理することが，会計処理，開示，そして内部統制の首
　尾一貫した検討に有用である。前者は，収益認識等と将来の不確実性に関す
　る会計事象や取引が考えられ，後者は，たとえば，企業集団の状況の変化（組
　織再編等の企業結合）や新会計基準の導入等が考えられる（［図表7-3］）。

220

第7章 【プロセス2】会計基準の適用

■図表7-3■　会計事象や取引等と会計上の論点の明確化（様式例と具体例）

	経常的な事業活動（ビジネスモデル）		新規・非定型的な事象や取引
非財務情報（会計事象や取引等）	収益認識等（原価計算を含む。）	将来の不確実性	● 企業集団の状況の変化（組織再編等の企業結合） ● 新たな会計基準の適用 ● その他の経営者による判断や会計上の見積りに関連する事項
財務諸表に重要な影響を及ぼす可能性のある情報（会計上の論点）	● 収益認識会計基準等と5つのステップの論点 ● 原価計算の方法（個別原価計算や総合原価計算）	● 収益認識に関する履行義務の充足に係る進捗度の見積りや変動対価等 ● 営業債権，棚卸資産，有形固定資産，ソフトウェア，のれん，繰延税金資産等の評価や各種引当金の計上等に関する会計基準や会計上の論点	上記に関係する会計基準と会計上の論点

❸　従来の実務等

❸-1　新たな会計基準の適用の場合

□従来の基準または実務との比較は，新たな会計基準等の特徴の理解に役立つため，対象論点について従来の会計基準または会計実務等を確認する。

□従来の会計基準や会計実務等を考慮して，新たな会計基準等では，原則的な処理に対する代替的な取扱いが定められている場合があるため，≪ステップ2≫会計処理方針の決定の際に留意する（❺簡便的な会計処理等の検討を参照）。

❸-2　経営者による判断や会計上の見積りを伴う会計処理の検討の場合

□状況が変化した際の判断の変更について，従来の判断の根拠や検討過程を確認し，検討の首尾一貫性に留意する（繰延税金資産の回収可能性の検討にお

221

PART Ⅱ　6つの重要プロセスとキーガバナンスポイントの文書化・評価

ける会社分類の変更等)。

≪ステップ2≫　会計処理方針の決定（検討項目❹～❽）

　結論だけでなく，結論に至る検討過程を重視する。❹会計基準等の規定に従った検討と事業計画上の要点の可視化，❺簡便的な会計処理等の検討が，検討過程であり，そして，❻結論（会計処理方針），❼具体的な会計処理，❽会計処理のため必要になる情報等が，結論である。

　なお，❹において，会計基準等の規定に従った検討の際に，事業計画上の要点（経営のメッセージ）を可視化することが，経営戦略と財務報告のつながりを企業内に浸透させる端緒となる。

　また，❽を明確にするのは，継続的に適切な会計処理が実施できるようにするためであり，❽が接続点となり，次の≪ステップ3≫リスクの識別と内部統制の構築につながる。

❹　会計基準等の規定に従った検討と事業計画上の要点の可視化

❹-1　会計基準等の規定の確認と基本的な考え方の理解

□会計基準等の考え方の理解と規定に従った検討を実施するため，まず，論点に関係する規定の全体像を理解する。

□論点は，個別に検討するのではなく，該当する会計基準の基本的な考え方の中のどの部分の論点であるかを明確にする。たとえば，収益認識会計基準であれば，5つのステップ間の関係（ステップ1，2とステップ3の関係，ステップ1とステップ3の関係，および，それらにステップ4を追加した関係）のうち，どの関係と関連する論点であるかを明確にする。

❹-2　会計基準の規定に従った会計処理の検討

□対象論点について，会計基準等が定める検討ステップに従って検討する。

□たとえば，［図表7-4］のようなイメージ図と端的な文章で対象論点に関する会計基準等が定める検討ステップのエッセンスを把握し，会計基準等に照らした検討を実施すれば，会計基準の全体像の理解と検討，論点の明確化に役立つ。

□会計基準等の定めと企業の実態や置かれた状況を比較して判断する。

□例外的な取扱いを定めるときは，その根拠と取扱いの内容，それを遵守するための内部統制を厳格に定める。また，例外的な取扱いの可否を監査人と協

第7章 【プロセス2】会計基準の適用

■図表7-4■　会計基準等の規定に従った会計処理方針の検討（様式例）
➢ 会計基準等が定める会計処理Aか，またはBかの検討ステップ

　会計基準X1項によれば，○○○の要件を満たす場合は会計処理Aとなり，満たさない場合は会計処理Bとなる。
　ただし，会計処理Aの場合には，会計基準X2項および適用指針X1項により，■■■の検討が必要であり，■■■に該当しない場合は，適用指針X2に基づき，▲▲▲となり，会計処理A-1となる。

➢ 具体的な検討ステップ

基準等	検討論点	具体的な検討内容（企業の実態や置かれた状況）
基準X1	○○○	当社では，…の要件を満たすため，会計処理Bは該当しない。
基準X2 指針X1	■■■	ただし，…の要件は満たさないため，会計処理Aは採用できない。
指針X2	▲▲▲	当社では，…のため，会計処理A-1が妥当と判断する。

議する。例外規定の濫用を高リスクと評価して，❽会計処理のため必要になる情報等および❾関連する業務プロセスから⓬内部統制の構築とキーコントロールの選定を実施する。

❹-3　望ましい結果の想像と事業計画上の要点の可視化

□【プロセス2】会計基準の適用は，経営戦略を含む非財務情報から会計事象や取引等を識別し，経営者による判断や会計上の見積りによって，会計処理と開示（表示）を決定するプロセスといえる。事業計画上の要点（経営のメッ

PART Ⅱ　6つの重要プロセスとキーガバナンスポイントの文書化・評価

セージ）は，望ましい結果（会計処理と開示（表示））を達成する視点で遡って考察した経営戦略に関わる経営者の判断や見積りが該当する。

□事業計画上の要点（経営のメッセージ）は，経営戦略立案や事業計画策定の前提となっている経営者による判断や会計上の見積りであり，また，一般に経営戦略や事業計画は，環境変化に影響されない安定的な利益獲得を目標とするため，収益認識等および将来の不確実性の高い会計処理と関係する場合が多い（[図表7-5]）。

□事業計画上の要点（経営のメッセージ）は，たとえば，収益認識における履行義務（財またはサービスの内容），収益を認識する時点，履行義務の充足に係る進捗度の見積り，変動対価の見積り，棚卸資産の評価，固定資産の減損等が関係する場合がある。したがって，❾会計基準の規定に従った検討において，ビジネスモデルに関する収益認識等と将来の不確実性の会計処理の観点から，経営戦略上の望ましい結果を想像し，事業計画上の要点（経営のメッセージ）を可視化する（[図表7-6]）。

□企業の事業活動において顧客に対する財またはサービスの移転は，収益として認識される。また，将来の不確実性は，事業活動から生じる場合が多いた

■図表7-5■　事業計画上の要点の可視化（経営のメッセージ）のイメージ

経営戦略の立案	□環境変化に影響されない安定的な利益獲得，等

	収益認識等	将来の不確実性
望ましい結果	□顧客への財またはサービスの提供に応じて，現金で回収できる売上計上	□不確実性による損益の変動リスクの低減
事業計画上の要点（経営のメッセージ）の可視化	➤ 履行義務の内容 ➤ 収益の認識時点 ➤ 取引価格の決定 ➤ 原価計算の方法，等	➤ 履行義務に係る進捗度の見積り ➤ 変動対価 ➤ 固定資産の減損，等

224

第 7 章 【プロセス 2 】会計基準の適用

■図表 7 - 6 ■　望ましい結果と事業計画上の要点（経営のメッセージ）（様式例）

	ビジネスモデル	
	収益認識等	将来の不確実性
望ましい結果		
事業計画上の要点 （経営のメッセージ）		

め，まず収益認識等，次に将来の不確実性の順序で検討することが合理的である。

□【プロセス 2 】において経理部門が主導して，【プロセス 1 】≪ステップ 2 ≫経営戦略立案と事業計画策定の❻から❾を事業計画上の要点（経営のメッセージ）として可視化し，企業に属するすべての者の意識や行動に働きかけて経営戦略を推進する原動力とする。

□事業計画上の要点（経営のメッセージ）が有効に機能するためには，会計基準の適用において，事業の実態を適切に把握して実態を反映した会計処理を実施する必要がある。それは，事業活動の結果の確認においてだけでなく，望ましい結果を適切に想像するためにも重要である。

□望ましい結果とは，ビジネスモデルの関連する収益認識等や将来の不確実性についての会計基準を適用した結果の望ましい状況の達成または望ましくない状況の回避である。

□事業計画上の要点（経営のメッセージ）を明確にする意義を理解するために，以下の図表を参照する。

図表No.	内　　　容
1 - 1	財務諸表に重要な影響を及ぼす可能性のある情報のイメージ
4 - 4	事業計画上の要点の可視化（経営のメッセージ）

❹- 4　将来の不確実性に起因する損益変動リスク

□経営者による判断や会計上の見積りにより会計処理を決定する際に，会計処理の中に将来の不確実性に起因する損益変動リスクが含まれる場合，当該不

225

PART II　6つの重要プロセスとキーガバナンスポイントの文書化・評価

確実性を明確にする。

□将来の不確実性には，履行義務に係る進捗度の見積りや変動対価，固定資産の減損等が該当するが，収益認識等と将来の不確実性が密接に関係する場合がある。将来の不確実性は，❹-3の事業計画上の要点（経営のメッセージ）に該当する場合が多いため，特に留意する。

❺　簡便的な会計処理等の検討

□対象論点に関連する適用指針等で代替的な取扱いが定められていないかを確認する。代替的な取扱いが定められている場合は，その内容，認められる理由，そして要件を確認する。

□代替的な取扱いが定められている場合は，原則的な取扱いと併せて検討するため，その検討ステップを❹に含める。

□簡便的な会計処理等を採用する場合も，当初想定していなかった事象等が生じれば，原則的な考え方に遡って会計処理を検討する必要があるため，❻にて原則的な考え方や処理を明確にしてから簡便的な処理等の採用の可否を検討する。

❻　結論（会計処理方針）

❻-1　原則的な処理

□対象となる会計事象や取引，関連する会計基準と論点，そして，会計基準等に照らした検討結果を明確にする。

❻-2　従来の実務等と簡便的な会計処理

□従来の実務等を根拠とともに明確にする（❸参照）。

□会計基準等で認められている簡便的な会計処理等が採用できるか否かの根拠を明確にする。

❻-3　会計処理方針の決定

□❻-1と❻-2のどちらを採用するか決定する。

□簡便的な処理を採用する場合でも，❹と❺の検討により原則的な処理との比較を実施したうえで，簡便的な処理を採用する理由と会計基準上の根拠を明確にする。

第 7 章 【プロセス 2 】会計基準の適用

□❻結論（会計処理方針）および⓬内部統制の構築とキーコントロールの選定
の結果，経理規程等の改訂が必要な場合は，規程管理規程等に従って改訂を
実施する。

❼ 具体的な会計処理

□❻結論に基づき，会計事象の発生や取引等の流れにあわせて，ポイントとな
る段階ごとの具体的な会計仕訳を検討する（会計仕訳が起票されない場合を
含む。）。

❽ 会計処理のため必要になる情報等

❽- 1 会計基準の適用の類型

□会計基準の適用を，会計基準等に基づく判定，会計上の見積りの算定，会計
仕訳の起票，会計仕訳の妥当性の検証といった 4 つの類型に分類し，それぞ
れの必要情報等を検討する（［図表 7 - 7 ］）。

■図表 7 - 7 ■ 会計処理の類型と必要情報等（様式例）

会計基準適用の類型	必要情報等
会計基準等に基づく判定	
会計上の見積りの算定	
会計仕訳の起票	
会計仕訳の妥当性の検証	

❽- 2 類型ごとの必要情報等の検討

□会計仕訳を起票するため必要になる情報等を明確にする。

□反復継続する取引で，その都度，会計処理の判定が必要な場合には，会計基
準等の定めに従った判定を行うため必要になる情報を明確にする。

□見積り数値については，見積りの方法，すなわち，見積手法，重要な仮定，
そしてデータにブレイクダウンして特定する。

□会計上の見積りを伴う会計処理については，判断や見積りの正確性を担保す
るための情報も明確にする（重要な仮定が変わっていないことを確認する情

227

報や期末決算の見積り金額と比較可能な直近の実績情報等）。

□会計処理のため必要になる情報等は計上額の妥当性を経理部門が検証することを念頭に置いて，入手方法や計上額の検証方法を明確にする。特に，ビジネスモデルに関連する収益認識等や重要な会計上の見積りには留意する。

≪ステップ3≫　リスクの識別と内部統制の構築（検討項目❾〜⓬）

　継続して適切に会計処理するための業務プロセスを決算・財務報告プロセスおよびその他の業務プロセスに分けて検討する。決算・財務報告プロセス以外の業務プロセスについては，業務部門責任者が関連する業務プロセスを構築することになるが，会計処理のため必要となる情報等を継続して適切に入手するため，経理部が主導して業務プロセスにおいて必要な内部統制の要件を検討する。

　また，決算・財務報告プロセスは，❽会計処理のため必要になる情報を機械的に処理してその結果を報告するだけでなく，経営戦略の実行のための基盤となるようにデザイン（設計）されることが望ましい。❹会計基準等の規定に従った検討と事業計画上の要点の可視化の次のアクションとして，⓫高リスクの根拠と望まれる意識・行動において事業計画遂行のため望まれる意識と行動を明確にし，事業計画上の要点（経営のメッセージ）を実際の業務に落とし込む。

❾　関連する業務プロセス

❾-1　≪ステップ2≫と≪ステップ3≫の接続点

□≪ステップ2≫❽会計処理のため必要となる情報等を生成，収集または処理するためのプロセスが❾関連する業務プロセスであり，❽の適切な生成，収集または処理を阻害する要因の検討が❿リスクの識別と評価，⓫高リスクの根拠と望まれる意識・行動である。そして，当該リスクを低減する内部統制の検討が⓬内部統制の構築とキーコントロールの選定である。

❾-2　経理部門の主導による業務プロセスと内部統制の構築

□会計上の論点ごとに明確にした会計処理のため必要となる情報を生成，収集または処理するプロセスを，財務報告の信頼性の確保のため経理部門が主導して決算・財務報告プロセスおよびその他の業務プロセスに分けて検討する（［図表7-8］）。

第7章 【プロセス2】会計基準の適用

■図表7-8■ 経理部門が主導する内部統制構築（様式例）

プ　ロ　セ　ス	内容（内部統制要件等）
決算・財務報告プロセス（経理部門）	
その他の業務プロセス（業務部門）	

□財務報告に係る内部統制における上位コントロールとして，経理部門が財務報告上のリスクを評価してリスクを低減するための内部統制をデザイン（設計）し，決算・財務報告プロセスに係る内部統制を構築・整備するとともに，その他の業務プロセスと必要とされる内部統制の要件を検討し，その構築・整備を業務部門の責任者に指示する。

□業務部門が会計処理のため必要になる情報等の正確性と網羅性に関する一次的な検討を行い，経理部門がその検討状況をモニタリングする業務プロセスを，経理部門がデザイン（設計）することが重要であり，その役割分担が，事業上のリスクと財務報告上のリスクを一体として検討することにつながる。

❾-3　決算・財務報告プロセス

□業務部門から❽を入手した後に，❽の正確性と網羅性を検証して会計処理する，または，業務部門の会計処理の結果を検証する経理部門の業務プロセスを構築する。

❾-4　その他の業務プロセス

□❽のうち，新たな情報が必要になれば，新規の業務（サブ）プロセスを構築または識別する。

□経理部門が関連する業務プロセス責任者に業務（サブ）プロセスおよび内部統制の構築を指示する。

□業務部門責任者は，経理部門の指示に基づき，財務報告リスクや構築すべき業務プロセスおよび内部統制の要件を理解したうえで，関連する業務プロセスおよび内部統制を構築する。

□【プロセス2】≪ステップ3≫と【プロセス5】では，検討内容は同じであるが，経理部門の主導のもと，経理部門と業務部門がそれぞれの立場で検討する。両部門は最終的に財務報告上のリスクと内部統制，そしてキーコント

229

PART Ⅱ　6つの重要プロセスとキーガバナンスポイントの文書化・評価

ロールに関して合意する。

□経理部門主導の内部統制構築の必要性を理解するために，以下の図表を参照する。

図表No.	内　　容
1-2	事業上のリスクと財務報告上のリスク（例）
2-4	誤謬リスクの考察と不正リスクシナリオの立案
2-5	財務報告上の高リスクの検討（様式例）
4-1	実効性が高い内部統制対応と効率化・負担軽減対応の比較
4-2	実効性と効率性が高く，かつ合理的な内部統制対応
5-1	事業上のリスク等の検討からスタートする内部統制の構築と見直し

❿　リスクの識別と評価

❿-1　全社的なリスク

□【プロセス1】❾非財務情報が財務報告の信頼性に与える影響の検討と財務報告上のリスクの特定における全社的なリスクの検討をうけて，経営者による判断や会計上の見積りが不正の「機会」となりえることを認識する。

□【プロセス1】❾で検討した誤謬リスクと不正リスクシナリオを経理部門は，全社的な高リスクとして【プロセス2】会計基準の適用，【プロセス3】開示目的に照らした注記，【プロセス5】キーコントロールの構築と選定の関係者に伝達する。

❿-2　決算・財務報告プロセスのリスク

□非意図的な誤謬リスクと意図的な不正リスクに分けて識別する。

□❽の適切な生成，収集または処理を阻害する要因（リスク）を識別して，高リスクに該当するかを検討する。

□内部統制による対応前のリスクを識別・評価するが（固有のリスクによる識別・評価），定型化できない非定型的な要素は高リスクと評価する。

□不正は定型的な内部統制を無効化する可能性が高く（内部統制の限界の1つである。），企業には不正リスク対応が求められるため，不正リスクは原則と

第7章　【プロセス2】会計基準の適用

して高リスクと評価する。

□会計上の見積りのうち，定型化できないものについては，恣意性の介入する余地が大きく，また誤る可能性も高いため，不正・誤謬リスクともに高リスクと評価する。ただし，明らかに金額的重要性または発生可能性が低いことを合理的に説明できるリスクは，高リスクとしない。

□リスクの識別と評価の仕方を理解するために，以下の図表を参照する。

図表No.	内　　　容
2-3	リスク・アプローチのイメージ
2-4	誤謬リスクの考察と不正リスクシナリオの立案
2-5	財務報告上の高リスクの検討（様式例）

⓫　高リスクの根拠と望まれる意識・行動

⓫-1　高リスクと評価する根拠

□高リスクと評価した根拠を，企業の実態に即して明確にする（［図表7-9］）。

□【プロセス1】事業計画の策定・管理における❾非財務情報が財務報告の信頼性に与える影響の検討と財務報告上のリスクの特定での検討内容（全社的なリスク）を踏まえて検討する。

■図表7-9■　財務報告上の高リスクの特定（様式例）

● 財務報告上のリスクの評価

	内　　　容	高リスク
誤謬		
不正		

● 高リスクの根拠

⓫-2　事業計画遂行のため望まれる意識と行動

□事業上のリスクと財務報告上のリスクは表裏の関係にあるとの認識のもと，経理部門が高リスクを特定する際に，リスクを理解し，低減するための意識

231

PART Ⅱ　6つの重要プロセスとキーガバナンスポイントの文書化・評価

と行動を明確にする（［図表7-10]）。

□❹-3で可視化した事業計画上の要点（経営のメッセージ）にあわせて，ビジネスモデルに関する収益認識等と将来の不確実性の観点で，事業計画遂行のため望まれる意識と行動を明らかにし，業務プロセス責任者に指示する。

■図表7-10■　事業計画遂行のため望まれる意識と行動（様式例）

	ビジネスモデル	
	収益認識等	将来の不確実性
事業計画上の要点 （経営のメッセージ）		
事業計画遂行のため 望まれる意識と行動		

□事業計画遂行のため望まれる意識と行動を明確にする方法を理解するために，以下の図表を参照する。

図表No.	内　　　容
1-1	財務諸表に重要な影響を及ぼす可能性のある情報のイメージ
4-4	事業計画上の要点の可視化（経営のメッセージ）

⓫-3　【プロセス1】≪ステップ2≫❾へのフィードバック

□会計基準の適用の観点からの誤謬リスクおよび不正リスクシナリオの詳細な検討結果を，適宜【プロセス1】≪ステップ2≫❾へフィードバックする。

⓬　内部統制の構築とキーコントロールの選定

⓬-1　トップダウン型のリスク・アプローチに基づく内部統制の構築

□経理部門が関連する業務プロセスを検討し，その他の業務部門に業務プロセスと内部統制の構築を指示する（［図表7-11]）。

□財務報告上のリスクが高い会計処理に関しては，業務部門が生成，収集または作成する情報の正確性と網羅性を，決算・財務報告プロセスにおいて経理部門が検証する内部統制を構築する。

232

第7章 【プロセス2】会計基準の適用

■図表7-11■ 内部統制の構築（様式例）

5　類　型	内　　容
①定型化	
②非定型的な要素の特定と対応	<table><tr><td>非定型的要素の特定</td><td>対　応</td></tr><tr><td></td><td></td></tr></table>
③判断過程や見積り根拠の記録・保存	
④情報の正確性と網羅性のチェック	
⑤職務分掌	●取締役会および監査役等，そして，経営陣のモニタリング方針 ●第3線，第2線，および，第1線の役割分担 ●特に，財務報告に関する経理部門と業務部門の役割分担 <table><tr><td>部　門</td><td>職　務</td></tr><tr><td>経理部門</td><td></td></tr><tr><td>業務部門</td><td></td></tr></table>

□トップダウン型のリスク・アプローチに基づく内部統制の構築（コントロールの階層）を理解するために，以下の図表を参照する。

図表No.	内　　容
2-1	コントロールの階層の識別
2-2	コントロールの階層の例
2-6	上位コントロールの例(1)経理部門による財務数値の分析的検討
2-7	上位コントロールの例(2)上位者による日常的モニタリング
2-10	上位者の目線で構築する内部統制の5類型

なお，ITの階層については，［図表1-6］ITへの対応の全体像を参照する。

233

PART Ⅱ　6つの重要プロセスとキーガバナンスポイントの文書化・評価

⓬-2　キーコントロールの選定

□リスクの程度に応じて，上位階層のコントロールから評価のために必要かつ
　十分なコントロールをキーコントロールに選定していく。

□トップダウン型のリスク・アプローチに基づくキーコントロールの選定を理
　解するために，以下の図表を参照する。

図表No.	内　　　容
2-3	リスク・アプローチのイメージ
2-5	財務報告上の高リスクの検討（様式例）
2-14	キーコントロールの選定イメージ

⓬-3　将来の不確実性に対処する内部統制

□会計処理に関する将来の不確実性に起因する損益変動リスクは，［図表7-
　11］②非定型的な要素の特定と対応に関係する場合が多いが，内部統制の実
　効性の確認のため，内部統制の運用結果（過去の見積りと実績の乖離状況等）
　と期末の不確実性の程度が把握できるような仕組みまでを含む内部統制を構
　築する（❽-2参照）。

第8章

【プロセス3】開示目的に照らした注記

　財務諸表の注記は，財務諸表の一部であり，内部統制報告制度の重要な評価対象である。

　注記実務では，①会計方針等開示会計基準，②見積り開示会計基準，そして，③収益認識会計基準において，「開示目的」の定めが先行して導入されており，また，企業会計審議会は，会計基準の開発において「開示目的」を定めるアプローチを明確にしている。開示目的に照らした注記を実施するには，企業自身が，実態や置かれた状況を踏まえて財務諸表利用者の理解に資するように注記項目の記載内容を判断する必要がある。

　開示目的に照らした注記は，判断を伴うことから難易度が高い。また，前述の3つの基準は企業のビジネスモデルに関わるため，財務報告の信頼性は勿論，企業自体に対する財務諸表利用者の信頼とこれまでの企業の行動や実績によって築いてきた信用に重要な影響を与える。

1 ▶ 財務報告上の主要論点

　従来の法令等に基づいた「最低限のチェックリスト」的な対応ではなく，「開示目的」に照らした企業の判断が求められる。結論だけではなく，検討過程が重要になり，企業の実態や置かれた状況を踏まえたうえで，財務諸表利用者の理解に資する情報を開示する判断が大切である。別の言い方をすれば，一旦注記内容を決定すれば，それを継続して開示すればいいわけではなく，企業の実態や置かれた状況が変化すれば，改めて，「開示目的」に照らして注記内容を判断する必要があり，実態や置かれた状況の変化の捕捉が重要になる。

235

PART Ⅱ　6つの重要プロセスとキーガバナンスポイントの文書化・評価

□企業の実態や置かれた状況の注記への反映（検討項目❶）
□会計処理方針との整合性（検討項目❷）
□情報利用者の判断に資する情報の提供（検討項目❸と❹❺❻）
□情報のつながりの検討（検討項目❻❼）
□注記に関する内部統制の検討（検討項目❽と❾〜⓬）

2　3つのステップと12の検討項目

　【プロセス3】は，主要な事業活動に関連する注記，たとえば，重要な会計方針や収益認識に関する注記，重要な会計上の見積り，セグメント情報等について検討するが，企業を取り巻く状況や事業活動の実態に応じて毎期見直しの要否を検討する。また，企業にとって重要な注記項目の発生時または新たな会計基準の適用時にも検討する。

　その検討ステップは，開示目的に照らした注記の対象となる≪ステップ1≫

■図表8-1■　【プロセス3】における3つのステップと12の検討項目

≪ステップ1≫（現状把握）会計事象や取引等の整理	≪ステップ2≫（方針決定）注記方針の決定	≪ステップ3≫（適用・実施）リスクの識別と内部統制の構築
❶【プロセス1】事業計画の策定・管理		
❷【プロセス2】会計基準の適用	❹開示規定等の確認	❾関連する業務プロセス
❸想定する財務報告利用者と開示目的	❺重要性（開示目的）に照らした注記方針の検討	❿リスクの識別と評価
	❻非財務情報と3つの注記，セグメント情報等および財務情報のつながり	⓫高リスクの根拠
	❼結論（注記の記載内容）	⓬内部統制の構築とキーコントロールの選定
	❽注記のため必要になる情報等	

236

第8章 【プロセス3】開示目的に照らした注記

会計事象や取引等の整理，開示目的に照らした注記内容を検討する≪ステップ2≫注記方針の決定，そして，決定した注記方針を継続的に正しく適用・実施するための≪ステップ3≫リスクの識別と内部統制の構築によりデザイン（設計）する（[図表8-1]）。

【プロセス2】会計基準の適用と同様，注記においても，定型的な項目は，チェックリストにより対応し，「開示目的」に照らした判断が必要な項目は，【プロセス3】の3つのステップと12の検討項目によって対応する。

開示目的に照らした注記の実務では，財務諸表利用者の理解に資するため，非財務情報と財務情報のつながりおよび財務情報間のつながりの検討が重要になる。非財務情報とは，すなわち，企業の事業活動に係る情報であり，【プロセス1】において検討される情報が財務諸表利用者にとってもっとも関心が高い情報と考えられる。また，財務情報の注記は会計処理が前提となり，会計処理の方針のうち重要なものは，重要な会計方針で定められる。したがって，非財務情報と財務情報のつながりおよび関連する注記間のつながりは，事業計画の策定・管理と重要な会計処理方針を起点として（❶❷），会計基準や法令等における開示の規定等に従って，財務諸表の表示，そして，その他の注記事項へと検討を進めることが合理的である（❹❺❻）。また，開示における重要性の判断に際して，開示目的に照らした注記の検討を行うためには，財務諸表利用者を想定する必要があるため，想定する財務諸表利用者の検討の後で，「開示目的」に照らした検討を実施する（❸と❺）。

≪ステップ1≫　会計事象や取引等の整理（検討項目❶❷❸）

❶【ステップ1】事業計画の策定・管理と❷【ステップ2】会計基準の適用では，企業の実態や置かれた状況を踏まえて会計処理を検討するが，それとあわせて，関連する注記を検討する。また，注記するか否かの重要性の判断基準を明確にするため，❸想定する財務報告利用者と開示目的を検討する。

財務報告において，その利用者が最も重視すると考えられる企業のビジネスモデルに関する収益認識等（原価計算を含む。）と将来の不確実性を，開示の骨子とすることが重要であり，❶❷そして❸のつながりを重視した検討により，それは実現される。

237

PART II　6つの重要プロセスとキーガバナンスポイントの文書化・評価

❶　【プロセス1】事業計画の策定・管理

❶-1　【プロセス1】の検討結果の【プロセス3】への反映

□財務諸表に重要な影響を及ぼす可能性のある情報を特定し、注記の対象となる会計事象や取引等を識別する（【プロセス2】❶と同時に実施する。）。

□【プロセス3】は、経理部門が実施する。ただし、❸想定する財務諸表利用者と開示目的、❹開示規定等の確認、❺開示目的に照らした注記方針の検討、❻非財務情報と3つの注記、セグメント情報等および財務情報のつながりの検討は、経営戦略や事業計画、有価証券報告書の記述情報等との整合性が重要であるため、経営企画部門および広報部門等と適宜連携する。また、⓬内部統制の構築とキーコントロールの選定については、経理部門が関連する業務部門責任者に全社的な財務報告上のリスクと内部統制の要件の説明を行い、業務（サブ）プロセスと内部統制の構築を指示する（[図表8-2]）。

□❼結論（注記の記載内容）および⓬内部統制の構築とキーコントロールの選定の結果、経理規程等の改訂が必要な場合は、規程管理規程等に従って改訂を実施する。

■図表8-2■　【プロセス3】における役割分担（例）

検　討　項　目	主担当	関連部門等
❶【プロセス1】事業計画の策定・管理 〜❽注記のため必要になる情報等	●経理部門	・経営企画部門 ・広報部門等
❾関連する業務プロセス ❿リスクの識別と評価 ⓫高リスクの根拠と望まれる意識・行動	●経理部門	―
⓬内部統制の構築とキーコントロールの選定	●経理部門	・業務部門

□開示目的に照らした注記が必要とされる背景を理解するために、[図表3-5]財務情報と非財務情報に関連する諸制度のキーワードを参照する。

❷　【プロセス2】会計基準の適用

□【プロセス2】は、非財務情報を財務情報に変換するプロセスであり、【プロセス1】とのつながりでは、特に、ビジネスモデルに関する収益認識等と将来の不確実性の視点が重要になるが、【プロセス3】においても、それは同

第8章 【プロセス3】開示目的に照らした注記

様である。

□非財務情報を財務情報に変換するプロセスとそのポイントを理解するために，以下の図表を参照する。

図表No.	内　　容
1－1	財務諸表に重要な影響を及ぼす可能性のある情報のイメージ
4－4	事業計画上の要点の可視化（経営のメッセージ）

❸　想定する財務諸表利用者と開示目的

❸-1　開示における重要性（マテリアリティ）と開示目的の関係

□【プロセス1】❶❷での開示における重要性（マテリアリティ）の検討を踏まえて，注記における重要性「開示目的」を検討する。なお，【プロセス4】有価証券報告書の記述情報等の開示❸想定する情報利用者とマテリアリティとの共通点と相違点に留意する。

❸-2　開示目的のエッセンス

□いずれの会計基準においても，会計基準の目的が企業の実態や置かれた状況を適切に会計処理することだとすれば，その注記に関する「開示目的」は，関連する非財務情報と財務情報のつながりを財務諸表利用者が容易に理解できるようにすることであると考えられる。

□非財務情報と財務情報のつながりが，開示目的に照らした注記により一層明確になるようにする。

□企業の経常的な事業活動，すなわち，企業のビジネスモデルにおいて「開示目的」の検討における重要な視点は，収益認識等と将来の不確実性であると考えられる。

□近年の開示実務のトレンドを理解するために，以下の図表を参照する。

図表No.	内　　容
3－7	企業情報を開示する新たな意義
3－8	開示における重要性（マテリアリティ）の分類例

PART Ⅱ　6つの重要プロセスとキーガバナンスポイントの文書化・評価

≪ステップ2≫　注記方針の決定（検討項目❹〜❽）

　結論だけでなく，結論に至る検討過程を重視する。❹開示規定等の確認，❺重要性（開示目的）に照らした検討，❻非財務情報と3つの注記，セグメント情報等および財務情報のつながりが，検討過程であり，そして，❼結論（注記の記載内容），❽注記のため必要になる情報等が，結論である。

　また，❽を明確にするのは，継続的に適切な注記が実施できるようにするためであり，❽が接続点となり，次の≪ステップ3≫リスクの識別と内部統制の構築につながる。

❹　開示規定等の確認

❹-1　法令等の要求事項の確認

□開示規定等は専門性が高いため，まず，会計基準およびそれを踏まえて定められた法令等で要求される注記項目を確認する。

□会計基準等と法規制が要求する注記項目や注記事項を確認する際には，論点ごとに個別に確認するのではなく，【プロセス2】の会計処理方針とあわせて検討する。特に，ビジネスモデルに関する収益認識等や将来の不確実性の観点で，会計処理方針と各種注記を首尾一貫して検討する。

❹-2　収益認識等と将来の不確実性に関する注記

□ビジネスモデルに関する収益認識等と将来の不確実性の観点で，重要な注記は，たとえば［図表8-3］のとおりである。

■図表8-3■　ビジネスモデルに関連して，事業計画および会計基準との首尾一貫性の検討が必要な主な注記

注記項目	注記事項の例
連結の範囲・持分法の適用	□連結の範囲・持ち分法の適用の要否の判断等
重要な会計方針	□収益の計上基準 □重要な引当金の計上基準
重要な会計上の見積り	□会計上の見積りの内容を表す項目名 □当年度の財務諸表に計上した金額

240

第8章 【プロセス3】開示目的に照らした注記

	□会計上の見積りの内容について財務諸表利用者の理解に資するその他の情報
収益認識関係	□収益の分解情報 □契約資産および契約負債の残高等 □残存履行義務に配分した取引価格
セグメント情報等	□セグメント情報 □関連情報 　● 製品およびサービスごとの情報 　● 地域ごとの情報 　● 主要な顧客ごとの情報 □報告セグメントごとの固定資産の減損損失に関する情報 □報告セグメントごとののれんの償却額および未償却残高に関する情報 □報告セグメントごとの負ののれん発生益に関する情報
その他	損益計算書注記（減損損失），企業結合関係，継続企業の注記等

❺ 重要性（開示目的）に照らした注記方針の検討

❺-1 開示目的に照らした検討

□自社の実態や置かれた状況を「開示目的」に照らして，注記項目および注記事項を決定する。

□「開示目的」，すなわち，財務諸表利用者の理解に資する情報を提供するために検討した内容を明確にする。

□具体的には，開示の規定や法規制が要求する注記事項を基に，「開示目的」を考慮して，どのような注記方針としたかを明確にする。

❺-2 具体的な検討例

□「開示目的」に照らした重要性の判断には，定量的な要因と定性的な要因の両方を考慮する。

□定量的な要因は，売上高や利益等の金額に影響する要因が，定性的な要因は，

241

PART II 6つの重要プロセスとキーガバナンスポイントの文書化・評価

将来の不確実性や新規ビジネス等の企業の経営戦略上の要因を考慮する。

☐定量的な要因のみで判断した場合に重要性がないとは言えない場合であっても，「開示目的」に照らして重要性に乏しいと判断される場合もある。

☐単に会計基準等における取扱いを記載したり，法令等の要求事項にチェックリスト的に対応したりするのではなく，企業の実態や置かれている状況を財務諸表利用者が理解できるようにすることが大切である。

☐財務諸表利用者にとっての有用な情報を考慮したうえで，注記の集約または分解を行う。

☐ただし，財務諸表利用者の理解が困難となるような体系で注記が記載されることは想定されず，注記の「開示目的」に照らして，企業の実態や置かれた状況等を理解するために適切であると考えられる方法で注記を記載する。たとえば，企業の実態や置かれた状況を，ビジネスモデルに関する収益認識等と将来の不確実性の視点で体系的に整理して，関連する注記と財務諸表の首尾一貫性を確保することが考えられる。

☐具体的には，「開示目的」が先行されて適用された3つの注記（重要な会計方針，収益認識，および重要な会計上の見積り）と，それらに先立ってマネジメント・アプローチが採用されていたセグメント情報等が，開示目的に照らした注記を検討するうえでのポイントになる。

❺-3 想定する財務諸表利用者へのメッセージ

☐想定する財務諸表利用者へのメッセージは，経営戦略の実施上，企業内に浸透させたいメッセージと関連性が高いと考えられるため，【プロセス2】会計基準の適用の❹-3望ましい結果の想像と事業計画上の要点の可視化，そして，⓫-2事業計画遂行のため望まれる意識と行動を確認する。また，ビジネスモデルに関連する収益認識等と将来の不確実性等に区分してメッセージを明確にする（［図表8-4］）。

☐収益認識等について，自社のビジネスモデル（【プロセス1】❺参照）に即して，メッセージのポイントを明確にする。たとえば，以下の項目での開示を検討する。

1．履行義務の内容（財またはサービスの内容）と収益認識の時点の関係
2．契約内容と取引価格の決定の関係
3．複数の財またはサービスにおける履行義務の単位（収益識認の単位）

第8章　【プロセス3】開示目的に照らした注記

■図表 8 - 4 ■　開示目的に照らした注記方針の検討（様式例）

	ビジネスモデル	
	収益認識等	将来の不確実性
望ましい結果		
事業計画上の要点（経営のメッセージ）		
事業計画遂行のため望まれる意識と行動		
想定する財務諸表利用者へのメッセージ		

□将来の不確実性について，メッセージのポイントを明確にする。たとえば，
　以下の項目での開示を検討する。
　　1．不確実性の内容
　　2．財務諸表に計上されている勘定科目と金額
　　3．不確実性に起因する変動リスクを低減する内部統制
　　4．内部統制の運用結果
　　5．翌期以降の不確実性
□【プロセス2】≪ステップ3≫リスクの識別と内部統制の構築において，不
　確実性の内容や損益が変動するリスクに対応する内部統制等を検討し，その
　結果を【プロセス3】または【プロセス4】において開示する。リスクや不
　確実性への対応の方針と結果が財務諸表利用者に伝わるように注記の内容を
　検討する。

❻　非財務情報と3つの注記，セグメント情報等および財務情報のつながり

□財務諸表利用者の関心が高いと考えられる非財務情報，すなわち，経営戦
　略・経営課題，リスクやガバナンスに係る情報等が財務情報に及ぼす影響を，
　ビジネスモデルに関する収益認識等と将来の不確実性の視点で首尾一貫して
　3つの注記とセグメント情報等を使って開示する。
□重要な会計方針における収益の計上基準で必ず記載する主要な事業における
　主な履行義務の内容（財またはサービスの内容）は（収益基準80-2(1)，80-
　14），企業のビジネスモデルにおける核となる要素であるため，有価証券報
　告書の記述情報（非財務情報）と重要な会計方針および収益認識関係の注記

243

PART Ⅱ　6つの重要プロセスとキーガバナンスポイントの文書化・評価

とのつながりが明確になるように留意する。

□セグメント情報等は，マネジメント・アプローチを採用しているため，有価証券報告書の記述情報（非財務情報）とセグメント情報等，そして，重要な会計方針の収益の計上基準の記載内容および収益認識関係の注記とのつながりが明確になるように留意する。

□「開示目的」に照らして重要と考えられるため，有価証券報告書の記述情報（非財務情報），収益の計上基準，会計上の見積り，収益認識に関する注記，セグメント情報等の注記，そして，関連する財務諸表の勘定科目のつながりの首尾一貫性を確保する（[図表8-5]）。

■図表8-5■　非財務情報，3つの注記とセグメント情報等，
そして財務情報のつながり（様式例と検討例）

		ビジネスモデル	
		収益認識等	将来の不確実性
非財務情報		□企業の重要課題 ●外部（脅威） ●内部（経営戦略と組織運営），等	□企業の重要課題 ・外部（脅威） ・内部（経営戦略と組織運営），等
3つの注記とセグメント情報等，その他	重要な会計方針	□収益の計上基準 ●主な履行義務の内容（財またはサービスの内容） ●収益認識時点 ●その他 □原価計算の方法	□収益の計上基準 ●履行義務の充足に係る進捗度の見積り ●変動対価の見積り ●その他 □棚卸資産の評価基準および評価方法 □引当金の計上基準 □その他
	重要な会計上の見積り	—*	□会計上の見積りの内容を表す項目名（固定資産の減損，繰延税金資産の回収可能性，棚卸資産の評価等）

244

第8章 【プロセス3】開示目的に照らした注記

			□当年度の財務諸表に計上した金額 □会計上の見積りの内容について財務諸表利用者の理解に資するその他の情報
	収益認識関係	□収益の分解情報 □契約資産および契約負債の残高等 □残存履行義務に配分した取引価格	□収益の分解情報 □契約資産および契約負債の残高等 □残存履行義務に配分した取引価格
	セグメント情報等	□セグメント情報 □関連情報 □製品およびサービスごとの情報	□報告セグメントごとの固定資産の減損損失に関する情報 □報告セグメントごとののれんの償却額および未償却残高に関する情報 □報告セグメントごとの負ののれん発生益に関する情報
	その他	—	□損益計算書注記（減損損失の内容） □企業結合関係 □その他
財務情報 （財務諸表の勘定科目）		●売上高，売掛金，契約資産，契約負債 ●棚卸資産，売上原価	●売上高，売掛金，契約資産 ●返金負債，返品資産 ●棚卸資産 ●固定資産 ●減損損失 ●その他

＊収益認識における履行義務の充足に係る進捗度の見積りと変動対価の見積りに関しては，「将来の不確実性」に分類している。

□開示における3つの注記とセグメント情報等の重要性の前提となる非財務情報と財務情報のつながりを理解するために，以下の図表を参照する。

245

PART Ⅱ　6つの重要プロセスとキーガバナンスポイントの文書化・評価

図表No.	内　　　容
1-1	財務諸表に重要な影響を及ぼす可能性のある情報のイメージ
3-6	財務・非財務情報と内部統制報告制度

❼　結論（注記の記載内容）

❼-1　会計上の論点ごとの注記方針

☐対象となる会計事象や取引，関連する会計方針，そして，開示の規定等に照らした検討結果を明確にする。

☐ビジネスモデルに関連する収益認識等や将来の不確実性についての会計上の論点を明確にして，法令等が要求する注記事項の内容を「開示目的」に照らして決定した結論を明確にする。

☐法令等の要求事項に基づき，チェックリスト的に個別に注記項目や注記事項を検討するのではなく，❹に基づき，❸に照らして❺を実施し，❻の首尾一貫性を意識して，ビジネスモデルに関する収益認識等と将来の不確実性の視点で注記の記載内容を整理する。

■図表8-6■　注記の記載内容（様式例と検討例）

●収益認識等

注記項目	注記内容
重要な会計方針	
収益の計上基準	（ステップ1，2とステップ5の関係） ☐履行義務の内容（財またはサービスの内容） ☐履行義務の充足時点または収益認識の時点，等 （ステップ1とステップ3の関係） （ステップ4を追加した関係）
重要な会計上の見積り*	
会計上の見積りの内容を表す項目名	なお，「当年度の財務諸表に計上した金額」と「財務諸表利用者の理解に資するその他の情報」については，「●将来の不確実性」を参照する。

246

第8章 【プロセス3】開示目的に照らした注記

収益認識関係	
収益の分解情報	
契約資産および契約負債等	
残存履行義務に配分した取引価格	「●将来の不確実性」を参照する。
セグメント情報等	
セグメント情報	
関連情報	
製品およびサービスごとの情報	

● 将来の不確実性

注記項目	注記内容
重要な会計方針	
重要な会計上の見積り	
会計上の見積りの内容を表す項目名	
当年度の財務諸表に計上した金額	
財務諸表利用者の理解に資するその他の情報	
収益認識関係*	
収益の分解情報	将来の不確実性が存在する分解区分を明確にする。
契約資産および契約負債等	□過去の期間に充足(または部分的に充足)した履行義務から,当年度に認識した収益の額の金額とその理由(●将来の不確実性との関連を明確にする。),等

247

PART Ⅱ　6つの重要プロセスとキーガバナンスポイントの文書化・評価

残存履行義務に配分した取引価格	□残存履行義務に配分した取引価格の総額および収益の認識が見込まれる期間の概要，等
セグメント情報等	
報告セグメントごとの固定資産の減損損失に関する情報	
報告セグメントごとののれんの償却額および未償却残高に関する情報	
報告セグメントごとの負ののれん発生益に関する情報	
その他	
損益計算書注記 （減損損失の内容）	
企業結合関係	
その他	

＊　収益認識に関しては，履行菊の充足に係る進捗度の見積りや変動対価等の将来の不確実性に関連する論点が存在するため，上記の●収益認識等と●将来の不確実性では，重複する項目が存在するが，本書においては上記のとおり整理する。

❽　注記のため必要になる情報等

□【プロセス2】会計基準の適用❽会計処理のため必要となる情報等とあわせて検討する。この❽は，【プロセス2】❽と同時に検討したほうが，注記の意義，すなわち，❻非財務情報と3つの注記，セグメント情報等および財務情報のつながりがより一層明確になる。

□重要な会計上の見積りを伴う会計処理は，将来の不確実性を内包するため，見積り結果だけでなく，見積りプロセスと損益の変動リスクを低減する内部統制の情報が，財務諸表利用者にとって重要になる場合が多く，その場合，【プロセス2】❿内部統制の構築とキーコントロールの選定で検討する重要な会計上の見積りのプロセスおよび内部統制に関する情報も，注記のために必要になる（❺-3参照）。

248

第8章 【プロセス3】開示目的に照らした注記

≪ステップ3≫　リスクの識別と内部統制の構築（検討項目❾～⓬）

　≪ステップ2≫❽注記のため必要になる情報等を生成，収集または処理するためのプロセスが❾関連する業務プロセスであり，❽の適切な生成，収集または処理を阻害する要因の検討が❿リスクの識別と評価，⓫高リスクの根拠と望まれる意識・行動である。そして，当該リスクを低減する内部統制の検討が⓬内部統制の構築とキーコントロールの選定である。≪ステップ3≫については，【プロセス2】会計基準の適用を参照されたい。

　前述のとおり，開示目的に照らした注記のためには，ビジネスモデルに関連する収益認識等と将来の不確実性の視点で，非財務情報と重要な会計方針（特に，収益認識の方法），重要な会計上の見積り，収益認識関係の注記，セグメント情報等の注記のつながりが重要になる。【プロセス3】を単独で検討すると，注記の「開示目的」が不明確になり，法令等の注記項目のチェックリスト的な注記になるおそれが高まる。それを回避するためには，【プロセス1】，【プロセス2】と【プロセス3】を構築し，それぞれのつながりを明確にする内部統制の構築が重要になる。

249

PART II　6つの重要プロセスとキーガバナンスポイントの文書化・評価

第9章

【プロセス4】有価証券報告書の記述情報等の開示

　有価証券報告書の記述情報[1]等で開示される経営戦略・経営課題，リスクやガバナンスに係る情報等のいわゆる非財務情報が企業価値に与える影響の重要性は年々高まっているが，その影響には，主に2つの理路があると考えられる。

　1つは，気候変動リスク等への社会的な関心の高まりにともなう非財務情報の企業価値への直接的な影響である。会社の持続的成長と中長期的な企業価値の向上のため，非財務情報自体への社会の関心が高まっており，環境や社会に配慮した事業を行っていて適切なガバナンスがなされている企業に投資するESG投資等の仕組みが整いつつある。

　もう1つは，非財務情報が，財務情報を通じて，企業価値に与える影響である。経営戦略・経営課題やリスクは，その結果だけでなく，経営者による判断や会計上の見積りを伴う会計処理を通じて，企業価値に影響を与える。会計上の判断や見積りを伴う会計処理は，不確実性の影響が大きくなればなるほど，経営戦略・経営課題やリスクだけでなく，その前提となるガバナンスとのつながりが強くなる。

　内部統制報告制度は，財務報告の信頼性，すなわち，財務諸表および財務諸表に重要な影響を及ぼす可能性のある情報の信頼性を確保することを目的としているため，【プロセス4】においては，特に後者の理路で非財務情報が財務諸表に及ぼす影響の考察が重要になる。

　なお，「価値協創のための統合的開示・対話ガイダンス2.0—サステナビリティ・トランスフォーメーション（SX）実現のための価値創造ストーリーの協創—（2022年改訂　経済産業省）」では，企業が長期的かつ持続的に社会に

1　「記述情報」は，一般に，法定開示書類において提供される情報のうち，金融商品取引法第193条の2が規定する「財務計算に関する書類」において提供される財務情報以外の情報を指す（記述情報の開示に関する原則）。

250

対してどのように価値を提供していくか，そのためにどのようなビジネスモデルを構築し，戦略を実行していくか，という検討を「価値創造ストーリー」と定義している。本書でも，「価値創造ストーリー」を同様の意味で用いる。

また，「記述情報の開示に関する原則（金融庁2019年3月）」では，開示の考え方，望ましい開示の内容や取り組み方がまとめられており，Ⅰ．総論において，以下の開示の実効性を高める原則を示している（下線は筆者）。本書でも本原則に従って論考をすすめる。

1．企業情報の開示における記述情報の役割

1-1．記述情報は，財務情報を補完し，<u>投資家による適切な投資判断を可能とする</u>。また，記述情報が開示されることにより，<u>投資家と企業との建設的な対話</u>が促進され，<u>企業の経営の質を高める</u>ことができる。このため，記述情報の開示は，企業が<u>持続的に企業価値を向上</u>させる観点からも重要である。

　　企業は，記述情報及びその開示のこのような機能を踏まえ，充実した開示をすることが期待される。

2．記述情報の開示に共通する事項

【取締役会や経営会議の議論の適切な反映】

2-1．記述情報は，投資家が<u>経営者の目線</u>で企業を理解することが可能となるように，<u>取締役会や経営会議における議論を反映</u>することが求められる。

【重要な情報の開示】

2-2．記述情報の開示については，各企業において，<u>重要性（マテリアリティ）という評価軸</u>を持つことが求められる。

【セグメントごとの情報の開示】

2-3．記述情報は，投資家に対して企業全体を<u>経営者の目線</u>で理解し得る情報を提供するために，<u>適切な区分で開示</u>することが求められる。

【分かりやすい開示】

2-4．記述情報の開示に当たっては，その意味内容を容易に，より深く理解することができるよう，<u>分かりやすく記載</u>することが期待される。

251

PARTⅡ　6つの重要プロセスとキーガバナンスポイントの文書化・評価

1 ▶ 財務報告上の主要論点

　財務諸表以外の財務情報や非財務情報に対する財務諸表利用者の関心の高まりを背景に，制度上，有価証券報告書の記述情報の充実が図られ，その信頼性に関しても手当てがなされている（［図表3-5］参照）。また，サステナビリティ課題の開示に関する国際的潮流が我が国にも及んでいる（［図表3-6］参照）。

　それに伴い，企業情報を開示する意義が，投資家による適切な投資判断に資することから，投資家との対話による企業価値の向上や企業間の競争の促進による企業活動の品質向上に広がっている（［図表3-7］参照）。

　したがって，企業においては，【プロセス1】【プロセス2】【プロセス3】をベースに開示内容を論理的に検討し，財務諸表利用者の関心も考慮してどこまで開示するかを【プロセス4】において判断することが重要になる。別の言い方をすれば，【プロセス4】の開示方針の根拠が，【プロセス1】【プロセス2】【プロセス3】となるように非財務情報と財務情報のつながりを保つ必要がある。

□サステナビリティ開示に関する国際的なフレームワークで要求される「ガバナンス」，「戦略」，「リスク管理」，「指標と目標」の記載内容（検討項目❶と❹）

□価値創造ストーリーの組み立てと財務報告とのつながり（検討項目❶❷と❹）

□開示における重要性の検討（マテリアリティの決定）（検討項目❸❹）

□マテリアリティと重要課題の関係の整理（検討項目❹）

□「財務諸表に重要な影響を及ぼす可能性のある情報」と「財務諸表の作成における判断に密接に関わる開示事項」の関係の検討（検討項目❹❺❻）

□内部統制報告制度の対象である財務報告の範囲の検討（検討項目❼）

□その他の外部報告への対応（検討項目❽と❾～⓬）

252

第9章　【プロセス4】有価証券報告書の記述情報等の開示

2 ▶ 3つのステップと12の検討項目

　【プロセス4】は，経営戦略（経営方針）や事業活動等に関連する開示の方針について検討するが，【プロセス3】開示目的に照らした注記と同様，企業を取り巻く状況や事業活動の実態に応じて毎期開示方針の見直しの要否を検討する。また，企業に重要な影響を与える開示項目の新設時，または開示が必要な事象や取引等の発生時にも開示方針を検討する。

　その検討ステップは，有価証券報告書の記述情報等の対象となる≪ステップ1≫戦略・事業活動等の整理，開示における重要性（マテリアリティ）を反映した≪ステップ2≫開示方針の決定，そして，財務報告以外の外部報告を対象とする≪ステップ3≫その他の外部報告に係る内部統制の構築によりデザイン（設計）する（［図表9-1］）。

　たとえば，有価証券報告書の記載事項を担当部門に割り当てて，各部門が法

■図表9-1■　【プロセス4】における3つのステップと12の検討項目

≪ステップ1≫（現状把握）戦略・事業活動等の整理	≪ステップ2≫（方針決定）開示方針の決定	≪ステップ3≫（適用・実施）その他の外部報告に係る内部統制の構築
❶【プロセス1】事業計画の策定・管理		
❷【プロセス2】会計基準の適用，【プロセス3】開示目的に照らした注記	❹マテリアリティに照らした価値創造ストーリーの検討	
❸想定する情報利用者とマテリアリティ	❺開示基準等の確認	❾関連する業務プロセス
	❻結論（開示の記載内容）	❿リスクの識別・評価と将来の財務諸表への影響の検討
	❼財務報告の範囲（内部統制報告制度の範囲）	⓫高リスクの根拠
	❽その他の外部報告の範囲（その他の非財務情報）	⓬内部統制の構築とキーコントロールの選定

253

PART Ⅱ　6つの重要プロセスとキーガバナンスポイントの文書化・評価

令等の要求事項に従って記載内容を検討している場合，同じ内容を複数の部門がそれぞれ検討して記載することが生じえる。その場合は，同じ内容にもかかわらず，微妙に異なった表現となり，企業が描く「価値創造ストーリー」が財務諸表利用者に伝わり難くなるかもしれない。有価証券報告書の記述情報等において，法令等の要求事項に従い開示項目の内容を各部門・担当者が思い思いに記載していたのでは，企業固有の経営戦略・経営課題を踏まえた事業計画，実績そして今後の見込み等が「価値創造ストーリー」として財務報告利用者に伝わらない。まず，「価値創造ストーリー」を検討する必要がある。

　経営戦略・経営課題，リスクやガバナンスに係る情報等，いわゆる非財務情報は，実際の企業活動では，事業計画に集約され，事業計画に基づき業務全体がコントロールされると考えられる（【プロセス1】）。また，財務報告の観点からは，会計基準の適用や開示目的に照らした注記が重要になる（【プロセス2】，【プロセス3】）。情報利用者を想定して，当該情報利用者の関心を上手に捉えてその理解に資するためには，情報の首尾一貫性やストーリー性が重要になるため，【プロセス4】では，【プロセス1】から【プロセス3】とのつながりを重視する。その際，情報の信頼性を担保するため，内部統制報告制度の対象となる財務報告の範囲と，対象外となり別途内部統制の構築等の検討が必要になるその他の外部報告の範囲を明確にする。

　なお，「記述情報の開示に関する原則」[2] と IFRS S1号「サステナビリティ関連財務情報の開示に関する全般的要求事項」と IFRS S2号「気候関連開示」[3] も【プロセス4】の検討項目をデザイン（設計）するうえで考慮する。

≪ステップ1≫　戦略・事業活動等の整理（検討項目❶❷❸）

　首尾一貫した開示を実現するため，【プロセス1】事業計画の策定・管理，【プロセス2】会計基準の適用および【プロセス3】開示目的に照らした注記と【プロセス4】有価証券報告書の記述情報等の開示のつながりが重要となる。

2　経営方針・経営戦略等，経営成績等の分析（Management Discussion and Analysis），そしてリスク情報について経営判断との密接な関係から，経営に係る決定が行われる取締役会や経営会議における議論を適切に反映することを求める。

3　主要な利用者が企業価値を評価できるような情報を企業が開示する「目的ベース」のアプローチを採用し，要求される情報は，企業がオペレーションを行う方法のコアとなる諸側面を表すガバナンス，戦略，リスク管理，そして指標および目標である。

254

第9章 【プロセス4】有価証券報告書の記述情報等の開示

❶ 【プロセス1】事業計画の策定・管理

□国際的な開示のフレームワークの構成要素である「ガバナンス」,「リスク管理」,「戦略」, そして,「指標と目標」を, 【プロセス1】の検討項目に組み込んでいるが, これらの4項目だけでなく,【プロセス1】全体を一連のプロセスとして,【プロセス4】に反映させる。

□【プロセス4】は, 経営戦略や事業計画を有価証券報告書の記述情報に反映することが重要になるため経営企画部門が主導する。ただし, ❸想定する情報利用者とマテリアリティ, ❹マテリアリティに照らした価値創造ストーリーの検討, ❺開示基準等の確認, ❻結論（開示の記載内容）, ❼財務報告の範囲（内部統制報告制度の範囲）および❽その他の外部報告の範囲（その他の非財務情報）の検討は, 経営戦略や事業計画, 会計処理方針, 注記の記載内容, 財務情報等との整合性が重要であるため, 経理部門, 広報部門および内部監査部門と適宜連携する。また, ❽で当該情報の責任部門を決定し, 当該責任部門が, ≪ステップ3≫その他の外部報告に係る内部統制の構築❾関連する業務プロセスから⓬内部統制の構築とキーコントロールの選定を主導する。

■図表9-2■ 【プロセス4】における役割分担（例）

検 討 項 目	主担当	関連部門等
❶【プロセス1】事業計画の策定・管理 ❷【プロセス2】会計基準の適用,【プロミス3】開示目的に照らした注記	● 経営企画部門	・経理部門
❸想定する情報利用者とマテリアリティ 〜❽その他の外部報告の範囲（その他の非財務情報）	● 経営企画部門	・経理部門 ・広報部門 ・内部監査部門
❾関連する業務プロセス 〜⓬内部統制の構築とキーコントロールの選定	● 責任部門	・経営企画部門 ・経理部門 ・内部監査部門

❷ 【プロセス2】会計基準の適用,【プロセス3】開示目的に照らした注記

□【プロセス2】および【プロセス3】で検討するビジネスモデルに関する収

255

PART Ⅱ　6つの重要プロセスとキーガバナンスポイントの文書化・評価

益認識等（原価計算を含む。）と将来の不確実性は，財務諸表利用者の関心
が高く，開示上の重要性が高いと考えられるため，勘定科目，収益認識の方
法，セグメント情報の注記，収益認識に関する注記，会計上の見積り，そし
て，それらのつながりに関する検討内容を【プロセス4】へ参照する。

□【プロセス2】≪ステップ2≫会計処理方針の決定❹会計基準等の規定に照
らした検討と事業計画上の要点の可視化および≪ステップ3≫リスクの識別
と内部統制の構築⓫高リスクの根拠と望まれる意識・行動が，財務情報を重
視する株主を含む投資家の関心が高い情報となる。

□【プロセス3】で整理する3つの注記とセグメント情報等の注記が非財務情
報と財務情報のつながりの理解を促進していることを確認する。

❸　想定する情報利用者とマテリアリティ

❸-1　開示における重要性（マテリアリティ）と企業の重要課題

□【プロセス1】❶からキーガバナンスポイントとして設定した開示における
重要性（マテリアリティ）と企業の重要課題を参照する。

□情報利用者の判断や評価に資する情報を開示するため，有価証券報告書の法
定開示媒体や統合報告書等の任意開示媒体ごとに，想定する情報利用者を特
定する（[図表6-2] 参照）。また，そのような情報は，経営判断の根幹と
なる経営戦略や事業計画等に係るため，開示書類の作成において経営者が初
期の段階から適切に関与し，取締役会や経営会議における議論を適切に反映
する。

□想定する情報利用者には，株主と投資家やその他のステークホルダー（従業
員，顧客，取引先，債権者，地域社会をはじめとする様々なステークホルダー）
が考えられる。

□一般的には，中長期的な観点で企業の株式を保有する投資家の最大の関心事
は，企業の持続的な成長と中長期的に安定的な利益の獲得およびそれらが反
映された堅実な株価の上昇であると考えられるため，その前提となる企業の
経営環境や課題に関する認識の適切性・十分性や経営戦略・事業計画の進捗
状況・実現可能性を評価できるような情報を開示する必要がある。換言する
と，【プロセス1】事業計画の策定・管理の検討結果を，【プロセス4】❸❹
❺❻へ反映する必要がある。

□投資家の判断に重大な影響を及ぼす可能性という観点から，影響度の大きさ

256

第9章　【プロセス4】有価証券報告書の記述情報等の開示

に優先順位を付けて開示をすることは有用である。

□リスク評価を影響度と発生可能性をベースとしつつ，重要な事業上のリスクについては，世間的な注目度や喫緊性にも着目しつつ開示することも考えられる（【プロセス1】❷全社的なリスク管理とマテリアリティ，❻戦略におけるリスク評価基準と優先順位とは異なる場合がありえる。）。

■図表9-3■　マテリアリティと開示の検討対象とする企業の重要課題（様式例）

	株主を含む投資家	その他のステークホルダー
具体的に想定する対象		
開示における重要性（マテリアリティ）		
マテリアリティから導かれる開示の検討対象とする課題		

□非財務情報を開示する意義と重要性を理解するために，以下の図表を参照する。

図表No.	内　　　容
3-5	財務情報と非財務情報に関連する諸制度のキーワード
3-6	財務・非財務情報と内部統制報告制度
3-7	企業情報を開示する新たな意義
3-8	開示における重要性（マテリアリティ）の分類例

❸-2　会計処理＝開示＝内部統制のつながり

□【プロセス1】，【プロセス2】および【プロセス3】と【プロセス4】の関係を整理して，会計処理＝開示＝内部統制のつながりに関する自社のスタンスを明確にする。

257

PART II　6つの重要プロセスとキーガバナンスポイントの文書化・評価

≪ステップ2≫　開示方針の決定（検討項目❹〜❽）

　結論だけでなく，結論に至る検討過程を重視する。❹マテリアリティに照ら
した価値創造ストーリーの検討，❺開示基準等の確認が，検討過程であり，そ
して，❻結論（開示の記載内容），❼財務報告の範囲（内部統制報告制度の範囲），
❽その他の外部報告の範囲（その他の非財務情報）が，結論である。

　開示書類を開示項目ごとに分解して，それぞれ別の担当部署が作成すると，
全体を俯瞰する視点が失われて企業が伝えたいメッセージがぼやけたり，同じ
内容をそれぞれ別の言い回しや表現で記載されて情報利用者にとって理解しに
くくなったりする場合があるため，個別の開示事項の検討の前に，開示方針と
して以下の項目（特に❹）を検討することが大切である。

❹　マテリアリティに照らした価値創造ストーリー[4]の検討

□非財務情報の開示における重要性（マテリアリティ）は，企業の重要課題を
　特定するための尺度にもなるが，多様な考え方があり，シングルマテリアリ
　ティ，ダブルマテリアリティやダイナミックマテリアリティが存在する。

□【プロセス1】において，企業理念に関連する社会のサステナビリティ課題
　を企業の課題として経営戦略（経営方針）に取り込み，財務数値として事業
　計画に落とし込んで，事業の遂行状況を管理すれば，開示における重要性（マ
　テリアリティ）と社会および企業の重要課題が一致する。

□開示における重要性（マテリアリティ）に照らして，戦略，事業上のリスク，
　財務報告上のリスク，会計処理，内部統制の関係を容易に理解できるように
　開示するためには，【プロセス1】，【プロセス2】，そして，【プロセス3】
　のつながりにもとづく「価値創造ストーリー」の検討が必要になる。

□企業の「価値創造ストーリー」を財務報告の観点での開示方針と位置づけ，
　企業にとっての非財務情報と財務情報のつながりを丁寧に説明する。

□ビジネスモデルのうち，特に収益認識等と将来の不確実性が高い事項に関し

4　「価値協創のための統合的開示・対話ガイダンス2.0—サステナビリティ・トランス
　フォーメーション（SX）実現のための価値創造ストーリーの協創—（経済産業省2022年改
　訂）」では，企業が長期的かつ持続的に社会に対してどのように価値を提供していくか，
　そのためにどのようなビジネスモデルを構築し，戦略を実行していくか，という検討を「価
　値創造ストーリー」と定義している。本書でも，「価値創造ストーリー」を同様の意味で
　用いる。

第9章　【プロセス4】有価証券報告書の記述情報等の開示

て，経営戦略上の位置づけと財務諸表への影響についての説明が「価値創造ストーリー」の骨子となる。また，企業の持続的な成長を目的とすれば，望ましい結果から望まれる意識や行動を明確にしてストーリーに反映させる必要があり，その際，経営戦略の立案や事業計画の策定の前提となっている経営者による判断や会計上の見積り（事業計画上の要点（経営のメッセージ））が財務諸表に及ぼす影響を検討することがポイントとなる。

□具体的には，【プロセス1】≪ステップ1≫リスクと機会の識別・分析，≪ステップ2≫経営戦略立案と事業計画策定，非財務情報を財務情報に変換するための【プロセス2】≪ステップ2≫会計処理方針の決定と【プロセス3】≪ステップ2≫注記方針の決定，そして，事業上のリスクと表裏の関係にある財務報告上のリスクへの対応としての【プロセス2】≪ステップ3≫リスクの識別と内部統制の構築，これらを踏まえての【プロセス1】≪ステップ3≫業績管理と財務会計へのつながりが重要である。そして，この【プロセス1】≪ステップ3≫と事業年度の実績である財務諸表がつながる。

□非財務情報と財務情報のつながりは，MD&Aにおいて，3つの注記（会計方針，会計上の見積り，収益認識）とセグメント情報等の注記（【プロセス3】の検討結果）を意識して説明することが効果的である。

□【プロセス1】❶コーポレートガバナンスとキーガバナンスポイント（特に，開示における重要性（マテリアリティ），企業の重要課題，財務報告上のリスク）を踏まえ，有価証券報告書等で開示する企業の重要課題を検討する。

□開示における重要性（マテリアリティ）と「価値創造ストーリー」を理解するために，以下の図表を参照する。

図表No.	内　　容
3-8	開示における重要性（マテリアリティ）の分類例
7-5	事業計画上の要点の可視化（経営のメッセージ）のイメージ
7-6	望ましい結果と事業計画上の要点（経営のメッセージ）（様式例）
7-10	事業計画遂行のため望まれる意識と行動（様式例）
8-3	ビジネスモデルに関連して，事業計画および会計基準との首尾一貫性の検討が必要な主な注記

8−4	開示目的に照らした注記方針の検討（様式例）
8−5	非財務情報，3つの注記とセグメント情報等，そして財務情報のつながり（様式例と検討例）

❺ 開示基準等の確認

□開示基準等は，たとえば，以下が該当する。

- 有価証券報告書に関して企業内容等の開示に関する内閣府令（開示府令），企業内容等の開示に関する留意事項について（開示ガイドライン）
- 記述情報の開示に関する原則（2019年金融庁）および同原則（別添）—サステナビリティ情報の開示について—（2022年金融庁）（[図表9−4]）
- 価値協創のための統合的開示・対話ガイダンス2.0—サステナビリティ・トランスフォーメーション（SX）実現のための価値創造ストーリーの協創—（2022年改訂　経済産業省）
- IFRS S1号「サステナビリティ関連財務情報の開示に関する全般的要求事項」2023年6月
- IFRS S2号「気候関連開示」2023年6月

□有価証券報告に代表される法定書類上の開示項目や記載上の注意を定める法令等を確認して開示項目および記載内容の要求事項を確認する。

□統合報告書等の任意の開示書類については，公表されているフレームワーク等に基づき自社で開示項目を検討する。

□各種開示基準等において，「ガバナンス」，「リスク管理」，「戦略」と「指標と目標」の開示が求められる傾向にあるため，それらを反映した【プロセス1】と【プロセス4】のつながりが重要になる。

□開示を契機とした企業の【プロセス1】，【プロセス2】，そして，【プロセス3】等の改善はあり得るが，くれぐれも，法令等の要求による開示のためだけの「ガバナンス」，「リスク管理」，「戦略」と「指標と目標」の検討にならないように留意が必要である。

第9章 【プロセス4】有価証券報告書の記述情報等の開示

■図表9-4■ 有価証券報告書の記述情報の主要項目と記載内容（「事業の状況」）*

1．経営方針，経営環境及び対処すべき課題等	
内容	企業がその事業目的をどのように実現していくか，どのように中長期的に価値を創造するかを説明

1-1．経営方針・経営戦略等	
法令上記載が求められている事項	経営方針・経営戦略等の記載においては，経営環境（例えば，企業構造，事業を行う市場の状況，競合他社との競争優位性，主要製品・サービスの内容，顧客基盤，販売網等）についての経営者の認識の説明を含め，企業の事業の内容と関連付けて記載することが求められている。
考え方	●経営方針・経営戦略等は，企業がその事業目的をどのように実現していくか，どのように中長期的に企業価値を向上するかを説明するものである。 ●経営方針・経営戦略等については，投資家がその妥当性や実現可能性を判断できるようにするため，企業活動の中長期的な方向性のほか，その遂行のために行う具体的な方策についても説明することが求められる。 ●また，経営方針・経営戦略等については，背景となる経営環境についての経営者の認識が併せて説明される必要がある。これにより，投資家は， ・当該認識の妥当性や， ・経営方針・経営戦略等の実現可能性 を評価することが可能となる。

1-2．優先的に対処すべき事業上及び財務上の課題	
法令上記載が求められている事項	優先的に対処すべき事業上及び財務上の課題の開示においては，その内容・対処方針等を経営方針・経営戦略等と関連付けて具体的に記載することが求められている。
考え方	優先的に対処すべき事業上及び財務上の課題は，事業を行う市場の構造的変化や，事業に与える影響が大きい法令・制度の改変など，経営成績等に重要な影響を与える可能性があると経営者が認識している事柄を説明するものである。

261

PART Ⅱ　6つの重要プロセスとキーガバナンスポイントの文書化・評価

優先的に対処すべき事業上及び財務上の課題の開示により，投資家は，経営者による課題認識の適切性や十分性，経営方針・経営戦略等の実現可能性を評価することが可能となる。

1-3．経営上の目標の達成状況を判断するための客観的な指標等

法令上記載が求められている事項	経営上の目標の達成状況を判断するための客観的な指標等（いわゆるKPI）がある場合には，その内容を開示することが求められている。
考え方	●経営上の目標の達成状況を判断するための客観的な指標等（KPI）には，ROE，ROICなどの財務上の指標（いわゆる財務KPI）のほか，契約率等の非財務指標（いわゆる非財務KPI）も含まれる。開示に当たっては，企業は経営方針・経営戦略等に応じて設定しているKPIを開示に適切に反映することが求められる。 ●KPIの開示は，投資家が企業の経営方針・経営戦略等を理解する上で重要であり，これが開示されることにより，経営方針・経営戦略等の進捗状況や，実現可能性の評価等を行うことが可能となる。

2．サステナビリティ開示

内容	サステナビリティの概念は，様々な主体において説明が行われており，例えば，我が国のコーポレートガバナンス・コードやスチュワードシップ・コードでは，「ESG要素を含む中長期的な持続可能性」としている（ほか，2022年6月13日公表の「金融審議会ディスクロージャーワーキング・グループ報告」）。 　サステナビリティ情報には，国際的な議論を踏まえると，例えば，環境，社会，従業員，人権の尊重，腐敗防止，贈収賄防止，ガバナンス，サイバーセキュリティ，データセキュリティなどに関する事項が含まれ得ると考えられる。
法令上記載が求められている事項	サステナビリティに関する考え方及び取組みの開示においては，「ガバナンス」と「リスク管理」は，すべての企業において開示が求められ，「戦略」と「指標及び目標」は，企業において重要性を判断して開示することが求められている。
考え方	●サステナビリティに関する考え方及び取組みは，企業の中長期的な持続可能性に関する事項について，経営方針・経営戦略等との整合性を意識して説明するものである。

262

第9章 【プロセス4】有価証券報告書の記述情報等の開示

- ●「ガバナンス」と「リスク管理」は，企業において，自社の業態や経営環境，企業価値への影響等を踏まえ，サステナビリティ情報を認識し，その重要性を判断する枠組みが必要となる観点から，すべての企業が開示することが求められる。
- ●「戦略」と「指標及び目標」は，開示が望ましいものの，各企業が「ガバナンス」と「リスク管理」の枠組みを通じて重要性を判断して開示することが求められる。

3．事業等のリスク

内容	翌期以降の事業運営に影響を及ぼしうるリスク・不確実性のうち，経営者の視点から重要と考えるものを説明
法令上記載が求められている事項	事業等のリスクの開示においては，企業の財政状態，経営成績及びキャッシュ・フローの状況等に重要な影響を与える可能性があると経営者が認識している主要なリスクについて，当該リスクが顕在化する可能性の程度や時期，当該リスクが顕在化した場合に経営成績等の状況に与える影響の内容，当該リスクへの対応策を記載するなど，具体的に記載することが求められている。 　また，開示に当たっては，リスクの重要性や経営方針・経営戦略等との関連性の程度を考慮して，分かりやすく記載することが求められている。
考え方	●事業等のリスクは，翌期以降の事業運営に影響を及ぼし得るリスクのうち，経営者の視点から重要と考えるものをその重要度に応じて説明するものである。

4．経営者による財政状態，経営成績及びキャッシュ・フローの状況の分析
　（Management Discussion Analysis，いわゆる MD&A）

内容	経営方針・経営戦略等にしたがって事業を営んだ結果，当期において，どのようなパフォーマンスとなったかを振り返り，経営者の視点から，その要因等を分析

4-1．MD&A に共通する事項

法令上記載が求められている事項	経営者による財政状態，経営成績及びキャッシュ・フロー（経営成績等）の状況の分析の開示においては，経営者の視点による当該経営成績等の状況に関する分析・検討内容を具体的に，かつ，分かりやすく記載することが求められている。その際，事業全体及びセグメント

263

PART II　6つの重要プロセスとキーガバナンスポイントの文書化・評価

	情報に記載された区分ごとに，経営者の視点による認識及び分析・検討内容（例えば，経営成績に重要な影響を与える要因についての分析）を，経営方針・経営戦略等の内容のほか，有価証券報告書に記載した他の項目の内容と関連付けて記載することが求められている。
考え方	● 経営者による財政状態，経営成績及びキャッシュ・フローの状況の分析（Management Discussion Analysis，いわゆる MD&A）は，経営方針・経営戦略等に従って事業を営んだ結果である当期の経営成績等の状況について，経営者の視点による振り返りを行い，経営成績等の増減要因等についての分析・検討内容を説明するものである。 ● MD&A の開示により，投資家は，企業が策定した経営方針・経営戦略等の適切性を確認することや，経営者が認識している足許の傾向を踏まえ，将来の経営成績等の予想の確度をより高めることが可能となる。

4-2．キャッシュ・フローの状況の分析・検討内容並びに資本の財源及び資金の流動性に係る情報

法令上記載が求められている事項	キャッシュ・フローの状況の分析・検討内容，資本の財源及び資金の流動性に係る情報の開示においては，資金調達の方法及び状況並びに資金の主要な使途を含む資金需要の動向についての経営者の認識を含めて記載するなど，具体的に，かつ，分かりやすく記載することが求められている。
考え方	● 企業経営においては，経営方針・経営戦略等を遂行するため，その資産の最大限の活用が期待されており，「キャッシュ・フローの状況の分析・検討内容，資本の財源及び資金の流動性に係る情報」については，経営方針・経営戦略等を遂行するに当たって必要な資金需要や，それを賄う資金調達方法，さらには株主還元を含め，経営者としての認識を適切に説明することが重要である。 ● このような説明により，投資家は， ・企業が経営方針・経営戦略等を遂行するに当たっての財源の十分性 ・企業の経営方針・経営戦略等の実現可能性 を判断することが可能となる。 ● また，上記の情報の開示により，投資家は， ・成長投資，手許資金，株主還元のバランスに関する経営者の考え方

264

第9章 【プロセス4】有価証券報告書の記述情報等の開示

	・企業の資本コストに関する経営者の考え方 を理解することも可能となると考えられる。
4-3.重要な会計上の見積り及び当該見積りに用いた仮定	
法令上記載が求められている事項	財務諸表の作成に当たって用いた会計上の見積り及び当該見積りに用いた仮定のうち，重要なものについて，当該見積り及び当該仮定の不確実性の内容やその変動により経営成績等に生じる影響など，会計方針を補足する情報を記載することが求められている。
考え方	●重要な会計上の見積り及び当該見積りに用いた仮定については，それらと実績との差異などにより，企業の業績に予期せぬ影響を与えるリスクがある。会計基準における見積り要素の増大が指摘される中，企業の業績に予期せぬ影響が発生することを減らすため，重要な会計上の見積り及び当該見積りに用いた仮定について，充実した開示が行われることが求められる。 ●重要な会計上の見積り及び当該見積りに用いた仮定に関して，経営者がどのような前提を置いているかということは，経営判断に直結する事柄と考えられるため，重要な会計上の見積り及び当該見積りに用いた仮定については，経営者が関与して開示することが重要と考えられる。

＊「記述情報の開示に関する原則（金融庁2019年3月）」および「記述情報の開示に関する原則（別添）
　─サステナビリティ情報の開示について─（金融庁2022年11月）」から引用

□有価証券報告書のサステナビリティに関する考え方及び取組みにおいて，気
　候変動および人的資本・多様性について，重要な場合は，「ガバナンス」，「戦
　略」，「リスク管理」，「指標と目標」の枠で開示が求められる。また，人的資
　本・多様性については，人材育成方針と社内環境整備方針（必要に応じて定
　量情報を訂正情報で補足）が，「戦略」枠で，測定可能な指標（インプット
　とアウトプット），目標および進捗状況が「指標と目標」の枠で開示が求め
　られる。

□【プロセス1】❸④❺❻❼の事業上の脅威と機会の検討において，気候変動
　および人的資本・多様性に関するリスクと機会の検討を併せて実施すれば，
　全体戦略と気候変動戦略および人的資本・多様性戦略を統合的に検討できる
　（❶【プロセス1】事業計画の策定・管理参照）。

265

PARTⅡ　6つの重要プロセスとキーガバナンスポイントの文書化・評価

❻　結論（開示の記載内容）
❻-1　価値創造ストーリーの開示

☐自社の「価値創造ストーリー」を明確にし，それを法令等の開示に関する要求事項（［図表9-4］）に当てはめて，開示項目の記載内容（［図表9-5］,［図表9-6］）を決定する。

☐まず，自社の「価値創造ストーリー」を【プロセス1】から【プロセス3】の検討によって策定し，それを開示媒体の枠組みに合わせて開示するスタンスが大切である。この順序が逆になり，開示媒体の枠組みに合わせて記載内容を決定すると情報利用者に「価値創造ストーリー」が伝わり難くなる。

☐たとえば，【プロセス1】から【プロセス3】の検討により策定した「価値創造ストーリー」を有価証券報告書の記述情報等の開示の枠組みに合わせて検討すると［図表9-5］,［図表9-6］となる。開示規則に照らして自社の「価値創造ストーリー」を情報利用者に伝えるために各項目で何を記載するか，また，各項目のつながりをどう考えるかを明確にすることが重要である。

■図表9-5■　有価証券報告書における【ステップ1】から【ステップ3】と【ステップ4】のつながり

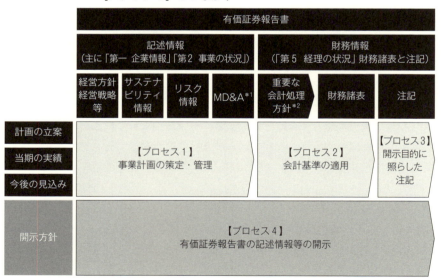

*1　MD&Aのうち，財務諸表の表示を利用した記載は，財務情報であるが，その他の情報は，非財務情報と考えられる。
*2　特にビジネスモデルに関連する収益認識等や将来の不確実性についての会計基準の適用が重要になる。

第9章 【プロセス4】有価証券報告書の記述情報等の開示

■図表9-6■ 有価証券報告書の記述情報における価値創造ストーリーの展開

有価証券報告書の記述情報の主要な記載項目（「事業の状況」）	
望ましい開示に向けた取組み*	【プロセス1】，【プロセス2】，【プロセス3】の検討項目
1．経営方針，経営環境及び対処すべき課題等	
1-1．経営方針・経営戦略等	
①経営方針・経営戦略等は，記述情報の中でも特に経営判断の根幹となるものであり，開示に当たっては， ●経営者が作成の早期の段階から適切に関与すること ●取締役会や経営会議における議論を適切に反映すること が期待される。	【プロセス1】事業計画の策定・管理 ❶コーポレートガバナンスとキーガバナンスポイント ❷全社的なリスク管理とマテリアリティ ❻戦略 ❼指標および目標 ❽事業計画の策定
②経営方針・経営戦略等については，事業全体の経営方針・経営戦略等と併せて，それらを踏まえた各セグメントの経営方針・経営戦略等を開示することが期待される。セグメントの記載に当たっては，各セグメントにおける具体的な方策の遂行に向け，資金を含めた経営資源がどのように配分・投入されるかを明らかにすることが望ましい。	【プロセス1】事業計画の策定・管理 ❻戦略 ❼指標および目標 ❽事業計画の策定
③経営環境（例えば，企業構造，事業を行う市場の状況，競合他社との競争優位性，主要製品・サービスの内容，顧客基盤，販売網等）についての経営者の認識の説明においては，投資家がセグメントごとの経営方針・経営戦略等を適切に理解できるようにするため，各セグメントに固有の経営環境についての経営者の認識も併せて説明されることが望ましい。	【プロセス1】事業計画の策定・管理 ❸外部環境分析（マクロ） ❹外部環境分析（ミクロ） ❺内部環境分析

267

PART Ⅱ　6つの重要プロセスとキーガバナンスポイントの文書化・評価

事業を行う市場の状況や競合他社との競争優位性の説明においては，これらの説明に加えて，自社の弱みや課題，経営環境の変化を踏まえた自社にとっての機会やリスクに関する経営者の認識，これらを踏まえた経営方針・経営戦略等も含めて記載することが望ましい。	

1-2．優先的に対処すべき事業上及び財務上の課題

①優先的に対処すべき事業上及び財務上の課題の説明に当たっては，その課題の重要性を明らかにするため，経営方針・経営戦略等との関連性の程度や，重要性の判断等を踏まえて記載することが考えられる。	【プロセス1】事業計画の策定・管理 ❶コーポレートガバナンスとキーガバナンスポイント ❷全社的なリスク管理とマテリアリティ ❻戦略 ❾非財務情報が財務報告の信頼性に与える影響の検討と財務報告上のリスク特定
②優先的に対処すべき事業上及び財務上の課題については，当該課題決定の背景となる経営環境についての経営者の認識を説明することも考えられる。	【プロセス1】事業計画の策定・管理 ❸外部環境分析（マクロ） ❹外部環境分析（ミクロ） ❺内部環境分析

1-3．経営上の目標の達成状況を判断するための客観的な指標等

KPIを設定している場合には，その内容として，目標の達成度合いを測定する指標，算出方法，なぜその指標を利用するのかについて説明することが考えられる。また，合理的な検討を踏まえて設定された経営計画等の具体的な目標数値を記載することも考えられる。セグメント別のKPIがある場合には，その内容も開示することが望ましい。	【プロセス1】事業計画の策定・管理 ❻戦略 ❼指標および目標 ❽事業計画の策定

2．サステナビリティ開示

268

第 9 章 【プロセス 4 】有価証券報告書の記述情報等の開示

企業が，業態や経営環境等を踏まえ，重要であると判断した具体的なサステナビリティ情報について，「ガバナンス」，「戦略」，「リスク管理」，「指標及び目標」の枠で開示することとすべきである。なお，「戦略」と「指標及び目標」について，各企業が重要性を判断した上で記載しないこととした場合でも，当該判断やその根拠の開示を行うことが期待される。 　また，国内における具体的開示内容の設定が行われていないサステナビリティ情報の記載に当たって，例えば，国際的に確立された開示の枠組みである気候関連財務情報開示タスクフォース（TCFD 又はそれと同等の枠組みに基づく開示をした場合には，適用した開示の枠組みの名称を記載することが考えられる。	【プロセス 1 】事業計画の策定・管理 ❶コーポレートガバナンスとキーガバナンスポイント ❷全社的なリスク管理とマテリアリティ ❻戦略 ❼指標および目標

3．事業等のリスク

①事業等のリスクの開示においては，一般的なリスクの羅列ではなく，財政状態，経営成績及びキャッシュ・フローの状況の異常な変動，特定の取引先・製品・技術等への依存，特有の法的規制・取引慣行・経営方針，重要な訴訟事件等の発生，役員・大株主・関係会社等に関する重要事項等，投資家の判断に重要な影響を及ぼす可能性のある事項を具体的に記載することが求められる。その際，取締役会や経営会議において，そのリスクが企業の将来の経営成績等に与える影響の程度や発生の蓋然性に応じて，それぞれのリスクの重要性（マテリアリティ）をどのように判断しているかについて，投資家が理解できるような説明をすることが期待される。	【プロセス 1 】事業計画の策定・管理 ❶コーポレートガバナンスとキーガバナンスポイント ❷全社的なリスク管理とマテリアリティ ❸外部環境分析（マクロ） ❹外部環境分析（ミクロ） ❺内部環境分析 ❻戦略 ❾非財務情報が財務報告の信頼性に与える影響の検討と財務報告上のリスク特定

269

PART II　6つの重要プロセスとキーガバナンスポイントの文書化・評価

②リスクの記載の順序については，時々の経営環境に応じ，経営方針・経営戦略等との関連性の程度等を踏まえ，取締役会や経営会議における重要度の判断を反映することが望ましい。	【プロセス1】事業計画の策定・管理 ❶コーポレートガバナンスとキーガバナンスポイント ❷全社的なリスク管理とマテリアリティ
③また，リスクの区分については，リスク管理上用いている区分（例えば，市場リスク，品質リスク，コンプライアンスリスクなど）に応じた記載をすることも考えられる。	【プロセス1】事業計画の策定・管理 ❶コーポレートガバナンスとキーガバナンスポイント ❷全社的なリスク管理とマテリアリティ

4．経営者による財政状態，経営成績及びキャッシュ・フローの状況の分析（Management Discussion Analysis，いわゆる MD&A）

4-1．MD&A に共通する事項

① MD&A においては，単に財務情報の数値の増減を説明するにとどまらず，事業全体とセグメント情報のそれぞれについて， ● 当期における主な取組み ● 当期の実績 ● 増減の背景や原因についての深度ある分析 ● その他，当期の業績に特に影響を与えた事象 について，認識している足許の傾向も含めて，経営者の評価を提供することが期待される。 ② MD&A において，当期における主な取組みやそれを踏まえた実績の評価を開示するに当たっては，企業が設定した KPI と関連付けた開示を行うことが望ましい。KPI に関連して目標数値が設定されている場合には，その達成状況を記載することも考えられる。	【プロセス1】事業計画の策定・管理 ❻戦略 ❼指標および目標 ❽事業計画の策定 ❾非財務情報が財務報告の信頼性に与える影響の検討と財務報告上のリスク特定 ❿財務数値による関係会社管理 ⓫第1線による業績管理 ⓬第1線，第2線および第3線，そして取締役会等によるモニタリング 【プロセス2】会計基準の適用 ❹会計基準等の規定に従った検討と事業計画上の要点の可視化 ⓫高リスクの根拠と望まれる意識・行動 【プロセス3】開示目的に照らした注記

270

第9章 【プロセス4】有価証券報告書の記述情報等の開示

| | ❺重要性（開示目的）に照らした注記方針の検討 |

4-2．キャッシュ・フローの状況の分析・検討内容並びに資本の財源及び資金の流動性に係る情報

①資金需要の動向に関する経営者の認識の説明に当たっては，企業が得た資金をどのように成長投資，手許資金，株主還元に振り分けるかについて，経営者の考え方を記載することが有用である。	【プロセス1】事業計画の策定・管理 ❻戦略 ❼指標および目標 ❽事業計画の策定
②成長投資への支出については，経営方針・経営戦略等と関連付けて，設備投資や研究開発費を含めて，説明することが望ましい。	
③株主還元への支出については，目標とする水準が設定されている場合にはそれも含め，考え方を説明することが望ましい。その際，配当政策など，他の関連する開示項目と関連付けて説明することが望ましい。	
④緊急の資金需要のために保有する金額の水準（例えば，月商〇か月分など）とその考え方を明示するなど，現金及び現金同等物の保有の必要性について投資家が理解できる適切な説明をすることが望ましい。	
⑤資金調達の方法については，資金需要を充たすための資金が営業活動によって得られるのか，銀行借入，社債発行や株式発行等による調達が必要なのかを具体的に記載することが考えられる。また，資金調達についての方針（例えば，DEレシオ）を定めている場合には，併せて記載することが有用である。	

271

PART Ⅱ　6つの重要プロセスとキーガバナンスポイントの文書化・評価

⑥資本コストに関する企業の定義や考え方について，上記の内容とともに説明することも有用である。	

4-3.　重要な会計上の見積り及び当該見積りに用いた仮定

（参考）米国 SEC の MD&A に関するガイダンス（抜粋・仮訳） 　重要な会計上の見積り及び当該見積りに用いた仮定については，以下の場合にMD&A に記載することが求められる。その記載は，財務諸表の注記に記載された会計方針を補足し，財政状態や経営成績に係る情報の理解を深めるのに資するものとすべきである。 　会計上の見積り及び当該見積りに用いた仮定が， ● 不確実な事柄に対する主観・判断の程度や，不確実な事柄の変化のしやすさに照らし重要である場合 ● 財政状態や経営成績に与える影響が大きい場合なぜ重要な会計上の見積り及び当該見積りに用いた仮定が変化しうるリスクを有しているかを説明すべきである。また，重要な会計上の見積り及び当該見積りに用いた仮定の説明は，どのように見積りを算定したか，過去に仮定や見積りがどれほど正確であったか，どれほど変更されたか，将来変更される可能性が高いか等を分析して行うべきである。	【プロセス1】事業計画の策定・管理 　❾非財務情報が財務報告の信頼性に与える影響の検討と財務報告上のリスク特定 【プロセス2】会計基準の適用 　❹会計基準等の規定に従った検討と事業計画上の要点の可視化 　❻結論（会計処理方針） 　⓫高リスクの根拠と望まれる意識・行動 　⓬内部統制の構築とキーコントロールの選定 【プロセス3】開示目的に照らした注記 　❺重要性（開示目的）に照らした注記方針の検討 　❻非財務情報と3つの注記・セグメント情報等および財務情報のつながり 　❼結論（注記の記載内容）

＊「記述情報の開示に関する原則（金融庁2019年3月）」および「記述情報の開示に関する原則（別添）
　―サステナビリティ情報の開示について―（金融庁2022年11月）」から引用

❻-2　中期事業計画の策定方式と開示上の留意点

□ローリング方式を採用する場合（【プロセス1】❽-1参照），毎年計画の見

第9章 【プロセス4】有価証券報告書の記述情報等の開示

直しを行うため，開示上，中期事業計画の経営方針・経営戦略等の変更の有無と，変更がある場合の変更点や関連する策定期間内の業績推移の原因分析に留意する。

□固定方式を採用する場合（【プロセス1】❽-1参照），中期事業計画の進捗状況や中期事業計画策定後の経営環境の変化等も踏まえ，現時点における経営方針・経営戦略等の適切な開示に留意する。

□いずれの方式の場合も，収益認識等（原価計算を含む。）と将来の不確実性の視点は首尾一貫する必要がある（【プロセス2】，【プロセス3】参照）。

❼ 財務報告の範囲（内部統制報告制度の範囲）

□財務報告の範囲を明確にし，決算・財務報告プロセスに含めてその信頼性を確保する内部統制を構築して内部統制報告制度の対象とする（図表9-7）。

□非財務情報と財務情報を別々に検討するのではなく，両者のつながりを検討することが重要であり，両者のつながりは，非財務情報のうち，「財務諸表に重要な影響を及ぼす可能性のある情報」が該当する。

□「財務諸表」と「財務諸表に重要な影響を及ぼす可能性のある情報」の信頼性の確保が「財務報告の信頼性」であり，近年の開示重視の潮流からは，後者はなるべく，財務報告の対象に含まれる「財務諸表の作成における判断に密接に関わる事項」として開示することが望ましい。

□❻の開示方針を受けて，財務情報によって企業活動全体をコントロールするための内部統制，すなわち，財務報告に係る内部統制の有効性を，内部統制報告制度において経営者が評価し，その信頼性を担保することが大切である（【プロセス1】❶-10参照）。

□「財務諸表に重要な影響を及ぼす可能性のある情報」を，「財務諸表の作成における判断に密接に関わる事項」として開示する場合，関連する勘定科目と業務プロセスを明確にして，その信頼性を担保するために内部統制報告制度の評価対象とする。

□「財務諸表」だけでなく，【プロセス1】から【プロセス4】の検討を踏まえ，「財務諸表に重要な影響を及ぼす可能性のある情報」，「財務諸表の信頼性に重要な影響を及ぼす開示事項等」（「財務諸表の作成における判断に密接に関わる事項」と「財務諸表の表示等を用いた記載」），「事業目的に大きく関わる勘定科目」，「事業目的に大きく関わる勘定科目に至る業務プロセス」を明

273

PART Ⅱ　6つの重要プロセスとキーガバナンスポイントの文書化・評価

■図表9-7■　財務報告の範囲（内部統制報告制度の範囲）（様式例）

		内　　　容
財務諸表に重要な影響を及ぼす可能性の ある情報		
財務諸表の信 頼性に重要な 影響を及ぼす 開示事項等	財務諸表の作成における 判断に密接に関わる事項	
	財務諸表の表示等を用い た記載	
財務諸表 （事業目的に大きく関わる勘定科目）		
事業目的に大きく関わる勘定科目に至る 業務プロセス		
決算・財務報告プロセス（個別）		
重要性の大きい業務プロセス		

らかにして，開示全体の中の財務報告の内容を明確にし，自社における財務
報告に係る内部統制の範囲，そして，内部統制報告制度の範囲を明確にする。
なお，具体的な評価範囲の決定結果は【プロセス6】内部統制報告制度の評
価範囲の決定に参照する。

□「財務報告の信頼性」の意義（特別な意味）を理解するために，以下の図表
を参照する。

図表No.	内　　　容
1-1	財務諸表に重要な影響を及ぼす可能性のある情報のイメージ
2-12	財務報告に係る内部統制の評価におけるキーワード
3-6	財務・非財務情報と内部統制報告制度

❽　その他の外部報告の範囲（その他の非財務情報）

□「報告の信頼性」を確保する必要がある「財務報告」以外の外部報告の範囲

274

第9章 【プロセス4】有価証券報告書の記述情報等の開示

を明確にする。たとえば，気候変動や人的資本・多様性等に関するサステナビリティ情報の開示が該当する。

□非財務情報と有価証券報告書の記述情報のつながりを理解するために，以下の図表を参照する。

図表No.	内　　　容
5-6	非財務・財務情報と6つの重要プロセスの拡張および循環
9-5	有価証券報告書における【ステップ1】から【ステップ3】と【ステップ4】のつながり
9-6	有価証券報告書の記述情報における価値創造ストーリーの展開

≪ステップ3≫　その他の外部報告に係る内部統制の構築（検討項目❾～⓬）

　情報利用者のために信頼性を確保すべき点は，財務報告と同様であるため，その他の外部報告に係る内部統制を構築する。

　たとえば，気候変動等のサステナビリティ課題への対応における指標および目標に関する実績値等[5]の情報集計プロセスについて，内部統制報告制度への対応において蓄積した全社的な内部統制や業務プロセスに係る内部統制の構築，整備・運用に関するナレッジが活用できると考えられる。

　具体的には，次の【プロセス5】に準じて，情報の信頼性を確保するためのアサーションを適宜設定し，【プロセス2】および【プロセス3】の≪ステップ3≫リスクの識別と内部統制の構築と次の【プロセス5】キーコントロールの構築と選定のナレッジ（知見とノウハウ）を適用することが考えられる。

　なお，❿リスクの識別・評価と将来の財務諸表への影響の検討において，「財務諸表に重要な影響を及ぼす可能性のある情報」の視点でモニタリングし，将来の財務諸表に及ぼす影響に絶えず留意して，該当する情報を早期に捕捉することが大切である。

5　たとえば，気候変動における温室効果ガス（GHG）に関しては，Scope 1（事業者自らによる直接排出）やScope 2（他社から供給された電気，熱・蒸気の使用に伴う間接排出）のGHG排出量に関する情報，そして，人的資本，多様性における女性管理職比率や男性の育児休業取得率，男女間賃金格差に関する情報が考えられる。

275

PART II　6つの重要プロセスとキーガバナンスポイントの文書化・評価

　たとえば，人権やコンプライアンス関連の不祥事リスクに関して，その財務報告への影響を検討することは難しい一面があるが，近年の関連不祥事からわかるとおり，いったん発現すると，顧客の離反・契約解除等で，甚大な財務上の影響を受ける。また，それだけでなく，従業員の退職，サプライチェーンからの孤立，そして，社会的な批判を受けて企業の存続が困難になる。そのような状況を矢庭に想定するのは困難であると考えられるため，【プロセス1】を起点に，まず，現在の財務諸表に重要な影響を及ぼす可能性のある情報を【プロセス2】から【プロセス4】において検討するとともに，同時に，その"予備軍"として，将来の財務諸表に重要な影響を及ぼす可能性のある情報を検討して，その検討結果を【プロセス1】の経営戦略や事業計画にフィードバックさせることが有用と考えられる（[図表5-6]参照）。

■図表9-8■　財務報告以外の外部報告に係る内部統制の構築方針（様式例）

その他の非財務情報	内部統制の構築方針

第10章

【プロセス5】キーコントロールの構築と選定

　たとえば，日に複数回実施される担当者レベルの複数のコントロールを年間で合計数百件評価しなければ，業務プロセスに係る内部統制の有効性が評価できない企業の場合，その全社的な内部統制の有効性には根本的な疑念が生じる。トップダウン型のリスク・アプローチに基づき構築されていない全社的な内部統制や業務プロセスに係る内部統制に対して，キーコントロールの選定や整備・運用状況の評価をいくら工夫しても，実効性と効率性が高い制度対応には限界がある。

　また，評価範囲をトップダウン型のリスク・アプローチに基づき決定しても，キーコントロールが，担当者レベルのコントロール中心に評価の容易さを重視して選定されていたのでは"ボトムアップ型の評価手続重視アプローチ"，実効性と効率性が高い内部統制評価は実施できない。キーコントロールは，トップダウン型のリスク・アプローチに基づき選定すべきであり，さらには，選定の前の構築の段階から同アプローチを適用すべきである。

　トップダウン型のリスク・アプローチに基づけば，適切な管理者等の管理・監督行為などの上位階層のコントロールを構築し，キーコントロールは，リスクの程度に応じた評価のために必要かつ十分なコントロールを選定することになる。トップダウン型のリスク・アプローチとキーコントロールの考え方は，【プロセス1】から【プロセス4】，そして【プロセス6】にも通底するため，【プロセス5】では，これらのプロセスの理解にも役立つようにトップダウン型のリスク・アプローチに基づくキーコントロールの構築と選定の3つのステップとしての検討項目を使って解説する。

　内部統制の構築，キーコントロールの選定，評価範囲の決定，そして，整備・運用状況の評価をトップダウン型のリスク・アプローチで首尾一貫することは，企業の内部において内部統制の目的や内容を浸透させ，また，外部との内部統

277

PART Ⅱ　6つの重要プロセスとキーガバナンスポイントの文書化・評価

制に関する有意義なコミュニケーション，特に，監査人との協議と財務諸表利用者への開示を実施するうえで極めて重要である。

1 ▷ 財務報告上の主要論点

トップダウン型のリスク・アプローチとキーコントロールの考え方（［図表2-1］［図表2-2］［図表2-3］参照）は，内部統制だけでなく，コーポレートガバナンスや全社的なリスク管理でも有用な汎用性の高い考え方の枠組み（フレームワーク）であるため，本章と第15章［検討例3］，［検討例4］では以下の論点に関して，3つのステップと12の検討項目の解説を行う。

□トップダウン型のリスク・アプローチの適用（検討項目❶～⓬，第15章［検討例3］参照）
□高リスクの特定とその対応（検討項目❼❽，第15章［検討例3］参照）
□上位コントロールと下位コントロール（検討項目❾，第15章［検討例3］，［検討例4］参照）
□上位コントロールの構築とキーコントロールの選定（検討項目❿⓫⓬，第15章［検討例4］参照）

トップダウン型のリスク・アプローチは，評価範囲の絞り込みの局面だけではなく，制度対応のすべての局面において適用することが有用であり，それは，キーコントロールの構築と選定の局面においても当てはまる。

ただし，そのためには，コントロールの上位と下位の階層を意識したり，事業上のリスク，財務報告上のリスク，そして不正リスクを体系的に考察したりする必要がある。また，リスク・アプローチを適用することが大切であり，その際に最も重要なことは，高リスクを特定することである。

キーコントロールは，業務上重要なコントロールとの誤解があるように思われるが，評価対象として選定するための概念である。両者は一致する場合もあるが，前者を中心に選定すると効率的な評価にならない場合が多い。また，業務プロセスに係る内部統制の評価範囲を決定する際のスタートとなる重要な事業拠点を絞り込む際にトップダウン型のリスク・アプローチを適用しても，業務プロセスに係る内部統制において同アプローチを適用しないのであれば，内

278

第10章 【プロセス5】キーコントロールの構築と選定

部統制評価全体の論理構成の全体構成において破綻が生じている可能性が高い。さらには，選定の前の構築における内部統制のデザイン（設計）の段階からキーコントロールを意識すべきである。具体的には，5つの類型（［図表2-10］参照）にしたがって構築することが実務的である。

なお，これらの論点の理解は，【プロセス1】から【プロセス4】，そして【プロセス6】を検討するうえでも重要である。

2 ▶ 3つのステップと12の検討項目

実施基準には，経営者は，全社的な内部統制の評価結果を踏まえ，評価対象となる内部統制の範囲内にある業務プロセスを分析した上で，財務報告の信頼性に重要な影響を及ぼすキーコントロール（統制上の要点）を選定する旨が記載されており（Ⅱ. 3.(3)業務プロセスに係る内部統制の評価），これは，財務報告に係る内部統制の評価実務においては，全社的な内部統制の中でも，特に，高リスクの特定と対応（リスクの評価と対応），そして，コントロールの階層やその相互の連係（独立的評価，日常的モニタリング，そして統制活動）を重視し，それが良好であることを前提に，すべてのコントロールの運用評価を実施するのではなく，業務プロセスの特徴とITの利用状況等を分析した上で，財務報告上のリスクの程度に応じてキーコントロールを選定して運用評価を実施する方法，つまり，トップダウン型のリスク・アプローチに基づくキーコントロールの選定・評価の考え方であると解される。

以下では，トップダウン型のリスク・アプローチに基づくキーコントロールの構築と選定を，3つのステップと12の検討項目でデザイン（設計）して解説する（［図表10-1］）。

なお，整備状況の評価は，一般にウォークスルー[1]により実施される業務への適用の判断だけでなく，デザインの検討，すなわち，内部統制が単独で又は他のいくつかの内部統制との組合せによって，重要な虚偽表示リスクを効果的

---

1 ウォークスルーとは，評価対象となった業務プロセスごとに，代表的な取引を1つあるいは複数選んで，取引の開始から取引記録が財務諸表に計上されるまでの流れを，内部統制の記録等により追跡する手続をいい，外部監査人が内部統制の整備状況に関する理解を確実なものとする上で，有用な手続であるとされているが（実施基準Ⅲ4(2)①イb），経営者が必ず実施しなければならない手続とはされていない（Q&A 問33）。

279

PART II　6つの重要プロセスとキーガバナンスポイントの文書化・評価

■図表10-1■　【プロセス5】における3つのステップと12の検討項目

| ≪ステップ1≫（現状把握）業務プロセスの特徴の把握 | ≪ステップ2≫（方針決定）トップダウン型のリスク・アプローチによる構築 | ≪ステップ3≫（適用・実施）キーコントロールの選定と十分性の確認 |

＜全社的なリスク＞

❶【プロセス1】
　事業計画の策定・管理

❷【プロセス2】
　　会計基準の適用，
　【プロセス3】
　　開示目的に照らした注記，
　【プロセス4】
　　有価証券報告書の記述情報
　　等の開示

＜業務プロセスのリスク＞

❸業務の特徴

❹IT の利用状況

❺質的重要性と過年度の発見
　事項等

❻会計処理のため必要になる
　情報等

❼リスクの識別と評価

❽高リスクの根拠

❾5類型による内部統制の構築

❿キーコントロールの選定

⓫キーコントロールの十分性の
　確認（デザインの検討）

⓬関連性の高い他の業務プロセ
　ス等の把握

に防止又は発見・是正できるかどうかの検討が重要であり，【プロセス5】⓫
キーコントロールの十分性の確認により，それを実施する。

　【プロセス5】で構築・選定されるキーコントロールは仮説にすぎず，業務
への適用の判断と運用状況の評価により，仮説を検証する。それは，キーコン
トロールを確定的なものではなく，会社を取り巻く環境の変化やそれに伴う重
要な虚偽記載リスクの変化に応じて，継続的に見直されるべきものであるとす
る考え方に基づく。特に，運用状況の評価を実施する際に，証跡の確認だけで
なく，統制実施者への質問を実施することにより，対象業務プロセスの状況の
変化の有無等を確認してキーコントロールを絶えず見直すことを想定する。

　なお，【プロセス5】が想定する決算・財務報告プロセス以外の業務プロセ
スに係る内部統制には，経営戦略の実行者である業務プロセス責任者をはじめ

280

多くの管理者と担当者が関与するため，≪ステップ１≫＜全社的なリスク＞検討項目❶❷において，経営戦略と内部統制報告制度に関する関係者の理解を促し，その伝達・浸透を促すようにデザイン（設計）する。

≪ステップ１≫　業務プロセスの特徴の把握（検討項目❶〜❻）

トップダウン型のリスク・アプローチに基づき，キーコントロールを構築し選定するためには，リスクの識別と評価が最も重要である。その際，瑣末なリスクに目を奪われることなく，財務報告上のリスク，すなわち，財務報告の重要な事項に虚偽記載が発生するリスクに焦点を合わせることが重要であり，≪ステップ１≫では，次の≪ステップ２≫において，高リスクを特定するための情報を入手することを重視する。

＜全社的なリスク＞（検討項目❶❷）
財務報告に係る内部統制の構築であるため，経理部門責任者が，全社的な財務報告上のリスクに関する検討内容と関連する業務プロセスおよび内部統制要件を業務部門責任者に説明し，業務部門責任者は，業務プロセスと内部統制を構築，整備する（［図表10-2］）。

■図表10-2■　【プロセス５】における役割分担（例）

検　討　項　目	主担当	関連部門等
❶【プロセス１】事業計画の策定・管理 ❷【プロセス２】会計基準の適用，【プロセス３】開示目的に照らした注記，【プロセス４】有価証券報告書の記述情報等の開示	●経理部門	・業務部門
❸業務の特徴 〜❷関連性の高い他の業務プロセス等の把握	●業務部門	・経理部門

まず，全社的な観点で【プロセス１】から【プロセス４】の検討内容を確認する（［図表10-3］）。
具体的には，【プロセス１】において識別し，評価する全社的なリスク等に関する情報を確認するが，その際，財務報告上のリスクを理解することが大切である（❶【プロセス１】事業計画の策定・管理）。

281

PART Ⅱ　6つの重要プロセスとキーガバナンスポイントの文書化・評価

　また，【プロセス2】と【プロセス3】において，企業のビジネスモデルに関する収益認識等（原価計算を含む。）および将来の不確実性と会計処理および注記の関係を理解し，そして，【プロセス4】において，内部統制報告制度の対象となる財務報告の範囲を確認する（❷【プロセス2】会計基準の適用，【プロセス3】開示目的に照らした注記，【プロセス4】有価証券報告書の記述情報等の開示）。

■図表10-3■　全社的な観点での検討内容と業務プロセスのつながり

プロセス	主な検討内容	【プロセス5】 キーコントロールの構築と選定
【プロセス1】 事業計画の策定・管理	□事業計画の内容や経営戦略課題，組織運営課題 □仮説の立案と検証，見直しの考え方	❼リスクの識別と評価 　全社的な事業リスクの把握
【プロセス2】 会計基準の適用	□財務報告上のリスク（全社） □誤謬リスクと不正リスクシナリオ □事業計画上の要点と戦略実行のために望まれる意識・行動	❼リスクの識別と評価 　全社的な財務報告上のリスクの把握 ❽高リスクの根拠 　事業計画上の要点（経営のメッセージ），事業計画遂行のため望まれる意識と行動の確認
【プロセス3】 開示目的に照らした注記	□非財務情報と財務情報をつなげる3つの注記（会計方針，収益認識および会計上の見積りの注記）	❼リスクの識別と評価，❽高リスクの根拠 　関連する経営者による判断や会計上の見積りの確認
【プロセス4】 有価証券報告書の記述情報等の開示	□財務報告の対象範囲（特に，財務諸表に重要な影響を及ぼす可能性のある情報と財務諸表の信頼性に重要な影響を及ぼす開示事項等の関係	❼リスクの識別と評価，❽高リスクの根拠 　関連する経営者による判断や会計上の見積りが有価証券報告書でどのように外部に開示されているかの確認

　経理部門責任者は，業務プロセス責任者へ❶❷を説明し，業務部門責任者は，

第10章　【プロセス5】キーコントロールの構築と選定

事業計画上の要点と戦略実行のため望まれる意識と行動を理解し，全社的なリスクを踏まえて，業務プロセスのリスクを識別し評価する。

≪ステップ1≫＜全社的なリスク＞における事業計画上の要点（経営のメッセージ）と事業計画遂行のため望まれる意識と行動を理解するために，以下の図表を参照されたい。

図表No.	内　　　容
1-1	財務諸表に重要な影響を及ぼす可能性のある情報のイメージ
1-2	事業上のリスクと財務報告上のリスク（例）
4-4	事業計画上の要点の可視化（経営のメッセージ）
4-5	キーガバナンスポイントとその設定手順
7-5	事業計画上の要点の可視化（経営のメッセージ）のイメージ
7-6	望ましい結果と事業計画上の要点（経営のメッセージ）（様式例）
7-9	財務報告上の高リスクの特定（様式例）
7-10	事業計画遂行のため望まれる意識と行動（様式例）

＜業務プロセスのリスク＞（検討項目❸～❻）

次に，当該業務プロセス責任者が業務プロセスにおける財務報告上のリスクを識別するための情報を収集する。当該プロセスの連結ベースでの金額的重要性，サブプロセスの業務内容，そして，職務分掌を確認する（❸業務の特徴）。また，通常，業務プロセスではITを利用して情報処理の有効性，効率性等を高めているため，その利用状況を把握する（❹ITの利用状況）。ここでは，当該プロセスの財務報告に与える金額的影響を確認するとともに，瑣末な視点でなく，どこで財務報告の基礎情報が確定するかを検討する。また，会計処理のため必要になる情報等の生成から会計システムへの反映に至るまでのシステム間のデータの流れを把握する必要があり，異なるシステム間で財務情報が授受される場合，整合性がどのように確保されているかが重要になる。

当該業務プロセスの❺質的重要性と過年度の発見事項等は，次の≪ステップ2≫において，高リスクを特定する際の重要な情報となる（[図表2-4][図表10-4]参照）。

283

PART II　6つの重要プロセスとキーガバナンスポイントの文書化・評価

　そして，≪ステップ１≫の最後に，当該業務プロセスにおける会計処理の基礎情報であり，また，財務報告上のリスクがそこから直接的に発生する仕訳入力時の必要情報等を明確にする（❻会計処理のため必要になる情報等）。ITを利用した自動仕訳が起票される場合やスプレッドシートにより作成する情報が利用される場合は，❹と関連させる。

≪ステップ２≫　トップダウン型のリスク・アプローチによる構築（検討項目❼❽❾）

　≪ステップ１≫業務プロセスの特徴の把握から≪ステップ２≫トップダウン型のリスク・アプローチによる構築への接続点は，≪ステップ１≫❻会計処理のため必要になる情報等である。❻の適切な生成，収集または処理を阻害する要因の検討が❼リスクの識別と評価，❽高リスクの根拠である。そして，当該リスクを低減する内部統制の検討が❾５類型による内部統制の構築である。

　また，内部統制の実効性を高めるためには，高リスクの特定とその対応が最も重要であり，≪ステップ１≫で把握する❶から❻の情報に基づき，高リスクを特定する（❼❽）。

　特に，全社レベルの【プロセス１】から【プロセス４】と，業務プロセスの【プロセス５】❸～❻といった２階層でリスクを識別し評価する点がポイントである（［図表10-4］）。

　業務プロセスの観点からの誤謬リスクおよび不正リスクシナリオの検討結果は，適宜【プロセス１】および【プロセス２】へフィードバックする。

■図表10-4■　全社的なリスクと業務プロセスのリスク

分類	プロセス	【プロセス５】の検討項目	留　意　点
全社的なリスク	【プロセス１】事業計画の策定・管理	❶	事業計画の策定の際に連結ベースで識別し評価した高リスクが，当該業務プロセスに存在する場合の当該リスクが該当する。 　事業計画の策定の際に高リスクと評価するリスクは以下のとおりである。 (1)　質的重要性（リスクが大きい取

284

第10章　【プロセス5】キーコントロールの構築と選定

			引，見積りや予測の要素，および非定型・不規則な取引など） 　質的重要性が高ければ，発生可能性も高いとみなし，高リスクと判断する。ただし，明らかに金額的重要性または発生可能性が低いことを合理的に説明できるリスクは除く。 (2)　過去の指摘事項等 　過去の指摘事項等は，質的または金額的重要性が高く，かつ発生可能性も高いとみなし，高リスクと判断する。なお，直近の指摘事項については，特に留意する。ただし，不備の改善が完了しており，整備・運用状況の有効性が確認された内部統制に関するリスクは除く。
	【プロセス2】 会計基準の適用 【プロセス3】 開示目的に照らした注記 【プロセス4】 有価証券報告書の記述情報の開示	❷	業務プロセス責任者が，経理部門に以下の事項を確認する。 　□財務報告上のリスクが生じる原因となる会計処理，注記と開示の方針 　□経理部門が主導して検討する財務報告上のリスクと財務報告の範囲 　□内部統制構築の考え方
業務プロセスのリスク	【プロセス5】 キーコントロールの構築と選定	❸～❻	❶❷で確認する全社的なリスクに留意して，業務プロセスの視点で当該リスクを確認し詳細化するとともに，新たに追加すべきリスクがないかを検討する。 　特に，全社的な視点では考慮することが難しい事業拠点と業務プロセスに特有の事情（現地の商慣行等に基づく複雑なスキームの取引や担当者の裁量による取引の有無等）に留意する。

285

PARTⅡ　6つの重要プロセスとキーガバナンスポイントの文書化・評価

　本書では，トップダウン型のリスク・アプローチを，従来の評価範囲の絞り込みの局面だけでなく，内部統制報告制度のすべての局面で首尾一貫して適用すべき内部統制の原則と位置づける（［図表4-1］参照）。

　そして，リスクの評価では，低リスクは保守的に，高リスクは限定的に判断し，結果として中リスクを多くして，高リスクについては，関連するアサーションを確認し，当該アサーションに係るリスクを十分低減するコントロールを慎重に対応させる一方で，中リスクについては，サブプロセスにとらわれない業務プロセス全体を俯瞰する視点で，まとめて低減できるように内部統制を定型化することが実務的と考える（［図表2-1］［図表2-2］参照）。

　また，高リスクを，質的重要性または金額的重要性が高く，かつ発生可能性が高いリスクと定義するが，明らかに金額的重要性または発生可能性が低いことを合理的に説明できるリスクは，高リスクとせず，また，金額的重要性が高いだけのリスクは，それだけをもって高リスクとはしない（［図表2-3］参照）。

　実効性と効率性が高い内部統制を構築するためには，そのデザイン（設計）の検討の段階からトップダウン型のリスク・アプローチとキーコントロールを考慮すべきである（［図表2-6］［図表2-7］参照）。

　このようなトップダウン型のリスク・アプローチとキーコントロールの考え方に基づき，内部統制は5類型によって構築する（［図表2-10］参照）。担当者が個別の中リスクを意識しなくてもリスクを低減できるように内部統制を定型化する（①定型化）。定型化できない非定型的要素が，高リスクに関連する場合が多いため，非定型的な要素には慎重に対応する（②非定型的な要素の特定と対応）。また，❻について，取引や会計処理の根拠となる情報を記録・保存するとともに，その正確性と網羅性を確保する内部統制を構築する（③取引根拠，判断過程や会計上の見積り根拠の記録・保存，④情報の正確性と網羅性のチェック）。構築の際の職務分掌において，コントロールの階層を明確にすることも重要である（⑤職務分掌）。次の《ステップ3》において，キーコントロール選定の判断要素とするため，上位コントロールと下位コントロールに区分して内部統制を認識する。

　なお，定型化できない非定型的な要素を高リスクととらえる考え方は，残余リスクによるリスク評価の一種であるが，残余リスクの欠点，つまり，内部統制の有効性を前提としてリスク評価が行われる可能性があるという点については，5類型のうち，⑤で，定型化した内部統制に対する日常的モニタリングを

286

重視することで対応している。日常的モニタリングの実施者は，非定型的な要素（高リスク）に慎重に対応するとともに，定型化した担当者レベルのコントロールが中リスクを十分低減しているか，あるいは，定型的に処理できない例外事項が生じていないかにも十分注意して職務を遂行する。また，日常的モニタリングと担当者レベルのコントロールの関係は，コントロールを階層で捉え，リスクに応じたメリハリの利いた対応を指向するトップダウン型のリスク・アプローチの考え方とも整合する。

≪ステップ2≫の検討項目を理解するために，以下の図表を参照されたい。

図表No.	内　　容
1-7	内部統制の4つの目的と6つの基本的要素のつながり
2-1	コントロールの階層の識別
2-2	コントロールの階層の例
2-6	上位コントロールの例(1)経理部門による財務数値の分析的検討
2-7	上位コントロールの例(2)上位者による日常的モニタリング
2-10	上位者の目線で構築する内部統制の5類型

≪ステップ3≫　キーコントロールの選定と十分性の確認（検討項目❿⓫⓬）

評価したリスクに対応するキーコントロールを具体的に検討するステップが，キーコントロールの選定である。キーコントロールは，「扇の要（かなめ）」のように他の内部統制を束ねて，重要な虚偽記載が発生するリスクを低減する中心的な役割を果たす内部統制であり，キーコントロールを選定する意義は，内部統制の運用状況の有効性の評価のために，「扇の要（かなめ）」となりえる単独のコントロール，または他のいくつかのコントロールの組み合せを選定することとする。したがって，その選定の際には，もしも，そこから整備や運用の不備が発生したとすれば，財務報告上の重要な虚偽記載に結びつくか否かの視点が重要であり，必要かつ十分なキーコントロールを選定するためには，≪ステップ2≫❼❽において，高リスクを特定し，≪ステップ2≫❾で，上位コン

トロールと下位コントロールの階層，あるいは連係を識別することが肝要となる。

　トップダウン型のリスク・アプローチに基づけば，キーコントロールは，適切な管理者等の管理・監督行為などの上位階層のコントロールを中心に，リスクの程度に応じた，必要かつ十分なコントロールを構築し選定することになる（［図表10-5］）。具体的には，全社的な内部統制のうち上位コントロールと下位コントロールの階層，または連係を識別し，それが良好であれば，上位コントロールが単独で，または他のいくつかの下位コントロール等との組み合わせで，重要な虚偽表示リスクを効果的に防止または発見・是正できるかどうかを

■図表10-5■　トップダウン型のリスク・アプローチに基づくキーコントロールの構築と選定のイメージ

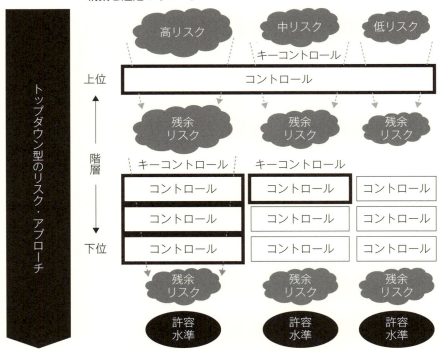

　上位階層のモニタリングだけでは，業務プロセスは機能しないため，低リスクに対しても下位階層のコントロールを構築するが，実効性と効率性が高く，かつ合理的な評価のためには，構築時からコントロールの階層とリスクの程度を考慮し，キーコントロールはリスクの程度に応じて上位階層のコントロールから選定していく必要がある。

第10章 【プロセス5】キーコントロールの構築と選定

検討して実効性と効率性の高いキーコントロールを選定する（❿キーコントロールの選定，［図表2-14］参照）。

この検討の後に，キーコントロールの十分性を確認する（［図表10-6］）。具体的には，上位コントロールがキーコントロールとして十分であるか否か，また，不十分な場合の下位コントロールの追加と，最終的にすべての重要な財務報告上のリスクに選定したキーコントロールが対応しているかを確認する（⓫キーコントロールの十分性の確認（デザインの検討））。なお，本書では，キーコントロールの十分性の検討を，整備状況の評価におけるデザインの検討と位置付けている（第2章第3節(2)③整備状況と運用状況の有効性の評価「●業務プロセスに係る内部統制の評価」参照）。

■図表10-6■　キーコントロールの十分性の確認

	留　意　点
1．上位コントロールの十分性	選定した上位コントロールが，財務報告上のリスク（アサーションに関連したリスク）を十分に低減できているか，を以下の点を考慮して検討する。 (1) 高リスクへの対応（高リスクに十分対応しているか） (2) 財務報告目的との関連性（当該コントロールは，財務報告上のリスクの低減に関連しているか，すなわち，誤謬や不正の防止と発見が意図されているか） (3) タイミング・頻度（誤謬が適時に予防，発見されるように十分規則的に実行され得るか） (4) 精度（虚偽記載のリスクに十分対応する詳細なレベルで正確に実行され得るか） (5) 下位コントロールの整備・運用状況（下位コントロールのエラーはどの程度発生しているか） (6) 実施者の能力等（適格な知見・能力を持つ適切な管理者によって実施され得るか）
2．下位コントロールの追加の要否	上位コントロールが不十分であると判断される場合，つまり，財務報告上の固有のリスク（高リスクおよび中リスク）に上位コントロールを対応させた後，残余リスクが，許容範囲内に低減されていない場合には，下位コントロー

289

PART Ⅱ　6つの重要プロセスとキーガバナンスポイントの文書化・評価

	ルをキーコントロールに追加する。 　下位コントロールからキーコントロールを選定する場合，ヒューマンエラーの排除と今後の運用状況の評価の負担の軽減を考慮すれば，優先すべきは，手作業によるコントロールよりもIT業務処理統制である。 　ただし，IT業務処理統制をキーコントロールに選定した場合は，ITを利用することにより生じるリスクに留意する必要があり，関連するIT全般統制の評価が重要となる。
3．財務報告上のリスクへの対応の網羅性	最後に，選定したキーコントロールが，所定の方針に従って運用された場合に，財務報告上の虚偽記載が発生するリスクを十分に低減できるものとなっているか，たとえば，《ステップ2》❺で評価した各リスクについて，すべての高リスクおよび中リスクに対して，選定したキーコントロールが対応しているかを確認する。

　コントロールの階層，または連係は，同一の業務プロセス間だけでなく，異なる業務プロセス間についても検討することが，組織全体としての内部統制の実効性を高める（⓬関連性の高い他の業務プロセス等の把握）。ある業務プロセスの内部統制で不備が発生した場合でも，関連する他の業務プロセスの内部統制が，その不備を補う補完統制として機能する場合があるため，キーコントロールを選定する際に，関連性が高い他の業務プロセス等を把握して（［図表10-7］），内部統制全体の中で最後の砦となる業務プロセスまたはキーコントロールを特定しておき，その運用を徹底することで，他の内部統制で不備が発生した場合への備えとしておくことが重要である。

■図表10-7■　関連性の高い他の業務プロセス等の例示

	上位コントロール	下位コントロール
業務プロセス	決算・財務報告プロセスに係る内部統制	その他の業務プロセスに係る内部統制
	入金管理プロセスに係る内部統制	収益認識プロセスに係る内部統制
	支払プロセスに係る内部統制	購買プロセスに係る内部統制

	実地棚卸プロセスに係る内部統制	収益認識プロセスに係る内部統制
		購買プロセスに係る内部統制

　たとえば，決算・財務報告プロセスにおいて財務諸表の分析的検討による異常値の検証を実施する際に，その他の業務プロセスで発生した重要な虚偽記載が発見される場合がある。

　業務プロセス間で，前後関係があるプロセスにおいて，後プロセスの内部統制が補完統制として機能する場合がある。たとえば，期日未回収売掛金を調査する際に，収益の二重計上，収益金額の誤り（特に過大計上）および期間配分誤り等が発見される場合があり，不明入金を調査する際に，収益の認識漏れや期間配分誤り等が発見される場合もある。また，請求書と仕入記録の照合の際に，仕入の金額や期間配分の誤り等が発見される場合がある。

　会計処理の基礎情報が同じであるプロセスも該当する場合がある。たとえば，棚卸差異を調査する際に，収益や仕入の期間配分誤りが発見される場合がある。

　≪ステップ３≫の検討項目を理解するために，以下の図表を参照されたい。

図表No.	内　　　容
2-3	リスク・アプローチのイメージ
2-14	キーコントロールの選定イメージ

PART II　6つの重要プロセスとキーガバナンスポイントの文書化・評価

第11章

【プロセス6】内部統制報告制度の評価範囲の決定

　財務諸表の重要な項目に虚偽記載が生じるリスクが存在する事業拠点や業務プロセスが評価範囲から漏れてしまうと，その後の内部統制評価をいくら厳密に実施しても意味がないことは，誰にでも容易に理解できる。しかし，すべての事業拠点の業務プロセスについて文書化3点セットを作成し，整備・運用評価を実施するのは，非現実的であることも確かである。

　内部統制報告制度においては，財務諸表の重要な項目に虚偽記載が生じるリスク（財務報告上のリスク）に対応するうえで，トップダウン型のリスク・アプローチに基づき評価範囲を決定することが，実効性が高く，費用と便益の比較衡量の観点からの効率性も高いと考えられる。評価範囲の決定局面における当該アプローチは，経営者が，内部統制の有効性の評価に当たって，まず全社的な内部統制の評価を，原則全ての事業拠点について行い，その結果を踏まえて財務報告に係る重要な虚偽記載につながるリスクに着眼して，必要な範囲で業務プロセスに係る内部統制を評価する考え方である[1]。全社的な内部統制の整備・運用状況を考慮したうえで，重要な財務報告上のリスクにフォーカスする実効性と，評価範囲の絞り込みによる効率性を同時に達成することが，トップダウン型のリスク・アプローチの特徴である。

　評価範囲の決定において，もっぱら効率性の追求のためだけのトップダウン型のリスク・アプローチの適用は回避すべきであり，開示すべき重要な不備が評価対象外から生じることがないように実効性の確保に留意することとそのための工夫が必要である。

1　「財務報告に係る内部統制の評価及び監査の基準のあり方について」三(2)財務報告に係る内部統制の評価及び報告

第11章　【プロセス6】内部統制報告制度の評価範囲の決定

1 ▶ 財務報告上の主要論点

　経営者は，財務報告の信頼性に及ぼす影響の重要性の観点から必要な範囲について，財務報告に係る内部統制の有効性の評価を行わなければならない（内部統制基準Ⅱ.2.(1)　財務報告に係る内部統制の有効性の評価[2]）。

　なお，財務報告の信頼性とは，財務諸表だけでなく，財務諸表に重要な影響を及ぼす可能性のある情報を含めて信頼性を確保することをいう（内部統制基準Ⅰ.1.内部統制の定義の（注））。

□リスクが発生または変化する可能性がある状況の捕捉（検討項目❶❷❸）

□財務諸表に重要な影響を及ぼす可能性のある情報と財務諸表の作成における判断に密接に関わる事項（開示事項）の捕捉（検討項目❶❷❸）

□業務プロセスに係る内部統制の範囲決定の根拠となる全社的な内部統制の内容（検討項目❶❹❿，❷❺⓫，および❻）

□財務報告上のリスクが存在する事業拠点や業務プロセスの評価範囲漏れの回避（検討項目❼❽❾）

□全社的な内部統制の評価結果に基づく業務プロセスの評価範囲の調整（検討項目❿⓫⓬）

---

2 ▶ 3つのステップと12の検討項目

　内部統制基準等に定める評価範囲の決定手順は，［図表2-11］トップダウン型のリスク・アプローチに基づく評価範囲の決定プロセスのとおりである[3]。

　［図表2-11］は，主に【プロセス6】≪ステップ2≫に該当する。【プロセ

2　2023年改訂内部統制基準等の前文でも，「経営者が内部統制の評価範囲を決定するに当たって，財務報告の信頼性に及ぼす影響の重要性を適切に考慮すべきことを改めて強調するため，評価範囲の検討における留意点を明確化した。具体的には，評価対象とする重要な事業拠点や業務プロセスを選定する指標について，例示されている「売上高等のおおむね3分の2」や「売上，売掛金及び棚卸資産の3勘定」を機械的に適用すべきでないことを記載した。」とあり，トップダウン型のリスク・アプローチの採用を確認している。

293

PART Ⅱ　6つの重要プロセスとキーガバナンスポイントの文書化・評価

■図表11-1■　【プロセス6】における3つのステップと12の検討項目

≪ステップ1≫（現状把握）考慮すべき事項の把握	≪ステップ2≫（方針決定）評価範囲方針の決定	≪ステップ3≫（適用・実施）評価範囲の調整
	（全社的な内部統制）	
❶【プロセス1】事業計画の策定・管理	❹全社的な内部統制の評価対象	❿全社統制の評価結果
❷【プロセス2】会計基準の適用，【プロセス3】開示目的に照らした注記，【プロセス4】有価証券報告書の記述情報等の開示	❺決算・財務報告プロセスに係る内部統制（全社）の評価対象	⓫決算・財務報告プロセスに係る内部統制（全社）の評価結果
	（業務プロセスに係る内部統制）	＜調整＞
❸【プロセス5】キーコントロールの構築と選定	❻事業拠点絞り込みの根拠	⓬業務プロセスに係る内部統制の範囲の調整
	＜1次選定と2次選定＞	
	❼重要な事業拠点の選定（指標と定量的基準）	
	❽事業目的に大きく関わる勘定科目とそこに至る業務プロセスの識別	
	＜3次選定＞	
	❾重要性の大きい事業拠点・業務プロセスの追加	

ス6】の特徴は，その前後の≪ステップ1≫と≪ステップ3≫を明確にした点にある。特に，≪ステップ1≫において経営理念，経営戦略（経営方針），事業計画，そして財務報告上のリスク（【プロセス1】）と財務報告の信頼性を確保する決算・財務報告プロセス（【プロセス2】【プロセス3】【プロセス4】），そして，トップダウン型のリスク・アプローチによる内部統制の構築（【プロセス5】）から財務報告に係る内部統制の評価範囲（【プロセス6】）へのつな

3　［図表2-11］には，評価範囲の決定に関する内部統制基準等の2023年改訂内容も含まれるが，改訂部分については，［図表3-13］「Ⅱ．財務報告に係る内部統制の評価及び報告」の改訂内容の「●経営者による内部統制の評価範囲の決定」を参照されたい。

第11章 【プロセス6】内部統制報告制度の評価範囲の決定

がりを明らかにした点にある。

【プロセス6】は，内部統制報告制度における評価範囲の検討時に実施するが，期中や毎期の評価範囲の見直しの要否の検討も，内部統制の評価結果や【プロセス1】での企業を取り巻く状況の変化等の捕捉によりプロセスの中に取り込んでいる。

その検討ステップは，評価範囲の決定に先立って確認すべき≪ステップ1≫考慮すべき事項の把握，内部統制基準等の規定に従った≪ステップ2≫評価範囲の決定，そして，全社的な内部統制等の評価結果等に基づき業務プロセスに係る内部統制の範囲を調整する≪ステップ3≫評価範囲の調整によりデザイン（設計）する。

評価範囲の決定に際し，特定の比率を機械的に適用した結果，財務報告上のリスクが潜在する事業拠点や業務プロセスが評価範囲から漏れてしまい，重要な虚偽記載が発生してしまうと，財務報告の信頼性を確保できなくなる。評価範囲の決定は，内部統制報告制度において，極めて重要なプロセスであり，重要な虚偽記載が生じるリスクにフォーカスした検討が必要となる。

また，全社的な内部統制の評価結果と，業務プロセスに係る内部統制の評価範囲の決定の因果関係，すなわち，全社的な内部統制のどの項目の状況や評価結果が，業務プロセスに係る内部統制の評価範囲の決定の根拠となるのかを明らかにすることも[4]，財務報告上のリスクが潜在する事業拠点や業務プロセスの選定漏れを回避するうえで重要である。

内部統制報告制度の実効性と効率性を高めるため，評価範囲の決定は，連結ベースでの財務報告上のリスクの評価と，全社的な内部統制の評価項目および評価方法と密接な関係があることに留意して，その検討ステップをデザイン（設計）している（[図表11-1]）。

≪ステップ1≫ 考慮すべき事項の把握（検討項目❶❷❸）

≪ステップ1≫は，次の≪ステップ2≫の準備である。別の言い方をすれば，≪ステップ2≫においてトップダウン型のリスク・アプローチを適用して，効

---

4 内部統制基準では，長期間にわたり評価範囲外としてきた特定の事業拠点や業務プロセスについても，評価範囲に含めることの必要性の有無を考慮しなければならないとし，また，全社的な内部統制のうち，良好でない項目がある場合には，それに関連する事業拠点を評価範囲に含める必要があるとしている。

PARTⅡ　6つの重要プロセスとキーガバナンスポイントの文書化・評価

果的かつ効率的に内部統制報告制度の評価範囲を決定するために≪ステップ
１≫を実施する。

　内部統制報告制度の評価範囲の決定のために考慮すべき事項を把握する。換
言すると，評価範囲決定の前提条件を明確にする。前提条件を明確にすること
により，決定した評価範囲の見直しの要否の検討が必要となる企業実態や取り
巻く環境の変化の識別に役立つ。

　≪ステップ１≫で【プロセス１】から【プロセス５】の検討内容を確認し，
その内容を踏まえて評価範囲を決定する。

　なお，評価範囲の決定方法をいくら工夫しても，親会社による連結ベースの
全社的な内部統制や重要な事業拠点の内部統制の構築が不十分であれば，そも
そも適切なリスク・アプローチが適用できず，仮に適用できたとしても，リス
ク・アプローチを徹底すれば徹底するほど評価対象が増えて，かつ，評価の難
易度も高まることは容易に想像がつく。また，不備が発見されれば改善が必要
となり，期末において開示すべき重要な不備として残存してしまうおそれも高
まる。重要なのは，評価範囲の決定の前に適切な対応を行うことであり，それ
が，たとえば本書における【プロセス１】から【プロセス５】なのである。

❶ 【プロセス１】事業計画の策定・管理

❶-1 【プロセス１】の検討結果の【プロセス６】への反映－役割分担

□【プロセス６】は，内部監査部門が実施する。財務報告上のリスク，すなわち，
　財務報告の重要な事項に虚偽記載が生じるリスクを漏れなく識別するために
　は，全社的な内部統制および業務プロセスに係る内部統制の理解が不可欠で
　あるため，内部監査部門は，関連部門と適切に連携する（[図表11-２]）。

□内部監査部門は，経営者の直属として設置されることが多く，内部統制の独
　立的評価において重要な役割を担っているが，一方で，経営者による内部統
　制の無視ないし無効化のための対策として，内部監査人による取締役会及び
　監査役等への直接的な報告に係る体制等の整備も重要であるため，内部監査
　部門が【プロセス６】を実施することは不正な財務報告，いわゆる会計不正
　に関連して経営者等（業務プロセス責任者を含む。）による内部統制の無視
　ないし無効化のための対策となると考えられる。

296

第11章 【プロセス6】内部統制報告制度の評価範囲の決定

■図表11-2■ 【プロセス6】における役割分担（例）

検　討　項　目	主担当	関連部門等
❶【プロセス1】事業計画の策定・管理 ❷【プロセス2】会計基準の適用，【プロセス3】開示目的に照らした注記，【プロセス4】有価証券報告書の記述情報等の開示 ❸【プロセス5】キーコントロールの構築と選定	●内部監査部門	・経営企画部門 ・経理部門 ・広報部門 ・IT部門 ・業務部門
❹全社的な内部統制の評価対象 〜❾重要性の大きい事業拠点・業務プロセスの追加	●内部監査部門	・経理部門
❿全社統制の評価結果 〜⓬業務プロセスに係る内部統制（決算個別を含む）の範囲の調整	●内部監査部門	・経理部門

❶-2　【プロセス1】の検討結果の【プロセス6】への反映－ビジネスモデル・経営戦略等

□内部統制報告制度の評価範囲の検討は，【プロセス1】と同様，すべてのグループ会社を対象にしてスタートする。

□開示すべき重要な不備の発生事例を踏まえ，たとえば，以下の関係会社が評価対象範囲から漏れることを回避し，また，財務報告上のリスクを特定して，全社的な内部統制および業務プロセスに係る内部統制で適宜対応する。

- 親会社の事業との類似性が乏しい子会社
- 事業における特別な商習慣（売上債権の現金回収や長期の回収サイト）が存在する子会社
- 決算・現地法定監査の遅延が生じている子会社
- 税務調査で修正の指摘があった子会社
- 財務・経理責任者の定期的な人事異動ができていない子会社
- 親会社からの管理部門への人材派遣がない子会社（特に海外子会社）
- 規模に相応しない複雑な組織構造を有する子会社
- 企業買収時の調査活動が不十分な新規子会社

□【プロセス1】≪ステップ1≫❸❹❺で検討するビジネスモデルや≪ステッ

297

プ2≫❻❼❽で検討する経営戦略（経営方針）と事業計画は，企業集団における親会社と各子会社等の事業と役割を明確にするが，それらが，財務報告の信頼性に与える影響を考慮して，【プロセス6】❹全社的な内部統制の評価対象，❼事業拠点の選定（指標と定量的基準），そして，❽事業目的に大きく関わる勘定科目とそこに至る業務プロセスを検討する（［図表11-3］）。たとえば，製造子会社や代理人取引を行う会社，税引前利益に与える影響が大きい会社が，これらの検討から漏れないように留意する。

□【プロセス1】≪ステップ2≫❾で特定する財務報告上のリスクが，【プロセス6】❾重要性の大きい事業拠点・業務プロセスの追加，または，それ以前の検討項目に反映されているか確認する（［図表11-3］）。

□特に，監査上の主要な検討事項（KAM）に関連するリスクが反映されているか注意する。

□また，期中の財務報告上のリスクの変化に関して，【プロセス1】≪ステップ2≫❾-5リスクが発生または変化する可能性のある状況の捕捉が，【プロセス6】❾重要性の大きい事業拠点・業務プロセスの追加，または，それ以前の検討項目に反映されているか確認する。

□【プロセス1】≪ステップ3≫❿⓫⓬において，すべての子会社および関連会社をモニタリング対象として，財務数値の異常点の分析と調査を全社的な内部統制（親会社による関係会社管理）の一部とし，すべての子会社等を【プロセス6】❹全社的な内部統制の評価対象とする（［図表11-3］）。

■図表11-3■ 【プロセス1】における全社的な観点での検討内容と【プロセス6】検討項目のつながり

検 討 項 目		主な検討内容	【プロセス6】内部統制報告制度の評価範囲の決定
【プロセス1】事業計画の策定・管理	❸外部環境分析（マクロ）❹外部環境分析（ミクロ）❺内部環境分析	□ビジネスモデル	❹全社的な内部統制の評価対象❼事業拠点の選定（指標と定量的基準）❽事業目的に大きく関わる勘定科目とそこに至る業務プロセス
	❻戦略❼指標および目標❽事業計画の策定	□経営戦略（経営方針）と事業計画	

第11章　【プロセス6】内部統制報告制度の評価範囲の決定

❾非財務情報が財務報告の信頼性に与える影響の検討と財務報告上のリスクの特定	□財務報告上のリスク	❾重要性の大きい事業拠点・業務プロセスの追加
❿財務数値による関係会社管理 ⓫第1線による業績管理 ⓬第2線と第3線，そして取締役会によるモニタリング	□関係会社管理に関する明確なルールの設定 □経理部門による財務数値の分析的検討	❹全社的な内部統制の評価対象

❷　【プロセス2】会計基準の適用，【プロセス3】開示目的に照らした注記，【プロセス4】有価証券報告書の記述情報等の開示

□【プロセス2】と【プロセス3】で検討する会計処理方針および注記方針を適用・実施するために構築する内部統制のうち，財務報告上重要な内部統制については，【プロセス6】❺決算・財務報告プロセスに係る内部統制（全社）の評価対象，❽事業目的に大きく関わる勘定科目とそこに至る業務プロセスの識別，または，❾重要性の大きい事業拠点・業務プロセスの追加の対象とする（［図表11-4］）。

□【プロセス4】では，「財務諸表に重要な影響を及ぼす可能性のある情報」と，「財務諸表の信頼性に重要な影響を及ぼす開示事項等」のうち，「財務諸表の作成における判断に密接に関わる事項」を検討し，内部統制報告制度の対象となる財務諸表以外の財務報告（開示）の範囲の検討を行うため，当該事項を【プロセス6】❺決算・財務報告プロセス（全社）に係る内部統制（全社）の評価対象に含めることが重要である（［図表11-4］）。

299

PART Ⅱ　6つの重要プロセスとキーガバナンスポイントの文書化・評価

■図表11-4■　【プロセス2】，【プロセス3】，【プロセス4】における全社的な観点
での検討内容と【プロセス6】検討項目のつながり

検　討　項　目		主な検討内容	【プロセス6】 内部統制報告制度の 評価範囲の決定
【プロセス2】 会計基準の適用	❽会計処理のため必要になる情報等 ❾関連する業務プロセス ❿リスクの識別と評価 ⓫高リスクの根拠 ⓬内部統制の構築とキーコントロールの選定	□会計基準の適用に伴って構築する経理部門と業務部門の内部統制	❺決算・財務報告プロセスに係る内部統制（全社）の評価対象 ❽事業目的に大きく関わる勘定科目とそこに至る業務プロセスの識別 ❾重要性の大きい事業拠点・業務プロセスの追加
【プロセス3】 開示目的に照らした注記	❻非財務情報と3つの注記，セグメント情報等および財務情報のつながり ❼結論（注記の記載内容） ❽注記のため必要になる情報等 ❾関連する業務プロセス ❿リスクの識別と評価 ⓫高リスクの根拠 ⓬内部統制の構築とキーコントロールの選定	□3つの注記（重要な会計方針，収益認識および重要な会計上の見積り）・セグメント情報等に関する経理部門と業務部門の内部統制	
【プロセス4】 有価証券報告書の記述情報等の開示	❺重要性（マテリアリティ）に照らした検討 ❻結論（開示の記載内容） ❼財務報告の範囲（内部統制報告制度の範囲）	□有価証券報告書の記述情報のうちの財務報告の対象範囲	

300

第11章 【プロセス6】内部統制報告制度の評価範囲の決定

❸ 【プロセス5】キーコントロールの構築と選定

□【プロセス5】❼❽❾❿⓫⓬において，トップダウン型のリスク・アプローチに基づきデザイン（設計）された内部統制の全体像とキーコントロールを【プロセス6】❻事業拠点絞り込みの根拠とする（［図表11-5］）。

■図表11-5■　【プロセス5】における全社的な観点での検討内容と【プロセス6】検討項目のつながり

検 討 項 目		主な検討内容	【プロセス6】内部統制報告制度の評価範囲の決定
【プロセス5】キーコントロールの構築と選定	❼リスクの識別と評価 ❽高リスクの根拠 ❾5類型による内部統制の構築 ❿キーコントロールの選定 ⓫キーコントロールの十分性の確認（デザインの検討） ⓬関連性の高い他の業務プロセス等の把握	□トップダウン型のリスク・アプローチに基づきデザイン（設計）された内部統制の全体像とキーコントロール	❻事業拠点絞り込みの根拠

□企業はキーコントロールを業務プロセスの整備評価の一環で選定するのではなく，内部統制全体のデザイン（設計）段階から考慮すべきである。内部統制基準では，キーコントロールは，全社的な内部統制の評価結果を踏まえ，評価対象となる内部統制の範囲内にある業務プロセスを分析したうえで選定することとされており，全社的な内部統制の評価結果を踏まえるのであれば内部統制の構築段階から考慮したほうが，実効性が高く効率的であるため，評価範囲の決定に先立ち，内部統制の構築段階からキーコントロールを検討し，その後にリスクの程度に応じて選定する。

なお，❶❷❸において，【プロセス1】から【プロセス5】が，【プロセス6】とどのようにつながるかの全体像を，改めて［図表5-5］で確認されたい。

301

PART II　6つの重要プロセスとキーガバナンスポイントの文書化・評価

≪ステップ２≫　評価範囲方針の決定（検討項目❹～❾）

　≪ステップ２≫は，内部統制基準の規定に従った検討項目であるが，前の≪ステップ１≫とのつながりや，この後の≪ステップ３≫とのつながりで，≪ステップ２≫❹❺と❼❽❾の意味がより明確になる。各項目の意味とは，すなわち，トップダウン型のリスク・アプローチの適用である。

　評価範囲は，全社的な内部統制，全社的な観点での評価が適切な決算・財務報告プロセスに係る内部統制，重要な事業拠点，事業目的に大きく関わる勘定科目，そしてそこに至る業務プロセスの順で決定される。また，重要性の大きい事業拠点と業務プロセスが個別に追加される。

　≪ステップ２≫を評価範囲の決定ではなく，評価範囲「方針」の決定としているのは，評価の完了とともに評価範囲は最終的に決定されるためである。別の言い方をすれば，評価が完了するまでは，「方針」にすぎず，評価範囲は確定しないということである。

　具体的には，企業自体や取り巻く環境の変化はないか，あるいは，全社的な内部統制や業務プロセスに係る内部統制の評価結果から評価範囲に追加すべき事業拠点や業務プロセスがないか，すなわち，≪ステップ１≫の変化の有無や≪ステップ３≫の評価結果による評価範囲の見直しの要否の検討が常に必要になる。

　また，内部統制基準の2023年改訂に合わせて，重要な虚偽記載の発生にフォーカスするため，事業拠点と業務プロセスの選定を，１次，２次，そして３次の３段階としてより慎重な選定をデザイン（設計）する。

❹　全社的な内部統制の評価対象

□関係会社管理に関する明確なルールを設定して，すべての関係会社を親会社の管理対象とする（❶-１参照）。

□経営の独自性の強い子会社，孫会社や非連結子会社など，親会社の管理が行き届きにくい子会社に対する十分なモニタリング体制を構築する（❶-２参照）。

□内部統制報告制度における内部統制の構築，評価範囲の決定のプロセス，そして，評価・報告のプロセスを理解するために，以下の図表を参照する。

第11章 【プロセス6】内部統制報告制度の評価範囲の決定

図表No.	内　　　容
2－9	財務報告に係る内部統制の構築プロセス
2－11	トップダウン型のリスク・アプローチに基づく内部統制評価範囲の決定プロセス
2－13	内部統制報告制度への対応の全体像
2－15	業務プロセスに係る内部統制の不備の検討プロセス
2－18	トップダウン型のリスク・アプローチに関連する内部統制基準等の規定

❺　決算・財務報告プロセスに係る内部統制（全社）の評価対象

□決算・財務報告プロセスに係る内部統制（全社）には，以下が含まれる。
- 総勘定元帳から財務諸表を作成する手続
- 連結修正，報告書の結合及び組替えなど連結財務諸表作成のための仕訳とその内容を記録する手続
- 財務諸表に関連する開示事項を記載するための手続
- 関係会社の財務数値における異常値の有無のモニタリング（【プロセス1】❷参照）

□財務報告上のリスクが高い会計事象や取引等は，❶❷で把握し，関連する内部統制を構築しているため，それを評価対象とする。

□財務報告の範囲を明確にし，「財務諸表の作成における判断に密接に関わる事項」を明確にして評価対象とする（【プロセス4】❼参照）。

❻　事業拠点絞り込みの根拠

□❶❷❸❹❺で検討する全社的な内部統制の特徴（ビジネスモデルと事業計画や会計処理と開示の方針，内部統制の構築方針）を，業務プロセスにおける事業拠点絞り込みの根拠とする。すなわち，全社的な方針に基づき，業務プロセスにおける事業拠点を決定する。

□全社的な内部統制の特徴は，たとえば，グループ全体に適用される方針や手続等の実施，あるいは，【プロセス1】事業計画の策定・管理における全社的な財務報告上のリスクの特定と財務数値の分析的検討の実施や，【プロセス2】会計基準の適用における財務報告上のリスクの識別と経理部門の主導

303

PART Ⅱ　6つの重要プロセスとキーガバナンスポイントの文書化・評価

による内部統制の構築，【プロセス5】キーコントロールの構築と選定にお
ける業務プロセスに係る内部統制の構築でのトップダウン型のリスク・アプ
ローチの適用が挙げられる。

□「全社的な内部統制が良好である」を"魔法の呪文"のように唱えて事業拠
点の絞り込みの根拠にするのではなく，たとえば，親会社が企業集団の管理
を行ううえで重視する全社的な内部統制を明確にし，その整備・運用を徹底
することは，企業集団の管理水準を向上させる。

□形式的で機械的な評価範囲の決定の改善の方向性を理解するために，以下の
図表を参照する。

図表No.	内　　　　容
3-13	「Ⅱ．財務報告に係る内部統制の評価及び報告」の改訂内容
3-14	「Ⅲ．財務報告に係る内部統制の監査」の改訂内容

❼　重要な事業拠点の選定（指標と定量的基準）

❼-1　選定方針

□【プロセス1】事業計画の策定・管理において検討する企業集団のビジネス
モデルや財務報告上のリスクが財務諸表に及ぼす影響を考慮して，指標を決
定する。

□❼はその後の❽事業目的に大きく関わる勘定科目とそこに至る業務プロセス
の選定を考慮して実施する。様々な指標に基づき評価対象とすることを検討
するよりも，まず，事業目的に大きく関わる一般的な指標である売上高を指
標として判定し，その場合，評価対象とならない事業拠点について，連結グ
ループのビジネスモデルの観点から評価対象とする必要がないかを検討した
ほうが，効果的であり効率的であると考えられる。なお，売上高以外の指標
は，事業との関係で，売上原価（その内訳科目を含む。）や売上高総利益，
当期純利益が該当すると考えられる。

❼-2　1次選定

□❶のビジネスモデルと事業計画，❷の会計処理と開示の方針，❸の内部統制
の構築方針といった全社的な内部統制の特徴が，重要な勘定科目とそこに至

304

第11章 【プロセス6】内部統制報告制度の評価範囲の決定

る業務プロセスを決定する。

□すべての企業にとって，収益認識，売上高は，ビジネスモデルを会計処理によって財務情報で表したものと考えられるため，財務報告に係る内部統制の評価において，評価対象である事業目的に大きく関わる勘定科目とそこに至る業務プロセスを絞り込むための概念である重要な事業拠点を選定する際の指標は，まず売上高を用いることが合理的である。

□定量的基準の見直しを検討する場合は，過去の不備等の発生状況や評価範囲を効果的に絞り込む根拠となる全社的な内部統制の特定，企業グループのビジネスモデルや財務報告上のリスクの変化の有無と今後の見込み等を考慮する。

□なお，内部統制はリスク（将来の可能性）に対するものであり，過去の不備等の発生状況（過去の実績）のみに基づいて判断すべきではない。また，定量的基準の引下げの検討もトップダウン型のリスク・アプローチに基づき検討すべきである。

□定量的基準（比率）の決定は，制度導入からの運用実績をベースに判断する。内部統制基準等の売上高の3分の2程度が採用されてきた場合が多かったと考えられるため，たとえば，以下の研究報告32号（研究文書1号）が指摘するような課題が該当せず，形式的でない実効性が高い評価が実施できているのであれば，それを合理的な根拠として，従来の3分の2程度を継続して採用できると考えられるが，説明できない場合は，課題を改善の上，定量的基準（比率）を引き上げることも検討すべきである。また，比率を大きく下げるのであれば，不備が発生していない事実よりも，それは偶々かもしれないので，全社的な内部統制の具体的な項目の，具体的な評価方法と具体的な実効性が根拠となるような合理的な説明が必要と考えられる。

＜研究報告32号（研究文書1号）が指摘する課題＞

　全社的な内部統制は，内部統制実施基準（参考1）に示された評価項目の例を参考に質問書を作成して評価される場合が多いとし，質問書によりグループ各社や事業拠点ごとのリスク情報を収集・検討してリスク評価および評価範囲の決定に反映する実務の問題点を指摘している。

1．リスクの評価
- 定量的な基準を重視して機械的に適用し，リスクのある事業拠点がそもその検討の対象にならない。

305

PARTⅡ　6つの重要プロセスとキーガバナンスポイントの文書化・評価

● 質問項目自体や回答が事業やリスクの状況を十分に捕捉できていない。
2．評価範囲の決定
● 全社的な内部統制の質問書の対象が，定量基準で選定された事業拠点のみである。
● 全社的な内部統制の質問書および回答において，質的な影響に関する質問・回答が極めて少ない。
● 全社的な内部統制の質問書の「リスクの評価と対応」の回答で，事業の状況変化についての検討が少なく，実績値以外は毎回ほぼ同じ回答となっている。
● リスク評価において，環境変化や事業戦略等による潜在的な影響が織り込まれていない。
● 複雑なスキームや担当者の裁量による取引が行われているかを把握できていない。
● 管理部門による事業拠点の日常的なモニタリングが弱い。
● 内部監査部門が，子会社等への往査を行っていない。

❼-3　2次選定
□売上高を用いて事業拠点を選定した場合，財務報告上のリスクの存在する事業拠点が漏れなく選定されているか確認する。
□具体的には，評価対象となっていない事業拠点について，［図表11-6］の指標を用いて選定することの要否を検討する。

第11章 【プロセス6】内部統制報告制度の評価範囲の決定

■図表11-6■　重要な事業拠点の選定に関する指標例

指標の例	該当する事業拠点の例および留意点
総資産	多額の有形固定資産または無形固定資産の有する子会社等 　なお，財務報告に対する金額的および質的影響ならびにその発生可能性を考慮し，適宜，その他の業務プロセスではなく，決算・財務報告プロセス等で対応することも考えられる。
売上高	事業目的に大きく関わる勘定科目に至る業務プロセスとの関連では，もっとも最適な指標と考えられるが，連結グループのビジネスモデルによっては，売上高以外の指標も考慮する。
売上原価	製造専業の子会社等 　事業目的に大きく関わる勘定（売上原価や棚卸資産等）でも留意する。また，外部の協力等を必要とする売上高・売掛金を利用した不正な財務報告と比較して，企業内部の資料の改ざんにより実施が容易である原価計算や棚卸資産を利用した不正な財務報告の事例も考慮する。
売上総利益	仲介業を営む子会社等 　売上高よりも売上総利益を重視するビジネスモデルを採用した子会社が存在する場合には留意する。
税引前当期純利益	他に税引前当期純損失を計上する子会社が存在するため，売上高等の金額は少額でも，税引前当期純利益に占める割合が大きい子会社等の取扱いに留意する。

□内部統制報告制度の評価範囲の検討と関連させるビジネスモデルの内容を理解するために，以下の図表を参照する。

図表No.	内　　　容
6-5	5フォース分析のイメージ
6-6	SWOT分析イメージ
6-7	外部・内部環境分析からの経営戦略立案イメージ
6-8	経営戦略の立案（様式例と検討例）

PARTⅡ　6つの重要プロセスとキーガバナンスポイントの文書化・評価

❽　事業目的に大きく関わる勘定科目とそこに至る業務プロセスの識別

□事業目的に大きく関わる勘定科目とそこに至る業務プロセスは，ビジネスモデル，経営戦略，事業計画，会計処理と注記，そして，財務報告といった一連の検討の中で識別する。

□たとえば，【プロセス1】，【プロセス2】および【プロセス3】の検討を踏まえ，【プロセス4】❼財務報告の範囲（内部統制報告制度の範囲）において，財務諸表に重要な影響を及ぼす可能性のある情報および財務諸表のうち事業目的に大きく関わる勘定科目を明確にする。

□財務報告に対する金額的および質的影響ならびにその発生可能性を考慮し，業種，企業が置かれた環境や事業の特性等に応じて適切に判断する。

□事業目的に大きく関わる勘定科目は，❼で使用した指標と整合させる。

□選定した事業拠点ごとに，事業目的に大きく関わる勘定科目とそこに至る業務プロセスを特定する。

□棚卸資産に至る業務プロセスとその中の原価計算プロセスの評価範囲については，不正な財務報告事例を踏まえ，財務報告上のリスクを看過しないように決定する。

□原価計算は，企業内で会計処理が完結し，在庫金額の調整等で簡単に利益に重要な影響を与えることができる。また，原価計算の業務が高度に自動化されたシステムに依存している場合にはIT利用に伴うリスクも考えられる。実際，会計不正の「機会」として利用される場合も多いため，評価範囲の決定において特に留意する。

□ITの統制について，IT業務処理統制とIT全般統制，そして，全社的な内部統制におけるITへの対応に区分して対応する。

❾　重要性の大きい事業拠点・業務プロセスの追加
❾-1　3次選定

□【プロセス1】❾非財務情報が財務報告の信頼性に与える影響の検討と財務報告上のリスクの特定の検討結果が，【プロセス6】❹から❽の検討に反映されているかを改めて確認する。

□当初の評価範囲外の事業拠点や業務プロセスから開示すべき重要な不備が識別された場合は，当該事業拠点や業務プロセスを，少なくとも識別された時点を含む会計期間の評価範囲に含める。

第11章 【プロセス6】内部統制報告制度の評価範囲の決定

□全社的な内部統制のうち，前年度以前の評価が有効でない項目がある場合は，当年度の評価計画時点においてその有効性が確認できていない場合等，良好であると言えない場合は，関連する事業拠点を評価範囲に含める。

□追加的に評価対象に含める場合において，財務報告への影響の重要性を勘案して，事業又は業務の全体ではなく，特定の取引又は事象（あるいは，その中の特定の主要な業務プロセス）のみを評価対象に含めれば足りる場合には，その部分だけを評価対象に含める。

□評価対象外の事業拠点と業務プロセスについて，財務報告のリスクの観点で評価対象としない理由を明確にするか，あるいは，詳細な文書化ではなく，経理部門による財務数値の分析的検討（［図表2-6］【プロセス1】❿-2参照）による対応で評価対象とする等の対応を検討する。

□重要性の大きい事業拠点・業務プロセスを識別する前段階として，財務報告上の高リスクを特定する方法を理解するために，以下の図表を参照する。

図表No.	内　　　容
2-3	リスク・アプローチのイメージ
2-5	財務報告上の高リスクの検討（様式例）
6-11	非財務情報が財務報告の信頼性に与える影響（様式例と検討例）

❾-2　特に注意が必要な事業拠点と業務プロセス（【プロセス1】❾非財務情報が財務報告に与える影響の検討と財務報告上のリスクの特定参照）

□財務報告上のリスクを漏れなく識別するため，以下の事項が該当する事業拠点や業務プロセスが，評価範囲に含まれているか，含まれていない場合，含める必要がないかを検討する。

- リスクが大きい取引
  - 金融取引やデリバティブ取引
  - 価格変動の激しい棚卸資産
  - 複雑な会計処理，等
- 見積りや予測の要素
  - 引当金
  - 固定資産の減損損失

309

PARTⅡ　6つの重要プロセスとキーガバナンスポイントの文書化・評価

- 繰延税金資産（負債），等
- 非定型，不規則な取引等
  - 通常の契約条件や決済方法と異なる取引
  - 期末に集中しての取引
  - 過年度の趨勢から見て突出した取引，等
- ガバナンス上の課題
  - 経営者に対する不十分な監督
- 複雑または不安定な組織構造
  - 海外に所在する事業拠点
  - 企業結合直後の事業拠点
  - 中核的事業でない事業を手掛ける独立性の高い事業拠点，等
- 内部統制の不備
  - これまでに識別された内部統制の不備の傾向
  - 不備とは判断していなくても，状況の変化によっては不備となるような課題

□財務報告上のリスクを漏れなく識別するため，たとえば，以下の事業拠点と業務プロセスが，評価範囲に含まれているか，含まれていない場合，含める必要がないかを検討する。

- 分権型の組織構造で運営されている企業グループの場合，親会社と異なる方針や手続で運営されている子会社または子会社グループ
- 全社的な良好でない項目がある子会社等
- グループ傘下となってからの期間が短く，事業内容が異なる海外子会社等
- 連結の範囲（持分法適用の範囲を含む。）から除外している子会社等
- 決算日が親会社と異なる子会社等
- 有形固定資産やのれんの減損判定プロセスや繰延税金資産の回収可能性の検討プロセス等の重要な会計上の見積りに関する決算・財務報告プロセス[5]
- 棚卸資産に至る業務プロセス（特に，原価計算プロセスについて，不正な財務報告の事例を考慮して，適切に評価対象が決定されているかに留意する。）

5　全社的な観点ではなく固有の業務プロセスとして評価される決算・財務報告プロセス（実施基準Ⅱ 2.(2)および3(3).④ 二.b. 参照）

第11章 【プロセス6】内部統制報告制度の評価範囲の決定

- 監査上の主要な検討事項（KAM）に関連する業務プロセス
- 長期間にわたり評価範囲外としてきた特定の事業拠点や業務プロセス

□たとえば，以下の状況は，経営戦略上の課題や組織運営上の課題に影響を与え，誤謬リスク，そして不正リスクが発生または変化する可能性があるため，事業拠点と業務プロセスの選定時に留意する。

- 規制環境や経営環境の変化による競争力の変化
- 新規雇用者
- 情報システムの重要な変更
- 事業の大幅で急速な拡大
- 生産プロセスおよび情報システムへの新技術の導入
- 新たなビジネスモデルや新規事業の採用または新製品の販売開始
- リストラクチャリング
- 海外事業の拡大または買収
- 新しい会計基準の適用や会計基準の改訂

≪ステップ3≫ 評価範囲の調整（検討項目❿⓫⓬）

　評価範囲は，一旦決定したからといってそれで確定するわけでなく，運用評価を実施していく過程で内部統制の不備が発見され，あるいは，事業活動を実施していくなかで新たなリスクが識別されれば，≪ステップ2≫に戻って追加で評価対象とすべき事業拠点や業務プロセスがないか検討する必要がある。評価範囲は該当年度における内部統制の有効性の判断と内部統制報告書の提出によって確定する。

□❿全社統制の評価結果と⓫決算・財務報告プロセスに係る内部統制（全社）の評価結果を踏まえ，⓬業務プロセスに係る内部統制の範囲の調整で1次選定と2次選定の結果を調整し，業務プロセスの評価範囲が決定される。

□全社的な内部統制のうち，良好でない項目がある場合は，関連する事業拠点を評価範囲に含める必要がある。

□全社的な内部統制が良好でない項目がある場合とは，たとえば，以下の場合が考えられる。

- 計画時：前期の評価において，不備がある項目が発見され，未改善である，または，前期末までに改善されたが，運用状況の有効性が十分に確認できていない場合

311

PART II　6つの重要プロセスとキーガバナンスポイントの文書化・評価

- 整備・運用評価時：当該事業年度の評価において，全社的な内部統制の不備が識別された場合（期末までに不備が是正されたとしても，当該事業年度における業務プロセスにおける事業拠点の絞り込みの根拠として採用することは難しいため）

□業務プロセスの評価で不備が発見された場合にも，全社的な内部統制や重要な事業拠点およびその他の業務プロセス等に与える影響を検討し，必要に応じて評価範囲を調整する。

第12章

内部統制の構築と文書化

第5章，そして第6章から第11章で解説した財務報告に係る6つの重要プロセスにおける3つのステップと12の検討項目の検討内容を記録・保存，つまり文書化したものが6種類のポジション・ペーパー（Position Paper：PP）である。

本章では，6種類のポジション・ペーパーの実務的な活用方法を解説する。6つの重要プロセスは，全社的な内部統制のうち重要な方針決定に係るものをプロセス化したものであり，6種類のポジション・ペーパーは，従来の全社的な内部統制や決算・財務報告プロセスのチェックリスト，および，その他の業務プロセスにおける文書化3点セットとの親和性が高い。従来のそれらのツールの課題を補う役割を果たすことを企図してデザイン（設計）している。

1 ＞ 6種類のポジション・ペーパーの作成

内部統制は，組織の持続的な存続のための仕組みであり，環境の変化に応じて自発的・自律的に変革していくことがその本質である。また，近年の我が国の会計基準は，国際財務報告基準（IFRS会計基準）の影響を受け原則主義に基づいており，会計処理と開示実務のいずれにおいても，実態や置かれた状況に応じた判断を企業に求める場合が多い。さらに，財務情報だけでなく，企業ごとの状況や対応そのものである非財務情報の開示の重要性が年々高まっている。

近年では，内部統制，会計処理と開示，いずれにおいても，各企業の実態や置かれた状況に応じた判断が重要となり，また，環境の変化が激しい状況では，その判断は適時見直される可能性がある。このような状況では，企業の重要な方針について，結論だけでなく，その検討過程と判断根拠をポジション・ペーパーとして記録・保存することが重要である。また，ポジション・ペーパーを

313

PART II　6つの重要プロセスとキーガバナンスポイントの文書化・評価

作成する文化を醸成することは，環境変化等に前向きに対応する気風を社内に定着させるためにも，大切であると考えられる。

(1)　ポジション・ペーパーの定義・様式と体系

　一般に，会計実務のポジション・ペーパーは，会計処理の方針に関する企業の見解書を意味する場合が多いが，本書では，会計処理に限らず，開示，そして内部統制に関する全社的な方針についての企業の見解書と定義する。また，結論だけでなく，検討過程や判断根拠，それから，当該方針の適用・実施までを含む一連のプロセスを記録・保存するためのツールとする。さらに，内部統制報告制度の文書化・評価実務に役立つように3つの文書化要件（業務フロー，役割分担およびリスクに関する情報）を備えるものとする（[図表12-1]）。

　6種類のポジション・ペーパーは，前章までで解説した財務報告における6つの重要プロセスに対応して，【PP1】事業計画策定・管理，【PP2】会計基準の適用，【PP3】開示目的に照らした注記，【PP4】有価証券報告書の記述

■図表12-1■　ポジション・ペーパーの定義と様式

ポジション・ペーパー		
内部統制の文書化要件	業務フロー	3つのステップと12の検討項目
	役割分担	【プロセス1】❷第1線，第2線および第3線，そして取締役会等によるモニタリングに基づく各プロセスの役割分担
	リスク	全社的な財務報告上のリスク（誤謬と不正リスクシナリオ）
成果物		企業における6つの重要な方針に関する見解書
結論と検討過程・根拠および関連する内部統制		≪ステップ1≫現状把握，≪ステップ2≫方針決定，および，≪ステップ3≫適用・実施における12の検討項目

ポジション・ペーパーの定義
　企業における全社的な6つの重要方針に関する見解書であり，結論だけでなく，検討過程・根拠，そして関連する内部統制を記載する。また，内部統制の文書化要件，すなわち，業務フロー，役割分担およびリスクに関する情報を具備する。

314

第12章　内部統制の構築と文書化

情報等の開示，【PP5】キーコントロールの構築と選定，そして，【PP6】評価範囲の決定とする（[図表12-2]）。また，各ポジション・ペーパーの構成要素は，各プロセスの3ステップと12の検討項目とする。

■図表12-2■　6種類のポジション・ペーパーの体系

内部統制	6つの重要プロセス	主な作成機関・部門等	成果物（方針）	検討方法		6種類のポジション・ペーパー
全社的な内部統制	【プロセス1】事業計画の策定・管理	●取締役会 ●代表取締役等経営陣 ●リスク管理委員会 ●経営企画部門 ●監査役等	事業計画			【PP1】事業計画の策定・管理
決算・財務報告プロセスに係る内部統制	【プロセス2】会計基準の適用	●経理部門	会計処理方針	会計基準の規定に従った検討	トップダウン型のリスク・アプローチ	【PP2】会計基準の適用
	【プロセス3】開示目的に照らした注記	●経理部門 ●広報部門	開示方針（財務）	開示目的に照らした検討		【PP3】開示目的に照らした注記
	【プロセス4】有価証券報告書の記述情報等の開示	●経理部門 ●広報部門	開示方針（非財務と財務のつながり）	記述情報の開示に関する原則等に従った検討		【PP4】有価証券報告書の記述情報等の開示
その他の業務プロセスに係る内部統制	【プロセス5】キーコントロールの構築と選定	●業務部門	キーコントロール構築・選定の過程，根拠と結論			【PP5】キーコントロールの構築と選定
全社的な内部統制	【プロセス6】内部統制報告制度の評価範囲の決定	●内部監査部門 ●取締役会 ●監査役等	評価範囲方針			【PP6】内部統制報告制度の評価範囲の決定

315

(2) 関係者にとってのポジション・ペーパーの意義

　ポジション・ペーパーは，企業の組織全体で作成または活用されることを想定するため，企業の役割分担ごとに，その意義は異なる。

　企業の方針決定者は，方針を決定する際の基礎となる考え方をポジション・ペーパーの構成要素に反映させることにより，職務の遂行上必要となる考え方を企業の構成員に浸透させるツールとして活用できる。基礎となる考え方とは，たとえば，内部統制においてはトップダウン型のリスク・アプローチとキーコントロール，会計処理においては実態や置かれた状況に対する会計基準等の適用方法，そして，開示においては財務諸表利用者の判断や理解に資する情報の提供方針等である。

　経営者，業務プロセス責任者および管理者は，経営理念や経営戦略を企業内に浸透させるツールとして活用できる。また，ポジション・ペーパーは，検討結果だけでなく，検討プロセスを重視するものであるため，企業独自の経営戦略・事業計画の策定ノウハウを蓄積でき，自己の担当分野のビジョンの策定に役立てることもできる。また，担当業務の管理や管理下の人材育成の指針とすることもできる。

　ポジション・ペーパーの作成者は，重要な方針の決定と，その方針を適用・実施するためのしくみの構築に関与することにより，企業の事業活動全体を俯瞰する視点で，計画を立案したり，業務の実施状況を管理したり，あるいは，業務改善の提案をしたりする能力を高めることができる。

　内部統制の実施者は，業務実施上，適宜，ポジション・ペーパーを参照することにより，結論に至る検討過程を確認できるため，業務を実施するうえでの納得感が高まる。検討過程の可視化は，日常的モニタリングの実施者にとっては，モニタリングすべきリスクと内部統制の明確化，企業を取り巻く状況の変化や新しい事象の捕捉と対応，それから担当者にとっては，新任者への業務の引継ぎ等にも役立つ。

　そして，内部統制の評価者は，内部統制の実施証跡の有無の確認等の形式的な評価だけでなく，統制実施者が統制内容や目的を正しく理解しているかを確認する実効性の高い評価のための基礎を得ることができる。また，外部監査人との内部統制評価に関する対話や議論の基礎とすることができ，外部監査人の財務諸表監査や内部統制監査に関するナレッジを吸収する糸口とすることもで

きる。さらに，そのような評価，対話や議論を通じて，内部統制基準（2023年
改訂）[1] や内部監査基準（2014年改訂）[2] が内部監査人に要求する専門的な能力
と専門職としての正当な注意の意識を高めることができる。

　いずれにしても，実効性が高い内部統制を構築するうえで，内部統制に関わ
る者の意識の向上が重要である反面，"仏作って魂入れず"といったことわざ
が示唆するとおり，その実践が難しいことは周知の事実である。本書では，企
業の重要な方針に関するポジション・ペーパーの作成と活用をとおして，全社
的な意識の向上を企図する。

　なお，ポジション・ペーパーは，いわば「箱」にすぎないということに留意
していただきたい。「その中に何を入れるか」，「入れる中身を決定する判断力」
と「その中身」が重要なのである。仮に企業の中で内部統制を起点とする会計
処理と開示を統合的に検討する考え方が既に共有されており，コーポレートガ
バナンス，事業上のリスク，財務報告上のリスク，全社的な内部統制と業務プ
ロセスに係る内部統制，会計基準の適用，開示目的に照らした注記，そして，
有価証券報告書の記述情報等に関する知見，さらには，それらを結び付けるノ
ウハウが蓄積され隅々まで共有されているとすれば，ポジション・ペーパーの
作成は不要である。

　つまり，ポジション・ペーパーの作成自体が重要なのではなく，そうではな
くて，企業内のすべての者が，ポジション・ペーパーを通じて上記の知見やノ
ウハウに関する思考過程と考え方を学び，「自発的に考えられるようになるこ
と」と「その過程で蓄積される知見とノウハウ」が重要なのであることを申し
添えておく。

1　内部監査人は，熟達した専門的能力と専門職としての正当な注意をもって職責を全うす
　ることが求められる（同実施基準Ⅰ.4.(4)内部監査人）。
2　内部監査人は，内部監査の遂行に必要な知識，技能およびその他の能力を継続的に研鑽
　し，それらの一層の向上を図ることにより，内部監査の質的維持・向上，ひいては内部監
　査に対する信頼性の確保に努めなければならない（同基準3.1.1抜粋）。内部監査人としての
　正当な注意とは，内部監査の実施過程で専門職として当然払うべき注意であり，以下の事
　項について特に留意しなければならない。①監査証拠の入手と評価に際し必要とされる監
　査手続の適用，②ガバナンス・プロセスの有効性，③リスク・マネジメントおよびコント
　ロールの妥当性および有効性，④違法，不正，著しい不当および重大な誤謬のおそれ，⑤
　情報システムの妥当性，有効性および安全性，⑥組織体集団の管理体制，⑦監査能力の限
　界についての認識とその補完対策，⑧監査意見の形成および内部監査報告書の作成にあ
　たっての適切な処理，⑨費用対効果（同基準3.2.2抜粋）。

PART Ⅱ　6つの重要プロセスとキーガバナンスポイントの文書化・評価

(3)　ポジション・ペーパー作成実務

　実務上，6種類のポジション・ペーパーを作成し活用していくためには，目的や作成対象等を定めたポジション・ペーパー管理規程を定めて運用する必要があり，また，各企業の状況に応じた創意工夫が必要になる。

①　実務上の対応

　実務上，ポジション・ペーパーを作成し，運用していくためには，少なくとも，以下の事項を定めるポジション・ペーパー管理規程を定めて運用する必要があると考えられる。

- 目的
- 作成対象
- 責任部署（作成と承認）と関与者
- 作成および更新のタイミング
- 構成要素と様式（ひな型）
- 社内での共有方針
- 開示資料への利用方針

　目的と作成対象については，本章本節(1)(2)を参照されたい。責任部署（作成と承認）と関与者，作成および更新のタイミング，そして，構成要素と様式（ひな型）は，第5章から第11章における6つの重要プロセスに関する3つの検討ステップと12の検討項目の解説を参照されたい。構成要素は，各プロセスの12の検討項目をそのまま各ポジション・ペーパーの構成要素とすることを想定する。また，様式に関しては，PARTⅢの［検討例1］から［検討例5］で使用している図表を参考にしていただければ幸いである。

②　各企業の状況に応じた創意工夫

　本書におけるポジション・ペーパーは，企業の業務のすべてについて作成することは想定していない。企業の実態や置かれた状況に応じて，作成するポジション・ペーパーを絞り込むべきと考える。

　たとえば，全社的な内部統制におけるポジション・ペーパーとして位置づけ

318

る【PP1】事業計画の策定・管理と【PP6】評価範囲の決定は必須とし，決算・財務報告プロセスとその他の業務プロセスにおけるポジション・ペーパーである【PP2】会計基準の適用から【PP5】キーコントロールの構築と選定は，適宜作成することが実務的である。

なお，内部統制報告制度は財務報告に係る内部統制が対象であるため，経理担当役員および経理部主導で，【PP1】と【PP2】を作成する場合も考えられる。その場合は，【PP1】の❽事業計画の策定から⓬第1線，第2線および第3線，そして取締役会等によるモニタリングと【PP2】を統合して1つのポジション・ペーパーとすることも考えられる。

【PP2】については，企業の事業活動が反映される収益認識（特に新規事業に関する収益認識），経営者による判断や会計上の見積りの要素が含まれる重要な会計処理，そして，新たな会計基準の適用や合併・買収等の非定型的な事象に限定して作成することも考えられる。

【PP3】開示目的に照らした注記と【PP4】有価証券報告書の記述情報等の開示については，収益認識会計基準80-2項(1)(2)において，重要な会計方針で少なくとも注記することが求められる主要な事業における主な履行義務の内容（財またはサービスの内容）と当該履行義務を充足する通常の時点（収益を認識する通常の時点）といった企業のビジネスモデルに関連する項目を出発点に，重要な会計方針，収益認識に関する注記，重要な会計上の見積りに関する注記，セグメント情報，そして，有価証券報告書の「第一　企業情報」「第2　事業の状況」のつながりに主眼を置いて作成することが考えられる。

【PP4】については，企業にとって重要性な場合に気候変動や人的資本・多様性等に関するサステナビリティ課題について，【PP1】（特に❶コーポレートガバナンスとキーガバナンスポイント，❷全社的なリスク管理とマテリアリティ，❻戦略，❼指標および目標）との整合性に留意して作成することも考えられる。

【PP5】については，【PP2】，【PP3】そして【PP4】の作成との関係で主要な事業における販売プロセスおよび財務報告上のリスクを高リスクと評価している業務プロセスに限定して作成することが考えられる。

内部統制基準等の2023年改訂によって，経営者による内部統制の評価の範囲について，重要な事業拠点の選定において利用した指標とその一定割合等の決定の判断事由その他について内部統制報告書で記載することとされたため

PART II　6つの重要プロセスとキーガバナンスポイントの文書化・評価

（[図表3-13]「財務報告に係る内部統制の評価及び報告」の改訂内容を参照），判断事由等の基礎資料として【PP6】を作成することが役立つ。

　そして，固定資産の減損，繰延税金資産の回収可能性，棚卸資産の評価等に関する会計処理や継続企業の前提の注記等といった事業計画の内容と密接に関係する重要な会計上の論点が存在する場合は，【PP1】を起点に【PP6】までの整合性を確保することが重要であり，個別論点ごとに【PP1】から【PP6】まで一気通貫するポジション・ペーパーを作成することも考えられる。また，それは，【PP1】を起点に，事業上のリスクが財務報告の信頼性に与える影響の検討と財務報告上のリスクの特定，そして，企業の対応（内部統制）を投資家へ適切に伝達したい場合も同様である。

　いずれにしても，重要であるのは，ポジション・ペーパーにより検討過程を文書化して，社内での考え方の浸透や方針の見直し，変化への対応，そして，社外への開示に役立てることである。そのためには，ポジション・ペーパーを作りっぱなしにしないで，状況の変化に応じてポジション・ペーパーの新規作成や更新を適時・適切に実施する工夫が大切である。たとえば，ポジション・ペーパーを社内で広く公開したり，外部への開示の基礎資料としたりすれば，作成時の意識が高まってポジション・ペーパーの品質が向上し，また，企業の内部や外部のコミュニケーションの共通の基盤を提供できる。

2　内部統制の構築と文書化における活用

　本節では，全社的な内部統制とその他の業務プロセスに係る内部統制，そして決算・財務報告プロセスに係る内部統制の重要な課題と課題克服のための6種類のポジション・ペーパーの活用を解説する。

　企業を取り巻く環境の変化等にともなって変える必要がない部分は，定型化した従来の制度対応を継続し，その上位レベルの対応として，変える必要がないかどうかの検討や，非定型的な要素および新しい状況への対応等で，6種類のポジション・ペーパーを活用することが肝要である（[図表4-1][図表4-2]参照）。

　まず，各企業が内部統制の構築と文書化において，従来ツールとの比較で6種類のポジション・ペーパーをどのように活用するかを解説する。それは，従来の効率化・負担軽減対応と実効性が高い内部統制対応とを結び付けるために，

320

第12章　内部統制の構築と文書化

何が必要かを明らかにすることでもある。そして，その理解が，次の第13章内部統制の評価と改善の実効性を高めるのである。

(1)　従来ツールの課題の克服

　6種類のポジション・ペーパーとキーガバナンスポイントは，従来の制度対応から独立した活用を意図していない。むしろ，従来の制度対応では十分可視化されておらず，曖昧であった企業の重要な方針やプロセス，関係者の役割を明確にすることによる補完的な活用を意図している。また，制度対応を内部統制基準等や組織管理の一般的な認識に従って第三者に合理的に説明できるようにするための活用を意図している（[図表12-3]）。

■図表12-3■　従来ツールの課題と6種類のポジション・ペーパーの活用

項目	従来ツール	従来ツールの課題（例）	6種類のポジション・ペーパーの活用
全社的な内部統制	● 質問書(42項目)	□企業の置かれた個々の環境や特性等が反映されないと内部統制の不備を見落とす可能性がある。 □親会社による子会社管理の視点が明確に意識されていない。 □リスク評価の実効性に疑問がある。	➤【PP1】事業計画の策定・管理 ➤以下の【PP2】から【PP6】 なお，[図表12-4]参照
決算・財務報告プロセスに係る内部統制	● チェックリスト	□定型的な業務のリスク低減には有効であるが，非定型的な業務，たとえば，新会計基準の適用や不確実性が高い会計上の見積りには不向き。	➤【PP2】会計基準の適用 ➤【PP3】開示目的に照らした注記 ➤【PP4】有価証券報告書の記述情報等の開示
業務プロセスに係る内部統	● 業務の流れ図（フローチャート）	□結果としてのキーコントロールは明確であるが，それがなぜキーコント	➤【PP5】キーコントロールの構築と選定

321

PART Ⅱ　6つの重要プロセスとキーガバナンスポイントの文書化・評価

制	● 業務記述書 ● リスクと統制の対応（リスク・コントロール・マトリクス）	ロールなのか一見しただけでは読み取りにくい。 □リスク評価が実施されず，高リスクが不明確である。 □特に全社的な財務報告上のリスクとのつながりが検討されていない場合が多い。 □状況の変化の捕捉とその反映が難しい（状況の変化に伴うデザインの再検討が難しい）	
評価範囲の決定	● 評価範囲方針書	□形式的な金額基準で評価範囲が決定されている。 □評価対象である理由は明確であるが，評価対象から除外している理由が金額的重要性以外検討されていない。	➤【PP6】内部統制報告制度の評価範囲の決定
共通	共通	□安定的な経営環境を前提とする。 □リスクや統制内容の理解の促進を前提としていない場合が多い。 □実効性の高い評価に結びつかない場合が多い。	➤【PP1】を起点とする6種類のポジション・ペーパーの体系

(2)　取締役会が決定する内部統制の基本方針

　会社法において要求される内部統制システムの整備方針を取締役会が決定することを出発点として，経営者は財務報告に係る内部統制を構築，整備・運用し，評価してその結果を報告する。

　また，企業の持続的な成長のためには，内部統制とコーポレートガバナンス

第12章　内部統制の構築と文書化

および全社的なリスク管理を一体的に整備・運用することが重要である（［図表 3-9］～［図表 3-12］参照）。

　企業の持続的な成長から，内部統制システムの整備方針の決定（会社法），そして，財務報告の信頼性の確保（金融商品取引法）へと至るつながりは，経営理念から，コーポレートガバナンスと内部統制の基本方針の決定，そして，内部統制を起点とする会計処理と開示の検討のつながりと言い換えることもできる。

　このつながりを可視化した対応が，【PP 1】から始まり，【PP 2】，【PP 3】，【PP 4】と，【PP 5】，そして，【PP 6】へと至る 6 種類のポジション・ペーパーの体系および内部統制報告制度である。また，取締役会は，コーポレートガバナンスと内部統制の基本方針を決定し，経営者（執行）を監督する役割を有するため，企業における最上位のキーコントロールとなることが期待されるが，その取締役会の監督機能が，注視し，全社的な対応に力を注ぐべき事柄を具現化したものがキーガバナンスポイントである。

　経営理念や財務報告の信頼性，そして，経営における監督機能といった企業の成り立ちに関係する概念は，極めて重要である反面，可視化は難しいが，概念やそのつながりを体系的に整理し，文書化する際に，6 種類のポジション・ペーパーとキーガバナンスポイントを活用できる。

(3)　全社的な内部統制の評価項目例（42項目）

　全社的な内部統制は，企業グループの持続的な成長のためもっとも重要な内部統制であり，企業の自主的・自律的な対応がもっとも求められる領域である。しかし，それゆえ，もっとも構築と文書化，その後の評価等が難しい領域でもある。

　実務上は，内部統制実施基準（参考 1 ）で示されている評価項目の例（いわゆる「全社的な内部統制の42項目」）を参考に各企業が独自の質問書を作成して，質問書への対応を通じて連結ベース，またはグループ各社や事業拠点ごとの全社的な内部統制を構築・文書化したり，あるいは，リスク情報を収集・検討してリスク評価および業務プロセスに係る内部統制の評価範囲の決定を実施したりする場合が多い。

　難易度の高い全社的な内部統制に関して，「全社的な内部統制の42項目」は，実務上の指針として機能しているが，研究報告32号（研究文書 1 号）において，

323

PART II　6つの重要プロセスとキーガバナンスポイントの文書化・評価

その利用方法に関して次のような課題が指摘されている。

● 全社的な内部統制の構築と文書化，そして評価
　✓「全社的な内部統制の42項目」は企業の置かれた個々の環境や特性等を反映していない，一般的かつ概念的に整理されたものであることから，経営者評価に当たってそのままチェック項目として用いても内部統制の不備を見落としてしまう懸念がある。
　✓内部統制の基本的要素に従って整理されたものであるため，子会社管理という視点が明確に意識されているものでもない。

● リスクの評価および評価範囲の決定
　✓全社的な内部統制の質問書の対象が，定量基準で選定された事業拠点のみである。
　✓全社的な内部統制の質問書および回答において，質的な影響に関する質問・回答が極めて少ない。
　✓全社的な内部統制の質問書の「リスクの評価と対応」の回答で，事業の状況変化についての検討が少なく，実績値以外は毎回ほぼ同じ回答となっている。

　本書における6つの重要プロセスとキーガバナンスポイント，そして，それらを文書化した6種類のポジション・ペーパーは，「全社的な内部統制の42項目」とその利用に際しての課題も踏まえてデザイン（設計）している（［図表12-4］）。

　具体的には，まず，全社的な内部統制における重要なプロセスを特定する。重要なプロセスは，取締役会等の監督機能を頂点とする財務報告に係る重要な方針決定の6つのプロセスである。6つのプロセスは，企業の置かれた個々の環境や特性がもっとも顕著に表れるべき【プロセス1】事業計画の策定・管理からスタートして，財務報告の観点で【プロセス2】から【プロセス6】へとつながっていく。そして，業務プロセスに係る内部統制と同様に6つのプロセスを文書化する。ただし，全社的な内部統制は一般に広範なリスクに対応するため，業務プロセスで一般的な文書化3点セットではなく，ポジション・ペーパー（重要な方針決定に関する見解書の結論と検討過程・根拠）の形をとる。

　また，親会社による子会社管理とリスク評価の実効性の確保については，特に，【PP1】事業計画の策定・管理において対応する。具体的には，【PP1】≪ステップ2≫経営戦略立案と事業計画策定❾非財務情報が財務報告の信頼性に与える影響の検討と財務報告上のリスクの特定を前提に，≪ステップ3≫業

績管理と財務会計の❿財務数値による関係会社管理，⓫第１線による業績管理，⓬第１線，第２線および第３線，そして取締役会等によるモニタリングにおいて，財務数値の分析的検討に基づく親会社による子会社管理と子会社の特性やリスクに応じた内部監査（業務監査）の実施によって対応する。

すなわち，全社的な内部統制の評価範囲の決定に際して，数値基準を機械的に適用して，僅少な事業拠点を除外するのではなく，すべての子会社等を対象に策定される事業計画とその財務数値の分析的検討により，すべての子会社等を親会社による子会社管理，すなわち，連結ベースの全社的な内部統制の対象に含めるとともに，事業計画の策定の際に実施する事業上のリスク等の非財務情報が財務報告の信頼性に与える影響の検討と財務報告上のリスクの特定によって，財務報告上のリスクの評価の実効性を高める。

■図表12-4■　全社的な内部統制の評価項目例（42項目）における６種類の
ポジション・ペーパーの活用

全社的な内部統制の評価項目例	６種類のポジション・ペーパーの活用
統制環境	
1　経営者は，信頼性のある財務報告を重視し，財務報告に係る内部統制の役割を含め，財務報告の基本方針を明確に示しているか。	● ６種類のポジション・ペーパーの作成により，経営理念，経営戦略，事業計画，財務報告の信頼性の確保からはじまり，会計基準の適用，開示目的に照らした注記，有価証券報告書の記述情報の開示へと至り，組織構造としてのキーコントロールの構築と選定，そして，内部統制報告制度の評価範囲の決定へとつながる企業の事業活動を貫通する大きなプロセスが構築される。
2　適切な経営理念や倫理規程に基づき，社内の制度が設計・運用され，原則を逸脱した行動が発見された場合には，適切に是正が行われるようになっているか。	
3　経営者は，適切な会計処理の原則を選択し，会計上の見積り等を決定する際の客観的な実施過程を保持しているか。	●【PP１】事業計画の策定・管理に含まれるキーガバナンスポイントにより，取締役会および監査役等の監督・監視する対象が明確化される。
4　取締役会及び監査役等は，財務報告とその内部統制に関し経営者を適切に監督・監視する責任を理解し，実行し	●【PP１】事業計画の策定・管理に含まれるキーガバナンスポイントによ

PART Ⅱ　6つの重要プロセスとキーガバナンスポイントの文書化・評価

		ているか。
5		監査役等は内部監査人及び監査人と適切な連携を図っているか。
6		経営者は，問題があっても指摘しにくい等の組織構造や慣行があると認められる事実が存在する場合に，適切な改善を図っているか。
7		経営者は，企業内の個々の職能（生産，販売，情報，会計等）及び活動単位に対して，適切な役割分担を定めているか。
8		経営者は，信頼性のある財務報告の作成を支えるのに必要な能力を識別し，所要の能力を有する人材を確保・配置しているか。
9		信頼性のある財務報告の作成に必要とされる能力の内容は，定期的に見直され，常に適切なものとなっているか。
10		責任の割当てと権限の委任が全ての従業員に対して明確になされているか。
11		従業員等に対する権限と責任の委任は，無制限ではなく，適切な範囲に限定されているか。
12		経営者は，従業員等に職務の遂行に必要となる手段や訓練等を提供し，従業員等の能力を引き出すことを支援しているか。
13		従業員等の勤務評価は，公平で適切なものとなっているか。

り，取締役会および監査役等の「監督」，監査役等の「監査」，代表取締役等の「執行」，三様監査，内部通報制度（「情報と伝達」参照）等の企業内のガバナンス体制の注視，注力する対象とそれぞれの役割が明確になる。

● 信頼性のある財務報告の作成を支えるのに必要な能力が，6種類のポジション・ペーパーの作成により，識別され，定期的に見直され，そして，それを身に付けるための手段や訓練等が適用される。

● 6種類のポジション・ペーパーの作成により，財務報告の観点で，企業内の個々の職能（生産，販売，情報，会計等）および活動単位に対して，適切な役割分担が促進され，従業員等に対する権限と責任の委任は，無制限ではなく，適切な範囲に限定される。

● 6種類のポジション・ペーパーの作成を取締役会，経営者および業務プロセス責任者の評価項目に加えれば，上記の実効性がさらに確保される。

第12章　内部統制の構築と文書化

リスクの評価と対応	
14	信頼性のある財務報告の作成のため，適切な階層の経営者，管理者を関与させる有効なリスク評価の仕組みが存在しているか。	【PP1】事業計画の策定・管理の❻戦略と❾非財務情報が財務報告に与える影響の検討と財務報告上のリスクの特定（その前提としての❹外部環境分析（マクロ），❺外部環境分析（ミクロ），❻内部環境分析）の文書化により，以下が実現される。
15	リスクを識別する作業において，企業の内外の諸要因及び当該要因が信頼性のある財務報告の作成に及ぼす影響が適切に考慮されているか。	➤ 適切な階層の経営者，管理者を関与させる有効なリスク評価の仕組み ➤ 企業の内外の諸要因および当該要因が信頼性のある財務報告の作成に及ぼす影響の考慮，リスクが発生または変化する可能性がある状況の捕捉（2023年改訂への対応）
16	経営者は，組織の変更やITの開発など，信頼性のある財務報告の作成に重要な影響を及ぼす可能性のある変化が発生する都度，リスクを再評価する仕組みを設定し，適切な対応を図っているか。	➤ 組織の変更やITの開発など，信頼性のある財務報告の作成に重要な影響を及ぼす可能性のある変化の捕捉（2023年改訂への対応）
17	経営者は，不正に関するリスクを検討する際に，単に不正に関する表面的な事実だけでなく，不正を犯させるに至る動機，原因，背景等を踏まえ，適切にリスクを評価し，対応しているか。	➤ 不正に関するリスクについて，不正のトライアングルの検討と不正リスクシナリオの立案（2023年改訂への対応）

統制活動	
18	信頼性のある財務報告の作成に対するリスクに対処して，これを十分に軽減する統制活動を確保するための方針と手続を定めているか。	6種類のポジション・ペーパーの作成により，トップダウン型のリスク・アプローチに基づくキーコントロールの構築と選定が促進され，適切な管理者による日常的モニタリングを重視した組織体制が構築される。
19	経営者は，信頼性のある財務報告の作成に関し，職務の分掌を明確化し，権限や職責を担当者に適切に分担させているか。	その結果，以下が実現される。 ➤ 財務報告上のリスクを十分に軽減

327

PART Ⅱ　6つの重要プロセスとキーガバナンスポイントの文書化・評価

20	統制活動に係る<u>責任と説明義務</u>を，<u>リスクが存在する業務単位又は業務プロセスの管理者</u>に<u>適切に帰属</u>させているか。	する統制活動 ➢ 財務報告の観点からの適切な職務の分掌 ➢ 業務プロセス責任者の財務報告上のリスクに関する責任
21	<u>全社的な職務規程</u>や，<u>個々の業務手順</u>を適切に作成しているか。	➢ 財務報告の観点からの全社的な職務規程や個々の業務手順の理解の促進
22	統制活動は業務全体にわたって<u>誠実に実施</u>されているか。	➢ 経営理念や財務報告の信頼性に照らした統制活動の実施
23	統制活動を実施することにより検出された<u>誤謬</u>等は適切に調査され，<u>必要な対応</u>が取られているか。	➢ 統制活動に対するモニタリングの実施（誤謬への対応と改善の実施）
24	統制活動は，その実行状況を踏まえて，その妥当性が定期的に検証され，<u>必要な改善</u>が行われているか。	

情報と伝達

25	<u>信頼性のある財務報告の作成に関する経営者の方針や指示</u>が，企業内の全ての者，特に財務報告の作成に関連する者に適切に伝達される体制が整備されているか。	6種類のポジション・ペーパーの作成により，信頼性のある財務報告の作成に関する企業の方針や考え方（内部統制の階層と財務報告上のリスク）が明確になる。
26	<u>会計及び財務に関する情報</u>が，関連する業務プロセスから適切に情報システムに伝達され，適切に利用可能となるような体制が整備されているか。	その結果，以下が実現される。 ➢ 財務報告上のリスクに関する経営者および経理部門の方針や指示
27	内部統制に関する重要な情報が円滑に<u>経営者及び組織内の適切な管理者に伝達される体制</u>が整備されているか。	➢ 事業上のリスクと関連する財務報告上のリスク（全社）の全社的な共有
28	<u>経営者，取締役会，監査役等及びその他の関係者</u>の間で，情報が適切に伝達・共有されているか。	➢ 企業における内部統制の階層間の情報の伝達体制（取締役会および監査役等と代表取締役等や親会社と子会社，経理部門と業務部門，本社と支店および営業所，管理者と担当者）

第12章　内部統制の構築と文書化

29	内部通報の仕組みなど，通常の報告経路から独立した伝達経路が利用できるように設定されているか。	➤内部通報制度の位置づけ ➤株主を含む投資家との対話による経営戦略や事業計画の改善
30	内部統制に関する企業外部からの情報を適切に利用し，経営者，取締役会，監査役等に適切に伝達する仕組みとなっているか。	

モニタリング		
31	日常的モニタリングが，企業の業務活動に適切に組み込まれているか。	6種類のポジション・ペーパーの作成により，トップダウン型のリスク・アプローチに基づくキーコントロールの構築と選定が促進され，適切な管理者による日常的モニタリングを重視した組織体制が構築される。 　その結果，以下が実現される。 ➤日常的モニタリングを重視した組織体制 ➤評価範囲の絞り込みだけでなく，財務報告上のリスクにも適切にフォーカスしたトップダウン型のリスク・アプローチに基づく独立的評価の範囲（内部統制報告制度の評価範囲）の決定 ➤取締役会，監査役等，経営者，業務プロセス責任者，内部監査部門，適切な管理者等，モニタリング実施責任者が事業上のリスクと密接に関係する財務報告上のリスク，モニタリングの目的と内容を理解するための基礎が確立する。 ➤取締役会，監査役等，経営者，業務プロセス責任者，内部監査部門，適切な管理者等，といった組
32	経営者は，独立的評価の範囲と頻度を，リスクの重要性，内部統制の重要性及び日常的モニタリングの有効性に応じて適切に調整しているか。	
33	モニタリングの実施責任者には，業務遂行を行うに足る十分な知識や能力を有する者が指名されているか。	
34	経営者は，モニタリングの結果を適時に受領し，適切な検討を行っているか。	
35	企業の内外から伝達された内部統制に関する重要な情報は適切に検討され，必要な是正措置が取られているか。	
36	モニタリングによって得られた内部統制の不備に関する情報は，当該実施過程に係る上位の管理者並びに当該実施過程及び関連する内部統制を管理し是正措置を実施すべき地位にある者に適切に報告されているか。	

329

PART Ⅱ　6つの重要プロセスとキーガバナンスポイントの文書化・評価

37	内部統制に係る開示すべき重要な不備等に関する情報は，<u>経営者，取締役会，監査役等</u>に適切に伝達されているか。	織内のモニタリング階層の連鎖が明確になる。 ➤ 財務情報の分析的検討に基づく親会社による子会社管理 ➤ 子会社の特性やリスクに応じた内部監査（業務監査）の実施 ➤ 企業内部のモニタリング階層の連鎖が，株主を含む投資家との対話およびその他のステークホルダーと協働といったコーポレートガバナンスの階層へとつながり，企業内外の意見が企業の経営戦略に反映されやすくなる。
IT への対応		
38	経営者は，<u>IT に関する適切な戦略，計画等</u>を定めているか。	【PP 1】事業計画の策定・管理の❻戦略と❾非財務情報が財務報告に与える影響の検討と財務報告上のリスクの特定（それらの前提としての❹外部環境分析（マクロ），❺外部環境分析（ミクロ），❻内部環境分析）の文書化と，それを受けて検討される【PP 5】キーコントロールの構築と選定の文書化により，以下が実現される。 ➤ IT に関する戦略および計画の事業計画への反映 ➤ IT 環境の適切な理解 ➤ 手作業および IT を用いた統制の利用領域の検討 ➤ IT を利用することにより生じる新たなリスクの検討 ➤ IT に係る全般統制と IT に係る業務処理統制
39	経営者は，内部統制を整備する際に，<u>IT 環境を適切に理解</u>し，これを踏まえた方針を明確に示しているか。	
40	経営者は，信頼性のある財務報告の作成という目的の達成に対するリスクを低減するため，<u>手作業及び IT を用いた統制の利用領域</u>について，適切に判断しているか。	
41	IT を用いて統制活動を整備する際には，<u>IT を利用することにより生じる新たなリスク</u>が考慮されているか。	
42	経営者は，<u>IT に係る全般統制及び IT に係る業務処理統制</u>についての方針及び手続を適切に定めているか。	

⑷　決算・財務報告プロセスにおけるチェックリスト

　決算・財務報告プロセスにおけるチェックリストは，変更の必要が少ない定型化された手続やスケジュールに関して従来どおり活用し，新たな会計基準の適用や判断・見積りの伴う会計処理と注記等の非定型的な業務への対応には，【PP2】会計基準の適用と【PP3】開示目的に照らした注記を活用する。そして，企業の置かれた状況や実態にもとづいた記載，非財務情報と財務情報のつながりの説明，あるいは，経営理念，経営戦略，そして，事業計画といった「価値創造ストーリー」の展開が望まれる有価証券報告書については，【PP4】有価証券報告書の記述情報等の開示を活用する。

　【PP1】事業計画の策定・管理の❾非財務情報が財務情報に与える影響の検討と財務報告上のリスクの特定において，新たな会計基準の適用，経営者による判断や会計上の見積りの伴う会計処理が発生する事象や取引等を早期に捕捉し，【PP2】および【PP3】を作成する。そして，当該ポジション・ペーパーにもとづき外部監査人と協議することにより，当該事象に関する重要な虚偽記載（誤謬と不正な財務報告）や開示すべき重要な不備の発生を回避する。

　【PP2】と【PP3】の作成により，検討の根拠となる基準等の定めを常に確認して実態に即して会計処理や開示を検討する文化を企業内に醸成することは，信頼性ある財務報告を重視する気風を会社内に定着させるうえで有効である。

⑸　その他の業務プロセスにおける文書化3点セット

　実務上，リスクと統制の対応（リスク・コントロール・マトリクス）において，キーコントロールに該当するコントロールを明示する場合があるが，それは選定結果であり，選定過程は明示しない。マトリクス上表示されない事項，たとえば，高リスクの特定とその根拠やコントロールの階層といった，その選定過程における重要な検討要素は読み取りにくく，そのためキーコントロールの見直しの要否の検討も難しい場合が少なくない。別の言い方をすれば，そもそも見直しの可能性を考慮して様式がデザインされてない，あるいは，リスクは識別されていても，高リスクの特定等のリスクの評価やコントロールの組合せの検討は実施されていない場合が少なくないと考えられる。

　リスク・コントロール・マトリクスは，企業を取り巻く状況の変化の影響を受けにくく，高リスクが存在しないような業務プロセスにおける定型的な内部

PART II 6つの重要プロセスとキーガバナンスポイントの文書化・評価

統制，すなわち，リスクを特別意識しなくても，決められた手順通りに業務を実施することにより，リスクが低減できるように整備させている業務プロセスには適していると考えられる。

しかし，高リスクが存在する業務プロセスや経営戦略や事業計画上の重要な業務プロセス，具体的には，ビジネスモデルに関する収益認識等（原価計算を含む。）や将来の不確実性が存在する業務プロセスにおいては，業務プロセスの責任者や管理者は，リスクや統制の目的と内容を理解する必要があるため，【PP 5】キーコントロールの構築と選定を追加で作成することが実務上有用と考えられる。

従来の文書化 3 点セットは，【PP 5】作成のための基礎資料として利用する。具体的には，【プロセス 5】≪ステップ 1≫業務プロセスの特徴の把握の＜全社的なリスク＞❶❷において，【PP 5】の作成の要否を検討する。作成が必要と判断する場合は，リスク・コントロール・マトリクスにもとづき＜業務プロセスのリスク＞❸業務の特徴，❹IT の利用状況，❺質的重要性と過年度の発見事項等，❻会計処理のため必要になる情報等を確認する。そして，❶❷の全社的なリスクも考慮した❼リスクの識別と評価を改めて実施するとともに，❽高リスクの根拠を明確にする。高リスクを特定したうえで，❾5 類型による内部統制の構築の検討を行い，十分な上位コントロールが構築されていな場合は，是正を実施する。

そして，トップダウン型のリスク・アプローチに基づき，❿キーコントロールの選定を実施し，⓫キーコントロールの十分性の確認（デザインの検討）と⓬関連性の高い他の業務プロセス等の把握を実施する。

売上高，売掛金，そして棚卸資産等に至る業務プロセスは，会社の構成員の日常業務に直接関係する場合が多い。したがって，上記の検討過程と根拠を【PP 5】で記録・保存し，活用することは，企業の構成員が経営理念，経営戦略，事業計画，そして，それらと関連する業務内容や目的を正しく理解して社内手続を遵守したり，状況の変化や新しい事象に対応したりする意識の向上，つまり，全社的な内部統制の向上に貢献すると考えられる。

なお，金融庁事例集（事例 3-3）において，統制上の要点（キーコントロール）の選定過程の記録・保存（文書化），すなわち，「キーコントロール選定シート」の作成により，翌年度以降の見直しに影響を与える事象を効果的かつ効率的に把握した事例が取り上げられている。【プロセス 5】に限らず，重要な方

332

針の検討過程・根拠をポジション・ペーパーにより文書化することは，同様の効果が得られると考えられる。

（事例３－３）
● 統制上の要点の選定
【概要】
　統制上の要点の選定過程を記録・保存することにより，翌年度における統制上の要点の見直しに影響を与える事象を効果的かつ効率的に把握。
【事例】
　業務プロセスに係る内部統制の評価について，統制上の要点の選定過程を記録・保存していたため，翌年度における統制上の要点の見直しの際，前年度の選定過程で検討した事項（業務プロセスの特徴，リスクの評価，個々の内部統制における相互連携等）について変更はないか，又は，企業グループの内外で新たに考慮すべき事項は発生していないかを効果的かつ効率的に把握することができた。

　当該事例は，第２章第１節(1)②リスクの評価と対応で掲記した（事例３－２）とあわせて実施されたことにその意義がある。すなわち，まず全社的な高リスクを特定してから，業務プロセスに係る内部統制のキーコントロールを検討し，その選定過程を記録・保存したのである。本書でいえば，【プロセス１】と【プロセス６】のつながりであり，【プロセス６】の検討項目❶がそれを示す。

(6)　内部統制の評価範囲に関する方針書

　実務上，従来は結果とその根拠，特に，評価対象に選定した重要な事業拠点と業務プロセスの根拠が記載される場合が多かったと考えられるが，重要な財務報告上のリスクに対応するためには，あるいは，評価対象外から開示すべき重要な不備が発生することを回避するためには，評価対象に選定した事業拠点と業務プロセスの根拠だけでなく，重要な事業拠点を絞り込む具体的な根拠と評価対象としないことの根拠も重要である。

　また，内部統制報告書には，「重要な事業拠点の選定において利用した指標とその一定割合」，「評価対象とする業務プロセスの識別において企業の事業目的に大きく関わるものとして選定した勘定科目」および「個別に評価対象に追加した事業拠点及び業務プロセス」の記載だけではなく，それらの決定の判断

333

PART II　6つの重要プロセスとキーガバナンスポイントの文書化・評価

事由を含めて記載することが求められる。【PP6】内部統制報告制度の評価範囲の決定に記載する12の検討項目により，これらに対応することができる。

(7)　上位コントロールの構築

　一般の企業では，たとえば，部長や中間管理職の承認・回覧手続は存在しても，何を承認・チェックすべきか明確になっていないことが少なくないかもしれない。上位者が持つべきこのようなナレッジ（知見とノウハウ）は，個人の努力，能力，経験に依存しており，企業のナレッジとして共有されていないことが多いように思われる。キーコントロールとして選定できる上位コントロールを構築する過程で，それらの暗黙知を可視化し企業として活用できるようにしたほうが，組織の管理水準の向上に貢献するであろう。

　その際には，内部統制報告制度で作成した詳細な業務プロセスの文書化3点セットと，本書が提示する6種類のポジション・ペーパーが役立つはずである。上位者が留意すべきアサーションやリスクは何か，上位者が何を査閲すれば業務の管理・監督を実効性と効率性を高めて実施できるか，または，上位者が管理・監督すべき重要な担当者レベルのコントロールは何かという視点で，6種類のポジション・ペーパーを活用すれば，その価値も高まるであろう。

　なお，上位者には，適切な管理者（部長や課長等の中間管理職）のみならず，子会社に対する親会社，支店，事業所や店舗等に対する本社，そして，管理者と担当者に対する会議体も含まれる。これら上位者による日常的モニタリングを構築することは，企業グループの管理水準の向上に貢献する。

　また，上位コントロールの1つである決算・財務報告プロセスの分析的検討は，企業の事業内容の理解や長年にわたる経理業務の経験で蓄積された職人的な勘や秘訣に基づいて実施される場合が多い（［図表2-6］［図表2-7］参照）。上位コントロールとして選定するためには，まず，このような暗黙知を可視化して文書化する必要がある（分析対象として検討すべき基準値を含む。）。その際にも，6種類のポジション・ペーパーは役立つと考えられる。

第13章

内部統制の評価と改善

定型化された内部統制を評価する場合と，非定型的な要素等への対応を含む内部統制を評価する場合とでは留意点が異なる。形式的な対応から脱却し，実効性が高い内部統制対応を実施するには，定型化された内部統制だけではなく，定型化されていない非定型的な要素や定型的に処理できない例外事項への対応とその評価が重要であるため，従来とは異なる工夫が必要になる。

1 ▶ 評価と改善のスタンス

経営者による内部統制評価は，企業における財務報告の信頼性を確保するためのモニタリングである独立的評価の一部であり，外部監査人の保証機能の一部としての内部統制評価と性質が異なる。すなわち，経営者による内部統制評価は，有効か有効でないかの判断だけでなく，すこしでも疑問が生じるような部分があれば改善につなげることに評価の意義があると考えられる。また，発見事項を事業計画遂行上の課題に結びつけて検討することも，内部統制評価の付加価値を高める。

したがって，不備の判定評価にこだわるよりも，実務上は，不備の懸念のある発見事項を是正し，財務報告の重要な事項に関する虚偽記載や開示すべき重要な不備を回避する対応のほうが重要であると考えられる。

そのためには，不備の判定評価以前の段階から企業の創意工夫が必要であり，たとえば，次のような方策を，内部統制報告制度への対応で首尾一貫することが考えられる。

● **全社的な内部統制**

定型的な評価は従来の効率化・負担軽減対応を継続する一方で，もっとも重

335

PART Ⅱ　6つの重要プロセスとキーガバナンスポイントの文書化・評価

要な全社的な内部統制と考えられる取締役会と監査役等の監視機能の評価を実効性あるものにする。すなわち，各企業の経営理念，経営戦略や信頼性のある財務報告の定義を踏まえ，相対的に高い財務報告上のリスクや取締役会および監査役等が特に監視すべき事項を特定するとともに，当該リスクや事項については，具体的なアクションプラン（業務プロセスに係る内部統制での対応を含む）やその達成指標・評価手続を事前に明確にして，結果を取締役会に報告して，取締役会および監査役会等の監視機能の評価の基礎とする。

●業務プロセスに係る内部統制

　ある内部統制の不備を補う内部統制である補完統制を考慮して内部統制を構築し，内部統制の相互の連係（補完関係）を踏まえ，キーコントロールを選定し，当該補完統制の運用を徹底することで，財務報告の重要な事項に関する虚偽記載や開示すべき重要な不備の発生を回避する。不備が生じた場合は，重要な補完統制から優先順位をつけて改善する。

2 ▶ 全社的な内部統制の評価

　全社的な内部統制は，業務プロセスに係る内部統制と比較して範囲が広範にわたり，また，財務報告に関わる部分と内部統制の4つの目的に関わる部分を明確に区分することが難しいため，捉えどころがない印象があって評価の難易度が高い。そのためなのか，実務上は，実施基準の評価項目の例を各企業がカスタマイズして利用することが多いが，関連する証跡集めに終始している印象を受ける。

　そこで，全社的な内部統制を6つの重要プロセスとキーガバナンスポイントという考え方を用いて，企業の持続的な成長または経営理念の実現と内部統制の4つの目的，そして，財務報告の信頼性の関係を整理するとともに，6種類のポジション・ペーパーという実務ツールを使って重要な評価対象を明確にすれば，より実効性の高い評価が可能になると考えられる。

(1)　6つの重要プロセスに係る内部統制の評価

　6つの重要プロセスに係る内部統制は，全社的な内部統制，または，業務プロセスに係る内部統制の中でも全社的な観点で評価すべき内部統制と位置づけ

第13章　内部統制の評価と改善

ている。たとえば，３つの検討ステップと12項目が整備されるべきキーコントロールであり，実際の対応では，各企業の実態や状況に応じて検討ステップと検討項目がカスタマイズされて，重要プロセスが構築され整備されることを想定する（デザインの検討）。定期的にあるいは必要に応じて重要プロセスが運用され，検討過程・根拠と検討結果をポジション・ペーパーとして文書化（記録・保存）される。

　したがって，その評価は，重要プロセスの検討ステップと検討項目の有効性について整備評価が実施され（デザインの検討），それらの定期的または必要に応じた運用状況の有効性について運用評価（業務への適用の判断を含む。）が実施される。各プロセスの検討の結果作成されるポジション・ペーパーと関連資料が整備・運用評価の証跡となる。

　なお，６つの重要プロセスは，全社的な内部統制の中でも財務報告の信頼性に重要な影響を及ぼすプロセスと考えられ，検討ステップと検討項目をキーコントロールと位置づければ，重要プロセス，検討ステップ，そして，検討項目は監査人の評価対象となり，どの重要プロセス，検討ステップ，そして検討項目を，どのように整備・運用するかを監査人と協議する必要性が生じる。

(2)　キーガバナンスポイントの評価

　キーガバナンスポイントは，企業の経営戦略上の課題や組織運営上の課題，そしてそれらとの関連での財務報告上のリスクに関わるため，評価の実施には相当の難易度が伴う。また，企業における最上位階層のキーコントロールとして位置づけられる取締役会等の監督機能を，企業内の誰が評価するのかといった問題も生じる。

　したがって，キーガバナンスポイントに関しては，選定プロセスと選定結果の記録・保存の整備と運用状況を内部監査部門が評価し，その適切性の評価に関しては，たとえば，コーポレートガバナンス・コードの取締役会全体の実効性についての分析・評価と開示の枠組みを活用することが考えられる（コーポレートガバナンス・コード４-11③）。その結果の概要を開示することにより，キーガバナンスポイントの選定や対応の適切性は，実際の企業業績とあわせて投資家やその他のステークホルダーに評価を仰ぎ，株価やレピュテーション，協働の有無という形で評価結果が示されることを想定する。

337

(3) 決算・財務報告プロセスの評価

決算・財務報告プロセスは専門性が高く，その内部統制の評価が難しいプロセスであるが，【プロセス2】会計基準の適用，【プロセス3】開示目的に照らした注記，そして，【プロセス4】有価証券報告書の記述情報等の開示を評価対象に加えることで，内部統制の評価の実効性が向上すると考えられる。すなわち，【プロセス2】，【プロセス3】および【プロセス4】は，もっとも財務報告に近いプロセスであり，全社的な観点で評価する決算・財務報告プロセス，あるいは，検討項目すべてがキーコントロールと考えられるため，その整備状況やキーコントロールとしての内容に関しては，監査人との協議が必要になる。内部監査部門等による内部統制の評価においては，たとえ，会計基準等に関する知識が十分でなくても，関連するポジション・ペーパーおよび基礎資料の作成・保管状況と監査人との協議の実施状況を評価すれば，内部統制の評価の実効性は確保しつつ，難易度の高い評価を準拠性評価とすることが可能である。

3 ▶ 実効性が高く付加価値が生じる業務プロセスの評価

内部統制の効率化・負担軽減対応における形式的な評価（評価のための評価）からは，内部統制とコーポレートガバナンスを結びつけようとしたり，経営戦略や事業計画を内部統制の対象とし，そのプロセスを構築・文書化し，整備・運用して評価しようとしたりする発想は生じないと思われる。6つの重要プロセスとキーガバナンスポイントの考え方は，実効性が高く付加価値が生じる評価を基にしている（[図表13-1] 参照）。

近年の変化が激しい経済環境や内部統制基準の2023年改訂の考え方からは，形式的な評価よりも，実効性が高く付加価値が生じる評価が求められると考えられるため，その内容を具体的に考察する。

(1) 整備・運用状況の評価の考え方

業務プロセスに係る内部統制の有効性の評価は，整備状況と運用状況の有効性の評価によって実施される。整備状況の有効性の評価とは，内部統制が規程や方針に従って運用された場合に，財務報告の重要な事項に虚偽記載が発生するリスクを十分に低減できるものとなっているかの判断であり（内部統制実施

基準Ⅱ.3.③)，運用状況の有効性の評価とは，業務プロセスに係る内部統制が所定の方針に基づき適切に運用されているかの判断である（内部統制実施基準Ⅱ.3.(3)④イ.)。

整備状況の評価は，外部監査人の評価では，内部統制のデザインの検討と，それが業務に適用されているかどうかを判断することが含まれるとされ（内基報第1号126)，内部統制のデザインの評価は，内部統制が単独で又は他の内部統制との組合せで，重要な虚偽表示を有効に防止または発見・是正できるかどうかを検討することを含むとされる（監査基準報告書315 A163)。

現在の制度対応実務を鑑みるに，内部統制の整備・運用状況の評価に関する考え方は主に2つに分類されるように思われる。1つは，形式的な評価（評価のための評価）であり，もう1つは，実効性が高く付加価値が生じる評価である（[図表13-1])。

前者は，整備状況の評価で，リスク・コントロール・マトリクスやウォークスルーによりキーコントロールが虚偽記載の発生するリスクを十分に低減していることを確かめているため，運用状況の評価では，キーコントロールがコントロールとして実施されているか否かを確かめればよいとする考え方である。

この考え方は，運用評価を円滑に実施するための形式的な文書の検討（たとえば，承認印やチェック証跡の有無の確認）や形式的な評価基準（たとえば，形式要件の欠如を一律に不備と判定する基準）の採用根拠となることが多い。

■図表13-1■　内部統制の整備・運用評価に関する2つの考え方

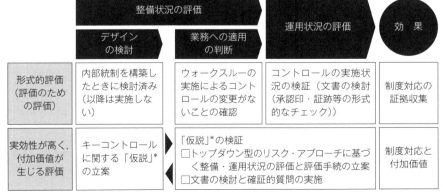

＊個々のキーコントロールがいかに相互に連係して虚偽記載が発生するリスクを低減しているかに関する「仮説」

PART II　6つの重要プロセスとキーガバナンスポイントの文書化・評価

また，整備状況の評価の主眼は，コントロールの業務への適用に変更がないことをウォークスルーによって確認することに置かれる。

一方，後者は，整備状況の評価と運用状況の評価を切り離して考えるのではなく，運用状況の評価においても，キーコントロールが虚偽記載の発生するリスクを十分に低減していることの確認が必要であるとする考え方である。

すなわち，整備状況の評価時点のキーコントロールの有効性に関する評価は，個々のキーコントロールがいかに相互に連係して虚偽記載が発生するリスクを低減しているかに関する「仮説」にすぎず，運用状況の評価をその「仮説」の検証として捉える。そして，継続的な整備・運用状況の評価を通じて，「仮説」の立案および検証を繰り返すことにより，企業グループ内の事業内容と業務，リスク，そし内部統制に関するナレッジ（知見とノウハウ）の質を向上させることを意図する。なお，整備状況の評価における業務への適用の判断と，運用状況の評価は，評価手続が実質的に同様であるため，不備改善後の内部統制，または新たな業務における内部統制等の特別な事情がない限り，両者は同時に実施され（ただし，業務への適用の判断は，キーコントロールを含むすべてのコントロールを対象とする。），整備状況の評価の主眼は，デザインの検討に置かれる。

ところで，外部監査人と会社は，評価範囲の決定およびキーコントロールの選定については，合意する必要があるが，会社が実施する運用状況の評価方法は，原則として外部監査人の直接的な評価対象とはならない（内部統制 Q&A 問18【経営者の評価手続の検証対象】および実施基準 III. 1.〔経営者による財務報告に係る内部統制の評価の理解・尊重〕(注)）。企業が内部統制報告制度上，内部統制の有効性判断だけを目標とするのであれば，キーコントロールの識別に関して外部監査人と合意ができれば，「形式的評価」の整備・運用状況の評価を継続的に実施しても，直接的な問題はないかもしれない。また，理論的には成立するかもしれない。

しかし，「形式的評価」の整備・運用評価は，内部統制の本質に反するのではないか。整備・運用状況の評価は，内部統制の基本的要素の一つであるモニタリングの一部である。整備状況の評価時点のキーコントロールの有効性に関する判断は，情報が十分入手できず誤っているかもしれないし，整備状況の評価後に状況が変化しているかもしれない。内部統制の限界（判断の誤り，当初想定していなかった組織内外の環境の変化に必ずしも対応しない場合があるこ

340

第13章　内部統制の評価と改善

と等［図表1-9］参照）を正しく認識し，誤りを改める方法や変化に対応する方法を予め内部統制の中に組み込むことが重要であり，それがモニタリングのはずである。

　また，運用状況の評価において，承認印やチェック証跡が残されているからといってコントロールが有効に実施されているとは限らない。通常，整備状況の評価の際に当該コントロールの担当者全員に対して質問することはなく，運用状況の評価時点では，担当者の変更も含め当該プロセスを取り巻く状況が変化しているかもしれない。さらには，「内部統制を実施する者が統制内容や目的を正しく理解していない」場合は，「運用の不備」となることが実施基準上明記されている（Ⅱ1②イ．内部統制の不備）。運用状況の評価の際にも，たとえば，何を確認して承認印やチェック証跡を残しているのかといった質問を担当者に実施してから，文書の検討を行う必要がある。

　そして，内部統制報告制度の評価体制と評価方法は，それ自体が，既に統制環境（「組織構造及び慣行」「権限と職責」および「人的資源に対する方針と管理」等）の一部となり，組織内の者の行動様式に影響を与える可能性がある。効率化・負担軽減対応の形式的な整備・運用状況の評価を継続して実施すれば，企業の中に「形式重視・実態軽視」の気風を形成するかもしれない。形式的な評価からは，内部統制をコーポレートガバナンスや経営理念，経営戦略（経営方針）と結びつける発想は決して生まれない。

　さらには，内部統制基準の2023年改訂で，内部監査人の熟達した専門的能力と専門職としての正当な注意をもって職責を全うすることが求められる旨が追記されている（実施基準Ⅰ．4．(4)内部監査人）。内部監査人が経営者の指揮下で内部統制報告制度の評価を担う場合，形式的評価（評価のための評価）が，「正当な注意をもって職責を全うすること」を満たすとは到底思えない。

　内部統制報告制度が，原則として，企業が実施する運用状況の評価方法を外部監査人の直接的な評価対象としなかったのは，内部統制は有効であっても，その評価のためのノウハウを持たない通常の企業が，導入時の限られた時間の中で制度対応できるようにするための「方便」（広辞苑によれば「目的のために利用する便宜の手段」）だったのではないだろうか。

　内部統制は，動的プロセスであり，常に仕組みとしての脱皮を繰り返し，より良いものに改善していくべきものである。継続的に制度を運営していくうえでは，内部統制の本質に立ち返り，特に，非定型的な要素等への対応を含む内

341

PART II　6つの重要プロセスとキーガバナンスポイントの文書化・評価

部統制については，実効性の高い整備・運用評価を実施していくべきである。また，内部監査部門の専門的能力と正当な注意をさらに向上させるためには，実効性の高い整備・運用状況の評価を評価業務の中に意識的に組み入れていくことが有効である。

(2)　整備評価（デザインの検討）の課題と解決の方向性

●課題1　ウォークスルーの位置づけ

内部統制の構築時における整備と運用の評価の区分は比較的容易であるが，一旦構築した後の整備状況の評価の位置づけは難しい。企業を取り巻く状況や財務報告上のリスク等に変化がないのであれば評価の必要性は感じられず，また，状況やリスク等の変化の有無の確認は難易度が高いからである。

実務上は，ウォークスルーを実施して内部統制に変更のないことを確認する場合が多いが，当該手続は，リスクの変化は考慮されておらず，キーコントロール以外を含めて対象としている場合であっても，運用評価手続との区分が難しく，ウォークスルーを実施する意義が不明確になりがちであり，内部統制報告制度の形式化や形骸化の一因になっているように感じられる。

●課題2　整備評価のため必要とされる能力

内部統制の評価を実施する担当者は，内部統制の整備およびその評価業務に精通していること，評価の方法および手続を十分に理解し適切な判断能力を有することが必要である（実施基準II. 3(1)）。

内部統制が整備されたとおりに運用されていないという逸脱や不備を発見・是正することは相対的に容易であるが，次のような整備状況の有効性を評価すること，整備状況の不備を発見・是正することは，リスクや内部統制に関する十分な理解がないと難しい。

業務プロセスに係る内部統制の整備状況の有効性を評価する際の留意事項の例示
（内部統制評価の実施基準の3(3)③から引用）
- 内部統制は，不正又は誤謬を防止又は適時に発見できるよう適切に実施されているか。
- 適切な職務の分掌が導入されているか。

> - 担当者は，内部統制の実施に必要な知識及び経験を有しているか。
> - 内部統制に関する情報が，適切に伝達され，分析・利用されているか。
> - 内部統制によって発見された不正又は誤謬に適時に対処する手続が設定されているか。

● 課題3　IT システムとモニタリング体制の整備評価

IT システムの複雑化や利便性の向上により，様々なシステムやデータを用いて財務報告に関わる情報が作成されている。このため，内部統制の評価，特に整備状況の有効性の評価を実施する担当者は，作成過程およびそれらの信頼性や整合性についても十分に理解し，評価して，情報の利用を行うことが重要である。

また，訂正内部統制報告書における内部統制の不備事例には，IT システムに対するモニタリングの体制の脆弱性が見受けられるものがあり，整備状況の評価（デザインの検討）の際に，そのような脆弱性を発見する必要がある。

● 解決の方向性

財務報告上のリスクを【プロセス1】事業計画の策定・管理における❾非財務情報が財務報告の信頼性に与える影響の検討と財務報告上のリスクの特定において，毎期，検討することが整備状況の評価の位置づけを明確にする。また，事業計画上の要点（経営のメッセージ）を明確にして，経営戦略と財務報告の関係，リスクの面からは，事業上のリスクと財務報告上のリスクの関係を再確認することとすれば，経営者および業務プロセス責任者，そして，業務プロセスの管理者と担当者の当事者意識が高まり，制度対応の形式化・形骸化を回避できると考えられる。定期的に事業上のリスクと財務報告上のリスクのつながりを確認することが，関係者の当事者意識を高め財務報告に与える影響を早期に捕捉するうえで極めて重要である。

必要かつ十分なキーコントロールを選定するためには，全社的な内部統制の整備・運用状況，事業上のリスクと財務報告上のリスクのつながり，業務の特徴と IT の利用状況，会計処理のため必要になる情報等，当該業務における財務報告上のリスク，そして，財務報告上のリスクを低減するための内部統制の相互の連係等に関する知見が必要になる。

実効性の高い内部統制評価を実施するためには，キーコントロールの選定過

PART Ⅱ　6つの重要プロセスとキーガバナンスポイントの文書化・評価

程を明確にして，選定に関する知見を蓄積することが重要である。そのためには，選定過程の記録・保存，つまり，文書化が効果的であり，選定過程を明確にすれば，キーコントロールの見直しの際にも有効に活用できる。

(3)　効果的な質問の活用

　質問は重要な手続であるが，効果的な質問，別の言い方をすると，適切な評価手続として採用できる質問を実施するためには高度な知見とノウハウが必要とされる。

　まず，評価者が質問する際には，評価対象となる業務プロセスに関する知見がなければ，コントロールの実効性を確認できるような質問が行えない。また，回答が証拠となり得るか否かを検討する際には，回答内容の裏付けの入手（関連書類の閲覧等や，評価者が想定するあるべき回答との比較，評価者が入手している他の情報との整合性の検討等）が必要となる。単なる質問ではなく，効果的な質問は，評価手続として採用できる質問，すなわち，裏付けをとる質問であり，また，業務改善を促すような質問である（[図表13-2]）。

　なお，質問対象者への配慮も重要である。対象者は，ミスを指摘されるのではないかと身構えるのが通常であり，過度に警戒されると当初の目的を達成しえない。質問の前に，アラを探すために質問をしているわけではなく，認識が違えばこれを機に改めていただければよい旨を確認すれば，円滑な質問が実施できる可能性が高まる。また，通常，担当業務が会計処理の時点から離れれば離れるほど，会計用語には馴染みがないのが普通であり，なるべく会計用語を使わないことにも留意が必要である。

　このように，適切な質問の実施には，高度な技術，情報および知見等が必要であり，適切な質問の実施は，質問実施者の能力の向上に寄与する。また，質問により，コントロールを実施する上での必要な知見，統制内容や目的を質問対象者に確認することになり，質問対象者（内部統制実施者）の能力の向上にも寄与する。

　質問を適切な評価手続として採用できるようにするための質問の際の主な確認ポイントは，以下のとおりである。

➤担当者の業務内容，経験および業務実施に必要な知見（リスクとコントロール）

➤コントロールの有効性（実施内容，手順，頻度・タイミング，定型的に処

第13章　内部統制の評価と改善

理できない例外事項への対応，コントロールのエラー（実施者のミス・会計処理誤り）の有無等）

➤コントロールの階層関係（上位者のモニタリングの実施状況，下位コントロールの実施状況等）

➤コントロールの継続性（従来または新規，当期中の変更の有無，引継ぎ方法，今後の変更見込み等）

　財務報告に係る内部統制の評価であるため，これらの質問を実施する上では，質問者も回答者もその前提として，事業計画，会計基準と注記，有価証券報告書の記述情報等の開示，そして，内部統制報告制度の評価範囲の決定等のプロセスに関する情報を共有していることが望ましく，6種類のポジション・ペーパーとキーガバナンスポイントがその基盤となる。また，内部統制の評価における質問等により，各ツールの記載内容，特に経営理念や経営戦略（経営方針），そして，それらと財務報告の信頼性との関係，すなわち，事業計画上の要点（経営のメッセージ）を企業内に浸透させることができる（［図表4-5］［図表5-1］［図表5-5］参照）。

■図表13-2■　効果的な質問の例

● 内部統制：営業部長は，「請求書」と「会計伝票」を照合し，仕入計上を承認している
● 評価手続：統制に関する営業部長に対する質問

	質　　問	回　　答	評価のポイント
単なる質問	「請求書」と「会計伝票」を照合し，仕入計上を承認していますか	はい	適切な評価手続とはいえない
効果的な質問	どのようなリスクに留意して当該内部統制を実施していますか	リスクは特別に意識していない	どのようなリスクが存在するか，業務プロセスの特徴との関連で具体的に説明し，統制内容や目的の十分な理解を促す必要がある
	具体的にどの項目を照合していますか	仕入先名・商品名・金額	日付は確認していないため「期間配分の適切性」のリス

345

PART Ⅱ　6つの重要プロセスとキーガバナンスポイントの文書化・評価

		クに対して有効ではない
承認の証跡は残りますか	「会計伝票」に押印	回答の裏付けを取るため，「会計伝票」を閲覧して押印があることを確かめる
照合の結果一致しない場合の頻度，対応方法はどうですか	頻度は月5件程度，対応方法は決まっていない	会計伝票の起票等の担当者の業務に改善の余地がある／対応方法を構築する必要がある
営業部長が不在のときの対応はどうしますか	営業課長が承認しているが代理権限を正式に認める定めはない	代理権限は職務分掌で明確にする必要があり，規程の改訂等が必要である
当該コントロールでエラーが発生した場合，どのようにして発見されますか	経理部より指摘がある	経理部における業務のほうが業務の流れのなかで「扇の要（かなめ）」になり得る

⑷　トップダウン型のリスク・アプローチに基づく内部統制の評価

　トップダウン型のリスク・アプローチに基づき選定したキーコントロールについては，同アプローチにより内部統制の評価を実施することが合理的である。すなわち，内部統制の評価は，内部統制の基本的要素の1つであるモニタリングのうちの独立的評価であるため，コントロールの階層や連係を意識して上位者の視点でその整備・運用状況を評価するとともに，リスクの程度に応じた内部統制の整備・運用状況の評価を実施する。

　コントロールの階層（［図表2-1］［図表2-2］［図表2-6］［図表2-7］参照）の「上位」には，「財務報告により近いプロセス」と「より重要な管理・監督責任を負うべき管理者（会社の機関，会社，部門等を含む）」という意味がある。

　最終的な財務報告に至るコントロールの階層関係を意識して評価することにより，財務報告とキーコントロールとの関連，また，個々のキーコントロールがいかに連係して虚偽記載が発生するリスクを低減しているかを検証できる。また，より重要な管理・監督責任を負うべき管理者（部門・会社を含む）の視

346

点で評価することにより，キーコントロールを選定した際に想定したコントロール間の連係（補完関係）が正しいか，たとえば，上位コントロールは下位コントロールに対するモニタリングとして機能するかを検証できる。評価者が上位者の立場であれば重要な虚偽記載を発見し得るか，といった視点で検討を行えば，上位コントロールの十分性も検証できる。

　ところで，従来の内部監査では，手続アプローチがとられることが多く，所定の手続書に従った評価手続を実施することに主眼が置かれている場合が多かったように思われる。手続アプローチは，監査項目を網羅的にチェックする上では有用であるが，過度に手続書に依存し画一的に評価することは，重要な問題を見逃すおそれがある。

　内部監査部門等が経営者に対して内部統制の開示すべき重要な不備がないことを保証するためには，手続アプローチに過度に依存することは危険であり，リスク・アプローチによる評価を実施すべきである。リスクが高い領域から，重要な問題から対応する姿勢が重要であり，当初行ったリスク評価自体についても，整備・運用状況の評価を実施しながら改めてそれで良いかを検討する視点が重要である。また，リスクに応じたメリハリの利いた評価手続を立案することにより，実効性と効率性が高く，かつ合理的な整備・運用状況の評価の実施に近づく（[図表13-3]）。

■図表13-3■　リスクに応じた評価手続の立案例

	高リスク	中リスク	低リスク
経営者評価の手法	●効果的な質問を実施する。 ●必ずサンプルテストを実施し，心証が得られる程度に多数のサンプル件数を採用する。 ●毎年，テストを実施する。	●効果的な質問を実施する。 ●必要に応じてサンプルテストを実施する。 ●ローテーション等でのテストの実施を検討する。	ウォークスルーのみを実施する。
評価実施者	必ず独立的評価を実施する。	場合によっては自己点検を利用する。	場合によっては自己点検を利用する。

PART II　6つの重要プロセスとキーガバナンスポイントの文書化・評価

評価時期	評価日までに実施するが，期末日に近いロールフォワードについては，特に留意する。	評価日までに実施し，必要に応じたロールフォワードを実施する。	評価日までに実施し，必要に応じたロールフォワードを実施する。

(5)　デザインの検討，業務への適用の判断と運用状況の評価

　新規に評価範囲に加わったプロセスは，文書化，整備状況の評価，キーコントロールの選定，そして運用状況の評価が行われることになると思われる。

　一方，既存プロセスについては，すでに一度は整備・運用状況の評価を実施しており，特に整備状況の評価をどのように実施していくかが，実務上の課題となる。決算・財務報告プロセス以外の業務プロセスのうち，既存プロセスの整備・運用状況の評価は，たとえば，次の3つのステップで継続的に実施することが考えられる（[図表13-4]）。

■図表13-4■　実効性と効率性が高い整備・運用評価のための留意点

整備状況の評価	運用状況の評価	
≪ステップ1≫ キーコントロールの見直し	≪ステップ2≫ 業務への適用の判断と運用評価の同時実施	≪ステップ3≫ 効率的なロールフォワード
デザインの検討	業務への適用の判断／期中評価	ロールフォワード
□事業計画上の要点（経営のメッセージ）の確認 □事業上のリスクと財務報告上のリスクのつながりの理解 □キーコントロールの十分性の再検討	□文書の検討 □効果的な質問の実施 □リスクに応じた評価の実施時期の検討	□運用評価の実施時期の検討 □効果的な質問の実施

≪ステップ1≫　キーコントロールの見直し（デザインの検討）

　キーコントロールの選定過程で検討した事項（全社的なリスク，業務プロセスの特徴，リスクの評価，上位コントロールと下位コントロールおよび関連性

348

の高い他の業務プロセス等）に変更はないか，または，企業グループの内外で新たに考慮すべき事項は発生していないかを検討する。

実効性の高い見直しを継続するうえで，キーコントロールの選定過程を明確にしておくことは極めて重要である。

実務上，次に説明するウォークスルーを，プロセスの業務すべてに実施し，文書化３点セットが変更されていない（または，適切に修正されている）ことをもって，キーコントロールの見直しの根拠としている対応もみられるが，いささか乱暴な論法と思われる。その場合でも，リスクの見直し等が暗黙裡に行われているのかもしれないが，自社グループの制度対応を合理的に説明するためには，リスクの見直し等も明示的に実施する必要がある。

【プロセス１】事業計画の策定・管理や【プロセス２】会計基準の適用等における経営戦略の見直しやリスクが変化したり新たなリスクが発生したりする状況（全社的なリスク）を踏まえ，業務プロセスにおけるリスクや内部統制の見直しの要否，そして，それに伴うキーコントロールの見直しの要否を検討し，検討結果を文書化する。キーコントロールの見直しの要否は，キーコントロールの構築と選定に準じて，【ＰＰ５】キーコントロールの構築と選定に基づき実施する（金融庁事例集３－３参照）。

≪ステップ２≫　業務への適用の判断と運用評価の同時実施

キーコントロールおよびその他のコントロールを対象としたウォークスルーの実施は，キーコントロールの実質的な見直しの際に検討した事項の確認となり，また，キーコントロールの前提となるその他のコントロールが引き続き有効に整備されているか否かの確認にもなる。

キーコントロールについては，帳票類の確認のみではなく，業務プロセス責任者に対して全社的なリスクと業務プロセスのリスク，そして，リスクを低減する内部統制に関する質問も併せて実施し，運用評価の一部として実施する。これは制度対応の効率化に資するだけでなく，年度の早い段階でコントロール実施者に全社的なリスクと業務プロセスのリスク，そして，キーコントロールの重要性を改めて確認しておくことで重要な虚偽記載や内部統制の開示すべき重要な不備が発生するリスクを低減することに貢献する。また，効果的な質問の際に，今後のコントロールの変更予定等を確認することで，効率的なロールフォワード計画が立案できる。

PARTⅡ　6つの重要プロセスとキーガバナンスポイントの文書化・評価

　運用状況の評価の実施時期は，業務プロセスを次のとおり区分して，対応を検討する。

● 前年度において有効であった業務プロセスは，事業年度の前半，または後半で運用状況の評価を実施する。なお，後半に運用状況の評価を実施する場合は，ロールフォワードの負担が軽減できるタイミング（たとえば，期末前3カ月間）で実施する。

● 高リスクに対応する内部統制，前年度において不備が発見された業務プロセス，当年度において新たに評価対象となったまたは改善された業務プロセスおよび企業グループ全体のなかで有効な補完統制として機能し得る内部統制が存在する業務プロセスは，事業年度の半ばで運用状況の評価を実施し，質問を効果的に活用して，内部統制の実施者が統制内容や目的を理解しているか，当該統制が財務報告上のキーコントロールとして選定されている理由（その選定過程や判断根拠）を理解しているか，今後の継続的な運用の必要性を理解しているかを確認する。

≪ステップ3≫　ロールフォワードの効率的な実施

　期末のロールフォワード（運用状況の評価を期中に実施した場合における期末日までの期間の有効性を確かめる追加手続）は，金融庁事例集3-9が参考になる。

（事例3-9）
● 運用状況の評価の実施時期
【概要】
　不備の発生状況等により，業務プロセスを分類し，効果的かつ効率的な業務プロセスに係る内部統制の運用状況の評価の実施時期を決定。
【事例】
　業務プロセスを次のとおり区分し，それぞれの業務プロセスに係る内部統制の運用状況の評価の実施時期（運用状況の評価を期中に実施した場合における期末日までの期間の有効性を確かめる追加手続（以下，「ロールフォワード」という。）を含む。）を決定した。
1．期中における運用状況の評価結果が有効であった業務プロセス
　　継続して，期末時点でも有効である可能性は高いと考えられることか

350

ら，期末のロールフォワードは，評価対象とした業務プロセスに係る内
　部統制の整備状況に重要な変更がないことを確認するため，担当者に対
　する質問等を実施した。
２．期中における運用状況の評価において不備が発見された業務プロセス
　　期末のロールフォワードは，運用状況の再評価手続として，期末日に
　近い時点でサンプルの検証を実施した。

【参考】
○実施基準Ⅱ.３.(3)④ハ．運用状況の評価の実施時期（抜粋）
　評価時点（期末日）における内部統制の有効性を判断するには，適切な
時期に運用状況の評価を実施することが必要となる。
　運用状況の評価を期中に実施した場合，期末日までに内部統制に関する
重要な変更があったときには，例えば，以下の追加手続の実施を検討する。
なお，変更されて期末日に存在しない内部統制については，評価する必要
はないことに留意する。
○Q&A 問35　期中における運用評価の実施（抜粋）
　期中に運用状況の評価を実施した場合，その後，担当者への質問等によ
り，評価対象とした内部統制の整備状況に重要な変更がないことが確認さ
れたときには，新たに追加的な運用状況の評価は要しないものと考えられ
る。

　なお，運用評価のサンプル不足分の検証を期末付近で実施することにより，
ロールフォワードの負担が軽減される。ここでも，今後のコントロール等の変
更予定を担当者に確認しておくことが，翌期のキーコントロールの実質的な見
直しにつながる。

(6)　付加価値が生じる評価

　内部統制基準の2023年改訂で見られた形式基準や例示よりも企業の判断を重
視する基準改定の方向性は，今後も続くと考えられる。2023年改訂では，評価
範囲の決定等が主な改訂対象であったが，その評価方法についても，形式的な
評価は当然想定されないであろう。なぜなら，所定のルールが決められたとお
りに運用されていることを評価しているだけでは，財務報告の重要な事項に虚
偽記載が発生するリスクは低減できないからである。企業を取り巻く環境の変

PART II　6つの重要プロセスとキーガバナンスポイントの文書化・評価

化が激しく，将来を見通すことが困難な現在においては，環境の変化に応じて変化するリスクに対して，所定のルールが決められたとおりに運用されているかだけでなく，より上位の視点で，所定のルールでリスクに対応できているのかを常に見直す必要がある。そのような評価を本書では，内部統制のモニタリング機能を重視した，実効性が高く，付加価値が生じる評価と定義する（［図表13-1］参照）。

　内部統制報告制度において，実効性が高い整備・運用評価を実施するためには，内部統制のモニタリング機能を重視する付加価値が生じる評価が必要であると考えられる。この評価を実践するためには，トップダウン型のリスク・アプローチに基づき，キーコントロールが選定されていることが前提となる。つまり，財務報告に係るリスクを企業全体でいかに低減しているか（全社的な内部統制と業務プロセスに係る内部統制の連係，異なる業務プロセス間の連携や同一業務プロセス内のコントロール間の連係）が明確になっており，また，全社的な観点でのリスク評価（高中低）が実施され，評価されたリスクに応じてキーコントロールの組み合わせが決定されている必要がある。

　この考え方とキーコントロールの選定過程や判断根拠が6種類のポジション・ペーパー等によって文書化されていると実効性が高く付加価値が生じる評価を継続する上で，非常に有効である。

　また，運用状況の評価の際には，整備状況の評価の際に選定されたキーコントロールは「仮説」にすぎず（仮説の立案），継続的に検証し，質を高める（仮説の検証）といったスタンスで臨む必要がある。仮説の検証の際には，効果的な質問が有用であり，「仮説」の質を高めるとは，たとえば，次のようなことをいう。

➢キーコントロール選定時に全社的なリスクや業務プロセスの特徴等から推察した上位者の管理上のチェックポイントと実際のチェックポイントが一致することを，運用状況の評価の際の効果的な質問により確認する。

➢常に，全社的なリスクや業務プロセスの特徴等を頭に入れてリスクとより効率的に対応するコントロールを検討する視点を持つ。文書化されていないものが推察されれば，その有無を確認し，コントロール改善の助言の必要性を検討する。

➢担当者レベルのコントロールのエラーが発生しても，会計処理誤りに至っていないのであれば，その理由をコントロールの階層関係の観点で検討する

第13章　内部統制の評価と改善

ことにより，選定している上位コントロールの有効性を確認する。

➢キーコントロール選定時には入手していなかった情報が，運用状況の評価および発見事項の検討の際に入手されれば，リスク評価とキーコントロールの見直しやコントロール改善の助言の必要性を検討する。

　そして，評価したリスクに応じて，高リスクに対応するコントロールについては慎重に，中リスクおよび低リスクに対応するコントロールについては効率性を重視した整備・運用評価を実施することが，メリハリの利いた制度対応の実現に近づく。

　また，上記の評価の考え方を前提に，6つの重要プロセスとキーガバナンスポイントを内部統制報告制度の評価対象に加えれば，自社の事業計画上の要点（経営のメッセージ）と経営戦略を実行するために望まれる意識と行動，コーポレートガバナンス，財務報告の重要性，そして，内部統制を起点に会計処理と開示を検討する考え方等を社内に浸透させることができる。

4 ▶ 内部統制の有効性の判断

　一般に，計画，実施，評価，そして改善といった一連の活動における最終局面の評価の課題については，評価の局面だけで検討していては，根本的な解決につながらない。計画段階から，首尾一貫した方針で対応することが，回り道をしているようで，抜本的な課題解決につながる場合が多い。内部統制の評価・報告の流れのなかの最終局面である内部統制の有効性の判断についての課題も，有効性の判断の局面の対応だけでは解決が難しく，内部統制報告制度を通じて首尾一貫した課題解決のための対応が必要とされる。

(1) 内部統制の不備の評価

● 課題1　開示すべき重要な不備の判断の難しさ

開示すべき重要な不備の事例は，以下の傾向が見受けられる。

- 内部統制報告書においては，監査人が発見した財務諸表の虚偽記載に起因した不備が多い。
- 訂正内部統制報告書においては，不正の発覚を契機とした不備が識別されているが，その不備の内容は，企業風土，コンプライアンス意識から内部管理体制と幅広く，虚偽記載に直接結びつかない内部統制の不備も識別さ

353

れている。

当年度または過年度の財務諸表の虚偽記載の発生・発覚を伴わない限り，経営者にとっても監査人にとっても，開示すべき重要な不備と評価することは非常に難しいと思われる。内部統制の不備を識別したとしても，その影響度や発生可能性を適切に評価していない，または，その影響度や発生可能性を評価することは実務上困難であると推察される。

● 課題2　影響額の算定が難しい不備への対応

「内部統制の評価の過程で識別した内部統制の不備（中略）は，その内容及び財務報告全体に及ぼす影響金額，その対応策，その他有用と思われる情報とともに，識別した者の上位の管理者等適切な者にすみやかに報告し是正を求める」（実施基準Ⅱ.3.(4)④）こととされているが，影響金額を算定することが難しい不備について，不備の重要性が適切に経営者等に伝わらず，それが是正されないような運用になっていないかも懸念される。

● 解決の方向性

そもそも重要な虚偽記載や不正を発生させないことが，もっとも有効な解決策である。したがって，財務報告上のリスクにフォーカスした対応，すなわち，【プロセス1】事業計画の策定・管理❾非財務情報が財務報告の信頼性に与える影響の検討と財務報告上のリスクの特定，❿財務数値による関係会社管理，⓫第1線による業績管理，⓬第1線，第2線および第3線，そして取締役会等によるモニタリングと【プロセス2】会計基準の適用での関連する内部統制の構築と整備・運用が大切である。

開示すべき重要な不備となる可能性がある企業風土，コンプライアンス意識から内部管理体制や事業運営に係る内部統制，たとえば，【プロセス1】の内部統制は，高度な経営判断や取締役会の監督機能が含まれ，また具体的な成果も求められるため，その内部統制の実効性の評価は，財務報告に係る内部統制の評価に比べて相当難易度が高い。したがって，内部監査部門の内部統制評価において，財務報告に係る内部統制と【プロセス1】の内部統制の位置づけを，それぞれ実効性評価とプロセス評価に区分し，【プロセス1】の実効性は，コーポレートガバナンス・コードの取締役会の実効性の分析・評価の枠組み（コーポレートガバナンス・コード原則4-11，4-11③参照）やそれに準じた企業の

第13章　内部統制の評価と改善

任意の取組みで対応することが考えられる。

(2)　開示すべき重要な不備が発生した場合の対応

● 課題　内部統制の評価方法等の見直し

　内部統制基準等の2023年改訂に伴い，訂正内部統制報告書には「訂正の理由」を記載し，当該訂正の対象となる内部統制報告書に当該開示すべき重要な不備の記載がない理由（内部統制府令第11条の2第3項，第17条3項）については，評価の範囲，基準日及び評価手続に関する事項が適切であったかどうか，当該開示すべき重要な不備が当該評価の範囲とされていたかどうかを記載する（ガイドライン11の2-3，17-3）。

　開示すべき重要な不備を報告し，失われた財務諸表利用者の信頼を回復するためには，慎重な対応が必要になる。

　たとえば，以下のとおり開示すべき重要な不備を識別できなかった理由を検討して内部統制の評価方法の改善にも留意する必要がある。

　　－なぜ開示すべき重要な不備を識別できなかったのか

　　－それは不備を識別したものの過少評価していたからなのか

　　－評価範囲を適切に決定していなかったからなのか

　　－それとも評価方法・評価体制が不十分であったからなのか

　開示すべき重要な不備の報告に伴う訂正内部統制報告書を提出する際のこの規定は，該当する企業だけでなく，すべての上場会社の内部統制評価実務に影響を与える（第2章第3節(2)⑤経営者による内部統制の報告「● 訂正内部統制報告書の記載内容」，第3章第1節(4)内部統制報告書の訂正と事前のあるべき対応参照）。

● 解決の方向性

　開示すべき重要な不備を識別するに至った経緯等を，内部統制報告書や訂正内部統制報告書で記載するためには，その前提として，従前から一定の方針に基づいた論理的で説明可能な制度対応を実施する必要がある。内部統制の構築・文書化，評価範囲の決定，キーコントロールの選定，整備評価（デザインの検討と業務への適用の判断），運用評価，不備改善，そして有効性判断（不備評価）に至る一連の制度対応を一定の方針により首尾一貫して実施しなければ，合理的な開示は行えない。開示すべき重要な不備の報告により失われた企

355

PART II　6つの重要プロセスとキーガバナンスポイントの文書化・評価

業に対する信頼を回復できるような理由と是正措置の説明を内部統制報告書等で実施することは難しい。

特に，従来の制度対応では不十分で，論理的な根拠があいまいであった領域，すなわち，6つの重要なプロセスを6種類のポジション・ペーパーで文書化することにより，従来の制度対応との論理的な整合性を補って首尾一貫性を説明することができる。

首尾一貫した対応を行っていれば，そうでない場合よりも，開示すべき重要な不備の発生を抑止する効果が見込め，また，仮に開示すべき重要な不備が発生した場合でも，どこに問題があったか特定がしやすく，改善も図りやすい（信頼も回復しやすい）。

Column 3　財務報告上のリスクに対する経営者の関心

「わが社には会計不正なんかない」という思いから，財務報告上のリスクにはあまり関心を示さない経営者もいらっしゃると思います。しかし，財務報告上のリスクには，会計不正リスクだけでなく見込みと実績が乖離するリスクも含まれます。それは会計処理の見積りを通じて事業上のリスクと密接に関係する場合があり，財務報告上のリスクは，今や経理部門内の会計処理の視点だけで片づく問題ではありません。

経営者は，財務報告上のリスクになんか関心がないと思いながら，少しでも新しい視点に近づいてほしくて，以前に自分が詠んだ短歌を思い出しました。

■　あきのよのながめのあとに

秋の夜の　長雨のあとに　見ゆるはず　内部統制　その本質が

秋の夜の長雨の後には，晴れやかな日が来るように，やたら細かいコントロールの文書化や評価に飽き飽きしている世の中の内部統制報告制度（通称 J-SOX）対応の後で，全体俯瞰の視点で改めて内部統制を眺めてみると，**その本質が経営者である私の目にはっきりと見えるはずだ**。

これは，今から10年以上前の J-SOX 導入のときに，経営者になったつもりで私が詠んだ短歌です。

掛詞（かけことば）という和歌の修辞法を多用し，経営者が今までと違った視点で内部統制を眺めたときに，突然パッと内部統制の全体像が理解できたときの心象風景を，秋の長雨が終わったときの晴れやかな景色にたとえて表現しています。**秋は飽き**（やたら細かいコントロールの文書化や評価に飽きる）に，**夜は世**（世の中の情勢，J-SOX 対応）に，そして，**長雨は眺め**（遠く離れた場所から眺める，全体俯瞰の視点で眺める）に掛けています。

この短歌で私が表したかったことのエッセンスは，現在の事象を少し引いた視点で眺めることの大切さと一つの事象が持つ多面性です。それを全体俯瞰の視点と掛詞（かけことば）で表現しました。

■　会計処理と開示と内部統制，そして，財務報告上のリスクと事業上のリスク

前置きが長くなりましたが，財務報告上のリスクも，昨今の開示重視の一連の制度改正の文脈で考えれば，会計処理だけで片がつく問題ではありません。会計処理と開示と内部統制をいっしょに考えることが重要です。

357

PART Ⅱ　6つの重要プロセスとキーガバナンスポイントの文書化・評価

　財務報告上のリスクが高いものの１つとして，会計上の見積りの会計処理があります。株主等の財務諸表利用者から信頼されるためには，会計上の見積りを含む予測情報の開示は避けて通れません。予測情報の開示は，精度が高くないとかえって信頼を失うことになるので，精度を高める内部統制が必要になります。また不利な情報であれば，その要因への対応策もいっしょに検討しないと信頼は得られませんが，対応策の検討も，内部統制の一部です。「信頼」を「株価」に置き換えると経営者にとって，会計処理と開示と内部統制をいっしょに考えることの重要性が痛感されることでしょう。

　さらに，財務報告上のリスクは，事業上のリスク，つまり企業の損益に影響を与えるリスクと密接に関連する場合が多い点にも注意すべきです。

　事業活動に関連する会計上の見積り，たとえば，固定資産の減損や繰延税金資産の回収可能性，収益認識における変動対価や進捗度の見積り，そして棚卸資産の評価等は，事業上のリスクと密接に関連します。事業上のリスクに対処する経営戦略は，財務報告上のリスクへの対応策にもなります。

■　2020年4月新型コロナウイルス禍の下での業績予想

　異常な事態が起きると，それまで日常に隠れて気づかなかった重要な事実が明らかになることが多々あります。

　ある自動車会社では，新型コロナウイルス禍の終息までの影響を見通すことが難しかった2020年4月時点で，次年度の業績予想を開示しました。自動車業界ではその時点で業績予想を開示できていたのは同社を含め2社のみだったようです。大幅な減収減益ではあるものの黒字見通しであり，株価も踏みとどまっているとのことでした。業績予想が開示できたのは，安定収益を見込める保守点検サービスを長年手掛けてきたからではないかと新聞紙上では分析されていました。

　同社は実績と業績予想が大きく乖離して株主等の信頼を失うリスク（株価が下落するリスク）も考慮しながら，社会的意義を考えて開示したのだと思います。業績予想は，様々な会計上の見積りの積上げとも言えるので，この開示ができたのは，見積りの精度についての会計処理と内部統制のこれまでの取組み，さらには，会計面だけでなく，ビジネス面での保守点検サービスの戦略的な展開の成果ではないかと考えました。

　会計処理を単独で考えずに，株主等への開示，そして内部統制と経営戦略に結びつけて検討する。また，財務報告上のリスクもそれ単独で考えずに，事業上のリスクと関連させて捉えることが重要です。特に，会計上の見積りに関する財務報告上のリスクに適切に対応できていなければ，事業上のリスクにも対応できていないという認識を持つことも大切です。そうすると，経営者にとっての財務報告上のリスクの見え方も違ったものになるのではないでしょうか。

PART III

6つの重要プロセスに関するポジション・ペーパーの検討例

PARTⅢ 6つの重要プロセスに関するポジション・ペーパーの検討例

　PARTⅡで解説した6つの重要プロセスの文書化と評価について，読者の実務で活用していただけるように検討例を5つ掲記する。検討例は，文書化と評価の実務を具体的にイメージしていただけるようにポジション・ペーパーの様式をとる。また，各検討例の最後にそのエッセンスを解説する。

●［検討例1］，［検討例2］

　解説の便宜上，【プロセス1】事業計画の策定・管理，【プロセス2】会計基準の適用，【プロセス3】開示目的に照らした注記，そして，【プロセス4】有価証券報告書の記述情報等の開示といった一連のつながりを財務報告ガバナンスの検討とし，企業をフィクションで想定して，その検討例を解説する。全体像の理解に資することを重視している。

●［検討例3］，［検討例4］

　【プロセス5】キーコントロールの構築と選定は，トップダウン型のリスク・アプローチに基づくキーコントロールの構築と選定の基本的な考え方を理解するための検討例を解説する。

　本論は，特定のポイントにフォーカスして解説するため，本論では解説していないが重要な論点を補論として解説する。補論は，本論で書かれていないことによって逆にその重要性に気づいていただきたい論点，あるいは，本論の汎用性を高めるために読んでいただきたい論点である。

　なお，【プロセス5】の各ポジション・ペーパーの本論の後で補論を解説するが，補論は，本論で書かれていないことによって逆にその重要性に気づいていただきたい論点，あるいは，本論の汎用性を高めるための論点である。

●［検討例5］

　【プロセス6】内部統制報告制度の評価範囲の決定は，財務報告内部統制監査基準報告書第1号（財務報告に係る内部統制の監査）の「付録7　重要な事業拠点の選定方法に係る参考例」も考慮した検討例を解説する。

　また，6つの重要プロセスを，企業経営の実務に生かしていただけるように，各プロセスの実務上の位置づけを解説する。

　そして，本書の最後に，6つの重要プロセスとキーガバナンスポイントを内部統制報告制度において導入する際の実務上の留意点と制度対応を通じたより望ましい気風の醸成について論じる。

第14章

【プロセス１】から【プロセス４】
事業計画を起点とする
財務報告ガバナンスの文書化

　経営戦略・経営課題，リスクやガバナンスに係る情報等のうち，「財務諸表に重要な影響を及ぼす可能性のある情報」は，内部統制報告制度の対象であり，財務報告により事業活動全体をコントロールする際に極めて重要な要素でもある（［図表２-14］［図表４-４］参照）。

　財務報告により事業活動全体をコントロールするためには，「財務諸表に重要な影響を及ぼす可能性のある情報」は，その名が示すとおり財務諸表に及ぼす影響の視点で，【プロセス１】事業計画の策定・管理からスタートし，【プロセス２】会計基準の適用と【プロセス３】開示目的に照らした注記，そして，【プロセス４】有価証券報告書の記述情報等の開示へと至るつながりを重視して検討されることが合理的と考えられる。本書では，このつながりと次の【プロセス５】キーコントロールの構築と選定，【プロセス６】内部統制報告制度の評価範囲の決定，そして内部統制報告制度へのつながりを財務報告ガバナンスと呼ぶ。

　本章では，企業をフィクションで想定して【プロセス１】から【プロセス４】までの財務報告ガバナンスの検討例を解説する。検討例では，有価証券報告書での開示を前提として，その枠組みに沿った検討を行うが，ここでのポイントは，まず各企業の経営戦略（経営方針）や事業計画，そして，企業のビジネスモデルに関する収益認識等（原価計算を含む。）と将来の不確実性についての会計処理と注記の方針を明確にして，それを開示書類の枠組みに当てはめて開示の内容を検討することである。検討例では，まず，【プロセス１】から【プロセス３】の検討で想定企業の事業計画とビジネスモデルに関する会計処理と注記の方針を明確にし，そして，【プロセス４】で有価証券報告書の開示の枠組みに従った開示内容を検討する。

361

PART Ⅲ　6つの重要プロセスに関するポジション・ペーパーの検討例

　検討例は，1つひとつのボリュームが多いため，最初に検討のポイントを示す。また，各検討例の【プロセス1】の❶コーポレートガバナンスとキーガバナンスポイントは，検討結果の要約の意味も持つ。

　なお，【プロセス1】検討項目❻戦略における長期経営戦略の実行戦略として，財務戦略等も検討し，【プロセス4】において，キャッシュ・フローの状況や流動性等の開示を検討する必要があるが，解説の便宜上，3つの検討例では，中期経営戦略，事業ポートフォリオ戦略，そして人的資産への投資・人材戦略を中心に考察する。

　また，検討例は，それぞれ，特定の業種・ビジネスモデルをフィクションで想定しているが，各検討例の最後に，多くの企業の参考に資するようにそのエッセンスを解説する。

1 ▶ ［検討例1］ 多店舗展開と季節性商品の取り扱い

　経営戦略上も，財務報告上も，店舗管理が重要であると認識しており，戦略立案，会計処理，内部統制，そして開示の方針が首尾一貫している企業をフィクションで想定し，【プロセス1】から【プロセス3】，そして【プロセス4】の検討例を解説する。

●想定する企業の業種・ビジネスモデル

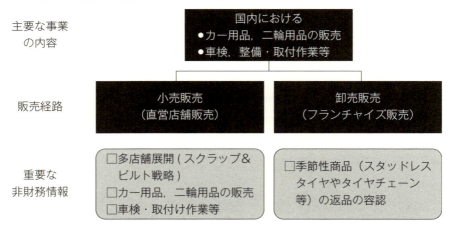

第14章　【プロセス1】から【プロセス4】事業計画を起点とする財務報告ガバナンスの文書化

- 国内においてカー用品，二輪用品の販売，車検，整備・取付け作業等を行っている。
- 販売経路が一般消費者等への小売販売と卸売販売に大別される。
- 小売販売では，取扱い商品の販売と車検・取付け作業等のための店舗運営を国内に多数展開している。
- 小売販売において，開店後2期間を経ていない店舗を「新店」とし，該当しない店舗を「新店以外」と定義して，「新店」によるスクラップ＆ビルト戦略を採用している。
- 卸売販売は，フランチャイズ店舗への販売であり，取扱い商品の一部であるスタッドレスタイヤやタイヤチェーン等の季節性がある商品については，季節ごとに店頭での入替えが行われるため，返品を受け入れている。なお，これらの商品は，当社がフランチャイズ店舗から返品を受けた際には，当社から仕入メーカーに返品が可能である。
- 小売販売と卸売販売の売上高比率は，おおよそ2：1である。
- 主要な事業以外に不動産賃貸事業を営んでいる。

● 検討例のポイント

☐ 小売販売における直営店舗の減損や卸売販売における季節性商品に関する会計処理の方針が，そのまま事業計画上の要点（経営のメッセージ）になっていることを理解する。

☐ 事業計画上の要点の可視化（経営のメッセージ）が，事業計画遂行のため必要とされる意識と行動へと企業内の者を導くことを理解する。

☐ 事業計画上の要点（経営のメッセージ）が，企業の内部における経営戦略の浸透だけでなく，外部に対する開示でも重要なことを理解する。

　以下では，多店舗展開と季節性商品の取り扱いに関連する部分のみに限定した検討の概要を解説する。

PART Ⅲ　6つの重要プロセスに関するポジション・ペーパーの検討例

(1) 【ポジション・ペーパー1】事業計画の策定・管理

<table>
<tr>
<td rowspan="11">内部統制の文書化要件</td>
<td rowspan="2">業務フロー</td>
<td colspan="3">≪ステップ0≫全体コントロール（検討項目❶❷）
≪ステップ1≫リスクの機会の識別・分析
　　　　　　　（検討項目❸❹❺）
≪ステップ2≫経営戦略立案と事業計画策定
　　　　　　　（検討項目❻～❾）
≪ステップ3≫業績管理と財務会計
　　　　　　　（検討項目❿⓫⓬）</td>
</tr>
<tr><td></td><td></td><td></td></tr>
<tr>
<td rowspan="8">役割分担</td>
<td>検討項目</td>
<td>主担当</td>
<td>関連部門等</td>
</tr>
<tr>
<td>❶</td>
<td>●取締役会</td>
<td>・経営陣等</td>
</tr>
<tr>
<td>❷</td>
<td>●取締役会
●リスク管理委員会</td>
<td>・経営陣等
・業務部門</td>
</tr>
<tr>
<td>❸～❽</td>
<td>●経営陣等</td>
<td>・経営企画部門
・IR部門
・業務部門</td>
</tr>
<tr>
<td>❾</td>
<td>●経理部門</td>
<td>・経営企画部門
・業務部門</td>
</tr>
<tr>
<td>❿</td>
<td>●経理部門</td>
<td>・業務部門</td>
</tr>
<tr>
<td>⓫</td>
<td>●業務部門</td>
<td>―</td>
</tr>
<tr>
<td>⓬</td>
<td>●取締役会</td>
<td>・内部監査部門（取締役会および監査役等への直接的な報告経路の確保）
・経理部門</td>
</tr>
<tr>
<td>リスク</td>
<td colspan="3">❶キーガバナンスポイントの財務報告上のリスク（誤謬リスクと不正リスクシナリオ）を参照する。</td>
</tr>
<tr>
<td colspan="2">成果物</td>
<td colspan="3">3か年計画のローリング方式による中期事業計画</td>
</tr>
<tr>
<td colspan="2">結論と検討過程・根拠および関連する内部統制</td>
<td colspan="3">［結論］❽
［検討過程・根拠］❸❹❺，❻❼❽
［関連する内部統制］❶❷，❿⓫⓬</td>
</tr>
</table>

　≪ステップ0≫において，キーガバナンスポイントとなる経営理念，開示における重要性（マテリアリティ），企業の重要課題，財務報告上のリスク，そして，経営のメッセージを取締役会が決定する（❶❷）。

364

第14章　【プロセス1】から【プロセス4】事業計画を起点とする財務報告ガバナンスの文書化

≪ステップ1≫において，外部経営環境と内部経営環境の分析により企業にとっての機会と脅威，強みと弱みを明らかにし（❸❹❺），≪ステップ2≫において，長期戦略と実行戦略を立案するとともに（❻），戦略実現のための指標と目標を明らかにして，事業計画を策定する（❼❽）。そして，経営戦略・経営課題，リスクやガバナンスに係る情報等の非財務情報が財務報告の信頼性に与える影響を検討し，財務諸表上の高リスク（全社）を特定する（❾）。≪ステップ3≫において，事業計画を管理するためのモニタリングの階層と具体的なモニタリング方針を定める（❿⓫⓬）。

≪ステップ0≫　全体コントロール（検討項目❶❷）

❶コーポレートガバナンスとキーガバナンスポイント

● キーガバナンスポイント（［検討例1］の検討結果のまとめ）

項　　目	内　　容	
経営理念	企業と社会の持続的な成長	
開示における重要性（マテリアリティ）*a	●株主を含む投資家　投資家が当社の小売販売におけるスクラップ＆ビルド戦略の適否を判断するために必要な情報であるか否か。　特に，以下に関する情報が該当する。　－出店・退店の状況　－減損損失の発生状況　－新店の損益の状況	●その他のステークホルダー　検討省略
企業の重要課題*b　外部　脅威	□国内カー用品市場の縮小　□自動車業界の構造転換[1]	
内部　戦略	□規模の経済性を得るための小売販売と卸売販売の取引量の拡大	

1　燃料電池車（FCV），電気自動車（EV），ハイブリッドカーやCASE（Connected（コネクティッド），Autonomous/Automated（自動化），Shared（シェアリング），Electric（電動化））

PARTⅢ　6つの重要プロセスに関するポジション・ペーパーの検討例

		□直営店舗のスクラップ＆ビルドによる収益性の高い店舗の運営 □直営店舗の新店の２期間経過後の黒字化 □直営店舗の収益安定化と顧客の囲い込みのための車検・取付けサービスの拡充
	組織	□直営店出店に関する Plan Do Check Action サイクル[2]の運用 □直営店舗の新店の計画・実績管理と撤退店舗の要因分析・事例共有 □卸売販売におけるフランチャイズ店の季節性商品の販売および在庫状況の管理
財務報告上のリスク[*c]	誤謬リスク	判断と見積りを伴う直営店舗の減損処理誤り（特に本社費の配賦）
	不正リスクシナリオ	経営者等が公表した事業計画の達成を図るため，減損処理が必要な直営店舗の減損損失の計上を意図的に回避する。具体的には，店舗の売上高や費用，本社費配賦の操作が考えられる。 　また，同様の方法で，２期間経過後に黒字化する見込みのない，あるいは黒字化していない新店を隠蔽し，減損損失の計上を回避する。

経営のメッセージ[*d]	望ましい結果	≪収益認識等≫ □卸売販売における押込み売上や返品見込み売上の回避	≪将来の不確実性≫ □直営店舗における新店の２期間経過後の黒字化
	事業計画上の要点	➤所定の約定どおり現金で回収できる売上高の計上	➤各店舗単位の減損判定 ➤新店に関する事業計画の適切な策定・管理 ➤車検・点検サービスの拡充
	事業計画遂行のた	（意識） ➤特に季節性商品の返品リス	（意識） ➤２期間経過後の黒字化しな

2　Plan Do Check Action サイクル。Plan（計画），Do（実行），Check（測定・評価），Action（対策・改善）の仮説と検証のプロセスを繰り返し実施し，管理の品質向上とナレッジ（知見とノウハウ）の蓄積を指向する考え方

	め望まれる意識と行動	クの認識 （行動） ➤ フランチャイズ店の在庫数量や販売状況の管理 ➤ フランチャイズ店舗管理を踏まえた当社の販売方針の検討	い場合の減損損失計上の高い可能性の認識 （行動） ➤ 新店を出店する際の詳細な仮説（具体的な仮定や根拠）に基づく事業計画の策定とその後の施策の実施（PDCAサイクル） （留意事項） ● 2期間経過後に黒字化しない場合，その後に黒字化する合理的な計画は極めて難しい ●安定的な収益と高い利益率を確保し，顧客を囲み込むうえで，車検・取付けサービスの充実が重要である ●出店ノウハウ蓄積のため，仮説の立案と検証の思考を定着させる

＊a 当該プロセス≪ステップ0≫❷全社的なリスク管理とマテリアリティの検討結果から参照し，取締役会が承認する。

＊b 当該プロセス≪ステップ2≫❻戦略の検討結果から参照する。

＊c 当該プロセス≪ステップ2≫❾非財務情報が財務報告の信頼性に与える影響の検討と財務報告上のリスクの特定の検討結果から参照する。

＊d 【プロセス2】会計基準の適用≪ステップ2≫❹会計基準等の規定に従った検討と事業計画上の要点の可視化，≪ステップ3≫⓫高リスクの根拠と望まれる意識・行動の検討結果から参照する。

PART III　6つの重要プロセスに関するポジション・ペーパーの検討例

❷全社的なリスク管理とマテリアリティ

● 開示における重要性（マテリアリティ）

	株主を含む投資家
具体的に想定する対象	以下の直営店舗のスクラップ＆ビルド戦略を理解して，中長期的な観点で当社の株式を保有する投資家 ➤ スクラップがビルドに先立ち，常に収益性の改善を指向 ➤ 閉店や減損損失計上が必ずしも戦略失敗を意味しない
開示における重要性（マテリアリティ）	投資家が当社の小売販売におけるスクラップ＆ビルド戦略の適否を判断するために必要な情報であるか否か（出店・退店の状況，減損損失の発生状況，新店の損益の状況等）。

　なお，その他のステークホルダーについては，検討を省略する。

≪ステップ１≫　リスクと機会の識別・分析（検討項目❸❹❺）
❸外部環境分析（マクロ），❹外部環境分析（ミクロ），❺内部環境分析
● 外部環境と内部環境の分析

	プラス要因	マイナス要因
外部環境	機会（Opportunity） ●消耗品や整備・取付け作業を提供するガソリンスタンド，自動車整備工場等の拠点の減少傾向（全国に店舗を展開している当社への整備・取付け作業，消耗品販売へのニーズの高まり）	脅威（Threat） ●縮小傾向にある国内のカー用品市場 ●自動車業界の構造転換 ●自動ブレーキや自動車線維持機能搭載車両の増加（車検時に故障診断装置の利用が予定される） ●当社の主要市場である日本国内経済情勢・個人消費低迷 ●小売業やサービス業全体における人材採用難の状況と人材確保に係る費用等の上昇

368

第14章 【プロセス1】から【プロセス4】事業計画を起点とする財務報告ガバナンスの文書化

内部環境	強み（Strength）	弱み（Weakness）
	● 小売販売と卸売販売の2つの販路 ● （小売販売）全国に直営店舗を多数展開 ● （小売販売）カー用品，二輪用品等の商品販売だけでなく，車検，取付け作業等のサービス提供も実施	● 卸売販売（フランチャイズ販売）の比率が低い ● カー用品中心で二輪用品の販売の規模が小さい

＊検討例1

≪ステップ2≫ 経営戦略立案と事業計画策定（検討項目❻～❾）

❻戦略

			具体的な方針
長期戦略			● 環境変化に影響されることなく安定した利益が確保できる企業体制の確立 ● タイヤを中心とした消耗品の販売強化および車検を始めとしたメンテナンスメニューの拡充により，小売事業における粗利益率の向上を図り，営業利益の一層の拡大に努める。
企業の重要課題	外部	脅威	□ 国内カー用品市場の縮小 □ 自動車業界の構造転換（FCV，EV，ハイブリッドカー，CASE）
	内部	戦略	□ 規模の経済性を得るための小売販売と卸売販売の取引量の拡大 □ 直営店舗のスクラップ＆ビルドによる収益性の高い店舗の運営 □ 新店の2期間経過後の黒字化 □ 直営店舗の収益安定化のための車検・取付けサービスの拡充
		組織	□ 直営店出店に関する Plan Do Check Action サイクルの運用 □ 直営店舗の新店の計画・実績管理と撤退店舗の要因分析・事例共有

369

PARTⅢ　6つの重要プロセスに関するポジション・ペーパーの検討例

		□卸売販売におけるフランチャイズ店の季節性商品の販売および在庫状況の管理
実行戦略	中期経営戦略	[強みを強化し，機会を活用する] ●直営店舗のスクラップ＆ビルド（小売販売） 　不採算店舗の改善や近隣の好条件な立地への店舗移転など，スクラップ＆ビルドを積極的に進め，利益の向上に努める。また，新店は，2期間経過後に黒字化させる。 ●車検，整備・取付け事業の拡充（小売販売） 　車検を始めとする整備・取付け技術部門の強化に向け，整備資格者の人材育成と指定工場の計画的取得を推進し，収益拡大と顧客の囲い込みを図る。
		[強みにより，脅威を機会へ変換する] ●カー用品販売事業の拡大（小売販売） 　カー用品販売事業の拡大を図るため，新規出店を進めると共に，実店舗ならではの品揃えとカーライフメニューの充実によりタイヤを中心とした消耗品の販売強化に努める。
		[強みにより，弱みを克服する] ●二輪事業の強化（小売販売） 　直営店舗のスクラップ＆ビルド戦略のノウハウを活用した二輪事業の強化を図るための新規出店と，バイク用プライベートブランド商品の拡販や車検獲得による既存店の収益拡大に努める。 ●卸売事業の強化（卸売販売） 　直営店舗以外への一般向け卸売強化のため，商品開発および新規取引先の開拓を進める。
	事業ポートフォリオ戦略	●規模の利益を得るために，直営店舗における小売販売と，直営店舗以外への一般向け卸売販売（フランチャイズ販売）を両立させる。 ●二輪事業の強化（小売販売） ●卸売事業の強化（卸売販売）
	人的資本への投	[人材に求める能力] ●小売店舗における顧客への接客対応

370

第14章 【プロセス1】から【プロセス4】事業計画を起点とする財務報告ガバナンスの文書化

| | 資・人材戦略 | ●車検や整備作業などの専門知識
●当社の経営戦略と財務報告の信頼性のつながりの理解
［人材育成方針］
●教育・研修の専門部署の設置
●管理職を対象にマネジメントやダイバーシティに関する教育などの取組みの推進
●内部統制報告制度の活用（6つの重要プロセスとキーガバナンスポイントの設定）
［社内環境整備方針］
●活躍支援制度（整備士資格取得支援，業務に関わる指定資格取得支援制度）
●各相談窓口（コンプライアンス相談窓口や各種ハラスメントについての相談窓口，弁護士へ直接相談できるホットライン）
●経営戦略と結びついた組織体制の強化
［内部統制報告制度の活用方針］
●6つの重要プロセスの構築およびキーガバナンスポイントの設定と，それらを反映させた内部統制報告制度における経営者評価を通じて，企業内のすべての者に経営戦略と財務報告の関係の理解を浸透させる。 |

❼指標および目標，❽事業計画の策定

セグメント		小売販売	卸売販売
指標および目標	非財務	店舗数（増減，新店数を含む。）	フランチャイズ店舗数
	財務	店舗別損益（本社費の配賦を含む。）	支店（地域卸売部門）損益
		資本効率の観点からROE（自己資本当期純利益率）とROA（総資産経常利益率）を重視し，ともにX％以上を維持することを目標とする。	
事業計画の策定		以下の中期経営戦略を，上記の指標および目標を使って財務数値に落とし込む。	

検討例1

PART Ⅲ　6つの重要プロセスに関するポジション・ペーパーの検討例

（小売販売）
- 直営店舗のスクラップ＆ビルド
- 新店の2期間経過後の黒字化
- 車検，整備・取付け技術事業の拡充
- カー用品販売事業の拡大
- 二輪事業の強化（新規出店，バイク用プライベートブランド商品の拡販や車検獲得による既存店の収益拡大）

（卸売販売）
- 卸売事業の強化（商品開発および新規取引先の開拓）

　なお，当社を取り巻く経営環境は激しい変化が見込まれ，環境に適した方向へ柔軟に対応していくため，中期事業計画は，前期の業績動向を勘案した上で翌期の業績予想を策定して，同年を計画初年度としたローリング方式（期間は3年）とする。

❾**非財務情報が財務報告の信頼性に与える影響の検討と財務報告上のリスクの特定**

- 非財務情報が財務報告の信頼性に与える影響

		ビジネスモデル	
		収益認識等	将来の不確実性
非財務情報		● 販売経路 ● 顧客に移転することを約束した財又はサービスの内容 ● 顧客の支払条件（返品容認）	● 多店舗展開
財務報告の信頼性	財務諸表に重要な影響を及ぼす可能性のある情報	● 収益認識の基準（小売販売と卸売販売） ● 返品権付き販売の会計処理（卸売販売）	● 固定資産の減損の会計処理（小売販売）
	財務諸表	売上高，売掛金，棚卸資産等	減損損失，有形固定資産等

372

第14章 【プロセス1】から【プロセス4】事業計画を起点とする財務報告ガバナンスの文書化

●財務報告上の高リスク（全社）の特定

●誤謬リスク		
企業の重要課題に起因するリスク	戦略に起因するリスク	●小売事業における直営店舗のスクラップ＆ビルド戦略に関連する固定資産の減損処理を誤るリスク
	組織に起因するリスク	●直営店の出店計画と運営の失敗による必要な減損処理が理解されないリスク
●経営者等による不正リスク		
不正リスク要因	動機とプレッシャー	経営者，新規出店管理責任者および店舗運営責任者が，公表した事業計画の達成に固執する。
	機会	●減損判定における店舗の売上高や費用，本社費の配賦 ●通常早期に黒字化しないが，継続的に出店する直営店舗の新店の固定資産に関する減損処理
	姿勢と正当化	新規出店は，企業として勝機がないのに出店することはなく，個別の店舗の収益性向上の経営努力を行っていることを根拠に減損損失の計上を回避する。
不正リスクシナリオ		経営者等が公表した事業計画の達成を図るため，減損処理が必要な直営店舗の減損損失の計上を意図的に回避する。 　具体的には，以下の手法が考えられる。 ●直営店舗の売上および費用の付替えと本社費の恣意的な配賦 ●2期間経過後の営業損益がプラスにならない新店について，当期の減損損失の計上を回避するための将来損益と本社費配賦の見込みの操作

検討例1

　【プロセス1】で検討した誤謬リスクおよび不正リスクシナリオを，全社的な高リスクとして，【プロセス2】会計基準の適用と【プロセス3】開示目的に照らした注記，そして，【プロセス5】キーコントロールの構築と選定に伝達し，それぞれのプロセスでは，業務プロセスの観点で詳細検討し，適宜，【プロセス1】にフィードバックする。

373

PART III　6つの重要プロセスに関するポジション・ペーパーの検討例

≪ステップ3≫　業績管理と財務会計（検討項目❿⓫⓬）
❿財務数値による関係会社管理，⓫第1線による業績管理，⓬第1線，第2線および第3線，そして取締役会等によるモニタリング

● モニタリングの階層と方針

階　　　層	具 体 的 な 方 針
取締役会および監査役等	キーガバナンスポイント（❶コーポレートガバナンスとキーガバナンスポイント参照）を注視し，全社的な対応に力を注ぐ。 　財務報告の信頼性の観点では，直営店の店舗別損益，特に車検等のメンテナンス収益の状況および新店の損益の状況と，フランチャイズ店の季節性商品在庫を注視する。
第3線 内部監査部門	● 業務監査 　店舗の固定資産管理と新店の営業実態（直営店舗固定資産の減損判定の基礎資料となる固定資産台帳（店舗別）の固定資産実査を含む）。 ● 会計監査（内部統制報告制度における経営者評価） 　後述の【プロセス2】会計基準の適用，【プロセス3】開示目的に照らした注記，および，【プロセス4】有価証券報告書の記述情報等の開示の評価 ● 取締役会および監査役等への直接的な報告経路の確保 　キーガバナンスポイント（❶コーポレートガバナンスとキーガバナンスポイント参照）に関連する事項については，特に留意する。
第2線 経理部門	（小売販売） ● 減損判定の基礎資料（店舗損益と本社費配賦の実績と見積り）の妥当性 （卸売販売） ● 季節性商品の販売と返品状況 ● 期末付近の押込み売上等の異常な取引の有無
第1線 業務部門	（小売販売） ● 直営店の店舗別損益管理（特に新店） （卸売販売） ● 季節性商品のフランチャイズ店舗への販売状況

374

第14章　【プロセス1】から【プロセス4】事業計画を起点とする財務報告ガバナンスの文書化

	● フランチャイズ店舗における季節性商品の販売および在庫状況の管理

(2) 【ポジション・ペーパー2】会計基準の適用

内部統制の文書化要件	業務フロー	≪ステップ1≫会計事象や取引等の概要 （検討項目❶❷❸） ≪ステップ2≫会計処理方針の決定 （検討項目❹～❽） ≪ステップ3≫リスクの識別と内部統制の構築 （検討項目❾～⓬）	
	役割分担	検討項目	主担当	関連部門等
		❶～⓫	● 経理部門	―
		⓬	● 経理部門	・業務部門
	リスク	【プロセス1】❶キーガバナンスポイントの財務報告上のリスク（誤謬リスクと不正リスクシナリオ）を参照する。	
成果物		収益認識の基準，返品権付き販売，および，直営店舗固定資産の減損に関する会計処理方針書	
結論と検討過程・根拠および関連する内部統制		［結論］❻❼❽ ［検討過程・根拠］❶❷❸，❹❺ ［関連する内部統制］❾～⓬	

　経理部門が，≪ステップ1≫で，【プロセス1】において識別した非財務情報が財務報告に与える影響，すなわち，会計事象や取引等から会計上の論点を特定し（❶❷❸），≪ステップ2≫において，会計基準等の定めに従い企業の実態や置かれた状況に応じた会計処理方針を決定し，会計処理のため必要になる情報等を識別する（❹～❽）。そして，経理部門が≪ステップ3≫で，会計処理のため必要になる情報の適切な入手等を阻害する要因をリスクとして識別・評価して，自社部門の内部統制を構築し，また，業務部門の内部統制の要件を検討して，業務部門に構築を指示する（❾～⓬）。

375

PART Ⅲ　6つの重要プロセスに関するポジション・ペーパーの検討例

≪ステップ1≫　会計事象や取引等の整理（検討項目❶❷❸）

❶【プロセス1】事業計画の策定・管理，❷関連する会計基準等と論点，❸従来の実務等

● 前プロセスの検討結果等

	ビジネスモデル	
	収益認識等	将来の不確実性
非財務情報 （会計事象や取引等）	● 小売販売と卸売販売 ● 卸売販売の返品（フランチャイズ店舗からの返品）	● 卸売販売の返品（フランチャイズ店舗からの返品） ● 小売販売の多店舗展開（店舗固定資産）
財務諸表に重要な影響を及ぼす可能性のある情報 （会計上の論点）	①収益認識の基準（小売販売と卸売販売） ②返品権付き販売（卸売販売）	②返品権付き販売（卸売販売） ③固定資産の減損会計（小売販売）

≪ステップ2≫　会計処理方針の決定（検討項目❹〜❽）

❹会計基準等の規定に従った検討と事業計画上の要点の可視化，❺簡便的な会計処理等の検討，❻結論（会計処理方針），❼具体的な会計処理，❽会計処理のため必要になる情報等

● 会計基準等の規定に従った検討

(1)　収益認識の5つのステップ（ステップ1，2とステップ5の関係，ステップ1とステップ3の関係，そして，ステップ4を追加した関係）

376

第14章 【プロセス1】から【プロセス4】事業計画を起点とする財務報告ガバナンスの文書化

・会計基準等の規定

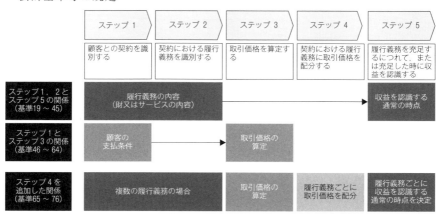

　収益認識会計基準では，5つのステップを適用して収益が認識される（基準17）。ステップ1，2で決定される履行義務の内容（財又はサービスの内容）とその性質により，ステップ5の当該履行義務を充足する通常の時点（収益を認識する通常の時点）が決定される。また，ステップ1で把握される顧客の支払条件（支払期限，変動対価等）により，ステップ3の取引価格が算定される。そして，ステップ1，2，で複数の履行義務が識別された場合，ステップ3で算定される取引価格を，ステップ4において履行義務ごとに配分し，それぞれの履行義務ごとにステップ5で収益認識の時期を決定する。

　この3つの関係は，収益認識会計基準等の構成にも表れている。同基準は，基本となる原則を示し（基準16），当該原則に従って収益を認識するために，5つのステップを適用する旨を定めているが（基準17），その構成は5つのステップになっていない。

　同基準の「Ⅲ．会計処理」は，「1．基本となる原則」をうけて，「2．収益の認識基準」，「3．収益の額の算定」，そして，「4．契約資産，契約負債及び顧客との契約から生じた債権」の構成になっており，「2．収益の認識基準」では，ステップ1，2とステップ5の関係が，「3．収益の額の算定」では，ステップ1とステップ3の関係，そしてステップ4（ステップ1，2，3とステップ4，5の関係）が定められている。

377

PARTⅢ　6つの重要プロセスに関するポジション・ペーパーの検討例

・当社の実態と見解

　会計基準等の規定に従い，当社の収益認識は，5つのステップを適用するが，ステップ間の関係に着目し，ステップ1，2とステップ5の関係，ステップ1とステップ3の関係，そして，ステップ4を追加した関係の3つの関係によって，販売取引を整理して会計処理を検討する。また，重要な会計方針と収益認識関係の注記も，この3つの関係を中心に検討する。

(2)　顧客による検収と出荷基準等の取扱い（ステップ1，2とステップ5の関係）

・会計基準等の規定

基準39　一時点で充足される履行義務　一定の期間の3つの要件（基準38）をいずれも満たさない場合	一時点で収益を認識する
基準40　支配移転の時点決定の考慮事項　●資産に対する支配※1の顧客への移転　●(1)～(5)5つの考慮指標（例示）※2	支配移転の一時点を決定
指針80基準40項(5)「検収」　出荷時における支配移転の判断が客観的にできるか否か　YES　「検収」は支配移転の一時点の決定に影響を与えない	
NO　指針82項　「検収」するまで顧客は支配を獲得しない	
【代替】指針98，171（出荷基準等の取扱い）　2つの要件をいずれも満たす場合　●国内販売　●支配移転時までの期間が通常の期間	出荷時や着荷時，等に収益を認識できる

※1　「資産に対する支配」の定義（基準37）
　　当該資産の使用を指図し，当該資産からの残りの便益のほとんどすべてを享受する能力（他の企業が資産の使用を指図して資産から便益を享受することを妨げる能力を含む。）
　　なお，資産とは，顧客との契約の対象となる財又はサービスをいう（同35参照）。

※2　支配移転時点の5つの考慮指標（例示）
　(1)　企業が顧客に提供した資産に関する対価を収受する現在の権利を有していること
　(2)　顧客が資産に対する法的所有権を有していること
　(3)　企業が資産の物理的占有を移転したこと
　(4)　顧客が資産の所有に伴う重大なリスクを負い，経済価値を享受していること
　(5)　顧客が資産を検収したこと

378

第14章　【プロセス1】から【プロセス4】事業計画を起点とする財務報告ガバナンスの文書化

　収益を認識する時点は，履行義務の性質により決定される[3]。一定の期間にわたり充足される履行義務でない場合，一時点で充足される履行義務と判定され，支配移転の時点がいつかを決定する。その決定は，顧客への財又はサービスの提供プロセスにおける各時点（たとえば，出荷，納入，検査，検収等）での支配移転の有無の検討により行われる。

　企業側の会計処理であるため，収益の認識は，履行義務の充足として捉えられるが，企業の履行義務の充足と顧客の支配の獲得は表裏である。また，企業が支配を喪失した時と顧客が支配を獲得した時は，通常一致するが，顧客への財又はサービスの移転と一致しない活動に基づき収益を認識することがないよう，企業の「支配の喪失」ではなく，顧客の支配の獲得の観点から支配の移転を検討する（基準132）。

　なお，国内販売で，出荷時から支配移転時までの期間が通常の期間である場合には，その間の一時点（たとえば，出荷時や着荷時）に収益を認識することができる（指針98）。そのような場合には，原則的な取扱いとの差異が，通常，金額的な重要性に乏しいと想定され，財務諸表間の比較可能性を大きく損なうものではないと考えられるからである（指針171）。

・当社の実態と見解

　原則として，商品を引き渡した時点又はサービスを提供した時点で顧客が当該商品又はサービスに対する支配を獲得し，履行義務が充足されると判断しているため，当該時点で収益を認識する。

　車検・取付けサービスは，通常短期間で実施されるため，車検・取付けサービスを顧客に提供した時点で収益を認識する。

　卸売販売（フランチャイズ販売）は，出荷時から当該商品の支配が顧客に移転される時までの期間が通常の期間であるため，出荷時点で収益を認識する。

　なお，棚卸販売（フランチャイズ販売）における出荷基準は，原則に対する代替的な取扱いである。原則は，商品の支配が顧客に移転される時点（基準40）であり，出荷したからと言って売上を計上してよいわけでなく，顧客のニーズのない当社の押込み販売は，売上計上が認められない会計不正である。

3　［検討例2］【プロセス2】≪ステップ2≫会計基準等の規定に従った検討(1)一定の期間にわたり充足される履行義務か否か，を参照

検討例1

PARTⅢ 6つの重要プロセスに関するポジション・ペーパーの検討例

(3) 返品権付きの販売と変動対価（ステップ1とステップ3の関係等）
● 会計基準等の規定
 －返品権付きの販売

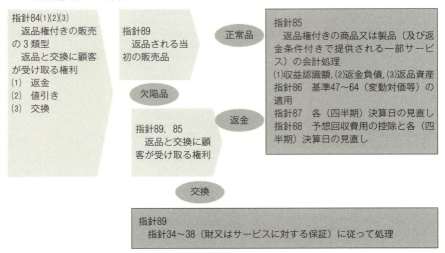

返品権付きの販売は，返品される当初の販売品（正常品か欠陥品）や返品と交換に顧客が受け取る権利（返金または交換の選択可能）によって判定される変動対価か否かの検討が重要である。

 －変動対価

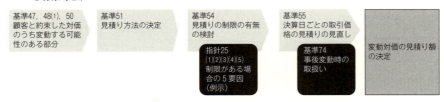

変動対価の判定は，企業に対する顧客の支払条件の中で，顧客と約束した対価のうち変動する可能性がある部分の有無の検討からスタートする。変動要因がある場合は，見積り方法（最頻値による方法又は期待値による方法）を決定し，実際に見積もる場合は，見積りの制限[4]の有無を検討する。また，決算日ごとに見積りの見直しを行うことも重要である。

● 当社の実態と見解

第14章 【プロセス1】から【プロセス4】事業計画を起点とする財務報告ガバナンスの文書化

フランチャイズ店舗に対する卸売販売において，スタッドレスタイヤやタイヤチェーン等の季節性がある商品については，季節ごとに店頭での入替えが行われるため，返品を受け入れている。なお，これらの商品は，当社がフランチャイズ店舗から返品を受けた際には，当社から仕入メーカーに返品が可能である。

当該取引は，正常品の返品であるため，顧客との約束した対価のうち変動する可能性のある部分として会計処理する。具体的には，卸売販売においてフランチャイズ店に季節性商品を販売した際に，返品額を見積り，あらかじめ当該金額を売上高から控除して収益認識する。当社の商品の返品率は毎期一定ではなく，主に降雪等の天候要因により変動する傾向があり，夏用の商品と冬用の商品でも異なる。したがって，これらの傾向を考慮して過去一定期間の返品実績率を平均し，四半期ごとに発生し得ると考えられる返金負債の金額を算定し，収益より控除する。また，返品されると見込まれる商品の売上原価相当額を返品資産として計上する。なお，このような見積り方法を採用するため，算定された見積り額は，見積りの制限はないと判断する。

● 会計処理方針の概要

会計上の論点と会計処理方針			必要情報等
① 収益認識の基準（小売販売と卸売販売） ［ステップ1，2とステップ5の関係］ 基準38，39，指針171等			（小売販売） 　店舗における顧客への販売データ （卸売販売） 　出荷データ
	小売	卸売	
履行義務（財またはサービス）の内容	カー用品・二輪用品等の製造，一般消費者等への小売販売，卸売販売		
	直営店舗における車検・取付けサービスの一般消費者への提供	—	

4　変動対価の額に関する不確実性が事後的に解消される際に，解消される時点までに計上された収益の著しい減額が発生しない可能性が高い部分に限り，変動対価は取引価格に含めるが（基準54），含められない部分がある場合を「見積りの制限」と呼称する。

381

PARTⅢ　6つの重要プロセスに関するポジション・ペーパーの検討例

収益認識の時点	原則として，商品を顧客に引き渡した時点またはサービスを提供した時点	
	―	（例外） 出荷時点

［ステップ1とステップ3の関係］
基準56，57，58等
　代金は，商品を引き渡した時点またはサービスを提供した時点を中心に，概ね1ヶ月以内に受領しているため，重要な金融要素は含んでいない。

② 返品権付き販売（卸売販売）
［ステップ1とステップ3の関係］
指針84から指針89等
● 過去のデータ等に基づいて予想返品率を見積り，期末日時点で返品等が見込まれる対価を売上高から控除して返金負債として計上し，同時に，返金負債の決済時に顧客から商品等を回収する権利について返品資産を計上する。
● 返金負債については流動負債の「その他」に，返品資産については流動資産の「その他」に含めて表示する。

● 夏用，冬用（スタッドレスタイヤやタイヤチェーン）等，季節性商品の区分ごとの過去一定期間の返品実績率（算定の基礎となる過年度の売上高および返品実績高）
● 返品されると見込まれる商品の売上原価相当額
● 季節性がある商品に関する返品の受入方針等，翌期に見込まれる返品率に重要な影響を及ぼす事象の有無に関する情報
● 返品対象となる商品に係る販売傾向に関する情報（天候変動要因への対応を含む販売実績比較分析資

第14章 【プロセス1】から【プロセス4】事業計画を起点とする財務報告ガバナンスの文書化

	料） ● 期末後の直近の返品動向
③ 固定資産の減損会計 （固定資産全体） ［資産のグルーピングの方法］ 指針7から指針10等 　原則として事業所ごとに資産をグルーピングする。 　－店舗及び賃貸不動産：個別物件単位 　－支店（地域卸売部門）：管理会計上の区分 　－のれん：会社単位 　－物流センター：全社共有資産 ［回収可能価額の算定方法］ 指針28から指針35等 　回収可能価額は，正味売却価額または使用価値により測定する。 　－土地：不動産鑑定士の算定価額 　－建物：合理的に算定された価額 　－使用価値の算定：将来キャッシュ・フローを企業として期待する加重平均資本コストX％で割り引いて計算 ［減損損失の損益計算書表示］ 指針58，59等 ● 発生する場合は臨時かつ巨額であることが想定されるため，特別損失として開示する。 ● 減損損失に関する損益計算書注記で，以下を記載する。 　－減損損失を認識した資産グループおよび減損損失計上額，資産の種類ごとの内訳 　－資産のグルーピングの方法 　－回収可能価額の算定方法	詳細の記載を省略する。
（店舗固定資産） ［独立したキャッシュ・フローを生み出す最小単位］ 指針7から指針10等 ● 各店舗（毎期運営店舗の業績を注視しながら，新規店舗の開店や不採算店舗の閉店を継続的に行っているため）	● 固定資産台帳（店舗別） ● 店舗別損益計算書 ● 本社費の配賦計算資

383

PART Ⅲ　6つの重要プロセスに関するポジション・ペーパーの検討例

- 新規出店時には，既存店との物流や関係も考慮するが，経営戦略として個別の店舗の収益性をもっとも重視するため，複数店舗のグルーピングは行わない。

［減損の兆候］

指針11から指針14等

- 原則としては2期連続で営業損益の実績がマイナスとなった場合，店舗固定資産の時価が著しく下落した場合または閉店の意思決定を行った場合に減損の兆候があるものと判定する。

［兆候判定の例外（新店の猶予期間）］

- 開店後2期間を経ていない店舗を「新店」とし，該当しない店舗を「新店以外」と定義する。
- 「新店」については減損兆候判定に係る一定の猶予期間を設けており，開店後2期間の営業損益がマイナスになった場合においても，経営環境の著しい悪化や出店当初の計画から売上高実績が著しく下方に乖離していることが認識されない限り，減損の兆候には該当しないものとする。

［新店の猶予期間の根拠と重要な不確実性］

- 「新店」の減損兆候判定に際して，開店後一定期間は売上高が逓増し，概ね2期間を経過した後に，店舗損益が黒字化することを想定している。この店舗損益の見積りには，過去の実績等に基づいて設定された開店後一定期間における売上高増加率を主要な仮定としている。
- 当該仮定は過去の実績に基づいているが，不確実性を伴い，「新店」の中には，将来減損損失を計上する可能性があるものが含まれる。具体的には，「新店」における業績推移が想定した売上高増加率を著しく下回る場合には，将来，減損損失を計上する可能性がある。

［減損損失の損益計算書表示］

指針58，59等

- 当社では小売販売において直営店舗のスクラップ＆ビルド戦略をとるため，減損損失を計上する可能性は常に存在するが，経常的な計上は経営戦略上想定しておらず，発生する場合は臨時かつ巨額であることが想定されるた料

- 店舗の開店・閉店時期
- 猶予期間の見直しが必要となるような店舗におけるビジネスモデルの変更の有無，経営環境の変化を含む店舗の収益性の著しい変化の有無等に関する情報
- 猶予期間（開店後2期間）にある店舗の損益分岐点売上高達成比率や売上増加率についての基礎データおよび当初計画に関する情報
- 「新店」のうち，2期間経過後に黒字化せず，減損損失を計上または閉店した実績（猶予期間の見直しの必要性の検討のため）

第14章　【プロセス1】から【プロセス4】事業計画を起点とする財務報告ガバナンスの文書化

め，特別損失として開示する。

● 経営戦略の立案と事業計画上の要点（経営のメッセージ）の可視化

経営戦略の立案
- □環境変化に影響されない安定的な利益獲得
- □スクラップ＆ビルド戦略

	収益認識等	将来の不確実性
会計上の論点	①収益認識の基準（小売販売と卸売販売） ②返品権付き販売（卸売販売）	③直営店舗固定資産の減損会計（小売販売）
望ましい結果	□卸売販売における押込み売上や返品見込み売上の回避	□直営店舗の新店の2期間経過後の黒字化
事業計画上の要点（経営のメッセージ）の可視化	➢ 所定の約定どおり現金で回収できる売上高の計上	➢ 各店舗単位の減損判定 ➢ 新店に関する事業計画の適切な策定・管理 ➢ 車検・取付けサービスの拡充

　環境変化に影響されない安定的な利益の獲得のためには，直営店舗での販売のようにフランチャイズ店舗においても，現金で回収できる売上高を計上する必要があるが，特に，決算対策のためのフランチャイズ店舗への押込み売上や季節性商品の返品見込み売上は行ってはならない。また，直営店舗においては，減損損失の計上を回避する施策の実施，特に新店の2期間経過後の黒字化を目標とした収益計画の立案が重要になる。

・収益認識等─①収益認識の基準（小売販売と卸売販売），②返品権付き販売（卸売販売）

　当社では収益認識会計基準の原則に対する代替的な取扱いを適用し，フランチャイズ店舗への販売に関して出荷基準を採用しているが，出荷したからと

PART Ⅲ　6つの重要プロセスに関するポジション・ペーパーの検討例

言って売上計上してよいわけではない。会計基準に従って出荷から顧客に到着するまでの期間が3日であることを要件としているが，たとえ，到着までの期間が3日以内であったとしても，先方のニーズがない当社の都合による押込み販売は売上計上できない。

　同様の趣旨で，季節性商品については特に留意する必要がある。季節性商品については，フランチャイズ店舗からの返品を認めているため，四半期ごとに過去の返品実績等に基づき予想返品額を算定し売上高から控除している。返品された商品はメーカーに返品可能であり当社に与える損益の影響は少ないが，返品された商品の管理等返品関連コストが発生し非効率である。なお，返品実績が多額になると売上控除額の見積りが多額になるため，会計処理上も返品実績を減少させる必要がある。

　当社では，規模の経済性を得るための小売販売と卸売販売の取引量の拡大を重要課題に掲げて経営戦略を展開しているが，フランチャイズ店舗への押込み販売や返品を見込んだ販売は，この戦略に反する。当社の小売販売が示すとおり，売上取引はすべて現金で回収されてこそ意味があり，所定の約定どおりに現金で回収できる売上高を計上することが事業計画上の要点（経営のメッセージ）である。

・将来の不確実性―直営店舗固定資産の減損会計（小売販売）
　➢各店舗単位の減損判定
　各店舗を独立したキャッシュ・フローを生み出す最小単位（減損の判定単位）とすることで，恣意的な複数店舗のグルーピングによる減損逃れの可能性を予め排除するとともに，経営戦略上，各店舗の収益性をもっとも重視することを企業の内外に明示し，会計処理と整合させる。減損の判定単位を各店舗としていることは，事業計画上の要点（経営のメッセージ）である。
　➢新店に関する事業計画の適切な策定・管理
　当社では，直営店舗を「新店」と「新店以外」に区分して定義したうえで，スクラップ＆ビルド戦略をとる。店舗の定義の仕方とスクラップがビルドの先立つことからわかるとおり，新規出店による絶え間のない収益性の追求がポイントであるため，直営店舗の新店に関する事業計画の策定・管理が重要となる。ある程度の閉店や減損損失の計上は許容して収益性を追求していく。そのため，失敗要因を含む新規出店・店舗運営ノウハウの蓄積が重要になる（商圏内の経

第14章　【プロセス1】から【プロセス4】事業計画を起点とする財務報告ガバナンスの文書化

済環境や競合店舗との競争環境，天候要因等）。

　新店に関して営業店舗と同様に減損損失の計上の要否を検討するのでは，当社のスクラップ＆ビルド戦略の実態を適切に表さない。減損会計基準を踏まえ，減損の兆候判定に関しては，営業店舗は2期連続で営業損益の実績がマイナスの条件を設けているが，新店については，この例外として当初事業計画に基づく2期間の猶予期間を設けている。新店の場合は，黒字化までに店舗付近の顧客開拓等一定の期間が必要な場合があり，また，当初の計画通りに売上高が増加して，2期間を超えた期間で軌道に乗り，黒字化している店舗も実際に存在するからである。

　企業として収益機会がないにもかかわらず新規出店することはないが，想定外の理由で計画どおり進まない場合も想定される。新店の成否判断は難しいが会計処理は基準に従って実施する必要がある。新店に関して，例外的な扱いを採用するにしても，一定のルールを設けなければ，それも，当社のスクラップ＆ビルド戦略を正しく反映しないことになるため，例外的な扱いにするが，当初事業計画に基づく2期間の猶予期間を厳格に運用して，失敗と認められる新店は，閉店または減損損失の計上を実施するとともに，失敗要因を分析して，新規出店ノウハウとして蓄積する。

　出店計画時点に，開店後概ね2期間経過後の黒字化が達成できるような店舗固定資産の投資や車検・取付けサービスの収益を見込んだ新店の事業計画を立案する。また，設備投資を含む開店費用と開店後2期間の店舗運営費が，経営戦略上許容できるリスク選好の基礎となり，当該支出を回収できる事業計画を立案する。新店に関して2期間経過後に黒字化しなかった場合は，減損検討の対象となり，その後の収益計画等により減損損失の計上の要否を判定するが，その計画は2期間で黒字化しなかった実績に基づき立案されるため，当該計画に基づき減損損失の計上を回避することは難しいことを認識する必要がある。また，計画と実績の差異理由や赤字要因を明確にし，対応策を常に検討，実施することも重要である。

　まとめると，新店においては出店後2期間経過後に黒字化する実行可能な計画の立案と施策の実施が重要になる。なお，店舗の損益は，店舗における直接費だけでなく本社経費の配賦（本社費）を含めて判定する点に留意が必要である。本社費は出店計画時と実績で相違する可能性が高いため，常に当年度の本社費配賦見込みと配賦実績に留意する必要がある。

PARTⅢ　6つの重要プロセスに関するポジション・ペーパーの検討例

　このようにして検討する新店に関する事業計画の適切な策定・管理は，事業計画上の要点（経営のメッセージ）である。

　➤ 車検・取付けサービスの充実

　安定的な収益獲得，高い利益率，そして，顧客の囲い込みに貢献する車検・取付けサービスの拡充も重要である。新店の2期間で黒字化する事業計画の立案には，車検・取付けサービスが極めて重要な要素になるが。対応できる専門知識を有する人材の育成も必要になる点に留意する。新店を含む全店舗において，商品販売と併せて車検・取付けサービスの拡充が事業計画上の要点（経営のメッセージ）である。

≪ステップ3≫　リスクの識別と内部統制の構築（検討項目❾～⓬）
❾関連する業務プロセス

	ビジネスモデル	
	収益認識等	将来の不確実性
会計上の論点	①収益認識の基準 ②返品権付き販売	③直営店舗固定資産の減損
決算・財務報告プロセス（経理部門）	●四半期ごとの返品資産・返金負債見積りプロセス（業務部門の返品資産・返金負債見積りプロセスのモニタリングおよび注記の検討）	●減損判定プロセス（業務部門の減損判定プロセスのモニタリングおよび注記の検討）
その他の業務プロセス（業務部門）	●返品受入れプロセス ●フランチャイズ店管理プロセス（返品受入れ方針，フランチャイズ店の在庫・販売管理，返品実績等） ●四半期ごとの返品資産・返金負債見積りプロセス（計算の実施）	●直営店管理プロセス（出店計画立案，損益管理，本社費配賦等） ●減損判定プロセス（兆候判定および減損認識）

　注記については，【プロセス3】開示目的に照らした注記から参照する。

第14章　【プロセス1】から【プロセス4】事業計画を起点とする財務報告ガバナンスの文書化

⑩リスクの識別と評価，⑪高リスクの根拠と望まれる意識・行動

● リスクの評価と根拠

	内　　　容	高リスク
誤謬	①収益認識の基準，②返品権付き販売 □卸売事業におけるフランチャイズ店からの季節性商品の返品に関する売上の減額処理を誤るリスク □季節性商品の販売計画とフランチャイズ店管理の失敗により発生した多額の返品の処理が漏れるリスク	―
	③直営店舗固定資産の減損 □直営店舗固定資産の減損損失の計上誤り	○
不正リスクシナリオ	③直営店舗固定資産の減損 □経営者等が公表した事業計画の達成を図るため，減損処理が必要な直営店舗の減損損失の計上を意図的に回避する。具体的には，店舗の売上高や費用，本社費配賦の操作が考えられる。 □また，同様の方法で，2期間経過後に黒字化する見込みのない，あるいは黒字化していない新店を隠蔽し，減損損失の計上を回避する。	○

　【プロセス2】❶には，【プロセス1】で検討した全社的な誤謬リスクと不正リスクシナリオの確認が含まれる。これらの全社的なリスクを【プロセス2】において会計基準の適用の観点で詳細に検討する。また，検討結果を適宜【プロセス1】にフィードバックする。

● 高リスクの根拠

① 　季節性商品に係る返金負債と返品資産の会計処理

　卸売販売（フランチャイズ販売）における季節性商品の販売は，売上高全体に占める割合が限定的であり，また，フランチャイズ店舗からの返品は，当社の販売取引に起因するため，返品の不確実性は，フランチャイズ店舗における季節性商品の販売や在庫の状況を踏まえた当社の販売方針によりある程度コントロール可能であると考えられるため，財務報告上は高リスクとはしない（【プロセス1】への高リスクの追加のフィードバックも行わない）。

389

PARTⅢ　6つの重要プロセスに関するポジション・ペーパーの検討例

　なお，その他，卸売販売の収益認識における出荷基準の押込み販売リスクが存在するが，高リスクと評価しないため，業務プロセスのリスクとして，別途，販売プロセス（卸売販売）でリスクを識別し対応する。ただし，押込み売上リスクも，経営戦略と事業計画においては重視するため，事業計画遂行のため望まれる意識と行動の検討を行う。

② 直営店舗固定資産の減損

　当社では小売販売（直営店舗販売）においてスクラップ＆ビルド戦略を取っており，直営店舗固定資産の減損リスクが潜在している。また，新店は，毎期必ず発生し，減損の兆候判定に例外処理を設定している。したがって，誤謬リスクおよび不正リスクともに高リスクと判断する。

● 事業計画遂行のため望まれる意識と行動

	ビジネスモデル	
	収益認識等	将来の不確実性
会計上の論点	①収益認識の基準（小売販売と卸売販売） ②返品権付き販売（卸売販売）	③直営店舗固定資産の減損（小売販売）
事業計画上の要点（経営のメッセージ）	➤所定の約定どおり現金で回収できる売上高の計上	➤各店舗単位の減損判定 ➤新店に関する事業計画の適切な策定・管理 ➤車検・取付けサービスの拡充
事業計画遂行のため望まれる意識と行動	（意識） ➤特に季節性商品の返品リスクの認識 （行動） ➤フランチャイズ店の在庫数量や販売状況の管理 ➤フランチャイズ店舗管理を踏まえた当社の販売方針の検討	（意識） ➤2期間経過後の黒字化しない場合の減損損失計上の高い可能性の認識 （行動） ➤新店を出店する際の詳細な仮説（具体的な仮定や根拠）に基づく事業計画の策定とその後の施策の実施（PDCAサイクル） （留意事項） ● 2期間経過後に黒字化しない場

390

第14章 【プロセス1】から【プロセス4】事業計画を起点とする財務報告ガバナンスの文書化

- 合，その後に黒字化する合理的な計画は極めて難しい
- 安定的な収益と高い利益率を確保し，顧客を囲み込むうえで，車検・取付けサービスの充実が重要である
- 出店ノウハウ蓄積のため，仮説の立案と検証の思考を定着させる

・収益認識等─①収益認識の基準（小売販売と卸売販売），②返品権付き販売（卸売販売）

　返品は，見積りの要素が存在するが，卸売販売の一部の商品に限定され，また，四半期ごとの見積りであり，見積り方法も過去の実績の平均を用いることで客観性が高い方法であるとともに，年度の変動を受けにくい実態と近似する方法としている。また，当該在庫を保有するフランチャイズ店の在庫を当社で管理しており，各時点の返品を受ける可能性がある最大在庫数が把握可能である。したがって，見積り時点で将来に及ぼす影響の特殊要因（極端な異常気象やフランチャイズ店の例年にない過剰在庫等）がない限り，見積りを誤ったり，不正の機会として利用されたりする可能性は低いと判断した。ただし，将来に及ぼす影響の特殊要因の有無については留意する。

　したがって，フランチャイズ店舗の在庫数量や販売状況を適切に管理し，それを踏まえ当社のフランチャイズ店舗への販売方針を検討する必要がある。

　また，業務プロセスの管理者は，期末付近において，事業計画達成のための当社都合の押込み販売がないかどうか，換言すると，売上は先方のニーズに基づいており，回収条件どおりにきちんと現金で回収できるかに留意する必要がある。

・将来の不確実性─③直営店舗固定資産の減損（小売販売）

　財務報告上のリスクが高い新店に関する減損リスクは，事業上のリスクでもある。直営店の新規出店に関して，設備投資を含む開店費用と開店後2期間の店舗運営費が，経営戦略上許容できるリスク選好の基礎となる。2期間経過後，

PART Ⅲ　6つの重要プロセスに関するポジション・ペーパーの検討例

黒字化していなければ，減損の兆候判定の対象となり，正味売却価額または使用価値により算定する回収可能額と残存簿価との比較により，減損の認識の判定が行われるが，2期間経過後，黒字化しなければ，それ以降の回収可能額により残存簿価を回収することを合理的に説明することが難しいことを十分認識する。したがって，開店の意思決定前に詳細な仮説（具体的な仮定や根拠）に基づき開店計画を立案するとともに，初期投資の金額や安定的な収益が見込め，顧客を囲い込むこともできる車検・取付けサービスも十分考慮して立案する。また，当社はスクラップ＆ビルドを前提とした多店舗展開型のビジネスモデルであるため，投資金額と収益性の関係，すなわち，資本効率を重視することを認識する。

　新店開店後，上記を認識して該当店舗の損益状況をモニタリングするとともに，リスク選好の認識のもと，減損処理の回避は，出店時の厳密な計画や店舗運営努力により実施すべきであり，店舗運営の実態を反映しない本社費の調整や将来の収益見込みの調整等は決して行わない。

❷内部統制の構築とキーコントロールの選定

● 内部統制の構築

5類型	内　　容
①定型化	≪ステップ2≫❾会計処理のため必要になる情報等を生成，収集または処理するためのプロセスを定型化する。 （返品資産・返金負債） ● 返品権付き販売の会計処理ルールと会計処理プロセス （直営店舗固定資産の減損） ● 減損の判定ルールおよび判定プロセス
②非定型的な要素の特定と対応	①の過程で，定型化できない非定型的な要素を特定し，対応方法を検討する。 　定型化した内部統制の見直しが必要となるような，方針の変更等，定型化した内部統制と実態との乖離を，業務プロセス責任者と経理部門はモニタリングを実施する際に常に留意する。

第14章 【プロセス1】から【プロセス4】事業計画を起点とする財務報告ガバナンスの文書化

非定型的な要素の特定	対　応
（返品資産・返金負債） ☐将来の返品見込みの 　従来傾向からの乖離	●季節性がある商品に関する返品の 受入れ方針等，翌期に見込まれる 返品率に重要な影響を及ぼす事象 の有無の検討 ●返品対象となる商品に係る販売傾 向に著しい変化があるか否かの検 討（会社が実施している販売実績 比較分析結果の確認） ●過去の見積りと返品実績との乖離 状況 ●決算日後の返品動向（見積りに際 して用いられた予想返品率と大き く乖離しているか否かについての 検討）
（直営店舗固定資産の 減損） ☐新店の猶予期間を設 　けることの合理性 ☐猶予期間が2期間で 　あることの合理性	●過去店舗の業績推移から，新店の 減損兆候判定に係る猶予期間を設 けることの合理性の検討 ●猶予期間の見直しが必要となるよ うな直営店舗におけるビジネスモ デルの変更の有無（2期間をベー スに投資判断等を実施しているか 否か等），経営環境の変化を含む 店舗の収益性の著しい変化の有無 等についての検証 ●新店の損益分岐点売上高達成比率 や売上増加率について，当初計画 からの乖離およびその程度の検討

393

PART Ⅲ　6つの重要プロセスに関するポジション・ペーパーの検討例

③判断過程や見積り根拠の記録・保存	≪ステップ2≫❽会計処理のため必要になる情報等を記録・保存する手続を，上記①②のプロセスに組み込む。
④情報の正確性と網羅性のチェック	≪ステップ2≫❽会計処理のため必要になる情報等を記録・保存する手続を，上記①②のプロセスに組み込む。 　特に，返品資産・返金負債の見積りおよび直営店舗固定資産の減損の検討に関しては，以下の資料の正確性と網羅性が重要になる。 （返品資産・返金負債） ●夏用，冬用（スタッドレスタイヤやタイヤチェーン）等，季節性商品の区分ごとの過去一定期間の返品実績率（算定の基礎となる過年度の売上高及び返品実績高） ●返品されると見込まれる商品の売上原価相当額 ●返品対象となる商品に係る販売傾向に関する情報（天候変動要因への対応を含む販売実績比較分析資料） ●期末後の直近の返品動向 （直営店舗固定資産の減損） ●固定資産台帳（店舗別） ●店舗別損益計算書 ●本社費の配賦計算資料 ●店舗の開店・閉店時期 ●新店の損益分岐点売上高達成比率や売上増加率についての基礎データおよび当初計画に関する情報
⑤職務分掌	【プロセス1】≪ステップ3≫❿第1線，第2線および第3線，そして取締役会等によるモニタリングから経営の上位階層のモニタリングを参照し，また，上記①②の職務分掌を階層化する。 　返品権付き販売および直営店舗固定資産の減損を内部統制報告制度の評価範囲に含め，内部監査部門は，経理部門と業務部門が分担するそれぞれの内部統制の実施状況を評価する。特に，定型化した内部統制の見直しが必要となるような，方針の変更等，定型化した内部統制と実態との乖離を常に留意する。 　経理部門は，業務部門の作成した資料の妥当性を批判的に検証する。特に，新店に関する事業計画と本社費および配賦計算

394

第14章　【プロセス1】から【プロセス4】事業計画を起点とする財務報告ガバナンスの文書化

の妥当性（予算と実績）に留意する。
　　業務部門は，以下の内容に留意する。
（減損）
● 新店は当初計画通り推移しているか，当初の見込み以上の損
　失を計上していないか
● 車検・取付けサービスの状況
● 本社費の配賦計算の正確性
（返品）
● フランチャイズ店の季節性商品の販売動向と在庫状況

（3）【ポジション・ペーパー3】開示目的に照らした注記

内部統制の文書化要件	業務フロー	≪ステップ1≫会計事象や取引等の整理 （検討項目❶❷❸） ≪ステップ2≫注記方針の決定（検討項目❹～❽） ≪ステップ3≫リスクの識別と内部統制の構築 （検討項目❾～⓬）		
	役割分担	検討項目	主担当	関連部門等
		❶～❽	● 経理部門	・経営企画部門 ・広報部門等
		❾⓾⓫	● 経理部門	―
		⓬	● 経理部門	・業務部門
	リスク	【プロセス1】❶キーガバナンスポイントの財務報告上のリスク（誤謬リスクと不正リスクシナリオ）を参照する。		
成果物		重要な会計方針（収益の計上基準），重要な会計上の見積り，収益認識関係，セグメント情報等，および，減損会計に関する注記方針		
結論と検討過程・根拠および関連する内部統制		［結論］❼❽ ［検討過程・根拠］❶❷❸，❹❺❻ ［内部統制］❾～⓬		

　経理部門が，【プロセス2】と同時に検討することがポイントである。以下
では，≪ステップ1≫会計事象や取引等の整理（❶❷❸）と≪ステップ3≫リ

395

PART III　6つの重要プロセスに関するポジション・ペーパーの検討例

スクの識別と内部統制の構築（❾～⓬）は，【プロセス2】と同様とし，≪ステップ2≫のみ解説する（❹～❽）。

　基準や法令等が要求する注記項目と注記事項を確認し（❹），開示目的に照らした検討を実施して（❺），❻非財務情報と3つの注記，セグメント情報等および財務情報のつながりを明らかにしたうえで注記の内容を決定する（❼）。

　なお，❻と❾注記を作成するために必要になる情報は，【プロセス2】と一緒に検討したほうが，注記の意義がより明確になる。

≪ステップ2≫　注記方針の決定（検討項目❹～❽）
❹開示規定等の確認
● ビジネスモデルに関連して，事業計画および会計基準との首尾一貫性の検討が必要な主な注記

注 記 項 目	注 記 事 項 の 検 討
連結の範囲・持分法の適用	検討省略
重要な会計方針	□収益の計上基準
重要な会計上の見積り	□返品資産および返金負債 □直営店舗固定資産の減損
収益認識関係	□収益の分解情報 □契約資産および契約負債の残高等 □残存履行義務に配分した取引価格
セグメント情報等	□セグメント情報 □関連情報 　● 製品およびサービスごとの情報 　● 報告セグメントごとの固定資産の減損損失に関する情報
その他	□損益計算書関係（減損損失）

第14章 【プロセス1】から【プロセス4】事業計画を起点とする財務報告ガバナンスの文書化

❺重要性（開示目的）に照らした注記方針の検討

	ビジネスモデル	
	収益認識等	将来の不確実性
会計上の論点	①直営店での小売販売とフランチャイズ店舗への卸売販売 ②返品資産・返金負債の見積り	③直営店舗固定資産の減損
望ましい結果	□卸売販売における押込み売上や返品見込み売上の回避	□直営店舗の新店の2期間経過後の黒字化
事業計画上の要点	➢ 所定の約定どおり現金で回収できる売上高の計上	➢ 各店舗単位の減損判定 ➢ 新店に関する事業計画の適切な策定・管理 ➢ 車検・取付けサービスの拡充
事業計画遂行のため望まれる意識と行動	（意識） ➢ 特に季節性商品の返品リスクの認識 （行動） ➢ フランチャイズ店の在庫数量や販売状況の管理 ➢ フランチャイズ店舗管理を踏まえた当社の販売方針の検討	（意識） ➢ 2期間経過後の黒字化しない場合の減損損失計上の高い可能性の認識 （行動） ➢ 新店を出店する際の詳細な仮説（具体的な仮定や根拠）に基づく事業計画の策定とその後の施策の実施 （留意事項） ● 2期間経過後に黒字化しない場合，その後に黒字化する合理的な事業計画は極めて難しい ● 安定的な収益と高い利益率を確保し，顧客を囲み込むうえで，車検，整備・取付けサービスの充実が重要である ● 出店ノウハウ蓄積のため，仮説の立案と検証の思考を定着させる

検討例1

| 想定する財務諸表利用者へのメッセージ | 会計上の論点，すなわち，収益認識の代替的な取扱いである出荷基準，返品資産・返金負債と直営店舗固定資産の減損は，それぞれ，以下の販売経路で生じるため，販売経路の区分が重要な収益の分解区分になる。

また，返品資産・返金負債は，季節性商品（スタッドレスタイヤやタイヤチェーン等）から生じるため，財またはサービスの種類の区分も重要になる。 |

	流通経路	
	小売販売 （直営店舗販売）	卸売販売 （フランチャイズ販売）
会計上の論点	□直営店舗固定資産の減損	□出荷基準 □返品資産・返金負債の見積り

なお，②返品資産・返金負債の見積りについては，会計上の見積りの要素があるため，次の❻非財務情報と３つの注記・セグメント情報等および財務情報のつながり以降，開示の検討上は，ビジネスモデルにおける将来の不確実性として取り扱う。ただし，②返品資産・返金負債の見積りと③直営店舗固定資産の減損では，将来の不確実性の程度と影響が全く異なるため，両者の違いが正しく伝わるように開示する。

財務諸表においては，返品資産および返金負債と，直営店舗の固定資産に不確実性が含まれる。

なお，直営店舗の固定資産は，店舗営業が軌道に乗り，黒字化すれば，大きな店舗環境の変化がない限り，その後，減損処理が必要になる場合は稀であるが，新店は黒字化するまでは，常に閉店または減損損失の計上の可能性が伴う。直営店舗の固定資産の不確実性は，開店後２期間を経過していない新店に関するものである。

直営店舗固定資産の減損（新店の猶予期間）よりも，返品資産・返金負債の見積りの不確実性の重要性のほうが，質的に低いことをその見積り方法の説明により示し，金額的に低いことを財務諸表上の返品資産・返金負債の計上額と対象となる季節性商品が関連するセグメントおよび収益区分（販売経路と主要な財またはサービスの種類）の売上高の金額により示す。また，変動リスクを低減するための内部統制も明示する。

一方，直営店舗固定資産の減損（新店の猶予期間）の不確実性は，新店の固定資産の帳簿価額に含まれ，その管理のポイントは，各店舗単位の損益管理である。

➢ 各店舗単位の減損判定
➢ 新店に関する事業計画の適切な策定・管理

第14章　【プロセス１】から【プロセス４】事業計画を起点とする財務報告ガバナンスの文書化

検討例1

　当社のビジネスモデルにおいては，返品資産・返金負債の見積りと直営店舗固定資産の減損が，財務諸表利用者の関心が高い財務諸表の不確実性の主要因となる。

　財務諸表の不確実性の主要因は２つあるが，不確実性の程度は異なる。返品資産・返金負債の見積りよりも直営店舗固定資産の減損（新店の猶予期間）のほうが，質的にも，金額的にも，将来の不確実性の重要性が高い。

　詳細は，右記「将来の不確実性」を参照する。

　　　　　　➢ 車検・取付けサービスの拡充
　この不確実性に起因する財務諸表の変動リスクについては，以下の内容を【プロセス３】開示目的に照らした注記または【プロセス４】有価証券報告書の記述情報等の開示において開示する。

１．不確実性の内容
　　【プロセス２】≪ステップ２≫における検討結果を参照する。

２．変動リスクに対する内部統制
　　【プロセス２】≪ステップ３≫における検討結果を参照する。

３．内部統制の運用結果
　　３つの注記のうち，重要な会計上の見積りとセグメント情報等を用いて，以下の内容を財務諸表利用者に伝達する。
　●店舗固定資産の帳簿価額
　●運営店舗数，うち新店と新店以外の店舗数
　●新店のうち猶予期間に該当する店舗数等
　●減損損失計上店舗数，減損損失の金額，運営店舗の固定資産帳簿価額（減損認識後）

４．翌期以降の不確実性
　　上記１．～３．の情報を伝達することにより，翌期以降の不確実性の程度の合理的な推察を可能とする。

　なお，【プロセス２】❸想定する財務諸表利用者と開示における重要性（開示目的）は，【プロセス１】❶❷で検討する「開示における重要性（マテリアリティ）」から参照して，当該❺の検討の基礎とする。

399

PART Ⅲ　6つの重要プロセスに関するポジション・ペーパーの検討例

❻非財務情報と3つの注記，セグメント情報等および財務情報のつながり

		ビジネスモデル		
		収益認識等	将来の不確実性	
会計上の論点		①直営店での小売販売とフランチャイズ店舗への卸売販売	②返品資産・返金負債	③直営店舗固定資産の減損
非財務情報（企業の重要課題）		（戦略） □規模の経済性のための小売販売と卸売販売の取引量拡大 □直営店舗の収益安定化のための車両・取付けサービスの拡充	（組織） □卸売販売におけるフランチャイズ店の季節性商品の販売および在庫状況の管理	（戦略） □スクラップ&ビルドによる収益性の高い直営店舗の運営 □新店の2期間経過後の黒字化 （組織） □直営店出店に関する Plan Do Check Action サイクルの運用 □新店の計画・実績管理と撤退店舗の要因分析・事例共有
3つの注記とセグメント情報等，その他	重要な会計方針	□収益の計上基準	□収益の計上基準	—
	重要な会計上の見積り	—	□返品資産および返金負債	□直営店舗固定資産の減損
	収益認識関係	□収益の分解情報 □契約資産および契約負債の残高等	□収益の分解情報 □契約資産および契約負債の残高等	—

第14章　【プロセス1】から【プロセス4】事業計画を起点とする財務報告ガバナンスの文書化

		□残存履行義務に配分した取引価格		
	セグメント情報等	□セグメント情報 □関連情報 □製品およびサービスごとの情報	□セグメント情報 □関連情報 □製品およびサービスごとの情報	□関連情報 □報告セグメントごとの固定資産の減損損失に関する情報
	その他	—	—	□損益計算書関係（減損損失）
財務情報 （財務諸表の勘定科目）		●売上高，売掛金	●売上高，売掛金 ●返金負債，返品資産	●有形固定資産，減損損失

❼結論（注記の記載内容），❽注記のため必要になる情報等

●収益認識等―①直営店での小売販売とフランチャイズ店舗への卸売販売

注記項目	注記内容
重要な会計方針	
収益の計上基準 基準80-2(1)(2)，80-3，163，182，190 指針106-6，106-7 財規8条の2等 ガイドライン8の2第2項7号および第3項6号②等	（ステップ1，2とステップ5の関係） □履行義務の内容（財またはサービスの内容） □履行義務の充足時点または収益認識の時点 （ステップ1とステップ3の関係） □顧客の支払条件と重要な金融要素の有無 ※記載内容の詳細は，【プロセス2】≪ステップ2≫会計処理方針の決定を参照する。
重要な会計上の見積り	
返品資産および返金負債	□将来の不確実性―②返品資産・返金負債を参照する。
収益認識関係	

401

PARTⅢ　6つの重要プロセスに関するポジション・ペーパーの検討例

収益の分解情報
基準80-10, 80-11, 178
指針106-3, 106-4(1)
(2)(3), 106-5(1)〜(7),
190, 191
財規8条の32第1項1
号等

□収益の分解情報の概要

（単位：千円）

報告セグメント	カー用品・二輪用品等販売事業	賃貸不動産事業
販売経路 ● 卸売販売 ● 小売販売	＊＊＊ ＊＊＊	― ―
主要な財またはサービスの種類 ● タイヤ・ホイール ● オーディオ・ビジュアル ● 洗車・オイル・ケミカル ● 二輪用品 ● 車検・取付けサービス	＊＊＊ ＊＊＊ ＊＊＊ ＊＊＊ ＊＊＊	― ― ― ― ―
顧客との契約から生じる収益	＊＊＊	―
その他の収益	―	＊＊＊
外部顧客への売上高	＊＊＊	＊＊＊

□報告セグメントである「カー用品・二輪用品等販売事業」と「賃貸不動産事業」からスタートして，「収益の分解情報」と「セグメント情報」との関係を明確にする。

□「収益の分解区分」は，「販売経路」（卸売販売および小売販売）と「主要な財またはサービスの種類」とする。

□「主要な財またはサービスの種類」は，重要な会計方針の「財またはサービスの内容」とセグメント情報等の「製品およびサービスごとの情報」と整合させる。

□経営戦略上重要な「二輪用品」と「車検・取付けサービス」を「主要な財またはサービスの種類」で明確にする。

□なお，将来の不確実性―②返品資産・返金負債の「収益の分解情報」を参照する。

□「顧客との契約から生じる収益」は収益認識会計基準の対象となる収益を記載し，「その他の収益」は，収益認識会計基準の対象外である不動産賃貸事業の収益を記載する。

402

第14章　【プロセス1】から【プロセス4】事業計画を起点とする財務報告ガバナンスの文書化

契約資産および契約負債等 基準80-20(1)(2)(3)(4),192 指針106-8(1)〜(4),192 財規8条の32第1項3号等 ガイドライン8の32第4項1号等	□当社では契約資産は発生しない。 □契約負債（前受金）は車検・取付けサービスで発生する場合があるが少額である。したがって，開示目的に照らして重要性が低いと判断されるため，注記の対象としない。 □顧客との契約から生じた債権は，フランチャイズ店舗とカード会社に対する売掛債権であり，貸借対照表の売掛金と一致する。 □なお，将来の不確実性─②返品資産・返金負債の「契約資産および契約負債等」の記載を参照する。
残存履行義務に配分した取引価格 基準8,80-21(1)(2),80-23,80-24,205 財規8条の32第1項3号等 ガイドライン8の32第4項2号等	□当社においては，個別の予想契約期間が1年を超える重要な取引がないため，残存履行義務に関する情報の記載は省略する旨を明記する。 □なお，将来の不確実性─②返品資産・返金負債の「残存履行義務に配分した取引価格」を参照する。
セグメント情報等	
セグメント情報 基準17(1)(2)(3)等 財規8条の29等	□報告セグメントは,「カー用品・二輪用品等販売事業」と「賃貸不動産事業」の2セグメントである（セグメント基準）。 □「カー用品・二輪用品等販売事業」セグメントの分解情報（販売経路と主要な財またはサービスの種類）を収益認識関係の注記の収益の分解情報で開示する。
関連情報 ・製品及びサービスごとの情報 基準29(1)等 財規8条の29等	□製品およびサービスの種類を基礎として報告セグメントを構成する。 □収益認識関係の注記の収益の分解情報で，主要な財またはサービスの種類を分解区分として記載する。

検討例1

403

PARTⅢ　6つの重要プロセスに関するポジション・ペーパーの検討例

● 将来の不確実性―②返品資産・返金負債

注記項目	注　記　内　容
重要な会計方針	
収益の計上基準 基準80-3 財規8条の2等 ガイドライン8の2第 2項7号および第3項 6号②等	（ステップ1とステップ3の関係） □返品が生じる販売経路と季節性商品の内容，返品が生じる理由 □返品権付き販売（返品資産と返金負債の会計処理） □返品資産と返金負債の貸借対照表の表示 ※記載内容の詳細は，【プロセス2】≪ステップ2≫会計処理方針の決定を参照する。
重要な会計上の見積り	
見積り項目 基準5 財規8条の2の2等 ガイドライン8の2の 2等（以下同様）	□返品資産・返品資産
財務諸表計上額 基準7(1)	□前期末および当期末の残高
財務諸表利用者の理解 に資するその他情報 基準7(2)，8(1)(2)(3)	以下は「開示目的」に照らして重要と判断した注記である。 □返品資産と返金負債の会計処理 □返金負債と返品資産の見積り方法 □返金負債と返品資産の見積りの変動要因 □不確実性に起因する損益変動リスクを低減する内部統制 ※記載内容の詳細は，【プロセス2】≪ステップ2≫会計処理方針の決定と≪ステップ3≫リスクの識別と内部統制の構築を参照する。
収益認識関係	
収益の分解情報 基準80-10，80-11, 178 指針106-3，106-4(1) (2)(3)	□返品資産・返金負債が生じる季節性商品が関連する「セグメント」（カー用品，二輪用品等販売事業），「流通経路」（卸売販売）および「主要な財またはサービスの種類」（「タイヤ・ホイール」）を区分掲記して，返品資産・返

404

第14章　【プロセス1】から【プロセス4】事業計画を起点とする財務報告ガバナンスの文書化

106-5(1)～(7)，190，191 財規8条の32第1項1 号等	金負債が生じる領域の金額的重要性を財務諸表利用者が判断できるようにする。
契約資産および契約負債等 基準80-20(1)(2)(3)(4)，192 指針106-8(1)～(4)，192 財規8条の32第1項3号等 ガイドライン8の32第4項1号等	□会計基準と法令等では，季節性商品の返品権付き販売に関連する返品資産と返金負債の開示の必要性は明示されていない（基準参照）。しかし，2つの勘定科目は，契約資産および契約負債と同様，会計基準等が開示を要求する当期および翌期以降の収益の金額を理解するための情報に該当すると判断されるため，契約資産および契約負債等の「等」に含めて当該注記で開示することとする。なお，同様の情報を重要な会計上の見積りの注記で開示するため，ここでは，同注記を参照する旨を記載する。
残存履行義務に配分した取引価格 基準8，80-21(1)(2)，80-23，80-24，205 財規8条の32第1項3号等 ガイドライン8の32第4項2号等	□当該注記で記載する顧客との契約から生じる対価のうち取引価格に含まれていない重要な金額は，会計基準が定める変動対価に関する「見積りの制限」[5] が該当し，当社の場合は，季節性商品の返品権付き販売の返金負債は，変動対価に該当するが，返金負債の見積りを行ううえで，「見積りの制限」は存在しない。返金負債の見積りの不確実性の程度を財務諸表利用者に適切に開示するために，開示目的に照らして，当該金額がない旨を記載する。
セグメント情報等	
セグメント情報	□上記「収益の分解情報」の記載を参照する。

5　収益認識会計基準54項では，変動対価の額については，変動対価の額に関する不確実性が事後的に解消される際に，解消される時点までに計上された収益の著しい減額が発生しない可能性が高い部分に限り，取引価格に含めるとし，見積りの不確実性により，取引価格に含められる部分と含められない部分があることを示す。ここでは，取引価格に含められない部分を「見積りの制限」と呼称する。

PARTⅢ　6つの重要プロセスに関するポジション・ペーパーの検討例

● 将来の不確実性─③直営店舗固定資産の減損

注記項目	注記事項
重要な会計方針	
固定資産の減損処理	下記「重要な会計上の見積り」および「損益計算書関係」を参照する。
重要な会計上の見積り	
見積り項目 基準5 財規8条の2の2等 ガイドライン8の2の2等（以下同様。）	□直営店舗固定資産の減損 □固定資産のうち，重要な会計上の見積りの不確実性に関連するのは，小売販売における店舗固定資産の新店についてであり，当該項目の減損は店舗固定資産のみを対象としている点に留意する。
財務諸表計上額 基準7(1)	□貸借対照表計上額 　－店舗運営に係る固定資産（土地，建物等）の期末帳簿価額（減損認識後） 　－店舗運営に係る固定資産の減損損失計上額 □開示するその他の期末情報

	カー用品店舗	二輪用品店舗
運営店舗数	＊＊店	＊＊店
うち， 新店数 新店以外の店舗数	＊＊店	＊＊店
減損兆候店舗数	＊＊店	＊＊店
減損損失計上店舗数 （減損損失の額）	＊＊店 （＊＊千円）	＊＊店 （＊＊千円）
運営店舗に係る 固定資産帳簿価額（減損認識後）	＊＊千円	＊＊千円

注記項目	注記事項
財務諸表利用者の理解に資するその他情報 基準7(2)，8(1)(2)(3)	以下は，「開示目的」に照らして重要と判断した注記である。 □独立したキャッシュ・フローを生み出す最小単位（減損

406

第14章　【プロセス1】から【プロセス4】事業計画を起点とする財務報告ガバナンスの文書化

検討例1

	検討の単位） □減損の判定方法（「損益計算書関係」参照） □兆候判定の例外（新店の猶予期間） □新店の猶予期間と重要な不確実性 ※記載内容の詳細は，【プロセス2】≪ステップ2≫会計 　処理方針の決定を参照する。
収益認識関係	
収益の分解情報 基準80-10，80-11，178 指針106-3，106-4(1) (2)(3)，106-5(1)～(7)， 190，191 財規8条の32第1項1 号等	□直営店舗固定資産の減損が生じる収益区分（「カー用品・二輪用品等販売事業」の「小売販売」）の収益の金額を明示する。
セグメント情報等	
報告セグメントごとの 固定資産の減損損失に 関する情報 基準33 財規8条の29等	□報告セグメントである「カー用品・二輪用品等販売事業」と「賃貸不動産事業」ごとの減損損失に関する金額を明示する。
損益計算書関係	
減損損失 指針58，59等 財規95条の3の2等 ガイドライン95の3の 2等	□店舗固定資産に限らず，固定資産全体の減損損失を対象とする。 □減損損失を認識した資産グループおよび減損損失計上額，資産の種類ごとの内訳 □減損の認識に至った経緯 □資産のグルーピングの方法 □回収可能額の算定方法 □不確実性に起因する損益変動リスクを低減する内部統制 ※記載内容の詳細は，【プロセス2】≪ステップ2≫会計 　処理方針の決定を参照する。

407

PARTⅢ　6つの重要プロセスに関するポジション・ペーパーの検討例

(4) 【ポジション・ペーパー4】有価証券報告書の記述情報等の開示

内部統制の文書化要件	業務フロー	≪ステップ1≫戦略・事業活動等の整理 （検討項目❶❷❸） ≪ステップ2≫開示方針の決定（検討項目❹～❽） ≪ステップ3≫その他の外部報告に係る内部統制の 　　　　　　　構築（検討項目❾～⓬）

	検討項目	主担当	関連部門等
役割分担	❶❷	●経営企画部門	・経理部門
	❸～❽	●経営企画部門	・経理部門 ・広報部門 ・内部監査部門
	❾～⓬	●責任部門	・経営企画部門 ・経理部門 ・内部監査部門

リスク	【プロセス1】❶キーガバナンスポイントの財務報告上のリスク（誤謬リスクと不正リスクシナリオ）を参照する。

成果物	有価証券報告書の記述情報に関する開示方針

結論と検討過程・根拠および関連する内部統制	[結論] ❻❼❽ [検討過程・根拠] ❶❷❸，❹❺ [内部統制] 財務報告については，【プロセス5】を【プロセス6】参照する。 その他の外部報告については，❾～⓬が該当する。

　≪ステップ1≫で【プロセス1】から【プロセス3】の検討結果を確認し（❶❷❸），経理部門と広報部門等が協議して≪ステップ2≫で開示方針を決定するが（❹～❼と❽），特に≪ステップ1≫❶で取締役会が決定する開示における重要性（マテリアリティ）を基に，財務諸表と注記，そして，有価証券報告書の記述情報等の開示方針を決定することが重要である。

≪ステップ1≫　戦略・事業活動等の整理（検討項目❶❷❸）

　【プロセス1】で検討する「コーポレートガバナンス」，「全社的なリスク管

408

第14章 【プロセス1】から【プロセス4】事業計画を起点とする財務報告ガバナンスの文書化

理」,「戦略」,「指標および目標」の内容を確認する（**❶**）。また，MD&A が財務諸表利用者に効果的に開示できるように，【プロセス2】および【プロセス3】の検討結果である経営戦略・経営課題，リスクやガバナンスに係る情報等の非財務情報が財務情報に与える影響の検討結果（重要な会計上の見積りおよび当該見積りに用いた仮定を含む。）を確認する（**❷**）。そして，【プロセス1】の「開示における重要性（マテリアリティ）」の内容を確認する（**❸**）。

これらは，次の≪ステップ2≫開示方針の決定の重要な要素となる。

❶【プロセス1】事業計画の策定・管理，❷【プロセス2】会計基準の適用，【プロセス3】開示目的に照らした注記

【プロセス1】から【プロセス3】の検討結果を，【プロセス4】有価証券報告書の記述情報等の開示に反映させることが重要である。

その際，基礎となるのは【プロセス1】である（第11章第2節**⓬**-3 開示を意識した【プロセス1】検討項目の整合性を参照）。

また，MD&A で記載が求められる重要な会計上の見積りおよび当該見積りを用いた仮定については，【プロセス2】および【プロセス3】を参照する。

❸想定する情報利用者とマテリアリティ

● マテリアリティから導かれる開示の検討対象とする課題

	株主を含む投資家
具体的に想定する対象	以下の直営店舗のスクラップ＆ビルド戦略を理解して，中長期的な観点で当社の株式を保有する投資家 ➤ スクラップがビルドに先立ち，常に収益性の改善を指向 ➤ 閉店や減損損失計上が必ずしも戦略失敗を意味しない
開示における重要性（マテリアリティ）	投資家が当社のスクラップ＆ビルド戦略の適否を判断するために必要な情報であるか否か（出店・退店の状況，減損の発生状況，新店の損益の状況等）。
マテリアリティから導かれる開示の検討対象とする課題	（戦略） □規模の経済性のための小売販売と卸売販売の取引量拡大 □スクラップ＆ビルドによる収益性の高い直営店舗の運営 □新店の2期間経過後の黒字化

409

PART Ⅲ　6つの重要プロセスに関するポジション・ペーパーの検討例

□直営店舗の収益安定化と顧客の囲い込みのための車検・取付けサービスの拡充
（組織）
□直営店出店に関する Plan Do Check Action サイクルの運用
□新店の計画・実績管理と撤退店舗の要因分析・事例共有

　【プロセス1】❶コーポレートガバナンスとキーガバナンスポイントにおけるキーガバナンスポイントを基礎として，当該❸を検討する。なお，その他のステークホルダーについては，検討を省略する。

● 会計処理＝開示＝内部統制のつながりに関するスタンス
　当社は，小売販売における直営店舗のスクラップ＆ビルド戦略を減損会計基準の適用によって管理するとの認識のもと，基準等の規定に従って当社の実態を会計処理し開示することを大方針とする。また，財務報告に係る内部統制は，会計処理と開示のためだけではなく，当社のビジネスモデルをコントロールする手段として位置づけている（財務報告ガバナンス）。
　環境やリスクの変化を適切に捕捉しそれらを反映させた事業計画の策定・管理プロセスを出発点として，財務報告に係る内部統制の構築・整備と運用によってビジネスモデル全体をコントロールし，安定的に収益と利益を獲得していく経営戦略（経営方針）を投資家に適切に開示する。
　具体的には，各店舗単位の減損判定，直営店新店に関する事業計画の適切な策定・管理，および，車検・取付けサービスの拡充は，当社の持続的な成長と長期経営戦略の実現のための必要不可欠な要素であり，関連する内部統制についての情報を投資家が適切に理解できるように開示する。

≪ステップ2≫　開示方針の決定（検討項目❹～❽）
❹マテリアリティに照らした価値創造ストーリーの検討，❺開示基準等の確認，❻結論（開示の記載内容）
● 有価証券報告書の記述情報

410

第14章 【プロセス1】から【プロセス4】事業計画を起点とする財務報告ガバナンスの文書化

記載のため参照する プロセスとステップ	開　示　方　針
経営方針，経営戦略等（経営方針，経営環境及び対処すべき課題等）	
【プロセス1】 事業計画の策定・管理 ≪ステップ0≫ 全体コントロール ≪ステップ2≫ 経営戦略立案と事業計画策定	1．優先的に対処すべき事業上および財務上の課題 　国内カー用品市場は縮小傾向にあり，また，自動車業界は激しい構造転換が進行中である（FCV，EV，ハイブリッドカー，CASE 等）。 　このような経営環境を踏まえ，当社では，以下を重要な課題と認識している。 戦略 □規模の経済性を得るための小売販売と卸売販売の取引量の拡大 □直営店舗のスクラップ＆ビルドによる収益性の高い店舗の運営 □新店の2期間経過後の黒字化 □直営店舗の収益安定化のための車検・取付けサービスの拡充 組織 □直営店出店に関する Plan Do Check Action サイクルの運用 □新店の計画・実績管理と撤退店舗の要因分析・事例共有 2．コーポレートガバナンスと全社的なリスク管理 　【プロセス1】❶❷を参照する。 3．経営戦略および事業計画の概要と KPI 　前述の課題に対処するための中期経営戦略として，以下を掲げている。 [強みを強化し，機会を活用する] 　・直営店舗のスクラップ＆ビルド（小売販売） 　・車検・取付けサービス事業の拡充（小売販売） [強みにより，脅威を機会へ変換する] 　・カー用品販売事業の拡大（小売販売） [強みにより，弱みを克服する]

検討例1

411

PARTⅢ　6つの重要プロセスに関するポジション・ペーパーの検討例

・二輪事業の強化（小売販売）：新規出店とバイク用プライベートブランド商品の拡販や車検獲得による既存店の収益拡大

・卸売事業の強化（卸売販売）：商品開発および新規取引先の開拓

セグメント		小売販売	卸売販売
指標および目標	非財務	店舗数（増減，新店数を含む。）	フランチャイズ店舗数
	財務	店舗別損益（本社費の配賦を含む。）	支店（地域卸売部門）損益
		資本効率の観点からROE（自己資本当期純利益率）とROA（総資産経常利益率）を重視し，ともにx％以上を維持することを目標とする。	
事業計画の策定		上記の中期経営戦略と指標および目標を財務数値に落とし込んで中期事業計画を策定している。　なお，中期事業計画の期間は3年とする。また，当社を取り巻く経営環境は激しい変化が見込まれ，環境に適した方向へ柔軟に対応していくため，前期の業績動向を勘案した上で翌期の業績予想を策定して，同年を計画初年度としたローリング方式（期間は3年）とする。	

サステナビリティ情報（サステナビリティに関する考え方及び取組み）	
【プロセス1】 事業計画の策定・管理 ≪ステップ0≫ 全体コントロール ≪ステップ2≫ 経営戦略立案と事業計画策定	1．ガバナンスとリスク管理 　【プロセス1】❶❷を参照する。 2．気候変動 　検討を省略する。 3．人的資本・多様性 　人的資本への投資・人材戦略について，【プロセス1】❻を参照する。その他は検討を省略する。

412

第14章　【プロセス1】から【プロセス4】事業計画を起点とする財務報告ガバナンスの文書化

リスク情報（事業等のリスク）	
【プロセス1】 事業計画の策定・管理 ≪ステップ0≫ 全体コントロール ≪ステップ1≫ リスクと機会の識別・分析	1．経営戦略および事業計画に関連する特に重要な脅威と機会 　・縮小傾向にある国内のカー用品市場 　・自動車整備は自動ブレーキや自動車線維持機能搭載車両の増加（車検時に故障診断装置の利用が予定される） 　・当社の主要市場である日本国内経済情勢及び個人消費低迷 　・小売業やサービス業全体における採用難の状況と人材確保に係る費用等の上昇 2．財務報告上のリスク ●誤謬リスク 　判断と見積りを伴う直営店舗の減損処理誤り（特に本社費の配賦） ●不正リスクシナリオ 　経営者等が公表した事業計画の達成を図るため，減損処理が必要な直営店舗の減損損失の計上を意図的に回避する。具体的には，店舗の売上高や費用，本社費配賦の操作が考えられる。 　また，同様の方法で，2期間経過後に黒字化しない新店を隠蔽し，減損の兆候判定に関する例外規定を悪用する。
MD&A（経営者による財政状態，経営成績及びキャッシュ・フロー（経営成績等）の状況の分析）	
【プロセス2】 会計基準の適用 ≪ステップ2≫ 会計処理方針の決定 ≪ステップ3≫ リスクの識別と内部統制の構築 【プロセス3】	1．非財務情報が財務情報に与える影響（重要な会計上の見積りおよび当該見積りに用いた仮定を含む。） ●会計上の論点 　流通経路は，小売販売（直営店舗販売）と卸売販売（フランチャイズ販売）の2つであり，それぞれに会計上の論点が存在する。

検討例1

413

PART Ⅲ　6つの重要プロセスに関するポジション・ペーパーの検討例

開示目的に照らした注記
≪ステップ2≫
注記方針の決定

	流通経路	
	小売販売（直営店舗販売）	卸売販売（フランチャイズ販売）
会計上の論点	□直営店舗固定資産の減損	□出荷基準 □返品資産・返金負債の見積り

　また，返品資産・返金負債は，季節性商品（スタッドレスタイヤやタイヤチェーン等）から生じるため，財またはサービスの種類の区分も重要になる。

● 経営のメッセージ

　環境変化に影響されない安定的な利益獲得を目標として，それを達成するための小売販売における直営店のスクラップ＆ビルド戦略を展開している。

　収益認識等においては，卸売販売における押込み売上や返品見込み売上の回避のため，小売販売における現金売上のように，所定の約定どおり現金で回収できる売上高の計上が重要である。特に，季節性商品の返品リスクを認識して，フランチャイズ店の在庫数量や販売状況を適時・適切に管理し，当社の販売方針を検討している。

　将来の不確実性については，直営店舗の減損会計（小売売上）が会計上もっとも重要な論点になる。特に，直営店舗の新店について，減損判定の例外として，開店後2期間の赤字計上の猶予を設けている。これは，経営戦略上も重要であり，開店後2期間で黒字化することを前提に事業計画を策定している。また，そのため，以下の事項が事業計画上の要点である。

　　➢ 各店舗単位の減損判定
　　➢ 新店に関する事業計画の適切な策定・管理
　　➢ 車検・取付けサービスの拡充

　2期間経過後に黒字化しない場合においては，減損損失計上の可能性が極めて高くなることを適切に認識して，新店を出店する際には詳細な仮説（具体的な仮

第14章 【プロセス1】から【プロセス4】事業計画を起点とする財務報告ガバナンスの文書化

	定や根拠）に基づく事業計画を策定し，その後の施策を実施している。
【プロセス1】 事業計画の策定・管理 ≪ステップ3≫ 業績管理と財務会計	2．事業計画の達成状況と当期の財政状態，経営成績およびキャッシュ・フローの状況の分析 　【プロセス1】≪ステップ3≫❿⓫⓬を参照する。 3．MD&Aについての財務諸表利用者の理解に資するその他の情報 　【プロセス1】≪ステップ2≫❼で設定した非財務指標（小売販売：店舗数（増減，新店数を含む），卸売販売：フランチャイズ店舗数の実績の推移）を開示する。 ●カー用品・二輪用品等販売事業における店舗数（直営店舗およびフランチャイズ店舗）

	期首 店舗数	月別 開店数	月別 閉店数	期末 店舗数
カー用品販売店舗	＊＊	＊＊	＊＊	＊＊
二輪用品販売店舗	＊＊	＊＊	＊＊	＊＊

店舗区分＼店舗数		期首	直営店舗	フランチャイズ店舗	期末	増減
国内	カー用品 販売店舗	＊＊＊	＊＊＊	＊＊＊	＊＊＊	＊＊
	二輪用品 販売店舗	＊＊＊	＊＊＊	＊＊＊	＊＊＊	＊＊
	合計	＊＊＊	＊＊＊	＊＊＊	＊＊＊	＊＊

415

PARTⅢ　6つの重要プロセスに関するポジション・ペーパーの検討例

❼財務報告の範囲（内部統制報告制度の範囲）

		具 体 的 な 範 囲
財務諸表に重要な影響を及ぼす可能性のある情報		●直営店舗固定資産の減損会計（小売販売） ●フランチャイズ販売での返品権付き販売（卸売販売）
財務諸表の信頼性に重要な影響を及ぼす開示事項等	財務諸表の作成における判断に密接に関わる事項	●重要な会計方針，重要な会計上の見積り，収益認識関係，セグメント情報等の注記 ●損益計算書関係（減損損失） ●カー用品および二輪用品の直営店舗数（新店（猶予期間にある店舗）および新店以外の別，減損兆候店舗数，減損損失計上店舗数（減損損失の額），固定資産帳簿価額）
	財務諸表の表示等を用いた記載	●MD&A（経営者による財政状態，経営成績及びキャッシュ・フロー（経営成績等）の状況の分析）
財務諸表 （事業目的に大きく関わる勘定科目）		●売上高，売掛金，棚卸資産，店舗固定資産 ●減損損失
事業目的に大きく関わる勘定科目に至る業務プロセス		●販売プロセス ●購買プロセス ●棚卸資産管理プロセス ●店舗固定資産実査プロセス
決算・財務報告プロセス（個別）		●固定資産の減損判定プロセス ●卸売販売の返品見積りプロセス ●会計上の見積り，収益認識，セグメント情報等の注記に関する情報の収集
重要性の大きい業務プロセス		上記で網羅していると判断するが，特に，決算・財務報告プロセス（個別）とその他の業務プロセスが連携して対応する領域の重要性が大きく，財務報告上のリスクも高いため，内部統制の構築および評価で留意する。内部統制の構築時には，決算・財務報告プ

第14章 【プロセス1】から【プロセス4】事業計画を起点とする財務報告ガバナンスの文書化

	ロセス（個別）に偏るのではなく，その他の業務プロセスと適切に職務分掌する。

【プロセス1】から【プロセス4】，そして後に続く【プロセス5】キーコントロールの構築と選定と【プロセス6】内部統制報告制度の評価範囲の決定で明確になる持続的な成長を実現するための当社の首尾一貫した考え方を，内部統制報告制度における経営者評価を通じて社内へ浸透させる。

❽その他の外部報告の範囲（その他の非財務情報）

［検討例1］では，検討を省略する。

≪ステップ3≫　その他の外部報告に係る内部統制の構築（検討項目❾～⓬）

【プロセス2】および【プロセス3】の≪ステップ3≫リスクの識別と内部統制の構築と次の【プロセス5】キーコントロールの構築と選定における財務報告に係る内部統制構築のナレッジ（知見とノウハウ）を活用して，❾関連する業務プロセス，❿リスクの識別・評価と将来の財務諸表への影響の検討，⓫高リスクの根拠，および，⓬内部統制の構築とキーコントロールの選定の内容を検討する。

なお，❿リスクの識別・評価と将来の財務諸表への影響の検討において，財務諸表に重要な影響を及ぼす可能性のある情報の視点でモニタリングし，将来の財務諸表に及ぼす影響に絶えず留意して，該当する情報を早期に捕捉する。また，その結果を【プロセス1】の経営戦略や事業計画にフィードバックする。

(5) ［検討例1］のエッセンス　事業計画上の要点（経営のメッセージ）の活用

企業の持続的な成長のため経営環境に左右されない安定的な利益獲得は，多くの企業にとって最も重要な課題の1つと考えられる。また，安定的な利益の獲得は，中長期的な視点で自社株式を保有する株主の信頼を得ることに貢献し，経営の安定にも寄与する。

安定的な利益の獲得，別の言い方をすれば，安定的な財務諸表上の利益の計上のためには，事業上のリスクと表裏一体の面がある財務報告上のリスクを特定して対応することが効果的である。その際，事業上のリスクと財務報告上の

PART Ⅲ　6つの重要プロセスに関するポジション・ペーパーの検討例

リスクの両方の低減に貢献する事業計画上の要点（経営のメッセージ）を可視化して活用する。

［検討例１］では，事業計画上の要点（経営のメッセージ）を収益認識等と将来の不確実性の２つの視点で明確にしている。

収益認識については，当該企業の２つの販売経路である小売販売（直営店舗販売）と卸売販売（フランチャイズ販売）の比較により，「所定の約定どおり現金で回収できる売上高の計上」を掲げ，安定的なキャッシュ・インフローの獲得は勿論，財務報告上のリスクの低減も図る。卸売販売（フランチャイズ販売）では，収益認識に関して出荷基準を採用し，また，季節性商品について返品を認める販売を実施しており，期末における押込み販売リスクや季節性商品の返品リスクが存在するが，主として現金取引が行われる小売販売（直営店舗販売）との比較によりそのリスクを認識させ，リスクを低減するための行動を促す。

一方，将来の不確実性については，店舗固定資産の減損処理について，「各店舗の減損判定」，「直営店舗の新店に関する事業計画の適切な策定・管理」，そして，「車検・取付けサービスの拡充」を掲げて，当該企業が採用する小売販売（直営店舗販売）におけるスクラップ＆ビルド戦略の要諦を明確にする。個別の店舗の収益性をもっとも重視し，新店に関しては営業開始２期間での黒字化，そして，安定収益源としての車検・取付けサービスの必要性を論理的に企業内で意識させ，行動を促す。その意識と行動は会計上の店舗の減損処理の事前回避にもつながる。

関連する内部統制の構築，整備・運用は勿論，企業内の意識と行動も内部統制の対象にすれば，事業上のリスクと財務報告上のリスクをより効果的に低減できる。そして，これらの取組みと内部統制の内容，内部統制の運用結果，経営戦略や事業計画の達成状況をあわせて開示すれば，有価証券報告書「第一企業情報」「第２　事業の状況」における「価値創造ストーリー」が財務諸表利用者にとって理解がより容易になると考えられる。

2 ▶ ［検討例２］プロジェクト管理

経営戦略上も，財務報告上も，プロジェクト管理が重要であると認識して，効果的に経営戦略を開示する企業をフィクションで想定し，【プロセス１】か

第14章　【プロセス1】から【プロセス4】事業計画を起点とする財務報告ガバナンスの文書化

ら【プロセス3】，そして【プロセス4】の検討例を解説する。

● **想定する企業の業種・ビジネスモデル**

主要な事業
　の内容

> 建設工事の施工
> に関する請負等

工事の種類

> 土木工事
> トンネル，橋梁，ダム，河川，
> 都市土木，鉄道，高速道路等

> 建築工事
> オフィス，マンション，
> 商業施設，工場，病院，学校等

重要な
非財務情報

> □プロジェクト管理
> □設計変更が頻繁に行われる

> □プロジェクト管理
> □受注競争・コスト競争が激し
> 　く，工事採算が悪化する傾向
> 　にある

- 設計変更[6]　等に伴う工事契約の変更に関して，契約の当事者による契約変更の施工範囲の合意にもかかわらず，それに対応する価格の変更に時間がかかる場合がある。
- 手持工事等のうち損失の発生が見込まれるプロジェクトが発生する場合がある。
- 土木工事と建設工事の売上高の割合は，おおよそ2：1である。

● **検討例のポイント**

□現在，不正な財務報告を実施する動機とプレッシャーがなくても，景気変動の状況に応じては，どの企業においても生じる可能性がある。経営者による

6　設計変更とは，過去に受注した工事で，契約の更改により受注金額に変更があるものをいう。なお，「更改」とは，法律上，債権の主要な部分を変更することによって新たな債権を発生させ，これと同時に従前の債権を消滅させる契約のことをいうが（民法513条1項），会計上の契約変更の考え方とは相違するため，会計基準の適用による検討が必要になる。

　なお，会計上の契約変更は，契約の当事者が承認した契約の範囲または価格（あるいはその両方）の変更であり，契約の当事者が，契約の当事者の強制力のある権利および義務を新たに生じさせる変更又は既存の強制力のある権利および義務を変化させる変更を承認した場合に生じるものとされている（収益基準28項）。

419

PARTⅢ　6つの重要プロセスに関するポジション・ペーパーの検討例

　不正な財務報告シナリオを立案して，平時から当該リスクを意識して事業活動を行うことは，事業上のリスクを低減し，結果的に不正な財務報告のリスクの低減につながることを理解する。

□事業上のリスクと財務報告上のリスクは密接な関係にあることを，事業計画の策定・管理と会計基準の適用の検討を通じて理解する。

□事業計画の策定・管理と会計基準の適用の検討の結果が，キーガバナンスポイントに集約されることを理解する。

□事業計画の策定・管理と会計基準の適用における検討内容が，開示目的に照らした注記と有価証券報告書の記述情報等の開示の基礎となることを理解する。

　以下では，プロジェクト管理のもっとも重要な要素である進捗度の見積りに関連する部分のみに限定した検討の概要を解説する。

第14章 【プロセス1】から【プロセス4】事業計画を起点とする財務報告ガバナンスの文書化

(1) 【ポジション・ペーパー1】事業計画の策定・管理

<table>
<tr>
<td rowspan="8">内部統制
の文書化
要件</td>
<td>業務
フロー</td>
<td colspan="3">≪ステップ0≫全体コントロール（検討項目❶❷）
≪ステップ1≫リスクの機会の識別・分析
　　　　　　（検討項目❸❹❺）
≪ステップ2≫経営戦略立案と事業計画策定
　　　　　　（検討項目❻～❾）
≪ステップ3≫業績管理と財務会計
　　　　　　（検討項目❿⓫⓬）</td>
</tr>
<tr>
<td rowspan="8">役割分担</td>
<td>検討項目</td>
<td>主担当</td>
<td>関連部門等</td>
</tr>
<tr>
<td>❶</td>
<td>●取締役会</td>
<td>・経営陣等</td>
</tr>
<tr>
<td>❷</td>
<td>●取締役会
●リスク管理委員会</td>
<td>・経営陣等
・業務部門</td>
</tr>
<tr>
<td>❸～❽</td>
<td>●経営陣等</td>
<td>・経営企画部門
・IR部門
・業務部門</td>
</tr>
<tr>
<td>❾</td>
<td>●経理部門</td>
<td>・経営企画部門
・業務部門</td>
</tr>
<tr>
<td>❿</td>
<td>●経理部門</td>
<td>・業務部門</td>
</tr>
<tr>
<td>⓫</td>
<td>●業務部門</td>
<td>—</td>
</tr>
<tr>
<td>⓬</td>
<td>●取締役会</td>
<td>・内部監査部門（取
　締役会および監査
　役等への直接的な
　報告経路の確保）
・経理部門</td>
</tr>
<tr>
<td>リスク</td>
<td colspan="3">❶キーガバナンスポイントの財務報告上のリスク（誤
謬リスクと不正リスクシナリオ）を参照する。</td>
</tr>
<tr>
<td colspan="2">成果物</td>
<td colspan="3">3か年計画の固定方式による中期事業計画</td>
</tr>
<tr>
<td colspan="2">結論と検討過程・根
拠および関連する内
部統制</td>
<td colspan="3">[結論] ❽
[検討過程・根拠] ❸❹❺，❻❼❽
[関連する内部統制] ❶❷，❿⓫⓬</td>
</tr>
</table>

検討例2

　≪ステップ0≫において，キーガバナンスポイントとなる経営理念，開示における重要性（マテリアリティ），企業の重要課題，財務報告上のリスク，そして，経営のメッセージを取締役会が決定する（❶❷）。

421

PART Ⅲ　6つの重要プロセスに関するポジション・ペーパーの検討例

　《ステップ1》において，外部経営環境と内部経営環境の分析により企業に
とっての機会と脅威，強みと弱みを明らかにし（❸❹❺），《ステップ2》に
おいて，長期戦略と実行戦略を立案するとともに（❻），戦略実現のための指
標と目標を明らかにして，事業計画を策定する（❼❽）。そして，経営戦略・
経営課題，リスクやガバナンスに係る情報等の非財務情報が財務報告の信頼
性に与える影響を検討し，財務諸表上の高リスク（全社）を特定する（❾）。
《ステップ3》において，事業計画を管理するためのモニタリングの階層と具
体的なモニタリング方針を定める（❿⓫⓬）。

≪ステップ0≫　全体コントロール（検討項目❶❷）
❶コーポレートガバナンスとキーガバナンスポイント
● キーガバナンスポイント（［検討例2］の検討結果のまとめ）

項　　目			内　　容	
経営理念			企業と社会の持続的な成長	
開示における重要性（マテリアリティ）*1			● 株主を含む投資家 投資家が当社のプロジェクト管理の適否を理解するために必要な情報であるか否か。 特に，以下に関する情報が該当する。 －請負工事契約における 履行義務の充足に係る 進捗度の見積り －設計変更 －工事損失引当金	● その他のステークホルダー 検討省略
企業の重要課題*2	外部	脅威	（共通）□建設産業の就労人口の減少□協力会社を含めた慢性的な人手不足□建設業界における時間外労働の上限規制の適用□労務費および資材価格の変動	

第14章 【プロセス1】から【プロセス4】事業計画を起点とする財務報告ガバナンスの文書化

			（土木工事） □公共事業の発注減少 □公共事業における設計変更 □工事の長期化 （建築工事） □受注競争とコスト競争の結果による工事採算が悪化する傾向
	内部	戦略	□プロジェクトごとの収益性の向上による安定的な利益の獲得 □特に，設計変更の獲得と適切な取引価格および追加工事原価の見積り，損失発生プロジェクトの回避
		組織	□プロジェクトごとの PDCA サイクルの確立とプロジェクト管理に関するナレッジの蓄積 □事業計画の PDCA サイクル，プロジェクトごとの PDCA サイクル，組織運営上の PDCA サイクル，そして，内部統制の PDCA サイクルといった PDCA サイクル[7]のブレイクダウン思考を企業全体に浸透させる。
財務報告上のリスク[*3]	誤謬リスク		プロジェクトが長期化する傾向にあり，また，人件費や原材料費の高騰等が見込まれるため，進捗度の見積りの難易度が高まっており，誤謬リスクの発生可能性も高まっている。 　特に，これまでに経験のないプロジェクトについては留意する。 　また，設計変更等に伴う総原価の見直しと取引価格の見直し・変更交渉を適時・適切に行う体制は，財務報告上のリスクだけでなく，事業上のリスクに直結するため，留意が必要である。

検討例2

7　Plan Do Check Action サイクル。Plan（計画），Do（実行），Check（測定・評価），Action（対策・改善）の仮説と検証のプロセスを繰り返し実施し，管理の品質向上とナレッジ（知見とノウハウ）の蓄積を指向する考え方

PARTⅢ　6つの重要プロセスに関するポジション・ペーパーの検討例

	不正リスクシナリオ	業績が下降局面に陥ったときに，経営者または上位の管理者が，外部の協力を必要とせず社内だけで会計上の操作が可能である原価の集計や進捗度の見積り・算定において不正の機会を見つけ出し，経営者等が主導して不正な財務報告を実行する。 特に，設計変更等に伴う契約変更の会計処理（過年度の累積的な影響の当期における売上高の修正）に留意する（【プロセス2】❿参照）	
経営のメッセージ*⁴	望ましい結果	<収益認識等> □顧客への建設工事の施工サービスの提供に応じた，現金で回収できる売上高の計上	<将来の不確実性> □不採算プロジェクトの発生の回避 □設計変更等に伴う取引価格の適切な増額
	事業計画上の要点	➤ 適切な内容の契約締結と適時・適切な条件変更 ➤ 取引価格の適時・適切な見直し	➤ 総工事原価の見積り ➤ 取引価格の合理的な決定 ➤ 総工事原価の見積りと実際発生額との対比 ➤ 総工事原価および取引価格の適時・適切な見直し
	事業計画遂行のため望まれる意識と行動	（意識） ➤ 企業が顧客との契約における義務の履行を完了した部分について，対価を収受する強制力のある権利[8]を主張できないリスクの認識 ➤ 土木工事（公共事業）における設計や仕様の変更に伴う取引価格の増額を失注するリスクの認識	（意識） ➤ 総工事原価の当初見積りおよび見直し後の見積りと実際発生原価が乖離するリスクの認識 （行動） ➤ 当初実行予算の詳細な仮説（具体的な仮定や根拠）に基づく策定 ➤ 総工事原価の見積りの適時・適切な見直しと対応

8　合理的な利益相当額を含む，現在までに移転した財またはサービスの販売価格相当額（基準38(3)②参照，指針11，12，13参照）

第14章 【プロセス1】から【プロセス4】事業計画を起点とする財務報告ガバナンスの文書化

		（行動） ➢ 契約書のひな型の趣旨を理解したうえでのひな型どおりの契約締結 ➢ 総工事原価の見積りの適時・適切な見直しと対応する取引価格の増額交渉 ➢ プロジェクトごとのPDCAサイクルの適切な実施とノウハウの蓄積	する取引価格の増額交渉 ➢ プロジェクトごとのPDCAサイクルの適切な実施とノウハウの蓄積

＊1　当該プロセス≪ステップ0≫❷全社的なリスク管理とマテリアリティの検討結果から参照し，取締役会が承認する。

＊2　当該プロセス≪ステップ2≫❻戦略の検討結果から参照する。

＊3　当該プロセス≪ステップ2≫❾非財務情報が財務報告の信頼性に与える影響の検討と財務報告上のリスクの特定の検討結果から参照する。

＊4　【プロセス2】会計基準の適用≪ステップ2≫❹会計基準等の規定に従った検討と事業計画上の要点の可視化，≪ステップ3≫⓫高リスクの根拠と望まれる意識・行動の検討結果から参照する。

❷全社的なリスク管理とマテリアリティ

● 開示における重要性（マテリアリティ）

	株主を含む投資家
具体的に想定する対象	当社における以下の経営戦略を理解し，中長期的な観点で当社の株式を保有する投資家 ➢ 当社の強みにより，建設業界全体に対する脅威を当社にとっての機会に変換して，安定的な利益獲得を目指す当社の経営戦略 ➢ 事業計画遂行におけるプロジェクト管理の重要性
開示における重要性（マテリアリティ）	投資家が当社のプロジェクト管理の適否を理解するために必要な情報であるか否か。 特に，以下に関する情報が該当する。 －請負工事契約における履行義務の充足に係る進捗度の見積り －設計変更 －工事損失引当金

425

PART III 6つの重要プロセスに関するポジション・ペーパーの検討例

なお，その他のステークホルダーについては，検討を省略する。

≪ステップ1≫ リスクと機会の識別・分析（検討項目❸❹❺）
❸外部環境分析（マクロ），❹外部環境分析（ミクロ），❺内部環境分析
●外部環境と内部環境の分析

	プラス要因	マイナス要因
外部環境	機会（Opportunity） （土木工事） ●高速道路の大規模更新工事計画の公表	脅威（Threat） （共通） ●建設産業の就労人口の減少 ●協力会社を含めた慢性的な人手不足 ●建設業界における時間外労働の上限規制の適用 ●労務費および資材価格の変動 （土木工事） ●公共事業の発注減少 ●公共事業における設計変更 ●工事の長期化 （建築工事） ●受注競争とコスト競争の結果による工事採算が悪化する傾向
内部環境	強み（Strength） （共通） ●独自の技術提案力と施工技術 ●配置要員状況を踏まえた適切な受注計画の立案 ●プロジェクト管理のノウハウ （土木工事） ●公共事業での受注・施工実績	弱み（Weakness） （建築工事） ●受注競争力と収益性（売上高，利益ともに土木工事への依存度が高い）

第14章 【プロセス1】から【プロセス4】事業計画を起点とする財務報告ガバナンスの文書化

≪ステップ2≫　経営戦略立案と事業計画策定（検討項目❻〜❾）
❻戦略

			具 体 的 な 方 針
長期戦略			成長分野における収益性の強化と生産性の向上
企業の重要課題	外部	脅威	（共通） □建設産業の就労人口の減少 □協力会社を含めた慢性的な人手不足 □建設業界における時間外労働の上限規制の適用 □労務費および資材価格の変動 （土木工事） □公共事業の発注減少 □公共事業における設計変更 □工事の長期化 （建築工事） □受注競争とコスト競争の結果による工事採算が悪化する傾向
	内部	戦略	□プロジェクトごとの収益性の向上による安定的な利益の獲得 □設計変更の獲得と適切な取引価格および追加工事原価の見積り □損失発生プロジェクトの回避
		組織	□プロジェクトごとの PDCA サイクルの確立とプロジェクト管理に関するナレッジの蓄積 □事業計画の PDCA サイクル，プロジェクトごとの PDCA サイクル，そして，内部統制の PDCA サイクルといった PDCA サイクルのブレイクダウン思考を企業全体に浸透させる。
実行戦略	中期経営戦略		［強みを強化し，機会を活用する］ （土木工事） ●高速道路等の大規模更新工事の受注による売上高と利益の増加

検討例2

PARTⅢ　6つの重要プロセスに関するポジション・ペーパーの検討例

		[強みにより，脅威を機会へ変換する] （土木工事） ●設計変更の獲得による採算性の向上 （建築工事） ●独自の施工技術等による受注差別化と新規顧客の開拓 ●効率的なエリア展開
		[強みにより，弱みを克服する] （建設工事） ●独自の施工技術等による受注差別化と新規顧客の開拓 ●効率的なエリア展開
	事業ポート フォリオ戦 略	●独自の技術提案力と施工技術，配置要員状況を踏まえた適切な受注計画の立案，そして，プロジェクト管理といった当社のノウハウを，ともに生かせる土木工事と建築工事を両立する。 ●比較的堅調な需要が見込める土木工事と比較的景気変動の影響を受けやすい建築工事のそれぞれの特徴に応じて事業を展開し，安定的な利益を獲得する。
	人的資本へ の投資・人 材戦略	[人材に求める能力] ●事業環境の変化に即応できる対応力 ●新技術開発に積極的に取り組む積極性 ●当社の経営戦略と財務報告の信頼性のつながりの理解 [人材育成方針] ●階層別研修および部門別OJT（On the Job Training）の拡充 ●目標管理制度およびキャリアマップの活用 ●公的資格取得の支援およびサポート [社内環境整備方針] ●多様な人財が活躍できる人事制度および福利厚生制度の拡充 ●従業員満足度調査の実施と検証，環境改善 ●人権侵害に関する教育の拡充

428

第14章 【プロセス1】から【プロセス4】事業計画を起点とする財務報告ガバナンスの文書化

		［内部統制報告制度の活用方針］
		➢ 内部統制報告制度が対象とする財務報告と経営戦略の関係を理解することは，財務上の望ましい結果のイメージを喚起させ，事業計画遂行のため望まれる意識と行動を企業内の者に促す。
		➢ 6つの重要プロセスの構築およびキーガバナンスポイントの設定と，それらを反映させた内部統制報告制度における経営者評価を通じて，企業内のすべての者に経営戦略と財務報告の関係の理解を浸透させる。

検討例2

❼指標および目標，❽事業計画の策定

セグメント		土木工事	建設工事
指標および目標	非財務	● 契約受注率 ● 受注残高 ● 受注計画 ● 設計変更の頻度と価格改定率（設計変更の内容が価格に反映できるか否かの価格交渉力）	● 契約受注率 ● 受注残高 ● 受注計画
	財務	● 受注残 ● 売上高 ● 売上総利益および営業利益	
事業計画の策定		以下の中期経営戦略を，上記の指標および目標を使って財務数値に落とし込む。 （土木工事） ● 高速道路等の大規模更新工事の受注による売上高と利益の増加 ● 設計変更の獲得による採算性の向上 （建築工事） ● 独自の施工技術等による受注差別化と新規顧客の開拓 ● 効率的なエリア展開 ● 独自の施工技術等による受注差別化と新規顧客の開拓	

429

PARTⅢ　6つの重要プロセスに関するポジション・ペーパーの検討例

	● 効率的なエリア展開 　なお，土木投資は政府土木投資により，建築投資は民間住宅投資により，比較的見通しを立てやすく，中期経営計画は，当社の中期的な方向性を示すものであるため，社内の計画達成の合意を維持する観点から，中期事業計画は固定方式（期間は3年）とする。

❾非財務情報が財務報告の信頼性に与える影響の検討と財務報告上のリスクの
　特定

● 非財務情報が財務報告の信頼性に与える影響

		ビジネスモデル	
		収益認識等	将来の不確実性
非財務情報		（土木・建築共通） ● 建設工事のプロジェクト管理	
		（土木工事） ● 設計変更	（建築工事） ● 受注競争・コスト競争による工事採算の悪化
財務報告の信頼性	財務諸表に重要な影響を及ぼす可能性のある情報	（土木・建築共通） ● 工事契約の内容（一定の期間，または一時点のどちらで収益を認識するか） ● 一定期間にわたり収益を認識する場合の進捗度の見積り	
		（土木工事） ● 設計変更に関する会計処理（契約変更）	（建築工事） ● 手持工事等のうち損失の発生が見込まれるプロジェクトに関する会計処理
	財務諸表	売上高・売上原価，売掛金，契約資産，契約負債（前受金）	同左 工事損失引当金

430

第14章 【プロセス1】から【プロセス4】事業計画を起点とする財務報告ガバナンスの文書化

●財務報告上の高リスク（全社）の特定

誤謬リスク		
企業の重要課題に起因するリスク	戦略に起因するリスク	プロジェクトが長期化する傾向にあり，また，人件費や原材料費の高騰等が見込まれるため，進捗度の見積りの難易度は高まっており，誤謬リスクの発生可能性も高まっている。
	組織に起因するリスク	特に，これまでに経験のない工法や管理手法が必要なプロジェクトについては留意する。 　また，設計変更等に伴う総原価の見直しと取引価格の見直し・変更交渉を適時・適切に行う体制は，財務報告上のリスクだけでなく，事業上のリスクに直結するため，留意が必要である。
経営者等による不正リスク		
不正リスク要因	動機とプレッシャー	当社では，プロジェクトごとの収益性の向上による安定的な利益の獲得が不正な財務報告を回避し，持続的な成長を実現するためのもっとも有効な方策であると認識している。また，不正リスクシナリオは事業上のリスクの発現と表裏であると考え，事業上のリスクに対処するため，仮に当社のビジネスモデルにおいて，経営者等が主導する不正な財務報告が発生するとしたら，どのようなシナリオになるか考察する。 　なお，同業他社でプロジェクト間の原価の付け替えや進捗率の操作による不正な財務報告が多数発生している。業績が下降局面に陥ったときに，経営者等が，外部の協力を必要とせず社内だけで会計上の操作が可能である原価の集計や進捗度の計算において不正の機会を見つけ出し，経営者等が主導して不正な財務報告を実行した事例が散見されることを考慮してシナリオを立案する。
	機会	プロジェクトが長期化する傾向にあり，また，人件費や原材料費の変動が見込まれるため，進捗度の見積りの難易度は高まっている。特に，これまでに経験のない工法や管理手法が必要なプロジェクトについては，さらに

検討例2

431

PARTⅢ　6つの重要プロセスに関するポジション・ペーパーの検討例

		進捗度の見積りの難易度は高い。 　このような，進捗度の見積りの難易度が高いことが，不正の機会として利用されることが想定される。
	姿勢と正当化	不正リスクシナリオをあえて経営者自ら立案することにより，プロジェクトごとの収益性の向上による安定的な利益の獲得が，不正な財務報告を回避し，持続的な成長を実現するためのもっとも有効な方策であるという経営者の考えを企業内部のすべての者に浸透させる。 　経営者自身による不正リスクシナリオの立案が，「経営者は，不正な財務報告を絶対実施しないし，経営陣幹部に明示も暗示もしない。勝手な忖度を行ってはならない。」という社内のすべての者へのメッセージと位置づける。
不正リスクシナリオ		業績が下降局面に陥ったときに，経営者または上位の管理者が，外部の協力を必要とせず社内だけで会計上の操作が可能である原価の集計や進捗度の見積り・算定において不正の機会を見つけ出し，経営者等が主導して不正な財務報告を実行する。 　同業他社でプロジェクト間の原価の付け替えや進捗率の操作による不正な財務報告が多数発生している。業績が下降局面に陥ったときに，前述の手法で不正な財務報告を実行した事例が散見される。 　当社では，プロジェクトごとの収益性の向上による安定的な利益の獲得が不正な財務報告を回避し，持続的な成長を実現するためのもっとも有効な方策であるとの認識のもと，不正リスクシナリオは事業上のリスクの発現と表裏であると考え，事業上のリスクに対処するため，仮に当社のビジネスモデルにおいて，不正な財務報告が発生するとしたら，経営者または上位の管理者が，事業計画の達成のために，利益に大きな影響を与える設計変更等に伴う取引価格の過大な見積りや工事損失引当金の計上回避を関連部門に指示することにより売上高と利益を過大に計上したり，損失を繰り延べたりすることによって不正な財務報告が実行されるシナリオを立案する。

432

第14章 【プロセス1】から【プロセス4】事業計画を起点とする財務報告ガバナンスの文書化

なお，前述のとおり，当該リスクに対処することが，プロジェクトごとの収益性の向上と安定的な利益の獲得につながるため，経営戦略上の重要な課題と関連させて，事業上の対応を進める。

特に，設計変更等に伴う契約変更の会計処理（過年度の累積的な影響の当期における売上高の修正）に留意する（【プロセス2】❿参照）

　【プロセス1】で検討した誤謬リスクおよび不正リスクシナリオを，全社的な高リスクとして，【プロセス2】会計基準の適用と【プロセス3】開示目的に照らした注記，そして，【プロセス5】キーコントロールの構築と選定に伝達し，それぞれのプロセスでは，業務プロセスの観点で詳細検討し，適宜，【プロセス1】にフィードバックする。

≪ステップ3≫　業績管理と財務会計（検討項目❿⓫⓬）
❿財務数値による関係会社管理，⓫第1線による業績管理，⓬第1線，第2線および第3線，そして取締役会等によるモニタリング

● モニタリングの階層と方針

階　　層	具　体　的　な　方　針
取締役会および監査役等	キーガバナンスポイント（❶コーポレートガバナンスとキーガバナンスポイント参照）を注視し，全社的な対応に力を注ぐ。財務報告の信頼性の観点では，以下を監督する。 ●同業他社の不正事例の不正のトライアングルとシナリオの検証と当社のビジネスモデルに当てはめたリスクの識別と評価 ●経営者等による不正な財務報告上のリスクシナリオの立案 ●財務報告上のリスクを事業上のリスクと捉える意識の社内への浸透
第3線 内部監査部門	●会計監査（内部統制報告制度における経営者評価） ●同業他社の不正事例の不正のトライアングルとシナリオの検証と当社のビジネスモデルに当てはめたリスクの識別と評価 ●経理部門による業務部門に対するモニタリングの実施状況 ●業務監査

433

PART III　6つの重要プロセスに関するポジション・ペーパーの検討例

<table>
<tr>
<td></td>
<td>●業務監査の一環として期末決算前等，定期的に工事現場往査を実施する。特に，以下のようなリスクが高い大型工事プロジェクトを抽出し，現場往査によりその実態やリスク要因を，現場責任者への質問や関連資料の閲覧等により確認する。
－計画上の利益率と実績の変動が一定率以上増減したプロジェクト
－原価進捗度と工程表の予定進捗率との乖離が一定率以上あるプロジェクト
－気象・施工条件，資機材価格，作業効率，また設計や仕様の変更等に着目した重要プロジェクト
●取締役会および監査役等への直接的な報告経路の確保
　キーガバナンスポイント（❶コーポレートガバナンスとキーガバナンスポイント参照）に関連する事項については，特に留意する。</td>
</tr>
<tr>
<td>第2線
経理部門</td>
<td>●同業他社の不正事例の不正のトライアングルとシナリオの検証と当社のビジネスモデルにあてはめたリスクの識別と評価
●特に，以下の事項に関しては，個別にモニタリングを実施する。
［設計変更等に伴う工事契約の変更］
－過年度売上高の増額調整が当期実施されるプロジェクトについての見直し後の取引価格（見積りを含む。）と進捗度
［工事損失引当金］
－損失の発生が見込まれるプロジェクトの総原価の見積り
－第1線が実施する損失の発生が見込まれるプロジェクトを網羅的に把握する手続の実施状況</td>
</tr>
<tr>
<td>第1線
業務部門</td>
<td>●以下のモニタリング体制の構築，整備・運用
－本社の関係部門，支店，そして作業所の業務部門といったモニタリング階層
－見積りの妥当性の会議体等によるチェック
－プロジェクト別損益管理
　特に，設計変更等が必要なもの適時に把握し，顧客と設計変更等の交渉を実施するとともに，原価の積算や過去の実績等により取引価格の見積りを適時に実施できる体制</td>
</tr>
</table>

434

第14章　【プロセス１】から【プロセス４】事業計画を起点とする財務報告ガバナンスの文書化

	● モニタリングポイント 　－設計変更，工事採算の悪化，進捗遅延や停止の早期把握 　－具体的には，利益率の変動，原価進捗度と工程表の予定進捗率との乖離，状況の変化を示唆する定性的な情報（気候，施工条件，資材価格，作業虚構率または設計や指標の変更等）の把握

(2) 【ポジション・ペーパー２】会計基準の適用

内部統制の文書化要件	業務フロー	≪ステップ１≫会計事象や取引等の概要 　　　　　　（検討項目❶❷❸） ≪ステップ２≫会計処理方針の決定 　　　　　　（検討項目❹～❽） ≪ステップ３≫リスクの識別と内部統制の構築 　　　　　　（検討項目❾～⓬）

		検討項目	主担当	関連部門等
内部統制の文書化要件	役割分担	❶～⓫	● 経理部門	―
		⓬	● 経理部門	・業務部門

	リスク	【プロセス１】❶キーガバナンスポイントの財務報告上のリスク（誤謬リスクと不正リスクシナリオ）を参照する。

成果物	収益認識の基準（一定の期間にわたり充足される履行義務か否か），履行義務の充足に係る進捗度の見積り，進捗度が見積もれない場合の取扱い，設計変更等に伴う契約変更の判定，契約変更による取引価格の変更の見積りと進捗度の変更，および，工事損失引当金の計上に関する会計処理方針書

結論と検討過程・根拠および関連する内部統制	[結論] ❻❼❽ [検討過程・根拠] ❶❷❸，❹❺ [関連する内部統制] ❾～⓬

　経理部門が，≪ステップ１≫で，【プロセス１】において識別した非財務情報が財務報告に与える影響，すなわち，会計事象や取引等から会計上の論点を特定し（❶❷❸），≪ステップ２≫において，会計基準等の定めに従い企業の

435

PART III　6つの重要プロセスに関するポジション・ペーパーの検討例

実態や置かれた状況に応じた会計処理方針を決定し会計処理のため必要になる情報等を識別する（❹～❽）。そして，経理部門が≪ステップ3≫で，会計処理のため必要になる情報の適切な入手等を阻害する要因をリスクとして識別・評価して，自社部門の内部統制を構築し，また，業務部門の内部統制の要件を検討して，業務部門に構築を指示する（❾～⓬）。

≪ステップ1≫　会計事象や取引等の整理（検討項目❶❷❸）
❶【プロセス1】事業計画の策定・管理，❷関連する会計基準等と論点，❸従来の実務等

● 前プロセスの検討結果等

	ビジネスモデル	
	収益認識等	将来の不確実性
非財務情報 （会計事象や取引等）	（土木・建築共通） ● 建設工事の施工に関する請負 ● 工事契約の内容（一定の期間，または一時点のどちらで収益を認識するか） （土木工事） ● 設計変更等に関する会計処理（契約変更に伴う取引価格の見積りと進捗度の見直し）	（土木・建築共通） ● 一定期間にわたり収益を認識する場合の進捗度の見積り （建築工事） ● 手持工事等のうち損失の発生が見込まれるプロジェクトに関する会計処理
財務諸表に重要な影響を及ぼす可能性のある情報 （会計上の論点）	①収益認識の基準（一定の期間にわたり充足される履行義務か否か） ④設計変更等に伴う契約変更の判定 ⑤変動対価の見積りと進捗度の変更	②履行義務の充足に係る進捗度の見積り ③進捗度が見積もれない場合の取扱い ⑥工事損失引当金の計上

436

第14章 【プロセス1】から【プロセス4】事業計画を起点とする財務報告ガバナンスの文書化

≪ステップ2≫ 会計処理方針の決定（検討項目❹～❽）
❹会計基準等の規定に従った検討と事業計画上の要点の可視化，❺簡便的な会計処理等の検討，❻結論（会計処理方針），❼具体的な会計処理，❽会計処理のため必要になる情報等

● 会計基準等の規定に従った検討
(1) 一定の期間にわたり充足される履行義務か否か
・会計基準等の規定

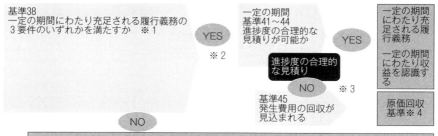

　収益を認識する時点は，まず，履行義務の性質に基づき一定の期間にわたり充足される履行義務か否かが判定され，一定の期間にわたり充足される履行義務と判定されると，進捗度を見積り，当該進捗度にもとづき一定の期間にわたり収益を認識する。進捗度が合理的に見積もれない場合でも，発生費用の回収が見込まれる場合は，原価回収基準により収益を認識する。

　一定の期間にわたり充足される履行義務か否かは，3つの要件のうちいずれかに該当するか否かで判定される（会計基準38項(1)(2)(3)①②）。履行義務の性質に着眼した判定であり，3つの要件がそれぞれ想定する履行義務の類型が存在する。基準38項(1)は企業の履行によって顧客が便益を直ちに享受する契約を想定しており，企業の履行によって仕掛品等の資産が生じる又は資産の価値が増加する契約は想定していない（基準135）。基準38項(1)に該当しない契約は，基準38項(2)(3)が想定しており，基準38項(2)は，顧客の土地の上に建設を行う工事契約等，企業の履行によって資産が生じる（又は，資産の価値が増加する）場合を，基準38項(3)はそれ以外の場合を想定している（基準136）。また，それぞれの要件に関して，適用指針で判定基準が定められている（指針9～13）。
※1　一定の期間にわたり充足される履行義務の3要件

PART III　6つの重要プロセスに関するポジション・ペーパーの検討例

⑴　義務の履行に従って顧客が便益を享受
⑵　義務の履行により資産が生じ，それにつれ顧客が支配
⑶　以下の①②いずれも満たす
　　①　義務の履行による転用不能資産の発生
　　②　義務の履行完了部分の強制力のある対価収受権

なお，基準134～138において，基準38の3要件ごとに，想定される3つの契約タイプを具体的に説明している。

※2　期間がごく短い工事契約および受注制作のソフトウェア（指針95，96，168，169）

契約における取引開始日から完全に履行義務を充足すると見込まれる時点までの期間がごく短い場合には，一定の期間にわたり収益を認識せず，完全に履行義務を充足した時点で収益を認識することができる。

工期がごく短いものは，通常，金額的な重要性が乏しいと想定され，完全に履行義務を充足した時点で収益を認識しても財務諸表間の比較可能性を大きく損なうものではないと考えられるため，代替的な取扱いを定めている。

※3　契約の初期段階における原価回収基準の取扱い（指針99，172）

一定の期間にわたり充足される履行義務について，契約の初期段階において，履行義務の充足に係る進捗度を合理的に見積ることができない場合には，当該契約の初期段階に収益を認識せず，当該進捗度を合理的に見積ることができる時から収益を認識することができる。

詳細な予算が編成される前等，契約の初期段階においては，その段階で発生した費用の額に重要性が乏しいと考えられ，当該契約の初期段階に回収することが見込まれる費用の額で収益を認識しないとしても，財務諸表間の比較可能性を大きく損なうものではないと考えられるため，代替的な取扱いを定めている。

※4　原価回収基準（基準15，45）

原価回収基準とは，履行義務を充足する際に発生する費用のうち，回収することが見込まれる費用の金額で収益を認識する方法をいう。

履行義務の充足に係る進捗度を合理的に見積ることができないが，当該履行義務を充足する際に発生する費用を回収することが見込まれる場合には，履行義務の充足に係る進捗度を合理的に見積ることができる時まで，一定の期間にわたり充足される履行義務について原価回収基準により処理する。

● 当社の実態と見解

土木工事および建築工事の施工請負等に係る工事契約に基づき，顧客が指図する構造物を総合的に施工管理し完成引渡することが当社の履行義務であり，

当社の契約書ひな型に基づく契約は、収益認識会計基準38項(3)①②を満たすと判断し、一定の期間にわたり充足される履行義務と判断する。

進捗度の見積りは、会計処理に関係するだけでなく、プロジェクト管理そのものであり、当社の経営戦略の根幹に関わるものである。したがって、進捗度が見積もれない場合（原価回収基準による処理）は、会計基準上は想定するが、経営戦略上は想定しない。契約の初期段階における原価回収基準の取扱いも、同様である。

(2) 履行義務の充足に係る進捗度の見積り
● 会計基準等の規定
① 見積り方法の決定

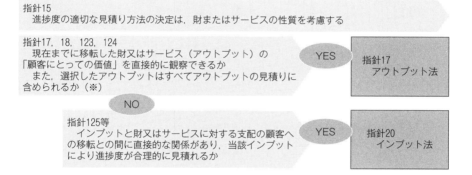

※特に生産単位数又は引渡単位数に基づくアウトプット法における仕掛品の取扱いに留意する（指針18, 124）

一定の期間にわたり充足される履行義務の場合に、進捗度を見積り、当該進捗度に基づき一定の期間にわたり収益を認識する（基準41）。進捗度の適切な見積り方法には、アウトプット法とインプット法の2つの方法があり、財又はサービスの性質を考慮し決定する（指針15）。

アウトプット法は、現在までに移転した財又はサービスの顧客にとっての価値を直接見積るため（指針17）、顧客の支配獲得の観点からの履行義務の忠実な描写のためには、アウトプット法のほうが合理的である。しかし、仕掛品が生じる場合のその価値等、顧客にとっての価値が直接観察できない[9]、または

---

9 なお、仕掛品原価は、企業内で発生するコストの積上げであり、顧客にとっての価値を直接観察することにはならない。

PART Ⅲ　6つの重要プロセスに関するポジション・ペーパーの検討例

必要な情報の利用に過大なコストが必要になる場合が多いため，一般にインプット法が採用される。

② 見積りの適用

　進捗度は見積りに過ぎないため，単一の方法で，類似の履行義務および状況には首尾一貫した方法で適用することが求められる（基準42）。また，四半期ごとに見直し，進捗度の見積りの変更は，会計上の見積りの変更として処理する（基準43）。

　インプット法による進捗度の見積りは，その適用時にインプットと財又はサービスに対する支配の顧客への移転との間の直接的な関係の有無の判断が必要になる。直接的な関係が当初想定されていても，インプットの実際の発生状況に応じては進捗度の見積りの修正が必要になる（指針125，21，22(1)(2)）。

● 当社の実態と見解

　収益を認識するための進捗度には，顧客に移転した財又はサービスの顧客にとっての価値を進捗度に反映させる必要があるが，当社においては仕掛品が発生し，顧客にとってのその価値を見積もることが困難であるため，アウトプット法は採用できない。一方で，「当社のインプット」と「財又はサービスに対する支配の顧客への移転」との間には直接的な関係があると判断するため，インプット法を採用し，指標として発生原価を用いる。

　したがって，原価を付け替えて収益の認識を早めたり，損失を隠ぺいしたりすることは，意図的にインプットと財又はサービスに対する支配の顧客への移転の関係をゆがめているため，会計基準に違反した処理であり，会計不正に該当する。また，PDCAサイクルによる適切なプロジェクト管理とナレッジの蓄積を根幹とする当社の経営方針にも反する。

　なお，期間がごく短い工事契約および受注制作のソフトウェア（指針95，96，168，169）の取扱いは，事務処理の簡便化から，進捗度を見積もらない金額基準は設けるが，期間基準は設けない（金額基準を超過するプロジェクトは，期間にかかわらず期を跨げば，財又はサービスに対する支配の顧客への移転を適切に表わすため，原則どおり進捗度を見積もって収益を認識することとする）。

(3)　契約変更
● 会計基準等の規定

第14章 【プロセス1】から【プロセス4】事業計画を起点とする財務報告ガバナンスの文書化

① 契約変更の判定

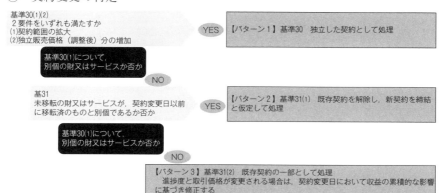

当社において、契約変更の会計処理は、3つのパターンで検討する。その判定は、契約変更ごとに、既存の契約と独立した契約か否か（契約の範囲の拡大と独立販売価格（調整後）分の増加をともに伴うか否か）、否の場合は、未移転の財又はサービスは移転済みのものと別個のものか否か、といった2つのステップで検討される。なお、別個の財又はサービスか否かの判定は、両ステップで行われる。

② 別個の財又はサービスか否か[10]

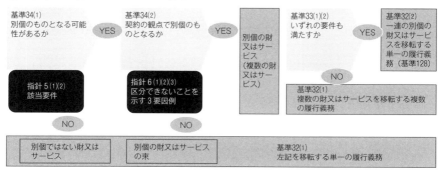

「別個の財又はサービスか否か」の判定の結果、以下のいずれかの履行義務が識別

---

10 別個の財又はサービスか否かの判定は、便宜上、契約変更の判定ステップの論点の一部として解説したが、通常、収益認識の5つのステップのステップ2（契約における履行義務の識別）で実施される。その判定過程で、履行義務の内容、すなわち、財又はサービスの内容が特定され、履行業務の内容（財又はサービスの内容）と性質が、収益認識についての多くの論点の検討の基礎となるため、極めて重要な論点である。

PART Ⅲ　6つの重要プロセスに関するポジション・ペーパーの検討例

される。

> 別個でない財又はサービスを顧客に移転する単一の履行義務
> 別個の財又はサービスの束を顧客に移転する単一の履行義務
> 一連の別個の財又はサービスを顧客に移転する単一とみなした履行義務
> 別個の財又はサービスを顧客に移転する複数の履行義務

● 当社の実態と見解

　当社における設計変更等に伴う工事契約の変更は，追加部分が，従来の建設工事の施工と別個の財またはサービスとは判定されないため，既存契約の一部として処理する。通常，進捗度と取引価格が変更されるが，契約変更日において収益の累積的な影響に基づき修正する。

　なお，契約の当事者による契約変更の施工範囲の合意にかかわらず，それに対応する価格の変更に時間がかかる場合があるため，取引価格の見積りが必要になる。

● 会計処理方針の概要

会計上の論点と会計処理方針			必要情報等
①収益認識の基準（一定の期間にわたり充足される履行義務か否か） ［ステップ1，2とステップ5の関係］ 基準38項(3)①②，指針95，96等			● 履行義務の内容を判定するための契約書および取引慣行
	土木	建築	
履行業務の内容 （財またはサービスの内容）	土木工事および建築工事の施工請負等に係る工事契約に基づき，顧客が指図する構造物を総合的に施工管理し完成引渡しをすること		
収益認識の時点	（原則） 　履行義務を充足するにつれて，一定の期間にわたり収益を認識する。 （代替的な取扱い） 　工期がごく短期間の工事契約については，完全に履行義務を充足した時点		

442

第14章 【プロセス1】から【プロセス4】事業計画を起点とする財務報告ガバナンスの文書化

で収益を認識する。	
②履行義務の充足に係る進捗度の見積り ［ステップ1，2とステップ5の関係］ 基準41，44，指針15，20等 ［進捗度の見積り方法］ ● 工事原価総額に対する会計年度末までの発生原価の割合 （原価進捗度）に基づき見積もる（発生コストに基づく インプット法によって見積もる進捗度）。 ［具体的な進捗度の見積りと収益認識の方法］ ● 原価進捗度に基づく完成工事高の計上にあたっては，工 事収益総額，工事原価総額および事業年度末における原 価進捗度を合理的に見積もる。 ［進捗度の見積りと重要な不確実性］ ● 工事原価総額の見積りは，工事契約ごとの実行予算に よって行う。実行予算作成時には，将来の気象条件を含 む作成時点で入手可能な情報に基づいた施工条件及び資 機材価格について仮定を設定し，作業効率等を勘案して 工種毎の詳細な見積りを積み上げることによって工事原 価総額を見積もる。 ［翌期の財務諸表に与える影響］ ● 見積り後の気象・施工条件，資機材価格，作業効率，ま た設計や仕様の変更等によって，事後的な結果と乖離が 生じる可能性がある。 ［契約資産と契約負債の内容］ ● 契約資産：工事契約において進捗度に応じて収益を認識 することにより計上した対価に対する権利（対価に対す る権利が無条件となった時点で債権に振り替える） ● 契約負債：工事契約において顧客から受け取った前受金	● 工事契約ごとの実行 予算および工事収益 ● 工事契約ごとの実際 発生原価 ● 工事契約ごとの工事 収益，実行予算およ び実際発生原価の一 覧表 ● 工事管理月報 ● 工事契約ごとの工事 完了，検収情報
③進捗度が見積もれない場合の取扱い ［ステップ1，2とステップ5の関係］ 基準45 ● 履行義務の充足に係る進捗度を合理的に見積もること ができない場合で，当該履行義務を充足する際に発生する 費用を回収することが見込まれる場合には，履行義務の	● 工事契約ごとの実行 予算（見積れない理 由と対応，発生費用 の回収に関する見解 とその根拠）

検討例2

443

PART Ⅲ　6つの重要プロセスに関するポジション・ペーパーの検討例

充足に係る進捗度を合理的に見積もることができる時まで原価回収基準を適用する。	
④設計変更等に伴う契約変更の判定 ⑤契約変更による進捗度の見積りの変更 ［ステップ1，2とステップ5の関係，ステップ1とステップ3の関係］ 基準30，31(2) ●契約変更の会計処理の3つのパターンのうち，既存契約の一部として処理する（パターン3）。進捗度と取引価格が変更される場合は，契約変更日において収益の累積的な影響に基づき修正する。	●工事管理月報（以下の設計変更情報を含む） 　－変更内容（契約変更の施工範囲） 　－工事収益（取引価格）の見直し（見積りを含む） 　－実行予算（工事原価総額）の見直し ●作業所からの報告と支店・関係本部によるモニタリング
⑥変動対価の見積り（契約変更による取引価格の見積り） ［ステップ1とステップ3の関係］ 基準29 ●設計変更等に伴う工事契約の変更に関して，契約の当事者による契約変更の施工範囲の合意にもかかわらず，それに対応する価格の変更を決定していない場合には，当該契約変更による取引価格の変更を合理的に見積もる。	同上
⑦工事損失引当金 企業会計原則注解（注18）引当金の計上 ［計上が必要な場合］ 　手持工事等のうち損失の発生が見込まれるものについて，将来の損失に備えるため，その損失見込み額を計上する。 ［金額の算出方法］ 　工事契約について工事原価総額等が工事収益総額を超過すると見込まれる額のうち，既に計上された損益の額を控除した残額を計上する。 ［金額の算出に用いた主要な仮定］ 　損失見込み額の算定に際しては現在入手可能な情報（発注者との条件，気象条件，施工条件，専門工事業者との条	●工事契約ごとの実行予算および工事収益 ●工事契約ごとの実際発生原価 ●工事契約ごとの工事収益，実行予算および実際発生原価の一覧表 ●工事管理月報

第14章　【プロセス1】から【プロセス4】事業計画を起点とする財務報告ガバナンスの文書化

件等）から過去の経験を基礎として算定する。
［翌期の財務諸表に与える影響］
　上記記載の仮定については，最善の見積りを行っているものの，見積り後の発注者との条件変更，気象・施工条件の変更，設計や仕様の変更等によって，事後的な結果と乖離が生じる可能性がある。

検討例2

● 経営戦略の立案と事業計画上の要点（経営のメッセージ）の可視化

経営戦略の立案	□環境変化に影響されない安定的な利益獲得 □プロジェクトごとの収益性の向上	
	収益認識等	将来の不確実性
会計上の論点	①収益認識の基準（一定の期間にわたり充足される履行義務か否か） ④設計変更等に伴う契約変更の判定	②履行義務の充足に係る進捗度の見積り ③進捗度が見積もれない場合の取扱い ⑤⑥契約変更による進捗度の見積りの変更と取引価格の見積り ⑦工事損失引当金の計上
望ましい結果	□顧客への建設工事の施工サービスの提供に応じた，現金で回収できる売上計上	□不採算プロジェクトの発生の回避 □設計変更等に伴う取引価格の適切な増額
事業計画上の要点（経営のメッセージ）の可視化	➤適切な内容の契約締結と適時・適切な条件変更 ➤取引価格の適時・適切な見直し	➤総工事原価の見積り ➤取引価格の合理的な決定 ➤総工事原価の見積りと実際発生額との対比 ➤総工事原価および取引価格の適時・適切な見直し

　履行義務の充足に係る進捗度の見積りは，収益認識および原価計算，そして，将来の不確実性において，総原価の見積りの精度の向上がポイントとなる。［検

445

PART Ⅲ　6つの重要プロセスに関するポジション・ペーパーの検討例

討例2〕は，設計変更等に伴う契約変更による取引価格の見積りが加わるが，取引価格は，見積り総原価に合理的な利益額を付加して見積られるため，総原価の見積りの精度の向上に集約される。

・収益認識等─①収益認識の基準（一定の期間にわたり充足される履行義務か否か），④設計変更等に伴う契約変更の判定

　当社のビジネスモデルでは，契約1件当たりの金額が多額で期間が長期にわたる場合が多いため，仮に顧客都合で工事が解約になった場合でも，当社の契約上の義務の履行完了部分の対価を，合理的な利益相当額を含む，解約までに提供した施工サービスの販売価格相当額で回収できるような契約内容にする必要がある（所定の契約書ひな型の利用）。また，顧客の都合による設計変更等が頻発するため，適切な対価の回収のためには，適時・適切な条件変更を実施する必要があり，特に取引価格の適時・適切な見直しが重要になる。取引価格の適時・適切な見直しは，赤字案件を回避するためにも重要になる。

　したがって，適切な内容の契約締結と適時・適切な条件変更，そして，取引価格の適時・適切な見直しが，事業計画上の要点（経営のメッセージ）である。

・将来の不確実性─②履行義務の充足に係る進捗度の見積り，③進捗度が見積もれない場合の取扱い，⑤⑥契約変更による進捗度の見積りの変更と取引価格の見積り，⑦工事損失引当金の計上

　当社では戦略的な赤字受注は原則として実施しない。赤字受注を容認すると原価管理があいまいになるためである。例外的に赤字受注を認める条件には，総原価の厳格な見積りを含める。総原価が見積もれない場合や結果的に実績と著しい乖離が生じる総原価の見積りの精度の低い受注は認めない。総工事原価の見積りと当該見積りに基づく取引価格の決定，そして工事着工後の実際の発生原価との対比が経営戦略上重要になる。

　また，土木工事（公共事業）において設計や仕様の変更が慣行的に実施されるため，総工事原価の見積りと取引価格の適時・適切な見直しも重要になる。

　ただし，設計変更や不採算プロジェクトの発生に関しては，特に留意が必要である。設計変更時において，追加部分に関する取引価格の見積りが，適時・適切に行われなければ，顧客と取引価格の見直しの交渉が行えず，発生するコストは当社が負担することになるため，プロジェクトの収益性が低下する。ま

446

第14章　【プロセス1】から【プロセス4】事業計画を起点とする財務報告ガバナンスの文書化

た，不採算プロジェクトに関しては，早期に状況を把握して原因分析し，原価の発生に関する対策や取引価格の見直し等を実施しないと工事損失引当金の計上が必要になる。

したがって，当社の経営戦略で重視するプロジェクトごとの収益性の向上による安定的な利益の獲得を実現するためには，特に，設計変更の獲得および適切な取引価格の見積りと工事損失引当金の計上回避が望ましい結果となり，総原価の見積り，取引価格の合理的な決定，工事着工後の実際の発生原価との対比，工事総原価および取引価格の適時・適切な見直しが，事業計画上の要点（経営のメッセージ）になる。

なお，建設工事の施工に関する請負契約は，一定の期間にわたり充足される履行義務と判定され，進捗度を見積り一定の期間にわたり収益を認識することになるが，工事プロジェクトは長期化する傾向にあるため，期末時点の残存履行義務や未着手の受注残高は，財務諸表利用者が翌期以降の収益（売上高）の金額を理解するための情報として重要になると考えられる（【プロセス3】開示目的に照らした注記）。

会計上の論点の①から⑦への対応は，総工事原価と売上高の見積りの精度の向上に集約される。プロジェクトごとの収益性の向上のためには，総工事原価の見積り，総工事原価の見積りに基づく取引価格の決定，工事着工後の実際の発生原価との対比，そして，工事総原価および取引価格の適時・適切な見直しを厳密に行う必要があるからである。これらは，財務報告上のリスクに対応するだけでなく，事業上のリスクへ対処することと同義である。

≪ステップ3≫　リスクの識別と内部統制の構築（検討項目❾～⓬）
❾関連する業務プロセス

	ビジネスモデル	
	収益認識等	将来の不確実性
会計上の論点	①収益認識の基準（一定の期間にわたり充足される履行義務か否か） ④設計変更等に伴う契約変更の	②履行義務の充足に係る進捗度の見積り ③進捗度が見積もれない場合の取扱い

PART Ⅲ　6つの重要プロセスに関するポジション・ペーパーの検討例

	判定	⑤⑥契約変更による進捗度の見積りの変更と取引価格の見積り ⑦工事損失引当金の計上
決算・財務報告プロセス （経理部門）	●重要プロジェクト協議プロセス ●重要プロジェクトモニタリングプロセス	●重要プロジェクト協議プロセス ●重要プロジェクトモニタリングプロセス ●工事損失引当金プロセス（業務部門に対するモニタリングと注記の検討）
その他の業務プロセス （業務部門）	●契約締結プロセス ●契約変更プロセス	●工事総原価の見積りプロセス ●個別原価計算プロセス ●収益認識プロセス（進捗度の適用） ●プロジェクト別損益管理プロセス ●工事損失引当金プロセス（対象案件の抽出と金額算定）

❿リスクの識別と評価，⓫高リスクの根拠と望まれる意識・行動

●リスクの評価と根拠

	内　　容	高リスク
誤謬	プロジェクトが長期化する傾向にあり，また，人件費や原材料費の高騰等が見込まれるため，進捗度の見積りの難易度が高まっており，誤謬リスクの発生可能性も高まっている。 　特に，これまでに経験のないプロジェクトについては留意する。 　また，設計変更等に伴う総原価の見直しと取引価格の見直し・変更交渉を適時・適切に行う体制は，財務報告上のリスクだけでなく，事業上のリスクに直結するため，留意	○

448

第14章 【プロセス1】から【プロセス4】事業計画を起点とする財務報告ガバナンスの文書化

	が必要である。	
不正リスク シナリオ	業績が下降局面に陥ったときに，経営者または上位の管理者が，外部の協力を必要とせず社内だけで会計上の操作が可能である原価の集計や進捗度の見積り・算定において不正の機会を見つけ出し，経営者等が主導して不正な財務報告を実行する。 　特に，設計変更等に伴う契約変更の会計処理は，当期において収益の累積的な影響に基づき売上高が修正されるが，売上高の増額と進捗度の見直しにより，当期に増額調整となるプロジェクトについては，その修正効果が当期の利益に与える影響が大きい場合があるため，経営戦略上重要であるばかりか，財務報告上も不正な財務報告の機会として利用させる可能性もあるため，取引価格（見積りを含む。）および進捗度の見直しの妥当性に留意する。	○

　【プロセス2】❶には，【プロセス1】で検討した全社的な誤謬リスクと不正リスクシナリオの確認が含まれる。これらの全社的なリスクを【プロセス2】において会計基準の適用の観点で詳細に検討する。また，検討結果を適宜【プロセス1】にフィードバックする。

● 高リスクの根拠

　「財務報告上のリスク＝事業上のリスク」，また，「会計不正（不正な財務報告）の回避＝事業上のリスクへの対処」という，当社の財務報告と経営戦略の関係を重視する考え方を社内に浸透させるため，誤謬リスクと不正リスクはともに高リスクと評価する。

　なお，設計変更等に伴う契約変更の会計処理（過年度の累積的な影響の当期における売上高の修正）について，特に留意すべき旨を【プロセス1】❶❾へフィードバックする。

PART Ⅲ　6つの重要プロセスに関するポジション・ペーパーの検討例

● 事業計画遂行のため望まれる意識と行動

		ビジネスモデル	
		収益認識等	将来の不確実性
会計上の論点		①収益認識の基準（一定の期間にわたり充足される履行義務か否か） ④設計変更等に伴う契約変更の判定	②履行義務の充足に係る進捗度の見積り ③進捗度が見積もれない場合の取扱い ⑤⑥契約変更による進捗度の見積りの変更と取引価格の見積り ⑦工事損失引当金の計上
事業計画上の要点 （経営のメッセージ）		➢ 適切な内容の契約締結と適時・適切な条件変更 ➢ 取引価格の適時・適切な見直し	➢ 総工事原価の見積り ➢ 取引価格の合理的な決定 ➢ 総工事原価の見積りと実際発生額との対比 ➢ 総工事原価および取引価格の適時・適切な見直し
事業計画遂行のため 望まれる意識と行動		（意識） ➢ 企業が顧客との契約における義務の履行を完了した部分について，対価を収受する強制力のある権利[11]を主張できないリスクの認識 ➢ 土木工事（公共事業）における設計や仕様の変更に伴う取引価格の増額を失注するリスクの認識 （行動） ➢ 契約書のひな型の趣旨を理解したうえでのひな型どお	（意識） ➢ 総工事原価の当初見積りおよび見直し後の見積りと実際発生原価が乖離するリスクの認識 （行動） ➢ 当初実行予算の詳細な仮説（具体的な仮定や根拠）に基づく策定 ➢ 総工事原価の見積りの適時・適切な見直しと対応する取引価格の増額交渉 ➢ プロジェクトごとのPDCA

11　合理的な利益相当額を含む，現在までに移転した財またはサービスの販売価格相当額（基準38⑶②参照，指針11，12，13参照）

第14章 【プロセス1】から【プロセス4】事業計画を起点とする財務報告ガバナンスの文書化

	りの契約締結 ➢ 総工事原価の見積りの適時・適切な見直しと対応する取引価格の増額交渉 ➢ プロジェクトごとのPDCAサイクルの適切な実施とノウハウの蓄積	サイクルの適切な実施とノウハウの蓄積

・収益認識等─①収益認識の基準（一定の期間にわたり充足される履行義務か否か），④設計変更等に伴う契約変更の判定

　当社の売上高を，一時点ではなく，一定の期間にわたって計上するのは，顧客都合により途中で解約された場合に，解約時までに提供した施工サービスの販売価格相当額を回収できることを契約書で明確にするからであり，また，原価進捗度に基づくのは，総原価の見積りに対する実際発生原価の割合が，顧客が獲得する施工サービスの価値を適切に表していると考えるからである。この論理を深く考え理解することは，事業における対価の回収の重要性，プロジェクト管理，および，基準に従った会計処理の必要性についての当社内の意識を高める。

　そして，ひな型どおりの契約締結，総工事原価の見積りの適時・適切な見直しと対応する取引価格の増額交渉，そして，プロジェクトごとのPDCAサイクルの適切な実施とノウハウの蓄積が，事業計画の遂行と適正な財務報告につながる一連の行動として理解される。

・将来の不確実性─②履行義務の充足に係る進捗度の見積り，③進捗度が見積もれない場合の取扱い，⑤⑥契約変更による進捗度の見積りの変更と取引価格の見積り，⑦工事損失引当金の計上

　総工事原価，すなわち，実行予算の見積りの段階から将来の気象条件を含む作成時点で入手可能な情報に基づいた施工条件および資機材価格について仮定を設定し，作業効率等を勘案して工種毎の詳細な見積りを積み上げることが重要になる。そうすることで，工事着工後の実際の発生原価との対比と差異原因の分析により工事原価総額の見直しを効果的なものとし，総工事原価の見積りの精度も向上させる。換言すれば，総工事原価の見積り自体を慎重に行わない

451

PART Ⅲ　6つの重要プロセスに関するポジション・ペーパーの検討例

と，その適切な見直しや精度の向上は実現できないということである。

　赤字工事の損失見積りと実績の差異は，それまでの総工事原価の継続的な見直しの結果，赤字が見込まれる工事を識別し，その損失額を見積もった後に生じるものである。顧客都合の設計や仕様の変更等からではなく，資機材価格や作業効率からは生じるのは，総工事原価の継続的な見直しと損失額の見積りが適切に実施されていないことを示す。そうならないように十分注意して，原価管理を実施する必要がある。

　また，設計や仕様の変更等から赤字工事が発生しないようにするためには，総工事原価の見積りの適時・適切な見直しと対応する取引価格の増額交渉がここでも重要になる。

　設計変更の獲得および適切な取引価格の見積りと工事損失引当金の計上回避の基礎として，プロジェクト管理と原価および取引価格の見積りを適切に実施し，設計変更や取引価格の増額を適時・適切に提案し追加契約を獲得することが，当社の経営戦略上重要な要素であり，不正な財務報告を生じさせない最も効果的な対策である。

　個別の工事のプロジェクト管理は，当社のビジネスモデルの縮図であり，その適切な実施が事業計画の遂行，経営戦略の実践，そして持続的な成長または経営理念の実現につながることを認識する。

❷内部統制の構築とキーコントロールの選定

● 内部統制の構築

5類型	内　　　容
①定型化	≪ステップ２≫❾会計処理のため必要になる情報等を生成，収集または処理するためのプロセスを定型化する。 ● 実行予算策定および取引価格決定プロセス 　－工事契約ごとの実行予算（見積り原価）を策定し承認する。 　－実行予算は，原価明細と関連する根拠証憑で構成され，工種毎の原価項目，顧客の指図に基づく仕様や作業内容を全て反映しているか否かチェックされる。 　－実行予算に期待利益率を加味して取引価格を決定する。 ● 実行予算管理および取引価格見直し 　－プロジェクト別損益管理（見積り原価と実際原価の比較分

452

第14章　【プロセス1】から【プロセス4】事業計画を起点とする財務報告ガバナンスの文書化

検討例2

	析を含む。） －個別原価計算 －実行予算および取引価格の見直し（契約変更と損失の発生が見込まれる案件の把握の検討を含む。） ●工事損失引当金プロセス －損失の発生が見込まれるプロジェクトの網羅的な把握 －損失の発生が見込まれるプロジェクトの総原価の見積り －損失見込み額を精査する作業所，支店，関係本部の階層の整備・運用	
②非定型的な要素の特定と対応	①の過程で，定型化できない非定型的な要素を特定し，対応方法を検討する。	

非定型的要素の特定	対　　応
状況変化の網羅的な捕捉	実務上は，要因と結果の2つの視点で検証を実施する。 （要因） 　－気象・施工条件，資機材価格，作業効率，また設計や仕様の変更等 （結果） 　－計画上の利益率と実績の変動が一定率以上増減したプロジェクト 　－原価進捗度と工程表の予定進捗率との乖離が一定率以上あるプロジェクト 　－過年度売上高の増額調整が当期実施されるプロジェクト 　2つの視点で状況変化に該当する可能性があるプロジェクトを特定し，会計処理の適切性を検証するプロセスを整備・運用する。

③判断過程や見積り根拠の記録・保存	《ステップ2》❽会計処理のため必要になる情報等を記録・保存する手続を，上記①②のプロセスに組み込む。
④情報の正確性と網羅性のチェッ	《ステップ2》❽会計処理のため必要になる情報等を記録・保存する手続を，上記①②のプロセスに組み込む。

453

PARTⅢ　6つの重要プロセスに関するポジション・ペーパーの検討例

ク	特に，実行予算（損失が見込まれる案件の損失額の算定を含む。）と進捗度計算の正確性，そして，状況変化が発生しているプロジェクトと損失の発生が見込まれるプロジェクトの網羅的な把握が重要になる。
⑤職務分掌	【プロセス1】≪ステップ3≫❷第1線，第2線および第3線，そして取締役会等によるモニタリングから経営の上位階層のモニタリングを参照し，また，上記①②の職務分掌を階層化する。 　また，経理部門による業務部門に対するモニタリングと業務部門におけるモニタリングの階層は，以下のとおりである。

部門	モニタリング方針
経理部門	➢ 業務部門の実施状況 ➢ 状況変化の網羅的な捕捉と見直し後の見積りの正確性
業務部門	（本社の関係本部門） ➢ 金額的重要性や質的重要性が高い案件に関する見積りの適切性 ➢ 状況変化の網羅的な捕捉と見直し後の見積りの正確性 （支店） ➢ 金額的重要性や質的重要性が高い案件に関する見積りの適切性 ➢ 状況変化の網羅的な捕捉と見直し後の見積りの正確性 ➢ 案件別の見積り原価と実際原価の乖離状況 ➢ 作業所からの工事管理月報等の報告書による見直し後の工事原価総額 （作業所） ➢ 工事着工後における状況の変化の捕捉 ➢ 状況変化の適時・適切に工事管理月報等の報告書への反映

第14章　【プロセス1】から【プロセス4】事業計画を起点とする財務報告ガバナンスの文書化

(3)　【ポジション・ペーパー3】開示目的に照らした注記

内部統制の文書化要件	業務フロー	≪ステップ1≫会計事象や取引等の整理（検討項目❶❷❸） ≪ステップ2≫注記方針の決定（検討項目❹～❽） ≪ステップ3≫リスクの識別と内部統制の構築（検討項目❾～⓬）	
	役割分担	検討項目	主担当	関連部門等
		❶～❽	●経理部門	・経営企画部門 ・広報部門等
		❾⓾⓫	●経理部門	―
		⓬	●経理部門	・業務部門
	リスク	【プロセス1】❶キーガバナンスポイントの財務報告上のリスク（誤謬リスクと不正リスクシナリオ）を参照する。	
成果物		重要な会計方針（収益の計上基準），重要な会計上の見積り，収益認識関係，および，セグメント情報等に関する注記方針	
結論と検討過程・根拠および関連する内部統制		[結論] ❼❽ [検討過程・根拠] ❶❷❸，❹❺❻ [内部統制] ❾～⓬	

　経理部門が，【プロセス2】と同時に検討することがポイントである。以下では，≪ステップ1≫と≪ステップ3≫は，【プロセス2】と同様とし，≪ステップ2≫のみ解説する（❹～❽）。

　基準や法令等が要求する注記項目と注記事項を確認し（❹），開示目的に照らした検討を実施して（❺），❻非財務情報と3つの注記，セグメント情報等および財務情報のつながりを明らかにしたうえで注記の内容を決定する（❼）。

　なお，❻と❾注記を作成するために必要になる情報は，【プロセス2】と一緒に検討したほうが，注記の意義がより明確になる。

PARTⅢ　6つの重要プロセスに関するポジション・ペーパーの検討例

≪ステップ2≫　注記方針の決定（検討項目❹～❽）

❹開示規定等の確認

● ビジネスモデルに関連して，事業計画および会計基準との首尾一貫性の検討が必要な主な注記

注記項目	注記事項の検討
連結の範囲・持分法の適用	検討省略
重要な会計方針	□収益の計上基準 □引当金の計上基準（工事損失引当金）
重要な会計上の見積り	□発生原価に基づくインプット法による収益認識 □損失が見込まれる工事契約
収益認識関係	□収益の分解情報 □契約資産および契約負債の残高等 □残存履行義務に配分した取引価格
セグメント情報等	□セグメント情報 □関連情報 　●製品およびサービスごとの情報 　●報告セグメントごとの固定資産の減損損失
その他	該当なし

❺重要性（開示目的）に照らした注記方針の検討

	ビジネスモデル	
	収益認識等	将来の不確実性
会計上の論点	①収益認識の基準（一定の期間にわたり充足される履行義務か否か） ④設計変更等に伴う契約変更の判定	②履行義務の充足に係る進捗度の見積り ③進捗度が見積もれない場合の取扱い ⑤⑥契約変更による進捗度の見積りの変更と取引価格の見積り ⑦工事損失引当金の計上

456

第14章　【プロセス1】から【プロセス4】事業計画を起点とする財務報告ガバナンスの文書化

望ましい結果	□顧客への建設工事の施工サービスの提供に応じた，現金で回収できる売上計上	□不採算プロジェクトの発生の回避 □土木工事（公共事業）における設計や仕様の変更に伴う取引価格の適切な増額
事業計画上の要点	➤適切な内容の契約締結と適時・適切な条件変更 ➤取引価格の適時・適切な見直し	➤総工事原価の見積り ➤取引価格の合理的な決定 ➤総工事原価の見積りと実際発生額との対比 ➤総工事原価および取引価格の適時・適切な見直し
事業計画遂行のため望まれる意識と行動	（意識） ➤企業が顧客との契約における義務の履行を完了した部分について，対価を収受する強制力のある権利[12]を主張できないリスクの認識 ➤土木工事（公共事業）における設計や仕様の変更に伴う取引価格の増額を失注するリスクの認識 （行動） ➤契約書のひな型の趣旨を理解したうえでのひな型どおりの契約締結 ➤総工事原価の見積りの適時・適切な見直しと対応する取引価格の増額交渉 ➤プロジェクトごとのPDCAサイクルの適切な実施とノウハウの蓄積	（意識） ➤総工事原価の当初見積りおよび見直し後の見積りと実際発生原価が乖離するリスクの認識 （行動） ➤当初実行予算の詳細な仮説（具体的な仮定や根拠）に基づく策定 ➤総工事原価の見積りの適時・適切な見直しと対応する取引価格の増額交渉 ➤プロジェクトごとのPDCAサイクルの適切な実施とノウハウの蓄積

検討例2

12　合理的な利益相当額を含む，現在までに移転した財またはサービスの販売価格相当額（基準38(3)②参照，指針11，12，13参照）

PART Ⅲ　6つの重要プロセスに関するポジション・ペーパーの検討例

想定する財務諸表利用者へのメッセージ	顧客に対する義務の履行に伴い適切に対価を収受できるように契約内容と変更条件を設定している。

　顧客に対する義務の履行に伴い適切に対価を収受できるように契約内容と変更条件を設定している。

　ただし，収益認識に関して将来の不確実性が存在する。

　当社のビジネスモデルに関する事業計画上の要点（経営のメッセージ）は，端的に言えばプロジェクト管理能力の向上であり，プロジェクト管理の良否は，安定成長と自社の信頼に関わるもっとも重要な課題である。したがって，企業情報の開示においては，単なる財務的な結果だけでなく，当社のプロジェクト管理の適否を投資家が判断するための情報を開示する。それは，進捗度の見積りや売上高はもとより，設計変更や工事損失引当金の計上額に端的に表れる。

　当社のビジネスモデルにおいては，収益認識等（原価計算を含む。）と将来の不確実性，すなわち，収益認識と，進捗度の見積りおよび工事損失引当金の見積りが密接に関係し，総工事原価と取引価格の見積りが，財務諸表利用者の関心が高い財務諸表の不確実性の主要因となる。

　財務諸表においては，売上

　当社のビジネスモデルにおける財務諸表の主な不確実性は，以下のとおりである。

- －発生コストによる進捗度に基づく収益認識
- －契約変更に伴う取引価格の見積り
- －損失が見込まれる工事契約

　これらの不確実性に起因する財務諸表の変動リスクについては，以下の内容を【プロセス3】開示目的に照らした注記または【プロセス4】有価証券報告書の記述情報等の開示において開示する。

1．不確実性の内容

　　【プロセス2】≪ステップ2≫における検討結果を参照する。

2．変動リスクを低減する内部統制

　　【プロセス2】≪ステップ3≫における検討結果を参照する。

3．内部統制の運用結果

　　3つの注記とセグメント情報等を用いて，以下の内容を財務諸表利用者に伝達する。

- ●総原価

　　総原価（進捗度）の見積りに関する定性的情報（当

高，契約資産，および，受注損失引当金に不確実性が含まれる。なお，収益認識関係の注記の残存履行義務に配分した取引価格にも含まれる。

また，3つの見積りの精度を高めるためには，案件ごとのプロジェクト管理が重要となる。

- ➤ 総工事原価の見積り
- ➤ 総工事原価の見積りに基づく取引価格の決定
- ➤ 総工事原価の見積りと実際発生額との対比
- ➤ 工事総原価および取引価格の適時・適切な見直し

詳細は，右欄「将来の不確実性」を参照されたい。

社の場合，実績ベースで，進捗度が合理的に見積もれない場合は，ほとんど該当がない。）

●進捗度の精度等

　戦略的な赤字受注や当初進捗度が適切に見積れなかったことによる損失が見込まれる工事契約の定量的情報（当社の場合，実績ベースで，見積りの精度が高い。）

●売上高

　設計変更等の契約変更に際して計上する売上高に関する定性的情報と定量的情報（当社の場合，実績ベースで，期待利益を付加した取引価格の増額が実現できている。）

4．翌期以降の不確実性

　残存履行義務に配分した取引価格の総額と，当該金額をいつ収益として認識すると見込んでいるのかを開示する。

　また，上記1．～3．の情報を伝達することにより，翌期以降の不確実性の程度の合理的な推察を可能とする。

なお，【プロセス2】❸想定する財務諸表利用者と開示における重要性（開示目的）は，【プロセス1】❶❷で検討する「開示における重要性（マテリアリティ）」から参照して，当該❺の検討の基礎とする。

PART Ⅲ　6つの重要プロセスに関するポジション・ペーパーの検討例

❻非財務情報と3つの注記，セグメント情報等および財務情報のつながり

		ビジネスモデル		
		収益認識等	将来の不確実性	
会計上の論点		①収益認識の基準（一定の期間にわたり充足される履行義務か否か）④設計変更等に伴う契約変更の判定	②履行義務の充足に係る進捗度の見積り③進捗度が見積もれない場合の取扱い⑤⑥契約変更による進捗度の見積りの変更と取引価格の見積り	⑦工事損失引当金の計上
非財務情報（企業の重要課題）		（戦略）□プロジェクトごとの収益性の向上による安定的な利益の獲得□設計変更の獲得と適切な取引価格の見積りおよび適切な追加工事原価の見積り	（戦略）□プロジェクトごとの収益性の向上による安定的な利益の獲得□損失発生プロジェクトの回避	
		（組織）□プロジェクトごとの PDCA（Plan Do Check Action）サイクルの確立とプロジェクト管理に関するナレッジの蓄積□事業計画の PDCA サイクル，プロジェクトごとの PDCA サイクル，組織運営上の PDCA サイクル，そして，内部統制の PDCA サイクルといった PDCA サイクルのブレイクダウン思考を企業全体に浸透させる。		
3つの注記とセグメント情報等，その他	重要な会計方針	□収益の計上基準（履行義務の内容（財またはサービスの内容）と収益認識の時点等）	□収益の計上基準（進捗度の見積りと契約変更による取引価格の変更の見積りを含む。）□引当金の計上基準（工事損失引当金）	

460

第14章　【プロセス1】から【プロセス4】事業計画を起点とする財務報告ガバナンスの文書化

	重要な会計上の見積り	右欄「将来の不確実性」参照されたい。	発生コストによる進捗度に基づく収益認識	損失が見込まれる工事契約
	収益認識関係	□収益の分解情報	□収益の分解情報 □契約資産および契約負債の残高等 □残存履行義務に配分した取引価格	
	セグメント情報等	□セグメント情報 □関連情報 □製品およびサービスごとの情報	□セグメント情報	
	その他	―	―	
財務情報（財務諸表の勘定科目）		売上高，売掛金，契約資産，契約負債（前受金）	売上高，契約資産	工事損失引当金，工事損失引当金繰入額

検討例2

❼結論（注記の記載内容），❽注記のため必要になる情報等

　以下では，ビジネスモデルに関する収益認識等と将来の不確実性（発生コストによる進捗度に基づく収益認識と損失が見込まれる工事契約）に関する事項のみ記載する。

● 収益認識等─①収益認識の基準（一定の期間にわたり充足される履行義務か否か），④設計変更等に伴う契約変更の判定

注記項目	注記内容
重要な会計方針	
収益の計上基準 基準80-2(1)(2)， 80-3，163，182，190 指針106-6，106-7 財規8条の2等 ガイドライン8の2第2項7号および第3項	（ステップ1，2とステップ5の関係） □履行義務の内容（財またはサービスの内容） □履行義務の充足時点または収益認識の時点 □代替的な取扱い（工期がごく短期の工事契約） □進捗度の見積り方法 □進捗度が合理的に見積れない場合の取扱い（原価回収基準）

461

PART III　6つの重要プロセスに関するポジション・ペーパーの検討例

6号②等	□なお，将来の不確実性─②履行義務の充足に係る進捗度の見積り，③進捗度が見積もれない場合の取扱い，⑤契約変更による取引価格の変更の見積りと進捗度の変更，⑥工事損失引当金の計上の「収益の計上基準」を参照する。 （ステップ1とステップ3の関係） □契約変更に関する取引価格の見積り □取引の対価は履行義務を充足してから主として1年以内に受領しているため，取引価格は重要な金融要素を含んでいない。 ※記載内容の詳細は，【プロセス2】≪ステップ2≫会計処理方針の決定を参照する。

重要な会計上の見積り

発生コストによる進捗度に基づく収益認識	将来の不確実性─②履行義務の充足に係る進捗度の見積り，③進捗度が見積もれない場合の取扱い，⑤契約変更による取引価格の変更の見積りと進捗度の変更，⑥工事損失引当金の計上を参照する。

収益認識関係

収益の分解情報 基準80-10，80-11，178 指針106-3，106-4(1)(2)(3)，106-5(1)〜(7)，190，191 財規8条の32第1項1号等	□収益の分解情報の概要

	土木事業	建築事業	その他	合計
一定の期間にわたり移転される財またはサービス	＊＊＊	＊＊＊	＊＊＊	＊＊＊
一時点で移転される財またはサービス	＊＊	＊＊	─	＊＊
外部顧客への売上高	＊＊＊	＊＊＊	＊＊＊	＊＊＊

□「顧客との契約から生じる収益を分解した情報」を表題とするが，収益には，顧客との契約から生じる収益以外

第14章　【プロセス1】から【プロセス4】事業計画を起点とする財務報告ガバナンスの文書化

のその他の収益である不動産賃料収入＊＊円が「その他」に含まれている旨を脚注する。

□当社は，施工請負等に係る工事契約に基づく事業を展開しており，土木工事と建築工事以外に財またはサービスの種類に基づく適切な区分が存在しない。また，本邦の顧客との取引がほとんどであるため，所在地別区分の開示も情報価値が低い。したがって，重要な会計方針とのつながりを重視し，財またはサービスの移転時期を分解区分とする。

□「一時点で移転される財またはサービス」に分類される収益には，重要な会計方針で記載した代替的な取扱いを適用した工期がごく短期間の工事契約について，完全に履行義務を充足した時点で認識した収益が，土木事業では＊円，建築事業では＊円含まれている旨を脚注する。

□「土木事業」，「建築事業」，「その他」は，セグメント情報の報告セグメントと一致する。

□「外部顧客への売上高」合計は，財務諸表上の売上高，セグメント情報の調整後（セグメント間取引相殺後）売上高と一致する。

| 契約資産および契約負債等
基準80-20⑴⑵⑶⑷，192
指針106-8⑴〜⑷，192
財規8条の32第1項3号等
ガイドライン8の32第4項1号等 | □契約資産および契約負債の残高等の概要

（下記表および脚注） |

□契約資産および契約負債の残高等の概要

	期首残高	期末残高
顧客との契約から生じた債権	＊＊＊	＊＊＊
契約資産	＊＊＊	＊＊＊
契約負債	＊＊	＊＊

□契約資産の内容と顧客との契約から生じた債権との関係を脚注する。また，契約負債の内容を脚注する。それぞれの具体的な内容は，【プロセス2】≪ステップ2≫の検討結果を参照する。

□当連結会計年度に認識された収益の額のうち契約負債の期首残高に含まれていた額を脚注する。

□脚注で記載する「過去の期間に充足（又は部分的に充足）した履行義務から，当年度に認識した収益（主に取引価

検討例2

463

格の変動）の額」については，将来の不確実性—②履行
義務の充足に係る進捗度の見積り，③進捗度が見積もれ
ない場合の取扱い，⑤契約変更による取引価格の変更の
見積りと進捗度の変更，⑥工事損失引当金の計上を参照
する。

残存履行義務に配分した取引価格 基準8，80-21(1)(2)，80-23，80-24，205 財規8条の32第1項3号等 ガイドライン8の32第4項2号等	□将来の不確実性—②履行義務の充足に係る進捗度の見積り，③進捗度が見積もれない場合の取扱い，⑤契約変更による取引価格の変更の見積りと進捗度の変更，⑥工事損失引当金の計上を参照する。
セグメント情報等	
セグメント情報 基準17(1)(2)(3)等 財規8条の29等	□報告セグメントは，土木事業セグメント，建築事業セグメント，および，その他セグメントであるが，報告セグメント計と財務諸表上の売上高の間には，調整額が存在するため，その主な内容（セグメント間取引消去）を開示する。
関連情報 ・製品及びサービスごとの情報 基準29(1)等 財規8条の29等	□報告セグメントである土木事業セグメント，建築事業セグメント，および，その他セグメントの調整後の売上高を開示する（合計額は，財務諸表上の売上高と一致）。

● 将来の不確実性—②履行義務の充足に係る進捗度の見積り，③進捗度が見積
もれない場合の取扱い，⑤⑥契約変更による進捗度の見積りの変更と取引価
格の見積り，⑦工事損失引当金の計上

注記項目	注記内容
重要な会計方針	
収益の計上基準	□進捗度の見積り方法（進捗度が合理的に見積もれない場

第14章　【プロセス1】から【プロセス4】事業計画を起点とする財務報告ガバナンスの文書化

基準80-3 財規8条の2等 ガイドライン8の2第2項7号および第3項6号②等	合） 　リスク情報として，進捗度が合理的に見積もれない場合の取扱い（原価回収基準）を記載するが，実行予算が策定できないこと（進捗度が見積もれないこと）は，実務上ほぼないため，契約初期段階における原価回収基準の代替的な取扱い（指針99）については記載しない。 □契約変更による取引価格の変更の見積り 　契約の当事者による契約変更の施工範囲の合意にもかかわらず，それに対応する価格の変更を決定していない場合の取扱いを記載する。 ※記載内容の詳細は，【プロセス2】≪ステップ2≫会計処理方針の決定を参照する。
引当金の計上基準 財規8条の2等 ガイドライン8の2第2項6号等	□工事損失引当金 　損失が見込まれる工事契約に対する適切な会計上の対応として，引当金の計上基準を記載する。 ※記載内容の詳細は，【プロセス2】≪ステップ2≫会計処理方針の決定を参照する。

重要な会計上の見積り

見積り項目 基準5 財務諸表計上額 基準7(1) 財規8条の2の2等 ガイドライン8の2の2等（以下同様。）	□原価進捗度に基づく収益認識 □工事損失引当金

<table>
<tr><td></td><td>前期</td><td>当期</td></tr>
<tr><td>完成工事高</td><td>＊＊＊</td><td>＊＊＊</td></tr>
</table>

<table>
<tr><td></td><td>前期</td><td>当期</td></tr>
<tr><td>工事損失引当金</td><td>＊＊＊</td><td>＊＊＊</td></tr>
</table>

財務諸表利用者の理解に資するその他情報 基準7(2)，8(1)(2)(3)	以下は「開示目的」に照らして重要と判断した注記である。 1．不確実性の内容（金額の算出方法と金額の算出に用いた主要な仮定） 　【プロセス2】≪ステップ2≫会計処理方針の決定を参照する。 ②履行義務の充足に係る進捗度の見積り ③進捗度が見積もれない場合の取扱い

検討例2

465

PARTⅢ　6つの重要プロセスに関するポジション・ペーパーの検討例

⑤契約変更による取引価格の変更の見積りと進捗度の変更

⑥工事損失引当金の計上

2．損益の変動リスクを低減する内部統制

　　【プロセス2】≪ステップ3≫リスクの識別と内部統制の構築を参照する。

3．内部統制の運用結果

●総原価

　　重要な会計方針の「進捗度の見積り方法（進捗度が合理的に見積もれない場合）」の「初期段階で進捗度が見積もれない場合の代替的な取扱い」を参照する。

●進捗度の精度等

　　上記「工事損失引当金の財務諸表計上額」を参照する。なお，工事損失引当金の多寡は，当社のプロジェクト管理能力を外部から推察する重要な指標となる。

●売上高

　　上記「重要な会計方針」「収益の計上基準」の「契約変更による取引価格の変更の見積り」と下記「収益認識関係」「契約資産および契約負債等」の「過去の期間に充足（または部分的に充足）した履行義務から，当年度に認識した収益の額の金額とその理由」を参照する。

4．翌期以降の不確実性（翌年度の財務諸表に与える影響）

　　下記「収益認識関係」「残存履行義務に配分した取引価格」の「残存履行義務に配分した取引価格の総額および収益の認識が見込まれる期間の概要」を参照する。

収益認識関係	
収益の分解情報 基準80-10，80-11，178 指針106-3，106-4(1) (2)(3)，106-5(1)～(7)， 190，191 財規8条の32第1項1号等	□重要な会計方針において，一定の期間にわたり充足される履行義務が原則であり，一時点で充足される履行義務が代替的な取扱いに基づく処理であることを示し，収益の分解情報で，土木事業セグメント，建築事業セグメント，および，その他セグメントのサービス移転時期別（一定の期間，または一時点）にそれぞれの金額を明示することにより，不確実性を伴う進捗度の見積りに基づき計上される売上高を開示する。

466

第14章 【プロセス１】から【プロセス４】事業計画を起点とする財務報告ガバナンスの文書化

契約資産および契約負債等 基準80-20(1)(2)(3)(4), 192 指針106-8(1)〜(4),192 財規８条の32第１項３号等 ガイドライン８の32第４項１号等	□「過去の期間に充足（または部分的に充足）した履行義務から，当年度に認識した収益の額の金額とその理由」として，主な内容が，「取引価格の変動」であり，原価回収基準の適用，当初進捗度が見積もれなかったこと等の理由によるものではないことを開示し，当初の工事契約ごとの実行予算の見積り精度が高いことを示す。 □設計変更を含む取引価格の変動は，顧客満足度を高め柔軟に対応する当社の強み「独自の技術提案力と施工技術」を示しつつ，積算原価と適正利潤で売上高の見積りを行う契約変更の程度と価格交渉力を示す。
残存履行義務に配分した取引価格 基準８，80-21(1)(2), 80-23，80-24，205 財規８条の32第１項３号等 ガイドライン８の32第４項２号等	□残存履行義務に配分した取引価格の総額および収益の認識が見込まれる期間の概要 表 □残存履行義務に配分した取引価格の注記にあたって実務上の便法を適用し，当初予想される契約期間が１年以内の契約（主に，その他事業）については注記の対象に含めていない旨を脚注する。 □工事プロジェクトが長期化しているため，１年超は比較的多額になるが，設計変更が行われる可能性があり，収益見込み時期は開示しない。ただし，実行予算の見積りの精度が高いことは，原価回収基準の適用がほぼないこと（上記「契約資産および契約負債」参照），工事損失引当金の計上がほとんどないことで示す。また，設計変更部分については，適時適切に価格交渉を実施していることは，上記「契約資産および契約負債」（取引価格の変動）で示す。
セグメント情報等	
セグメント情報	□上記「収益認識関係」の「収益の分解情報」を参照する。

	当会計年度
１年以内	＊＊＊
１年超	＊＊＊
合計	＊＊＊

検討例２

467

PARTⅢ　6つの重要プロセスに関するポジション・ペーパーの検討例

⑷ 【ポジション・ペーパー 4】有価証券報告書の記述情報等の開示

内部統制の文書化要件	業務フロー	≪ステップ1≫戦略・事業活動等の整理 　　　　　　　（検討項目❶❷❸） ≪ステップ2≫開示方針の決定（検討項目❹～❽） ≪ステップ3≫その他の外部報告に係る内部統制の 　　　　　　　構築（検討項目❾～⓬）		
	役割分担	検討項目	主担当	関連部門等
		❶❷	●経営企画部門	・経理部門
		❸～❽	●経営企画部門	・経理部門 ・広報部門 ・内部監査部門
		❾～⓬	●責任部門	・経営企画部門 ・経理部門 ・内部監査部門
	リスク	【プロセス1】❶キーガバナンスポイントの財務報告上のリスク（誤謬リスクと不正リスクシナリオ）を参照する。		
成果物		有価証券報告書の記述情報に関する開示方針		
結論と検討過程・根拠および関連する内部統制		［結論］❻❼❽ ［検討過程・根拠］❶❷❸，❹❺ ［内部統制］ 財務報告については，【プロセス5】を【プロセス6】参照する。 その他の外部報告については，❾～⓬が該当する。		

　≪ステップ1≫で【プロセス1】から【プロセス3】の検討結果を確認し（❶❷❸），経理部門と広報部門等が協議して≪ステップ2≫で開示方針を決定するが（❹～❼と❽），特に≪ステップ1≫❶で取締役会が決定する開示における重要性（マテリアリティ）を基に，財務諸表と注記，そして，有価証券報告書の記述情報等の開示方針を決定することが重要である。

第14章　【プロセス1】から【プロセス4】事業計画を起点とする財務報告ガバナンスの文書化

≪ステップ1≫　戦略・事業活動等の整理（検討項目❶❷❸）

　【プロセス1】で検討する「コーポレートガバナンス」，「全社的なリスク管理」，「戦略」，「指標および目標」の内容を確認する（❶）。また，MD&A が財務諸表利用者に効果的に開示できるように，【プロセス2】および【プロセス3】の検討結果である経営戦略・経営課題，リスクやガバナンスに係る情報等の非財務情報が財務情報に与える影響の検討結果（重要な会計上の見積りおよび当該見積りに用いた仮定を含む。）を確認する（❷）。そして，【プロセス1】の「開示における重要性（マテリアリティ）」の内容を確認する（❸）。

　これらは，次の≪ステップ2≫開示方針の決定の重要な要素となる。

❶【プロセス1】事業計画の策定・管理，❷【プロセス2】会計基準の適用，【プロセス3】開示目的に照らした注記

　【プロセス1】から【プロセス3】の検討結果を，【プロセス4】有価証券報告書の記述情報等の開示に反映させることが重要である。

　その際，基礎となるのは【プロセス1】である（第11章第2節⓬-3開示を意識した【プロセス1】検討項目の整合性を参照）。

　また，MD&A で記載が求められる重要な会計上の見積りおよび当該見積りを用いた仮定については，【プロセス2】および【プロセス3】を参照する。

❸想定する情報利用者とマテリアリティ

● マテリアリティから導かれる開示の検討対象とする課題

	株主を含む投資家
具体的に想定する対象	当社における以下の経営戦略を理解し，中長期的な観点で当社の株式を保有する投資家 ➢ 建設業界全体に対する脅威を当社の強みにより当社にとっての機会に変換して安定的な利益獲得を目指す当社の経営戦略 ➢ 経営戦略遂行におけるプロジェクト管理の重要性
開示における重要性（マテリアリティ）	投資家が当社のプロジェクト管理の適否を理解するために必要な情報であるか否か（特に，請負工事契約における履行義務の充足に係る進捗度の見積り，設計変更および工事損失

469

PARTⅢ　6つの重要プロセスに関するポジション・ペーパーの検討例

	引当金に関する情報)。
マテリアリティから導かれる開示の検討対象とする課題	(戦略) □プロジェクトごとの収益性の向上による安定的な利益の獲得 □設計変更の獲得と適切な取引価格および追加工事原価の見積り，損失発生プロジェクトの回避 (組織) □プロジェクトごとの PDCA（Plan Do Check Action）サイクルの確立とプロジェクト管理に関するナレッジの蓄積 □事業計画の PDCA サイクル，プロジェクトごとの PDCA サイクル，組織運営上の PDCA サイクル，そして，内部統制の PDCA サイクルといった PDCA サイクルのブレイクダウン思考を企業全体に浸透させる。

【プロセス 1】 ❶コーポレートガバナンスとキーガバナンスポイントにおけるキーガバナンスポイントを基礎として，当該❸を検討する。なお，その他のステークホルダーについては，検討を省略する。

● 会計処理＝開示＝内部統制のつながりに関するスタンス

　当社は，ビジネスモデルを収益認識会計基準の適用によって管理するとの認識のもと，基準等の規定に従って当社の実態を会計処理し開示することを大方針とする。また，財務報告に係る内部統制は，会計処理と開示のためだけではなく，当社のビジネスモデルをコントロールする手段として位置づけている（財務報告ガバナンス）。

　環境やリスクの変化を適切に捕捉しそれらを反映させた事業計画の策定・管理プロセスを出発点として，収益認識会計基準を適用して会計処理と注記を決定する財務報告に係る内部統制の構築・整備と運用によってビジネスモデル全体をコントロールし，安定的に収益と利益を獲得していく経営戦略（経営方針）を投資家に適切に開示する。

　具体的には，収益認識における進捗度の見積り，設計変更に伴う工事契約の変更に関する取引価格の見積り，そして工事損失引当金の計上は，当社の持続的な成長と長期経営戦略の実現（成長分野における収益性の強化と生産性の向上）のための必要不可欠な要素であり，関連する内部統制についての情報を投

第14章 【プロセス1】から【プロセス4】事業計画を起点とする財務報告ガバナンスの文書化

資家が適切に理解できるように開示する。

≪ステップ2≫　開示方針の決定（検討項目❹〜❻）
❹マテリアリティに照らした価値創造ストーリーの検討，❺開示基準等の確認，
❻結論（開示の記載内容）

● 有価証券報告書の記述情報

記載のため参照する プロセスとステップ	開示方針
経営方針，経営戦略等（経営方針，経営環境及び対処すべき課題等）	
【プロセス1】 事業計画の策定・管理 ≪ステップ0≫ 全体コントロール ≪ステップ2≫ 経営戦略立案と事業計画策定	1．優先的に対処すべき事業上および財務上の課題 　人手不足等による労務費の高騰および資材価格の変動を背景に，土木工事における公共事業の設計変更と工事の長期化，そして，建築工事における受注競争とコスト競争による工事採算の悪化といった傾向を踏まえ，以下を企業の課題と認識している。 戦略 □プロジェクトごとの収益性の向上による安定的な利益の獲得 □特に，設計変更の獲得と適切な取引価格および工事原価（追加原価を含む。）の見積り，損失の発生が見込まれる工事契約の回避 組織 □プロジェクトごとのPDCA（Plan Do Check Action）サイクルの確立とプロジェクト管理に関するナレッジの蓄積 □事業計画のPDCAサイクル，プロジェクトごとのPDCAサイクル，組織運営上のPDCAサイクル，そして，内部統制のPDCAサイクルといったPDCAサイクルのブレイクダウン思考を企業全体に浸透させる。 2．コーポレートガバナンスと全社的なリスク管理 　【プロセス1】❶❷を参照する。 3．経営戦略および事業計画の概要とKPI

471

PART Ⅲ　6つの重要プロセスに関するポジション・ペーパーの検討例

　前述の課題に対処するための中期経営戦略として，以下を掲げている。

[強みを強化し，機会を活用する]

（土木工事）
- 高速道路等の大規模更新工事の受注による売上高と利益の増加

[強みにより，脅威を機会へ変換する]

（土木工事）
- 設計変更の獲得による採算性の向上

（建築工事）
- 独自の施工技術等による受注差別化と新規顧客の開拓
- 効率的なエリア展開

[強みにより，弱みを克服する]

（建設工事）
- 独自の施工技術等による受注差別化と新規顧客の開拓
- 効率的なエリア展開

セグメント		土木工事	建築工事
指標および目標	非財務	● 契約受注率 ● 受注残高 ● 受注計画	● 契約受注率 ● 受注残高 ● 受注計画
		● 設計変更の頻度と価格改定率（設計変更の内容が価格に反映できるか否かの価格交渉力）	
	財務	● 受注残 ● 売上高 ● 売上総利益および営業利益	

472

第14章 【プロセス1】から【プロセス4】事業計画を起点とする財務報告ガバナンスの文書化

	事業計画の策定	上記の中期経営戦略と指標および目標を財務数値に落とし込んで中期事業計画を策定する。 　なお，土木投資は政府土木投資により，建築投資は民間住宅投資により，比較的見通しを立てやすく，中期経営計画は，当社の中期的な方向性を示すものであるため，社内の計画達成の合意を維持する観点から，中期事業計画は固定方式（期間は3年）とする。

サステナビリティ情報（サステナビリティに関する考え方及び取組み）

【プロセス1】 事業計画の策定・管理 ≪ステップ0≫ 全体コントロール ≪ステップ2≫ 戦略立案と事業計画策定	1．ガバナンスとリスク管理 　【プロセス1】❶❷を参照する。 2．気候変動 　検討を省略する。 3．人的資本・多様性 　人的資本への投資・人材戦略について，【プロセス1】❻を参照する。その他は検討を省略する。

リスク情報（事業等のリスク）

【プロセス1】 事業計画の策定・管理 ≪ステップ0≫ 全体コントロール ≪ステップ1≫ リスクと機会の識別・分析	1．経営戦略および事業計画に関連する特に重要なリスクと機会 （共通） 　●建設産業の就労人口の減少 　●協力会社を含めた慢性的な人手不足 　●建設業界における時間外労働の上限規制の適用 　●労務費および資材価格の変動 （土木工事） 　●公共事業の発注減少 　●公共事業における設計変更 　●工事の長期化 （建築工事） 　●受注競争とコスト競争による工事採算が悪化する

検討例2

473

PARTⅢ 6つの重要プロセスに関するポジション・ペーパーの検討例

傾向

2．財務報告上のリスク

●誤謬リスク

　プロジェクトが長期化する傾向にあり，また，人件費や原材料費の高騰等が見込まれるため，進捗度の見積りの難易度が高まっており，誤謬リスクの発生可能性も高まっている。

　特に，これまでに経験のないプロジェクトについては留意する。

　また，設計変更等に伴う総原価の見直しと取引価格の見直し・変更交渉を適時・適切に行う体制は，財務報告上のリスクだけでなく，事業上のリスクに直結するため，留意が必要である。

●不正リスクシナリオ

　業績が下降局面に陥ったときに，経営者または上位の管理者が，外部の協力を必要とせず社内だけで会計上の操作が可能である原価の集計や進捗度の見積り・算定において不正の機会を見つけ出し，経営者等が主導して不正な財務報告を実行する。

　特に，設計変更等に伴う契約変更の会計処理（過年度の累積的な影響の当期における売上高の修正）に留意する。

MD&A（経営者による財政状態，経営成績及びキャッシュ・フロー（経営成績等）の状況の分析）

【プロセス2】 会計基準の適用 ≪ステップ2≫ 会計処理方針の決定 ≪ステップ3≫ リスクの識別と内部統制の構築 【プロセス3】 開示目的に照らした注記 ≪ステップ2≫	1．非財務情報が財務情報に与える影響（重要な会計上の見積りおよび当該見積りに用いた仮定を含む。） ●会計上の論点 　主要なセグメントは，土木と建築であるが，履行義務の内容（財またはサービスの内容）が，ともに建設工事の施工請負等に係る工事契約に基づき，顧客が指図する構造物を総合的に施工管理し，完成引渡しをすることであるため，土木工事と建築工事の会計上の重要論点は共通する。ただし，工事の種類の性質によりそれぞれ特有の論点がある。

474

第14章 【プロセス1】から【プロセス4】事業計画を起点とする財務報告ガバナンスの文書化

注記方針の決定

	主要セグメント	
	土木工事	建築工事
会計上の論点	□収益認識の基準（一定の期間にわたり充足される履行義務か否か） □履行義務の充足に係る進捗度の見積り	
	［官公庁］ □契約変更による取引価格の変更の見積りと進捗度の変更（設計変更等）	［民間］ □工事損失引当金の計上（損失が見込まれる工事契約）

検討例2

● 経営のメッセージ

　環境変化に影響されない安定的な利益獲得を目標として，それを達成するためのプロジェクトごとの収益性の向上を経営戦略の基礎としている。

　顧客への建設工事の施工サービスの提供に応じて，現金で回収できる売上を計上するため，適切な内容の契約締結と適時・適切な条件変更，取引価格の適時・適切な見直しに留意している。

　当社のビジネスモデルにおいては，収益認識等と将来の不確実性，すなわち，収益認識と，進捗度の見積りおよび工事損失引当金の見積りが密接に関係し，総工事原価と取引価格の見積りが，財務諸表利用者の関心が高い財務諸表の不確実性の主要因となる。

　財務諸表の不確実性は，売上高，契約資産，および，受注損失引当金に含まれる。なお，収益認識関係の注記の残存履行義務に配分した取引価格にも含まれる。また，3つの見積りの精度を高めるためには，案件ごとのプロジェクト管理が重要となる。

　すなわち，事業上のリスクと財務報告上のリスクは表裏であり，その対応は，総工事原価と売上高の見積りの精度の向上に集約される。より具体的には，総工事原価の見積り，総工事原価の見積りに基づく取引価格の決定，工事着工後の実際の発生原価との対比，そして，工事総原価および取引価格の適時・適切な見直

475

PART Ⅲ　6つの重要プロセスに関するポジション・ペーパーの検討例

	しを厳密に行う必要がある。 　総工事原価の当初の見積りおよび見直し後の見積りと実際発生原価が乖離するリスクを常に念頭に置きながら，当初実行予算を詳細な仮説（具体的な仮定や根拠）に基づき策定する。
【プロセス1】 事業計画の策定・管理 ≪ステップ3≫ 業績管理と財務会計	2．事業計画の達成状況と当期の財政状態，経営成績およびキャッシュ・フローの状況の分析 　【プロセス1】≪ステップ3≫❿⓫⓬を参照する。 3．MD&Aについての財務諸表利用者の理解に資するその他の情報 　受注残高は，翌期以降の収益の額を理解するうえで重要であるため，2つの主要セグメントごとに増減明細表を開示する。また，受注工事高の受注方式別比率と顧客区分別（官公庁と民間）の完成工事高および手待ち工事高の内訳も，当社のビジネスモデルを理解するうえで重要であるため開示する。 ①受注高，売上高，繰越高および施工高

	前期 繰越高 (円)	当期 受注高 (円)	計 (円)	当期 売上高 (円)	次期繰越高			当期 施工高 (円)
					手持高 (円)	うち施工高		
						(%)	(円)	
土木 工事	＊＊	＊＊	＊＊	＊＊	＊＊	＊	＊＊	＊＊
建築 工事	＊＊	＊＊	＊＊	＊＊	＊＊	＊	＊＊	＊＊

□前期以前に受注した工事で，契約の更改により請負金額に変更があるものについては，当期受注高にその増減を含める。

□次期繰越高の施工高は，手持高のうち工事の支出金により推定して算定する。

□当期施工高は，「当期売上高＋次期繰越施工高−前期繰越施工高」と一致する。

□当社のビジネスモデルにおいては，受注残高（手持高）が翌期以降の収益見込みを示すため，財務諸表

第14章 【プロセス1】から【プロセス4】事業計画を起点とする財務報告ガバナンスの文書化

利用者にとって重要となる。また，契約の更改による請負金額の変更（設計変更等に伴う工事契約の変更に関する取引価格の変更）も経営戦略上重要であるため，当該一覧表におけるその取扱いを脚注する。

□次期繰越高（手持高）は，下記④の手持工事高と一致する。

②受注工事高の受注方式別比率

	特命（％）	競争（％）
土木工事	＊＊	＊＊
建築工事	＊＊	＊＊

③完成工事高

	官公庁（円）	民間（円）
土木工事	＊＊	＊＊
建築工事	＊＊	＊＊

□金額的重要性が高い工事プロジェクトは当社の業績に与える影響が大きいため，その内容を脚注で開示する。

④手持工事高

	官公庁（円）	民間（円）
土木工事	＊＊	＊＊
建築工事	＊＊	＊＊

□金額的重要性が高い工事プロジェクトは当社の業績に与える影響が大きいため，その内容を脚注で開示する。

検討例2

PART Ⅲ　6つの重要プロセスに関するポジション・ペーパーの検討例

❼財務報告の範囲（内部統制報告制度の範囲）

		具 体 的 な 範 囲
財務諸表に重要な影響を及ぼす可能性のある情報		● 履行義務の充足に係る進捗度の見積り ● 契約変更による取引価格の変更の見積りと進捗度の変更 ● 工事損失引当金の計上
財務諸表の信頼性に重要な影響を及ぼす開示事項等	財務諸表の作成における判断に密接に関わる事項	● 重要な会計方針，重要な会計上の見積り，収益認識関係，セグメント情報等の注記
	財務諸表の表示等を用いた記載	● MD&A（経営者による財政状態，経営成績及びキャッシュ・フロー（経営成績等）の状況の分析）
財務諸表 （事業目的に大きく関わる勘定科目）		● 売上高，契約資産，売掛金， ● 工事損失引当金，工事損失引当金繰入額
事業目的に大きく関わる勘定科目に至る業務プロセス		● 契約締結プロセス ● 契約変更プロセス ● 工事総原価の見積りプロセス ● 個別原価計算プロセス ● 収益認識プロセス（進捗度の適用） ● プロジェクト別損益管理プロセス ● 工事損失引当金プロセス（対象案件の抽出と金額算定）
決算・財務報告プロセス（個別）		● 重要プロジェクト協議プロセス ● 重要プロジェクトモニタリングプロセス ● 工事引当金プロセス（業務部門に対するモニタリングと注記の検討）
重要性の大きい業務プロセス		上記で網羅していると判断するが，特に，決算・財務報告プロセス（個別）とその他の業務プロセスが連携して対応する領域の重要性が大きく，財務報告上のリスクも高いため，内部統制の構築および評価で留意する。

第14章　【プロセス1】から【プロセス4】事業計画を起点とする財務報告ガバナンスの文書化

		内部統制の構築時には，決算・財務報告プロセス（個別）に偏るのではなく，その他の業務プロセスと適切に職務分掌する。

　【プロセス1】から【プロセス4】，そして後に続く【プロセス5】キーコントロールの構築と選定と【プロセス6】内部統制報告制度の評価範囲の決定で明確になる持続的な成長を実現するための当社の首尾一貫した考え方を，内部統制報告制度における経営者評価を通じて社内へ浸透させる。

❽その他の外部報告の範囲（その他の非財務情報）
　［検討例2］では，検討を省略する。

≪ステップ3≫　その他の外部報告に係る内部統制の構築（検討項目❾～⓬）
　【プロセス2】および【プロセス3】の≪ステップ3≫リスクの識別と内部統制の構築と次の【プロセス5】キーコントロールの構築と選定における財務報告に係る内部統制構築のナレッジ（知見とノウハウ）を活用して，❾関連する業務プロセス，❿リスクの識別・評価と将来の財務諸表への影響の検討，⓫高リスクの根拠，および，⓬内部統制の構築とキーコントロールの選定の内容を検討する。

　なお，❿リスクの識別・評価と将来の財務諸表への影響の検討において，財務諸表に重要な影響を及ぼす可能性のある情報の視点でモニタリングし，将来の財務諸表に及ぼす影響に絶えず留意して，該当する情報を早期に捕捉する。また，その結果を【プロセス1】の経営戦略や事業計画にフィードバックする。

(5)　［検討例2］のエッセンス　不正リスクシナリオと事業上のリスク

　たとえば，業界特有の会計処理に起因した不正な財務報告（いわゆる会計不正）が散見されるような業種・ビジネスモデルにおいては，有価証券報告書「第一　企業情報」「第2　事業の状況」のリスク情報で，業界特有の会計不正を外部経営環境の「脅威」と認識して適切に対応する方針を開示することにより，「脅威」は，業界における自社の優位性をアピールする「機会」になりえる。翌期以降のリスク・不確実性である「脅威」を，経営者の視点で，経営方針・

PARTⅢ　6つの重要プロセスに関するポジション・ペーパーの検討例

経営戦略等と関連させて，競合他社との競争優位性（「強み」）を説明する「機会」の1つとする。

　そのためには，事業上のリスクを経営者による不正な財務報告上のリスクと表裏の関係にあると捉え，事業上の失敗を回避するために，経営者による不正リスクシナリオを立案することがポイントである。不正リスクシナリオは，財務情報に重要な影響を及ぼす可能性のある情報，すなわち，経営者による判断や会計上の見積りに関連する場合が多いため，経営者による不正リスクシナリオの立案は会計上の損失計上等の回避の効果を発揮しうる。このような対応は，企業の事業運営上の「強み」になる。

　［検討例2］の場合は，建設業における進捗度等の操作による収益認識の不正プロジェクトが多発していることを認識し，事業上のリスクと財務報告上のリスクが表裏一体であることを洞察して，それらのリスクを低減する一番の施策は，安定的な利益の獲得であることを納得したうえで，経営者等が自ら不正リスクシナリオを立案し，それを回避するための内部統制を示す。

　具体的には，「業績が下降局面に陥ったときに，経営者等が，外部の協力を必要とせず社内だけで会計上の操作が可能である原価の集計や進捗度において不正の機会を見つけ出し，企業の上位階層が主導して不正な財務報告を実行する」といった不正リスクシナリオを立案し，対応する内部統制としてのプロジェクト管理の重要性を事業計画上の要点（経営のメッセージ）として可視化するとともに，第1線（業務部門），第2線（経理部門），第3線（内部監査部門），経営者，そして，取締役会および監査役等のモニタリングの階層を構築して，各階層が当該リスクシナリオを回避するために対応する。

　また，内部統制の運用結果として，株主を含む投資家の関心が高いプロジェクト管理の適否や進捗度の見積りの精度，設計変更に伴う契約獲得等の状況を，財務報告，すなわち，財務諸表，重要な会計方針，収益認識関係，重要な会計上の見積り，および，セグメント情報等の注記や有価証券報告書の記述情報等を効果的に用いて企業外部に開示する。

　なお，同業他社でなくても，会計不正の事例について，事業上のリスクと財務報告上のリスクの関係を積極的に見出すことは，すべての企業にとって自社の不正リスクシナリオの立案と事業上のリスクの低減に役立ち，また，経営戦略を企業内部に浸透させ，また，外部に「価値創造ストーリー」として開示する際の一助となると考えられる。

480

第14章 【プロセス1】から【プロセス4】事業計画を起点とする財務報告ガバナンスの文書化

3 ▶ 【プロセス1】から【プロセス4】の実務上の位置づけ

　【プロセス1】から【プロセス4】を有効に運用できるように，企業の業務全体において，当該プロセスが持つ役割や意義，または期待される機能を確認する。

(1) 財務報告による企業活動全体のコントロール（財務報告ガバナンス）

　コーポレートガバナンスと全社的なリスク管理を含む【プロセス1】は，企業の持続的な成長のためにもっとも重要なプロセスである。当該プロセスを起点とすることで，企業の持続的な成長と内部統制の4つの目的，すなわち，業務の有効性・効率性，報告の信頼性，法令等の遵守，および資産の保全を統合して検討することができる。

　また，財務報告は，企業の業務全体に係る財務情報を集約したものであり，財務情報の計画と実績を管理する【プロセス1】を財務報告に係る内部統制報告制度への対応に加えることにより，企業の業務全体のコントロールという意味での制度自体の実効性と有用性が高まると考えられる。その際には，特に，非財務情報のうち，財務諸表に重要な影響を及ぼす可能性のある情報の検討が大切であり，内部統制報告制度は，財務報告の信頼性を確保すると同時に，リスクが発生または変化する可能性がある状況を捕捉することに役立つと考えられる。

　【プロセス1】は，内部統制を起点に会計処理と開示を検討するスタートであり，会社法が規定する内部統制と金融商品取引法が規定する内部統制の接続点となる。また，外部と内部の経営環境の変化に対応し，業務全体を俯瞰してコントロールする。そして，経営理念を企業に属するすべての者の意識に浸透させる。

　【プロセス1】からスタートし，【プロセス2】，【プロセス3】，【プロセス4】，【プロセス5】，そして，【プロセス6】へとつながる検討によって，内部統制報告制度において財務報告による企業全体のコントロール（財務報告ガバナンス）の実現可能性が高まる。

481

PART III　6つの重要プロセスに関するポジション・ペーパーの検討例

(2)　全社的なリスクと決算・財務報告プロセスのリスクの識別および評価

【プロセス1】では，事業計画の策定・管理の視点で，非財務情報が財務報告の信頼性に与える影響を検討し，財務報告上のリスクを特定する。その際，誤謬と不正に分けてリスクを識別・評価するが，新たなビジネスモデルや新規事業の採用または新製品の販売開始，リストラクチャリング，海外事業の拡大または買収，新しい会計基準の適用や会計基準の改訂等といった，経営戦略や組織運営の課題が，経営者の判断や会計上の見積りを通じて会計処理される際に，誤りが生じやすいリスクを特定し，関連する取引や勘定科目を明確にする。また，事業計画の達成に関する利害関係，不正の特性である意図的な性質，そして，不正のトライアングルから，「動機とプレッシャー」を持つ経営者等が，不正の「機会」を利用して不正を実行する不正リスクシナリオの立案に重点を置く。不正な財務報告では，経営者の判断や会計上の見積りに関連する会計処理が，「機会」として利用される場合が多い。なお，組織全体の「姿勢と正当化」も考慮する。

このように全社的な誤謬リスクの考察と不正リスクシナリオの立案を，事業計画の策定・管理の一環として実施して，全社的なリスクの識別と評価を実施する。

これに対し【プロセス2】では【プロセス1】の検討を受けて，経理部門が，経営者による判断や会計上の見積り等が，不正の「機会」となりえることを認識したうえで，会計処理の方針を決定する際に，決算・財務報告プロセスのリスクを識別し評価する。すなわち，【プロセス1】の全社的なリスクを会計基準等に従って，財務報告上のリスクをより詳細に検討して，事業計画上の要点（経営のメッセージ）と事業計画遂行のため望まれる意識と行動を明確にする。

(3)　事業計画遂行のため望まれる意識と行動の浸透

【プロセス2】は，単なる会計処理方針の決定プロセスと位置づけるのではなく，そうではなくて，企業内のすべての者が経営戦略や事業計画を意識し，その達成のために必要な具体的な意識や行動を理解するプロセスと位置づけることが重要である。そのためのアイデアが，第4章第2節(2)経営のメッセージと事業上の要点である。

482

第14章 【プロセス1】から【プロセス4】事業計画を起点とする財務報告ガバナンスの文書化

　前述(1)のとおり，非財務情報から会計事象や取引等を捕捉して，経営者による判断や会計上の見積りを経て会計処理と開示（表示）を決定し，財務諸表が作成されるが（[図表1-1]［図表4-4］参照），非財務情報のうち，経営戦略が，事業計画，そして，ビジネスモデルや個別の投資案件にブレイクダウンされて実際の事業運営が行われることを考えれば，ビジネスモデルや個別の投資案件に関する会計処理の決定は，経営戦略を財務報告の観点から具現化したものと捉えることができる。

　すなわち，【プロセス2】は，経営戦略を経営者による判断や会計上の見積りを通じて財務諸表に反映させるプロセスとなる。この理路を逆転させて，財務諸表における望ましい結果から遡って【プロセス2】を考えれば，企業内のすべての者が，経営戦略や事業計画を具体的に意識し，その達成のために必要な行動を理解するプロセスとなる（[図表14-1]）。

　たとえば，個別の投資案件に関しては，まずその取得価額の検討が必要となり（償却性資産であれば償却方法や償却期間を含む。），また，取得後の使用による収益の獲得状況に応じて減損処理の要否の検討が必要になる。このような会計処理の検討の前提として，企業として期待する投資時の加重平均資本コスト等を反映した収益性の計画の立案とその遂行状況等のモニタリングが重要になるが，これは，経営戦略から事業計画へ，さらに個別の投資案件へとブレイ

■図表14-1■　望ましい結果から事業計画上の要点，そして望まれる意識と行動へ

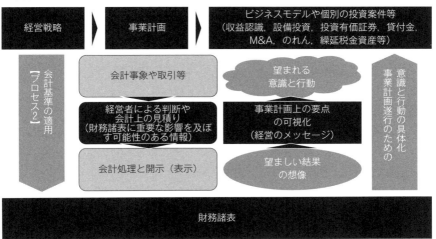

PARTⅢ　6つの重要プロセスに関するポジション・ペーパーの検討例

クダウンされた事業計画の策定・管理プロセスの一部に他ならない。収益性を高めるためには，あるいは，減損処理をしないためには何をすればよいかを考えることは，経営戦略や事業計画とその遂行のための具体的な行動を理解することになる。減損処理しないためには，具体的な仮定と根拠をもってより正確な稼働後の収益性計画を立案して取得価格を決定し，当該計画に基づき償却方法や償却期間を決定する必要がある。決定した計画は当該投資のあるべき収益性となり，達成を目指し，実績と比較して差異が生じれば改善策等を検討する。また，計画未達の場合は減損処理の検討が必要なるという企業内の共通認識を投資時点から持てば，受け入れ可能なリスクの種類と総量が明確になる（リスク選好，この場合は，初期投資と運用コスト）。そうすることで，資本効率を意識した行動やROE（総資本利益率）やROA（総資産利益率）といった経営戦略や事業計画上重視する指標とその設定の背景を企業内で共有することができる。

　このように計画の策定と管理を重視する考え方は，経営者による判断や会計上の見積りを伴う，収益認識，設備投資，投資有価証券，貸付金，M&A，のれん，繰延税金資産等に関する会計処理に通底するため，考え方を社内に浸透させることは，経営戦略や事業計画を遂行するため望まれる意識と行動を企業全体に促すことに貢献する。

　そのためには，【プロセス2】において，経理部門が財務報告の観点から事業計画上の要点（経営のメッセージ）を可視化し，望まれる意識と行動まで具体化する必要がある。検討項目のうち，経理部門が≪ステップ2≫❹において，会計処理方針の決定を，望まれる結果の想像と事業計画上の要点の可視化と捉えて，❽会計処理のため必要になる情報等を明確にし，次の≪ステップ3≫❿リスクの識別と評価において，高リスクを特定し，⓫において，経営戦略や事業計画との関連で高リスクと判断した根拠を明確にすることが肝要である。高リスクを発現させないことが経営戦略や事業計画の遂行であり，高リスクと判断した根拠は，想像した結果を得るために望まれる意識と行動を明確にする。そして，経理部門が，その検討結果を関連する業務プロセスの責任者に指示して【プロセス5】キーコントロールの構築と選定につなげるのである。

　なお，本章第1節(5)［検討例1］のエッセンス　事業計画上の要点（経営のメッセージ）の活用も参照されたい。

484

第14章 【プロセス1】から【プロセス4】事業計画を起点とする財務報告ガバナンスの文書化

(4) 収益認識等と将来の不確実性による首尾一貫性の確保

　［検討例1］，［検討例2］は，【プロセス1】から【プロセス4】のつながりを重視して検討したため，【プロセス2】の検討対象は，ビジネスモデルに関する収益認識等（原価計算を含む。）と将来の不確実性にフォーカスした。

　財務報告ガバナンスの実効性と有価証券報告書等の「価値創造ストーリー」の説得力を高めるためには，収益認識等と将来の不確実性により，6つの重要プロセスを首尾一貫することが有効である。

(5) 収益認識等と将来の不確実性以外での運用

　実際の実務では，ビジネスモデルに直接関係しない会計上の論点（ビジネスモデルに直接関連しない投資の評価や資産除去債務の計上等）や新たな会計基準の適用の論点も生じ，これらの会計処理の誤謬に起因する決算・財務報告プロセスに係る内部統制の不備として開示すべき重要な不備が報告された事例もある。

　【プロセス2】は，それらの論点も対象とする。なお，【プロセス1】事業計画の策定・管理において，重要な非財務情報として早期に捕捉され，財務報告に与える影響を検討して全社的な財務報告上のリスクとして特定されることが重要であり，その後で，決算・財務報告プロセスにおいて【プロセス2】の検討対象となる。すなわち，【プロセス1】と【プロセス2】の相関関係が重要である。

(6) 企業経営における内部統制報告制度の活用

　内部統制報告制度は，「財務報告の信頼性」を確保するための内部統制を対象としており，「財務報告の信頼性」とは財務諸表および，「財務諸表に重要な影響を及ぼす可能性のある情報」の信頼性を確保することである。また，「財務報告」とは，財務諸表および「財務諸表の信頼性に重要な影響を及ぼす開示事項等に係る外部報告」である（［図表2-12］参照）。

　したがって，「財務報告の信頼性」を確保するためには，財務諸表本体の信頼性はもとより，その信頼性を確保するベースとなる「財務諸表に重要な影響を及ぼす可能性のある情報」の捕捉と，「財務諸表の信頼性に重要な影響を及ぼす開示事項等」の検討がポイントとなる。

485

PART Ⅲ　6つの重要プロセスに関するポジション・ペーパーの検討例

　内部統制報告制度と財務報告の信頼性の確保の関係を整理して，非財務情報のうち，事業上のリスクと密接に関係する経営者による判断や会計上の見積りを，「財務諸表に重要な影響を及ぼす可能性のある情報」として検討し，「財務諸表の信頼性に重要な影響を及ぼす開示事項等」として開示する方針とすれば，その検討プロセスは，財務報告の範囲に含まれ，内部統制報告制度の対象であることが明確になる。「財務諸表に重要な影響を及ぼす可能性のある情報」，すなわち，経営者による判断や会計上の見積りともっとも密接に関係する【プロセス1】から【プロセス3】，そして，それらの開示の検討である【プロセス4】が，内部統制報告制度において重要性の高い全社的な内部統制の一部として必須の評価対象となる。

　そうなれば，企業経営において内部統制を評価することの意義が，文書化3点セットやチェックリストへの準拠性の評価から，事業上のリスクと密接に関係する財務報告上のリスクに対応する内部統制の評価，さらには，経営課題に対処する企業の事業運営プロセスの評価へと変遷して，企業経営における有用性が高まり，内部統制報告制度の位置づけは従来と異なるものになるであろう。

　また，コーポレートガバナンス・コードや開示に関する諸制度との一体的な制度運用の視点からは，財務報告の信頼性を確保するための新たな枠組みへの端緒になると考えられる。具体的には，事業運営プロセスにおいてもっとも重要な監督機能を果たすことが期待される取締役会の実効性は，取締役等の自己評価により評価し，その結果を開示して，事業運営の結果の評価は，投資家の投資行動やその他のステークホルダーからの適切な協働の有無により判断するといった枠組みが考えられる。

　なお，この枠組みは，内部統制報告制度において，企業の事業運営プロセスの評価まで実施することを想定するが，それは，あくまでもプロセスの評価である。具体的には，6つの重要プロセスと取締役会によるキーガバナンスポイントの設定をデザイン（設計）し，それらがデザイン（設計）されたとおり運用されているかの評価である。企業の事業運営の実効性は，有価証券報告書による記述情報や業績の開示に基づく投資家やその他のステークホルダーの行動によって評価されることを想定する。

486

第15章

【プロセス5】キーコントロールの構築と選定の文書化

　各企業が，3つのステップと12の検討項目に基づきキーコントロールを構築して選定しようとしても，通常，容易には実施できない。なぜなら，それぞれのステップと検討項目において企業の業種，規模，特性など，状況に応じた判断が必要とされるからである。

　これらの判断は，さまざまな要素を考慮した総合的な判断であり，客観的な判断基準を示すことは難しい。そこで，本章では，5つのビジネスモデルを取り上げ，一定の条件のもとで，検討項目における判断例を示すことにより，各企業の判断の参考に供する。

　検討例の解説は，業務プロセス（販売プロセス，実地棚卸プロセス，原価計算プロセス等）単位ではなく，ビジネスモデル別の企業単位とする。これは，企業全体を俯瞰する視点と財務報告上のリスクを重視するからである。

　一般に，企業全体を俯瞰する視点が欠如し，個々のプロセスおよびコントロールが別々に検討される場合が少なくないが，内部統制は「一連のプロセス」であり，全社的な内部統制と業務プロセスの連係，業務プロセス間の連係および業務プロセス内のコントロール間の連係を考慮することが大切になる。

　また，キーコントロールは，財務報告上のリスクに応じて選定されるべきであり，そのためには，各企業が属する業種やビジネスモデル，置かれた状況に起因する固有の財務報告上のリスクを考察しなければならない。

　なお，ここで提示する検討例は，あくまで想定した条件の下での判断であり，条件が異なれば，または，想定していない条件が加われば，判断も異なる可能性がある。どのようなキーコントロールを構築し選定するかは，事業の特性や個々の企業が置かれた状況等を考慮し，各企業自身が判断すべきであることを強調しておく。

　また，【プロセス5】において，各企業が判断する際の重要な考慮事項は，【プ

487

PART Ⅲ　6つの重要プロセスに関するポジション・ペーパーの検討例

ロセス1】から【プロセス4】の検討内容になる。［検討例3］と［検討例4］では詳述しないが，［検討例1］と［検討例2］を参考にイメージしていただきたい。

1 ▶ ［検討例3］トップダウン型のリスク・アプローチの適用

　まず，さまざまなビジネスモデルとの共通点が多いと思われる製造業（大型耐久消費財）を取り上げ，トップダウン型のリスク・アプローチに基づくキーコントロールの構築と選定の全体像を解説する。
　［検討例3］では，売上，売掛金，そして棚卸資産を企業の事業目的に大きく関わる重要な勘定科目とし，そこに至る業務プロセスに係る内部統制の相互の連係にも焦点を当てる。

● **検討例のポイント**
☐全体を俯瞰する視点の重要性にフォーカスして，トップダウン型のリスク・アプローチの適用の概要を理解する。
☐入金プロセスと売上計上プロセスの関係を理解する。
☐内部統制報告制度における原価計算プロセスの取扱いの考え方を理解する。

● **想定する企業の業種・ビジネスモデル**

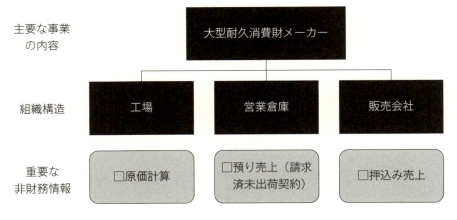

488

第15章 【プロセス5】キーコントロールの構築と選定の文書化

項　　目	内　　　容
事業の内容	国内市場を中心とした大型耐久消費財メーカー
重要な事業拠点	国内本社のみ
ビジネスモデルの特徴	■取扱い製品の性質から景気の変動を受けやすく，従来，業界でのシェア拡大と販売数量の増加を経営目標としていたため，売上を重視する気風が形成されている。 ■経営陣は，売上は，計上されるだけでは意味がなく，現金で回収されて初めて企業の事業活動として意味を持つことの理解をグループ内に徹底させたいと考えている。 ■棚卸資産価額を決定する原価計算プロセスが存在する。 ■大型製品を扱うため営業倉庫に預けられたまま売買され「請求済未出荷契約[1]」が締結され，預り売上を計上する場合がある。 ■収益認識会計基準導入前からの実務慣行に従い，出荷基準により売上を計上している。 ■メーカーごとに系列化された流通網が形成されており，メーカーの販売会社に対する恣意的な圧力が働きやすい。

検討例3

●**対象となる業務プロセスの範囲（内部統制報告制度の対象）**

	具体的な開示
事業目的に大きく関わる勘定科目	●売上高，売掛金 ●棚卸資産
上記の勘定科目に至る業務プロセス	●販売プロセス（入金プロセスと売上計上プロセス） ●原価計算プロセス ●実地棚卸プロセス ●購買プロセス

●**【プロセス1】の検討結果（抜粋）**

・キーガバナンスポイント

1　企業が商品又は製品について顧客に対価を請求したが，将来において顧客に移転するまで企業が当該商品または製品の物理的占有を保持する契約をいう（収益指針77）。

489

PARTⅢ　6つの重要プロセスに関するポジション・ペーパーの検討例

項　　目		内　　容
企業の重要課題（内部）	戦略	□原価低減 □系列化した流通網の活用
	組織	□売上を計上する意義の正しい理解の浸透（滞留債権や架空の預り売上，押込み売上の防止）
財務報告上のリスク	誤謬	たとえば，出荷基準や請求済未出荷契約の濫用といった会計基準の理解不足や自社に都合のいい解釈による誤謬（誤り）も不正と扱う。
	不正リスクシナリオ	□売上重視（偏重）の気風 □販売予算達成のための架空の預り売上（請求済未出荷契約の濫用）や系列店への圧力による押込み売上（出荷基準の濫用）

・モニタリングの階層と方針

階　　層	具 体 的 な 方 針
取締役会および監査役等	予算達成の圧力は，架空の預り売上（請求済未出荷契約の濫用）と押込み売上（出荷基準の濫用）の動機とプレッシャーになることを認識する。 　予算達成の期中と期末付近の状況に留意する。特に，期中は未達にもかかわらず，期末付近に急に達成した場合には，売上高の期間配分の適切性に注意する。 　また，他社の不正事例を踏まえた原価計算プロセスのリスクの識別と対応状況に留意する。
第3線 内部監査部門	●業務監査と会計監査 ・現場の予算達成のプレッシャー，売上を計上する意義の正しい理解の浸透状況 ・企業グループ外部の販売店の訪問 ・棚卸立会 ・工場の原価計算担当に対する経理部門のモニタリング状況

第15章 【プロセス5】キーコントロールの構築と選定の文書化

	● 取締役会および監査役等への直接的な報告経路の確保 キーガバナンスポイントに関連する事項については，特に留意する。
第2線 経理部門	● 棚卸立会 ・工場の原価計算担当に対するモニタリング（他社の不正事例を踏まえた原価計算の誤謬・不正リスクへの対応等） ・経営者や営業担当役員からの工場や営業倉庫販売会社への圧力の有無
第1線 業務部門	● 営業部門 売上を計上する意義の正しい理解が営業部門の各メンバーに浸透していることを確認する。 ● 工場 他社の不正事例を踏まえ，原価計算の誤謬・不正リスクを識別し対応していることを確認する。

● 【プロセス2】，【プロセス3】，【プロセス4】の検討結果（抜粋）

・会計処理方針の検討

	ビジネスモデル	
	収益認識	原価計算
非財務情報 （会計事象や取引等）	● 大型耐久消費財 ● 請求済未出荷契約 ● メーカーごとに系列化された流通システムとメーカーの販売会社に対する恣意的な圧力	● 工場（棚卸資産価額を決定する原価計算プロセスの存在）
財務諸表に重要な影響を及ぼす可能性のある情報 （会計上の論点）	収益認識の基準 （ステップ1，2とステップ5の関係） ①履行義務の内容（財またはサービスの内容） ②納品基準と出荷基準 ③請求済未出荷契約	④原価計算の方法

491

PARTⅢ　6つの重要プロセスに関するポジション・ペーパーの検討例

・会計処理方針の概要

会計上の論点と会計処理方針	必要情報等
①履行義務の内容（財またはサービスの内容） 　　耐久消費財の製造・販売	・販売基本契約書
②納品基準と出荷基準 　　原則として，商品を顧客に引渡した時点またはサービスを提供した時点で収益を認識する。 　　当社の場合は，代替的な取扱いとして，出荷時から当該商品の支配が顧客に移転される時までの期間が通常の期間であるため，出荷時点で収益を認識する（指針98，171）。 　　なお，当社の販売管理システムと接続している顧客は，顧客の納品入力により納品日が確認できるが，先方の都合で納品入力が遅れる場合があり，また，同システムと接続していない顧客が存在するため，納品基準は採用しない。	・出荷データ ・納品データ（出荷基準の適用要件を満たしていることを確認するため，また，押込み売上への牽制および押込み売上が発生した場合に原則に立ち返るため）
③請求済未出荷契約 　　「請求済未出荷契約」は，得意先の要請に基づき製品の出荷前に売上を計上する処理であり，会計基準の計上要件は以下のとおりである（指針79）。 　　基準39項（支配の定義）及び同40項（支配移転の時点を決定するにあたっての考慮事項）の定めを適用したうえで，次の(1)から(4)の要件のすべてを満たす場合には，顧客が商品または製品の支配を獲得する。	・請求済未出荷契約に関する契約書 ・顧客からの個別の発注書 ・請求済未出荷契約に関する棚卸資産の管理方針 ・実地棚卸結果

(1)	（顧客）合理的な理由	請求済未出荷契約を締結した合理的な理由があること（例えば，顧客からの要望による当該契約の締結）
(2)	（企業）区分識別	当該商品または製品が，顧客に属するものとして区分して識別されていること

492

第15章 【プロセス5】キーコントロールの構築と選定の文書化

(3)	（企業）移転準備	当該商品または製品について，顧客に対して物理的に移転する準備が整っていること
(4)	（企業）転用又は転売の能力	当該商品または製品を使用する能力あるいは他の顧客に振り向ける能力を企業が有していないこと

●出荷基準と請求済未出荷契約

　出荷基準等は，支配が移転していなくても，一定の条件のもと出荷等の時点で収益認識を認める支配移転（基準）の代替的な取扱いである（指針98，171）。一方，請求済未出荷契約は，出荷していないにもかかわらず，支配が移転していると判定して収益認識を行う支配移転の原則の範疇にある（基準37，38，39）。

　両者はこのような相違はあるが，企業の支配の喪失ではなく，顧客による財又はサービスの支配の獲得の観点で，支配移転の有無を検討している点が共通する（［検討例1］参照）。

　したがって，出荷基準においても，請求済未出荷契約においても，顧客のニーズがないのに，当社の事情で売上計上するのは，会計基準に反した処理であり会計不正である。

　また，請求済未出荷契約は，外観的な支配移転の有無の判定が難しいため，上記のとおり厳格な要件が定められている（指針79(1)(2)(3)(4)）。

④原価計算の方法	（実地棚卸）
・予定原価による工程別，組別，総合原価計算 ・材料費は，素材から製品までそれぞれ予定原価を設定し期中の受払は，すべて予定原価をもって実施 ・加工費は，実際工数について予定率をもって配賦	・実地棚卸結果 ・棚卸差異一覧表 ・在庫修正一覧 （原価計算） ・製品マスタ・単価等の設定情報

検討例3

493

PART Ⅲ　6つの重要プロセスに関するポジション・ペーパーの検討例

・原価差額は，期末に調整	・数量等の入力情報
	・原価計算プログラム
	・原価計算結果
	・会計システム入力データ
	（原価計算結果の調整）
	・会計システム入力結果

　以上を前提として，【ポジション・ペーパー5】キーコントロールの構築と選定を検討する。

(1)　入金プロセス
【ポジション・ペーパー5】キーコントロールの構築と選定

内部統制の文書化要件	業務フロー	≪ステップ1≫業務プロセスの特徴の把握 　　　　　　　（検討項目❶❷と❸～❻） ≪ステップ2≫トップダウン型のリスク・アプローチ 　　　　　　　による構築（検討項目（❼❽❾） ≪ステップ3≫キーコントロールの選定と十分性の 　　　　　　　確認（検討項目❿⓫⓬）		
	役割分担	検討項目	主担当	関連部門等
		❶❷	●経理部門	・業務部門
		❸～⓬	●業務部門	・経理部門
	リスク	【プロセス1】❶キーガバナンスポイントの財務報告上のリスク（誤謬リスクと不正リスクシナリオ）を参照する。		
成果物		入金プロセスにおけるキーコントロールの構築・選定の過程，根拠と結論		
結論と検討過程・根拠および関連する内部統制		[結論] ❿ [検討過程・根拠] ❶❷と❸～❻，❼❽❾，⓬		

494

第15章 【プロセス5】キーコントロールの構築と選定の文書化

● 3つのステップと12の検討項目
≪ステップ1≫　業務プロセスの特徴の把握（検討項目❶〜❻）
＜全社的なリスク＞（❶❷）
❶ 【プロセス1】事業計画の策定・管理
●財務報告の信頼性に与える影響の検討

　［検討例3］では，販売プロセスは，受注，出荷，売上計上，請求，入金管理のサブプロセスから構成され，滞留管理と債権評価（貸倒引当金の設定等）のサブプロセスは検討対象外とする。これらのサブプロセスを売上計上プロセス（受注・出荷・売上計上・請求）と入金管理プロセスの2つに区分して検討する。

　この2つに区分するのは，事業の種類ごとに「受注・出荷・売上計上・請求」が異なる場合でも，入金管理プロセスは同一である場合が多く，また，関連する主な勘定科目は，前者が売掛金と売上高，後者が現金及び預金と売掛金であり，両者は異なるからである。

　ところで，入金管理プロセスにおけるコントロールは，売上計上プロセス（受注・出荷・売上計上・請求）のコントロールの不備を補う補完統制として機能する場合がある。たとえば，期日未回収売掛金を調査する際に，売上の二重計上，売上金額の誤り（特に過大計上）および期間配分誤り等が発見される場合があり，不明入金を調査する際に，売上の計上もれや期間配分誤り等が発見される場合もある。さらには，入金プロセスが売上計上プロセスでは防止・発見できない不正を発見する端緒となる場合がある。この点が，販売プロセスのサブプロセスを2つに区分して検討する最も重要なポイントである。

　キーコントロールを選定する意義は，リスクを十分に低減できているコントロールを個別に識別するだけではなく，そのような個々のコントロールがいかに交互に連係して虚偽記載の発生するリスクを低減しているか，つまり，コントロール間の相互の連係（補完関係）を理解することにある。また，重要な虚偽記載および内部統制の開示すべき重要な不備を回避するためには，キーコントロールを選定する際に，コントロールの相互の連係の中で「扇の要（かなめ）」を明確にし，それを有効に機能させることが最も効果的である。

　したがって，まず，販売プロセスにおけるコントロールの相互の連係の中で，より「扇の要（かなめ）」になる可能性が高い入金管理プロセスからキーコントロールを選定していく。

PART Ⅲ　6つの重要プロセスに関するポジション・ペーパーの検討例

● 当該業務プロセスの事業計画上の位置づけ
　・主要な事業であり，企業グループ全体の事業活動におけるキャッシュ・フローの源泉となる。当該企業グループでは，昨今の経営環境の変化に伴い既存事業だけでなく新規事業の展開を経営戦略の中核に据えており，当該戦略を支えるためにも，本事業における回収管理の経営戦略上の重要性を認識している。
　・１件当たりの販売代金が比較的高額であり，販売代金の回収に事業上のリスクを識別している。
　・販売網は，グループ外の販売会社への直接販売と販売子会社経由の間接販売が存在するが，グループ全体として与信，回収状況および滞留状況の管理を重視している。
● 全社的な財務報告上のリスク（高リスク）とその対応
　・当社グループが属する業界は，「請求済未出荷契約」が締結され，また，メーカーの販売会社に対する恣意的な圧力が働きやすいため，架空の預り売上や押込み売上のリスクが相対的に高い。
　・入金管理が架空の預り売上や押込み販売等の不正発見の端緒となるため，入金管理の重要性を財務報告上も認識している。
　・入金管理に係る内部統制の構築と整備は勿論のこと，内部統制を実施する者が統制内容や目的を正しく理解するように，キーコントロールの構築と選定に関するポジション・ペーパーを文書化する方針としている。

❷　【プロセス２】会計基準の適用，【プロセス３】開示目的に照らした注記，【プロセス４】有価証券報告書の記述情報等の開示
● 架空の預り売上と押込み売上のリスク
　請求済未出荷契約に基づく預り売上は未出荷であるが，支配が移転していると判定して売上を計上する。外観的な判定は難しく，恣意性が働きやすいため留意が必要である。
　一方，押込み売上は実際に製品の出荷は行われ売上計上されるが，得意先に購入の意思はなく，翌月の注文分を前倒しで引き取ってもらったり返品を条件に製品を数日間預かってもらったりする等の方法で実施される。
　架空の預り売上および押込み売上は，売掛金・売上高の実在性，権利と義務の帰属や期間配分の適切性のアサーションに関連する意図的な売上の過大計上

496

第15章 【プロセス5】キーコントロールの構築と選定の文書化

であり，財務報告上適切であると認められない。売上目標の過度な追求の結果，ノルマ達成のために実行される場合が多い。

なお，これらの売掛金は，通常入金されない（または，入金が遅れる）ため，支払が先行し，資金繰り上の問題が生じかねない。また，一旦手を染めれば，さらなる売上目標の達成のため，過大計上額が拡大する傾向にある。したがって，財務報告上はもちろん，業務の有効性・効率性上も認められない。

経理部門責任者は，❶❷の内容を販売プロセス（入金管理）責任者に説明する。販売プロセス（入金管理）責任者は，売上を計上する意義，架空の預り売上と押込み売上のリスク，そして，入金管理業務が売上計上の妥当性と関連することを理解し，特に，決算月売上計上した債権の入金状況について留意すべきことを認識する。

＜業務プロセスのリスク＞ （❸〜❻）

業務プロセスの特徴を把握するには，どのような情報が必要であろうか。必要な情報を特定するため，その目的を確認する。業務プロセスの特徴を把握するのは，リスクの評価およびキーコントロールの構築・選定に役立てる情報を入手するためである。それには，たとえば，≪ステップ１≫❸から❻のような情報が必要とされる。

入金管理プロセスでは，異常な債権の残留や入金がすぐ表面化し，管理者のチェックが入る体制の整備（定型化による非定型的要素の特定と対応）が，さまざまなリスクに対応するうえで重要となる。したがって，特に❸業務の特徴において，そのような体制が整備されているか否かを判断するための情報を入手する。

❸ 業務の特徴

金額的重要性	前期末の連結貸借対照表の売掛金残高のほぼすべてを当該拠点および当該プロセスが占める（当期末においても重要な変動は見込まれない）。
	銀行振込による回収がほとんどで，受取手形や現金での回収は僅少であるため，受取手形および現金での回収プロセスについては，金額的重要性が低いと判断した。

PART Ⅲ　6つの重要プロセスに関するポジション・ペーパーの検討例

サブプロセス	【売上計上】 ●売上計上基準は原則として出荷基準であるが，例外的に「請求済未出荷契約」が発生する。 ●この業界ではメーカーごとに販売先（販売会社）が系列化されており，取引先（販売会社）数は比較的少ない。 【入金管理】 ●得意先ごとに回収条件が明確になっており，主に月末締め翌月末の銀行振込である。 ●売掛金の入金については，取引ごとの個別消込みが行われている。 ●回収条件が比較的短期で，内金入金がなく売掛金が精算されるため，個別消込が適切に実施されているか否かのチェックが比較的容易である。
職務分掌	受注，マスタファイル管理から，出荷・在庫管理，請求，売上計上等，入金管理まで，職務分掌が適切である。

職　　　務	担　　　当
受注の管理と処理	各営業担当
マスタファイルの管理	本社情報システム部
出荷・在庫管理	物流部
請求，売上計上，売上戻りおよび修正	経理部（売掛担当）
入金の処理	経理部財務課

❹　IT の利用状況

適用する業務システム		販売管理システム（入金管理）
処理	データインプット	●顧客コード，回収条件等のマスタデータを販売管理システムに事前登録する。 ●入金伝票は販売管理システムに入力され，入金データが生成される。
	外部情報の入手	該当なし

第15章 【プロセス5】キーコントロールの構築と選定の文書化

	業務システム間の インターフェース	●入金管理は，販売システムの機能単位の1つ。
	会計システムとの インターフェース	●入金データは会計システムへ夜間バッチ処理される。
	データアウトプット	●売掛金年齢調べ表が販売システムから自動出力される。
	スプレッドシートの利用	●入金消込みの際に，調整が必要な場合に利用される。 ●取引単位別の個別消込みが容易に実施できるように業務設計されているため，調整表の様式はシンプルで，利用させる場合は少なく，調整自体限定的である。
システム上の職務分掌		●入金伝票の入力者と承認者が異なる。
IT 全般統制		●当該プロセスにおいて，IT 業務処理統制をキーコントロールに選定していないため，内部統制報告制度上は，該当なし。

❺ 質的重要性と過年度の発見事項等

質的重要性	❸業務の特徴から，リスクが大きい取引，見積りや予測の要素および非定型，不規則な取引等は識別されなかった。 　ただし，「請求済未出荷契約」については，(2)売上計上プロセス（架空・押込み売上リスクとコントロール）で詳細に検討する。 　上記の検討により，「請求済未出荷契約」以外は，質的重要性は低いと判断した。
過年度の発見 事項等	特になし。

❻ 会計処理のため必要になる情報等

- 回収条件と入金予定データ
- 銀行入金データ

PARTⅢ　6つの重要プロセスに関するポジション・ペーパーの検討例

≪ステップ2≫　トップダウン型のリスク・アプローチによる構築（❼❽❾）

　≪ステップ1≫業務プロセスの特徴の把握で入手した情報に基づき，当該プロセスで識別しているリスクの評価を実施し，対応する内部統制を構築する。

　なお，リスクの識別は，内部統制報告制度対応で一般的に作成される業務の流れ図（フローチャート），業務記述書およびリスクと統制の対応（リスク・コントロール・マトリクス）を利用する。

　実務上，低リスクは保守的に，高リスクは慎重に評価するため，結果的に中リスクが多くなる。多数の中リスクについて，それぞれ個別にコントロールを対応させるのは非効率であり，キーコントロール選定上は，中リスクを大きな視点でまとめて対応する。そのような選定が実施できるように，内部統制を構築する。

❼　リスクの識別と評価

1．全社的なリスク

　入金プロセスにおいては，該当なし。

　ただし，架空・押込み売上リスクについては，❶❷を参照する。

2．業務プロセスのリスク

● リスクの識別

サブプロセス	No.	内　　容	アサーション					
			実	網	権	評	期	表
回収	R21	代金回収の計上もれ 　代金回収の事実があるのに，入金伝票の作成がもれたり，入金伝票の入力もれがあったりすると，回収が計上されないことにより売掛金等が過大計上となる。	売掛金				売掛金	
	R22	事実のない代金回収の計上 　入金の事実がないにもかかわらず入金処理が行われたり，重複して入金処理されたりすることにより売掛		売掛金				

500

	No.	内容						
		金等が過小計上となる。						
	R23	回収金額計上誤り 　入金伝票が正確に記載されなかったり，または，入金伝票の入力が正確に行われなかったりすると，回収計上額を誤ることとなり売掛金等が過大または過小となる。	売掛金	売掛金				
	R24	回収計上期間誤り 　回収日，回収計上時期を誤ることにより，売掛金等が過大または過小計上となる。					売掛金	
小切手・受取手形管理	R25	小切手・受取手形の盗難 　小切手・受取手形が適切に保全されないと，盗難を招き，現金・受取手形が過大計上される。	現預金／受取手形		現預金／受取手形			

※アサーションについては，第2章脚注4を参照する。

● リスクの評価

業務プロセスのリスク

	No.	内　　容
対象外	R25	小切手・受取手形の盗難 　資産の保全上は重要であるが，盗難の事実を適時把握し，財務諸表に反映できれば財務報告上は問題ないため対象外とする。 　なお，資産を保全し盗難リスクを回避するため，現金および受取手形による回収を銀行振込へ随時変更していく方針である。
高リスク	該当なし	ただし，架空の預り売上と押込み販売のリスクについては，(2)売上計上プロセス（架空・押込み売上リスクとコントロール）で詳細に検討する。

PARTⅢ 6つの重要プロセスに関するポジション・ペーパーの検討例

低リスク	該当なし	ただし，R21からR24のうち，現金および受取手形による売上代金回収に関しては，金額的重要性が低いため，低リスクと判断し，キーコントロールは選定しない。
中リスク	R21	代金回収の計上もれ
	R22	事実のない代金回収の計上
	R23	回収金額計上誤り
	R24	回収計上期間誤り
		残りのリスクはすべて「中」と評価するが，これらのリスクは最終的に，預金勘定・売掛金勘定残高の誤りとして顕在化するため，R21からR24を「預金勘定・売掛金勘定残高を誤るリスク」として一括する。

❽ 高リスクの根拠

入金プロセスにおいては，該当なし。

❾ 5類型による内部統制の構築

No.	コントロール内容	類　型				
		定*1／非定*2	根拠*3	正・網*4	分掌*5	上位／下位*5
C21	入金伝票と入金証憑との照合 　「小切手」「受取手形」「銀行からの振込通知書」に基づき，起票担当者が「入金伝票」を起票し，管理者が「小切手」「受取手形」「銀行からの振込通知書」と「入金伝票」を照合して承認した後，入力担当者が売掛金回収入力を行う。	定	○	○	○	下位
C22	（IT業務処理統制）入金伝票の販売システムへの反映の確認 　「入金伝票」はバッチ入力され，システムに登録された回収条件	定／非定	―	○	○	下位

502

第15章 【プロセス5】キーコントロールの構築と選定の文書化

		*1	*2	*3	*4	*5
	から算出された理論上の合計件数・金額とバッチ入力されたデータの合計件数・金額との一致を確認し，不一致が生じた場合にはその原因をチェックし適切に処理する。					
C23	銀行預金の残高確認 　経理部は，定期的に「当座照合表」／「残高証明書」を入手し，「補助簿（銀行勘定帳）」と照合する。差異がある場合には，「当座勘定調整表」を作成し，経理部上席者がその結果を査閲・承認する。	定／非定	○	○	○	上位
C24	売掛金の期日管理 　販売システムから「売掛金年齢調べ表」が出力され，回収期限を経過している売掛金については，各営業担当者による「売掛金回収遅延報告書」が作成される。営業部上席者が「売掛金年齢調べ表」および「売掛金回収遅延報告書」の記載内容を吟味の上，承認する。 　また，経理部上席者は必要に応じて未入金理由を営業部上席者に問い合わせる。	定／非定	○	○	○	上位

＊1　定型化，＊2　非定型的要素の特定と対応，＊3　取引，判断過程や見積りの根拠の記録・保存，
＊4　情報の正確性と網羅性のチェック，＊5　職務分掌

PART III　6つの重要プロセスに関するポジション・ペーパーの検討例

≪ステップ3≫　キーコントロールの選定と十分性の確認（検討項目❿⓫⓬）

❿　キーコントロールの選定

❼リスクの識別と評価 ❽高リスクの根拠		❾5類型による内部統制の構築		
リスク		上位コントロール	下位コントロール	
評価	内容	分析，モニタリング等	IT業務処理統制	手作業による統制
中	R21〜R24　預金勘定・売掛金勘定残高を誤るリスク	C23　銀行預金の残高確認 C24　売掛金の期日管理	—	—

　一括してリスクを低減できる効率的なコントロールを選定するため，識別しているコントロールを，重要な異常がないことを確かめるコントロール（上位コントロール）と個々の業務が正確に行われていることを確保するコントロール（下位コントロール）に階層分類する。入金管理プロセスでは，異常な債権の残留や一部入金，過大入金がすぐ表面化し，管理者のチェックが入る体制を整備しつつ，管理者の管理・監督行為をキーコントロールに選定することが肝要である。

　C23（銀行預金の残高確認）は，預金勘定の帳簿残高を直接検証する。預金勘定の帳簿残高と銀行残高の間に不明差異が発生していないことを確認することは，C21（入金伝票と入金証憑との照合）およびC22（入金伝票の販売システムへの反映の確認）が適切に実施されていることの間接的な確認となる。

　しかしながら，当該コントロールで直接検証されるのは，預金勘定残高であり，当該コントロールだけでは，売掛金勘定残高を誤るリスクに対するコントロールとしては，不十分である。したがって，別の上位コントロール，C24（売掛金の期日管理）をキーコントロールに追加する。

　なお，売掛金高を手作業によるコントロールで直接検証できるため，入金消込に関するIT業務処理統制（C22）は，キーコントロールに選定しない。

第15章 【プロセス5】キーコントロールの構築と選定の文書化

❶ キーコントロールの十分性の確認（デザインの検討）

検討対象：C23，C24

中リスク	R21～R24　預金勘定・売掛金勘定残高を誤るリスク
上位コントロール	C23　銀行預金の残高確認 C24　売掛金の期日管理
上位コントロールの十分性	(1)　高リスクへの対応 　　該当なし。
	(2)　財務報告目的との関連性 　　C23（銀行預金の残高確認）では，差異が発生すれば，た とえば，売掛金回収の計上もれ，事実のない売掛金回収の計 上，売掛金回収の計上金額誤り，または売掛金回収の計上期 間誤り等の虚偽記載が発生しているかもしれないといった視 点で，その理由が調査される。 　　また，C24（売掛金の期日管理）では，期日に回収されて いない売掛金について，得意先側の事由だけではなく，自社 側の事由，たとえば，売掛金の回収処理の誤りはもとより， そもそも売上計上の誤り（売上の二重計上や早期計上等）が 発生していないかといった視点で検討される。
	(3)　タイミング・頻度 　　C23およびC24で発見された虚偽記載は，必ず決算で修正 され，当該コントロールが実施されないと決算は終了しな い。また，月次で実施されるため，発見されたイレギュラー な事象（不一致や期日未回収売掛金）の原因究明が困難にな ることはない。
	(4)　精度 　　帳簿残高と残高証明書残高の差異理由は，必ず解明され る。また，1社当たりの売掛金金額が比較的多額であり，取 引先数も少ないため，滞留期間および金額の多寡にかかわら ず，期日未回収売掛金は全件調査され理由が解明される（売 上計上根拠の確認も含む）。 　　また，C23の経理部上席者による問い合わせが，C24の営業 部上席者によるモニタリングに対する牽制として機能する。

検討例3

PARTⅢ　6つの重要プロセスに関するポジション・ペーパーの検討例

	(5)　下位コントロールの整備・運用状況 　下位コントロール（C21やC22）のエラー，たとえば，入金消込み誤り（過大・過少，相手先誤り等）や消込みもれは頻繁には発生していない。
	(6)　実施者の能力等 　販売プロセスの各業務が適切に分掌され，職制上の管理者が担当者のコントロールを管理・監督しており，職務分掌上問題はないと判断できる。管理者は，❶から❿の検討内容を十分理解しており，たとえば，回収条件から，月末のあるべき売掛金残高を把握している。 　また，管理者は上記「上位コントロールの十分性」(1)から(5)を理解して，当該コントロールを実施している。 　したがって，たとえば，当座勘定調整表や売掛金年齢調べ表が，総勘定元帳上の当座預金勘定または売掛金勘定と整合していることを自ら確認の後，または，担当者がチェックしたことを確認の後，これらの帳票を査閲している。 　そして，当該コントロールにより，虚偽記載が発見されれば，適時修正するとともに，原因を調査し必要な改善策（担当者のコントロールの改善等）を講じる。
下位コントロールの追加の要否	上記の検討により，C23およびC24は，上位コントロールとして十分であると判断されたため，下位コントロールの追加は不要と判断した。
財務報告上のリスクへの対応の網羅性	最後に，Mediumリスクと評価したR21からR24すべてをC23およびC24でカバーできているか改めて確認した。

　以上の検討により，上位コントロール（C23およびC24）がキーコントロールに選定された。

⓬　関連性の高い他の業務プロセス等の把握

　⓫(2)財務報告目的との関連性より，C23およびC24は，売上計上プロセスのコントロールの補完統制として機能する場合があるため，入金プロセスは売上計上プロセスと関連性が高いと判断した。

506

第15章 【プロセス5】キーコントロールの構築と選定の文書化

　なお，キーコントロールの運用状況は，統制実施者の押印の有無の確認等の形式的なチェックだけではなく，管理者に対する質問等（文書の確認を含む。）により，統制実施者が統制内容や目的を理解しているかを確認して検証される。統制実施者が理解すべき内容は，すなわち，【プロセス5】❶から⓬の検討内容となる。

● 補論
①　販売プロセスの全体像

　販売プロセスは，一般に，受注，出荷，売上計上，請求，入金管理，そして，滞留管理と債権評価（貸倒引当金の設定等）のサブプロセスから構成される。

　［検討例3］本論では，売上債権の回収期間が比較的短期で，内金入金がなく精算されるため，個別消込が容易であるとの前提を置き，滞留管理と債権評価（貸倒引当金の設定等）は対象外とした。すなわち，検討を売上計上の適切性に絞るため，顧客の事情による回収遅延の発生は対象外としたが，通常の実務では，顧客の事情による回収遅延・回収不能リスクは重要な検討対象となる。その場合は，与信管理を含む受注，そして，滞留管理と債権評価（貸倒引当金の設定等）のサブプロセスにおける内部統制の検討が重要になる。

　なお，収益認識の論点が比較的多数存在するビジネスモデル・業種においては，売上計上の適切性のために受注段階のチェックが重要になる。別個の財またはサービスか否かや本人と代理人の区分，変動対価の検討等が該当する。

②　売上高の期間配分の適切性

　販売取引は，一般に入金により完結するため，入金の事実は，売上高や売掛金の実在性を検証する際の有力な情報の1つとなる。

　［検討例3］本論では，売上債権の回収期間が比較的短期で，決算作業中に決算月までの入金の事実を確認できる前提を置いたが，そうでない場合は，売上高の期間配分の適切性を確保する内部統制が重要になる。換言すれば，期中の売上高の実在性と網羅性は，入金の事実（未入金と過入金を含む。）により結果的に検証可能である場合が多いが，回収条件によっては，決算月前の数カ月の売上高については，事情が異なるということである。また，不正な財務報告は，公表した事業計画等の達成状況を踏まえ決算月前の数カ月で実行される事例が多いことにも配慮して，売上高の期間配分の適切性を検討する必要がある。

507

PART Ⅲ　6つの重要プロセスに関するポジション・ペーパーの検討例

(2)　売上計上プロセス（架空・押込み売上リスク）
【ポジション・ペーパー5】キーコントロールの構築と選定

内部統制の文書化要件	業務フロー	≪ステップ1≫業務プロセスの特徴の把握 　　　　　　（検討項目❶❷と❸～❻） ≪ステップ2≫トップダウン型のリスク・アプローチ 　　　　　　による構築（検討項目（❼❽❾） ≪ステップ3≫キーコントロールの選定と十分性の 　　　　　　確認（検討項目❿⓫⓬）		
	役割分担	検討項目	主担当	関連部門等
		❶❷	●経理部門	・業務部門
		❸～⓬	●業務部門	・経理部門
	リスク	【プロセス1】❶キーガバナンスポイントの財務報告上の リスク（誤謬リスクと不正リスクシナリオ）を参照する。		
成果物		売上計上プロセスにおけるキーコントロールの構築・ 選定の過程，根拠と結論		
結論と検討過程・根拠および関連する内部統制		[結論]❿ [検討過程・根拠]❶❷と❸～❻，❼❽❾，⓬		

● 3つのステップと12の検討項目

≪ステップ1≫　業務プロセスの特徴の把握（検討項目❶～❻）

＜全社的なリスク＞（❶❷）

❶　【プロセス1】事業計画の策定・管理

●財務報告の信頼性に与える影響の検討

　売上計上プロセス（受注・出荷・売上計上・請求）を検討するに際して，まず，「全体俯瞰の視点」で企業の内部統制全体を概括する。常に，このような視点を持って検討することが，実効性と効率性が高く，かつ合理的なキーコントロールの選定につながる。

　➤全社的な内部統制

　請求済未出荷契約の濫用による架空の預り売上や押込み売上等の意図的な売上の過大計上のリスクに対しては，業務プロセスにおける個々のコントロール

508

第15章 【プロセス5】キーコントロールの構築と選定の文書化

はもちろん，全社的な内部統制（特に統制環境やモニタリング）が重要である。

➤ 入金管理プロセスにおける内部統制

売掛金の期日管理は，期日に入金されていない売掛金の未入金理由を調査することで，売上計上プロセス（受注・出荷・売上計上・請求）の内部統制の不備の補完統制として機能する場合がある。

➤ 実地棚卸プロセスにおける内部統制

システム上の製品在庫数量と実在庫数量の照合は，棚卸差異を調査することにより，売上計上プロセス（受注・出荷・売上計上・請求）の内部統制の不備の補完統制として機能する場合がある。また，特に，架空の預り荷売上リスクに対して有効なコントロールが存在する。

● 当社の気風と予算達成のプレッシャー

取扱い製品の性質から景気の変動を受けやすいが，従来，業界でのシェア拡大と販売数量の増加を経営目標としていたため，企業内に売上を重視する気風が形成されている。売上重視の気風は，役員を含む企業の構成員のモチベーションの向上に寄与する反面，予算達成の過大なプレッシャーとして作用するリスクも存在すると認識している。

❷ 【プロセス2】会計基準の適用，【プロセス3】開示目的に照らした注記，【プロセス4】有価証券報告書の記述情報等の開示

● 出荷基準と請求済未出荷契約

【プロセス2】，【プロセス3】，【プロセス4】の検討結果（抜粋）の会計処理の方針を参照する。

● 売上計上の事業上の意義

経営陣は，売上は，計上されるだけでは意味がなく，回収されて初めて，企業の事業活動として意味（意義）を持つことの理解をグループ内に徹底させたいと考えている。

経理部門責任者は，❶❷の内容を営業部門責任者に説明する。営業部門責任者は，請求済未出荷契約の濫用による架空の預り売上や押込み売上のような顧客の購入の意思のない売上計上は，不正な財務報告である旨を理解する。

検討例3

509

PART Ⅲ　6つの重要プロセスに関するポジション・ペーパーの検討例

＜業務プロセスのリスク＞　（検討項目❸～❻）

❸　業務の特徴

金額的重要性	前期の連結損益計算書の売上高のほぼすべてを当該拠点及び当該プロセスが占めており，当該プロセスの金額的重要性は高いと判断された（当期においても重要な変動は見込まれない）。
サブプロセス	(1)　受注 ●この業界ではメーカーごとに系列化された流通システムが形成されており，販売会社からの受注についてメーカーの恣意的な圧力が効きやすい。なお，資本関係がない販売会社も存在する。 (2)　出荷 ●製造段階から出荷まで製品在庫はロット別管理されている。 (3)　売上計上 ●売上計上基準は出荷基準を採用し，例外的に「請求済未出荷契約」が発生する（【プロセス2】，【プロセス3】，【プロセス4】の検討結果（抜粋）参照）。 ●売上目標の過度な追求が，請求済未出荷契約の濫用による架空の預り売上や押込売上等につながるリスクを十分認識しており，全社的な内部統制を構築，整備・運用する際に留意している。 (4)　入金管理 ●得意先ごとに回収条件が明確になっており，主に末締め翌月末の銀行振込である。 ●売掛金の入金については，取引ごとの個別消込が行われている。 ●回収条件が比較的短期で，内金入金がなく売掛金が精算されるため，個別消込が適切に実施されているか否かのチェックが比較的容易である。
職務分掌	受注，マスタファイル管理から，出荷・在庫管理，請求，売上計上等，入金管理まで，職務分掌が適切である（(1)入金プロセス参照）。

❹　IT の利用状況

● 適用業務システム

　販売管理システム（売上データの生成と納品管理）

● 業務システム間のインターフェース

第15章 【プロセス5】キーコントロールの構築と選定の文書化

(1) 売上データの生成
　・受注システムの受注データが販売システムに転送される。
　・生産管理システムへの出荷入力により，販売システムのデータに出荷日が付与される。
　・販売システムでの確定処理により，売上データが生成される。
(2) 製品データの管理
　・生産管理システムで製品の数量管理（個別管理）を実施している。
(3) 販売先からの納品データの取得
　・当社の販売管理システムと接続している顧客は，顧客の納品入力により納品日が確認できるが，先方の都合で納品入力が遅れる場合がある。また，同システムと接続していない顧客が存在する。
● 会計システムとのインターフェース
(1) 売上データの会計システムへの反映
　・確定処理された売上データは，日次で販売システムから会計システムへ夜間にバッチ処理される。
(2) 請求済未出荷契約データの生成と会計システムへの反映
　・「請求済未出荷契約」の売上処理は，会計システムに直接手作業で入力される。
　・「請求済未出荷契約」は，販売システム外で得意先ごと品目ごとの管理簿が作成され，売上計上・出荷・在庫・入金等の状況がモニタリングされている。

❺　質的重要性と過年度の発見事項等

質的重要性	● 売上の計上根拠を客観的に示すのが難しい「請求済未出荷契約」 ● 販売会社への恣意的な圧力
過年度の発見事項等	● 直近期の外部監査人の財務諸表監査で，「請求済未出荷契約」の計上要件が不明確であるとの指摘があり，関連する内部統制を構築・整備した。

511

PART Ⅲ　6つの重要プロセスに関するポジション・ペーパーの検討例

❻　会計処理のため必要になる情報等

（出荷基準）

● 出荷データ

● 納品データ（出荷基準の適用要件を満たしていることを確認するため，また，押込み売上への牽制および押込み売上が発生した場合に原則に立ち返るため）

（請求済未出荷契約）

● 請求済未出荷契約に関する契約書

● 顧客からの個別の発注書兼保管依頼書

● 請求済未出荷契約に関する棚卸資産の管理方針

● 実地棚卸結果

≪ステップ２≫　トップダウン型のリスク・アプローチによる構築（検討項目 ❼❽❾）

❼　リスクの識別と評価

　リスクは識別しないと対応できないため，リスクの識別は網羅的に行う必要がある。したがって，業務プロセスをサブプロセスに分解し，サブプロセスごとにアサーション[2]という切り口を通して，財務報告の信頼性を阻害するリスクを識別して統制を構築して対応することになる（文書化３点セット[3]の作成）。

　売上計上プロセスは，企業の営業活動上最も重要なプロセスである。それ故に多様なリスクが識別されるが，識別されたリスクの中には，財務報告の信頼性に係るリスクと業務の有効性・効率性に係るリスクとに区分するのが難しいものもある。また，高，中および低の評価を行う際，主観を完全に排除するのは困難である。

　したがって，リスクの厳密な区分・評価にこだわらず，識別しているリスクのうち，財務報告上，高リスクとして慎重に対応すべきリスクを特定し，残りのリスクはすべて中リスクとして検討することが合理的である。また，中リスクについては，受注，出荷，売上計上および請求といったサブプロセス単位で

2　リスクを整理するための概念である実在性，網羅性，権利と義務の帰属，評価の妥当性，期間配分の適切性および表示の妥当性をいう。

3　業務の流れ図（フローチャート），業務記述書，および，リスクと統制の対応（リスク・コントロール・マトリクス）

512

第15章 【プロセス5】キーコントロールの構築と選定の文書化

キーコントロールを選定するのではなく，効率的にリスクとコントロールを対応させる観点から，サブプロセスにこだわらず，大きな視点でリスクをまとめて対応する。

　中リスクに対しては，コントロール実施者がリスクを意識しなくても所定の手続に従って業務を実施すれば，リスクを低減できるように業務を定型化し，その上位者は，コントロール実施者の業務の実施状況，非定型的な事象等の発生の有無，そして高リスクへの対応に注力することが内部統制の実効性を高める。

　その際，内部統制報告制度対応における文書化3点セットのうち，特にリスクと統制の対応（リスク・コントロール・マトリクス）が，上位者が管理・監督すべきリスクやコントロールを特定するために役立つ。

● 識別

　業務プロセスのリスクについては，業務プロセスをサブプロセスに分解し，サブプロセスごとにアサーションを切り口に財務報告の信頼性を阻害するリスクを識別する。文書化3点セットを用いてリスクを識別し，対応する統制（コントロール）を構築する。

● 評価

(1) 全社的なリスク

　販売予算達成のための架空の預り売上（請求済未出荷契約の濫用）や系列店への圧力による押込み売上（出荷基準の濫用）

(2) 業務プロセスのリスク

	内　　　　容
対象外	―
高リスク	架空の預り売上・押込み売上リスク
低リスク	―
中リスク	不適正な売上データの生成リスク 売上データの会計システムへ反映を誤るリスク

　高リスクを架空の預り売上・押込み売上リスクとし，残りのリスクはすべて中リスクと評価するが，中リスクは❸業務の特徴と❹ITの利用状況に基づき，

513

PART III　6つの重要プロセスに関するポジション・ペーパーの検討例

売上データの生成と会計システムへの反映の2つにまとめる。

❽　高リスクの根拠

1．全社的なリスク（経営者等による不正リスクシナリオ）

　経営者と営業部門責任者が，公表した事業計画の達成のため，入金による発覚が遅れる期末前の数カ月で，架空の預り売上や押込み売上を指示し，営業部門と物流部門が実施する売上の過大計上を図る。従来からの市場シェア拡大のための売上高偏重の経営方針がそれを正当化する。

2．業務プロセスのリスク

　売上の計上根拠を客観的に示すのが難しい「請求済未出荷契約」と販売会社への恣意的な圧力といった質的重要性の存在と，直近期の外部監査人の財務諸表監査で，「請求済未出荷契約」の計上要件が不明確であるとの指摘があり関連する内部統制を構築・整備した事実に鑑み，架空の預り売上・押込売上に関するリスクを高リスクと評価する（❺参照）。

❾　5類型による内部統制の構築

No.	コントロール内容	類　型				
		定*1／非定*2	根拠*3	正・網*4	分掌*5	上位／下位*5
C11	受注データの転送（IT業務処理統制） 　売上データとして必要になる情報のうち，売上日（出荷日）以外の情報は受注段階でチェックされたものが受注システムから販売システムに転送される。	定	○	○	―	下位
C12	売上データと出荷データ等の照合 　出荷入力担当者以外の者が受注システムまたは生産管理システムにより出力された「受注伝票」お	定	○	○	○	下位

514

	および「出荷伝票」（出荷日が記載）と，販売システムの売上データ（確定前）を照合し，売上の確定処理を行う。					
C13	売上データのバッチ処理（IT業務処理統制） 　確定処理された売上データは，販売システムから会計システムへ夜間バッチ処理される。	定	○	○	—	下位
C14	納期の期日管理 　納期が到来しているにもかかわらず売上未計上の受注については，毎日「納期遅延リスト」が出力され，原因が分析される。	非定	○	○	○	上位
C15	請求済未出荷契約取引開始の承認 　請求済未出荷契約取引を新たに開始する際は，「請求済未出荷契約取引開始申請書」に営業部上席者の承認が必要となる。	非定	○	—	○	下位
C16	請求済未出荷契約伝票と発注書兼保管依頼書照合 　経理部では，営業部上席者により承認された「請求済未出荷契約伝票」に対応する「発注書兼保管依頼書」が添付されていることを確認の都度，「請求済未出荷契約伝票」を会計システムへ手作業で入力する。	非定	○	○	○	下位
C17	売上高・売掛金の分析的検討 　営業部上席者は，月次で売上高の予算比較・前年同期比較，売掛金の回転期間分析を実施し，一定金額以上の増減について合理的な	定	○	○	○	上位

PART III　6つの重要プロセスに関するポジション・ペーパーの検討例

	理由があるかどうかを検討する。検討資料は毎月の営業会議で報告・承認される。					
C18	請求済未出荷契約のモニタリング 　営業部上席者および経理部上席者は，売上計上日，出荷日，出荷数，在庫数および入金日が記載された「請求済未出荷契約管理簿」を毎月末に査閲・承認する。	非定	○	○	○	上位
C19	返品状況のモニタリング 　営業部上席者および経理部上席者は，翌月または翌期の返品状況を管理資料によりモニタリングする。営業部上席者は，返品理由を確認し返品の承認を行う。また，経理部上席者は，必要に応じて返品理由を営業部上席者に問い合わせる。	非定	○	○	○	上位
C20	販売システムと会計システムの整合性確認 　経理部は，販売システムと会計システムの整合性を検討し，経理部上席者がその結果を査閲・承認する。	定	○	○	○	上位

＊1　定型化，＊2　非定型的要素の特定と対応，＊3　取引，判断過程や見積りの根拠の記録・保存，＊4　情報の正確性と網羅性のチェック，＊5　職務分掌

　識別しているコントロールを上位コントロールと下位コントロールに階層分類し，リスクごとにキーコントロールを選定していく。ここで，上位者（適切な管理者のみならず，経理部門も含む）によるモニタリングを上位コントロール，IT業務処理統制および担当者レベルのコントロールを下位コントロールに分類する。

第15章　【プロセス5】キーコントロールの構築と選定の文書化

≪ステップ3≫　キーコントロールの選定と十分性の確認（検討項目❿～⓬）

❿　キーコントロールの選定

❼リスクの識別と評価 ❽高リスクの根拠		❾5類型による内部統制の構築		
リスク		上位コントロール	下位コントロール	
評価	内容	分析，モニタリング等	IT業務処理統制	手作業による統制
高リスク	● 架空の預り売上リスク（請求済未出荷契約の濫用） ● 押込み売上リスク（販売会社への圧力行使）	C17　売上高・売掛金の分析的検討 C18　請求済未出荷契約のモニタリング C19　返品状況のモニタリング	―	―
中リスク	不適正な売上データ生成のリスク		―	―
	売上データの会計システムへの反映を誤るリスク	C20　販売システムと会計システムの整合性確認	―	―

検討例3

● 架空の預り売上・押込み売上リスク（高リスク）と不適正な売上データ生成
　リスク（中リスク）への対応

　架空の預り売上・押込み売上リスクは，意図的な売上の過大計上であり，ま
ず，全社的な内部統制，特に，統制環境が重要となる。なぜなら，組織内の者
の行動を望ましい方向に導くために構築，整備・運用されるのが統制環境だか
らである。たとえば，架空の預り売上や押込み売上は「会計不正」である旨の
周知・徹底（財務報告の基本方針の周知・徹底）や過度な業績連動給としない
配慮（従業員等の勤務評価）などが必要となる。

　そして，業務プロセスにおける内部統制においても，まず，全社的な内部統
制の権限と職責の観点から，誰がこれらのリスクを管理すべきかを検討する。
架空の預り売上・押込み売上および売上データの生成について一義的な責任を

517

負うのは，通常，営業部上席者である。そこでまず，営業部上席者によるC17（売上高・売掛金の分析的検討）がキーコントロール候補となる。また，架空の預り売上リスクについては，C18（請求済未出荷契約のモニタリング）が，押込み売上リスクについては，C19（返品状況のモニタリング）が，重要な異常がないことを確かめるコントロールとして有効であり，これらもキーコントロール候補とする。

なお，入金管理プロセスの売掛金の期日管理（C24）は，架空の預り売上・押込み売上・リスクにも有効に機能する場合がある。ただ，そのためには，期日に入金されていない売掛金について，その後の代金の回収だけで満足するのではなく，なぜ入金が遅れたのか，自社側の事由（特に，架空の預り売上や押込み売上）ではないかといった視点での入金されていない理由の検討が必要である（(1)入金プロセス参照）。

● 売上データの会計システムへの反映を誤るリスク（中リスク）への対応

権限と職責の観点から，当該リスクの一義的な管理責任を有するのは，通常，経理部上席者である。また，売上データを会計システムへ反映する際には，販売システムからの自動バッチ処理だけではなく，手作業での入力が存在することも考慮し，C20（販売システムと会計システムの整合性確認）をキーコントロール候補とする。

なお，このケースでは，請求済未出荷契約は，会計システムに直接手作業で入力される。したがって，請求済未出荷契約高は，販売システムと会計システムの差異として顕在化するため，C20は，架空の預り売上リスクに対する経理部の牽制としても機能する。

⓫ キーコントロールの十分性の確認（デザインの検討）

検討対象 C17，C18，C19

高リスク	架空の預り売上リスク（請求済未出荷契約の濫用） 押込み売上リスク（販売会社への圧力行使）
中リスク	不適正な売上データ生成のリスク
上位コントロール	C17　売上高・売掛金の分析的検討 C18　請求済未出荷契約のモニタリング C19　返品状況のモニタリング

第15章 【プロセス5】キーコントロールの構築と選定の文書化

上位コントロールの十分性	(1) 高リスクへの対応 架空の預り売上・押込み売上リスクには，全社的な内部統制，当該プロセスC17，C18，C19およびC20（販売システムと会計システムの整合性確認），C13（入金管理プロセスの銀行預金の残高確認）およびC24（売掛金の期日管理），ならびに実地棚卸プロセスの取引先からの「保管依頼書」の入手（3製造業③のC38）等が相互に連係して対応している。
	(2) 財務報告目的との関連性 過去に，C17によって売上の計上もれや売上の二重計上が発見されたことがあり，虚偽記載が発生しているかもしれないといった視点で当該コントロールは実施される。 C18は，請求済未出荷契約の要件の明確化の一環で構築・整備されたコントロールである。 C19の返品理由の検討は，押込み売上リスクを考慮して実施される。
	(3) タイミング・頻度 C17は，通常月では月次決算後に実施されるが，決算月では決算確定前に実施されており，当該コントロールの実施によって発見された虚偽記載は決算に反映できる。 C18およびC19は，月次決算業務として実施される。
	(4) 精度 C17の売上高の前年同期比較・予算比較は，取引先別分析，製品グループ別単価分析（販売数量との整合性の検討）および利益率分析（売上原価との整合性の検討）が実施される。売掛金の回転期間分析は，C24（入金管理プロセスの売掛金の期日管理）と併せて実施される。また，分析すべき基準値が定義されており，営業会議で厳格な質疑応答が行われるため，事前に部内で詳細に検討される。その際には，たとえば，売上計上根拠の確認（出荷の事実や納品日の確認等）まで実施される場合がある。 C18およびC19では，経理部上席者の査閲・承認や営業部上席者への問い合わせが，営業部上席者のモニタリングに対する牽制として機能する。

検討例3

519

PART Ⅲ　6つの重要プロセスに関するポジション・ペーパーの検討例

(5)　下位コントロールの整備・運用状況

稀ではあるが，C12（売上データと出荷データ等との照合）やC14（納期の期日管理）のエラーに起因する二重計上や売上の計上もれが発生し，C17または，入金管理プロセスのC23（銀行預金の残高確認）およびC24（売掛金の期日管理）により発見されたことがある。

(6)　実施者の能力等

職制上の管理者が担当者のコントロールを管理・監督しており，職務分掌上問題はないと判断できる。

営業部上席者は日次の取引高もレビューしており，営業の状況に関する十分な情報・知識を有している。また，請求済未出荷契約については，取引の開始から関与し，個別の取引の承認も行う。

また，営業部上席者は，上記❶から❿（特に❼❽）を十分理解しており，たとえば，回収条件から月末のあるべき売掛金残高を把握している。また，期中取引は，C24（売掛金の期日管理）等で相対的にリスクは低減されており，期末付近の取引のほうがリスクは高いことを理解している。

そして，営業部上席者は上記(1)～(5)を認識して，当該コントロールを実施している。したがって，たとえば，売上高・売掛金の分析資料が，総勘定元帳上の売上高勘定および売掛金勘定と整合していることを自ら，または担当者に確認の後，これらの資料を査閲する。また，売上高・売掛金の分析の際には，取引価額の妥当性，不適正な利益操作の有無，不動品の販売があれば，販売先・販売理由の調査や取引先と製品アイテムの整合性の検討，取引量・頻度の異常性チェックを行い，新規取引開始先には十分留意する（場合によっては売上計上根拠資料まで遡る）。さらに，当該コントロールにより，虚偽記載が発見されれば，適時修正するとともに，原因を調査し必要な改善策（担当者レベルのコントロールの改善等）を講じる。

| 下位コントロールの追加の要否 | 不要と判断した。 |

第15章 【プロセス5】キーコントロールの構築と選定の文書化

財務報告上のリスクへの対応の網羅性	上記❼では，個別の中リスクを明示せず，詳細な検討は行わなかったが，すべての高リスク，中リスクに対して，選定したキーコントロールで十分に対応できているか，既存のリスク・コントロール・マトリクス等を利用して確認する必要がある。

検討対象C20

中リスク	売上データの会計システムへの反映を誤るリスク
上位コントロール	C20　販売システムと会計システムの整合性確認
上位コントロールの十分性	(1)　高リスクへの対応 　該当なし。
	(2)　財務報告目的との関連性 　販売システムと会計システムの差異は，通常，請求済未出荷契約の計上分であり，それ以外の差異が発生する場合は，虚偽記載や内部統制の不備につながるものではないかといった視点で検討される。
	(3)　タイミング・頻度 　毎月実施されており，経理部上席者の承認がなければ，月次決算は終了しない。
	(4)　精度 　販売システムと会計システムの差異は，すべて原因が調査され，差異の根拠資料の確認が行われる。
	(5)　下位コントロールの整備・運用状況 　経理部担当者は，上記(1)〜(4)を理解しており，システム間で差異が発生した場合は，上席者が特別指示をしなくても，差異理由を自主的に調査する。
	(6)　実施者の能力等 　職務分掌上問題はない。そして，管理者は，上記❶から❿を十分理解しており，また，上記(1)〜(5)を認識して，当該コントロールを実施している。したがって，販売システムと会

検討例3

521

PART Ⅲ　6つの重要プロセスに関するポジション・ペーパーの検討例

	計システムの不一致理由を推察できる。また，当該コントロールにより，虚偽記載が発見されれば，適時修正するとともに，原因を調査し必要な改善策を講じる。
下位コントロールの追加の要否	不要と判断した。
財務報告上のリスクへの対応の網羅性	C17，C18，C19の検討を参照する。

　上記の検討により，上位コントロール（C17，C18，C19および C20）がキーコントロールに選定された。

⓬　関連性の高い他の業務プロセス等の把握

プロセス等	内容
全社的な内部統制	会計処理方針の周知・徹底，従業員等の勤務評価，内部監査部門等のコンサルティング機能
入金管理プロセス	銀行預金の残高確認，売掛金の期日管理
実地棚卸プロセス	保管依頼書の入手等

　なお，キーコントロールの運用状況は，統制実施者の押印の有無の確認等の形式的なチェックだけではなく，管理者に対する質問等（文書の確認を含む。）により，統制実施者が統制内容や目的を理解しているかを確認して検証される。統制実施者が理解すべき内容は，すなわち，【プロセス5】❶から⓬の検討内容となる。

　また，運用状況の評価に際して，内部監査部門等は，保証機能はもちろん，特に高リスクについてコンサルティング機能を発揮することが期待される。すなわち，質問等を通じて，架空の預り売上や押込売上は「会計不正」である旨を企業内に周知徹底することが望まれる。

● 補論
① リスクをまとめて検討する意義
　［検討例2］(2)売上計上プロセス（架空・押込み売上リスクとコントロール）

522

第15章 【プロセス5】キーコントロールの構築と選定の文書化

　本論では，重要な財務報告上のリスク，すなわち，財務諸表の重要な項目に虚
偽記載が生じるリスクにフォーカスすべきことを示すため，販売プロセスの詳
細なリスクの識別は省略し，高リスク以外は中リスクとしてまとめての対応を
検討している。

　内部統制報告制度への対応では，文書化3点セットを使って，サブプロセス
単位でリスクを識別し，対応する内部統制を検討する一方，内部統制構築の実
務では，企業の主要な事業における販売プロセスは，反復継続して行われる企
業活動の根幹であり，リスクと統制の目的や内容を特別意識しなくても，所定
の手続やシステムに従って業務を実施すれば，結果としてリスクが低減できる
ように内部統制を定型化すると考えられる。もちろん，定型化した内部統制が
そのとおり運用されることは重要であるが，重要な財務報告上のリスクとの関
係では，定型化できない非定型的要素の特定と対応，(2)売上計上プロセス（架
空・押込み売上リスクとコントロール）本論でいえば，架空の預り売上（請求
済未出荷契約の濫用）や押込み売上リスク（販売会社への圧力行使）への対応
のほうが重要である。

　ここでは，管理者の日常的モニタリングの内容として，定型化した業務のモ
ニタリングと非定型的な要素の特定およびその対応を想定し，特に後者の重要
性を示す趣旨で，高リスク以外の販売プロセスの詳細なリスク識別の解説を省
略している。

②　収益認識のその他の論点

　当該ビジネスモデルでは，本論で取り上げた請求済未出荷契約と出荷基準の
論点以外に，販売店が消費者に対して行う値引きの一部を企業が負担する取引
や数量リベートといった変動対価の論点，品質保証かあるいは保証サービスか
といった財またはサービスに対する保証の論点が通常存在すると考えられるが，
便宜上，これらの論点の検討は省略している。

　収益認識会計基準の導入により，従来曖昧だった論点が明確化されている。
基準対応時に関連する業務プロセスと内部統制の検討・見直しが実施されてい
なければ，本来業務プロセスで対応すべきところを決算・財務報告プロセスで
対応している場合も考えられる。または，論点自体が把握できていない場合は，
会計処理誤りに気付かずに財務報告している可能性も否定できない。

　収益認識は，ビジネスモデルの重要な一部であり，ビジネスモデル，収益認

523

PARTⅢ　6つの重要プロセスに関するポジション・ペーパーの検討例

識会計基準，会計処理，開示，といった全社的な内部統制から販売プロセスに係る内部統制への一連のつながりの検討が特に重要になる。たとえば，【プロセス1】から【プロセス4】，そして，【プロセス5】の検討を改めて実施することが有益と考えられる。

③　収益認識会計基準に関する7つの素朴なギモン

　素朴なギモンとは，一般的な理解に対する疑問の投げかけをいい，本書では，理解を深めるヒントとして活用する。誤解[4]も，実は本質をとらえていることがあり，実際の内容を理解する糸口となる場合がある。

　販売プロセスは必ず，内部統制報告制度の対象になる。たしかに収益認識会計基準は，理解の難しい面はあるが，企業の販売プロセス，さらに言えば，ビジネスモデルと財務情報をつなげるカギとなる。収益認識会計基準の適用をきっかけにして，自社のビジネスモデルを，経理部門だけでなく，企業の内と外のあらゆるヒトに浸透させることはとても大事である。以下に，収益認識会計基準の理解を深めるための7つの素朴なギモン，誤解とその実際を示す。

［素朴なギモン1］収益認識は，5つのステップを暗唱できればよいのか

【誤解】
収益認識は，5つのステップと各論点を暗記して，取引に適用すれば，会計処理を決定できる。
【実際】
収益認識会計基準の理解のためには，論点ベースの理解の前に，5つのステップの理解が重要になる。5つのステップの順序は重要であるが，もっと重要なのは，ステップ間の関係である。それは，会計基準の構成が，5つのステップではなく，ステップ間の関係を反映したものになっていることからも明らかである。 　また，5つのステップの表面上は出てこない別個の財またはサービスか否かの判定と，支配の定義およびその移転の有無の判定が，あらゆる論点の基礎となるため重要である。

4　「誤解」は，「内部統制報告制度に関する11の誤解」（金融庁総務企画局2008年）に対するオマージュである。

524

第15章 【プロセス5】キーコントロールの構築と選定の文書化

［検討例1］，［検討例2］参照。

［素朴なギモン2］別個の財またはサービスか否かは何のために実施するのか

【誤解】
　収益認識の単位である履行義務が複数か，または単一かの検討のためだけに実施し，履行義務が複数である場合，独立販売価格に基づく取引価格の配分が必要になる点に判定の意味がある。

【実際】
　それだけではなく，財またはサービスの内容を明確にすることにより，企業が顧客に提供する履行義務の内容を明らかにする（基準32(1)(2)）。そして，財またはサービスの性質，すなわち，履行義務の性質が，たとえば，本人と代理人の区分，返金が不要な契約における取引開始日の顧客からの支払，財又はサービスに対する保証，ライセンスの供与，そして，契約変更等の検討の基礎となり（指針37，42(1)，52，53，61，62，基準30），特に，履行義務を充足する時点（収益を認識する時点）を決定する（基準38(1)(2)(3)①②）。

　この点も考慮し，会計基準は，履行義務の内容を，企業が顧客に移転することを約束した財またはサービスの内容とし（基準80-14），履行義務の内容と当該履行義務が充足される時点（収益を認識する時点）の2項目を，財務諸表利用者の収益に対する理解可能性を高めるために最も有用となると考えられるため重要な会計方針で少なくとも注記すべきと定めていると考えられる（基準80-2(1)(2)，163）。

［検討例1］，［検討例2］参照。

［素朴なギモン3］旧工事進行基準の適用は，従来の実務と同じか

【誤解】
　「工事進行基準」の名称は廃止されたが，計算方法は従来どおりであるため，従来の実務と変更はない。

検討例3

525

PART Ⅲ　6つの重要プロセスに関するポジション・ペーパーの検討例

【実際】
　収益認識会計基準では，履行義務の性質に基づき，一定の期間にわたり収益を認識するか，あるいは，一時点で収益を認識するかを判定する（基準38(1)(2)(3)①②）。工事契約の成果の確実性に基づき，工事進行基準を適用するか，あるいは，工事完成基準を適用するかを判定していた工事契約会計基準（工事基準9）とは，考え方が大きく異なる。その結果，工事契約会計基準では認められていなかった原価回収基準が，収益認識会計基準では，一定の要件の下で適用される（工事基準54，基準45）。

［検討例2］参照。

［素朴なギモン4］出荷基準の適用は，従来の実務と同じか

【誤解】
　出荷基準は代替的な取扱いで認められているため，従来の実務と変更はない。

【実際】
　出荷基準等を採用する場合においても，商品または製品の支配が顧客に移転される時を明確にし，出荷から支配移転の一時点までの期間が通常の期間であることを確認する必要があり，また，国内販売においてしか認められない（指針98）。
　国内販売であれば，恣意的な事情等，特別な理由がなければ，出荷から支配移転の一時点までの期間が，数日間程度であることは当然である（指針171）。この数日間程度の要件は，押込み売上等，企業側の恣意的な事情等により，出荷から支配移転の一時点までの期間が数日間程度を超過する収益認識は認められず，そのリスクに対して企業が対処すべき旨を確認するために設定されていると考えられる。

［検討例1］，［検討例3］参照。

［素朴なギモン5］本人と代理人の区分は，収益認識の5つのステップのうち，
　　　　　　　　どのステップの論点か

第15章 【プロセス5】キーコントロールの構築と選定の文書化

【誤解】

　本人と代理人の区分により，収益認識の総額または純額が判定されるた
め，当該区分は，ステップ3（取引価格の算定）に関する論点である。

【実際】

　本人と代理人の区分は，顧客との約束の性質により判定される（指針39,
40）。具体的には，顧客に提供する財又はサービスを特定し，当該財また
はサービスを顧客に提供する前に企業が支配しているか否かにより，自ら
提供する履行義務か，または他の当事者によって提供されるように手配す
る履行義務かを判断するため，ステップ2（契約における履行義務の識別）
の論点である。

　したがって，いわゆる3つの指標，すなわち，主たる責任，在庫リスク，
そして，価格設定の裁量権は，支配移転の有無の判定を行う際の考慮指標
の例示にすぎず，その考慮の前に，顧客に提供する財またはサービスの特
定と，当該財又はサービスを顧客に提供する前に企業が支配しているか否
かの検討が必要になる（指針136）。

検討例3

［素朴なギモン6］収益認識基準でも，取引価格が確定していない場合，収益
　　　　　　　　を認識しないか

【誤解】

　取引金額が確定していないため，金額が確定するまで保守的に収益を認
識しない。

【実際】

　取引金額が確定しないことが，収益を認識しない理由とはならない。収
益の認識時期は，履行義務の性質に基づき，一定の期間か，または一時点
かが決定される（基準38(1)(2)(3)①②，39）。契約が識別されていれば，取
引価格が確定していなくても，取引価格を見積り（基準46，47，48(1)），
当該金額に基づき履行義務の充足に従って収益を認識することとなる。

　たとえば，契約変更において，契約の変更は合意されていても，取引価
格が合意されていなければ，取引価格を見積もって，履行義務の充足に
従って収益を認識する必要があり（基準29），また，取引価格が見積もれ
ないため進捗度が見積もれない場合でも，発生費用の回収が見込まれれ

527

ば，原価回収基準で収益を認識することになる（基準45）。第14章第2節
(2)【ポジション・ペーパー】会計基準の適用≪ステップ2≫会計処理方針
の決定参照。

　ただし，変動対価の見積りの制限の有無の検討は必要であり，制限があ
る場合は，取引価格に含めることができない（基準54，指針25）。

［検討例2］参照。

［素朴なギモン7］収益認識は，会計処理の検討だけでよいのか

【誤解】
　収益認識は，会計処理の問題なので，収益認識会計基準等に従って，取
引内容を検討して，会計処理方針を決定すれば，それで充分である。

【実際】
　収益認識は，企業のビジネスモデルに他ならないため，会計処理は勿論，
注記と内部統制，経営戦略や事業計画，そして，有価証券報告書の記述情
報等の開示においても極めて重要である。
　安定的で適切な利益を計上し，その結果が株価に反映されるようにする
ためには，常にビジネスモデルの変革を試みる必要があると考えられるた
め，昨今の経営環境ではさらにその重要性は増す。
　収益認識は，経営戦略や事業計画に関する経営のメッセージを，企業の
内部と外部に対して首尾一貫して伝達するための核となる。また，不正な
財務報告の機会として利用される場合があるため，企業を取り巻く関係者
が，常に留意すべきものである。さらには，習得した収益認識に関するナ
レッジ（知見とノウハウ）を新しい局面で積極的に活用したほうが，その
理解は深まる。

［検討例1］，［検討例2］，［検討例3］参照。

　詳細は，拙著『収益認識のポジション・ペーパー作成実務　開示・内部統制
等への活用』（2021年　中央経済社）を参照されたい。

　収益認識会計基準は，企業のビジネスモデルを会計的に表現するための基準

第15章 【プロセス5】キーコントロールの構築と選定の文書化

であり，また，進捗度の見積りや変動対価では将来の不確実性を伴う場合がある。収益認識は，株主を含む投資家の関心のもっとも高い情報の1つである。不正な財務報告の対象となる場合も多く，監査人は財務諸表監査において収益認識に不正リスクを推定する。企業にとっては，事業運営の根幹となる事業計画は，企業の収益認識基準をもとに策定され，事業計画は，減損会計や繰延税金資産の回収可能性等，重要な会計上の見積りの検討の基礎となる。既存の事業はもちろん，新規の事業については，その都度検討が必要とされる。

　したがって，会計処理だけでなく，事業計画の策定・管理とその開示，そして，内部統制の大きな枠組みの中で，収益認識会計基準の位置づけや活用を考察することは，企業会計に関わる関係者すべてにとって有益と考えられる。

(3)　棚卸資産に至るプロセス
【ポジション・ペーパー5】キーコントロールの構築と選定

内部統制の文書化要件	業務フロー	≪ステップ1≫業務プロセスの特徴の把握 　　（検討項目❶❷と❸〜❻） ≪ステップ2≫トップダウン型のリスク・アプローチ 　　による構築（検討項目（❼❽❾） ≪ステップ3≫キーコントロールの選定と十分性の 　　確認（検討項目❿⓫⓬）		
	役割分担	検討項目	主担当	関連部門等
		❶❷	●経理部門	・業務部門
		❸〜⓬	●業務部門	・経理部門
	リスク	【プロセス1】❶キーガバナンスポイントの財務報告上のリスク（誤謬リスクと不正リスクシナリオ）を参照する。		
成果物		以下の棚卸資産に至る業務プロセスにおけるキーコントロールの構築・選定の過程，根拠と結論 　－実地棚卸プロセス 　－原価計算プロセス 　－購買プロセス		
結論と検討過程・根拠および関連する内部統制		[結論] ❿ [検討過程・根拠] ❶❷と❸〜❻，❼❽❾，⓬		

529

PART Ⅲ　6つの重要プロセスに関するポジション・ペーパーの検討例

● 3つのステップと12の検討項目

≪ステップ1≫　業務プロセスの特徴の把握（検討項目❶～❻）

＜全社的なリスク＞（❶❷）

❶ 【プロセス1】事業計画の策定・管理

● 財務報告の信頼性に与える影響の検討

　棚卸資産に至る業務プロセスでは，まず，「どこまでを評価対象とするか」が問題となる。実施基準でも，「棚卸資産に至る業務プロセスには，販売プロセスの他，在庫管理プロセス，期末の棚卸プロセス，購入プロセス，原価計算プロセス等が関連してくると考えられるが，これらのうち，どこまでを評価対象とするかについては，企業の特性等を踏まえて，虚偽記載の発生するリスクが的確に把えられるよう，適切に判断される必要がある。」とされている[5]。

　そこで，虚偽記載の発生するリスクを的確に把えられるように，棚卸資産勘定に至るプロセス全体を俯瞰するとともに，不正な財務報告における棚卸資産に関する虚偽記載の発生事例も考慮して，「どこまでを評価対象とするか」を検討する。

　棚卸資産の期末帳簿価額は，「数量」に「単価」を乗じて算定されるため，「数量」と「単価」に区分する。

　・「数量」については，実地棚卸プロセスが関連する。

　・「単価」については，2段階で検討する。すなわち，「取得価額の決定」と「期末評価」であり，「取得価額の決定」については，製品・仕掛品は原価計算プロセス，原材料は購買プロセスが関連する。

　・「期末評価」（「棚卸資産の評価に関する会計基準」（企業会計基準第9号））は，この検討例では対象外とする。

　実地棚卸プロセスでは，主に期末在庫の「数量」に係るリスク，原価計算プロセスおよび購買プロセスでは，棚卸資産の「単価」に係るリスクが重要となる。

　なお，当該検討例が採用する総合原価計算では，一期間における生産量について総製造費用を算定し，これを期間生産量と期末仕掛品数量で按分計算して製品単位当たり取得原価が算定される。総合原価計算を採用する場合，まず，

5　2023年改訂により，記載が本文から脚注へ変更され（実施基準Ⅱ.2.(2)②評価対象とする業務プロセスの識別イ.(注1)），企業の特性等を踏まえて，各企業が自主的・自律的に判断し，評価対象を決定すべき主旨がより明確にされた。

第15章 【プロセス5】キーコントロールの構築と選定の文書化

「数量」の検討が重要となるため，実地棚卸プロセスから検討を始める。

① 実地棚卸プロセス

≪ステップ1≫ 業務プロセスの特徴の把握（検討項目❶～❻）

＜全社的なリスク＞（❶❷）

❶ 【プロセス1】事業計画の策定・管理

●財務報告の信頼性に与える影響の検討

　実地棚卸プロセスでは，統一的な規程（実地棚卸要領）に従い実地棚卸が実施される体制の構築・整備が，さまざまなリスクに対応する上で重要となる。

　また，過年度における棚卸差異の発生状況は，入出庫業務等に係る内部統制の不備の有無の間接的な確認となる。したがって，特に❸業務の特徴において，これらの情報を入手する。

❷ 【プロセス2】会計基準の適用，【プロセス3】開示目的に照らした注記，【プロセス4】有価証券報告書の記述情報等の開示

●架空の預り売上と押込み売上のリスク

　売上の計上根拠を客観的に示すのが難しい「請求済未出荷契約」と販売会社への恣意的な圧力といった質的重要性と直近期の外部監査人の財務諸表監査で，「請求済未出荷契約」の計上要件が不明確であるとの指摘があり，関連する内部統制を構築・整備した事実に鑑み，架空の預り売上・押込み売上に関するリスクを高リスクと評価して実地棚卸プロセスの内部統制で対応する。

●棚卸資産管理システムに関する不正リスク

　システムのプログラム自体の改竄よりも，単価マスタの金額の改竄，数量の水増し入力，架空の品番コードによる架空在庫の入力によって棚卸資産を過大計上（利益を過大計上）する不正事例が多い。当該リスクについては，システムへのアクセス権限管理や変更管理の状況，例外的なマスタ変更・品番登録をモニタリングする内部統制で対応する。

　経理部門責任者は，❶❷の内容を実地棚卸プロセス責任者に説明する。実地棚卸責任者は，架空の預り売上と押込み売上のリスクと棚卸資産管理システムに関する不正リスクを防止するために，自身が留意すべき事項を理解する。

531

PARTⅢ　6つの重要プロセスに関するポジション・ペーパーの検討例

＜業務プロセスのリスク＞（❸～❻）

❸　業務の特徴

金額的重要性	前期末の連結貸借対照表の棚卸資産残高のほぼすべてを当該拠点および当該プロセスが占める（当期においても重要な変動は見込まれない。）。 　棚卸差異（プラス・マイナス絶対値の合計額）は僅少であり，また，在庫金額の1％未満である。
サブプロセス	(1)　棚卸方法 　● 実地棚卸要領が作成されており，従来から当該要領に基づき，棚卸が実施されている。 　● 一斉棚卸が第2四半期末と期末に実施される。 　● 在庫は，工場や営業倉庫で保管されており，複数の棚卸実施拠点が存在する。 　● 棚卸業務は自社で実施している（営業倉庫も自社で実施）。 　● 請求済未出荷契約（預り在庫）が存在する（(2)売上計上プロセス（架空・押込み売上リスクとコントロール）参照）。 (2)　棚卸差異の発生状況 （製品） 　● 製品は個別管理されており，棚卸差異は発生しない。帳簿上のロケーション誤りが発生する程度である。 （原材料・仕掛品） 　● 正式な棚卸以外に月次で棚卸が実施されており，在庫は整理・整頓されている。したがって，棚卸差異の原因調査が容易である。 　● 許容限度以上の棚卸差異が発生すれば，原因が調査され，入出庫業務の改善等が実施されるため，棚卸差異は減少傾向にある。
職務分掌	受注，マスタファイル管理から，出荷・在庫管理，請求，売上計上等，入金管理まで，職務分掌が適切である（(1)入金プロセス参照）。

532

第15章 【プロセス5】キーコントロールの構築と選定の文書化

❹ IT の利用状況

● 適用業務システム

　生産管理システム

● 業務システム間のインターフェース

(1)　実地棚卸データの生成

　　・実地棚卸の結果を生産管理システムに入力し，棚卸差異について生産管理システムから「在庫修正一覧」が出力される。

　　・「在庫修正一覧」の内容の確認後，必要な調整を行って在庫データ（数量および単価）を確定する。

　　・在庫確定処理後，数量および単価に基づき金額データが算定される。

(2)　製造データ（原材料・仕掛品・製品）の管理

　　・生産管理システムで仕掛品の工程管理および原材料・仕掛品・製品の数量管理を実施している（製品在庫はロット別管理されている）。

(3)　預り在庫データの管理

　　・請求済未出荷契約（預り在庫）を「請求済未出荷契約管理簿」（生産管理システム外）で管理している（(2)売上計上プロセス（架空・押込み売上リスクとコントロール）C18参照）。

● 会計システムとのインターフェース

(1)　実地棚卸データは，在庫確定処理後，算定された金額データが会計システムに転送される。

(2)　自社在庫ではない預り在庫は，「請求済未出荷契約管理簿」との照合結果を物流管理責任者が承認する。

❺ 質的重要性と過年度の指摘事項等

質的重要性	❸業務の特徴により，リスクが大きい取引，見積りや予測の要素および非定型・不規則な取引は識別されなかった。 　質的重要性は低いと判断された。ただし，「請求済未出荷契約」について質的重要性を認識している（(2)売上計上プロセス（架空・押込み売上リスクとコントロール）参照）。
過年度の指摘事項等	監査人との協議で他社の会計不正事例を踏まえて，棚卸資産管理システムに関する不正リスク（単価マスタや品番コード，数量の操作）に留意すべき旨を合意している。

533

PARTⅢ　6つの重要プロセスに関するポジション・ペーパーの検討例

❻　会計処理のため必要になる情報等
（実地棚卸）
- 実地棚卸結果
- 棚卸差異一覧表
- 在庫修正一覧

（架空の預り売上と押込み売上のリスクへの対応）
- 請求済未出荷契約に関する契約書
- 顧客からの個別の発注書
- 請求済未出荷契約に関する棚卸資産の管理方針
- 実地棚卸結果
- 請求済未出荷契約管理簿（自社在庫ではない預り在庫）

≪ステップ2≫　トップダウン型のリスク・アプローチによる構築（検討項目 ❼❽❾）

❼　リスクの識別と評価，❽　高リスクの根拠

1．全社的なリスク
- 不正リスクシナリオ（期末の架空の預り売上と押込み売上のリスク）
- 売上計上プロセスと連係する。
- 棚卸時の留意点（返品がないか，請求済未出荷契約の要件は満たしているか）

不正事例により不正ポイントの検証を整備状況の評価の一環として実施したが，従来のコントロールで対応できていると判断したため（C46等参照），高リスクとしない。

2．業務プロセスのリスク
従来から実地棚卸要領に基づき棚卸が実施されており，また，重要な棚卸差異は発生していない。したがって，当該プロセスでは，高リスクは特定されず（未出荷売上のリスクは除く），識別されているリスクをすべて中リスクと評価し，❹ITの利用状況に基づき，次の2つにまとめる。
- 期末棚卸資産の不適正な数量データの集計リスク
- 数量データの生産管理システムへの反映を誤るリスク

第15章 【プロセス5】キーコントロールの構築と選定の文書化

❾　5類型による内部統制の構築

No.	コントロール内容	類型				
		定*1／非定*2	根拠*3	正・網*4	分掌*5	上位／下位*5
C36	社内の立会 　経理部等によりすべての棚卸拠点への社内立会が実施される。	定	—	—	○	上位
C37	棚卸差異のモニタリング 　経理部では，許容限度以上の棚卸差異について保管部門へ発生理由を問い合わせる。また，経理部上席者は，棚卸差異をまとめた「棚卸差異一覧表」と在庫データの修正結果である「在庫修正一覧」を照合・承認する。	定／非定	○	○	○	上位

*1　定型化，*2　非定型的要素の特定と対応，*3　取引，判断過程や見積りの根拠の記録・保存，
*4　情報の正確性と網羅性のチェック，*5　職務分掌

　実地棚卸プロセスでは，まず全社的な内部統制の観点から，予め定められた統一的な規程（実地棚卸要領）に従い実地棚卸が実施される体制を構築・整備し，そしてその運用状況を管理・監督するコントロールをキーコントロールに選定することが肝要である。
　実地棚卸要領で定めるべき，内部統制上の重要な事項は，たとえば次のとおりである。

- 棚卸原票方式か棚卸リスト方式かの明示
- 2人1組での検数（1人が声を出して品目や数量等を読み上げ，もう1人が棚卸原票への記入とその現物への貼付，または棚卸リストへの記入を行う）
- 棚卸原票の連番管理および棚卸原票の配布・回収管理（棚卸リスト方式の場合も同様）
- 計画した順序での保管場所別検数
- 棚卸実施日の入出荷停止

PART Ⅲ　6つの重要プロセスに関するポジション・ペーパーの検討例

- 預り在庫と自社在庫の明確な区分保管
- 預り在庫，「請求済未出荷契約管理簿」，「発注書兼保管依頼書」の照合と一致確認
- 不動品や陳腐化品の区分保管および有無の確認

　実地棚卸要領の運用状況を管理・監督するコントロール（上位コントロール）としてC36，C37が構築されている。

≪ステップ3≫　キーコントロールの選定と十分性の確認（検討項目❿⓫⓬）

❿　キーコントロールの選定

❼リスクの識別と評価 ❽高リスクの根拠		❾5類型による内部統制の構築		
		上位コントロール	下位コントロール	
評価	内容	分析，モニタリング等	IT業務処理統制	手作業による統制
高リスク	架空の預り売上リスク（≪ステップ2≫❼❽参照）	C36　社内立会	—	—
中リスク	期末棚卸資産の不適正な数量データの集計リスク	C36　社内立会	—	—
	数量データの生産管理システムへの反映を誤るリスク	C37　棚卸差異のモニタリング	—	—

⓫　キーコントロールの十分性の確認（デザインの検討）

　高リスクへの対応，財務報告目的との関連性，精度，タイミング・頻度，下位コントロールの整備・運用状況および管理者の能力等などの観点から上位コントロールの十分性を検討する。

　特に，C36の社内立会人の能力を担保するためには，棚卸実施要領に基づき，社内立会人が確認すべき事項をチェックリストにまとめ，これを用いて棚卸の

第15章 【プロセス5】キーコントロールの構築と選定の文書化

実施状況をモニタリングすることが有効である。なお，高リスクである架空の預り売上リスクに対応するため，預り在庫については，社内立会人が直接，「請求済未出荷契約管理簿」，「発注書兼保管依頼書」，そして現物を照合し一致を確認する。

　また，C37については，棚卸差異が僅少であれば，原材料・製品の入出庫・返品等の処理も適切に行われていると合理的に推定される。一方，棚卸差異が多額に発生するのであれば，入出庫等の業務の内部統制に不備（たとえば，モノの動きと検収・出荷処理のズレ等）がある可能性が高いため，入出庫等の業務に係るコントロールを改善後，それらのコントロールをキーコントロールに加えることも検討すべきである。

　なお，棚卸差異の重要性は，品目別およびプラス・マイナス絶対値合計で判断されなければならない。保管場所単位またはプラス・マイナス純額での棚卸差異が僅少でも，多額のプラス差異とマイナス差異が相殺されている可能性があるからである。

⓬　関連性の高い他の業務プロセス等の把握

プロセス等	内　　　容
全社的な内部統制	会計処理方針の周知・徹底，従業員等の勤務評価，内部監査部門等のコンサルティング機能
入金管理プロセス	銀行預金の残高確認，売掛金の期日管理
売上計上プロセス	売上高・売掛金の分析的検討，請求済未出荷契約のモニタリング，返品状況のモニタリング，販売システムと会計システムの整合性確認
原価計算プロセス	棚卸資産金額の算定に関する製品および仕掛品単価の算定
購買プロセス	棚卸資産金額の算定に関する原材料単価の算定

　なお，キーコントロールの運用状況は，統制実施者の押印の有無の確認等の形式的なチェックだけではなく，管理者に対する質問等（文書の確認を含む。）により，統制実施者が統制内容や目的を理解しているかを確認して検証される。統制実施者が理解すべき内容は，すなわち，【プロセス5】❶から⓬の検討内

537

PART Ⅲ　6つの重要プロセスに関するポジション・ペーパーの検討例

容となる。

②　原価計算プロセス
≪ステップ1≫　業務プロセスの特徴の把握（検討項目❶～❻）
＜全社的なリスク＞（❶❷）
❶　【プロセス1】事業計画の策定・管理
●財務報告の信頼性に与える影響の検討

　実効性と効率性が高い制度対応を実現するためには，原価計算プロセスにおいても，「評価対象」の検討が重要である。実施基準では，「一般に，原価計算プロセスについては，期末の在庫評価に必要な範囲を評価対象とすれば足りると考えられるので，必ずしも原価計算プロセスの全工程にわたる評価を実施する必要はないことに留意する。」とされている[6]。

　一方で，実地棚卸プロセスと同様，原価計算プロセスにおいても，比較的改ざんが容易な原価計算システムのマスタや品目コード，会計システムへの入力データの操作により，不正な財務報告が実施された事例が散見される。したがって，原価計算プロセスの全工程にわたる評価を実施する必要はないが，不正な財務報告の事例を踏まえ，重要な虚偽記載が発生する可能性が高いポイントを明確にして評価の範囲に含める必要がある。

　「期末の在庫評価に必要な範囲」を特定するため，まず，原価計算の概要を理解するとともに，不正な財務報告が実施されるリスクが高いポイントを特定する。

　なお，［検討例3］では便宜上，検討対象外としているが，「棚卸資産の評価に関する会計基準」（企業会計基準第9号）により，収益性の低下に基づく簿価切下げが実施される。原価計算プロセスで算定した製品の取得原価について，期末評価が実施され，最終的に棚卸資産の期末簿価が算定されるため，原価計算プロセスのキーコントロールを選定する際には，この点も考慮すべきである。

6　2023年改訂により，記載が本文から脚注へ変更され（実施基準Ⅱ．2．(2)②評価対象とする業務プロセスの識別イ．（注1）），企業の特性等を踏まえて，各企業が自主的・自律的に判断し，評価対象を決定すべき主旨がより明確にされた。

第15章 【プロセス5】キーコントロールの構築と選定の文書化

❷ 【プロセス2】会計基準の適用，【プロセス3】開示目的に照らした注記，【プロセス4】有価証券報告書の記述情報等の開示

● 原価計算システムに関する不正リスク

　原価計算に関する不正な財務報告事例では，原価計算については，単価操作，仕掛品・製品の区分操作，原価付替等により，在庫金額を操作（水増し）した事例が見受けられる。不正な財務報告の機会としては，実行の容易性に着目して，末端の工程ないし付随的な工程，関与する管理者・従業員が限られている工程，職務分掌が不徹底な工程を利用して，上記のようなデータを手修正するような比較的単純な手口で不正が実地されるため特に留意する。

　処理ロジックの誤りや改ざんのリスクについては，IT全般統制や原価計算結果の管理者による日常的モニタリングで対応する。

　経理部門責任者は，❶❷の内容を原価計算責任者に説明する。特に原価計算に関する不正な財務報告の事例と不正の手口を説明し，重要な虚偽記載が発生する可能性が高いポイントを明確にするための協議を実施する。原価計算責任者は，原価計算プロセスの財務報告における位置づけと関連する不正リスク等を理解し，誤りや不正な財務報告のリスクを認識して，データを手入力する（できる）ポイントや原価計算結果のモニタリングについて留意すべきことを認識する。

＜業務プロセスのリスク＞（❸～❻）
❸　業務の特徴

金額的重要性	● 総製造費用のうち，原材料費が90％を占め，労務費および経費は10％程度である。 ● 労務費および経費の費目別計算は重要性が低いと判断された。
サブプロセス	(1)　担当部門 　● 経理部内に原価計算課が存在する。 (2)　原価計算の方法 　● 多品種少量生産を実施しており，採用する原価計算の方法は，工程別組別総合原価計算である。なお，工程途中の仕掛品は発生しない（工程完了品のみである）。

検討例3

539

PARTⅢ　6つの重要プロセスに関するポジション・ペーパーの検討例

	● 原価計算は，費目別計算，工程別計算および製品別計算の順で実施される。 (3) 予定原価等の設定および原価差異の処理 ● 製品単位当たり予定原価（原材料費および加工費）を利用しており，原価差異は期末に調整している。なお予定原価の改定は，原則として年2回，期首と第3四半期首に実施される。 ● 原材料費の予定価格は短期で見直されるため，通常，多額の価格差異は発生しない。 ● 加工費のうち，人件費予算は，ベースアップ率，人員の増減，賞与予想額等を加味して算定される。減価償却費予算は，設備の増減・廃棄予定等を加味して算定される。 ● 原価差異は適切に分析され，翌期の予定原価算定の参考とされる。
職務分掌	受注，マスタファイル管理から，出荷・在庫管理，請求，売上計上等，入金管理まで，職務分掌が適切である（①入金プロセス参照）。

❹　IT の利用状況

(1) 原価計算の実施

● 費目別データが会計システムから，数量データは生産管理システムから，原価計算システムへ転送される。

● 原価計算システムで原価計算が実行され，計算結果（期末製品原価および期末仕掛品原価等）が，原価計算システムから会計システムへ転送される。

(2) 製造データ（原材料・仕掛品・製品）の管理

● 生産管理システムで仕掛品の工程管理および原材料・仕掛品・製品の数量管理を実施している（製品在庫は個別管理している）。

(3) 原材料データの管理

● 原材料については，原価計算システムが，単価データを購買システムから，また，数量データは生産管理システムから入手し，期末在庫金額を計算して会計システムへ転送する。

(4) 原価差異の調整計算

540

第15章 【プロセス5】キーコントロールの構築と選定の文書化

- 原価差異の調整計算はシステム外で行われ，その結果が，会計システムへ直接手作業で入力される。

❺ 質的重要性と過年度の発見事項等

質的重要性	❸業務の特徴により，予定原価に見積りの要素が存在するが，原価差異は適切に分析され，定期的に改定されているため質的重要性は識別されなかった。
過年度の発見事項等	原価計算システムに関する他社の会計不正事例（単価，仕掛品・製品の区分，原価付替え，数量および工程の操作等）に留意する。

❻ 会計処理のため必要になる情報等

- 製品マスタ・単価等の設定情報
- 数量等の入力情報
- 原価計算プログラム
- 原価計算結果
- 会計システム入力データ（原価計算結果の調整）
- 会計システム入力結果

≪ステップ2≫ トップダウン型のリスク・アプローチによる構築（検討項目 ❼❽❾）

❼ リスクの識別と評価，❽ 高リスクの根拠

程度	リ ス ク
対象外	―
高リスク	―
低リスク	経費および労務費の費目別計算に関するリスク
中リスク	会計システムと原価計算システム間の財務データの受渡しを誤るリスク 不適正な原価計算リスク

不正事例により不正ポイントの検証を整備状況の評価の一環として実施した

541

PARTⅢ　6つの重要プロセスに関するポジション・ペーパーの検討例

が，従来から中リスクと評価して，対応するコントロールを構築し，キーコントロールに選定していた（C46参照）。当該コントロールから不備は発生しておらず，リスクにも対応できていると判断したため，高リスクとしない。なお，原価計算の不正ポイントを取締役会および監査役等が認識して，当社の対応状況を確認している。

　❺の検討により，経費および労務費の費目別計算に関するリスクが低リスクと評価され，高リスクは特定されなかった。また，残りのリスクをすべて中と評価し，❹ITの利用状況に基づき，会計システムと原価計算システム間の財務データの受渡しを誤るリスクと不適正な原価計算リスクに大別して対応する内部統制を検討する。

❾　5類型による内部統制の構築

No.	コントロール内容	類型				
		定*¹／非定*²	根拠*³	正・網*⁴	分掌*⁵	上位／下位*⁵
C46	会計システムと原価計算システムの整合性確認 　原価計算課は，会計システムと原価計算システムの整合性を検討し，上席者がその結果を査閲・承認する。	定／非定	○	○	○	上位
C47	予定原価の正確性確認 　原価計算課は，予定原価設定の際，類似品間の原価要素別比較により，予定原価の正確性を検討し，上席者がその結果を査閲・承認する。	定／非定	○	○	○	上位

542

第15章 【プロセス5】キーコントロールの構築と選定の文書化

C48	原価差異の分析・調整計算　原価計算課は，月次で原価差異の発生原因を分析する。また，期末に一括して調整計算を実施する。上席者がその結果を査閲・承認する。	定／非定	○	○	○	上位

＊1　定型化，＊2　非定型的要素の特定と対応，＊3　取引，判断過程や見積りの根拠の記録・保存，＊4　情報の正確性と網羅性のチェック，＊5　職務分掌

　全社的な内部統制の観点からは，原価計算方法と原価計算システムから会計システムへのデータ反映の概要（❸❹参照）が企業全体，少なくとも経理部内で周知・徹底されることが望まれる。期末製品・仕掛品金額は，売上原価を通じて企業の損益に重要な影響を与える。原価計算方法の概要が周知・徹底されていれば，複数の目によるチェックが働き，原価計算の異常値が発見される可能性が高まるからである。

　そして，原価計算プロセスに関して一義的な責任を負うのは，当該企業では原価計算課上席者であり，識別されているコントロールのうち，上記のコントロールを上位コントロールに分類する。

≪ステップ3≫　キーコントロールの選定と十分性の確認（検討項目❿⓫⓬）
❿　キーコントロールの選定，⓫　キーコントロールの十分性の確認（デザインの検討）

　「会計システムと原価計算システム間の財務データの受渡しを誤まるリスク」については，C46をキーコントロールとする。

　❸業務の特徴のとおり，原価計算は，費目別計算，工程別計算および製品別計算の順で実施されるが，「不適正な原価計算リスク」に対応するキーコントロール候補を選定する際は，この計算の順序ではなく，まず計算結果に重要な異常がないことを直接チェックするようなコントロール，つまりC47やC48から検討することが効率的である。

　特にC48については，管理者には，❸❹の各項目を十分理解し，原材料の市況，加工費の実績や操業度などに基づき，異常な原価差異の有無を検討する能力が求められる。また，原価差異の中に非原価項目の混入がないかといった視

PART Ⅲ　6つの重要プロセスに関するポジション・ペーパーの検討例

点で検討することも重要である。

　なお，データの改竄リスクに対する事前統制としては，システムへのアクセス権管理と変更履歴のモニタリング等のIT全般統制で対応する。また，当該コントロール実施者は，不正事例を念頭に置いて，コントロールを実施する。

⓬　関連性の高い他の業務プロセス等の把握

プロセス等	内　　容
全社的な内部統制	システム関連不正事例と留意点の共有
IT全般統制	システムへのアクセス権管理と変更履歴のモニタリング等
実地棚卸プロセス	棚卸資産金額の算定に関する数量の確定
購買プロセス	棚卸資産金額の算定に関する原材料単価の算定

　なお，キーコントロールの運用状況は，統制実施者の押印の有無の確認等の形式的なチェックだけではなく，管理者に対する質問等（文書の確認を含む。）により，統制実施者が統制内容や目的を理解しているかを確認して検証される。統制実施者が理解すべき内容は，すなわち，【プロセス5】❶から⓬の検討内容となる。

③　購買プロセス（原材料）

●財務報告の信頼性に与える影響の検討

　当該企業は，価格変動の激しい棚卸資産は保有しておらず，購買プロセスでは，「原材料の期末在庫の単価を誤まるリスク」（中リスク）に対してのみ，キーコントロールを選定する。

C51　（期末原材料単価の分析的検討）

　購買部は，原材料の品目別期末単価が明示された残高明細を作成する。これには，前期末単価および最終仕入単価も明示され，期末単価と比較・検討し，購買部上席者および経理部上席者がその結果を査閲・承認する。

　原価計算プロセスのC48には原材料受入価格差異の分析も含まれており，当

544

第15章 【プロセス5】キーコントロールの構築と選定の文書化

該コントロールもこのリスクに対応する。

なお，バックリベート等の不正リスクついては言及しなかったが，企業によっては，当該リスクが高リスクと評価される場合もあるため，留意が必要である。

● 補論

① 棚卸資産に関連する会計不正

近年の不正な財務報告事例では，売上高と売掛金に関連する会計処理だけでなく，棚卸資産に関連する会計処理での不正も散見される。特に，外部の協力者が必要な売上高と売掛金と比較して，棚卸資産に関する不正は企業内部での不正な操作で実施可能であるため留意が必要である。たとえば，一般に，売上高の架空計上は，顧客の支払条件によって滞留売掛金として顕在化しやすいが，在庫の架空計上は，発見のトリガーとなる外部要因が通常ないため，企業内部で滞留期間を適切に把握しなければ，滞留在庫として顕在化しにくく，売上高と売掛金に関する不正よりも発見が遅れる傾向がある。

棚卸資産に関する不正は，棚卸資産の期末残高の操作（数量，単価，評価減）と原価計算の操作（単価，工程，原価付替え）に大別されるが，実際の不正は，原価計算システムや棚卸資産管理システム内の計算ロジック等の改ざんよりも，単価マスタ・品番コードの改ざんや，それらのシステムから出力するデータを会計システムに手入力する場合に，会計システムへの入力データの改ざん等，改ざんが容易なポイントを意図的に見つけて，または，業務を実施する際に改竄が容易なポイントに気づいて実施される事例が多い点にも注意する。

［検討例3］本論では，不正事例を奇貨として上記のポイントを確認し，従来からリスクを識別して対応するコントロールを選定済みと結論付けているが，他社の不正事例を分析してリスク評価を常に見直す一例と捉えていただきたい。

② 内部資料の改ざんによる会計不正

①からは，棚卸資産に限らない，不正な財務報告が発生しやすいポイントの汎用的な示唆が得られる。すなわち，以下の事項に関しては，不正の機会として利用される場合があるため，該当する事項の有無について，常に留意する必要がある。

● 企業内部で完結する会計処理

545

PART Ⅲ　6つの重要プロセスに関するポジション・ペーパーの検討例

● システムへのマスタ登録とシステム間のデータ受渡し，会計システムへの
　データ入力

　たとえば，建設業やソフトウェア業における履行義務の充足に係る進捗度の
見積りにおいて，インプット法（総原価による見積り）を採用している場合で，
代金の回収と売上計上が明確に紐付かない場合には，売上取引であるが，不正
が発生しても入金による発覚が遅れることもあるため留意する。

　［検討例3］本論は，製造業を前提としたビジネスモデルであるが，事例や
解説から普遍性の高い要素を抽出して，自社に当てはめるとどうかを検討する
スタンスがナレッジ（知見とノウハウ）の蓄積で重要になる。本書は，そのス
タンスで解説している。

⑷　［検討例3］のエッセンス　トップダウン型のリスク・アプロー チおよびキーコントロール選定の全体像

　製造業（大型耐久消費財）の検討例を用いて解説した，トップダウン型のリ
スク・アプローチおよびキーコントロール選定の全体像は次のとおりである。

● トップダウン型

　財務報告に係るリスクを企業全体でいかに低減しているかを，全社的な内部
統制と業務プロセスに係る内部統制の連係に留まらず，異なる業務プロセス間
の連係や同一業務プロセス内のコントロール間の連係まで考慮に入れて検討す
ることであり，「内部統制全体の俯瞰」および「コントロールの階層分類（上位・
下位）」と「業務プロセス間等の補完関係」として解説した。

● リスク・アプローチ

　全社的な観点でのリスク評価に基づくメリハリの効いた対応を指向する考え
方であり，「高リスクの特定とその対応」「中リスクとその対応」および「上位
コントロールの十分性の検討」として解説した。

● キーコントロール選定の全体像

1. 最初から一つひとつリスクとコントロールの対応を考えず，内部統制全
　体を俯瞰する。
2. まず，高リスクを特定し，慎重に対応する。

第15章　【プロセス5】キーコントロールの構築と選定の文書化

3．次に，残りのリスクは中とみなし，ザックリ上位コントロールを対応させてみる。

4．そして，上位コントロールだけで個別のリスクを十分カバーできないか検討する。

5．十分カバーできないのであれば，そのリスクはカバーする必要があるのか（財務報告に直接関連しないリスク，または低リスクではないか）を検討する。

6．カバーすべきリスクであれば，どうすれば十分カバーできるか（上位コントロールの改善またはその他のコントロールの追加）を検討する。

　製造業（大型耐久消費財）の5つの業務プロセスで選定したキーコントロールは，合計13コントロールである。キーコントロールは，重要な虚偽記載のリスクを低減するための中心的な役割を果たすコントロールであり，リスクが十分低減できているのであれば，より上位のコントロールを中心に必要十分なキーコントロールを選定している企業のほうが，担当者レベルのキーコントロールを多数選定している企業より，管理水準は高いはずである。

　また，必要十分なキーコントロールを選定するためには，［検討例3］のとおり，内部統制に関するナレッジはもちろん，経営戦略・事業計画や業務プロセス，財務報告上のリスクに関するナレッジが不可欠であって，それらのナレッジを用いた判断が必要とされる。

　したがって，トップダウン型のリスク・アプローチに基づき，必要十分なキーコントロールを選定する取組みは，「企業の管理水準の向上」と「経営戦略・事業計画や，業務プロセス，財務報告上のリスクや内部統制に関する理解の深化」につながる。

2 ▶ ［検討例4］上位コントロールの構築とキーコントロールの見直し

　決算・財務報告以外のその他の業務プロセスにおいて直接的な評価対象となるため，キーコントロールは制度対応上，もっとも重要な要素の一つである。トップダウン型のリスク・アプローチに基づけば，キーコントロールは，上位コントロールを中心に選定されることになるが，一般に，キーコントロールと

547

PARTⅢ　6つの重要プロセスに関するポジション・ペーパーの検討例

して選定できる十分な上位コントロールが構築されていない場合が少なくない。そこで，サービス業（修理・保守）を取り上げ，実効性の高い上位コントロールの構築を中心に解説する。

● 検討例のポイント

□上位コントロールと下位コントロールの階層を意識した内部統制の構築を行うことで，評価が効率化され，また，管理の水準も向上することを理解する。
□企業グループおよびその中の内部統制を階層で考えることが，トップダウン型のリスク・アプローチのスタートであることを理解する。
□環境変化に対応できる気風の醸成が重要であることを理解する。

● 想定する企業の業種・ビジネスモデル

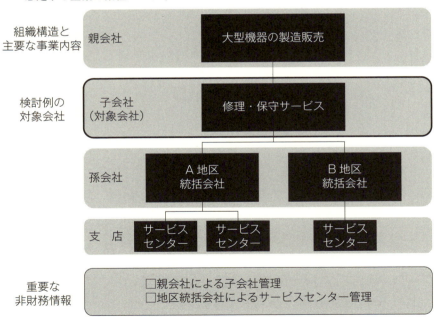

第15章 【プロセス5】キーコントロールの構築と選定の文書化

項　目	内　容
事業内容	● 大型機器の修理・保守サービスを国内で展開する。 ● 修理・保守サービスの性質上，多数のサービスセンターが存在し，地区統括会社がサービスセンターを統括する。対象企業は，子会社である地区統括会社を管理している。 ● なお，対象会社の親会社が大型機器の製造・販売を実施している。
重要な事業拠点	● 地区統括会社は全国に8社存在するが，重要な事業拠点は対象企業と地区統括会社3社（関東，近畿および中部）である。
ビジネスモデルの特徴	● 純粋持株会社 ● 多店舗展開型企業グループ

検討例4

● **対象となる業務プロセスの範囲（内部統制報告制度の対象）**

項　目	内　容
事業目的に大きく関わる勘定科目	売上高と売掛金
上記の勘定科目に至る業務プロセス	販売プロセス（売上計上プロセスと入金管理プロセス）

● **【プロセス1】，【プロセス2】，【プロセス3】，【プロセス4】の検討結果（抜粋）**
・キーガバナンスポイント（抜粋）

		内　容
企業の重要課題（内部）	戦略	対象会社の親会社が大型機器の販売を実施しており，対象会社はその修理・保守サービスを実施。 　大型機器の販売は，景気の動向に左右されるが，修理・保守サービスは，安定収益を獲得できるため，企業グループ全体で戦略上とても重要と認識している。

549

PART Ⅲ　6つの重要プロセスに関するポジション・ペーパーの検討例

	組織	内部統制報告制度対応の効率化と企業グループの管理水準の向上の同時達成を実現し，制度対応を経営に役立つ活動にしたい。 　現状の制度対応において，形式重視，実態軽視の気風が広がるリスクを識別している。 　法令等遵守，業務の有効性，報告，資産保全といった内部統制の4つの目的を財務報告で統合する。

　以上を前提として，【ポジション・ペーパー5】キーコントロールの構築と選定を検討する。

(1)　内部統制評価の効率化
【ポジション・ペーパー5】キーコントロールの構築と選定

内部統制の文書化要件	業務フロー	≪ステップ1≫業務プロセスの特徴の把握 　　　　　　（検討項目❶❷と❸～❻） ≪ステップ2≫トップダウン型のリスク・アプローチ 　　　　　　による構築（検討項目❼❽❾） ≪ステップ3≫キーコントロールの選定と十分性の 　　　　　　確認（検討項目❿⓫⓬）

	役割分担	検討項目	主担当	関連部門等
		❶❷	●経理部門	・業務部門
		❸～⓬	●業務部門	・経理部門

	リスク	内部統制対応が形式化・形骸化するリスク
	成果物	売上計上および入金プロセスにおけるキーコントロールの構築・選定の過程，根拠と結論
	結論と検討過程・根拠および関連する内部統制	[結論] 見直し後の❿ [検討過程・根拠] ❶❷と❸～❻，❼❽❾，見直し前の❿，⓬

　内部統制報告制度対応の現状と制度対応の見直し方針を，【プロセス5】の3つのステップと12の検討項目に当てはめて検討する。まず，≪ステップ1≫≪ステップ2≫，現状のキーコントロールを≪ステップ3≫❿で確認する。

550

第15章 【プロセス5】キーコントロールの構築と選定の文書化

≪ステップ1≫ 業務プロセスの特徴の把握（検討項目❶～❻）

＜全社的なリスク＞（❶❷）

❶ 【プロセス1】事業計画の策定・管理，❷【プロセス2】会計基準の適用，【プロセス3】開示目的に照らした注記，【プロセス4】有価証券報告書の記述情報等の開示

● 財務報告の信頼性に与える影響の検討

1．制度対応の現状

　制度対応の現状は下記のとおりである。当該企業グループは過年度において内部統制は有効であると判断できているが，さまざまな課題を認識している。

　たとえば，効率化はもちろん，実際の制度対応は外部監査人の意向へ過度に依存しているため，自社の有効性判断に関して納得感が乏しい。また，自己点検の形式化の弊害を憂慮している。そして，場当たり的でない中長期的な視点での制度対応の必要性を痛感している。

(1) 制度導入当初の方針

　・我が国の内部統制報告制度の手本とした米国における米国企業改革法（サーベンス・オクスリー法）（2002年7月）に基づく内部統制評価において，適用初年度に Material Weakness を報告した企業が，対象企業の4割を超えた事実を踏まえ，「重要な欠陥」（現在の「開示すべき重要な不備」）は何としても回避したい。

　・内部統制評価において，不備を回避するため，原則として，実際運用されているコントロールを文書化する。また，コントロールの内容や目的を理解していなくても評価できるように，コントロールの実施証跡が確認しやすいコントロールをキーコントロールに選定する。

(2) 評価範囲・評価体制

　・実施基準等をもとに監査人と協議して評価範囲を決定している。

　・サービスセンターの自己点検と内部監査部の独立的評価を実施している。

(3) 文書化

　・地方の独立系企業を M&A により吸収し規模を拡大してきた経緯があり，従来，親会社は地区統括会社から財務諸表の決算数値の集計を行っているのみで，地区統括会社の業務フローを把握・管理できていなかった。

　・各地区統括会社の業務内容はほぼ同じであり共通点はあるはずと認識していたが，利用しているシステムが異なることから業務プロセスの文書化は，

検討例4

551

地区統括会社ごとに別々に実施した。

・修理・保守業務が行われているサービスセンターでのコントロールを中心に文書化した。

(4) 整備状況の評価

・各プロセスの取引開始から会計処理までのサブプロセスを順番に一つひとつ監査人と協議しながらキーコントロールを選定した。

(5) 運用状況の評価

・サービスセンターの自己点検は形式的な文書の検討（承認印やチェック証跡の有無の確認）に終始している。担当者が内部統制の目的や内容を理解しているか否かの検証までは実施できていない。

・評価対象サービスセンターをサンプリングするに際し，内基報第1号を参考に，全社的な内部統制が有効であると判断できるため，全サービスセンターを3年ごとに評価対象としている。

・ただし全社的な内部統制と業務プロセスに係る内部統制が別々に検討されているため，全社的な内部統制のうち，どの項目が有効であるから業務プロセスの評価でサービスセンターの3年ごとの評価が許容されるのかを合理的に説明できない。

(6) 有効性判断

・業務プロセスにおいて再評価が終了しない不備が多数存在しているが，最後に決算・財務報告プロセスの分析的検討を補完統制として論理構成し，開示すべき重要な不備には該当しないと判断している。

(7) 中長期的な対応

・目先の対応で手一杯で，先を見据えた制度対応ができていない。

2．制度対応の見直し方針

現状を踏まえ，当該企業グループは，以下のとおり，制度対応方針を見直すこととした。

●効率性…今後は制度対応の効率化を重視する。

●実効性…制度対応の効率性を追求した結果，内部統制の有効性に問題が生じては元も子もない。効率化に偏りすぎないように留意する。

●合理性…内部統制監査を受ける以上，監査人の理解を得ることは重要であり，特に監査人に対して自社グループの制度対応を自ら合理的に説明でき

第15章 【プロセス5】キーコントロールの構築と選定の文書化

るようにする。

- 環境変化への対応…制度導入後の会計処理，開示，そして内部統制に関する国際的な潮流や新たな課題に対応できる気風を醸成する。

これらを踏まえ，各項目の方針は次のとおりとする。

(1) 評価範囲・評価体制

□制度対応の効率化は評価範囲の縮小ではなく，キーコントロールの絞込み等で対応する。

□中長期的な視点で制度対応の効率化を自社グループに展開する。重要性および実施の容易性も考慮し先行地区統括会社を選定する。

□本来，「内部統制」の構築はその範囲を限定すべきものではない。また，制度上の評価範囲は，実施基準等を基に外部監査人と協議して決定している。したがって，制度上の評価範囲の決定方法は初年度と同様とし，効率化は評価範囲の縮小ではなく，主にキーコントロールの絞込みで対応する。

□また，キーコントロールの絞込みは，いきなり全社的に展開するのではなく，まず，先行地区統括会社から展開し，その他の地区統括会社での制度対応は，先行地区統括会社で蓄積したノウハウをもとに中長期的に見直す。

□キーコントロールの絞込みに伴い，先行地区統括会社では，サービスセンターの自己点検を休止し，内部監査部の独立的評価のみ実施する。

(2) 文書化

□まず，関東地区統括会社で上位コントロールを識別・構築し文書化する。

□中長期的な視点で各地区統括会社のコントロールを共通化する。

　確かに各地区統括会社でコントロールが共通化されれば，文書化3点セットのメンテナンスや整備・運用状況の評価を効率化できるであろう。しかし，実態から乖離した性急な共通化は，内部統制の有効性判断を困難にする可能性がある。つまり，仮に必ずしも同一でない担当者レベルのコントロールを無理やり同一とみなして共通化した場合，そこから不備が発生する可能性は高まる。共通化により拡大された母集団の下で不備が発生すれば，その影響額は計り知れない。また，担当者レベルのコントロールの検証を25件行っただけで，拡大された母集団全体に対して本当に「納得感のある結論」が得られるかどうか疑問が残る。

　トップダウン型のリスク・アプローチから合理的に考えれば，まず上位コン

PART III　6つの重要プロセスに関するポジション・ペーパーの検討例

トロールを識別・構築した上でその共通化から取り組むべきである。上位コントロールにより，担当者レベルのコントロールの実施状況，特に例外事項の有無を継続的にモニタリングすることで，担当者レベルのコントロールの適切な実施が担保され，質の高い管理体制が構築できるはずである。

　この事例の場合は，各地区統括会社がサービスセンターをいかにグリップしているかが重要であり，まず関東地区統括会社から先行して，その上位コントロールを構築後，中長期的にそれをその他の地区統括会社へ展開する方針とする。また，関東地区統括会社のベストプラクティスを，その他の地区統括会社の参考とする。

(3)　整備状況の評価（関東地区統括会社）

□トップダウン型のリスク・アプローチに基づきキーコントロールを選定する。

□キーコントロールの選定過程・根拠を明確にするためポジション・ペーパーを活用する。

　キーコントロールは，監査人との合意が必要であるが，キーコントロールをトップダウン型のリスク・アプローチに基づき選定することに異論を唱える監査人はいないであろう。制度自体がトップダウン型のリスク・アプローチを採用しているのであるから，当然である。しかし，選定されたキーコントロールの適否に関しては，個別のプロセスごとに監査人との協議が予想される。そこで，キーコントロールの選定過程を合理的に説明可能にするため，選定過程をポジション・ペーパーで文書化する。

＜業務プロセスのリスク＞（検討項目❸～❻）

❸　業務の特徴

金額的重要性	金額的重要性は高いと判断された。
サブプロセス	(1)　売上計上 　修理・保守は短期間で完了するため，売上の計上基準は作業完了基準である。ただし，外注先請求書の入手遅れや作業指示書・報告書の回付遅れ等の理由で，作業管理システム上，完了日に作業完了処理（＝売上計上）できない場合がある。 (2)　回収 　●売掛金の回収条件は，原則として月末締め翌月末払い。

554

	(3) 作業 ● 作業原価には，工具の人件費以外に部品原価や外注費等がある。 ● 作業中の案件については，作業工数や部品原価等が集計され仕掛品として計上される。 ● サービスセンターは，関東地区に15ヵ所ある。 ● 内部監査部は，通常の業務監査の一環で毎期計画的にサービスセンター往査を実施している。

❹ ITの利用状況

(1) 作業の進捗管理
- 作業管理システム上で案件，作業内容および進捗状況（受注，工程，完了等）を管理している。請求明細書も作業管理システムから出力される。
- 作業管理システムから出力される「作業指示書・報告書」等に基づき作業が実施されるため，作業管理システムに入力されないと作業は実施されない。

(2) 売上データの生成
- 作業管理システム上の作業完了処理により，売上データが生成される（売上日＝処理日）。

(3) 作業管理システムと会計システムのインターフェース
- 作業完了処理により生成された売上データは，日次で作業管理システムから会計システムへ夜間にバッチ処理される。
- 稀であるが売上データの修正等のため，会計システムに売上関連の仕訳が手作業で直接入力される場合がある。

(4) IT全般統制作業管理システムにおけるIT全般統制は有効である。

❺ 質的重要性と過年度の発見事項等

質的重要性	● イレギュラーな完了処理（作業完了日より遅れて完了処理される場合）
過年度の発見事項等	特になし。

PART Ⅲ　6つの重要プロセスに関するポジション・ペーパーの検討例

❻　会計処理のため必要になる情報等

● 作業完了データ

≪ステップ２≫　トップダウン型のリスク・アプローチに基づく構築（検討項目❼❽❾）

❼　リスクの識別と評価

識別

サブプロセス	No.	リ　ス　ク	アサーション					
			実	網	権	評	期	表
マスター登録	R01	作業単位の登録誤りリスク 　作業管理システムに誤った作業単価が登録されることによって，不正確な金額で売上が計上される。	売掛／売上	売掛／売上				
受注	R02	実在しない受注の登録リスク 　受注していないにもかかわらず作業管理システムに登録したり，二重に登録したりすることによって，業務提供の事実に基づかない売上が計上される。	売掛／売上				売掛／売上	
	R03	受注の登録もれリスク 　受注しているにもかかわらず作業管理システムへの登録がもれたり，不要な取消処理をすることによって，作業が行われたにもかかわらず，売上が計上されない。		売掛／売上				
	R04	実在しない作業内容の入力リスク 　実施されていない作業内容が作業管理システムに入力されたり，二重に入力されたりすることによって，作業事実に基づかない売上が計上される。	売掛／売上				売掛／売上	

556

プロセス	No.	リスク内容					
	R05	**作業内容の入力もれリスク** 　実施した作業内容の作業管理システムへの入力がもれたり，不要な取消処理をすることによって，作業が行われたにもかかわらず，売上が計上されない。		売掛／売上			
	R06	**未完了作業の売上処理リスク** 　作業が完了していないにもかかわらず作業管理システム上売上処理したり，二重に売上処理することによって，完了作業に基づかない売上が計上される。	売掛／売上		売掛／売上		売掛／売上
	R07	**売上処理もれリスク** 　作業管理システム上の売上処理がもれることによって，作業済みにもかかわらず，売上が計上されない。		売掛／売上			売掛／売上
精算	R08	**売上金額誤りリスク** 　作業内容の請求計算を誤り，誤った金額で売上計上される。売上計上	売掛／売上	売掛／売上			
	R09	**売上データの誤取込みリスク** 　作業管理システムから会計システムへの売上データの取込みが誤った金額で行われることによって，売上金額が正しく計上されない。	売掛／売上	売掛／売上			
	R10	**売上データの日付誤りリスク** 　作業管理はステムから会計システムへの売上データの取込み時に日付の誤りがあることによって，異なる期間で売上が計上される。					売掛／売上

※アサーションについては，第2章脚注4を参照する。

PARTⅢ　6つの重要プロセスに関するポジション・ペーパーの検討例

❽　高リスクの根拠

　R03受注の登録もれリスクとR05作業内容の入力もれリスクは，作業管理システムに入力されないと作業は実施されず，これらのリスクが売上計上もれに結びつく可能性は低いため，低リスクと評価する（❹参照）。ただし，事業活動の目的の達成のための業務の有効性・効率性の観点からは重要である。

　一方，R07売上処理もれリスクは，イレギュラーな完了処理（作業完了日より遅れて完了処理される場合）が存在するため，高リスクと評価する（❺参照）。そして，残り7つのリスクはすべて中リスクと評価し，❸と❹に基づき，不適正な売上データ生成リスクと売上データの会計システムへの反映を誤るリスクの2つに大別する。

❾　5類型による内部統制の構築

No.	コントロール内容	類　型				
		定*1／非定*2	根拠*3	正・網*4	分掌*5	上位／下位*5
C01	サービスセンター長による作業単価の登録確認 　登録の都度，サービスセンター長が作業管理システムへ登録された作業単価を基礎資料（契約書等）と照合し確定処理を行う。	定	○	○	○	上位
C06	サービスセンター担当者による作業依頼書の登録確認 　毎日，サービスセンター担当者が作業依頼書の依頼項目に顧客のレ点がつけられていること，また作業依頼書と作業管理システムの登録結果を個別に照合し，最後に依頼件数と登録件数が一致することを確認する。	定	○	○	○	下位

第15章　【プロセス5】キーコントロールの構築と選定の文書化

C11	上長による請求明細書の内容確認 　請求の都度，サービスセンター担当者の上長が作業管理システムから出力される「請求明細書」を「作業指示書・報告書」等と照合し一致していることを確認する。	定	○	○	○	上位
C12	サービスセンター長による仕掛状況の確認 　毎月，サービスセンター長が作業管理システムより「仕掛品一覧表」を出力して仕掛状況を確認し，売上計上もれの有無を確認する。	定／非定	○	○	○	上位
C21	（IT業務処理統制）売上金額の自動計算 　業務管理システムの単価マスターおよび顧客情報マスターを自動参照し，売上金額を自動計算する。	定	○	○	—	下位
C22	（IT業務処理統制）売上データの自動インターフェース 　業務管理システムで売上日および勘定科目が付加され，自動で仕訳データが作成される（売上日＝処理日）。また，業務管理システムから会計システムに仕訳データが自動でインターフェースされる。	定	○	○	—	下位

＊1　定型化，＊2　非定型的要素の特定と対応，＊3　取引，判断過程や見積りの根拠の記録・保存，
＊4　情報の正確性と網羅性のチェック，＊5　職務分掌

PARTⅢ　6つの重要プロセスに関するポジション・ペーパーの検討例

≪ステップ3≫　キーコントロールの選定と十分性の確認（見直し前の検討項目❿）

　文書化3点セットのうちリスクと統制の対応（リスク・コントロール・マトリクス）は，リスクがキーコントロールにより十分低減されている結果を示すにすぎず，その選定過程で行われた判断を明示できない。その判断を理解するためには，業務の流れ図（フローチャート）や業務記述書の内容まで遡って再度確認しなければならないが，通常，両者には質・量ともに膨大な情報が記載されている。そこでキーコントロールの選定過程で行われた判断を明確にするために，❼❽❾の検討内容を❿キーコントロールの選定（見直し前）にまとめて，関東地区統括会社のリスクと統制の対応（リスク・コントロール・マトリクス）を再検討する。

❿　キーコントロールの選定（見直し前）

❼リスクの識別と評価 ❽高リスクの根拠		❾5類型による内部統制の構築	
		上位コントロール	下位コントロール*
評価	内容	分析，モニタリング等	手作業による統制
低	R03　受注の登録もれリスク R05　作業内容の入力もれリスク	―	―
高	R07　売上処理もれリスク	―	C12　サービスセンター長による仕掛状況の確認
中	（一括）不適正な売上データ生成リスク	―	C01　サービスセンター長による作業単価の登録確認 C06　サービスセンター担当者による作業依頼書の登録確認 C11　上長による請求明細書の内容確認

第15章 【プロセス5】キーコントロールの構築と選定の文書化

	(一括) 売上データの会計システムへの反映を誤るリスク	—	C22　売上データの自動インターフェース

＊IT業務処理統制は識別していない。

入金プロセス

❼リスクの識別と評価 ❽高リスクの根拠		❾5類型による内部統制の構築	
		上位コントロール	下位コントロール＊
評価	内容	分析，モニタリング等	手作業による統制
中	(一括) 預金勘定・売掛金勘定残高を誤るリスク	—	C31　サービスセンター経理担当者による預金勘定の帳簿残高と銀行残高との照合 C32　サービスセンターにおける売掛金の期日管理

＊IT業務処理統制は識別していない。

検討例4

　リスク・コントロール・マトリクスで識別しているリスクのうち，まずR03およびR05は作業管理システムに入力されないと作業が実施されないため（❹ITの利用状況）低リスクと評価し，キーコントロールは選定しない。次にR07を「イレギュラーな完了処理（作業完了日より遅れて完了処理される場合）」の観点から質的重要性が高いと判断して高リスクと評価し，C12を対応させる。そして残り7つのリスクはすべて中リスクと評価し，❸業務の特徴と❹に基づき，不適正な売上データ生成リスクと売上データの会計システムへの反映を誤るリスクの2つに大別し，それぞれコントロールを対応させる。

　なお，❾の上位と下位の区分を見直し，地区統括会社によるサービスセンターに対するモニタリングを上位コントロール（現在は識別が未了），IT業務処理統制とサービスセンターにおけるコントロールを下位コントロールと位置付けている。

561

PART Ⅲ　6つの重要プロセスに関するポジション・ペーパーの検討例

　そして，関連性が高い他の業務プロセス等の一つとして「入金プロセス」を識別する。❼❽❾をまとめた❿の検討により，現状のリスク・コントロール・マトリクスを再検討することで，次の事項が明確になる。

- ●「業務プロセスの特徴，IT の利用状況とリスクの評価の関係」および「リスク（特に高リスク）とコントロールの対応関係」
- ●「構築すべき上位コントロール」および「上位者が管理・監督すべき重要な下位コントロール」
- ●業務プロセス間等の相互の連係（補完関係）

●補論―キーコントロールの構築と選定の過程を明確にする意義―

　キーコントロールは，一般に文書化3点セットを利用して選定される。業務フローチャートや業務記述書により，業務プロセスの把握・整理を行い，その過程で識別されたリスクと統制を対応させたのがリスク・コントロール・マトリクスである。そして，識別された統制のうち，リスクを十分低減するために中心的な役割を果たすものとしてキーコントロールが選定される。

　しかしながら，従来の制度対応において，手段であるはずの文書化が目的となってしまい，過度に詳細に実施された結果，その成果物がキーコントロールの内容や目的の理解に十分利用できないことがある。

　また，監査人の意見を重視するあまり，企業側の主体的なリスク評価が行われず，取引の開始から会計処理までサブプロセスを順番に1つひとつ監査人と協議して，サブプロセス単位でキーコントロールを選定している場合が少なくない。

　【プロセス5】は，キーコントロールの選定に必要な情報のみを文書化3点セットから抽出し，トップダウン型のリスク・アプローチに基づく選定過程を「見える化」して，業務プロセス間等の補完関係をも明示する。【プロセス5】を構築・整備し，運用すれば，キーコントロールの選定過程で蓄積される，経営戦略・事業計画や業務プロセス，財務報告上のリスクおよび内部統制に関する知見とノウハウを企業の共有財産とすることができる。また，特に，内部統制のデザイン（設計）の検討と見直しを実施しやすくして，監査人等の第三者に対して自社グループのキーコントロールの合理性を積極的に説明できる。

562

第15章 【プロセス5】キーコントロールの構築と選定の文書化

(2) 管理水準の向上

前記(1)内部統制評価の効率化の【プロセス5】≪ステップ1≫≪ステップ2≫そして≪ステップ3≫❿キーコントロールの選定で確認した現状のキーコントロールを，トップダウン型のリスク・アプローチの適用により見直し，上位コントロールの構築とその効果を解説する。

【プロセス5】≪ステップ1≫≪ステップ2≫の検討項目とその内容が，キーコントロールの見直しでも役立つ。

≪ステップ3≫キーコントロールの選定と十分性の確認（検討項目❿の見直しと⓫⓬）

❿ キーコントロールの選定（見直し後）

❼リスクの識別と評価 ❽高リスクの根拠		❾5類型による内部統制の構築		
		上位コントロール	下位コントロール	
評価	内容	分析，モニタリング等	IT業務処理統制	手作業による統制
高	R07 売上処理もれリスク	C14（構築）統括会社経理部によるサービスセンター別仕掛品一覧の確認	C13 作業管理システムからの仕掛一覧の自動出力	―
中	不適正な売上データ生成リスク	C15（改善）営業会議によるサービスセンター別損益等状況の分析的検討	―	―
	売上データの会計システムへの反映を誤るリスク	C23（構築）統括会社経理部による作業管理システムと会計システムの整合性の確認	―	―

検討例4

563

PARTⅢ　6つの重要プロセスに関するポジション・ペーパーの検討例

入金プロセス

❼リスクの識別と評価 ❽高リスクの根拠		❾5類型による内部統制の構築		
評価	内容	上位コントロール	下位コントロール	
		分析，モニタリング等	IT業務処理統制	手作業による統制
中	預金勘定・売掛金勘定残高を誤るリスク	C41（改善） 統括会社経理部による各サービスセターの預金勘定の帳簿残高と銀行残高の照合 C42（識別） 債権管理委員会による各サービスセターの売掛金回収会議への参加	―	―

　関東統括会社におけるキーコントロールの見直し方針は，以下のとおりである。
　➢上位コントロールを積極的にキーコントロールに選定する。
　➢上位コントロールの構築を制度対応の効率化だけではなく，内部統制の質の向上と内部統制等の理解の深化のための取組みととらえる。
　制度対応の効率化のためには，これまで検討してきた❶キーコントロールの十分性の確認（デザインの検討）の検討内容（(1)高リスクへの対応，(2)財務報告目的との関連性，(3)頻度・タイミング，(4)精度，(5)下位コントロールの整備・運用状況，(6)実施者の能力等）を参考に，財務報告上のリスクを十分低減できるよう，コントロールを新たに構築したり，内容を積極的に改善したり（実施者の意識改革を含む）する姿勢が重要である。
　❿キーコントロールの選定について，見直し前を上記方針で確認すれば，関東統括会社はサービスセンターで実施されている重要なコントロールをいかにモニタリングすればよいか，つまり構築・改善・識別すべき上位コントロールが明らかになる。❼❽の高リスクと中リスクに対して，❾の上位コントロール

第15章 【プロセス5】キーコントロールの構築と選定の文書化

をキーコントロール候補として，存在しなければ新たに構築し不十分であれば
改善する。また既に存在していれば，キーコントロールとして識別する。

⓫ キーコントロールの十分性の確認（デザインの検討）

C14（構築）統括会社経理部によるサービスセンター別仕掛品一覧の確認

　毎月，一定期間以上の滞留仕掛品について関東統括会社経理部がサービスセ
ンターに問合せを行い，その原因を調査し，会計処理（売上計上や費用処理等）
および内部統制の改善の要否を検討するC14を新たに構築する。また，高リス
クに慎重に対応するため，下位コントロールとしてIT業務処理統制C13をキー
コントロールに追加する。なお，関連するIT全般統制も評価対象とする。

C15（改善）営業会議によるサービスセンター別損益等状況の分析的検討

　従来から実施されているが，適正な財務報告目的としては不十分である。そ
こで売上高・売掛金の分析項目を見直すことにする（顧客別，作業内容別，作
業単価，稼働率，売掛金回転期間等）。また，各サービスセンター長の分析結
果に対して「適正な財務報告」の観点から営業会議が牽制機能を発揮するよう
に，その構成員の意識改革を行うことも重要である。なお，分析的検討は相対
的にリスク低減効果が弱いため，入金プロセスのコントロールと関連させる必
要がある。

C23（構築）統括会社経理部による作業管理システムと会計システムの整合性
の確認

　会計システムへの売上関連仕訳の手作業による直接入力が可能であり（❹
ITの利用状況参照），C22では不十分である。したがってC23を新たに構築する。

C41（改善）統括会社経理部による各サービスセンターの預金勘定の帳簿残高
と銀行残高の照合

　サービスセンターが比較的多数存在し，統括会社経理部のマンパワーの限界
から従来，月次ではなく四半期ごとに実施されていた。しかしながら差異が存
在する場合は時間の経過とともにその理由の解明が困難となる。また，当該コ
ントロールは統括会社によるサービスセンターのモニタリングとして極めて重
要である。したがって，少なくとも毎月関東統括会社経理部からサービスセン

検討例4

565

PART III　6つの重要プロセスに関するポジション・ペーパーの検討例

ターへ預金勘定の帳簿残高と銀行残高の差異の有無の確認（差異理由の調査を含む）を指示するよう改善する。

C42（識別）債権管理委員会による各サービスセンターの売掛金回収会議への参加

従来，「債権管理委員会」は組織図上の会議体ではないためリスク・コントロール・マトリクス上識別されていない。しかし，債権管理委員は定期的・計画的にサービスセンターでの月次の売掛金回収会議へ参加している。また委員には，経理部上席者が就任しており，期日未回収売掛金について，自社側の事由（売上計上時の誤謬等）にも留意して検討されている。したがって，関東統括会社による各サービスセンターのモニタリングとして有効であり，C42を上位コントロールとして識別する。

この事例では，サービスセンターでのコントロール（C01，C06，C11およびC12）はキーコントロールに選定しないが，これらは，業務遂行上重要なコントロールである。キーコントロールには，これらの重要なコントロールに対するモニタリングを選定する。

最後に，選定したキーコントロールがリスクを十分に低減しているか否かを改めてリスク・コントロール・マトリクスで確認する。

⓬　関連性の高い他の業務プロセス等の把握

上記のとおり，販売プロセスと入金プロセスの関連性は高いと判断する。また，内部統制報告制度対応の見直しにおいて，全社的な内部統制により方針を示し，業務プロセスにおいて対応を行うことで，対象会社，地区統括会社，そして，サービスセンターにおける内部統制の階層の重要性を認識する。

上位コントロールをキーコントロールに選定することにより，制度対応工数の削減が見込まれる（効率性）。重要な虚偽記載や内部統制の不備が発生する可能性が低減されれば，当然，評価結果の取りまとめや有効性判断での工数も削減できる可能性が高まる。

上位コントロールをキーコントロールに選定すれば，前述したとおりその性質（実施頻度・実施者）から，重要な虚偽記載や内部統制の不備が発生する可

566

第15章 【プロセス5】キーコントロールの構築と選定の文書化

能性は通常低くなる（実効性）。

特に，【プロセス5】を活用すれば，内部統制等に関する理解が深化し，自社の内部統制を合理的に説明できるようになる（合理性）。

なお，キーコントロールの運用状況は，統制実施者の押印の有無の確認等の形式的なチェックだけではなく，管理者に対する質問等（文書の確認を含む。）により，統制実施者が統制内容や目的を理解しているかを確認して検証される。統制実施者が理解すべき内容は，すなわち，【プロセス5】❶から⓬の検討内容となる。

●補論―内部統制の評価のしやすさと管理水準―

内部統制の評価のしやすさと管理水準には，正の相関関係がある。評価のしやすさとは，勿論，検証すべき資料がすべて揃っていて，要求すればすぐに提出される状況を含むが，それだけでない。仮にそのような状況にあったとしても，担当者レベルのコントロールを多数検証しなければ，その有効性を判断できないような内部統制であれば，それは，評価がしやすいとは言わない。

評価のしやすい内部統制とは，高リスクが明示されており，内部統制の階層の上位レベルから下位レベルの統制の内容と目的が明瞭で各実施者がそれらを理解して，運用している状況をいう。経営理念，経営戦略や事業計画，そして，統制の目的と内容が明確に結びついていれば，なお望ましい。そのうえで，内部監査部門，取締役会および監査役等がその状況をモニタリング（独立的評価）し，監査人が監査していることを企業が開示すれば，財務諸表利用者は管理の状況を容易に確認でき企業の信頼が高まる。

そのような組織の管理水準が高いことは，容易に想像がつく。

(3) ［検討例4］のエッセンス　コントロール階層の構築

サービス業の事例では上位コントロールと下位コントロールの関係を，地区統括会社によるモニタリングと，IT業務処理統制およびサービスセンターでのコントロールの関係として捉えたが，リスクを低減するためのコントロールを階層で捉える考え方は汎用性が高い。

たとえば，事業計画の策定・管理プロセスに係る内部統制とその他の内部統制（［検討例1］，［検討例2］），全社的な内部統制と業務プロセスにおける内

PART Ⅲ　6つの重要プロセスに関するポジション・ペーパーの検討例

部統制（［検討例３］），会議体，経理部や適切な管理者によるモニタリングと
担当者レベルのコントロール（［検討例３］，［検討例４］），入金プロセスと売
上計上プロセス等の異なる業務プロセス間の連係（補完関係）（［検討例３］，［検
討例４］），本社によるモニタリングと支社，支店，店舗でのコントロール（［検
討例１］，［検討例２］，［検討例４］），そして，親会社のモニタリングと子会社
でのコントロール（［検討例４］）等の関係が考えられる。

　トップダウン型のリスク・アプローチに基づき，全社的な内部統制から組織
末端レベルのコントロールまでの各階層で，切れ目ないモニタリングの「連鎖」
を企業グループ全体に構築することは，内部統制の質を向上させるとともに内
部統制等の理解を深化させる。そして，財務報告上のリスクが十分低減されて
いるかに留意しつつ，より上位のコントロールからキーコントロールを選定し
ていくことで効率的な制度対応も実現される。

　上位階層のコントロールを中心にキーコントロールを選定している組織の評
価の効率性が高い組織は，管理品質も高い組織である。キーコントロールに選
定された上位階層のコントロールの数が管理品質の指標と捉えることもできる。

3 ▶【プロセス５】の実務上の位置づけ

　【プロセス５】を有効に運用できるように，企業の業務全体において，当該
プロセスが持つ役割や意義，または期待される機能を確認する。

(1)　決算・財務報告プロセスとその他の業務プロセスのコミュニケーション

　内部統制報告制度上は財務報告に係る内部統制が対象であるため，決算・財
務報告プロセスの一部である【プロセス２】，【プロセス３】および【プロセス
４】を主導する経営者または経理部門責任者が，会計処理や開示のため必要に
なる情報，全社的な財務報告上のリスクおよび構築すべき内部統制（キーコン
トロールを含む）を業務プロセス責任者に指示することが合理的である。

　業務プロセス責任者は，経営者または経理部門責任者の指示により，【プロ
セス５】において財務報告に係る内部統制の構築を実施する（キーコントロー
ルの構築を含む。）。

　また，業務プロセス責任者は，独自のリスク評価に基づき【プロセス５】に

おいて内部統制とキーコントロールの追加等を検討する。

特に，経営者による判断や会計上の見積りを伴うような会計処理の場合，【プロセス2】において，経理部門が，企業の実態や取り巻く状況を踏まえ，会計基準等の規定に従った会計処理を決定し，財務報告上のリスクを業務部門責任者に伝達することが重要である。その際，業務部門責任者等がリスクの内容を理解できるように，経理部門責任者は【プロセス2】の検討プロセスと内容を，業務部門責任者等に説明することが大切である。

(2)　コアナレッジの他の重要プロセスへの応用と社内への浸透

［検討例3］と［検討例4］は，【プロセス5】に留まらず，【プロセス1】から【プロセス4】，そして，【プロセス6】における主要論点と検討ステップの理解に役立てていただきたい。

本書において，トップダウン型のリスク・アプローチとキーコントロールの考え方は，構築すべき内部統制の原則と考え方の枠組みと位置づけている（［図表4-1］参照）。トップダウン型のリスク・アプローチとキーコントロールの本質は，全体俯瞰の視点，高リスクの特定，コントロールの階層の識別である。

トップダウン型のリスク・アプローチとキーコントロールの考え方は，【プロセス5】の具体的な業務プロセスでの解説が読者の理解に資すると考える。［検討例3］と［検討例4］は，トップダウン型のリスク・アプローチとキーコントロールを具体的にイメージするきっかけとして活用されたい。そして，そのイメージを基に【プロセス5】以外の重要プロセスの主要論点を理解していただきたい（［図表15-1］）。

別の言い方をすれば，業務プロセスにおけるトップダウン型のリスク・アプローチとキーコントロールの考え方が，本書の全体像の"縮図"なのである。

PART Ⅲ　６つの重要プロセスに関するポジション・ペーパーの検討例

■図表15-1■　［検討例３］，［検討例４］とその他の重要プロセスのつながり

トップダウン型のリスク・アプローチとキーコントロールの本質	【プロセス1】事業計画の策定・管理*1	【プロセス2】会計基準の適用*1	【プロセス3】開示目的に照らした注記*1	【プロセス4】有価証券報告書の記述情報等の開示*1	【プロセス5】キーコントロールの選定と構築	【プロセス6】評価範囲の決定*2
全体俯瞰の視点	●開示における重要性（マテリアリティ）の検討 ●キーガバナンスポイントの設定	●会計処理と開示と内部統制の統合的な検討	●会計処理と開示と内部統制の統合的な検討 ●財務諸表利用者の投資判断への貢献（開示目的）	●会計処理と開示と内部統制の統合的な検討 ●「ガバナンス」「戦略」「リスク管理」「指標と目標」の記載内容 ●財務諸表以外の内部統制報告制度の対象範囲 ●開示における重要性（マテリアリティ）の検討	［検討例３］	●財務報告の範囲の検討
高リスクの特定	●事業上のリスクが財務報告上のリスクに与える影響の検討	●経営者による判断と会計上の見積り ●非定型的・不規則な取引の捕捉	●財務情報間のつながり ●財務情報と非財務情報のつながり等	●企業価値向上のためのストーリーの組み立てと財務情報とのつながり	［検討例３］	●リスクが発生または変化する可能性がある状況の捕捉
コントロールの階層の識別	●取締役会の監督機能の	●決算・財務報告プロセ	―	―	［検討例３］ ［検討例４］	●評価範囲の根拠となる

570

第15章 【プロセス5】キーコントロールの構築と選定の文書化

	発揮 ●財務数値の 異常点の兆 候の有無の 確認	スの分析的 検討			全社的な内 部統制

＊1 ［検討例1］，［検討例2］を参照する。

＊2 ［検討例5］を参照する。

PARTⅢ　6つの重要プロセスに関するポジション・ペーパーの検討例

第16章

【プロセス6】内部統制報告制度の評価範囲の決定の文書化

　評価範囲外の事業拠点または業務プロセスから開示すべき重要な不備が識別されたと推察される過去の事例を踏まえ，内部統制基準等の2023年改訂では，内部統制報告制度の評価範囲についての検討項目等が追加されている。そこで，具体的な事例を想定して，評価範囲の主要な要素となる重要な事業拠点の選定を中心に解説する。

1 ▶ ［検討例5］ 重要な事業拠点の選定等

　親会社が子会社に全社的な内部統制の質問書を送付して回答を得ているが，共通の方針や手続で運営されていない子会社が存在する分権型の組織構造である企業グループにおいて，内部統制報告制度の評価対象とする重要な事業拠点の機械的な選定ではなく，財務報告上のリスクを重視した評価範囲の絞り込み等を解説する。

●検討例のポイント
□評価範囲の絞り込みの考え方，あるいは，重要な事業拠点としない考え方について，全社的な内部統制を用いた論理構成の方法の具体例を理解する。
□財務諸表と財務諸表に重要な影響を及ぼす可能性のある情報の信頼性を確保することを意味する財務報告の信頼性について，重要な事業拠点の選定をとおして，財務諸表に重要な影響を及ぼす可能性のある情報，財務諸表，企業の事業目的に大きく関わる勘定科目，そこに至る業務プロセス，重要性の大きい事業拠点・業務プロセス，そして，内部統制評価のつながりを理解する。
□財務報告の信頼性の確保のため，評価対象とすべき開示項目の決定アプローチを理解する。

572

第16章 【プロセス6】内部統制報告制度の評価範囲の決定の文書化

● 想定する企業グループ

	親会社 P社	子会社 A社	子会社 B社	子会社 C社	子会社 D社	子会社 E社	その他 子会社 （5社）	合計	重要な 事業拠点 合計
事業内容	X事業 製造販売	X事業 製造販売	Y事業 製造販売	Z事業 製造販売	V事業 製造販売	W事業 製造販売	その他 事業	―	―
売上高	35％	15％	15％	5％	12％	5％	13％	100％	75％
税前利益	40％	23％	－5％	25％	12％	5％	5％	100％	88％
重要な事業拠点の選定結果	1次選定 ◎	1次選定 ◎	1次選定 ◎	2次選定 ○	―	3次選定 □	―		

(1) 【ポジション・ペーパー6】内部統制報告制度の評価範囲の決定

内部統制 の文書化 要件	業務 フロー	≪ステップ1≫考慮すべき事項の把握 （検討項目❶❷❸） ≪ステップ2≫評価範囲方針の決定（検討項目❹〜❾） ≪ステップ3≫評価範囲の調整（検討項目❿⓫⓬）		
	役割分担	検討項目	主担当	関連部門等
		❶❷❸	● 内部監査部門	・経営企画部門 ・経理部門 ・広報部門 ・IT部門 ・業務部門
		❹〜❾	● 内部監査部門	・経理部門
		❿〜⓬	● 内部監査部門	・経理部門
	リスク	❾重要性の大きい事業拠点・業務プロセスの追加を参照する。		
成果物		内部統制報告制度の評価範囲方針		
結論と検討過程・根拠および関連する内部統制		［結論］❹〜❾ ［検討過程・根拠］❶❷❸，❿⓫⓬ ［内部統制］関連する文書化3点セットおよびポジション・ペーパー		

検討例5

573

PART Ⅲ　6つの重要プロセスに関するポジション・ペーパーの検討例

● 3つのステップと12の検討項目

　重要な事業拠点は，業務プロセスの概念であるが，全社的な内部統制の状況を前提に選定されるため，≪ステップ1≫考慮すべき事項の把握において，全社的な内部統制および決算・財務報告プロセスに係る内部統制（全社）の状況を確認し，≪ステップ2≫評価範囲方針の決定において，全社的な内部統制等の評価範囲を検討した後で，重要な事業拠点を選定する。また，≪ステップ3≫評価範囲の調整において，全社的な内部統制等の評価結果に基づき，重要な事業拠点を含む業務プロセスに係る内部統制の評価範囲の調整を実施する。

≪ステップ1≫　考慮すべき事項の把握（検討項目❶❷❸）

　親会社およびすべての子会社を対象に評価範囲の検討をスタートする。
　【プロセス1】事業計画の策定・管理から【プロセス5】キーコントロールの構築と選定の検討過程で，以下の事項を把握する。

❶　【プロセス1】事業計画の策定・管理

　当該企業ループのビジネスモデルおよび各社の役割は以下のとおりである。
- 一般的な製造業の連結グループであり，全社的な内部統制の評価は良好である。
- 親会社（P社）と連結子会社A社はいずれも国内に所在し，X事業の製品を製造及び販売している。
- 連結子会社B社，C社，D社，E社，その他子会社5社はX事業とは異なる事業をそれぞれ営んでいる。
- 連結子会社B社のY事業の採算は近年悪化し，低利益率となっており当期は損失を計上している。
- 連結子会社C社のZ事業は連結グループの中でも利益率が高い状況が継続している。
- E社はP社グループ傘下となってからの期間が短く，事業内容が異なる海外子会社である。

❷　【プロセス2】会計基準の適用，【プロセス3】開示目的に照らした注記，【プロセス4】有価証券報告書の記述情報等の開示

　事業拡大のため，M&Aを頻繁に実施しており，多額ののれんを計上してい

る。経営戦略上の M&A の位置づけが高く，また，のれんの計上額が財務諸表に重要な影響を及ぼすため，のれん等の評価（減損損失の計上の要否の検討を含む。）が財務報告上のリスクが高いと判断している。

また，M&A とのれん等の評価に関して，経営戦略，のれんに関する会計処理と注記の方針および有価証券報告書の記述情報の関係を開示上重視している。

❸ 【プロセス5】キーコントロールの構築と選定

E 社は P 社グループ傘下となってからの期間が短く，事業内容が異なるため，グループ共通の内部統制の構築方針であるトップダウン型のリスク・アプローチが適用できておらず，同アプローチで内部統制が構築されているか確認できていない。

≪ステップ2≫　評価範囲方針の決定（検討項目❹❺❻）

≪ステップ1≫での検討により把握した事項を考慮して，トップダウン型のリスク・アプローチに基づき内部統制報告制度の評価範囲を決定する。

❹　全社的な内部統制の評価対象

子会社管理の視点により全社的な内部統制の内容を明確にして，業務プロセスの評価範囲を決定する際の重要な事業拠点を絞り込む根拠とする。

内部統制実施基準の評価項目例を基に親会社 P 社が作成した全社的な内部統制の評価項目（チェックリスト）のうち，子会社管理上は，グループ共通の内部統制として，統制活動，情報と伝達，モニタリング，および，IT への対応を重視する。

また，以下のプロセスにおける検討項目も重視する。

- 【プロセス1】事業計画の策定・管理における≪ステップ3≫❿財務数値による関係会社管理
- 【プロセス2】会計基準の適用における≪ステップ3≫❿リスクの識別と評価，⓫高リスクの根拠，⓬内部統制の構築とキーコントロールの選定
- 【プロセス5】キーコントロールの構築と選定における≪ステップ2≫❼リスクの識別と評価，❽高リスクの根拠，❾5類型による内部統制の構築

なお，子会社 E 社は，P 社グループ傘下となってからの期間が短いため，独自の全社的な内部統制を整備・運用しているが，P 社が利用する全社的な内部

575

PART Ⅲ 6つの重要プロセスに関するポジション・ペーパーの検討例

統制の評価項目チェックリストによって整備状況を確認し，運用評価を実施している。ただし，子会社EもP社経理部門による財務数値の分析的検討の対象になっている。

❺ 決算・財務報告プロセスに係る内部統制（全社）の評価対象

全社的な観点での評価が適切な決算・財務報告プロセスに係る内部統制は，以下が該当すると判断している。

- 総勘定元帳から財務諸表を作成する手続
- 連結修正，報告書の結合及び組替えなど連結財務諸表作成のための仕訳とその内容を記録する手続
- 財務諸表に関連する開示事項を記載するための手続（特に，M&Aとのれん等の評価に関して，経営戦略，のれんに関する会計処理と注記の方針および有価証券報告書の記述情報の関係を検討する手続）
- 関係会社の財務数値における異常値の有無のモニタリング（【プロセス1】❿参照）

なお，E社以外の子会社はすべて親会社P社と共通の会計システムおよび業務システムを利用しており，当該システムは親会社が管理している。

また，経理部門は，【プロセス1】≪ステップ3≫❿で，E社を含むすべての子会社に対して財務数値の分析的検討を実施している。

❻ 事業拠点絞り込みの根拠

❹❺の全社的な内部統制が過年度において有効と判断しており，当年度の評価範囲の計画時点においても良好と判断される。また，内部統制報告制度導入時から連結取引相殺消去後の売上高の概ね3分の2以上を指標と定量的基準に採用しているが，評価対象範囲外から開示すべき重要な不備は発生していない。したがって，当期においても，原則として連結相殺消去後の売上高の概ね3分の2以上をカバーする事業拠点を上位から順番に選定していく方針とする。

❼ 重要な事業拠点の選定（指標と定量的基準）

＜1次選定＞

まず，事業拠点の重要性を判断する指標として事業目的に最も関わる勘定科目である売上高が適していると判断した。

第16章　【プロセス6】内部統制報告制度の評価範囲の決定の文書化

売上高の金額的重要性を考慮し，P社，A社，B社を重要な事業拠点として選定した（「想定する企業グループ」のうち，◎印を付けた会社）。

1次選定ではC社，D社，E社，およびその他の子会社を対象外としている。

＜2次選定＞

売上高だけでは，高利益率の子会社の重要性を適切に判断できない可能性があることを考慮し，税引前当期純利益を追加的な指標として用いる。

C社の税引前当期純利益の連結グループに占める割合が25％となっていることから，C社を重要な事業拠点に選定した（○印）。

❽　事業目的に大きく関わる勘定科目とそこに至る業務プロセスの識別

P社グループは，製造販売を主要な事業としているため，事業目的に大きく関わる勘定科目は，売上高，売掛金，そして，棚卸資産とする。

なお，C社については，連結ベースでの税引前当期純利益に占める同社の割合が高い要因を確認し，事業目的に大きく関わる勘定科目やそこに至る業務プロセスの追加を検討する。

❾　重要性の大きい事業拠点・業務プロセスの追加

＜3次選定＞

E社は海外子会社であり，P社グループ傘下となってからの期間が短く，事業内容が異なるため，重要な会計方針の概要は確認できているが，決算・財務報告プロセスにおける分析的検討で異常点を発見できるほど分析ノウハウが蓄積されておらず，また，まだグループ共通の会計システムを導入できていない。

売上高の金額的重要性はD社のほうが大きいが，E社はこれらの質的重要性を重視して，E社を重要な事業拠点として選定し（□印），これにより重要な事業拠点を選定するための一定の割合に達したと判断した。

残りのD会社およびその他の子会社について，以下の状況を根拠に，親会社による連結ベースの全社的な内部統制により財務報告上のリスクは十分低減できると判断したため，重要な事業拠点としての追加，あるいは，特定の業務プロセスの個別の追加は不要と判断した。

- ❶❷で把握した財務報告上の高リスク（のれん等の評価）が該当しない。
- 親会社と共通の会計システムを利用しており，対象会社の総勘定元帳や勘定科目の残高明細，計上根拠資料を親会社において適時確認できる。

577

PARTⅢ　6つの重要プロセスに関するポジション・ペーパーの検討例

- 親会社の経理部門による対象会社の財務数値の分析的検討の手続が整備・運用されている。
- 特に，事業目的に関わる勘定科目と判断している売上高，売掛金および棚卸資産の残高明細まで異常点の有無を確認している。

≪ステップ3≫　評価範囲の調整（検討項目❿⓫⓬）

　≪ステップ2≫における評価範囲方針の決定について，全社的な内部統制等の評価結果を踏まえて評価範囲の調整を行う。内部統制の評価範囲は，内部統制の評価が完了するまでは暫定にすぎず，内部統制の有効性の判断に関する結論に至った段階で，評価範囲は確定する。

● 補論─評価の範囲に関する内部統制報告書の記載内容─

　内部統制報告書では，評価の範囲に関して，以下の事項（決定の判断事由を含む）の記載が必要になる（[図表3-13]●経営者による内部統制の評価範囲の決定参照）。

- 重要な事業拠点の選定において利用した指標とその一定割合
- 評価対象とする業務プロセスの識別において企業の事業目的に大きく関わるものとして選定した勘定科目
- 個別に評価対象に追加した事業拠点及び業務プロセス

　したがって，評価の範囲として【プロセス6】の❼重要な事業拠点の選定（指標と定量的基準）とするか❾重要性の大きい事業拠点・業務プロセスの追加とするかを明確にする必要がある。❼は❽事業目的に大きく関わる勘定科目とそこに至る業務プロセスの識別との関係で，連結グループ全体としての事業目的に大きく関わるか否かで判断し，❾については，たとえば，❷の会計基準の適用，開示目的に照らした注記，そして，有価証券報告書の記述情報等の開示に関連し，経営者による判断や会計上の見積り等，財務諸表に重要な影響を及ぼす可能性のある情報として質的重要性が高いと判断した事業や取引を含む事業拠点や業務プロセスが該当すると考えられる。

(2)　［検討例5］のエッセンス　評価範囲の決定と子会社管理

　業種・ビジネスモデル等の前提を置いて架空の企業を想定し，【プロセス6】の検討例を解説したが，多くの企業の参考に資するよう検討のエッセンスを以

第16章 【プロセス6】内部統制報告制度の評価範囲の決定の文書化

下にまとめる。

●評価範囲を検討する際に大切な2つの視点

内部統制基準等の2023年改訂では，内部統制の評価範囲の決定に関して多くの改訂が加えられている（第3章第1節(2)財務報告に係る内部統制の評価及び報告）。それにあわせ，監査人が，経営者の実施する重要な事業拠点の選定の妥当性を検討する際の参考として，「財務報告に係る内部統制の監査」（財務報告内部統制監査基準報告書第1号）において，「付録7　重要な事業拠点の選定方法に係る参考例」が追加されている。

これらの情報に従って，企業が内部統制報告制度の評価範囲を見直すことは有効と考えられるが，そもそも財務報告の信頼性を高め，企業情報の開示に対する昨今の社会的な期待に応えるためには，財務報告の対象となる「財務諸表」と「財務諸表の信頼性に重要な影響を及ぼす開示事項等」のうち，後者に含まれる「財務諸表の作成における判断に密接に関わる事項」を検討する視点が大切である（［図表2-12］，［図表3-6］参照）。

また，全社的な内部統制と業務プロセスに係る内部統制の評価範囲については，評価対象の決定根拠の視点ではなく，評価対象外の根拠の視点が大切である。すなわち，全社的な内部統制の評価対象外の子会社等や業務プロセスに係る内部統制の評価対象外の重要な事業拠点と業務プロセスについて，評価対象外としていることを明確な根拠をもって説明できるかの確認が大切である。ただし，すべての子会社等に対して画一的に全社的な内部統制の評価項目チェックリスト等を展開したり，すべての事業拠点のすべての業務プロセスに関して文書化3点セットを作成して評価したりすることは，評価の実効性が疑われ，また，現実的でないため，内部統制報告制度対応の負担軽減のため，またそれだけでなく，制度対応を契機に企業集団の管理水準を向上させるため，トップダウン型のリスク・アプローチの適用が有効である。

●親会社による関係会社管理方針の具体例

トップダウン型のリスク・アプローチに基づき業務プロセスの評価範囲（事業拠点の選定を含む。）を決定する場合，連結ベースでの全社的な内部統制の構築方針，換言すれば，親会社による関係会社管理の方針を明確にする必要がある。

検討例5

579

たとえば，【プロセス1】事業計画の策定・管理での財務報告上のリスクの特定と財務数値の分析的検討の実施や，【プロセス2】会計基準の適用での決算・財務報告プロセスにおけるリスクの識別と内部統制の構築，【プロセス5】キーコントロールの構築と選定での業務プロセスにおけるトップダウン型のリスク・アプローチの適用が挙げられる。

これらの方針は，財務報告の重要な事項に虚偽記載が発生することを回避したり，業務プロセスに係る内部統制の評価範囲を効果的に絞り込んだりするために有用である。

また，分権型の組織構造で運営されているグループで，海外子会社を含めたグループ全体に適用される方針や手続等が確立されていない場合，内部統制評価の実施基準（参考1）に示されている項目のほとんどについて，子会社ごとに，又は，共通の方針や手続で運営されている子会社グループごとに整備状況の評価を実施している場合，トップダウン型のリスク・アプローチは，全社的な内部統制の単位で適用すべきと考えられるため，全社的な内部統制が分割された状況では，業務プロセスの絞り込みの効果が半減されてしまう。また，会社法上，親会社の取締役会は，企業集団ベースの内部統制の整備方針を決定する義務があるため，結果として子会社の会計処理等が原因で財務報告の重要な事項に虚偽記載が生じた場合は，親会社としての責任が生じる可能性がある。このような場合，特に前述の親会社による子会社管理方針の具体例は有用であると考えられる。

2 ▶【プロセス6】の実務上の位置づけ

【プロセス6】を有効に運用できるように，企業の業務全体において，当該プロセスが持つ役割や意義，または期待される機能を確認する。

(1) 形式的で機械的な範囲決定からの脱却

従来の内部統制報告制度実務における評価範囲の決定に関して，次のような課題が識別されていた（研究報告32号（研究文書1号）参照）。

● 全社的な内部統制の評価における財務報告に対する影響の重要性が僅少である事業拠点

第16章　【プロセス6】内部統制報告制度の評価範囲の決定の文書化

　売上高で全体の95％に入らないような連結子会社は僅少なものとして，評価の対象から外すといった定量的な基準を重視して機械的に適用し，リスクのある事業拠点がそもそもの検討の対象にならない，または，評価対象となっていても，全社的な内部統制の評価における親会社からの質問項目（実施基準（参考１）のいわゆる42項目）自体や回答が事業やリスクの状況を十分に捕捉できていない可能性がある。

● 業務プロセスに係る評価の範囲の決定

　内部統制評価の実施基準において，業務プロセスに係る評価範囲の決定の手順として，重要な事業拠点の選定について，連結ベースの売上高等の一定の割合を概ね2/3程度や，事業目的に大きく関わる勘定科目の選定について，連結売上高の概ね５％程度以下となる業務プロセスを評価対象から外すといった数値の適用により，評価対象外から重要な虚偽記載や開示すべき重要な不備が報告された例が散見された。また，開示すべき重要な不備の事例を見ると必ずしも売上高に関わるものばかりではなかった。

● 全社的な内部統制の評価

　毎期同じ評価範囲の評価を同じ質問リストで繰り返しているだけでは，有効な内部統制の評価ができていない可能性がある。たとえば，以下のような場合には，評価範囲の決定が形骸化している可能性があると考えられる。

- ● 全社的な内部統制の質問書の対象が，定量基準で選定された事業拠点のみである
- ● 全社的な内部統制の質問書および回答において，質的な影響に関する質問・回答が極めて少ない。
- ● 全社的な内部統制の質問書の「リスクの評価と対応」の回答で，事業の状況変化についての検討が少なく，実績値以外は毎回ほぼ同じ回答となっている。
- ● リスク評価において，環境変化や事業戦略等による潜在的な影響が織り込まれていない。
- ● 複雑なスキームや担当者の裁量による取引が行われているかを把握できていない。

581

PART Ⅲ　6つの重要プロセスに関するポジション・ペーパーの検討例

- 管理部門による事業拠点の日常的なモニタリングが弱い。
- 内部監査部門が，子会社等への往査を行っていない。

　このような状況が該当すれば，そもそも業務プロセスの評価範囲を絞り込む
トップダウン型のリスク・アプローチ（第2章第5節トップダウン型のリス
ク・アプローチの活用参照）が論理破綻している可能性がある。

　事業計画の策定の際に検討することが望ましい事業上のリスクからスタート
し，事業上のリスクが財務報告に与える影響を考慮して，評価範囲を決定する
ことが肝要であると考えられる。事業計画の策定は，特定の事業拠点を対象と
するのではなく，すべての事業拠点を対象に検討されると考えられ，そこから
財務報告上のリスクを考慮して，内部統制報告制度の評価対象とする事業拠点
や業務プロセスを決定することが重要である。その際には，当然，売上の規模
だけでなく，財務報告上のリスクに関連する質的要因を検討することになる。

　つまり，経営方針や経営戦略に従った事業計画の策定の際に識別される事業
上のリスクが財務報告上のリスクに与える影響を検討し，内部統制報告制度の
評価範囲を決定する手続が重要であり，事業計画の策定・管理プロセスと評価
範囲の決定のつながりが肝要となる。

　また，トップダウン型のリスク・アプローチを適用して，業務プロセスに係
る評価の範囲を絞り込む際の根拠を明確にすることも重要である。すなわち，
全社的な内部統制のどの評価項目が良好であるため，言い換えると，親会社等
は，事業拠点をどのようにグリップしているため，全ての事業拠点ではなく，
一部の重要な事業拠点のみを評価対象としているのかを明確にする必要がある。

　たとえば，全社的な内部統制の評価項目のうち，リスク評価のプロセスとそ
の結果，共通の方針や手続でのグループ運営の状況，親会社の管理部門による
業績管理（日常的モニタリング）や内部監査の実施状況等が，評価範囲の絞り
込みを検討するうえで，重要な根拠となると考えられる。

　そのためには，評価範囲の決定プロセスに関するステップと検討項目を定め
ることが効果的である。そうすることで，企業を取り巻く環境の変化に対して
評価範囲の適時かつ適切な見直しが可能となる。また，内部統制基準等に基づ
けば，あるいは，企業集団における親会社の責任に基づけば，多くの企業にお
いて，トップダウン型のリスク・アプローチに基づき評価範囲を決定すること
が合理的であるため，それを可視化したのが【プロセス6】である。

第16章 【プロセス6】内部統制報告制度の評価範囲の決定の文書化

　内部統制基準等の2023年改訂前文では，以下のとおり記載されており，評価範囲の決定におけるリスク・アプローチの趣旨が再確認されている（コメントに対する考え方No. 14参照）。

> 　財務報告の信頼性に及ぼす影響の重要性を適切に考慮すべきことを改めて強調するため，評価範囲の検討における留意点を明確化した。具体的には，評価対象とする重要な事業拠点や業務プロセスを選定する指標について，例示されている「売上高等の概ね2/3」や「売上，売掛金及び棚卸資産の3勘定」を機械的に適用すべきでないことを記載した。

　【プロセス6】の前に【プロセス1】から【プロセス5】をデザイン（設計）しているのは，事業上のリスクの識別と財務報告上のリスクの特定を重視し，それらの検討と内部統制報告制度の評価範囲の決定のつながりを明確にするため，別の言い方をすると，財務報告の信頼性に及ぼす影響の重要性を適切に考慮してから評価範囲を決定できるようにするためである。

⑵　評価範囲の決定の精緻化と企業集団の管理水準の向上

　企業にとってすべての事業拠点のすべての業務プロセスを文書化し，すべて整備・運用評価することは現実的ではない。一方で，財務報告上のリスクが高く，開示すべき重要な不備が存在する可能性がある事業拠点や業務プロセスが評価範囲から漏れてしまっては，各企業の制度対応の意義が問われてしまう。また，財務報告に係る内部統制が，企業の持続的成長または経営理念の実現に貢献できれば，各企業の制度対応の意義が高まる。

　これらの観点から，評価範囲の決定局面における従来のトップダウン型のリスク・アプローチの適用を見直したのが，【プロセス6】の3つのステップと12の検討項目である。内部統制基準等の規定とトップダウン型のリスク・アプローチの考え方に準拠しながら，基準では明確に定められていないステップと検討項目を補って，プロセス全体をデザイン（設計）している。

　具体的には，≪ステップ2≫❹〜❾が，内部統制基準の規定であり，トップダウン型のリスク・アプローチの適用は，検討項目❶❷❹❺❿⓫が全社的な内部統制の状況の確認，❸❻⓬が全社的な内部統制の状況による事業拠点の絞り込みの根拠，そして，❼❽が重要な事業拠点と業務プロセスの絞り込みであり，

583

■図表16-1■ 評価範囲の決定に関する内部統制基準等の規定と【プロセス6】検討項目の関係

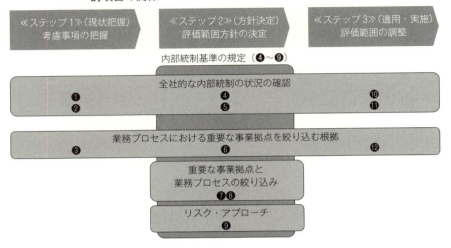

❾が評価範囲の決定におけるリスク・アプローチの適用である（[図表16-1]）。

≪ステップ2≫❹〜❾だけでなく，≪ステップ1≫❶❷❸により，評価範囲の決定の前に考慮すべき事項を明らかにし，≪ステップ3≫❿⓫⓬により，評価が終了するまで評価範囲は確定しないことを示している点が，当該プロセスの特徴である。

また，このような評価範囲の決定の精緻化は，トップダウン型のリスク・アプローチの名称が示すとおり，親会社による企業集団の管理水準の向上に貢献する。

(3) 内部統制報告書の記載事項（評価の範囲）への対応

内部統制基準は，内部統制報告書における内部統制の評価の範囲に関する記載事項を定めるが，その決定の判断事由の記載も求めている。

> 内部統制基準Ⅱ．4．(4)評価の範囲，評価時点及び評価手続
> ① 財務報告に係る内部統制の評価の範囲（範囲の決定方法及び根拠を含む。）
> 　特に，以下の事項について，決定の判断事由を含めて記載することが適

第16章 【プロセス6】内部統制報告制度の評価範囲の決定の文書化

切である。

　イ．重要な事業拠点の選定において利用した指標とその一定割合
　ロ．評価対象とする業務プロセスの識別において企業の事業目的に大きく
　　関わるものとして選定した勘定科目
　ハ．個別に評価対象に追加した事業拠点及び業務プロセス

　「評価対象とする業務プロセスの識別において企業の事業目的に大きく関わるものとして選定した勘定科目」については，財務報告に対する金額的および質的影響ならびにその発生可能性を考慮し，個別の業種，個々の企業等が置かれた環境や事業の特性等に応じて適切に判断する。また，「個別に評価対象に追加した事業拠点及び業務プロセス」については，財務報告に対する影響の重要性を勘案して決定する。これらの事項のすべてについての具体的な開示が求められるわけではないが，その概要の記載が求められる（コメントに対する考え方No.55参照）。

　「財務報告に係る内部統制の評価の範囲」については，財務報告に対する金額的および質的影響ならびにその発生可能性を考慮し，全社的な内部統制の評価結果を踏まえ，業務プロセスに係る内部統制の評価範囲を合理的に決定した旨を具体的に記載する。特に，重要な事業拠点の選定において利用した指標とその一定割合，評価対象とする業務プロセスの識別において企業の事業目的に大きく関わるものとして選定した勘定科目ならびに個別に評価対象に追加した事業拠点および業務プロセスについて，評価範囲を決定した際の判断事由を各企業の実情等に応じて具体的に記載する（コメントに対する考え方No.58参照）。

　内部統制基準等においては，これ以上の具体的な規定は存在しないと考えられる。各企業は実情等に応じて判断事由の記載内容を決定する必要があるが，【プロセス6】は，トップダウン型のリスク・アプローチに従ってデザイン（設計）しており，評価範囲の決定の12の検討項目のうち，❹❺そして❼❽❾が，内部統制報告書の評価範囲に関する記載事項に該当し，その他の項目，すなわち，❶❷❸と❻，そして❿⓫⓬が，その決定の判断事由に該当する（［図表16-2］）。評価範囲の判断事由については，これらの項目の検討内容を基に記載できる。

585

■図表16-2■　内部統制報告書記載の評価範囲および決定事由と【プロセス6】検討項目の関係

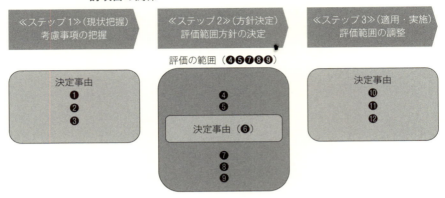

(4) ビジネスモデルやリスクが発生する可能性がある状況等と評価対象項目のつながりの明確化

　【プロセス1】から【プロセス5】と【プロセス6】のつながりを確保することにより，実効性と効率性が高く，合理的な評価範囲の決定を実施する基礎となる（[図表16-3]）。

　すなわち，【プロセス1】から【プロセス4】のつながりにより，事業計画を起点とする財務報告ガバナンスを構築する。事業の目的とビジネスモデルに関する収益認識等や将来の不確実性を中心に，会計処理，開示，そして，内部統制を統合的に検討する。また，リスクが発生または変化する可能性がある状況を捕捉して財務報告への影響を検討する。

　そして，【プロセス5】において，全社的な内部統制，企業の事業目的に大きく関わる勘定科目（通常は，売上高，売掛金および棚卸資産）に至る業務プロセス，および，財務報告への影響を勘案して，重要性の大きい業務プロセス（経営者による判断や会計上の見積り等に関連する業務プロセス）においてトップダウン型のリスク・アプローチに基づきキーコントロールを構築・選定する。

　【プロセス1】から【プロセス5】の検討を前提に，内部統制報告制度における評価範囲が決定するため，事業計画の策定・管理，内部統制報告制度上の全社的な内部統制の評価対象，決算・財務報告プロセス（全社）の位置づけ，

第16章 【プロセス6】内部統制報告制度の評価範囲の決定の文書化

■図表16-3■ 【プロセス6】の評価対象と【プロセス1】から【プロセス5】のつながり

【プロセス1】事業計画の策定・管理	【プロセス2】会計基準の適用	【プロセス3】開示目的に照らした注記
●事業目的とビジネスモデル ●リスクが発生または変化する可能性がある状況の捕捉	●収益認識等（原価計算を含む。）顧客，財またはサービスの内容，履行義務の内容，取引価格等 ●将来の不確実性 ●その他の重要な会計処理	●重要な会計方針 ●重要な会計上の見積り ●収益認識関係 ●セグメント情報等

【プロセス4】有価証券報告書の記述情報等の開示

●非財務情報と財務情報
●財務諸表に重要な影響を及ぼす可能性のある情報
●財務諸表の作成における判断に密接に関わる事項（開示事項）
　「企業の概況」，「事業の内容」及び「関係会社の状況」の項目や「提出会社の状況」の「大株主の状況」の項目における関係会社，関連当事者，大株主等の記載事項等

【プロセス5】キーコントロールの構築と選定

●全社的な内部統制（【プロセス1】から【プロセス4】事業計画を起点とする財務報告ガバナンス）
●企業の事業目的に大きく関わる勘定科目（通常は，売上高，売掛金および棚卸資産）に至る業務プロセス
●財務報告への影響を勘案して，重要性の大きい業務プロセス（経営者による判断や会計上の見積り等に関連する業務プロセス等）

【プロセス6】内部統制報告制度の評価範囲の決定

●全社的な内部統制：事業計画の対象となるすべての子会社等
●決算・財務報告プロセス（全社）：親会社による財務報告ガバナンス（【プロセス1】から【プロセス5】）
●業務プロセス：重要な事業拠点，企業の事業目的に大きく関わる勘定科目に至る業務プロセス，指標と一定割合，財務報告への影響を勘案して，重要性の大きい業務プロセス
●関連するIT業務処理統制とIT全般統制

　その他の業務プロセスにおける重要な事業拠点，重要な事業拠点，企業の事業目的に大きく関わる勘定科目に至る業務プロセスおよび指標と一定割合，そして，関連するIT業務処理統制とIT全般統制のつながりが細部にわたり具体的な評価対象項目ベースで明確化される。

　その結果，財務報告ガバナンスとその開示，そして，その信頼性を確保するための経営者評価（内部統制報告制度）の関係が明瞭になり，制度対応の実効性や納得感が高まるであろう。また，それだけでなく，コーポレートガバナンス・全社的なリスク管理やサステナビリティ開示等への適応力も高まると考えられる。

587

PART Ⅲ　6つの重要プロセスに関するポジション・ペーパーの検討例

(5)　2023年改訂への実効性の高い対応

　上場企業の内部統制報告制度への対応の実務を考えた場合，内部統制基準の2023年改訂の中では，「評価範囲の決定」と「内部統制報告書の開示」に目が向きがちであるが，この2項目への場当たり的で表面的な対応では，制度対応の形式化・形骸化を助長するおそれがある。2023年改訂は，要約すれば，「評価範囲の決定」と「内部統制報告書の開示」に関する改訂を通じた，経営者による内部統制評価における適切なリスク・アプローチの徹底と考えられる（第3章第1節　内部統制基準等の改訂参照）。ここでのリスクは，財務報告の重要な事項に虚偽記載が生じるリスクである。

　2023年改訂により，開示すべき重要な不備が識別された場合，当該不備が識別された時点を含む会計年度の評価範囲に含めることが明確化されている。また，財務諸表監査の過程で，経営者による内部統制評価の範囲外から内部統制の不備を監査人が識別した場合には，内部統制報告制度における内部統制の評価範囲および評価に及ぼす影響を必要に応じて経営者と協議すること，評価範囲の妥当性を検討するに当たっては，財務諸表監査の実施過程において入手している監査証拠も必要に応じて活用することが明確化されている。これらを踏まえて，経営者と監査人との適時・適切な評価範囲に関する協議の必要性が明確化されている。

　したがって，「評価範囲の決定」と「内部統制報告書の開示」への対応だけでなく，そもそも，財務報告の重要な事項に虚偽記載が生じるリスク（財務報告上のリスク）を特定して対応し，内部統制の開示すべき重要な不備の発生を回避する必要がある。そのためには，【プロセス6】の検討の前提として，【プロセス1】から【プロセス5】のような親会社による財務報告ガバナンスの構築，そして整備・運用が重要になる。一度に導入できなくても，計画的に導入していくスタンスが大切であり，その取組みは，コーポレートガバナンス・全社的なリスク管理やサステナビリティ開示等で求められる対応へとつながっていく。

588

Column 4　生成 AI とトップダウン型のリスク・アプローチとキーコントロール

　本書の執筆中に生成系人工知能（いわゆる生成 AI）が急に世間の注目を浴び始めました。その機能や世間の期待と不安を見たり聞いたりするたびに，生成 AI が与える財務報告の信頼性への影響を考えました。もっと言えば，「生成 AI が私の代わりに本書を執筆できるか」を考えずにはいられませんでした。

　その際に，「言語の本質―ことばはどう生まれ，進化したか（2023年中公新書　今井むつみ，秋田喜美）」を読んだのですが，同書は Amazon でベストセラーになっていたのでご存じの読者も多いでしょう。気づきがたくさんあって，生成 AI の話だけでなく，同書で解説する人間が言語を習得するプロセスと私が考えるナレッジを蓄積するプロセスとの共通点を感じました。

■　記号接地

　同書では，人間と生成 AI の違いを記号接地というキーワードで説明しています。記号接地とは，もともと人工知能の用語で，ことばと，身体感覚や経験とをつなげることです。たとえば，「リンゴ」と聞けば，その色や模様，匂い，果肉の色や食感，味，舌触りなど，さまざまな特徴を思いだすことができ，「すてきだ」とか「いやだ」といった感情も含まれるように，人間がことばを習得するとは，このように経験に基づくものであることを強調しています。

　人間は，この記号接地により，言語を身近なところから徐々に習得していき，言語自体も人間の情報処理システムに合わせて進化していくと解説します。

　一方，生成 AI は，最初から一人の人間には一生かけても扱いきれないほどの巨大な言語データが与えられ，その中で「このことばとこのことばは連続して使われる確率が高い」といった局所的な確率計算をしているようです。生成 AI は，「次の来ることば予測機」と表現しています。

■　生成 AI の得意なことと苦手なこと

　また，同書は生成 AI の特徴をある具体例で解説します。共同執筆者の一人が，大学で「科学者の科学的発見と子どもの概念変化の共通性と差異を述べなさい」という課題を出したところ，ある学生が生成 AI に答えさせました。「共通生徒差異」と打ち間違えたのに，「共通性と差異」と読み替えて答えてきたことに関して，学生は「生成 AI は意図が分かるんだ」と感心したようですが，それは誤りのようです。生成 AI は，「共通」ということばの次に「生徒」が来る確率は極めて低いけれど，「性と」が

589

PART Ⅲ　6つの重要プロセスに関するポジション・ペーパーの検討例

来る確率は高いからそう解釈しただけとのことです。

　生成AIが作成する文章は，文法的な誤りや不自然さがなく，学生のレポートより
もずっと整っているかもしれないが，体験に接地せず，統計から導き出した情報をつ
なぎ合わせているだけなので，内容がとても表面的で，新しい視点も独自の観点もな
いとまとめています。

　それは，生成AIの得意なことと苦手なことを端的に表しています。ただ，ここま
で現在の生成AIと人間の違いが明らかになっているのであれば，技術の進歩により，
もしかしたら記号接地もAIは人間と同じようにできてしまうかもしれない，そうなっ
たらどうなるのだろうと恐ろしさを感じます。

■　自分の経験の大切さ

　私が内部統制におけるキーコントロールの選定・評価実務からスタートして，コー
ポレートガバナンスと全社的なリスク管理，収益認識のポジション・ペーパー作成実
務，そして，本書における6つの重要プロセスとキーガバナンスポイントへと徐々に
考え方をつなげられたのは，独立的な立場で少し離れて，いろいろな業種と規模の企
業を検証する会計監査の経験があったからです。

　また，コーポレートガバナンスの本質が外部性あるいは第三者性と考えるのは，ア
ドバイザリー業務や執筆によって，一般に組織の変革は内部からでは難しく，何かし
らの外部の力が効果的なことを経験的に知っているからです。

　今の時代，きっかけは至るところにあります。企業の皆様におかれましても，J-
SOX導入期のような喧々諤々とした議論を行い，自社のこれまでの事業活動やご自
身の経験を内部統制に反映すれば，内部統制自体が各企業にあわせて進化していくと
思います。また，そうすることで，内部統制が経営戦略上の重要な差別化要因になる
と思います。

　前著「収益認識のポジション・ペーパー作成実務　開示，内部統制等への活用」
（2021年7月）と同じように，執筆者である私の経験に基づき，私が考えたことを，
私のことばで，読者の皆様に読んでいただきたかったので，本書の執筆において生成
AIは一切利用していません。

　確かに，生成AIの利用は便利なような気がしますが，それを利用する際には妄信
せずに，生成AIが得意なことと苦手なことをきちんと認識して，苦手なところ，す
なわち，リスクが高いところはヒト自分の責任で実施するとともに，得意なところに
ついても，誤りのリスクを常に考えて，生成AIの上位コントロールの役割をヒトが
果たすことが大切であると思います。そして，この考え方は本編で解説しているとお
り，生成AIの利用に限らず，すべての業務に共通して当てはまるものだと思います。

第17章

内部統制報告制度と
より望ましい気風の醸成

6種類のポジション・ペーパーとキーガバナンスポイントを活用した文書化・評価の前提となる評価体制や構築すべき内部統制，制度対応の全般的な留意事項を解説する。また，実務に導入できなければ，机上の空論で終わってしまうため，企業の統治構造や導入コスト，導入のきっかけ（トリガー・イベント），導入パターン，スケジュールの観点で具体的な導入方法を解説する。

そして，そもそも何のために6つの重要プロセスとキーガバナンスポイントを導入するのかを改めて確認する。それは，企業の持続的な成長，換言すれば，安定的な利益の獲得とそれを反映した株価の実現のためであり，変化の激しく不確実性が高い経営環境において，企業内において望まれる気風を形成するためである。

1 ▶ 自己点検・独立的評価体制の再構築

内部統制報告制度の評価体制は，組織の管理品質を映す鑑であり，評価がしやすい組織の管理品質は一般に高い。

上位コントロールをキーコントロールに選定するためには，業務改善等の工夫が必要になるが，上位コントロールをキーコントロールに選定できれば，組織内部のコントロールの階層において，実効性の高いモニタリングの連鎖を構築することになり，リスクの程度に応じてより上位レベルのコントロールからキーコントロールを選定できる。その結果，実効性と効率性が高く，かつ合理的な自己点検[1]・独立的評価体制を確立することができる。

トップダウン型のリスク・アプローチに基づき，上位コントロールをより積極的にキーコントロールとして選定し，内部統制の有効性の評価において，内部監査部門等が，上位コントロールを中心に評価するとともに，リスクが高い

■図表17-1■ トップダウン型のリスク・アプローチとキーコントロールに基づく自己点検・独立的評価体制

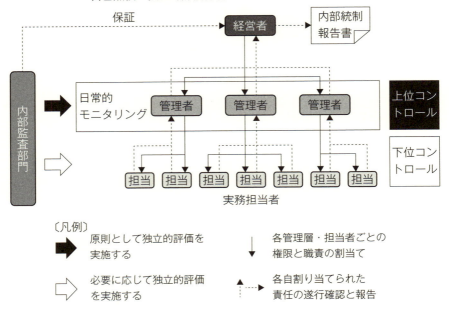

領域では下位コントロールも評価する。また，上位コントロールが構築されていない領域に関しては，担当者の自己点検等を継続させつつ，内部監査部門等が必要に応じて評価を実施する（[図表17-1]）。

このように，自己点検・独立的評価体制を再構築することで，実効性と効率性が高く，かつ合理的な整備・運用状況の評価の実施が可能となる。

(1) 組織設計の5原則に基づく合理性

このような自己点検・独立的評価体制と組織構造が，企業の内部と外部からの信頼が得られるように，いわゆる組織を設計する際の5原則に当てはめて，

---

1 実施基準Ⅱ.3.(1)①内部統制の評価体制では，「日常の業務を遂行する者又は業務を執行する部署自身による内部統制の自己点検は，それのみでは独立的評価とは認められないが，内部統制の整備及び運用状況の改善には有効であり，独立的評価を有効に機能させることにもつながるものである。自己点検による実施結果に対して独立したモニタリングを適切に実施することにより，内部統制の評価における判断の基礎として自己点検を利用することが考えられる。」としている。

第17章　内部統制報告制度とより望ましい気風の醸成

その合理性を確認する。なお，ここで確認する合理性は，内部統制の評価と改善においても，その判断の根拠となる重要な視点である。

① **責任・権限一致の原則**

> 職務において，責任と権限は等しい関係にある。職務には必然的に責任があり，責任を全うするために権限が与えられるべきである。なお，責任はその内容の判断を本人にゆだねられる場合があるが，義務として具体的に明示される場合もある。

権限の付与による権限の範囲内での創意工夫を促進して，組織全体のモチベーションを高めるために，責任と権限のバランスが極めて重要となる。

たとえば，担当者レベルのキーコントロールから開示すべき重要な不備が生じるとしたならば，担当者の責任が重すぎて責任と権限は一致していない。現実的でない過大な責任は，本人のモチベーションの低下ばかりか，制度の実効性を低下させる要因となりかねない。担当者レベルのコントロールが重要なのであれば，その管理者は当該コントロールを適切に管理すべきであり，責任・権限一致の原則に照らして考えれば，当該管理者の日常的モニタリングをキーコントロールに選定すべきである（［図表2－1］［図表2－14］［図表10－5］参照）。

② **命令一元化の原則**

> 組織の構成員の無用なトラブルを避け，業務を効率的に実施するために，常に一人の上位者から命令（指示）を受けるようにすべきであり，指揮命令系統は一元化すべきである。

指揮命令系統は，上位者による下位者に対する日常的モニタリングと結びつくが，組織内の適切なガバナンスを保つためには，モニタリングのうち，独立的評価への留意が必要である。

取締役会の方針決定に基づき，代表取締役等の経営者（執行者）が構築し，整備・運用する内部統制は，経営者の指揮命令系統に属するが（［図表5－1］参照），経営者に代わり内部統制を独立的に評価する内部監査部門の役割が，

593

PARTⅢ　6つの重要プロセスに関するポジション・ペーパーの検討例

コーポレートガバナンスの実効性を確保するために重要になる。内部監査部門を経営者（執行者）直轄の組織とし，強い権限を付与するとともに，内部監査部門の独立性を確保するため，監査結果を取締役会や監査役等にも報告する体制等を構築すべきである（［図表3－10］［図表3－11］参照）。

また，いわゆるコーポレートガバナンスに視線を転じると，監督（方針等の決定・指示と結果の評価）と執行（業務の執行と結果等の報告）における取締役会の監督は，命令一元化の原則が当てはまり，監査役等の取締役会および経営者（執行者）に対する監査は，両者の業務の執行状況を監視する独立的評価に該当する。

③　統制範囲の原則（スパン・オブ・コントロール）

> 一人の上位者が直接的に管理できる下位者の数には限界があり，これを超えると管理の効率性が低下する。管理者一人あたりが統制できる数は，一般的には5〜10人程度であるといわれる。

たとえば，京セラ株式会社のアメーバ経営における部門別採算制度の小集団（アメーバ）は，10人前後と言われているが，これぐらいの数であれば，上位者は自分自身の目で全体を見渡せ，下位者全員と顔を突き合わせたコミュニケーションが可能であろう。

また，特定の業務プロセスであれば，業務プロセス責任者は，中間管理職を設置することにより，管理対象を拡大することができる。

効率性だけでなく，管理の実効性も考慮すべきであり，キーコントロールの選定において，上位者による日常的モニタリングのコントロールの十分性を検討する際には，実効性，たとえば，リスクへの対応や財務報告目的との関連性，実施のタイミングや頻度，精度，下位コントロールの整備・運用状況や上位コントロール実施者の能力等を検討し，不十分であると判断されれば，下位コントロールを追加する必要がある（［図表10－6］参照）。

④　分業化の原則

> 組織では，機能毎に業務を分業し，専門性を高めることで生産性の向上を図る。業務を専門化することでスキルの習熟度向上が容易となり，ミ

第17章　内部統制報告制度とより望ましい気風の醸成

ス・トラブルが減少するばかりでなく，効率化に向けた創意工夫が生まれ，責任感が高まるなど，生産性を向上する多くのメリットがある。

　分業化による生産性の向上は，業務の定型化と結びつくことが多い。定型化することにより，リスクを意識せずとも，所定の手続に従って内部統制を実施することにより，結果的に誤謬等を予防・発見できる場合がある（［図表2－10］参照）。

　また，内部監査部門の独立的評価は，他の業務では蓄積できない専門的なナレッジ（知見とノウハウ）の習得や蓄積が必要である。組織自体をモニタリングの連鎖により構築し，日常的モニタリングを中心に評価対象を選定し評価を実施することとすれば，評価の難易度は上がるが，難易度の高い評価に取り組むことにより内部監査部門の専門的なナレッジの蓄積にも役立つ。

　なお，分業した業務は，所定の目的を達成するために統合，あるいは，全体を俯瞰して調整する必要があり，その際，重要となる原則が，次の例外管理の原則である。

⑤　例外管理の原則

　定型化された業務の処理は下位者に委譲し，上位者は非定型業務（戦略的意思決定および非定型業務の意思決定）に専念すべきである。

　権限移譲の原則ともいわれるが，権限移譲の原則が，日常業務，定型的な業務や意思決定についての組織のリーダーから部下への権限移譲を主眼としているのに対し，例外管理の原則は，権限移譲できない戦略策定や非定型的な意思決定（例外的業務）などへのリーダーの注力を主眼とする。両者は，表裏であるが，本書では特に後者を重視し，そのエッセンスを，経営者目線での内部統制構築の考え方である内部統制の5類型（［図表2-10］参照）のうち，①定型化と②非定型的な要素の特定と対応），そして，内部統制報告制度対応における効率化・負担軽減対応と実効性が高い内部統制対応の関係の整理（［図表4-2］参照）に反映させている。

595

PARTⅢ　6つの重要プロセスに関するポジション・ペーパーの検討例

(2)　日常的モニタリングの重要性の確認

　担当者レベルのコントロールから，企業の内部統制全体の有効性に影響を与えるような問題が発生するとしたら，権限と職責の割当てが適切ではなく，「統制環境」の「権限と職責」に問題がある。その管理者の責任は問われないのであろうかという素朴なギモンが生じる。

　担当者レベルの誤謬等を適時に発見できる日常的モニタリングの内容およびその実行責任が明確にされ，上位者には，日常的モニタリングに必要な知見および経験を習得できる手段や訓練機会等が提供されるべきである（「統制環境」の「権限と職責」「人的資源に対する方針と管理」）。そのためには，内部統制に関する情報が，特に上位者によって，適切に分析・利用されることが必要であり，これにはITの利用が効率的かもしれない（「情報と伝達」「ITへの対応」）。また，日常的モニタリングには，発見した不正または誤謬に適時に対応する手続および問題点の改善が含まれる。

　このように，実施基準Ⅱ3(3)③で例示されている内部統制の整備状況の有効性を評価する際に留意すべき事項の例[2]は，日常的モニタリングの特徴と一致し，その重要性は明らかである。したがって，デザインの検討上もまず第一に考慮すべきである（第13章第3節(2)整備評価（デザインの検討）の課題と解決の方向性）。

　確かに，担当者レベルのコントロールは，日常的モニタリングの有効性の前提となる。担当者レベルの誤謬が多数発生しているのであれば，日常的モニタリングにより誤謬が発見されない可能性が高まるため，担当者レベルのコントロールも整備・運用評価すべきである。

　しかし，日常的モニタリングを構築せず，担当者レベルのコントロールを中心に整備・運用評価し続けるということは，有効かもしれないが，非効率な仕組みを残したまま内部統制の評価業務を運用していくことになる。

　これまでの制度対応によって負担軽減・効率化対応がほぼ完了したのであれ

2　以下の留意すべき事項が例示されている。
- 内部統制は，不正又は誤謬を防止又は適時に発見できるよう適切に実施されているか。
- 適切な職務の分掌が導入されているか。
- 担当者は，内部統制の実施に必要な知識及び経験を有しているか。
- 内部統制に関する情報が，適切に伝達され，分析・利用されているか。
- 内部統制によって発見された不正又は誤謬に適時に対処する手続が設定されているか。

ば，今後は，実効性と効率性がより高く，かつ合理的な整備・運用状況の評価を実施し，企業グループの管理水準を向上させるため，日常的モニタリングの重要性を改めて確認すべきである。

また，経営者による判断と会計上の見積りを伴う会計基準，非財務情報，そして開示目的に照らした注記が，会計，開示，そして内部統制の相関関係を複雑化させ，会計と開示において企業に適時かつ適切な判断が求められる現在の状況では，これらの状況に対応できる日常的モニタリングを構築すべきである。具体的には，目が行き届きにくい子会社内部統制の運用状況の監視，定型化できない非定型的な要素や定型的に処理できない例外事項への対応，そして，リスクが発生または変化する可能性がある状況の捕捉が重要となる。

なお，以上のような特徴を有する日常的モニタリングの評価については，部署単位の自己点検ではむずかしく，部署を越えた組織横断的な独立的評価の対象にする必要があり，内部監査部門等の役割が重要になる。また，その有効性の評価方法についても創意工夫が求められる。実施証跡の収集だけでなく，統制実施者が日常的モニタリングの目的や留意すべきリスクや項目を理解しているかの確認が肝要であり，そのためには重要な企業の方針からの論理的なつながりとその検討過程等の文書化が必要になる。

(3) 経営者等による内部統制の無視・無効化への対応

上記の自己評価・独立的評価体制の再構築と 6 つの重要プロセスを結び付けることは，内部統制の限界（［図表 1 - 9］）のひとつである経営者等（業務プロセス責任者を含む。）による内部統制の無視・無効化への有効な対応策となると考えられる。

6 つの重要プロセスとキーガバナンスポイント，そして，その実務的なツールである 6 種類のポジション・ペーパーは，経営者等による内部統制の無視または無効化に対して有効な全社的または業務プロセスレベルに係る内部統制の例として実施基準 3 ．内部統制の限界に掲記されている以下の事項を反映してデザイン（設計）している。

- 適切な経営理念等に基づく社内の制度の設計・運用
- 適切な職務の分掌
- 組織全体を含めた経営者の内部統制の整備および運用に対する取締役会による監督，監査役等による監査および内部監査人による取締役会および監

査役等への直接的な報告に係る体制等の整備および運用

2 制度対応の首尾一貫性の確保

　トップダウン型のリスク・アプローチを内部統制の構築に適用すると，組織における内部統制を上位と下位の階層に区分し，上位者がリスクの程度や下位コントロールの実施状況に留意した管理・監督を実施する内部統制，つまり，モニタリングが連鎖する内部統制が構築できる（[図表17-1] 参照）。

　モニタリングが連鎖する内部統制を構築すれば，その後の評価範囲の決定，キーコントロールの選定，整備状況の評価（デザインの検討），整備状況の評価（業務への適用の判断），運用状況の評価，不備の改善，そして有効性の判断（不備の評価）において，トップダウン型のリスク・アプローチを首尾一貫して適用することができるため，実効性と効率性が高く，かつ合理的な制度対応が実現される（[図表17-2]，なお [図表2-18] も参照）。

　第4章第1節(1)実効性が高い内部統制対応と効率化・負担軽減対応の比較で解説した効率化・負担軽減対応は，内部統制が整備されたとおりに運用されていないという逸脱や不備を発見・是正することに力点を置き，本節(3)整備評価（業務への適用の判断）と運用評価を重視すると考えられる。しかし，実際の内部統制の開示すべき不備では，モニタリング体制の脆弱性が一因である事例が見受けられ，モニタリング体制の整備状況（デザインの検討）が重要となる

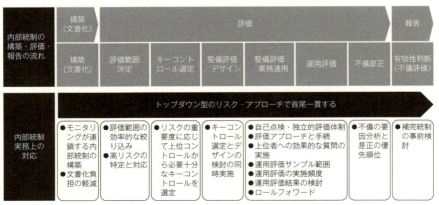

■図表17-2■　内部統制実務全体へのトップダウン型のリスク・アプローチの適用

第17章　内部統制報告制度とより望ましい気風の醸成

ため，実効性が高い内部統制対応では，本節(2)キーコントロール選定と整備評価（デザインの検討）の実施内容を見直し，これらを重視する。

(1)　構築・文書化と評価範囲決定

　モニタリングが連鎖する内部統制を構築できれば，全社的な内部統制，業務プロセスに係る内部統制，管理者による日常的モニタリング，そして担当者の内部統制へと至る組織の各階層における上位者の管理・監督行為が整備され，上位者がリスクの程度を意識した管理・監督を実施しているか否かの評価が可能となる。

●文書化負担の軽減

　業務フローチャートや業務記述書は，一義的にはキーコントロールを選定するために必要とされる。トップダウン型のリスク・アプローチに基づき内部統制を構築することが徹底されれば，業務プロセスの詳細な分析を実施しなくても重要な虚偽記載が発生するリスクを識別でき，当該リスクを十分低減できるコントロールを上位階層から選定していけばよい。その場合，リスク・コントロール・マトリクスのみを作成して業務フローチャートや業務記述書の作成は不要になると考えられる。

　たとえば，重要な事業拠点の販売プロセスにおける主要な財またはサービスの販売プロセス以外の販売プロセスで，文書化負担の軽減の効果を発揮できる場合がある。

●評価範囲の絞り込みと高リスクの特定

　全社的な内部統制と業務プロセスに係る内部統制のモニタリングの連鎖により，全社的な内部統制による重要な事業拠点のモニタリング方法が明確になるため，全社的な内部統制が良好であることと，業務プロセスに係る内部統制（重要な事業拠点）の評価範囲を絞り込むことが，論理的に説明可能となる。

　また，高リスクを特定し，慎重に対応することにより，財務報告の重要な事項に虚偽記載が発生するリスクが存在する事業拠点や業務プロセスが評価対象から漏れることを回避できる可能性が高まる。

599

PART Ⅲ　6つの重要プロセスに関するポジション・ペーパーの検討例

(2)　キーコントロール選定と整備評価（デザインの検討）

　一般に，内部統制が整備されたとおりに運用されていないという逸脱や不備を発見・是正することは相対的に容易であると考えられるが，整備状況におけるデザインの有効性を評価すること，デザインの不備を発見・是正することは，デザインの検討の十分な理解がないと難しい。

　ウォークスルーに基づく整備状況の評価では，当該課題に対応することは難しい。トップダウン型のリスク・アプローチに基づくことにより，リスクの程度に応じた，必要十分な単独のコントロールまたは他のいくつかのコントロールの組合せがキーコントロールに選定される。そして，その十分性の検討と定期的な見直しにより，整備状況の評価におけるデザインの検討が実施可能となる。すなわち，内部統制が単独でまたは他の内部統制との組合せで，重要な虚偽表示を有効に防止または発見・是正できるかどうかの検討を実施することができる。

(3)　整備評価（業務への適用の判断）と運用評価

　統制実施者が識別・評価したリスクとコントロールの関係を理解しているかの評価を独立的評価に組み込む。また，選定したキーコントロールは仮説にすぎず，その後のコントロールの実施と評価により，絶えず検証され，企業の置かれた状況や実態，発見された不備等に対応することでより良い組織に変革していく実効性が高く，付加価値が生じる評価の考え方を採用する（[図表13-1]参照）。

● 自己点検・独立的評価体制

　モニタリングが連鎖する内部統制が組織内に構築されれば，独立的評価は，高リスクについては，上位コントロールと下位コントロールを対象とし，中リスクや小リスクについては，原則として上位コントロール，必要に応じて下位コントロールを対象とすることができる（[図表17-1]参照）。なお，ここでは，上位者による日常的モニタリングを上位コントロール，そして自己点検を下位コントロールと位置づけている。

　また，評価者は，上位者の日常的モニタリングの有効性を検証するために，上位者の視点で，内部統制の評価を実施することになるが，その評価は，承認

印・証跡等のチェックといった文書の検討だけでなく，内部統制実施者への効果的な質問（[図表13-2] 参照）を通じて実施される。

●運用評価のサンプル範囲

一般に，下位コントロール，特に担当者レベルのコントロールは特定のリスクに対応する場合が多く，また実施頻度が高い（日に数回実施）。そのため担当者レベルのキーコントロールを中心に選定すると，キーコントロール数およびサンプル件数が多くなり，運用状況の評価負担が重くなる。一方，上位コントロールは，主に発見的コントロールであり，下位コントロールと比べて複数のリスクをカバーする場合が多く，実施頻度も低いのが通常であるため，上位コントロールを中心にキーコントロールを選定すると，キーコントロール数およびサンプル件数も相対的に少なくなる。

なお，上位コントロールは，単独ではキーコントロールとして不十分でも，下位コントロールとの組み合わせでキーコントロールに選定することにより，下位コントロールのサンプル数を削減できる可能性がある。

●運用評価結果の検討

たとえ，担当者レベルのコントロールを，形式的に「少なくとも25件のサンプル」に基づき有効と判断していたとしても，企業の内部統制により識別できなかった財務諸表の重要な虚偽記載を監査人が検出した場合は，内部統制の開示すべき重要な不備と判断されると考えられる[3]。したがって，重要な虚偽記載の有無に対する実効性の高いチェックが上位コントロールに期待される。

また，経営者評価および外部監査人が実施した運用評価で，下位コントロールの不備が発見されても，上位コントロールが有効に整備・運用されていれば，その金額的影響と発生する可能性は低減され，開示すべき重要な不備には該当しないと考えることもできる[4]。

---

[3]　日本公認会計士協会　財務報告内部統制監査基準報告書第1号財務報告に係る内部統制の監査（2023年改正）XI 8.210(2)

[4], [5]　金融庁　内部統制報告制度に関するQ&A（2023年改訂）　問41【重要な欠陥の判断（補完統制）】および問35【期中における運用評価の実施】

PART Ⅲ　6つの重要プロセスに関するポジション・ペーパーの検討例

● ロールフォワード

通常，運用状況の評価は，期中に行われることが多いため，期末時点までの評価結果の更新（ロールフォワード）が必要となる。これに対処するため，運用状況の評価を事業年度にわたって実施するといった手法や，期末付近でのロールフォワード手続として，たとえばサンプル1件だけのウォークスルーの実施といったコントロールの変更の有無の確認のみを重視した形式的な手法がある。

しかし，期中の評価後，担当者への質問等により，評価対象とした内部統制の整備状況に重要な変更がないことが確認された場合には，新たに追加的な運用状況の評価は要しないこととされている[5]。

担当者への質問等による場合も，日常的モニタリングの実施により管理対象となる重要なリスクと内部統制を把握している上位者（適切な管理者等）に対して，内部統制の変更の有無の直接的な確認だけではなく，内部統制に影響を与える事項，たとえば，担当者レベルのコントロールの変更，組織変更，新規取引の発生，IT関連の新規投資等の有無やモニタリングにより識別された発見事項の有無（発見事項への対応も含む）等を確認することにより，評価結果の実効性の高い更新ができるはずである。

(4)　不備改善と有効性判断（不備評価）

首尾一貫した制度対応は，改善が必要な真の不備の特定に役立つとともに，財務報告の重要な事項における虚偽記載の発生を回避するうえで有効である。

● 不備の要因分析と改善の優先順位

内部統制の不備は，あるべき内部統制との比較により特定される。したがって，そもそも，構築すべき内部統制の原則と考え方の枠組みが明確でなければ，不備は発見できないし，発見できても改善につながる不備の要因は特定できない。また，原則と枠組みの全体像がなく局所的であればあるほど，不備の改善は場当たり的で形式的になるおそれがある。

全体像がトップダウン型のリスク・アプローチで明確になれば不備の発見と改善は，上位と下位の階層およびリスクの程度の視点で不備の発生要因を検討することにより，改善の優先順位づけが可能となる。また，この検討を行うことにより，不備を奇貨としてトップダウン型のリスク・アプローチの考え方が

602

第17章　内部統制報告制度とより望ましい気風の醸成

組織内に浸透する。

●補完統制の事前検討

　評価の最終局面で補完統制を検討する場合，選定済みのキーコントロールに補完統制になり得るものがなく，追加で補完統制を識別するのであれば，文書化および整備・運用状況の評価が事業年度中に終了しないかもしれない。

　一方，補完統制になり得るコントロールがキーコントロールに選定済みであれば，キーコントロール間の相互の連係（補完関係）を事前に確認し，有効な最後の砦となる補完統制の運用を徹底することで，財務報告の重要な事項における虚偽記載や開示すべき重要な不備が発生することを回避できる。

3 ▶ 監査人との協議

　内部統制基準等では，評価範囲の決定（決定後の状況の変化などがあった場合を含む。）について経営者と監査人との協議が必要とされている。また，監査人は，経営者がキーコントロールを適切に選定しているかを評価しなければならないため，キーコントロールについても通常は監査人との協議が実施される。さらに実務上は，これら以外に，整備・運用状況の評価方法，監査上の主要な検討事項（KAM）との関係で重要な財務報告上のリスク（高リスク）とその対応，そして，発見された不備の判定（開示すべき重要な不備か否か）等についても監査人との協議は実施されると考えられる。

　我が国における内部統制報告制度では，ダイレクト・レポーティングは採用されておらず，内部統制の有効性の評価結果という経営者の主張を前提に，これに対する監査人の意見を表明するものとされている（［図表２-17］参照）。実施基準では，この経営者の内部統制の有効性の評価に当たっては，経営者が，それぞれの会社の状況等に応じて，自ら適切に工夫しつつ，内部統制の整備および運用状況の検証を行っていくことが期待されるとし，監査人に対して，経営者による会社の状況等を考慮した内部統制の評価の方法等を適切に理解・尊重した上で内部統制監査を実施する必要があるとしている（Ⅲ.1.〔経営者による財務報告に係る内部統制の評価の理解・尊重〕）。

　実務上，監査人との協議においては，自社の内部統制および制度対応についての考え方を説明して，監査人に理解され，自社の評価方法等が尊重されるこ

603

と，さらには，監査人から，外部あるいは第三者の視点での財務報告や企業経営に関する洞察と示唆を得て経営に生かすことが，企業にとって有益であると考えられる。すなわち，重要な財務報告上のリスク（高リスク）とその対応に関する指摘を，事業上のリスクとその対応といった経営戦略（経営方針）レベルで企業が主体的に解釈することが大切であり，それは，自社の財務報告の信頼性だけでなく，企業自体に対する信頼と個々人の努力で築いてきた信用を高め，長期的な視点で自社株式を保有する投資家等の信頼と信用を得ることにつながる。

このような形で，監査人との協議を企業にとって有益なものにするためには，経営理念から経営戦略，財務報告の信頼性，そして，内部統制報告制度へとつながる首尾一貫した企業の方針の確立と実践が必要であり，その際に，6種類のポジション・ペーパーとキーガバナンスポイントは役立つと考えられる。

4 実務上の導入パターンとスケジュール

近年の経営環境を踏まえれば，多くの企業にとって内部統制対応を見直し，または，新しい課題へ対応する必要性が高まっていると考えられるが，内部統制報告制度への対応は導入後，10年以上が経過して既に実務として定着し安定運用されている場合が多いと考えられるため，見直し等に対して精神的な苦痛を感じるのも事実であろう。そこで，内部統制報告制度へとつながる6つの重要プロセスを実務で円滑に導入する際の一助となるように4つの勘どころを紹介する。

(1) 導入の推進と後ろ盾

財務報告に係る内部統制であれば，経理部門が主導し，あるいは財務報告に限らず内部統制全般であれば，内部統制委員会が主導する等，企業によって内部統制活動を主導する主体は様々であろうが，6つの重要プロセスの導入は，いずれの部門と組織が主導するにせよ，企業の事業運営そのものであるため，企業内のあらゆる部門の関与が必要になると考えられる。また，導入するだけでなく，継続的な運用が必要とされる。そこで，経営者と取締役会，特に社外取締役，監査役等を巻き込み，「後ろ盾」とすることで，様々な関係者の協力と連携を得やすくすることが重要になる（[図表17-3]）。

第17章　内部統制報告制度とより望ましい気風の醸成

■図表17-3■　プロジェクト推進主体とその後ろ盾

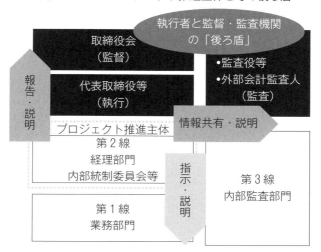

　経営者（執行），取締役会，特に社外取締役（監督），監査役等（監査）を巻き込み，「後ろ盾」とするには，何を報告し，どんな情報を共有するかが重要になる。関係者の関心の高さが「後ろ盾」効果を左右する。経営者（執行）は，その役割から，安定的な利益の獲得とそれを反映した堅実な株価，その結果としての経営の安定に関心を持つ。また，コーポレートガバナンスの考え方によれば，開示と株主を含む投資家との対話に強い関心を持つであろう。そして，それらの前提となる事業計画の策定に高い関心を持つはずである。一方，取締役会，特に社外取締役（監督）および監査役等（監査）は，何に関心を持つだろうか。様々なリスクの識別とリスクを低減する内部統制，課題の識別と経営戦略の立案，そして，それらを反映した事業計画の策定に強い関心を持つに違いない。それは，近年の企業の会計不正や不祥事を背景とした，社外取締役や監査役等への社会的な役割期待からも合理的に推察される。
　すなわち，執行者と監督・監査機関の関心は，事業計画の策定・管理に集約されると考えられる。6つの重要プロセスの【プロセス1】に，事業計画の策定・管理をデザイン（設計）している理由の1つは，ここにある。
　また，執行者と監督機関への報告・説明や監査機関と内部監査部門との情報共有・説明，そして，業務部門への指示・説明のためには，確立したアプローチとその背景知識が必要不可欠である。さらには，外部への首尾一貫した開示

605

PART Ⅲ　6つの重要プロセスに関するポジション・ペーパーの検討例

においてもそれらは必須である。本書 PARTⅡと PARTⅢがアプローチとその具体例であり，その理解と説明のための基礎知識が PARTⅠの内容である。それぞれを導入実務で活用していただければ幸いである。

(2) 限界コストの低さと全体コストの低減

　内部統制報告制度への対応に6つの重要プロセスを追加すると，限界コストは上昇するだろうか。確かに，6つの重要プロセスの導入を単独で考えれば，限界コストは上昇するであろう。しかし，近年のコーポレートガバナンス・コード対応や有価証券報告書の記述情報等の開示，新たな会計基準の導入等と同時に実施すれば，限界コストは実は低い。そして，今後導入が見込まれるサステナビリティ課題関連の開示対応もあわせて考えれば，全体コストはむしろ低減できると考えられる（[図表17-4]）。

　内部統制報告制度と近年のその他の諸制度，たとえば，コーポレートガバナンス・コードや有価証券報告書の記述情報の充実，監査上の主要な検討事項（KAM），新たな会計基準の導入への対応は，必須の対応であり，その対応コ

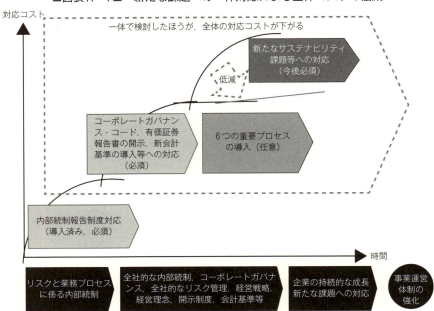

■図表17-4■　新たな課題への一体対応による全体コストの低減

第17章　内部統制報告制度とより望ましい気風の醸成

ストは埋没原価である。6つの重要プロセスは，全社的な内部統制であって内部統制報告制度の延長線上にあり，また，近年の諸制度と同じ性質のものである。したがって，これらの対応を上手くつなげることができれば，6つの重要プロセス導入の限界コストはほぼゼロになる。そして，6つの重要プロセスは，事業計画の策定・管理プロセスを起点とする内部統制とコーポレートガバナンスおよび全社的なリスク管理の一体的な整備と運用を指向するため，今後想定されるサステナビリティ課題等への対応も，その延長線上で対応でき，個別に対応するよりも大幅に追加コストを低減できるばかりか，実効的な対応を可能とするであろう。仮に，個別の対応のための人件費やコンサルティング費用，それから新たなシステム投資が必要であったとしても，それらの追加コストの最大限の効果を引き出す基礎となると考えられる。

(3)　一斉導入と段階導入

　実務上，6つの重要プロセスの導入は，大別して2つのパターンが考えられる。6つの重要プロセスのすべてを一括して導入する一斉導入，そして，一部のプロセスから先行して導入し，段階的にプロセスを拡大する段階導入である。さらに，段階導入は，会計処理を優先するパターンと開示を優先するパターンが考えられる。

　各企業の置かれた状況や6つの重要プロセスの現状によって，優先順位や導入の程度・工数は異なると考えられる。また，6つの重要プロセス自体にフォーカスした導入よりも，他の重要性の高い諸制度と併せて導入したほうが，企業内の合意も得やすいと考えられる。検討の便宜に資するため，導入のきっかけ（トリガー・イベント）の具体例から想定される導入パターンを示す（［図表17-5］）。より限定した導入として，事業計画上の要点（経営のメッセージ）を可視化するための【プロセス1】事業計画の策定・管理および【プロセス2】会計基準の適用の活用や，企業のビジネスモデルを収益認識等（原価計算を含む。）と将来の不確実性の観点で可視化するための【プロセス2】および【プロセス3】開示目的による注記の活用も考えられる。

　いずれのパターンにおいても，6つの重要プロセスは，企業の事業計画，事業活動と財務報告をつなげる一連のプロセスであるため，目指す姿としては，6つの重要プロセスの全体的な導入である点に留意が必要である。ただし，6つの重要プロセスのどこに重点を置くかは，各企業の実態や置かれた状況に応

607

PARTⅢ　6つの重要プロセスに関するポジション・ペーパーの検討例

■図表17-5■　トリガー・イベントの具体例と6つの重要プロセスの導入パターン

導入パターン	トリガー・イベント	具体的な導入		
一斉導入	➢ 経営戦略（方針）の策定または見直し ➢ コーポレートガバナンス・コード対応 ➢ 株式上場準備 ➢ M&A、新たな子会社の取得 ➢ 新規事業の開始 ➢ 新システムの導入 ➢ 内部統制基準の改訂 ➢ 不祥事・会計不正対応等	【プロセス1】，【プロセス2】，【プロセス3】，【プロセス4】，【プロセス5】，そして，【プロセス6】の一括導入		
段階導入	➢ 新たな会計基準の適用 ➢ 監査上の主要な検討事項（KAM）への対応 ➢ 新たな会計上の論点の発生	一次導入 （会計処理・注記） 【プロセス2】 【プロセス3】	二次導入 （内部統制・評価） 【プロセス5】 【プロセス6】	三次導入 （事業計画・開示） 【プロセス1】 【プロセス4】
	➢ 開示方針の見直し ➢ 新たな開示基準の適用	一次導入 （事業計画・開示） 【プロセス1】 【プロセス4】	二次導入 （会計処理・注記） 【プロセス2】 【プロセス3】	三次導入 （内部統制・評価） 【プロセス5】 【プロセス6】

じて判断すべきであり，それが，経営戦略上も重要な差別化要因になると考えられる。

　なお，たとえば，株式上場準備企業のように内部統制報告制度を全面的に新たに導入する場合，従来の効率化・負担軽減対応を踏襲するだけでは，導入後高い確率で形式化・形骸化に陥るであろう。それは，筆者の推察ではなく，そうではなくて，これまでの経緯により実証的に検証されている。後発者の利益を得るためには，従来対応との意識的な差別化がポイントであり，その際6つの重要プロセスとキーガバナンスポイントの活用は有益と考えられる。

(4)　運用時期を想定した導入スケジュール

　6つの重要プロセスは，会社の決算月によってその運用時期が想定され，運用時期をターゲットに設定すれば，各プロセスの構築と整備の望ましいスケジュールは自然と明確になる。3月決算企業で6月から検討をスタートした場合のN期を導入初年度とすれば，想定される導入スケジュールは［図表17-6］のとおりである。

　制度はすでに導入済みであり，多くの企業で内部統制は有効であるとする内部統制報告書を継続して提出しており，必要最低限の内部統制は整備・運用できていると考えられる。そういった意味では，6つの重要プロセスの導入は，

608

第17章 内部統制報告制度とより望ましい気風の醸成

■図表17-6■ 6つの重要プロセスの導入スケジュール例(3月決算)

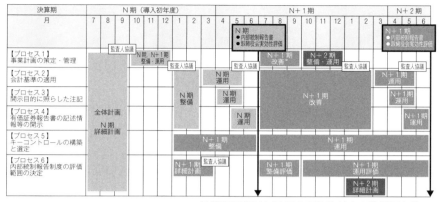

＜前提＞3月決算企業
事業計画の策定：前期10月から12月
内部統制報告制度対応：計画策定（前期1月から3月），監査人との協議（4月，5月と適宜），整備評価（7月から9月），
　　　　　　　　　　運用評価（10月から翌期6月）
コーポレートガバナンス・コードの取締役会の実効性評価：4月から6月

財務報告の信頼性のさらに上位の目的である企業の持続的な成長のために企業が実施する自主的・自律的対応と位置づけられる。すなわち，不備評価にかからずに，内部統制の品質向上を目指すポジティブな活動とすることについて計画段階から監査人と十分協議することが望ましい。ただし，6つの重要プロセスは，全社的な内部統制に関わるため，重要な不備が発見される場合も考えられる。その点についても監査人との協議は重要である。

導入スケジュールも柔軟に立案することが望まれるが，以下の事項に留意して立案することが効果的である。

● 全体計画の立案

6つの重要プロセスの導入目的を明確にする。導入目的は，関連するトリガー・イベントの目的に関連させることが効果的である。また，前述の導入パターンを決定する。

導入対象とする6つの重要プロセスに関して，あるべき姿とのギャップ分析を行い，3年程度での構築・改善と運用を想定した全体計画を立案する。

PARTⅢ　6つの重要プロセスに関するポジション・ペーパーの検討例

●導入初年度（N期）とN＋1期の区分

　財務報告の信頼性を考慮すれば，【プロセス1】の検討を直近の【プロセス2】，【プロセス3】および【プロセス4】に反映することが重要であり，［図表17-6］では，導入初年度（N期）の対応とする。ここでの検討内容は，監査上の主要な検討事項（KAM）に該当する場合も考えられ，そうでなくても，財務報告の信頼性に与える影響は重要であると考えられるため，会計監査人と適宜協議する必要がある。

　一方，【プロセス5】は，業務プロセス全体の見直しや改善に関わる場合が多いと考えられるため，導入初年度（N期）では対象とせず，N期＋1以降において，徐々に構築・改善し，運用していく。ただし，【プロセス6】との関係では，親会社による子会社等の管理といった早期に対応すべきキーコントロールが存在する場合もある。

●【プロセス1】の位置づけ

　通常，事業計画は，対象決算期が開始する前に策定されるため，対象年度の内部統制評価の前に，決算が実施されることになる。【プロセス1】で特定する財務報告上のリスクは，直近の決算に重要な影響を及ぼすことが十分考えられるため，N＋1期を対象とする【プロセス1】は，N期とN＋1期ともに，検討結果を他の重要プロセスへ反映し，内部統制評価の対象とする。N＋2期以降の【プロセス1】においても同様である。

●【プロセス6】の位置づけ

　6つの重要プロセスの構築・改善と運用状況は，内部統制報告制度の評価範囲に重要な影響を与えるため，全体計画をうけて各決算期の6つの重要プロセスの構築・改善および評価の計画を立案し，【プロセス6】において，それを踏まえた全体的な内部統制と業務プロセスに係る内部統制の評価範囲を決定する。また，監査人と適宜協議する必要がある。

　以上4つの勘どころを踏まえ，各企業が6つの重要プロセスの導入を検討する際に［図表17-3］から［図表17-6］を社内説明資料等の参考にしていただければ幸いである。

610

第17章　内部統制報告制度とより望ましい気風の醸成

5 ▶ より望ましい気風の醸成

　内部統制実施基準において，組織の気風は，一般に当該組織に見られる意識やそれに基づく行動，及び当該組織に固有の強みや特徴とされており，内部統制とは別個のものであるが，内部統制から影響を受け，また，組織内の者の内部統制に対する考え方に影響を与えるとされている（[図表1-3] 参照）。

　このように組織の気風は，内部統制から影響を受け，また，内部統制に影響を与えるものであるため，内部統制への対応を通して望ましい気風が醸成できれば，正のスパイラル（連鎖）に乗ることができ，企業の持続的な成長または経営理念の実現に貢献できると考えられる。

　本書の最後に，負のスパイラル（連鎖）に陥ってしまって，経営者等による不正な財務報告（会計不正）を引き起こし，開示すべき重要な不備を報告した企業におけるコンプライアンス意識や組織風土の是正措置との比較で，より望ましい企業の気風を醸成するためのアプローチを考察する。変化が激しく，不確実性の高い，複雑で先行き不透明な経済環境においては，現在問題が生じていない企業においても，この考察は有用と考えられる。

(1)　コンプライアンス意識と組織風土の改善

　経営者等による不正な財務報告（会計不正）を引き起こし，開示すべき不備を報告した企業のコンプライアンス意識と組織風土の改善，あるいは是正措置は，内部統制報告書だけでなく，第三者委員会や社内調査委員会の調査報告書等によって公表される場合が多いため，当該報告書等でその具体的な内容が確認できる。

　そこでは，組織の気風は，組織の最高責任者の意向や姿勢を反映したものとなることが多いため，企業の経営者の意向や姿勢の重要性が強調されているが，経営者のメッセージを発信するだけではなく，たとえば，役員や従業員へのアンケート・インタビュー等によるその浸透状況の確認や内部監査の実施による確認といった定期的なモニタリングの重要性，そして，不正事例を含むコンプライアンス研修等の継続的な教育研修の重要性が記載されている。

　たしかに，そのような施策は，モニタリングや統制環境（人的資源に対する方針と管理）の一部として有効であると考えられるが，浸透状況の評価の難し

611

PART III　6つの重要プロセスに関するポジション・ペーパーの検討例

さがあり，また，問題が起こってからの是正措置であるため，現在，問題が生じていない企業にとっては，費用対効果の関係で実施のハードルが高いかもしれない。そもそも，問題が起こる前に，企業の気風は，常に一定のレベルに維持する，あるいは，より良いものに改善しようとするスタンスが重要であろう。

　企業の気風は，内部統制から影響を受け，また，内部統制に影響を与えるものであるため，企業の気風を望ましい方向に導くような仕組みをデザイン（設計）して，内部統制自体に組み込むことが，もっとも実効性と効率性が高いアプローチであると考えられる。具体的には，企業の事業活動を実施することで，自然と，企業の持続的な成長や経営理念の実現のために望ましい意識が醸成され，自主的・自律的で自発的な行動がとれるようになる仕組みの整備と運用を企図する。

(2)　望まれる気風と財務報告に係る内部統制の関係

　変化が激しく不確実性が高い経営環境では，先を見越した意識や行動，細かく規定されたルールがなくても原理・原則に基づく行動，論理的な思考，結論だけでなくプロセス重視の思考，経営理念，経営戦略，事業計画および財務報告のつながりの理解等が求められる（［図表17-7］）。また，近年の会計基準，開示，コーポレートガバナンス，そして内部統制に関する国際的な潮流や社会的な期待，当局の規制の方向性もこれらを企業に求めるものとなっているように思われる。

　企業の気風を望ましい方向に導くような仕組みをデザイン（設計）して，内部統制自体に組み込む際に，6種類のポジション・ペーパーの活用が有用と考えられるが，その活用の際には，財務報告の信頼性と関連させることが肝要である。

　ポジション・ペーパーの作成により，企業にとっての重要課題の検討過程が可視化できるため，環境が変化し，想定の結果が得られない場合に，検討過程のどこに課題があるのかが明確になり，どこを見直すべきかが明確になる。

　また，財務報告の信頼性の観点で，財務諸表に重要な影響を及ぼす可能性のある情報を意識することで，現在の財務諸表や将来の財務諸表への影響を考察することになり，財務報告によって企業活動全体をコントロールする（財務報告ガバナンス）という意識が醸成できる。具体的には，ネガティブな財務諸表への影響を事業上の対処により未然に防止する戦略，あるいは，企業として許容できるリスクの種類や総量を明確にした上での積極的な戦略を立案する意識

第17章　内部統制報告制度とより望ましい気風の醸成

■図表17-7■　現在の経営環境下において望まれる気風

持続的な成長
または
経営理念の実現

経営環境（前提）	変化が激しく不確実性が高い経営環境
望まれる気風	■先を見越した自主的・自律的で自発的な意識や行動 ■細目ルールがなくても行動できる目的指向の姿勢 ■論理的な思考，結論・結果だけでなくプロセス重視の思考 ■経営理念，経営戦略，事業計画および財務報告の信頼性のつながりの理解等
醸成するための仕組み	■6つの重要プロセスとキーガバナンスポイント（PARTⅡ） ■昨今の企業を取り巻く状況を踏まえた望ましい内統統制を構築するための基本的なナレッジ（PARTⅠ）
取組みの具体例	[検討例1]，[検討例2]，[検討例3]，[検討例4]，[検討例5]（PARTⅢ）

と行動を促すことができる。

　財務報告，そして，内部統制というと，経理部門や内部監査部門の活動との認識で，その他の部門にとっては関心が低い可能性もあるが，企業に属する全ての者が，このような気風を共有することが重要であり，企業内における気風の共有までを含めて財務報告に係る内部統制と考える。

(3)　マインドをチェンジする必要性ときっかけ

　内部統制対応は，ルールを作って決められたルールをその通り実施する，あるいは，ルール通り実施されていることを確認するだけでは不十分である。特に，変化が激しい経営環境においては，企業のコントロール階層における上位者は，内部統制の構築においても，実施においても，また，日常的モニタリングと独立的評価においても，所定のルール通りの対応からマインドをチェンジすることが求められる（[図表17-8]）。

613

PART Ⅲ　6つの重要プロセスに関するポジション・ペーパーの検討例

■図表17-8■　マインドチェンジのきっかけ

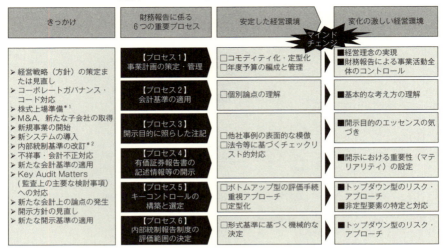

*1　株式上場準備企業のように内部統制報告制度を全面的に新たに導入する場合，従来の効率化・負担軽減対応を踏襲するだけでは，導入後高い確率で形式化・形骸化に陥るであろう。それは，筆者の推察ではなく，そうではなくて，これまでの経緯により実証的に検証されている。後発者の利益を得るためには，従来対応との意識的な差別化が必要である。

*2　2023年改訂においてフォーカスされている評価範囲の見直しについて，内部統制報告制度導入時，10年前，あるいは，5年前と比較して，重要な事業拠点や業務プロセスの見直しが行われていない場合，経営戦略や事業計画と財務報告の信頼性の関係，そして，それらと内部統制報告制度の関係が希薄になっている可能性があり，制度運用の実効性に対する疑念が惹起される。また，見直しが行われている場合でも，これらの関係が意識的につなげられた制度運用になっているかを改めて確認することは，実効性の向上のために有益である。

　マインドをチェンジしたり，あるいは，思考の階層を上げたり，それを自発的で具体的な行動につなげたりするためには，気づきが重要である。内部統制報告制度において効率化や負担軽減を検討しているだけではマインドをチェンジすることはできないが，マインドチェンジのきっかけは，制度対応の中のいたるところにある。それは，実効性についての懸念が示される現状の姿を何かに照らして見ることである。たとえば，効率化・負担軽減対応と実効性の高い内部統制対応の比較（[図表4-1]参照）や内部統制の形式的評価と実効性が高く，付加価値が生じる評価の比較（[図表13-1]参照）が挙げられる。また，その他にも，安定した経営環境と変化の激しい経営環境とで求められる対応の違いを想像すれば多くの気づきが得られる（[図表17-8]）。

　比較からの気づきをきっかけに，本書のPARTⅠやPARTⅡで解説したナ

第17章　内部統制報告制度とより望ましい気風の醸成

レッジを活用し，たとえば，PARTⅢで提示した5つの検討例を参考に自社の内部統制を構築，実施し，そして評価することに役立てていただきたい。特にPARTⅡの内容は，実際の企業経営で活用されることにより，企業の実態や置かれた状況に応じて企業独自の内部統制として進化していくであろう。

　このような自己開始型の思考プロセスのみが，経営理念，財務報告の信頼性，経営戦略（経営方針），そして，開示における重要性（マテリアリティ）に関する考え方を企業内に浸透させ，また，企業の持続的な成長や経営理念の実現を常に意識して，株主との対話やその他のステークホルダーとの適切な協働を重視する企業の気風を形成させると考える。

(4)　環境変化に対応できる気風

　第14章の［検討例1］，［検討例2］における想定企業の人的資本への投資・人材戦略にも反映させたが，有価証券報告書の「第一部　企業情報」「第2　事業の状況」「サステナビリティに対する考え方及び取組」における人的資本・多様性の項目で，ほとんどすべての企業が環境変化に対応できる能力とその能力を有する人材の必要性を認識している。持続的な成長，換言すると，中長期的に安定した利益の獲得のために，企業自体が環境変化への対応を投資家やその他のステークホルダーから期待されているため，当然と言えば当然であるが，環境変化への対応能力を高めるための具体的な仕組みを開示している企業は少ないように思われる。企業の経営戦略（経営方針）や事業を遂行することで自然とそのような能力や気風が醸成できるような仕組みがより望ましい。

　たとえば，内部統制報告制度における効率化・負担軽減対応では，そのような能力を高めることは難しく，効率化・負担軽減が行き過ぎれば，形式重視・実態軽視，すなわち，重要な環境変化に気づくことができない硬直的な気風を企業内部に積極的に醸成してしまうかもしれない。

　すべての企業に対して現在の経営環境で求められるのは，激しい変化にも経営理念に基づいてブレずにうまく対処し，持続的な成長と中長期的な安定利益を目指す気風を醸成することと考えられる。本書では，そのような気風を財務報告の信頼性，すなわち，内部統制報告制度と結びつけて醸成することを企図した（［図表17-9］）。

　内部統制は，動的な一連のプロセスであるため，【プロセス1】から【プロセス6】，そして財務報告の信頼性を目的とする内部統制報告制度へのつなが

615

PARTⅢ　6つの重要プロセスに関するポジション・ペーパーの検討例

■図表17-9■　望ましい気風を醸成する6つの重要プロセスとキーガバナンスポイント

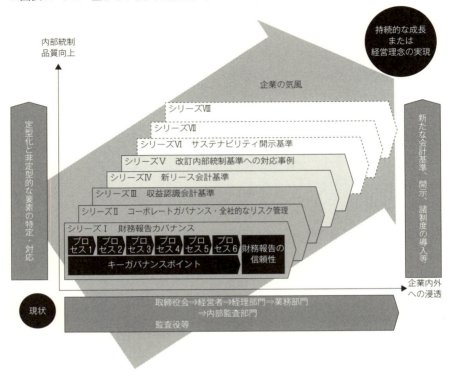

りが重要であり，6つの重要プロセスを首尾一貫するキーガバナンスポイントを設定することも大切である。また一旦構築すればそれで終了するものではなく，たとえば，新しい会計基準，開示基準，あるいは，諸制度の導入等を契機として上手に活用し常に見直しをかけていく必要がある。その際には，内部統制の定型化と非定型的な要素の特定・対応が肝要であり，それを繰り返すことで，企業の内部統制の品質は向上する。さらに，内部統制は，組織内のすべての者が業務の中で遂行されて初めて機能するものである。取締役会が方針を決定し，経営者がその方針のもと，企業の内外に考え方を浸透させていく必要がある。

そして，そのような継続的な繰り返しのプロセスを経て蓄積されるナレッジ（知見とノウハウ）や意識により形成される企業の気風は，環境変化も自社の成長の機会とするような企業独自の強みとなるであろう。

Column ⑤ ジグソーパズル —First Love 初恋—

　"タクシーの女性運転手，一人暮らし，校舎の屋上，大雪，「はじめまして」の再会，ビルの警備員，別人の子供，キャビンアテンダント，別人との結婚，自衛隊のパイロット"，そして，"また別れと再会"

　これらは，ネット配信ドラマのティーザー予告編で流れた時系列がランダムな場面の数々です。

　ドラマは，女性シンガーソングライターの２つの有名な楽曲をモチーフとしています。本書の執筆が山場を迎えた2022年12月は，聞きなれた楽曲とともにこのティーザー予告編がたくさん配信されていて，それを何気に目にしたときから，私はドラマに引き込まれました。ただ，その時感じた執筆の山場は気のせいで，その先いくつものさらに大きな山場があり，結局，執筆は翌年の年末まで続くことになるのですが…。

■　「誰かが言った。人生はまるでジグソーパズルだと」

　「どんなキラキラな思い出も，運命の女神を呪いたくなるような理不尽な仕打ちも，人生にとってはかけがえのないピース」

　私が最初に見たティーザー予告編は，こんなことばから始まって，ドラマのタイトルでもある2018年と1999年の楽曲が流れ，最初にあげた気になる人生のピースが次々と続きます。

　なぜそうなるのか，これらのピースたちがどうつながるのかとても気になり，隠されたピースを見つけたくて私は初めてネット動画配信サービスの会員になりました。

　"コーポレートガバナンス，全社的なリスク管理（ERM），３線モデル，会計不正への対応，監査上の主要な検討事項（KAM），気候変動，人的資本・多様性，サステナビリティ課題と開示，IT ガバナンス，サイバーセキュリティ，企業の価値創造"，そして，内部統制基準の改訂

　本書の執筆動機も同じです。近年の諸制度等を見ていると何かつながりがありそうで，そのつながりを理解して対応したほうがよいのではないか，つながりを確認しないで個別に対応したのでは，いずれも実効性が乏しい対応になってしまうのではないかと誰かが言っているような気がして，そのつながりを確認したくて本書を書き始めました。

PART Ⅲ　6つの重要プロセスに関するポジション・ペーパーの検討例

■　つなげようとするきっかけと最後のピース

つなげようとするきっかけは，好奇心だと思います。そして，その好奇心は目の前の事象だけを見ていたのでは生じにくく，他の何かとの比較や一つ上の階層からの俯瞰によりはじめて生じるのだと思います。ドラマで言えば，2人の人生と自分の人生を比較したり，次の回や結末を想像したりすることであったり，本書で言えば，近年の我が国の諸制度等を別々に考えるのではなくそれぞれの趣旨を比較したり，全体を俯瞰して国際的な潮流と比較してみたりすることであったりです。

ところで，これまでの私の実務経験では，考え方を整理する上で**最後のピース**となるようなアイデアが必ずあります。**最後のピース**とは，それまで少し違和感を持っていた考え方がつながって，"全体として何が大切か"がスッと腹落ちするようなアイデアです。たとえば，旧内部統制基準では，「補完統制」，改訂内部統制基準では，「事業計画と開示」，不正リスク対応では，「誤謬と不正の関係」，注記の開示目的では，「先行して導入された3つの注記」，開示における重要性（マテリアリティ）では，「経営理念」です。なぜそれが**最後のピース**になるかは，本編をご確認ください。

■　本書における最後のピース

最後のピースは，直感的に，あるいは基準等を読んでいて簡単に思いつくものもあれば，経験的に知っていてイメージや感覚としてはあっても，体系立てて説明したりことばにしたりするのに，とても時間がかかるものもあります。本書全体の**最後のピース**である事業計画上の要点，もうすこしやわらかいことばでいうと，**経営のメッセージ**は，後者でした。**経営のメッセージ**が本書において，非財務情報と財務情報をつなげて事業計画をヒトの意識と行動に結びつける**最後のピース**です。このドラマを見ていた2022年12月にはアイデアをことばにすることができず，ことばにできたのは，ようやく全体像が文章となりかけた2023年半ば過ぎでした。

実は2021年の前著「収益認識におけるポジション・ペーパー作成実務　開示，内部統制等への活用」でも，**経営のメッセージ**と同じことをやろうとしました。収益認識は企業のビジネスモデルを会計的に表現したものに他ならないから最適だと考えたのですが，たどり着けませんでした。おそらく，このアイデアは，会計基準に開示と内部統制を加えて考えるだけではだめで，コーポレートガバナンス，全社的なリスク管理（ERM），経営理念，経営戦略，事業計画，会計基準，注記，有価証券報告書等の開示，内部統制，財務報告の信頼性，そして，J-SOXと監査制度といった大きなつながりで考えないと，ことばにすることができないのだと思います。

話をドラマ「First Love 初恋」に戻すと，最終回を見終わって私が考えたことは，会計士としての駆け出しのころの経験でした。

618

●本書に掲記した図表一覧●

本書では，重要な考え方の断片をモジュール（機能単位）として図表化し，1つの図表を使ってより多くの論点を説明しています。たとえば，PART Ⅰの図表は，PART Ⅱの6つの重要プロセスの解説で使用しています。また，章が進むにしたがって，ある図表が別の図表に変化する，あるいは，別の図表と合わさって新しい図表になることによって，前のナレッジが新しいナレッジになることを表しています。

このような筆者の意図がご理解いただけるように，以下で図表一覧を掲記します。実務における本書の活用の一助としていただければ幸いです。

図表 No.	内容
Introduction　本書の目的と構成	
0-1	本書の目的と手段
0-2	3つの PART の位置づけと内容
PART Ⅰ　内部統制の基本的枠組みと内部統制報告制度	
第1章　内部統制の基本的枠組み	
1-1	財務諸表に重要な影響を及ぼす可能性のある情報のイメージ
1-2	事業上のリスクと財務報告上のリスク（例）
1-3	統制環境と組織の気風のイメージ
1-4	リスクの評価の流れ（モニタリングを含む。）
1-5	日常的モニタリングと独立的評価における階層
1-6	IT への対応の全体像
1-7	内部統制の4つの目的と6つの基本的要素のつながり
1-8	内部統制の本質を理解するための3つの視点
1-9	内部統制の限界をもたらす要因と今後の課題
第2章　財務報告に係る内部統制の文書化と評価—内部統制報告制度の概要—	
2-1	コントロールの階層の識別
2-2	コントロールの階層の例

619

本書に掲記した図表一覧

2-3	リスク・アプローチのイメージ
2-4	誤謬リスクの考察と不正リスクシナリオの立案
2-5	財務報告上の高リスクの検討（様式例）
2-6	上位コントロールの例(1)経理部門による財務数値の分析的検討
2-7	上位コントロールの例(2)上位者による日常的モニタリング
2-8	内部通報制度の実効性を高めるためのフレームワーク
2-9	財務報告に係る内部統制の構築プロセス
2-10	上位者の目線で構築する内部統制の5類型
2-11	トップダウン型のリスク・アプローチに基づく評価範囲の決定プロセス
2-12	財務報告に係る内部統制の評価におけるキーワード
2-13	内部統制報告制度への対応の全体像
2-14	キーコントロールの選定イメージ
2-15	業務プロセスに係る内部統制の不備の検討プロセス
2-16	内部統制報告書の記載事項
2-17	我が国の内部統制監査とダイレクト・レポーティング（米国）の比較
2-18	トップダウン型のリスク・アプローチに関連する内部統制基準等の規定
第3章　内部統制基準の改訂	
3-1	内部統制基準等2023年改訂の概要
3-2	「Ⅰ．内部統制の基本的枠組み」の改訂内容
3-3	経営，監督，執行，そして監査の関係の整理
3-4	監督，執行，そして監査の関連図
3-5	財務情報と非財務情報に関連する諸制度のキーワード
3-6	財務・非財務情報と内部統制報告制度
3-7	企業情報を開示する新たな意義
3-8	開示における重要性（マテリアリティ）の分類例

本書に掲記した図表一覧

3-9	内部統制とガバナンス及び全組織的なリスク管理の全体像
3-10	3線モデルの構造
3-11	コーポレートガバナンスの3層構造
3-12	事業計画の策定・管理プロセスとコーポレートガバナンス及び全社的なリスク管理の関係
3-13	「Ⅱ．財務報告に係る内部統制の評価及び報告」の改訂内容
3-14	「Ⅲ．財務報告に係る内部統制の監査」の改訂内容
3-15	内部統制基準から推察される望ましい内部統制の成熟プロセス
3-16	経営者の内部統制評価において有用な監査人のナレッジ
PART Ⅱ　6つの重要プロセスとキーガバナンスポイントの文書化・評価	
第4章　取締役会の監督機能と事業計画の策定・管理	
4-1	実効性が高い内部統制対応と効率化・負担軽減対応の比較
4-2	実効性と効率性が高く，かつ合理的な内部統制対応
4-3	取締役会等の役割・責務と事業計画の策定・管理
4-4	事業計画上の要点の可視化（経営のメッセージ）
4-5	キーガバナンスポイントとその設定手順
第5章　6つの重要プロセスと財務報告ガバナンス	
5-1	事業上のリスク等の検討からスタートする内部統制の構築と見直し
5-2	企業に属するすべての者の6つの重要プロセスへの関与
5-3	6つの重要プロセスに関するステップと検討項目の定型化
5-4	6つの重要プロセスへの内部統制5類型の反映
5-5	財務報告の信頼性の観点から見た重要プロセス間のつながり
5-6	非財務・財務情報と6つの重要プロセスの拡張および循環
第6章　【プロセス1】事業計画の策定・管理	
6-1	【プロセス1】における3つのステップと12の検討項目

621

本書に掲記した図表一覧

6－2	開示における重要性（マテリアリティ）（様式例と検討例）
6－3	キーガバナンスポイント（様式例）
6－4	PEST分析イメージ
6－5	5フォース分析イメージ
6－6	SWOT分析イメージ
6－7	外部・内部環境分析からの経営戦略立案イメージ
6－8	経営戦略の立案（様式例と検討例）
6－9	「戦略」を起点とする【プロセス1】の検討項目間のつながり
6－10	指標および目標の設定と事業計画の策定（様式例）
6－11	非財務情報が財務報告の信頼性に与える影響（様式例と検討例）
6－12	【プロセス1】における役割分担（例）
6－13	モニタリングの階層と方針（例）
第7章　【プロセス2】会計基準の適用	
7－1	【プロセス2】における3つのステップと12の検討項目
7－2	【プロセス2】における役割分担（例）
7－3	会計事象や取引等と会計上の論点の明確化（様式例と具体例）
7－4	会計基準等の規定に従った会計処理方針の検討（様式例）
7－5	事業計画上の要点の可視化（経営のメッセージ）のイメージ
7－6	望ましい結果と事業計画上の要点（経営のメッセージ）（様式例）
7－7	会計処理の類型と必要情報等（様式例）
7－8	経理部門が主導する内部統制構築（様式例）
7－9	財務報告上の高リスクの特定（様式例）
7－10	事業計画遂行のため望まれる意識と行動（様式例）
7－11	内部統制の構築（様式例）

本書に掲記した図表一覧

	第8章　【プロセス3】開示目的に照らした注記
8-1	【プロセス3】における3つのステップと12の検討項目
8-2	【プロセス3】における役割分担（例）
8-3	ビジネスモデルに関連して，事業計画および会計基準との首尾一貫性の検討が必要な主な注記
8-4	開示目的に照らした注記方針の検討（様式例）
8-5	非財務情報，3つの注記とセグメント情報等，そして財務情報のつながり（様式例と検討例）
8-6	注記の記載内容（様式例と検討例）
	第9章　【プロセス4】有価証券報告書の記述情報等の開示
9-1	【プロセス4】における3つのステップと12の検討項目
9-2	【プロセス4】における役割分担（例）
9-3	マテリアリティと開示の検討対象とする企業の重要課題（様式例）
9-4	有価証券報告書の記述情報の主要項目と記載内容（「事業の状況)」
9-5	有価証券報告書における【ステップ1】から【ステップ3】と【ステップ4】のつながり
9-6	有価証券報告書の記述情報における価値創造ストーリーの展開
9-7	財務報告の範囲（内部統制報告制度の範囲）（様式例）
9-8	財務報告以外の外部報告に係る内部統制の構築方針（様式例）
	第10章　【プロセス5】キーコントロールの構築と選定
10-1	【ステップ5】における3つのステップと12の検討項目
10-2	【プロセス5】における役割分担（例）
10-3	全社的な観点での検討内容と業務プロセスのつながり
10-4	全社的なリスクと業務プロセスのリスク

本書に掲記した図表一覧

10-5	トップダウン型のリスク・アプローチに基づくキーコントロールの構築と選定のイメージ
10-6	キーコントロールの十分性の確認
10-7	関連性の高い他の業務プロセス等の例示
第11章 【プロセス6】内部統制報告制度の評価範囲の決定	
11-1	【プロセス6】における3つのステップと12の検討項目
11-2	【プロセス6】における役割分担（例）
11-3	【プロセス1】における全社的な観点での検討内容と【プロセス6】検討項目のつながり
11-4	【プロセス2】，【プロセス3】，【プロセス4】における全社的な観点での検討内容と【プロセス6】検討項目のつながり
11-5	【プロセス5】における全社的な観点での検討内容と【プロセス6】検討項目のつながり
11-6	重要な事業拠点の選定に関する指標例
第12章 内部統制の構築と文書化	
12-1	ポジション・ペーパーの定義と様式
12-2	6種類のポジション・ペーパーの体系
12-3	従来ツールの課題と6種類のポジション・ペーパーの活用
12-4	全社的な内部統制の評価項目例（42項目）における6種類のポジション・ペーパーの活用
第13章 内部統制の評価と改善	
13-1	内部統制の整備・運用評価に関する2つの考え方
13-2	効果的な質問の例
13-3	リスクに応じた評価手続の立案例
13-4	実効性と効率性が高い整備・運用評価のための留意点

	本書に掲記した図表一覧

PART Ⅲ　6つの重要プロセスに関するポジション・ペーパーの検討例	
第14章　【プロセス1】から【プロセス4】事業計画を起点とする財務報告ガバナンスの文書化	
14-1	望ましい結果から事業計画上の要点，そして望まれる意識と行動へ
第15章　【プロセス5】キーコントロールの構築と選定の文書化	
15-1	［検討例3］，［検討例4］とその他の重要プロセスのつながり
第16章　【プロセス6】内部統制報告制度の評価範囲の決定の文書化	
16-1	評価範囲の決定に関する内部統制基準等の規定と【プロセス6】検討項目の関係
16-2	内部統制報告書記載の評価範囲および決定事由と【プロセス6】検討項目の関係
16-3	【プロセス6】の評価対象と【プロセス1】から【プロセス5】のつながり
第17章　内部統制報告制度とより望ましい気風の醸成	
17-1	トップダウン型のリスク・アプローチとキーコントロールに基づく自己点検・独立的評価体制
17-2	内部統制実務全体へのトップダウン型のリスク・アプローチの適用
17-3	プロジェクト推進主体とその後ろ盾
17-4	新たな課題への一体対応による全体コストの低減
17-5	トリガー・イベントの具体例と6つの重要プロセスの導入パターン
17-6	6つの重要プロセスの導入スケジュール例（3月決算）
17-7	現在の経営環境下において望まれる気風
17-8	マインドチェンジのきっかけ
17-9	望ましい気風を醸成する6つの重要プロセスとキーガバナンスポイント

625

謝　　辞

　"その会計処理は経営理念に照らしておかしくないですか，ビジネスアプローチとリスクアプローチと Value Audit，そんなの当然っしょ（米国基準で考えれば），周りの評価なんか気にせずに執筆して自分の考えを発信すればいいんだよ，いいか向こうへ行っても絶対負けるな，いいですよどんどん行きましょう，要は企業の中にモニタリングする会計士をつくればいいんですよ，なるべくルールで決めてボード議長は想定外のことに注力する，会計監査人は代表取締役と同じ会社の機関です"。

　そして，"Integrity（誠実性），ダークサイドに落ちない，60代での output のための今の input（去り行く若者へのはなむけ），私も頑張るから"。
　現在の "Do what anyone else wouldn't do.　目的と手段を区別する，やりたいようにやっていい"。

　これらは，私が会計士として駆け出しのころ，周りの先輩方が話されていたことばや掛けていただいたこと，「そして」以降は，所属法人を変えてからのリスペクトする方々が話されていた，または，私に掛けていただいたことばです。時系列に従って並べています。
　駆け出しの頃のことばは，その時は意味が理解できず，あるいはすぐには行動できず，ことばとして印象に残っていただけで，時間がたってから自分なりの意味が分かったり，実際の行動に生かせたりしました。当時は今とちがって，監査基準報告書等での共通の厳格なアプローチはなく，各監査法人が独自のマニュアルで監査を実施していましたが，実際の業務では，法人マニュアルを逐一確認して監査を実施するような実務ではなく，先輩方は，現場でことばの意味を考え試行錯誤しながら監査業務に携わられていたように記憶しています。その時の私は，先輩方が交わされていたことばを，自分にとって，なにかとても重要なものであるような気がしてただただ聞いていました。
　先輩から手取り足取り教えてもらっている同期や後輩をそばで見ていてうらやましく思った時もありましたが，それよりも，私にとっては，先輩方のことばそのものがいろいろな意味での教えになりました。振り返ってみると，皆様，

627

謝　辞

職業的専門家が話されていたことばの意味を実務のなかで自分なりに考えて歩んだ道のりが，私の会計士人生だったと思えます。迷いや紆余曲折はありながら，首尾一貫できたのは，これらのことばのおかげです（あと少し続きますが）。

　この本を執筆していてそれを実感しましたし，特に，執筆後半は，所属法人を変えてからのリスペクトする方々のことばもあわせて，とても助けていただきました。書き終え読み返してみても，ところどころにその影響やつながりを感じます。本書を上梓できたのは，皆様のおかげです。ありがとうございました。

　また，前著「収益認識のポジション・ペーパー作成実務 開示，内部統制等への活用」（2021年7月）から間髪入れずの執筆のご提案，引き続きのご担当と読者目線でのご意見をいただいた中央経済社の土生健人氏，奥田真史氏，「内部統制におけるキーコントロールの選定・評価実務」（2010年6月）の共同執筆者で，同書を用いた本書の執筆を快諾していただいた木村秀偉さん，竹田裕さん，そして，法人内リソースがひっ迫しているなか，私が執筆に時間を割くことを容認していただいた大矢昇太CEOをはじめMazariansにも感謝の気持ちでいっぱいです。

　皆様のご厚意には，職業的専門家として内容で応えられるものを執筆したつもりですが，その良否の評価は，読者に委ねます。願わくば本書の内容が，あるいは，一文でも，キーワード一つでも，読者の方々の印象に残ってその後の実務に役立てていただければ，著者として実務家としてこれ以外のよろこびはありません。

　2024年8月

高田康行

編者紹介

Forvis Mazars Japan 有限責任監査法人

Forvis Mazars は，世界をリードするプロフェッショナル・サービス・ネットワークです。米国の Forvis Mazars LLP と，100以上の国と地域で活動する国際的に統合されたパートナーシップである Forvis Mazars Group SC の二つのメンバーからなり，単一のブランドで運営されています。両メンバーファームは，比類なきクライアント・エクスペリエンスを提供し，世界中で監査・保証，税務，アドバイザリー，コンサルティング・サービスを提供するというコミットメントを共有しています。私たちの戦略的ビジョンは，クライアント，従業員，業界，そして地域社会を前進させることにあります。詳しくは forvismazars.com をご覧ください。

著者紹介

高田　康行（たかた　やすゆき）

Forvis Mazars Japan 有限責任監査法人　公認会計士　シニアマネジャー

会計に加え，内部統制・コーポレートガバナンスと開示が専門分野。会計監査等に従事。主な著書に『収益認識のポジション・ペーパー作成実務　開示，内部統制等への活用』（中央経済社，2021年），『内部統制におけるキーコントロールの選定・評価実務』（共著，中央経済社，2010年）がある。

内部統制文書化・評価ハンドブック
—— 6つの重要プロセスと財務報告ガバナンス

2024年11月15日　第1版第1刷発行

編　者	Forvis Mazars Japan 有限責任監査法人
著　者	高　田　康　行
発行者	山　本　　　継
発行所	㈱中 央 経 済 社
発売元	㈱中央経済グループ パブリッシング

〒101-0051　東京都千代田区神田神保町1-35
電話　03 (3293) 3371 （編集代表）
　　　03 (3293) 3381 （営業代表）
https://www.chuokeizai.co.jp
印刷／昭和情報プロセス㈱
製本／誠　製　本　㈱

©2024
Printed in Japan

＊頁の「欠落」や「順序違い」などがありましたらお取り替えいたしま
すので発売元までご送付ください。（送料小社負担）

ISBN978-4-502-51441-8　C3034

JCOPY〈出版者著作権管理機構委託出版物〉本書を無断で複写複製（コピー）す
ることは，著作権法上の例外を除き，禁じられています。本書をコピーされる場合
は事前に出版者著作権管理機構（JCOPY）の許諾を受けてください。
　　JCOPY〈https://www.jcopy.or.jp　eメール：info@jcopy.or.jp〉